社 科 学 术 文 库

LIBRARY OF ACADEMIC WORKS OF SOCIAL SCIENCES

外国历史大事集

近代部分·第四分册

朱庭光 ◉ 主　编

张椿年 ◉ 副主编

张宏儒　于　沛 ◉ 分册主编

中国社会科学出版社

图书在版编目（CIP）数据

外国历史大事集. 近代部分. 第四分册/朱庭光主编. —北京：
中国社会科学出版社，2017.8
（社科学术文库）
ISBN 978 - 7 - 5161 - 9654 - 0

Ⅰ.①外…　Ⅱ.①朱…　Ⅲ.①世界史—近代史　Ⅳ.①K1

中国版本图书馆 CIP 数据核字（2017）第 005364 号

出 版 人	赵剑英
责任编辑	郑　彤
特约编辑	张翠萍等
责任校对	周　昊
责任印制	李寡寡

出　　　版	中国社会科学出版社
社　　　址	北京鼓楼西大街甲 158 号
邮　　　编	100720
网　　　址	http://www.csspw.cn
发 行 部	010 - 84083685
门 市 部	010 - 84029450
经　　　销	新华书店及其他书店

印刷装订	北京君升印刷有限公司
版　　　次	2017 年 8 月第 1 版
印　　　次	2017 年 8 月第 1 次印刷

开　　　本	710×1000　1/16
印　　　张	35
字　　　数	596 千字
定　　　价	145.00 元

凡购买中国社会科学出版社图书，如有质量问题请与本社营销中心联系调换
电话：010 - 84083683

再版说明

《外国历史大事集》出版于 20 世纪 80 年代，是当时我国世界史学界知名学者们多年辛苦劳动的集体成果，体现出了扎实的学术功底和应用价值，是重要的学术参考书。二三十年过去了，此书仍然受到我国世界史学界的重视和广大读者的欢迎。

《外国历史大事集》此次再版，受到中国社会科学院创新工程的大力支持，将其列入社科学术文库。根据中国社会科学出版社的建议，此次再版时，将版式改为小 16 开；消除了原著中的一些错别字，对表述不够准确的地方也进行了推敲审定；删除了不清晰的插图，增加了古代部分的大事记内容。再版工作受到世界历史研究所专家们，包括一些退休专家的大力支持，他们对原著进行了细心审读，付出了辛苦劳动。参加审读的专家有如下同志：古代部分：第一分册，刘健；第二分册，郭方。近代部分：第一分册，于沛；第二分册，汤重南；第三分册，于沛；第四分册，郜彦秀。现代部分：第一分册，沈永兴；第二分册，王章辉；第三分册，于沛；第四分册，姜芃。世界历史研究所科研处的同志也为再版修订做了大量工作。

衷心感谢中国社会科学院创新工程的支持！感谢参加修订工作的各位同志的辛勤劳动！对中国社会科学出版社决定再版《外国历史大事集》和出版社有关人员的辛苦劳动表示衷心感谢！

中国社会科学院世界历史研究所

2016 年 11 月

初版说明

　　《外国历史大事集》近代部分第四分册共辑入世界近代史上有一定地位和国际影响的重大历史事件记述 40 篇，其中《美国五十州的依次建立》因字数较多，分成上、下两篇。本册所述事件起讫年限大多为 19 世纪末世界资本主义进入帝国主义阶段到 20 世纪俄国十月社会主义革命前夕和第一次世界大战结束之时，有的稿件所述事件发生在 19 世纪下半叶，个别稿件记事延续至当代。各篇按事件发生年代先后，全球范围的事件，诸如关于第二国际、第一次世界大战和科学技术、文化艺术方面的稿件，排在前面；交战双方不是同一个洲的、进入帝国主义时期几次国际战争的稿件，排在其次；随后再按欧洲、美洲、亚洲、非洲的顺序依次编排。

　　本册编辑小组由张宏儒、于沛、唐枢、李显荣、孙娴、梅伟强、汤重南七位同志组成，张宏儒、于沛任主编。组织和处理稿件的分工是：西欧、北美方面，由张宏儒、唐枢、孙娴负责；苏联、东欧方面，由李显荣、于沛负责；亚洲、非洲、拉丁美洲方面，由汤重南、梅伟强负责；国际关系和其他方面，由张宏儒、唐枢、于沛负责。张小雪参加了选定插图和部分技术性编辑工作。朱庭光通读了所有稿件并定稿；张椿年也审读过一些稿件。地图绘制张路红，封面设计姜樑，编制本书近代部分索引张宏儒、于沛。

1985 年 6 月

目　录

第二国际历次代表大会

于沪生

第二国际自 1889 年 7 月建立至 1914 年 8 月破产，存在了 25 年。在这期间，它共开过 9 次代表大会。第二国际在成立的初期没有任何固定的国际性组织机构，直到 1900 年才建立了社会党国际局。1907 年，斯图加特代表大会通过了国际局全体会议于 1906 年 11 月提出的《国际代表大会和国际局章程》草案。从实际活动和所起的作用看，国际局并非一个领导机构，而是一个重要的进行国际联系、协商和互相影响的机构。第二国际的主要组织形式和活动方式是各国社会主义政党和组织的代表每隔几年举行一次的代表大会。除了 1889 年的成立大会①外，它还开过以下 8 次代表大会。

1891 年布鲁塞尔代表大会

国际的第二次代表大会于 1891 年 8 月 16—22 日在布鲁塞尔召开。这次大会是在比成立大会更加顺利的条件下召开的。这时，"可能派"虽然又准备召开自己的代表大会，但它的影响已大为削弱，马克思主义者拥有明显的优势。为此，恩格斯建议同"可能派"联合召开大会。在两派的筹备协商会议上，"可能派"被迫接受了马克思主义者提出的大会议程，派代表参加了大会。

参加这次大会的有 15 个国家的 380 名代表。对待军国主义态度问题是大会讨论的主要问题之一。荷兰无政府主义者纽文胡斯提出反战的"世界罢工"的口号，他认为，在资本主义条件下不可能有正义的战争，因此，各国工人要以国际性总罢工的行动反对任何战争。威·李卜克内西发表长篇演说

---

① 参见《外国历史大事集》近代部分第三分册《第二国际的建立》一文。

驳斥了纽文胡斯，明确指出："社会主义是消灭军国主义和结束国际军事关系的唯一手段。"代表大会以多数票通过了威·李卜克内西代表委员会提出的决议，否定了纽文胡斯的提案。

巴黎大会曾就劳工法问题通过决议，提出了诸如 8 小时工作制；禁止有害妇女身体健康的生产部门使用女工；所有劳动者每周至少有连续 36 小时的休息；禁止以商品支付工资；取缔厂主开设的店铺等十多项具体要求。但是两年来的实际情况表明，欧洲各国的政府都不理睬这些要求。因此，大会号召全世界工人阶级在国际范围内有组织地行动起来，使用享有的政治权利把"劳动从奴役制下解放出来"。

大会就罢工问题通过的决议包含两个部分。第一部分是罢工问题本身，第二部分规定工人阶级在争取实现自己的经济要求方面要建立自己的工会组织。代表大会提出了建立国际工会的方案。但是，德国代表团及奥地利、荷兰、瑞士和罗马尼亚等国的代表团因在本国的立法条件下不可能成立任何国际组织而反对这一方案。所以大会最后建议在有条件的国家中建立全国工人秘书处。

巴黎大会关于五一节的决议是举世闻名的，也是唯一硬性要求各党进行共同行动的决议，但在这次大会上，两个最重要的代表团，即德国代表团和英国代表团提出了异议，他们建议将五一节移到 5 月的第一个星期天，除了举行示威游行外，不同意实行大规模的停工。法国和奥地利的党坚决反对完全取消停工的做法。大会最后通过了一项妥协性决议，决议声明："只要各个国家情况许可的话，5 月 1 日应该是一个休息日。"这样就使五一节失去了战斗性。

但是，就整个布鲁塞尔代表大会来说，"马克思派不论是在原则问题上，还是在策略问题上，都取得了全面的胜利"[①]。

1893 年苏黎世代表大会

1890 年开始的世界经济危机延续到 1893 年还在继续发展。尖锐的阶级斗争和欧洲两个相互敌对的侵略集团的出现，促使各国统治阶级加紧实行军国主义化。在这个时期，工人在与资本的斗争中不断取得胜利。如 1893 年

---

① 《马克思恩格斯全集》第 38 卷，人民出版社 1972 年版，第 144 页。

在英国，20 万矿山工人历时数月的罢工取得了部分胜利。同年在比利时，工人通过总罢工迫使政府颁布了新的选举法。许多社会党和工会相继取得了新的胜利。突出的有：德国社会民主党在 1893 年的国会选举中由于坚决执行反对军国主义政策而获得 178.6 万多张票，是选举中获票最多的党。受社会民主党领导的工会组成了全国性组织——德国工会总委员会。到 1893 年，英国工联已拥有 150 万会员，同年 1 月在布列德福德召开的工联代表大会上，根据工人的要求建立了英国独立工党。法国工人党在议会选举中也取得相当大的胜利，这一胜利使得原来分散在议会中的所有工人党团联合为一个党团。

国际的第三次代表大会就是在这种有利于国际工人阶级的背景下于 1893 年 8 月 6—12 日在苏黎世召开的。18 个国家的 411 名代表出席大会，主要议程有：在全世界范围内实现 8 小时工作制的措施；庆祝五一节；社会民主党人的政治策略；社会民主党人在战争时期的立场；全国工会和国际工会的组织；等等。

大会首先商讨了以古斯塔夫·兰道尔领导的"青年派"① 为代表的无政府主义者参加大会的问题。倍倍尔坚决反对他们参加，号召社会党人不要再同无政府主义者合作。讨论结果通过了《参加苏黎世代表大会的条件》的决议，其中第一条规定："凡承认建立工人组织和从事政治活动之必要性的一切工会、社会党和社会团体，均得参加代表大会。"兰道尔宣称，无政府主义者并不反对任何政治活动。于是大会采纳了倍倍尔对"政治活动"一语进行解释的修正案："'政治活动'一语的意思，就是说工人政党为了无产阶级事业和取得政权而行使或争取政治权利和立法机器。"经过 4 天的斗争，终于击败了无政府主义者企图参加大会的打算。

关于社会民主党人的政治策略的讨论直接涉及用改良的办法还是用革命斗争的方法达到社会主义的革命目的的问题。大会通过的关于策略的决议的第一部分（议会制度和竞选活动）指出：政治活动无论对于公开阐明和宣传社会主义原则，或者对于争取迫切需要的各种改革来说，都是必要的。接着要求工人利用政治权利使一切执行机关和立法机关真正实现自己的要求，进而使它们由资本统治的工具变成无产阶级解放的工具。决议虽然提醒工人群

---

① "青年派"在 1891 年爱尔福特代表大会上被开除出德国社会民主党，其中以维尔纳和兰道尔为代表的一部分人成为无政府主义者。

众牢记革命目标，但却忽视了马克思从巴黎公社革命经验中得出的无产阶级革命必须打碎资产阶级国家机器这条最重要的结论。

在反对战争危险问题上爆发了激烈的争论。普列汉诺夫、威·李卜克内西、艾威林坚决反对纽文胡斯关于一旦发生战争立刻举行国际性总罢工的主张。大会以多数票通过倍倍尔和威·李卜克内西提出的决议案。倍倍尔的决议案除重申布鲁塞尔大会的反军国主义的决议以外，还要求社会党人展开反军国主义的宣传，并在议会中无条件地投票反对任何军事预算。虽然在当时的形势下想用总罢工来制止日益逼近的战争是一种幻想，但是 1891 年、1893 年和 1896 年 3 次国际大会都从原则上拒绝总罢工的做法为后来的右倾机会主义路线开了方便之门。

在五一节问题上，所有代表都批评德国社会民主党的态度。1890 年 4 月，德国社会民主党国会党团曾发表声明，反对柏林党组织关于五一节的呼吁书，并反对实现普遍停工一天的计划，号召工人只用集会、庆祝会、示威游行来庆祝五一节。1892 年，德国社会民主党柏林代表大会直接决定放弃五一节停工的行动，并把庆祝会改在晚间举行。但是，德国代表团在会上还是争得由各党自己决定纪念"五一"方式的权利，正如奥地利社会民主党人维克多·阿德勒[①]代表委员会所作的报告中所说的，由于德国人在五一节问题上的退却，增加了其他国家工人斗争的困难。

这次大会挫败了无政府主义者参加会议的企图，巩固了工人群众的国际团结和在思想上的统一。恩格斯出席了大会（这是仅有的一次，两年后他与世长辞）并主持了闭幕式，他在总结演说中肯定了与无政府主义者在组织上决裂的必要性。

1896 年伦敦代表大会

国际的第四次代表大会于 1896 年 7 月 27 日—8 月 1 日在伦敦召开。参加大会的有 18 个国家的 535 名代表。大会共开了 6 天，会上没有出现大的分歧。大会就无政府主义者的代表资格再次进行讨论并作出"无政府主义者在排除之列"的决定后，无政府主义者代表全部退场。至此，国际内部与无

---

① 维克多·阿德勒（1852—1918 年），奥地利社会民主党人，1895 年以后滑向机会主义立场，成为该党右翼首领之一。

政府主义者的斗争大体告一段落。

大会按照日程顺序进行了一般讨论并通过相应的决议，多数决议内容是前几届大会决议的汇总，没有增添新的内容，有的还有所后退，如关于战争问题的决议要求立即废除常备军，组织人民武装；建立具有最高法律效力的国际仲裁法；各有关国家的政府不接受仲裁决定时，由人民直接对战争问题作最后的决定。很明显，这些纯属和平主义性质的要求，当国家政权还掌握在统治阶级手里时是根本无法实现的幻想。

值得注意的是，大会就工人阶级的政治活动通过的决议中涉及最迫切的新问题——殖民政策问题。决议说："无论以宗教为借口或以假作传播文明为借口，殖民政策的实质都只是为了资本家阶级的特殊利益而扩大资本主义的剥削范围"，"大会主张一切民族都有完全自决权"。正如列宁在《论民族自决权》一文中指出的，大会决议"一方面，完全直截了当地而不容许丝毫曲解地承认一切民族都有完全的自决权；另一方面，又同样毫不含糊地号召工人建立他们阶级斗争的国际统一"[1]。

大会根据土地委员会拟就的报告讨论了土地问题。由于当时没有时间弄清楚各国的具体情况，决议只一般提到把土地收归社会所有和在农业无产阶级中开展组织教育工作，而把制定纲领的责任留给各国自行承担，从而未能在大会上制定统一的土地纲领。

大会还通过了一项未包括在日程内的向俄国无产阶级致敬的决议。决议指出俄国工人组织出席国际代表大会是极其重要的[2]，并认为"俄国无产阶级的组织是反对欧洲反动势力最后支柱之一的沙皇政权的最好保证"。

第二国际上述三次代表大会广泛宣传了马克思主义，团结了世界社会主义的力量。这时为政权而斗争的问题尚未提上日程，社会主义政党必须首先建立无产阶级的群众组织，并把力量集中在争取选举权的斗争上。因此，利用议会争取改良的斗争是摆在各社会党面前的战斗任务。由于无政府主义者反对任何政治斗争和任何改良，最初的几次大会同无政府主义者进行了坚决的斗争，并把他们驱逐出国际。尽管这时右的倾向没有达到像后来给第二国际带来灾难的程度，但是，所有那些后来使国际遭到毁灭的重大问题都开始

---

① 《列宁全集》第20卷，人民出版社1961年版，第433页。

② 1889年，由普列汉诺夫率领的6人代表团出席了第二国际成立大会。紧接着的布鲁塞尔大会、苏黎世大会（只有普列汉诺夫1人参加）和伦敦大会都没有俄国的工人组织参加。

产生。19 世纪末叶伯恩施坦主义出现后，修正主义成为国际现象，国际范围内马克思主义同修正主义和改良主义的斗争成为以后几次代表大会的重要任务。

1900 年巴黎代表大会

1900 年 9 月 23—27 日在巴黎召开的国际第五次代表大会与 11 年前同样也是在巴黎召开的第二国际成立大会相比，情况发生了很大的变化。这期间，资本加紧积聚并向纵深发展，商业和市场也急剧扩展。19 世纪末叶开始了一连串的殖民战争，如 1898 年为争夺古巴发生了美西战争，1899 年英国对布尔共和国发动侵略战争，在德国的唆使下欧洲列强武装干涉中国。这些战争揭开了帝国主义时代的序幕。与此相适应的伯恩施坦修正主义也开始在国际范围内蔓延①。国际必须对新的形势进行分析，阐明无产阶级夺取政权的道路、工人阶级的同盟军等问题。本届大会面临的正是这些问题。参加这次大会的有 21 个国家的 791 名代表。大会的议程多达 12 项，主要有夺取社会权力和与资产阶级政党联盟，殖民政策，军国主义，组织问题，等等。

关于米勒兰事件，它的产生和伯恩施坦修正主义在德国的出现几乎是在同一时间。1899 年 3 月，伯恩施坦发表了《社会主义的前提和社会民主党的任务》一书，提出了完整的修正主义纲领。同年 6 月，法国社会党人米勒兰未经党的同意，擅自参加资产阶级共和党人瓦尔德克－卢梭的联合内阁，以实际行动实践了伯恩施坦的纲领。这一重大背叛行为不仅在法国社会主义运动中造成了尖锐对立的两派，而且在国际上引起了广泛的反响。德国的倍倍尔、威·李卜克内西和卢森堡，俄国的普列汉诺夫和意大利的拉布里奥拉等从一开始就支持盖得派。德国社会民主党的右翼领袖伯恩施坦、奥艾尔、福尔马尔和比利时工人党的机会主义领袖安塞尔等则支持以饶勒斯和米勒兰为代表的内阁派。

大会在研究夺取社会权力和与资产阶级政党联盟问题时，围绕米勒兰入阁事件爆发了激烈的争论，出现了三种不同的观点。盖得坚决反对社会党人参加资产阶级政府，并向该问题委员会提出少数派的决议案，这个议案在大会全体会议上被多数票否决。饶勒斯代表了右派的观点，他把社会党人参加

---

① 参见本书《德国社会民主党反对伯恩施坦主义的斗争》一文。

政府看作是政治上剥夺资产阶级的开始，也就是社会主义革命的开始。考茨基持第三种观点，他提出的被委员会多数同意的决议案没有在原则上谴责社会党人加入资产阶级政府，只批评米勒兰不依靠党而推行他的联盟政策，把这种"冒险的尝试"说成是一种策略，而并非原则问题，认为国际大会用不着讨论它。比利时工人党的领袖王德威尔得以委员会多数派名义为考茨基的决议辩护，饶勒斯、桑巴（法国社会党的改良主义者）、安塞尔、奥艾尔等人支持考茨基的决议案。意大利社会党人费里代表委员会少数派论证盖得的决议案，严厉批判了内阁派和考茨基本人，把他的决议案称作一切机会主义者都可钻空子的"橡皮性决议"。盖得也为自己的议案辩护，他是大会代表中唯一提出无产阶级解放必须实行无产阶级专政的人。最后，大会以29票对9票通过了考茨基的决议案。每个国家有两票投票权，保加利亚和爱尔兰各投了两票反对票，法国、波兰、俄国、意大利和美国各投了1票反对票。

由于考茨基持调和立场，左派在米勒兰问题上失利。但是，在军国主义和殖民政策问题上，革命情绪仍占上风。大会一致通过卢森堡提出的反对军国主义的决议。关于殖民地问题决议责成各社会党研究这个问题，协助殖民地建立社会党，并吸收它加入宗主国的党组织，加强各殖民地社会党之间的联系和紧密关系。

大会在组织问题方面采取了一个重要步骤，决定在布鲁塞尔建立社会党国际局，设主席和一名执行书记负责具体事务，每年召开4次会议。国际局由比利时社会党人王德威尔得任主席，加米尔·胡斯曼任书记。国际局成立后，又规定只有承认社会主义基本原理的政党、工会和合作社等组织才能参加第二国际。社会党国际局的建立弥补了国际自1889年成立10年来没有自己的组织中心和领导中心这一缺陷。

1904年阿姆斯特丹代表大会

国际的第六次代表大会召开之际，伯恩施坦修正主义虽已在德国社会民主党1898—1903年召开的5次代表大会上受到严厉的批判，但在实践中并未克服。阿姆斯特丹代表大会是第二国际反对修正主义的一次大会。出席大会的有24个国家的476名代表，代表着40个工人组织和社会主义政党。

大会争论的中心问题是社会党策略的国际原则。盖得首先在委员会内提出一个决议草案，要求将德国社会民主党德累斯顿代表大会反对修正主义的决议提交本届大会作为各国社会党行动的基本准则，遭到委员会的成员法国的饶勒斯、列诺德尔、奥地利的阿德勒、荷兰的特鲁尔斯特拉的坚决反对。阿德勒和王德威尔得提出修正案，要求删去盖得决议草案中一切谴责修正主义的词句和社会党人不得热衷于参加资产阶级政府的提法。倍倍尔、卢森堡、莫尔和其他委员都支持盖得。倍倍尔作了反对修正主义的重要演说，深入地批驳了饶勒斯等人的观点。委员会以 27 票赞成、3 票反对、10 票弃权通过了盖得的议案。

当把这个决议提交大会讨论表决时，饶勒斯、盖得和倍倍尔都再次发表了针锋相对的演说，阿德勒和王德威尔得又一次提出修正案。大会最后以 25 票赞成、5 票反对、12 票弃权通过了稍加修改的德国社会民主党 1903 年德累斯顿代表大会关于党的策略问题的决议。这个决议被称为德累斯顿—阿姆斯特丹决议。决议非常坚决地谴责修正主义者企图改变以阶级斗争为基础的、久经考验和已取得辉煌成就的策略，用一种迎合现存制度的政策代替战胜敌人从而夺取政权的政策，并指出这种修正主义策略的后果就是把一个社会主义革命政党变成一个满足于对资产阶级社会进行改良的政党。因此，决议宣布，党决不为现存制度的政治和经济状况承担任何责任，决不承认统治阶级为保持政权而采取的任何措施；决议号召社会党不要谋求在资产阶级社会内部参与政权。

这项决议的通过，是国际范围内马克思主义反对修正主义斗争的一个重大胜利。大会未对修正主义者采取组织措施，一致通过了关于党的统一的决议。决议要求所有的社会主义活动家全力促进社会党的统一，否则，他们要对分裂活动的惨痛后果负责。

大会讨论了殖民政策问题。殖民地问题委员会否决了法国社会党提出的谴责殖民政策的议案，接受了费边派的议案。后者号召英国工人迫使他们的政府放弃目前的不体面的殖民制度，建立在英国统治下的易于实行的印度自治。大会通过的有关决议放弃了民族自决权的论点，甚至提出按照土著居民的发展程度给予他们自由和自治的观点。

罗兰·霍斯特代表荷兰代表团提出的总罢工决议案反对无政府工团主义者鼓吹的全面总罢工，主张实行重要工业部门的群众性罢工以取得社会改革和抵抗反动政府的进攻。荷兰代表团的决议以 36 票对 4 票被通过。这个决议较前几届大会对总罢工完全持否定态度前进了一步。

值得一提的是，这次大会召开的时候，日俄战争已经爆发。当日本社会党人片山潜和俄国工人代表普列汉诺夫同时出现在大会讲台上，相互握手致意，表达两国工人阶级共同反对本国政府发动侵略战争的意愿时，与会代表掌声雷动，会议气氛热烈。大会一致通过了谴责日俄战争的决议。

1900 年的巴黎代表大会和 1904 年的阿姆斯特丹代表大会与前几次大会相比，讨论的重点几乎完全转到策略和政策问题上。特别是在阿姆斯特丹大会上，策略问题的讨论完全挤掉了前几次代表大会一直列入议程的战争问题。这并非战争问题已变得无足轻重，而是因为伯恩施坦修正主义思潮虽然受到德国社会民主党的马克思主义正统派的激烈反对，但在实践中还在继续发展并波及其他国家。尽管在反修正主义斗争的最初几年里，有以列宁为首的布尔什维克坚决进行反对修正主义的斗争，然而其他社会民主党的许多领导人表现了动摇和不彻底性。阿姆斯特丹大会通过的反修正主义决议表明，当时在国际中马克思主义革命派还占有优势。可以说，从 1889 年第二国际的成立到 1904 年的阿姆斯特丹的历次国际代表大会和国际常设机构，基本上执行了马克思主义的路线。大会通过的一系列决议虽然受到机会主义、修正主义的干扰，有时也不得不作某些妥协，但总的说是坚持用马克思主义的立场和观点解决工人阶级面临的某些复杂问题，促进了国际工人运动的壮大和巩固。

1907 年斯图加特代表大会

国际的第七次大会于 1907 年 8 月 18—24 日在斯图加特召开。出席大会的有 24 个国家的 881① 名代表。列宁率领俄国代表团出席了大会，这是自第二国际成立以来，列宁第一次参加国际的大会。在上届大会和这届大会之间爆发的 1905 年的俄国革命，极大地唤醒了世界被压迫人民和被压迫民族。这期间，各主要社会党，特别是德国党进行了关于群众性政治罢工的大辩论。辩论的中心问题是，欧洲的社会党今后在与资本的斗争中是继续走和平的议会道路，还是学习俄国革命的榜样。但是在这次大会上，国际的领导不愿代表们过多注意这次伟大的政治事件，在大会通过的向俄

---

① 这个数字在列宁的文章中和一些别的材料中为 25 个国家的 884 人或 886 人。本文中各次大会的代表人数均以《第一国际第二国际历史资料：第二国际》一书为根据。

国革命工人致敬的决议中避免提到俄国革命的性质和远景。在西方社会民主党人中，只有卢森堡依据俄国革命的经验作了关于反对军国主义的发言。

在讨论殖民地问题时，委员会内形成了机会主义的多数。荷兰修正主义者万·科尔在他与委员会内的少数派辩论中首次提出了"社会主义的殖民政策"的观点，他说："在殖民政策上，我们也必须有一个改良纲领。委员会的大多数通过了一项决议……它要求一种社会主义的殖民政策。"机会主义者一致拥护万·科尔。伯恩施坦和大卫代表德国代表团大多数人发言，肯定"社会主义的殖民政策"，猛烈攻击革命派不了解改良的意义，没有切实的殖民纲领等。委员会多数通过了经万·科尔、大卫等人补充修改的阿姆斯特丹决议，其中写道："大会并不在原则上以及在任何时候都反对殖民政策，因为在社会主义的政权之下，它可以起促进文化的作用。"这个论点直接退向资产阶级政策，替殖民战争及野蛮行为辩护。

马赫列夫斯基在委员会中代表少数派（布尔什维克和波兰左派社会党人）驳斥了这个荒谬绝伦的观点，要求原则上谴责殖民政策。两个提案都提交大会讨论。大会以 127 票对 108 票的有限多数通过了少数派的决议。德国代表团相当多的代表，奥地利、荷兰、比利时、瑞典和丹麦的代表，多数英国代表，部分法国代表，以及少数意大利代表，也就是说拥有殖民地的国家的大多数社会党人，都支持"社会主义的"殖民政策。

军国主义问题是讨论得最长和最热烈的一个问题。各国代表都参加了这个问题的委员会。这个委员会实际上是第二个大会。向大会提出的 4 个反战决议中有 3 个是法国代表团提出的。法国少数派盖得的提案认为，军国主义是资本主义制度的必然产物，无须采用特别的反军国主义的手段，以免增加社会主义宣传的困难。国际在战时的态度只需国际局根据具体情况加以确定。法国多数派瓦扬和饶勒斯的提案企图把革命的观点和护国主义结合起来，主张战争爆发时，采取包括群众性罢工和起义在内的一切手段反对战争，同时又说受到进攻的国家的工人阶级有义务保卫国家的独立自主。法国无政府工团主义者爱尔威的提案不区别战争的正义性和非正义性，笼统地加以反对。倍倍尔的提案坚决重申以往各次大会对待军国主义的一贯态度。他只限于提出利用议会手段反军国主义和防止战争。列宁、卢森堡以及其他左翼代表认为，未来战争的帝国主义性质是很清楚的，因此，要"利用战争本身来加速整个阶级统治的崩溃"。他们根据这个观点对倍倍尔的提案作了修正，由卢森堡代表俄国和波兰代表团向分委员会①提出修正案，此案以口头表决获得通过并补充到倍倍尔的提案中。大会一致通过了倍倍尔提出的决议案。

大会讨论了党和工会的关系问题。主张工会中立的思想在大会前就已形成。在这个问题上大会出现一片混乱，提交委员会的议案有 8 个之多。比利时和瑞典代表团主张工会要接受党的领导；德国等代表团反对工会从属于党，主张个人与党合作；法国代表团主张工会完全独立。大会通过的决议既没有谈到工会的中立性，也没有谈到工会的非党性，而是认为工会和社会党必须有密切的联系，并且要巩固这种联系。

斯图加特代表大会鲜明地对比了国际社会民主党的机会主义派和革命派在一系列最重大的问题上的态度，并且本着马克思主义的精神解决了这些问题。令人痛心的是，一向捍卫马克思主义观点的德国社会民主党立场动摇，它的代表在大多数委员会内和在大多数问题上都成了机会主义的首领，它在第二国际中一向所起的实际领导作用，这次丝毫没有表现出来。

1910 年哥本哈根代表大会

国际的第八次代表大会于 1910 年 8 月 28 日—9 月 3 日在哥本哈根召开。出席大会的有五大洲 22 个国家的 886 名代表，代表 800 万组织起来的工人。列宁再次参加了大会。倍倍尔因病未出席大会。德国代表团由列金和艾伯特共同领导。

大会有 9 项议程，但是俄国 1905 年革命所引起的一系列亟待讨论的重大问题，如关于政治性群众罢工、革命危机、民族解放运动、农民问题和无产阶级政党在革命中的领导作用等，一个也没列入。正如王德威尔得在开幕词里所宣布的，这次大会是一个讨论基本的细小工作的大会。

截至 1904 年，在国际内存在一个统一的工会运动。之后，随着资产阶级民族主义思想的发展，情况发生了变化。1909 年，瑞典无产阶级反抗雇主降低工资而举行的总罢工没有获得国际的、特别是英国、法国、比利时工会的支援。奥地利的工会运动也遇到了严重的困难。一个捷克人的派别坚持搞本民族的工会运动，在布拉格成立一个自己的工会中央，要求摆脱奥地利所

---

① 军国主义问题委员会的人数过多，不便讨论问题，于是由它选举产生了分委员会。

实行的多民族的工会结构。他们的理由是：奥地利社会民主党已分裂为各民族的民族政党，因此，工会也必须按民族来划分。大会在讨论工会的统一问题时，拒绝了把国际统一的工会按民族加以分裂的企图，指出它违背了斯图加特关于党和工会关系的决议精神。大会通过的决议强调各国工人运动要在道义上和物质上最大限度地相互支援，每个国家的工会运动都应该在组织上保持统一。

关于合作社①和政党的相互关系问题，大会公布了四个决议草案。比利时的草案要求社会党人警惕把合作社看成某种独立自在的机构或解决社会问题的手段。根据饶勒斯的观点拟定的法国社会党多数派的草案，把合作社标榜为"社会改革"的"必要"因素，鼓吹合作社的中立，大谈合作社对社会党承担义务的害处。饶勒斯本人甚至认为，"合作社可以帮助工人准备实行生产资料和交换手段的民主化和社会化"。② 盖得的草案认为合作社不是阶级组织，号召社会党人不要把合作社看成使资本主义进入社会主义的手段，而应在它内部开展社会主义宣传并利用它为工人的利益而斗争。俄国代表团根据列宁提纲拟定的草案，既承认消费合作社有助于工人的群众性经济斗争和政治斗争，又指出只要生产资料还掌握在资产阶级手中，消费合作社只能略微改善工人的生活状况，它不仅不是同资本进行直接斗争的工具，而且容易造成不用剥夺资产阶级就可以解决社会问题的错觉。因此，必须在合作社中传播阶级斗争和社会主义思想。饶勒斯和以艾尔姆为首的德国社会民主党的多数派反对俄国社会民主党以及盖得的草案。

合作社委员会本身分为两派，饶勒斯和艾尔姆为一派，比利时代表为一派。奥地利合作运动的活动家卡尔·彼列斯为调和派。委员会最后通过了奥比混合决议，否决了俄国代表团和盖得对此决议提出的两项修正。大会也通过了这个混合决议。

大会还讨论了工人立法和失业保险等问题。这些问题的讨论都比以往各次大会具有更鲜明的改良主义色彩。

1907 年的斯图加特代表大会和 1910 年的哥本哈根代表大会的情况表明，机会主义的倾向和势力加强了。这是第二国际在俄国 1905 年革命之后越来越明显地向机会主义蜕化的结果。斯图加特代表大会就代表人数来说是一次

---

① 指消费合作社。
② 《列宁全集》第 16 卷，人民出版社 1961 年版，第 279 页。

机会主义者占多数的大会。哥本哈根代表大会在讨论工会问题时表现了民族主义倾向，而大会通过的关于合作社的决议却是调和争论的双方的折中方案，并迫使俄国代表团撤销它提出的决议草案。列宁出席了这两次代表大会。他在大会期间除了在社会党国际局、有关问题委员会和社会主义报刊编辑人员会议上做了大量工作外，还召开了参加大会的波兰、德国、保加利亚、荷兰等国左翼社会党人和布尔什维克的联席会议。居于少数的左派之所以能够在制定决议时实现自己的目的，这要归功于列宁使他们有了统一的、坚定的国际主义立场，从而在一系列问题上采取了一致的态度。

1912 年巴塞尔代表大会

哥本哈根代表大会结束了第二国际历史中的和平议会主义阶段。大会闭幕以后的两年间，国际局势日趋紧张，到 1912 年达到了顶点。这年的 10 月爆发了巴尔干战争，世界大战有一触即发之势。但是，逐渐篡夺了各国社会党领导权的机会主义和修正主义的领袖拒不执行国际各次大会关于反对战争威胁的决议，德国、法国、英国和比利时的社会党议员投票赞成军事拨款。法国、英国和比利时的社会党人还加入进行战争的本国政府。

在这种形势下，社会党国际局召开了紧急会议，代表参加国际的千百万工人宣布反对战争。接着，国际局决定提前于 1912 年 11 月 9 日在巴塞尔召开国际的第九次（非常）代表大会。这次大会有 23 个国家的 555 名代表出席，议程只有一个，讨论"国际局势和反对战争的统一行动"。大会开幕后，举行了有资产阶级和平主义者参加的大规模的群众示威游行。瑞士当局对大会表示欢迎。巴塞尔邦政府向大会祝贺。教会当局提供教堂供反战集会使用。瑞士社会民主党政府首脑布洛赫在他的开幕词里称赞教会当局的热情款待，甚至说"社会主义理想……在基督教历史中也留有深刻的痕迹"。高龄的倍倍尔反对对宗教的阿谀奉承。

会上，不少代表的发言流露出和平主义、无政府工团主义和改良主义的思想和情绪，但是更多代表的发言是热烈呼吁人民制止战争，并指出利用战争的危机推翻资本主义的前景。最后大会一致通过了《国际局势和社会民主党反对战争危险的统一行动的决议》，即著名的《巴塞尔宣言》。

宣言分析了上届大会以来的国际局势，揭露了两大帝国主义集团疯狂备战，提醒各国社会党警惕它们发动世界战争的阴谋，号召各国党采取一切必要手段反对战争，并为不同国家的社会党规定了具体的任务和策略。宣言指出，社会党人要利用统治阶级害怕世界大战会引起无产阶级革命的恐惧心理，把帝国主义战争转变为社会主义革命。宣言最后警告各国政府：如果它们胆敢发动战争，等待它们的将是普法战争引起的巴黎公社革命和日俄战争唤起的俄国革命的命运。列宁很重视这个宣言，认为它"总结了各国许多反战的宣传鼓动文献，最确切而全面地、最庄严而正式地阐述了社会党人对战争的观点和策略"①。

第二国际各党的机会主义和修正主义的领袖们慑于人民群众强烈而高涨的反战情绪，被迫投票赞成巴塞尔宣言。但是，1914 年 8 月第一次世界大战一爆发，德国社会民主党国会党团的 110 名议员即在国会投票拥护军事拨款。② 接着，法国社会党、奥地利社会民主党、英国工党和独立党、比利时工人党、俄国孟什维克都采取了和德国党同样的行动，公开背叛国际主义，支持本国政府进行帝国主义战争。列宁严厉地谴责了欧洲各主要国家社会党领袖的背叛行径，指出第二国际最大和最有影响的德国社会民主党"首先要负玷污社会主义的责任"③。

当时，各国党内虽然也有一些拥护国际主义的革命左派，还有少数党反对帝国主义战争，但是，第二国际大多数党在修正主义领导集团的控制下，公开投入本国资产阶级政府的怀抱，堕落成为可耻的社会沙文主义者。这标志着第二国际的破产。列宁指出："第二国际（1889—1914 年）大多数领袖背叛社会主义的行为，意味着这个国际在思想上政治上的破产"④，他还指出："国际的破产不是社会主义的破产，而是不够格的社会主义即机会主义和改良主义的破产。"⑤

第一次世界大战结束后，为了扑灭各国的革命火焰，当年狂热支持本国政府进行掠夺战争的右派社会党人着手恢复第二国际。1919 年 2 月，这批社会爱国主义者在伯尔尼举行了和解会议。原第二国际中的 26 个国家的政党派代表参加了这次会议。协约国的社会党人掌握了会议的领导权，他们支持巴黎和会上协约国

---

① 《列宁选集》第 2 卷，人民出版社 1972 年版，第 615 页。

② 卡·李卜克内西、卢森堡和其他少数人在党的预先表决中反对军事拨款，考茨基弃权。在正式投票时，迫于党的纪律，他们被迫投了赞成票。

③ 《列宁选集》第 2 卷，人民出版社 1972 年版，第 570 页。

④ 《列宁全集》第 21 卷，人民出版社 1959 年版，第 2 页。

⑤ 同上书，第 6—7 页。

的立场，把战败国的社会党人视为敌方。因此，双方在会上不止一次地发生冲突。但是，反对十月社会主义革命和反对苏维埃政权的共同利益最终把他们联结在一起，他们在会上全力支持帝国主义战胜国组织国际联盟。

这次会议成立了社会主义"国际"的常设委员会和执行委员会，使第二国际得以死灰复燃。复活后的第二国际被称为伯尔尼国际。伯尔尼国际与资产阶级紧密配合，阻挠正在发展中的无产阶级革命。

两次巴尔干战争

张联芳　王延生

1912 年 10 月至 1913 年 8 月，在不满一年的时间里，连续爆发了两次巴尔干战争。这两次战争在世界近代史末期占有重要地位，史学家往往称其为第一次世界大战的序幕。

战前的巴尔干局势

巴尔干地区曾遭受奥斯曼帝国长达四五百年之久的残酷统治。巴尔干各国人民进行了可歌可泣的英勇斗争，于 19 世纪先后走上独立发展的道路。截至 20 世纪初，巴尔干地区仍有很大一部分领土，包括阿尔巴尼亚、马其顿、色雷斯、克里特、爱琴海诸岛屿等，处于奥斯曼土耳其的统治下。

居住在这些地区的保加利亚人、塞尔维亚人、马其顿人、希腊人、阿尔巴尼亚人和瓦拉几亚人，迫切要求摆脱土耳其的封建统治，为此进行了不屈不挠的斗争。1903 年在马其顿和色雷斯先后爆发了由"马其顿—阿得里安堡内部革命组织"领导的"伊林顿"起义和普列欧布拉兹赫尼起义。1910年和 1911 年从普里什提纳到科索沃席卷整个山区的阿尔巴尼亚起义，以及1908 年克里特人要求与希腊合并的运动等，把这一斗争推向了新的高潮。

20 世纪初，已获得独立的希腊、保加利亚、塞尔维亚等国人民，对上述地区本民族同胞的解放斗争极为同情，并要求给予大力支持。这些国家人民的反土情绪也进一步高涨。他们要求本国政府与土耳其政府决裂，把土耳其统治者赶出巴尔干。历史上形成的巴尔干各国人民与奥斯曼帝国的矛盾进一步激化。

这时，巴尔干各国的经济实力有所增强，资本主义经济得到了发展。据统计，在 1914 年塞尔维亚建立了约 500 家较大的工矿企业。1907 年，希腊商船队已拥有轮船 258 艘、帆船 1045 艘，其总排水量达 29.4 万吨。保加利亚 1900—1911 年新建的铁路线长达 754 公里。这个时期，在巴尔干产生了第一批资本主义垄断组织。1909 年，巴尔干各国大企业的投资额已有 3/5 属于股份公司。

随着资本主义经济在巴尔干各国的发展，新兴的资产阶级在半岛上最后形成了。巴尔干各国资产阶级为了销售日益增多的商品，获得高额利润，不仅极力扩大国内市场，而且急需向外扩张，夺取新的市场。于是巴尔干各国资产阶级政府把矛头指向当时仍处于土耳其统治下的马其顿、色雷斯、爱琴海诸岛屿和阿尔巴尼亚等地区和国家。

它们各有自己的打算：

希腊政府梦想恢复当年地跨欧、亚两洲的希腊—拜占庭帝国。在"大希腊思想"的指导下，它不仅想从土耳其手中夺回一水之隔的克里特岛，而且准备向西、北两面扩张，夺取马其顿和阿尔巴尼亚南部大片土地。

保加利亚企图实现"圣斯特芬诺大保加利亚"的理想。[①] 它想独占马其顿和色雷斯，拥有萨洛尼卡和卡瓦拉等港口，进入爱琴海。

塞尔维亚要求建立包括大部分马其顿在内的"大塞尔维亚"。它想分割阿尔巴尼亚，占有包括萨洛尼卡在内的大部分马其顿地区，获得爱琴海和亚得里亚海两处出海口。

门的内哥罗企图分割诺维巴萨，强占阿尔巴尼亚北部，与塞尔维亚相接壤。

这些国家的资产阶级政府还企图通过一场反对土耳其的战争，把本国人民群众引上民族主义和沙文主义的歧途，以便使他们的注意力离开国内日益尖锐的阶级斗争，达到阻止国内革命爆发的目的。

由于国力不强，它们只有彼此联合起来，才能同土耳其抗衡。但它们彼此间又存在着重大的利害冲突，而且在不同程度上它们都受着帝国主义列强的宰割。

这时，由于各帝国主义国家的实力有了新的变化，引起了重新瓜分世界的斗争，并逐渐形成两大帝国主义集团，即德、奥、意同盟国集团和英、法、俄协约国集团。巴尔干半岛地处欧洲的东南端，是欧洲通往亚非两大洲

---

① 1877—1878 年的俄土战争之后，俄、土两国在君士坦丁堡附近的一个小镇——圣斯特芬诺签订了和约。和约规定，自治的保加利亚国家的领土范围较大，几乎包括整个马其顿。

的重要门户，不仅具有重要的经济意义，而且有着重要的战略地位，因此首当其冲成为帝国主义列强争夺的主要目标之一。列强的争夺直接影响着该地区各国政府的内外政策，影响着巴尔干局势的发展和变化。

同盟国集团，特别是德国，为了确保自己在土耳其帝国的经济利益和政治影响，反对巴尔干国家的联合反土斗争。协约国集团，尤其是俄国，则主张调解巴尔干各国间的分歧，使其结成同盟，以对抗德、奥。

保加利亚在德、奥的影响下，最初不愿同任何巴尔干邻国结盟，更不愿将斗争的矛头指向奥匈。它对土耳其也一度表示亲善，企图以此获得马其顿地区。

塞尔维亚在俄国的影响下，为了对抗奥匈对它的威胁，希望联合保加利亚和希腊，甚至寻求土耳其的支持，但同样不放弃对马其顿的要求。

希腊则在英国的影响下，企图通过签订希、塞、保同盟，实现其把克里特并入自己的版图和瓜分马其顿、色雷斯以及阿尔巴尼亚之目的。

1911 年 9 月 16 日爆发的意土战争加速了巴尔干的危机。为了争夺地中海霸权和向北非扩张，意大利对位于地中海南岸的土属的黎波里早已怀有野心。它通过一系列外交活动，分别取得了其他帝国主义列强对其在该地区进行扩张的认可。于是，在德法矛盾激化引起第二次摩洛哥危机的时刻[①]，它发动了对土耳其的战争。战争一直延续到 1912 年 10 月第一次巴尔干战争开始时才结束。土耳其被迫将的黎波里和昔兰尼加割给意大利。土军在意土战争中的节节失利充分证明，庞大的奥斯曼帝国已经十分虚弱，不堪一击。这增强了巴尔干各国战胜土耳其的信心。于是它们开始了频繁的外交活动，迅速联合起来。

保、塞两国首先联合。早在 1904 年，保、塞就曾开始谈判，根据"巴尔干是巴尔干人的巴尔干"的原则，签订了《同盟条约》。但是，由于奥匈的干预，条约未能执行。此后，两国政府又进行了多次商谈，并于 1911 年初建立了"保塞文化经济合作联合会"。意土战争爆发后，保加利亚首相盖朔夫突然中断了在法国的休养，立即回国。途中，他同塞尔维亚首相米洛瓦诺维奇进行了密谈。接着，两国外交代表频繁接触。俄国驻索非亚和贝尔格莱德的外交代表涅克留托夫和哈尔特维格参加了保、塞在巴黎举行的谈判。1912 年 3 月，两国终于在俄国的调解下签订了为期 8 年的《保加利亚王国和

---

① 参见本书《两次摩洛哥危机》一文。

塞尔维亚王国友好同盟条约》。条约规定，如果一方或双方同时受到他国进攻或任何列强企图侵占土耳其在巴尔干的属地，两国进行全面援助。为此，两国还签订了军事协定。根据条约，沙山山脉西北部一带的土地划归塞尔维亚，而罗多彼山脉以东至斯特鲁玛河流域则归保加利亚。至于有争议的马其顿中部地区，两国政府同意交由俄国沙皇仲裁。

随后，保、希两国政府在英国外交官的参与下，经过谈判，于1912年5月签订了为期3年的防御协定，同年9月又签订了军事同盟协定。保希条约声称，如果土耳其政府破坏东正教教徒的权利，就将引起战争。可见，保希条约虽称"防御"，实质上为两国政府提供了对土宣战的借口。

与此同时，保加利亚同门的内哥罗达成了口头协议（巴尔干战争开始后签订书面协定）。由于俄国是门的内哥罗国王尼基塔的庇护人，保、门的谈判未遇到大的困难。根据口头达成的协议，如果发生反土或反奥的战争，保、门两国进行全面援助。

这样，通过保塞、保希和保门条约或口头协议，巴尔干4国终于在1912年9月底暂时把互相之间的分歧搁置一边，建立了反土联盟，史称"巴尔干同盟"。这个同盟是巴尔干各国资产阶级政府不同利益相互妥协的产物，也是帝国主义列强在巴尔干地区推行扩张政策的结果。这一同盟的建立，使得巴尔干的战火迫在眉睫。

第一次巴尔干战争

1912年10月8日，门的内哥罗首先对土耳其采取战争行动。5天后，即10月13日，保、塞、希等国向土耳其政府发出最后通牒，要求它根据1878年柏林条约的规定，在马其顿和色雷斯进行改革，允许那里的各民族获得自治，以及基督徒的学校与伊斯兰教徒的学校具有平等地位，等等。土耳其的基雅米尔政府拒绝了各国的要求，并召回了驻希、保、塞等国的大使，退回了上述三国驻君士坦丁堡大使的国书。

10月17日，保、塞两国向土宣战。土政府立即作出反应，也向保、塞两国宣战。土未向希腊宣战是企图以克里特并入希腊为条件，换取希腊的妥协，使其保持中立，以便于自己从小亚细亚抽调军队，前往马其顿和色雷斯作战。但希腊信守与盟国签订的条约，于10月18日加入了反土战争。第一次巴尔干战争就这样开场了。

　　土耳其政府没有预料到巴尔干各国能如此迅速地将分歧搁置一旁，采取一致的反土行动。同时，它对自己的力量也作了过高的估计，因此对战争未作足够的准备。战争开始后，匆忙进行紧急军事动员。当时，土耳其军队共有40万人，大炮1600门，其中包括城防炮750门。土军装备虽好，但训练很差，许多土兵甚至不会使用武器。

　　巴尔干同盟方面却有足够的战争准备。战前，巴尔干各国完成了各自的扩军计划，拥有军队近70万人，各种炮1500多门。其中保军35万人，炮720门；塞军22万人，炮500门；希军9万人，炮180门；门的内哥罗军3万人，炮130门。相比之下，巴尔干同盟军占有明显的优势。巴尔干各国军队士气旺盛，士兵们与本国政府不同，作战的目的是真正解放马其顿、色雷斯等地区尚受奴役的同胞兄弟。

　　战争开始后，保军首先进攻色雷斯，然后向君士坦丁堡挺进，直接威胁土耳其的京城。塞、希、门三国军队，分别向马其顿和阿尔巴尼亚等地进军。希腊舰队游弋于爱琴海航道，阻止土军通过水路增援上述地区。

　　1912年10月下旬，保加利亚第一军和第三军首先向色雷斯东部的格奇吉利、谢里奥卢、埃斯基鲍卢斯和佩特拉等地的土军发起进攻。经过5昼夜激战，保军消灭了土军主力，并占领了色雷斯东部重要城镇洛泽格勒。保第二军包围了拥有6万土耳其守军的著名城堡奥德林。一支土军在布尔加斯一布那尔希萨尔一带赶修防御工事，企图阻止保军前进，不久即遭失败。保军在罗多彼山区歼灭一支土军，活捉其首领雅维尔帕夏。保军乘胜南下，抵达距君士坦丁堡只有40公里的恰塔尔札防线，企图攻破防线直捣土耳其京城，未能成功。希军统帅康斯坦丁王子曾建议派两师希军增援，但遭拒绝，因为保加利亚想独占该城。

　　希军与土军交战的主要地区在马其顿南部和依皮鲁斯及阿尔巴尼亚南部，即所谓"北依皮鲁斯"地区。10月19日，希军向土军阵地发起进攻；23日，攻占塞尔瓦；25日，进入柯札尼。11月1日，希军以5个师和1个骑兵旅的兵力，向土军5个师和6个炮兵队驻防的防线发起进攻。这是土军用来保卫马其顿的首府——萨洛尼卡的一条重要防线。经过激战，希军攻破防线，俘敌3000人，缴获大炮14门和很多枪支弹药。土军被迫后撤，希军跟踪追击，逼近萨洛尼卡。这时，一支保军也沿着斯特鲁玛河谷抵达该城附近。11月8日，守城土军指挥官哈桑·塔克辛接受希军统帅康斯坦丁的受降条件。当日夜，希军进入萨洛尼卡。经过协商，一支保军也随后入城。

在依皮鲁斯地区，希军于 10 月 25 日占领菲力匹亚；11 月 3 日，攻克普雷韦齐。1913 年 3 月 4 日，希军向雅尼纳城发起总攻。6 日，3.5 万名土军投降。希军还进入阿尔巴尼亚南部，先后占领了吉诺卡斯特、科尔察、台佩莱纳等城镇。

希腊舰队于 12 月 16 日在达达尼尔海峡附近击败土耳其舰队，完全控制了爱琴海域，封锁了达达尼尔海峡。

塞尔维亚军队于 10 月 23—24 日进入库马诺伏，迫使土军向比托拉等地撤退。10 月 26 日，塞军占领斯科普里。次日，切断比托拉等地土军与君士坦丁堡的联系。11 月 18 日，塞军在希军的配合下攻占比托拉。与此同时，塞第三、四军进入阿尔巴尼亚，向亚得里亚海岸挺进，先后占领了都拉斯、地拉那、爱尔巴桑、培拉特等地。

门的内哥罗军队一直包围并攻打阿尔巴尼亚北部重镇——斯库台，使守城土军处于困境。

在保、希、塞、门 4 国军队的大举进攻下，土军节节败退，被迫于 1912 年 12 月 3 日照会列强各国，请求调解。沙皇俄国担心保加利亚等国将会夺取君士坦丁堡，使它失去在巴尔干的有利地位，愿出面调解，结束战争。奥匈对塞尔维亚夺取亚得里亚出海口的努力，甚感不安。它在德国的支持下，进行军事动员，调动大军准备侵犯塞尔维亚边境，以阻止塞军向亚得里亚海岸挺进。

在这种复杂局面下，保、塞两国接受了土耳其的停火建议。希腊拒绝，但声明此举不应被认为"它与其他盟国存在着根本分歧"，而是出于军事需要，同时表示，希将参加缔结和约的谈判。于是，以保、希、塞、门为一方，以土耳其为另一方的谈判，于 1912 年 12 月 26 日在伦敦开始。

在谈判中，不仅谈判双方在一系列问题上存在严重分歧，而且巴尔干同盟内部，以及它们与列强之间，均存在十分尖锐的矛盾。

1913 年 1 月 6 日举行第 10 次伦敦谈判，土方代表拒绝对方提出的领土要求，致使谈判一度中断。后来在列强和巴尔干各国代表的压力下，土代表勉强接受对方的要求，表示同意除君士坦丁堡等地外，放弃土在欧洲的全部属地。此时，土耳其国内发生政变，穆罕默德·舍夫克特推翻基雅米尔政权，成立了新政府。舍夫克特新政府拒绝停战条款。于是 1913 年 2 月 3 日战事再起。土军再次战败。保军攻克阿得里安堡，希军占领雅尼纳，门、塞军队进入斯库台。土耳其代表被迫重新回到谈判桌上。

关于领土分歧主要集中在阿尔巴尼亚和马其顿。为了国家的独立，阿尔巴尼亚人民进行了长期的英勇斗争。1912年，他们举行了全国总起义。起义于4月末在贾科瓦地区开始，5月波及整个科索沃，6月席卷了阿尔巴尼亚南部、中部和北部。7月22日，起义者胜利进入普里什提纳，并向斯科普里亚城发动进攻。8月12日，攻陷该城。11月26日和27日，各地革命者选出代表在发罗那召开国民大会，宣布国家独立，成立了以伊斯玛依尔·捷马利为首的第一个阿尔巴尼亚民族政府。

但阿尔巴尼亚的邻国——希腊、塞尔维亚和门的内哥罗，却无视它的独立愿望，企图瓜分它。欧洲列强趁机插手，企图利用巴尔干的形势，排挤对手，扩大自己的势力范围。奥匈主张阿尔巴尼亚自治，其目的是阻止塞尔维亚拥有亚得里亚出海口和门的内哥罗占有斯库台，以便由自己控制这一地区，抵制俄国势力的渗入。奥匈的立场得到了德国和意大利的支持，而门、塞两国则有俄国、英国的支持。

这时，俄、法、意、德、奥匈等国驻伦敦大使，在英国外交大臣爱德华·格莱爵士主持下，召开会议。在各国大使会议上，列强经过讨价还价，于1912年12月27日作出决定，让阿尔巴尼亚在土耳其享有宗主权的前提下，获得自治。这意味着希、塞、门三国必须放弃已被它们占领的阿尔巴尼亚领土。这个会议的决议，满足了奥匈的愿望，却加深了巴尔干同盟各国对瓜分马其顿领土的矛盾，并因此导致了第二次巴尔干战争的爆发。

巴尔干同盟国与土耳其的谈判历经5个多月，终于收场。1913年5月30日，与会各国代表签订了伦敦和约。和约规定："土耳其素丹陛下将向同盟国国王陛下们，交出奥斯曼帝国欧洲部分的全部领土（阿尔巴尼亚除外），其西部边界线将从爱琴海的埃内兹到里海的米迪亚。"和约还规定，将关于爱琴海诸岛屿及阿尔巴尼亚的问题，交由英、法、俄、德、奥匈等国君主决定。

伦敦和约虽然正式签字并公布，却未生效。正当各国履行批准手续时，第二次巴尔干战争爆发了。

第二次巴尔干战争

伦敦和约的签订，进一步加深了巴尔干各国之间以及帝国主义列强的矛盾。

保加利亚认为，在第一次巴尔干战争中，它出力最大，应分得更多更好的领土，应占有马其顿中部的斯科普里城及萨洛尼卡等地，甚至独霸马其顿。为此，它决定动用武力，驱赶希、塞等盟国军队。

塞尔维亚所占的领土多在阿尔巴尼亚境内。但根据伦敦和约的规定，它必须将军队撤出。塞尔维亚统治阶级想在马其顿地区占有更多的领土，以弥补其"损失"。为此，它公开提出修改塞、保盟约，改变其瓜分马其顿地区的协定。

希腊也不满足已获得的领土，更不愿从北依皮鲁斯撤军。在马其顿和色雷斯地区，它坚决反对保对萨洛尼卡等地的领土要求，并企图扩大自己的占领地区。

为了共同对付保加利亚，希、塞经过秘密会谈，于1913年6月1日缔结了同盟条约和军事协定。

门的内哥罗站在希、塞一边。它不愿从阿尔巴尼亚北部撤军，还企图取得诺维巴萨州，以便与塞接壤。

巴尔干危机由于罗马尼亚插手和土耳其的趁机反扑而更加严重。罗马尼亚政府企图寻找时机从保手中夺取资源丰富并拥有黑海良港的南多布鲁甲。土耳其则要从保手中夺回色雷斯的东部地区，以便巩固它对博斯普鲁斯海峡和马尔马拉海北岸的控制。

帝国主义列强的粗暴干涉，使巴尔干同盟内部的矛盾尖锐化。

同盟国集团千方百计地破坏巴尔干同盟，但在做法上德、奥之间并非完全一致。德国支持希、塞结盟，支持罗对锡里斯特拉的要求，反对保对萨洛尼卡的领土要求；奥匈帝国则支持保取得萨洛尼卡，但劝保让出锡里斯特拉，以便促成保、罗联合，拉拢希腊和土耳其，共同反对塞尔维亚。

沙俄等协约国为了对抗德、奥匈等国，竭力调解巴尔干各国间的矛盾，反对塞、希缔结反保联盟。为此，俄国邀请塞、保、希、门等国首相于1913年6月16日赴彼得堡会谈，以便调解其矛盾，但未成功。于是协约国集团公开站在希、塞一边。

两大帝国主义集团对巴尔干国家的政策，加剧了这里的紧张局势，导致了巴尔干战火的重新燃起。

1913年6月29日，保国王斐迪南在奥匈帝国的支持下，突然发出向马其顿进攻的紧急命令，从而揭开了第二次巴尔干战争的序幕。保军向驻扎在马其顿的塞、希军队发起进攻。

保军的突袭，并未使塞、希、门三国感到意外。它们早已做好了准备，也热衷于通过战争取得谈判桌上没有得到的东西。所以，保加利亚的挑战，恰恰迎合了它们的需要。

塞、希、门三国对这场战争的准备较保加利亚充分，其正规军达 59.8 万人，并得了英、俄等国的支持。保军只有 50 万人。奥匈帝国虽答应予以援助，但实际上并未兑现。

保统治阶级盲目地认为，在几天之内就可打败自己的对手。事实恰恰相反，保军的进攻一开始就被塞、希、门三国军队击退，被迫转入守势。希军于 7 月 4 日攻占了由 5 万多名保军驻防的基尔基斯城，14 日占领了德腊玛城。塞军从札伊恰尔驱逐保军，一举占领了科恰纳和科利伏拉克等地。

保军的失利，使罗、土统治阶级感到有机可乘。1913 年 6 月 30 日至 7 月 2 日，50 万罗军分两路强渡多瑙河，进入保南多布鲁甲平原和北部地区，并向保首都——索非亚迅速挺进。随后土耳其政府破坏伦敦和约，动用 2.5 万名土军，越过米迪亚—埃内兹一线，占领了阿得里安堡，并迅速向保边境前进。

7 月末，罗军从北方逼近索非亚，塞、希军队也准备从西、南两面向索非亚进军。保军陷入四面楚歌的困境。保政府以斐迪南国王的名义，致电罗、塞、希政府，请求停火。

1913 年 7 月 28 日，以保加利亚为一方，希、塞、罗、门为另一方，开始在布加勒斯特会谈。同伦敦和会一样，帝国主义列强对这次巴尔干国家的会议也进行了粗暴的干涉。

1913 年 8 月 10 日，保、塞、罗、希、门 5 国签订了布加勒斯特和约。根据条约，马其顿几乎完全为希、塞两国所占。塞分得马其顿西部和中部及诺维巴萨东半部。希不仅占据了马其顿南部及萨洛尼卡港，而且得到了色雷斯西部的杰杰阿卡奇港。方圆 800 平方公里的保加利亚谷仓——南多布鲁甲，被迫割让给罗马尼亚。

此外，根据 1913 年 9 月 29 日保土签订的君士坦丁堡条约，土耳其政府从保加利亚手中重新夺回了阿得里安堡。

战争的性质和后果

历史告诉人们，战争的性质往往是复杂的，特别是多方参加的国际战争。它受着各种主客观因素的制约和影响，诸如交战国双方的作战动机，第三者插手的目的，人民群众在战争中的作用，以及战争引起的后果，等等。我们应对两次巴尔干战争的性质进行具体分析。

两次巴尔干战争的性质有所不同。

第一次巴尔干战争，虽然从战争开始到结束，一直存在着两大帝国主义集团的干涉和影响，虽然巴尔干各国王室和政府有着扩张领土的意图，但它具有进步意义。因为战争的矛头指向了长期压迫和奴役该地区的奥斯曼帝国，指向了它那落后的军事封建制度。这场战争，顺应了世界历史的发展趋势，使整个巴尔干地区结束了阻碍其发展的封建制度的统治，甚至在"摧毁整个东欧的中世纪残余方面"，"向前迈得一大步"。①

阿尔巴尼亚人民 1910 年和 1911 年的起义，加速了巴尔干战争的爆发；巴尔干战争爆发和土耳其军队被击溃，也为阿尔巴尼亚人民赢得民族独立提供了良机。阿尔巴尼亚人民经过长期的奋战，终于摆脱了奥斯曼帝国长达 500 年的残酷统治，走上了独立发展的道路。

马其顿和色雷斯等地区人民，在战争爆发前和战争中掀起了一次又一次的反土斗争高潮，有力地打击了土耳其封建势力，对巴尔干各国取得反土战争的胜利，作出了积极的贡献。特别是在马其顿地区，居民组织了 50 多个游击队。他们到处袭击土耳其人，切断交通线，破坏敌人的各种军用设施，并解放了许多村庄和城镇，有力地配合了巴尔干各国的反土战争。第一次巴尔干战争的胜利，彻底摧毁了奥斯曼土耳其在马其顿、色雷斯等地的落后的封建制度，使这些地区人民要求摆脱土耳其统治的愿望终于实现了，从而促进了这些地区的历史进程。正如列宁当时所指出的："巴尔干战争是标志着亚洲和东欧中世纪社会崩溃的一系列世界事件中的一环"②，是"我们这个时代我们'东方'所发生的一连串有世界意义的事变"③ 之一。

第一次巴尔干战争还打击了两大帝国主义侵略集团，特别是打击了德、奥匈同盟集团，打乱了它们长期以来在巴尔干地区精心策划的战略部署。战前几乎所有欧洲政府和资产阶级报刊都坚持认为巴尔干的"现状"是不可改变的，经过战争，"世界历史已经揭开了新的一章"④，巴尔干的"现状"被

---

① 《列宁全集》第 18 卷，人民出版社 1959 年版，第 364 页。
② 《列宁全集》第 19 卷，人民出版社 1959 年版，第 19 页。
③ 《列宁全集》第 20 卷，人民出版社 1958 年版，第 406 页。
④ 《列宁全集》第 18 卷，人民出版社 1959 年版，第 363 页。

打破了。

作为这场战争的组织者和领导者的巴尔干各国君主与资产阶级政府，违背本国人民的意愿，把战争当成了它们向外扩张，夺取新的领土的手段；两大帝国主义集团自始至终进行干涉，在一定程度上影响着战争的进程，因此这场战争也带有非正义的，甚至反动的一面。它造成的消极后果主要表现在：助长了巴尔干各国资产阶级的民族沙文主义情绪和扩张领土的野心；加剧了两大帝国主义集团对该地区的争夺和角逐，从而为另一次新的战争埋下了祸根，并使这一地区长期处于战火连绵、动荡不安之中。

第二次巴尔干战争是由于巴尔干同盟各国争夺领土而引起的，交战双方均是非正义的。这场战争带来的后果极其严重，它把巴尔干各国人民拖入了全球性战争的深渊。

帝国主义的外来干涉，加速了这场战争的爆发。但是，通过战争，它们既未能缓和资本主义制度固有的矛盾，也未能解决巴尔干地区的民族问题。马其顿的被瓜分并未取得当地人民的同意，南多布鲁甲割让给罗马尼亚也并非是当地人民的意愿。

保加利亚既留恋失去的土地——南多布鲁甲，也不满于分得较希、塞为少的土地，曾几次表示要修改布加勒斯特和约。塞、希、门、罗坚持维护此和约，并接受协约国的影响。这对德、奥匈同盟国集团的利益构成威胁，因此它们对此怀恨在心。

两次巴尔干战争的结果，使德国建造巴格达铁路的"东进计划"受到致命的打击，打乱了它向外扩张的如意算盘。在第一次巴尔干战争中德国支持的土耳其，以及在第二次巴尔干战争中奥匈与其站在一边的保加利亚，均成为战败者。因此德、奥匈在这一地区的经济利益和政治影响，受到严重损害。

此外，战后塞尔维亚的领土扩大了1倍多，与门的内哥罗的领土连成一片，包围了波斯尼亚和黑塞哥维那，成为奥匈帝国向南扩张的巨大障碍。

第二次巴尔干战争，不仅未能解决巴尔干各国旧的矛盾，而且增加了新的更深刻的矛盾，从而为帝国主义列强干涉巴尔干事务造成了可乘之机。两大帝国主义集团之间在巴尔干等地的争夺和角逐日益加剧。它们不断地在巴尔干半岛挑拨离间，制造事端，使巴尔干各国彼此视若仇敌，剑拔弩张，从而使这里成为世界上最敏感、最易爆发战争的地区，成为帝国主义发动新战争的温床和火药库。

同盟国和协约国的形成

沈永兴

第一次世界大战是由以德国为首的同盟国集团和以英国为首的协约国集团挑起的。同盟国和协约国的形成，经历了错综复杂的酝酿和演变过程。大体说来，这种演变的趋势是：在欧洲大陆，德法矛盾特别尖锐，成为左右欧洲大国关系的主导因素；在近东，包括巴尔干和小亚细亚地区，英德、德俄和奥俄的矛盾明显加剧；从世界范围而言，英、德两国成为争霸的主要对手，而原来在殖民地问题上争夺相当激烈的英俄、英法之间的矛盾，却慢慢降为次要因素。围绕这几对矛盾，欧洲几个大国的关系发生了新的分化和改组，最终形成了同盟国和协约国两个相互对峙的军事集团。

从三皇同盟到三国同盟

造成两大军事集团对峙的起因，要追溯到 1870—1871 年的普法战争。在此之前，法国在西欧和中欧大陆处于霸主地位，但在普法战争中，法国惨败，被迫签订了法兰克福和约，规定赔款 50 亿法郎，还要割让阿尔萨斯和洛林的一部分给德国。从此，一个统一的德意志帝国崛起，成为欧洲举足轻重的强国，法国则丧失了昔日的地位。德、法结下了世仇。在 19 世纪最后 30 年，德法矛盾在欧洲国际关系中始终占有最突出的地位。

然而，法国经过三年的努力，付清了赔款，开始恢复元气。法国统治阶级准备重整旗鼓，伺机复仇。另外，德国的企图是要彻底打垮法国，充当欧洲霸主。为了实现这一目标，德国宰相俾斯麦最主要的任务是阻止法国与其他大国结盟，尽量把法国可能和潜在的盟友都拉到自己一边。联奥是俾斯麦的既定方针，同奥匈建立一种稳定和友好的关系，以便在争霸中有一个可靠的盟友。俾斯麦认为，拉拢俄国是孤立法国的关键，他表示，要与俄国保持

"传统的友好关系"，他还说："在维也纳、彼得堡，进而在罗马保存君主制度，是我们德国的一项任务。"

在俾斯麦的策划下，1872年9月5—12日，三国皇帝在柏林会晤。1873年5月6日，德皇威廉一世又到彼得堡访问，德国总参谋长毛奇和俄国陆军元帅贝尔格签订了德俄军事专约，专约共3条，其主要内容正如第一条所载明的那样："如果两帝国之一遭受任何一个欧洲大国的攻击，另一个帝国应立即以20万精锐部队予以援助。"同年6月6日，俄奥两国皇帝在维也纳城附近的申布隆签订协定，主要内容是：双方同意，"一旦发生第三国的侵略有损害欧洲和平的危险时"，两国皇帝互相约定，"不需要寻求或缔结新的同盟"，双方应立即商定"共同行动的方针"；如有采取军事行动之必要，"两国皇帝应缔结特殊协定予以规定"。10月20日，德皇认为申布隆协定与德俄在彼得堡的协议的主导思想相符，因而也在这个条约上签字，这次订约史称"三皇同盟"。

三皇同盟是在三国利益一致的基础上产生的。德国的目标是利用三皇同盟孤立和再度削弱法国。俄国由于与英国在中亚地区相敌对，需要取得西部边疆安全的保证；而且俄奥当时在巴尔干的矛盾有所缓和，俄国有意维系俄奥关系，以防德奥的合作损害俄国在巴尔干的利益。奥匈则想依靠德国的支持，来压制奥匈境内斯拉夫人争取解放的斗争。但是三皇同盟是一个松散的同盟，由于内部矛盾重重，这个同盟只维持了几年就瓦解了。

促使三皇同盟破裂的第一件事，是俾斯麦曾几次企图发动对法战争，屡遭俄国的反对，德俄关系逐步恶化。俄国不愿意看到法国进一步被削弱，而德国过分强大，如果法国被彻底打败，欧洲大陆均势将丧失殆尽，俄国西部势必出现一个更强大的德国，这与俄国的利益相悖。

1873年8月，地处德、法边境的南锡市主教宣读了一封"神父的信"，他号召教徒们为阿尔萨斯和洛林回归法国而祈祷。一个月后，巴黎大主教也发表了类似的号召。接着又有5个法国主教发表讲话，支持阿尔萨斯和洛林的天主教徒的要求。俾斯麦以此为借口，展开了一场宣传和外交攻势，谴责法国准备复仇，并以战争相威胁。但俄国反对俾斯麦的做法，德国只好退却。1875年，法国通过了关于把部队团一级的编制由3个营扩充到4个营的法令。俾斯麦又利用这件事再次对法国发出战争威胁，宣称要发动一场"预防性战争"。德军总参谋长毛奇恫吓说："如果法国不限制自己的军备，那么战争就不可避免。"法国通过外交途径，争取英、俄的支持。法国驻俄大使得到保证，俄国将在外交方面支持法国；英国力求维持欧洲均势，新任首相迪斯累里说："俾斯麦是地地道道的新波拿巴，对他应当加以遏制。"

　　5月10日，正在陪同沙皇访问柏林的俄国外交大臣哥尔查科夫在与俾斯麦的会谈中指出，在和平条件下，德国没有任何正当理由向法国猛扑过去，俄国对此不能袖手旁观。5月13日，哥尔查科夫向所有俄国驻外使馆发出一封电报："皇帝陛下离开柏林时，对在这里占主导地位的保证维护和平的这种爱好和平的意图深信不疑。"报纸刊登时，把"保证维护和平"篡改成了"现在和平得到了保证"，这样便造成了似乎由于俄国的干涉才使法国免遭侵略的印象。俾斯麦对此深表不满，他挖苦哥尔查科夫是想博得"法国救星"的美名。这件事使三皇同盟的可靠性受到了冲击，俾斯麦相信，俄国已是德国彻底打垮法国的主要障碍。

　　使三皇同盟发生裂痕的另一件事，是1877年4月，俄国趁巴尔干地区各民族为摆脱土耳其统治而起义之机，打着"援助斯拉夫同胞"的幌子，发动了俄土战争。俄军迅速推进到君士坦丁堡外围，迫使土耳其在1878年3月3日接受圣斯特芬诺和约。根据和约，土耳其承认罗马尼亚、塞尔维亚和门的内哥罗独立，还同意建立一个大保加利亚国家。这个条约遭到各大国，尤其是英、奥的反对，因为这样一个实际处于俄国控制下的大保加利亚国家的出现，直接损害了它们在巴尔干的利益。奥匈还认为，这违背了1877年1月15日俄、奥两国签订的布达佩斯专约中所做的秘密交易。这项专约曾规定，俄国对土耳其开战时，奥匈保持中立，但俄国应同意奥匈占领波斯尼亚和黑塞哥维那作为交换条件。俄国不得不同意召开国际会议解决争端。

　　1878年6月13日，在俾斯麦的主持下，召开了有6个大国和土耳其参加的"柏林会议"。结果保加利亚的领土大大缩小，奥匈却轻易地取得了波斯尼亚和黑塞哥维那的统治权，英国不劳而获地得到了塞浦路斯。这次会议导致了俄德和俄奥关系的迅速恶化，因为在俄土战争前，俾斯麦私下怂恿俄国冒险开战，待俄国得手后，又支持英、奥。在柏林会议上，俾斯麦表面上扮演调停人和仲裁者的角色，实际是伙同英、奥强迫俄国就范。俄国报纸为此掀起了一阵反德浪潮，认为俄国被俾斯麦这个"和事佬"出卖了。至此，三皇同盟已经无法维持，1878年到期的三皇同盟条约终于没有续订，而被另一个德奥秘密军事同盟条约所代替。

　　德奥同盟是在俄德关系恶化的情况下，俾斯麦为进一步拉拢奥匈帝国而签订的。德国既要准备对法战争，却又得不到俄国支持，只好寄希望于奥匈；奥匈为了压制它统治下的斯拉夫人，在巴尔干同俄国争雄，也需要德国撑腰。1879年9月21日，俾斯麦访问维也纳，与奥匈外交大臣安德拉西会谈，10月7日，正式签署了同盟条约，该条约共5条，其中规定："如两帝国之一遭到俄国进攻，两缔约国有义务以其帝国的全部军事力量实行互助"；如受到其他国家进攻时，另一国则"至少应对缔约国采取善意的中立态度"；如果进攻一方受到俄国支持，则应"全力协助其盟国"。该条约是秘密协定，为期5年，并可续订。这个条约具有明显的反俄性质，在俾斯麦的外交方针中，怀柔和拉拢俄国原是重要的一环，德、奥单独结盟，意味着这一环节的脱落，从而必然导致他的外交中心目标——孤立法国的失败，客观上为法、俄接近准备了条件。

1881年，法国派兵占领突尼斯，这是法国在北非扩张的重要步骤。俾斯麦既鼓励法国去"摘取突尼斯这一成熟的果实"，以使法国陷入对外扩张的泥潭，又怂恿意大利在北非与法国竞争。意大利在突尼斯的争夺中败下阵来，急欲投靠与法国相对立的军事强国。俾斯麦趁机拉拢意大利，以对抗法国，壮大自己一方的力量。1882年5月20日，德、奥、意三国在维也纳签订盟约。该约主要内容有8条，规定："如意大利未有直接挑衅行为而遭到法国进攻，不论其理由为何，其他两缔约国必须以它们的全部军队给予被进攻一方援助"；"如果德国未有直接挑衅行为而遭法国的侵略，意大利也担负同样的义务"。这项条约史称"三国同盟"，它标志着同盟国集团正式形成。在这个同盟中，德国居于主角和操纵者的地位，意大利不过是一个暂时和动摇的盟国，因为使意大利感到失望的是，条约中没有写明德、奥支持它在地中海区域的扩张。

法俄结盟

三国同盟形成之际，德、俄关系一度出现过缓和，1881年6月18日，德、奥、俄三国签署中立协定，规定"倘若三个缔约国之一同第四个大国交战时，所有三国均应相互恪守善意的中立"。协定在1884年又续订过一次，尽管如此，三皇同盟毕竟难于恢复。到19世纪80年代中期以后，德、俄关系继续恶化。

德、俄矛盾进一步加深的原因，除了旧的因素外，又出现了新问题，即两国经济利益的冲突。德国原来是俄国农产品和工业原料的重要主顾，仅次于英国。1879 年，俄国出口商品的 30% 运往德国；而俄国又是德国工业品的主要销售市场。俾斯麦为了满足国内容克地主的要求，在 1879 年 1 月，以俄国兽疫盛行，需要实行检疫为借口，禁止俄国牲畜的输入，接着又对进口谷物实行征税。这一措施对俄国是重大打击。俄国为了报复，也实行新的增税法，从 19 世纪 70 年代后期起，俄国从温和的保护关税制度转而采取强硬的保护关税制度，甚至用黄金征收关税。1884—1885 年，俄国再度提高关税以弥补国家预算赤字。1886 年 5 月，俾斯麦对俄国大使帕维尔·舒瓦洛夫说："你们似乎打算在最近期间提高煤和铁的关税率，我直截了当地对你说，这项措施将对我们的工业产生最令人痛心的影响。"1887 年，德国报纸展开了反对给予俄国贷款的宣传运动，政府还颁布禁令，不许政府各机关购买俄国有价证券，禁止帝国银行接受这些有价证券作为抵押，同时还进一步提高粮食进口税以限制俄国粮食的输入。到 80 年代末期，在俄国工业品进口总额中，德国的比例已从 1877 年的 46% 下降到 27%。在德国粮食进口额中，俄国的比例从 1891 年的 54% 下降到 1893 年的 13.9%。

还有一件事情同样严重损害了俄国与德奥的关系，即 1885—1886 年发生的保加利亚危机。1885 年 9 月 18 日，东鲁美利亚首府发动起义，赶走了土耳其长官，宣布与保加利亚合并。保加利亚君主亚历山大大公即巴滕贝格亲王经过一番犹豫，接受了这一要求。这位亲王原是沙皇在 7 年前一手扶植起来的，但此时他已改换门庭，倾向于奥匈。俄国因此打着维护柏林条约的幌子，坚决不同意合并，并欲赶走这位亲王，拥立亲俄的新大公。奥匈想使保加利亚脱离俄国的控制，屡次鼓动塞尔维亚反对保加利亚；俾斯麦口头上表示对俄友好，实际却支持奥匈的傀儡、亲德的斐迪南大公为保加利亚国王。俄国对此当然极为不满。

1887 年，德法关系又呈现紧张状态。其起因是由于以鼓吹复仇主义而闻名的布朗热出任法国陆军部长，并采取有力措施加强法国陆军。德国报纸大肆宣扬沙文主义狂热，挑衅性地要求解除布朗热陆军部长职务。俾斯麦威胁说："一旦布朗热当上内阁总理或共和国总统，那就会发生战争。"德国决定征召 73000 名后备役军人参加军训，集训地点设在洛林，实际上是把军队向法国边境集结。俾斯麦还向议会提出关于发行 3 亿马克公债以弥补第一批军费的法案。法国获悉俾斯麦正在准备对法开战，就指望俄国能给予道义上的支持，沙皇答复说："当然可以。"俾斯麦对俄国是否肯定不会介入冲突感到没有把握，只好平息了这场危机。

1887 年 6 月 18 日德俄签订条约，但这只是一个中立条约。由于德奥同盟条约中已保证奥匈在发生对法战争时中立，而这个条约又再次保证了俄国的中立，故史称"再保险条约"。再保险条约的目的只是羁縻俄国，对濒于破裂的德俄关系来说，并没有起到重修于好的作用，仅仅是推迟了俾斯麦日夜担心的法俄结盟。

1890 年，俾斯麦被迫辞职。这是威廉二世上台后与俾斯麦不断摩擦的结果，也是随着德国经济力量的增长而扩张野心大大膨胀的结果。因为俾斯麦的目标是称霸欧陆，而威廉二世的"新路线"是使德国成为"世界帝国"。威廉二世一上台就说："我给那位老人 6 个月的喘息时间，尔后我就亲自执政。"德皇和新任宰相卡普里维听信德军总参谋长瓦德西的意见，认为对俄战争不可避免，应当先发制人。威廉二世说："如果俾斯麦不愿和我们一起反对俄国人，我们只好分道扬镳了。"从此，德国抛弃了俾斯麦一直坚持的力求防止东、西两线作战，孤立法国、拉拢俄国的方针，走上了准备与法、俄同时作战的道路。

威廉二世还拒绝了俄国关于续订"再保险条约"的提议，并试图与英国接近。1890 年 7 月，与英国在东非问题上达成妥协，德国承认英国对桑给巴尔的保护权，并把维图和乌干达地区让给英国；英国承认德国占有坦噶尼喀沿海地带，把位于北海的赫耳果兰岛让给德国。英、德接近的尝试，使俄、德更加疏远，加速了法、俄结盟。

1887 年 12 月，俄国在德国拒绝借款的情况下，与法国签订了第一批贷款协定，借款 5 亿法郎。1888—1889 年，俄国又在法国发行总数达 19 亿法郎的公债。源源不断的贷款使法国成为俄国的主要债权人，资金匮乏的俄国加深了对法国的财政依赖。据估计，到 1906 年，俄国向法国借款已达 790300 万法郎。1888 年，俄国还向法国订购 50 万支步枪，这样便为法、俄的接近打下基础。

普法战争后，在外交上处于孤立的法国一直在寻找同盟者，但始终受到俾斯麦拉拢俄国政策的牵制。19 世纪 80 年代以后，俄、德矛盾的加深为法、俄的接近提供了条件。卡普里维抛弃俾斯麦的外交方针，从拉拢俄国变为对俄国采取较强硬的态度，更使法、俄接近的步伐大大加快。1891 年 7 月 20 日，在法国驻俄大使向法国外长汇报的文件中，提到俄国外交大臣吉尔斯的态度："法俄两国建立最亲密的谅解，那是愈来愈合乎逻辑的了"，"就我们之间的关系而言，我正在考虑，我们是否应该在走向协商的道路上迈进一步”。1891 年 7 月，法国舰队应邀访问俄国的喀琅施塔得要塞，沙皇和皇后亲自来到旗舰上，破天荒地在俄国一向严禁演奏的《马赛曲》的乐曲声中脱帽致敬。显然，这是一次对法亲善的举动。1891 年 8 月间，俄国驻法大使与法国外交部长之间的来往信件阐述了两国一致的目标，对任何具有威胁普遍和平的问题，两国同意举行会商；如两国之一有被侵略的危险，双方约定必须立即就同时采取的措施获得谅解。虽然这些信件不是正式的协定，但奠定了法、俄同盟的基础。

1892 年 8 月 17 日，法、俄两国签订军事专约草案。1893 年 10 月，俄国海军回访了法国土伦要塞。1893 年 12 月 15 日和 1894 年 1 月 4 日，俄、法两国政府的往来信函正式通知对方分别批准了军事专约，法、俄正式结成同盟。该协定共有 7 条，规定：“如果德国或意大利在德国支持下进攻法国，俄国应用它的所有军队进攻德国；如果德国或奥地利在德国支持下进攻俄国，法国应用它的所有军队与德国作战。”“法国用于对付德国的军队应为 130 万人；俄国用于对付德国的军队应为 70 万至 80 万人。双方应尽速全部参加战斗，迫使德国在东西两线同时作战”。“两国陆军参谋本部应经常彼此合作”，“双方不得单独媾和”。同时还规定双方应严守条约秘密，有效期与三国同盟条约相同。

法、俄结盟意味着另一个军事集团的出现。从此，在欧洲国际关系中初步形成了两大营垒的对峙，正如恩格斯所说：“大陆上的大的军事强国分为相互威胁的两大军事阵营：一方是俄国和法国，另一方是德国和奥地利。”①只有英国还暂时置身于集团之外。

英德矛盾尖锐化

长期以来，英国奉行的外交方针，是尽可能不与他国结盟，保持行动自由，维持欧洲的实力平衡，利用各国之间的矛盾，使其互相制约，以便自己能放手推行世界性的殖民扩张政策。在欧洲出现两大军事集团的新形势下，1896 年，英国首相索尔兹伯里表示英国保持“光荣的孤立”，不倒向任何一方。但是，这一以欧洲均势为基石的外交方针也决定英国必然反对欧洲大陆

---

① 《马克思恩格斯全集》第 22 卷，人民出版社 1965 年版，第 49 页。

出现一个最强大的国家，换言之，英国只有在某一国家过于强盛而威胁到英国霸权时，才会积极地干预。所以，到了 20 世纪初，实力急剧膨胀的德国与英国矛盾的激化，迫使英国不得不放弃光荣孤立政策。

英国原先的宿敌是法国和俄国，英、法在北非和英、俄在近东、中亚的矛盾一向十分尖锐。相反，与德国的矛盾并不十分显著，有时在一定程度上还存在着亲善关系。1889 年，俾斯麦曾向英国首相索尔兹伯里提议缔结反法同盟，企图拉拢英国，但未获成功。

20 世纪初，国际形势发生重大变化。德国资本主义的发展速度大大超过了英国。1900 年，德国已在世界工业生产中仅次于美国而居第二位，在生铁、钢和机器制造、化学工业等领域都把英国抛在后面。1880—1890 年，德国的商品输出额增加了 10%，达 34 亿马克，而在 1890—1900 年，出口额则增加 36%，达 461100 万马克。德国资本向东南欧、近东和南美国家的输出迅速增加，1900 年在海外投资已达 150 亿马克。德国迅速崛起，迫切要求攫取新的殖民地，但当它走近瓜分世界的筵席时，席位已被占光。当时英国拥有 3000 多万平方公里的殖民地，德国只有 290 万平方公里，不及英国的 1/10。威廉二世加紧推行旨在重新分割殖民地和势力范围、争夺世界霸权的"世界政策"，梦想建立一个"大德意志帝国"，这与号称"日不落"的大英帝国的利益水火不相容。在世界瓜分完毕的情况下，德国只能靠损害老牌殖民强国首先是英国的利益来达到扩张的目的。英国与原来竞争殖民地的主要对手法、俄两国的矛盾缓和下来，英、德矛盾上升到第一位。

英、德对抗主要表现在两个方面，一是争夺殖民地，二是争夺海上霸权。

从 19 世纪 80 年代中期德国取得第一批殖民地起，德国就逐步成为英国在殖民地问题上的竞争者。在非洲，德国强占了多哥、喀麦隆、西南非洲之后，妄图把德属东非到西南非洲（纳米比亚）连成一片，德国打算从印度洋到大西洋建立一个赤道非洲殖民帝国的设想，与英国企图建立从开罗到开普敦的殖民帝国的"二 C 计划"① 相互冲撞。不仅如此，德国还竭力想把势力伸进南非。自 1886 年在德兰士瓦发现世界上最丰富的金矿以后，英国就非常垂涎南非黄金、钻石的开采权。英国驻开普殖民地总督塞亚尔·罗得斯及

----

① 开罗（Cairo）和开普敦（Capetown）均以英文字母 C 开头，故名"二 C 计划"。

由他控制的"南非金矿业公司"在这场争夺中充当了急先锋。由于大批英国殖民者拥入德兰士瓦，与布尔人发生了尖锐冲突。德国利用英布冲突，支持布尔人对抗英国，加紧向德兰士瓦渗透。当时，德国在德兰士瓦的投资已达3亿—5亿马克，它不顾英国的反对，修筑了一条从德兰士瓦首府比勒陀利亚到印度洋岸边的洛伦索—马贵斯铁路。1895年年底，塞亚尔·罗得斯策划在约翰内斯堡举行暴动，并派遣南非公司经理詹姆森率领一支800人的队伍入侵德兰士瓦，结果遭到失败。德皇威廉二世乘机给德兰士瓦共和国总统克留格发了一封电报，对布尔人的胜利表示祝贺。英国认为这是挑衅行为，舆论哗然，英、德关系顿时紧张起来。英国为了控制德兰士瓦，决定实行武力征服，从而爆发了英布战争。英国在南非投入了25万军队，经过两年苦战才迫使布尔人求和。德国利用这一时机进行讹诈，向英国提出瓜分太平洋上的萨摩亚群岛的要求，并以断交相威胁。英国考虑到在南非的处境，被迫作出让步，将英属萨摩亚的两个岛屿让给德国。

在19世纪末帝国主义瓜分中国的狂潮中，也包含英、德的竞争。1897年，德国以武力强占胶州湾。次年6月，又利用两名德国传教士被杀事件，强迫中国清政府签订协定，山东沦为德国的势力范围。英国则强占威海卫，并在长江流域扩大自己的势力。

英、德在近东的争夺十分激烈。德国扩张主义者鼓吹"向东方推进"，"土耳其的全部领土都要向德国开放"，并加紧向土耳其渗透。从19世纪90年代中期起，德国对土耳其的投资和贸易额的比重，都有大幅度增加。德国对土耳其的投资，1880年只有4000万马克，到1914年已达6亿马克；在土耳其的进口总额中，德国的比例从1897年的6%增加到1910年的21%；而在同期内英国的比例却从60%下降到35%。

1898年，围绕修建巴格达铁路问题，德、英、俄等国展开了较量。威廉二世亲自出马，以朝觐圣地为名，重访土耳其，以保护者的姿态宣布他是土耳其素丹的朋友，也是3亿穆斯林的朋友。经过多次交涉，在1903年德国取得了修筑巴格达铁路的特权。这条铁路可从君士坦丁堡经巴格达直通波斯湾的巴士拉。一旦筑成，就为德国开辟了一条经奥匈、巴尔干、小亚细亚直达波斯湾的通道，势必成为德国向东方推进的有力工具。

英国对修建这条铁路的前景感到恐慌，因为它可能危及英国通往两河流域、波斯湾地区和印度这一要冲地带的安全与垄断地位。因此，英国采取种种预防和阻挠措施。1899年1月，英国就与科威特酋长订立密约，不经英国同意，不得将领土割让给任何一个强国，阻挠铁路延伸到波斯湾。在英国的压力下，1901 年 9 月 6 日，土耳其被迫同意禁止向科威特派兵。1903 年，英国政府发表声明，"任何强国在波斯湾建立海军基地，都将被英国政府看作是对英国利益的一种严重威胁"。

俄国也担心这条铁路的修筑使德国在土耳其处于主宰地位。俄国外交大臣在 1900 年 4 月 5 日给各驻外使馆的通令中说："帝国政府应当关心的是，不容许任何一个外国强国在小亚细亚范围内确立政治优势。"

英国联合俄国和法国在铁路贷款等问题上设置重重障碍。德国在这条铁路上投资共达 15 亿马克，但直到大战前，仍有一段铁路没有修通。巴格达铁路既加深了德、俄矛盾，也使英、德矛盾深化。

英、德矛盾在争夺海洋霸权问题上表现尤为突出。长期以来，英国主要是倚仗海上霸权而登上世界霸主地位的，作为后起的德帝国主义想要争霸，必须打破英国的海上垄断地位。威廉二世早在 1897 年就叫嚷："海神的三叉戟必须握在我们手里"，"德国的殖民目的只有在德国成为海上霸主的时候方能达到"。海军大臣蒂尔匹茨说："德国的海上利益异乎寻常地增长了，对德国来说，保护德国的海上利益已经成了生死攸关的问题。"而英国千方百计地要抑制德国海军的发展，认为海军对于德国是一种"奢侈品"，对自己则是"必需品"。双方展开了一轮又一轮的海军竞赛。

1898 年 3 月，德国通过了加强海军的法案，规定在 7 年内建造 7 艘主力舰、2 艘重型巡洋舰、7 艘轻型巡洋舰，该计划规定在 1904 年前完成。蒂尔匹茨和热衷于扩张的垄断资本集团在 1899—1900 年组织了声势浩大的宣传运动，大肆宣传扩充海军的重要性，为扩充海军制造舆论。1900 年 6 月 12 日，德国又通过了新的海军法案，扩大海军编制，加快造舰的规模和速度，增加海军预算。规定德国应该拥有 34 艘主力舰、11 艘重巡洋舰和 34 艘轻巡洋舰，以及近 100 艘驱逐舰。1906 年，德国又通过了关于加强新造主力舰的法案，规定今后造的新舰必须是"无畏舰"型的，并再增加 6 艘大型巡洋舰和 1 支布雷小舰队。1908 年，德国在海军竞赛中迈出了新的一步，第四次海军法案又获通过，规定主力舰的服役期从 25 年缩短到 20 年，这样就加快了造舰速度，预计每年造 4 艘无畏舰级主力舰，还有相当数量的轻巡洋舰和鱼雷舰。按照这一法案，1908—1917 年海军费用超过 10 亿马克。由于采取以上措施，德国一跃成为世界第二海军强国。

飞速增长的德国海军使英国感到忧虑，作为回击，英国不惜巨资进行造舰竞赛。1905 年，英国首先开始建造无畏舰，这是一种新式重型装甲舰，一般旧式军舰只有 4 门大炮，而无畏舰拥有 10 门口径达 12 英寸的大炮，而且在排水量和航速方面都大大超过旧式军舰。1908 年，英国拥有这种新式巨舰已达 12 艘。英国还公开声明坚持"双强"标准，即英国的海军力量要与欧洲两个强国的海军力量相等。1909 年 3 月，英国国会通过 1909—1910 年海军预算，规定还要建造 8 艘无畏舰和大量小型舰只。这种无休止的造舰竞赛无疑给两国都增加了沉重的军费负担，因此在 1907 年海牙和平会议上，英国曾提出过要限制海军军备的建议。英、德两国也举行过多次海军谈判，但双方互不相让，毫无结果，海军竞赛愈演愈烈。

综上所述，英德矛盾在 20 世纪初已从地区性矛盾发展为全球性矛盾，德国不仅在欧洲，而且在近东、非洲、远东乃至辽阔的海洋，都向英国提出了挑战，英、德矛盾成为国际关系中的主要矛盾。

英、法、俄三国协约的形成

面对欧洲均势的打破和德国咄咄逼人的挑战，英国只有一种选择：放弃光荣孤立，调整对外关系，向法、俄靠拢。

英国为了物色反德的同盟者和使英国在远东的利益得到保障，开始与日本接近。鉴于在远东地区日、俄矛盾具有一触即发之势，日本政府也认为有必要和英国结盟。1902 年 1 月 30 日，英、日签署同盟条约，条约规定：缔约国双方相互承认有权保护自己在中国和朝鲜的利益，"若因其他某一大国的侵略行为或中国、朝鲜的内部骚乱危及缔约国双方的利益，任何一方为保护这种利益须加干涉时，可采取必要的措施"；"缔约国一方为保护本国在中国或朝鲜的利益而与第三大国作战，另一方应严守中立"。英、日同盟首先对日本是有利的，使它有可能发动对俄战争，英国假日本之手削弱俄国，防止俄国向长江流域扩展。

在英、日结盟之后，英国又与法国接近。法国统治者意识到，由于俄国陷于远东的冲突，一旦发生德、法战争，俄国无力援助法国，法国必须寻找新的盟友。在法国国内，积极支持与英国接近的是激进派克里孟梭和右翼社会党人饶勒斯等人，由于激进党人执政，与英国比较容易达成协议。在英国，保守党人试图与德国结盟破产后，转而成为反德路线的推动者，英王爱德华七世也是一个英法、英俄接近的支持者。自从 1898 年英、法为争夺尼罗河上游地区而发生的法绍达事件①获得解决之后，英、法矛盾已大大和缓，而这时，法、德在摩洛哥的冲突正在激化。为了争取英国的支持，对法国来说，迫切要求实现英、法合作。法国外长德尔卡赛积极倡导英法结盟。

1903年，英王爱德华七世访问了巴黎，在各种场合，大谈他对法国的仰慕和情谊，对英法的唇齿相依深信不疑，英法友好的时代应该到来。同年6月，法国总统卢贝回访英国，两国外长举行会谈，双方就殖民地问题消除了尖锐的分歧。

1904年4月8日，英、法签订协约，这是一个双方妥协、共同瓜分殖民地的条约，为英、法进一步合作奠定了基础，故称为"真诚的协约"。条约分为两部分，一部分公开，一部分秘而不宣。条约最重要的是《关于埃及—摩洛哥宣言》《关于暹罗宣言》，以及有关纽芬兰和亚非的一项专约。法国承认埃及为英国势力范围，以换取英国对法国统治摩洛哥的支持。协约第一条规定："英国政府声明，它无意改变埃及的政治地位。法国政府方面声明，它不以要求确定英国占领的期限和其它方式妨碍英国在埃及国内的活动"；第二条规定："法国政府声明，它无意改变摩洛哥的地位。英国政府方面承认，法国特别作为一个其属地在广大地面上与摩洛哥相毗连的国家，有权维持摩洛哥国内秩序，并且提供行政、经济、财务和军事改革所必需的援助。"在暹罗（即今泰国），规定沿湄南江把暹罗一分为二，划分英、法势力范围，"法国承认英国在湄南江流域以西的势力，英国承认法国在该地区以东的势力"。两国还调整了在冈比亚、纽芬兰海岸、马达加斯加和新赫布里底群岛的利益。

1906年，英国又与法国、比利时两国总参谋部就军事合作问题进行了谈判，并拟订了军事合作计划：如果英国参战，应该派4个师的兵力作为第一梯队运到法国。还规定了运送兵员的期限和方法，并在地图上标出了预定由英国远征军布防的地区。英法协约中虽然只字未提共同反德的问题，但显然意味着英国正式参加了法俄集团一边，一致对付德国。

英、俄矛盾原来远比英、法矛盾深刻，但由于英法协约的签订，为英、俄接近铺平了道路。就两国关系而论，原先的矛盾也在逐渐消除或缓和：在

---

① 1898年7月10日，由法军上尉马尔尚率领的一支远征队到达苏丹尼罗河左岸的一个小镇法绍达，9月与英国克其纳将军率领的一支远征军在这里发生冲突。法国在为解决这一事件的外交斗争中失败，被迫让步。1899年3月，两国签订协定，法国被迫放弃通向尼罗河上游的通道。

远东，由于在日俄战争中俄国失败，使两国在远东的冲突减弱；在近东，特别是在巴格达铁路问题上，德国气势汹汹的扩张，促进两国感到有联合的必要。剩下悬而未决的就是英、俄在波斯、阿富汗和中国西藏的势力范围划分的问题，以及达达尼尔和博斯普鲁斯海峡的问题。早在 1904 年，英王爱德华七世与当时俄国驻丹麦公使伊兹沃尔斯基的谈话中，就表示"迫切希望英俄两国之间建立友好关系，并希望两国之间对于现有的各种问题取得较好的谅解"。1905 年，爱德华七世还谈了订立英俄条约以结束在中亚地区长期摩擦的可能性。1906 年，英、法两国共同向财源枯竭的沙皇政府提供了贷款。

英国自由党内阁新任外交大臣格雷和接替拉姆斯多夫的俄国外交大臣伊兹沃尔斯基都倾向于英、俄接近。自从 1906 年 5 月英国驻俄大使尼科尔森抵达彼得堡后，两国开始了外交谈判，主要涉及波斯、阿富汗和中国西藏的势力范围问题，在谈到达达尼尔和博斯普鲁斯海峡问题时，双方因意见分歧而暂时搁浅。1907 年 3 月，俄国舰队访问了英国朴茨茅斯港受到热烈欢迎，这是英、俄接近的公开表示。

1907 年 8 月 31 日，两国终于缔结了协定，规定：将波斯划分为 3 个地区，北部为俄国势力范围，南部属英国势力范围，中部为中立区，双方都承允，不得在"他方"地区内谋求租让权，也不得阻挠对方在其势力范围内获得租让权；在中立区，每方均保留有获得租让权的权利，并且不得阻挠缔约的另一方采取此种行动。协定还规定，所有波斯的海关收入，除法尔斯省和波斯湾沿岸的收入外，仍应作为偿付俄国贴现放款银行给予波斯贷款的担保。关于阿富汗的专约规定，俄国承认阿富汗是英国的势力范围。英国政府承允，"它不在阿富汗国内采取、也不鼓励阿富汗采用威胁俄国的措施"；俄国政府方面声明，俄国与阿富汗的一切政治关系"以英国政府为居间者"，并且承允"不派使臣到阿富汗"。关于西藏的协定，两国都声明"承认中国对西藏的宗主权"。"只有经过中国政府中介与西藏进行交涉"，双方承允"不派遣代表到拉萨"。英俄协定没有涉及两海峡的问题。

英俄协定的签订，标志着"三国协约"的最终形成。英国从法、俄的敌手转变为勾结的盟友，无疑在法俄同盟一边增加了一块有分量的砝码。这样，由英、法、俄组成的协约国集团和由德、奥、意组成的同盟国集团就正式组成了两大营垒。两大军事集团相互对峙、剑拔弩张，致使危机迭起、战云密布，最终点燃了第一次世界大战的导火索。

第一次世界大战的爆发

管敬绪

1914—1918 年的第一次世界大战，是帝国主义国家为重新瓜分殖民地、争夺世界霸权而进行的大规模战争。此次战争是帝国主义制度的产物。由于欧洲大国不断地进行军事竞赛和制造战争危机，形成了重新瓜分世界的紧张局势。两大对立的帝国主义军事集团①经过长期准备以后，便以萨拉热窝事件为导火线，终于爆发了第一次世界大战。

帝国主义战争即将来临的预兆

19 世纪末至 20 世纪初，欧美各主要资本主义国家和日本相继成为帝国主义国家，世界从自由资本主义过渡到帝国主义阶段。到了帝国主义时期，资本主义国家经济政治发生跳跃式的变化。

资本主义所固有的经济和政治发展的不平衡性，是资本主义的绝对规律。正是这种不平衡性，改变了各帝国主义国家之间的实力对比，引起了新的尖锐矛盾。那些晚于别国走上资本主义发展道路的国家，如美国、德国和日本迅速赶上前去。1870 年，英国占世界工业产值的 1/3，占世界工业出口值的 2/5。到 80 年代中期，美国的钢产量超过了英国，1900 年，生铁产量也超过了英国。10 年后，英国钢产量不仅落后于美国，而且也落后于德国。1900 年，英国煤产量占世界的 29.7%，生铁产量占世界的 22.1%，而到 1913 年则分别下降为 21.8% 和 13.2%。英国原先在世界市场上独霸一切的时代已经成为过去。到了 1913 年，美国钢铁的生产超过了英、德的总和。美国在这一时期的煤产量比英国多 77%，比德国多 87%。

---

① 详见本书《同盟国和协约国的形成》一文。

20 世纪初，德国经济的发展异常迅速。在 1900—1913 年的 14 年中，德国的生铁产量增加一倍多，钢产量几乎提高一倍半。大战前夕，德国开采和消费的铁矿石、熔炼的生铁和生产的钢，比英国多 60%—70%。当时，德国的机器制造工业在武器生产之中也起了重要作用。德国和奥匈机器制造工业的总产值超过英、法、俄机器制造工业产值的 50%。德国的国营军事工厂有 16 家，私营工厂中包括著名的克虏伯铸钢厂和炮厂，西门子和其他一些德国工业巨头的电机厂在当时早已驰名于世界。

在争夺殖民地斗争中，到了 20 世纪初，世界几乎被英、法、俄、德、美、日 6 个最大的帝国主义强国瓜分殆尽。它们霸占了 6500 万平方公里的殖民地领土，人口在 52300 万以上。而中国、波斯、土耳其、摩洛哥等一系列形式上还保持独立的国家，实际上已成为列强激烈争夺的半殖民地或势力范围。

大战前夕，在工业生产方面跃居世界首位的美国，所占殖民地的总面积为 30 万平方公里，人口 970 万；工业生产居第二位的德国，其殖民地总面积为 290 万平方公里，人口 1230 万；而工业生产水平仅居第三位的英国，殖民地面积却有 3350 万平方公里，人口达 39350 万。英国在其殖民地的铁路长度也达到 170029 公里，而德国在其殖民地的铁路总长度只有 4176 公里。因此，后起的帝国主义强盗要求重新分割世界领土和市场，斗争日趋激烈。

各帝国主义国家政治经济危机同样加速了大战的到来。1900—1903 年经济危机刚刚过去，1907—1908 年经济危机又接踵而来。两次世界性的危机导致了经济停滞、失业率增高等种种恶果，帝国主义各国工人运动趋向高涨，罢工规模也越来越大。1912 年，德国鲁尔区 25 万矿工罢工。1913 年，汉堡、不来梅、基尔和另外一些城市的工人举行了大罢工，阿尔萨斯掀起了声势浩大的反普鲁士示威的浪潮。列宁早在 1908 年就写道："德国以暴君威廉二世为首的容克和将军们迫不及待地想同英国打仗，希望能利用一下陆军的优势，幻想用庆祝军事胜利的欢呼声来掩盖德国工人群众日益增长的不满和阶级斗争的尖锐化。"① 在英国，1910 年有 50 万以上的工人罢工，1911 年达到了 100 万人左右，而到 1912 年达到 150 万人。大战前夕，英国面临着尖锐的社会冲突。在战前 6 年之中，德、英、法、意、奥匈、俄总共有 1100 万

---

① 《列宁全集》第 15 卷，人民出版社 1959 年版，第 184 页。

工人举行罢工。欧洲无产阶级的波澜壮阔的斗争促进了亚洲、北非、拉丁美洲殖民地与附属国人民革命运动和民族解放运动的高涨。各帝国主义国家的统治阶级看来只有"从外部动手"，企图发动战争来缓和国内的阶级斗争和殖民地半殖民地的民族解放运动，借以巩固一小撮金融寡头的统治。

　　"'世界霸权'是帝国主义政策的内容。"① 霸权主义的基础即是真正的实力，而真正的实力是随着经济发展的进程而变化的。德国是后起的帝国主义国家，其资本主义的迅速发展超过了英、法，但在抢夺殖民地的过程中落于英、法之后，所获甚少。1897 年 12 月，德国外交国务大臣华洛夫在国会发表演说时声称："德国人向自己的一个邻国让出陆地，向另一个让出海洋，而给自己留下一钱不值的天空，这样的时代一去不复返了……一言以蔽之，我们不愿把任何人挤到阴暗的角落，但我们也要给自己一块光明之地。"因此，德国极力要求重新分割世界殖民地，而首先是要摧毁英国在殖民地方面的霸权。至于英国，则极力防护，不容他人染指，还妄图夺取德国手中为数不多的殖民地，以确保自己的殖民体系。

　　英、德两大巨头的称霸斗争，重点是在中、近东。19 世纪 90 年代末，德国大力推行"向东进袭"的政策。1898 年，德皇威廉二世前往巴勒斯坦作"圣地巡礼"，访问土耳其，向其示好拉拢，并同土耳其素丹谈判巴格达铁路问题。1903 年，德、土签订条约，德国攫取巴格达铁路的建筑权。这条铁路自柏林经君士坦丁堡（即拜占庭），直抵巴格达，又称"三 B 铁路"②。铁路兴建以后，将使德国侵略势力直捣近东，控制土耳其；威胁高加索、波斯和埃及；并遥窥印度，巴格达铁路是德国向东进袭的一把利刃，它同俄国对土耳其的侵略野心发生尖锐矛盾；同英国的"三 C 政策"③ 的侵略利益发生了正面冲突。英国感到它在中、近东和非洲的殖民地，特别是它最主要的殖民地，所谓"英王冠上明珠"的印度，有被侵夺的危险。因而英国强占波斯湾口的科威特，以阻挡巴格达铁路延展到波斯湾口，与大洋相沟通。俄国也加强其对土耳其的侵略。

---

① 《列宁全集》第 23 卷，人民出版社 1958 年版，第 26 页。

② 此铁路经过柏林（Berlin）拜占庭（By Zantine）巴格达（Bagdad），三地地名都以 B 字母开头，又称"三 B 铁路"。

③ 此政策是英国保持其庞大殖民体系的侵略政策。英国为了达到这一目的，企图修建由北非的开罗（Cairo）到南非的开普敦（Capetown）再延伸到印度的加尔各答（Calcutta）的铁路，三地地名都以 C 字母开头，故称此政策为"三 C 政策"。

在巴尔干方面，德国唆使奥匈帝国在 1908 年并吞波斯尼亚、黑塞哥维那两州，进一步包围塞尔维亚，俄、德矛盾空前激化。两次巴尔干战争[①]后，在巴尔干纷争之中，德国又大力支持保加利亚，以反对英、俄在巴尔干的侵略势力。英、德和俄、德在中、近东和巴尔干的矛盾日趋尖锐，关系极端恶化。英、德帝国主义的霸权主义政策和它们在全球范围的激烈争夺对于第一次世界大战的爆发起着决定性的作用。

环绕着英、德之间的主要矛盾，形成了大战前夕错综复杂的国际关系，使得整个世界旗垒分明。到 20 世纪初，帝国主义列强经过长期军事力量的组合，使欧洲形成为两大对立的阵营，这种均势格局十分典型。一边是德、奥匈帝国和意大利的三国同盟；一边是英、俄、法的三国协约。上述对峙军事阵营的一方三国同盟，在 1882 年即已形成，以后又经 1887 年、1891 年、1903 年、1912 年 4 次续订和补充；大战开始后，意大利和奥匈帝国貌合神离，却转而倒向协约国方面。土耳其和保加利亚却参与德、奥集团方面。上述对峙军事阵营的另一方三国协约，到 1907 年最终形成。从当时各资本家集团恃其帝国主义的军事力量来看，德、奥集团更加凶恶，更加蛮横，威胁着英国的优势，英国当然不能容忍。正如列宁所说："帝国主义的一个重要的特点，是几个大国都想争夺霸权，即争夺领土，其目的不完全是直接为了自己，主要还是为了削弱敌方，摧毁敌方的霸权（对德国来说，比利时是一个特别重要的反英据点；对英国来说，巴格达是一个特别重要的反德据点，等等）"[②]，第一次世界大战正是帝国主义争霸的产物。

战前的军备竞赛和"海牙和会"的骗局

军备竞赛是帝国主义列强争夺世界霸权活动的直接产物。竞争的敌对双方都力求获得自己的优势地位，于是就出现了一股军备竞赛的恶潮。

帝国主义列强增强其实力，扩张其战备，首先表现在军费的猛增上。在 1883—1908 年的 25 年中，各国的军费开支增加了 81.3%，平均每年增加 3.25%。1913 年至 1918 年仅仅 5 年就增加了 49.6%，平均每年增加 9.92%。大战前夕，仍在持续上升，截至 1913 年，军费开支总额增加两倍

①　详见本书《两次巴尔干战争》一文。
②　《列宁选集》第 2 卷，人民出版社 1972 年版，第 810 页。

以上。但各国军费增长速度是不均衡的。以 1908—1913 年这段时间同 1883—1908 年时期相比,奥匈的军费增加 12 倍,意大利增加将近 15 倍,法国增加 3.2 倍,俄国增加 2.7 倍,英国增加 30%,德国增加 60%。欧洲六大强国在战前最后 30 年中直接用于军事开支,不包括英布、日俄战争,总共为 1250 亿马克。

随着欧洲列强拼命争夺军备优势,科学技术上出现的每一项突破性的重要成果,无不普遍应用于军事装备与器材。这时,重机枪已成为一种杀伤力很强的武器;大炮的射程从 3 公里提高到 10 公里。海军舰艇也有了变革,最新型的战舰——"无畏舰"出现了,排水量达 18000—27500 吨,甲板装甲厚达 44—69 毫米,炮塔装甲厚达 100—275 毫米,大炮口径达 305 毫米。当时各主要国家的海军都拥有数十艘潜水艇,足以把海面的战斗引向海洋深处。军备竞赛又在不断为自己开拓新的领域,飞艇和飞机的发明及付诸使用,将把战争伸展到空中。

近代军事技术上所出现的巨大变革,大大推动了军备的更新和加强,使得常备军制度在欧洲迅速发展。当时,俄、法、德、奥是以陆军为扩军的重点。俄国依赖法国的贷款扩充常备军,它的陆军总数居欧洲列强的首位。法国为使陆军人数不少于德国,用改变服役年龄来延长现役期限,扩大兵员来源。1913 年,它把服役年龄由原来的从 21—45 岁改为从 20—48 岁;又把二年制兵役法改为三年制,使常备军总数增加 50%,达 72 万人。奥匈也于 1912 年通过新的军事法案,增加军备拨款,继续征兵 205902 人。德国是扩军备战最狂热的国家。战前,拥有仅次于沙俄的常备军,此外,还训练了大量的预备役军官,以备战争爆发时迅速扩军。根据 1880 年 5 月 6 日的法令,军队人数已增加到 427274 人,1890 年达到 510300 人(其中有 23349 名将官和军官)。德国陆军是世界上配备新式的 77 毫米速射野战重炮的唯一部队。

大战前夕,几个主要国家的陆军实力:德国为 51 个师,75.4 万人;奥匈 59 个师,44.5 万人;法国 54 个师,76.7 万人;俄国 107 个师,144 万人;英国自恃有海峡与大陆隔开,在扩充陆军上面,只有 6 个师,25.23 万人。到 1913 年时,英国的现役陆军,包括印度兵在内已达 41 万人。隶属于航空兵编制的飞机,俄国有 263 架,法国 156 架,德国 232 架,奥匈 65 架,英国 258 架。航空兵的编制为中队(支队),分别编于陆军各军,是陆军的一个兵种。

扩充海军,争夺海上霸权是帝国主义国家扩军备战的一项重要内容。海军的激烈竞争主要在英、德两国之间进行。英国素以举世无匹的海军称霸世界，在军备竞赛之中，它按照 1898 年通过的"海洋法"规定，急速扩充海军。德国野心勃勃地"一定要掌握住海神手中的三叉戟"①，企图从英国手中夺取海军优势。德国海军军费从 4600 万法郎上升为 43600 万法郎，增加了 9 倍之多，英国从 27000 万法郎上升为 81100 万法郎，也增加了 3 倍多。英国外交大臣爱德华·格雷曾经供认："真正决定我们外交政策的是海上霸权的问题。"

1905 年，英国开始制造"无畏"号装甲舰，它的特点是增加主炮的数量，没有中口径火炮。无畏舰的出现使其海军实力又有了一个新的飞跃。德国得知这一消息后，就在 1906 年修改了海军法案，对原计划修造的大号军舰一律改造成无畏舰，妄图打破英国独霸海洋的局面。1908 年，英国制造出无畏舰 8 艘，德国也制造出 7 艘。德国特别建造了许多小而迅速灵便的军舰，还拥有大批鱼雷艇和潜水艇。因此，德国帝国主义自信也可以同数量上占优势的英国海军抗衡，这就构成了对英国日益严重的挑战。

大战爆发前夕，英国拥有大小军舰 688 艘，海军 20.1 万人；德国拥有 391 艘，海军 7.9 万人；俄国拥有 306 艘，海军 5.09 万人；法国拥有 315 艘，海军 5.09 万人；奥匈拥有 202 艘，海军 1.8 万人。英、德两国海军非常注意对全体人员进行海上训练和在合作航行中进行编队训练。两国海军战斗训练的严重缺点是没有训练同陆军的合作行动。战斗训练的整个水平，特别是在战术和武器的使用方面，德国海军略高于英国海军。虽然德国暂时尚未赶上英国的海军力量，但其实力已大为增强。

各主要交战国动员一切力量为战争服务，纷纷加强对生产的调度和监督，把整个国民经济纳入战争轨道。截至 1914 年，欧洲几个主要国家已具有组织完善的强大军事工业，这就是国营与私营专门生产武器的工厂。战前，德国官办与私营军火工厂有 30 家，工人达 18 万，其中克虏伯工厂是主要的武器供应者。该厂从 1870 年到 1913 年，工人人数从 7000 人增加到 8 万人。英国也有巨大的军火工业，人数达 10 万以上。仅从事造船工业的就有 19 家大型轮船厂和机器制造厂。著名的维克斯—阿姆斯特朗公司人数达 2.5 万人。法国军火工业发展也达到较高水平。战前，仅官办的就有 6 家造船厂和 23 家军火工厂，加上私营军火工厂，人数达 5.7 万人。俄国战前有 20 家

_____

① 这句话就是德皇威廉二世恣意威胁英国的"豪语"。

官办和大型私营军火工厂，工人总数达 8 万人。奥匈帝国也有巨大的军火工厂，著名的斯科达工厂，到战时人数达 4 万人。

帝国主义的扩军备战，实行国民经济军事化，使资本家趁机操纵国家的经济管理机构，大发横财。他们的军火业由于得到国家的巨额贷款，发展很快，利润增长几倍甚至几十倍。结果造成企业进一步集中，工业生产畸形发展，军工生产恶性膨胀。

欧洲大国的战争政策和军备扩张，必然受到各国人民的坚决反对。广大居民几乎承担了提供兵员和缴纳大部分赋税的义务，他们的反战声浪一天天高涨，革命情绪一天天强烈。在战争危机日益严重的时刻，无产阶级站在反对军国主义和战争的最前列。第二国际 1907 年举行了斯图加特代表大会，1910 年举行了哥本哈根代表大会，1912 年举行了巴塞尔代表大会，通过了决议，发表了宣言。巴塞尔宣言指出："无产阶级认为，为了资本家的利润，为了皇朝的虚荣，为了履行秘密的外交条约而去互相厮杀，是一种犯罪的行为。"宣言向各国政府提出警告："让各国政府永久记住，在目前的欧洲局势和工人的激愤情绪下，如果它们胆敢把战争恶魔纵放出来，它们本身也不是没有危险的。让它们想一想，普法战争引起了巴黎公社革命，日俄战争唤起了俄国人的革命行动。"以列宁为首的俄国布尔什维克进行了始终不渝的斗争。德国社会民主党左派同列宁的布尔什维克党站在一起，着手组织反战斗争。卢森堡提出了"不给军国主义一个兵、一文钱"的战斗口号。

人民的反战运动是帝国主义挑起战争的最大障碍。在这种情况下，帝国主义便采用种种"和平"谎言来掩盖自己发动战争的罪恶阴谋，战争的火药味越浓，"和平"的喧嚣声越大越刺耳。1898 年 8 月 24 日和 1899 年 1 月 11 日，沙皇政府连续两次向各国发出通知，倡议举行"和会"。1899 年 5 月 18 日—7 月 29 日，第一次国际和平会议在荷兰海牙召开，有 27 个国家参加。

"海牙和会"导演了一场极端虚伪的、典型的列强外交的丑剧。与会各国代表发表了许多清谈空论，假惺惺地说什么"现在世界各国，武装用款为数过巨"，"亟应设法限制"，却没有就裁军作出任何实质性的决议。仅仅在一个公约中提道："希望限制陆海军军力及军事预算。"此外，会议签订了关于和平解决国际争端、陆战和海战法规三项公约，以及禁止从气球上投掷炸弹和爆炸物的三项宣言，还决定成立"常设仲裁法庭"。很明显，这一切对各国的扩军毫无约束力，根本不为各国所遵守。第一次海牙和会就是在竭力用"和平"的叫嚷来掩盖准备新战争的活动中收场的。连发起会议的沙皇政府外交大臣穆拉维约夫也供认："绝不能期望这次和会在最近的未来，甚至在或多或少遥远的将来会有什么实际的效果。"

1904年，美国总统西奥多·罗斯福提出召开第二次海牙和会，并建议仍由沙皇政府出面邀请。1907年6月15日—10月18日，历时达4个月之久，有五大洲44个国家参加。这次会议干脆把限制军备丢到一边，没有列入议程，却把大量时间专门讨论制定陆、海战争的种种具体法规上。当时会议的主持者沙皇政府外交大臣伊兹沃尔斯基（1906—1910年在任）竟然说："裁军是犹太人、社会主义者和歇斯底里妇人的梦想。"在第二次海牙和会上，列强又通过了10个有关战争的公约，例如：《关于战争开始公约》《陆战法规公约》《敷设自动水雷公约》《战时陆军轰击公约》，如此等等。与其说是和平的会议，不如说是准备战争的会议。

两次海牙和会以后，国际形势非但没有丝毫缓和，相反地，战争的危机愈加严重了。1905—1906年发生了第一次摩洛哥危机。1905年3月31日，德皇威廉二世突然访问摩洛哥，声称摩洛哥素丹是"独立君主"，列强在摩洛哥"地位绝对平等"，使德、法关系紧张。由于英、俄支持法国，德国被迫让步，于1906年年初在西班牙阿尔赫西拉斯城召开大国会议，承认法国对摩洛哥的警察控制权①。

摩洛哥危机之后，1908—1909年又在巴尔干发生了波斯尼亚危机。这次危机是由于俄国和奥匈帝国秘密勾结瓜分势力范围而引起的。1908年，土耳其发生了反对封建统治的资产阶级革命。奥匈拉拢俄国，趁土耳其国内局势不稳之机，在巴尔干捞一把。于是，1908年9月16日，俄、奥两国外交大臣在布赫劳举行会谈，双方达成秘密协议：俄国同意奥匈帝国正式合并波斯尼亚和黑塞哥维那两省，奥匈则同意达达尼尔和博斯普鲁斯两海峡向俄国舰队开放。

波斯尼亚和黑塞哥维那的大部分居民是塞尔维亚人和克罗地亚人。1908年10月7日，奥国正式宣布合并两省。奥匈帝国的扩张行径激起了塞尔维亚的愤怒抗议。当塞尔维亚准备向奥匈开战，并请求俄国援助时，沙皇政府为了实现控制两海峡的梦想，表示"决不能为这两省而对奥宣战"。但是，关于两海峡对俄国军舰开放的问题，只得到奥匈同意是无济于事的。尽管俄国与英、法建立了同盟的关系，但英国决不容许俄国通过海峡南下威胁自己

---

① 详见本书《两次摩洛哥危机》一文。

到印度和东亚的最重要航路；同时，德国正好利用波斯尼亚危机来阻止俄国向巴尔干和土耳其扩张，因而便积极支持奥匈，以实现德国自己向中近东的扩张计划。威廉二世在德国驻彼得堡武官于 12 月 10 日写给他的报告上批示："这正是对俄国算账的最好机会。"因此，俄国控制两海峡的愿望终成泡影。此后，俄国又转而支持塞尔维亚对奥开战。奥匈在德国正式出面支持下并不示弱，到 1909 年春，向边境集结军队，准备一战。俄国由于国力空虚，军事力量不足，不得不承认奥匈对两省的吞并。俄奥、俄德关系更趋恶化。

　　波、黑两省的危机刚过，1908 年法国趁摩洛哥宫廷政变之机占领摩洛哥的卡萨布兰卡。德、法关系又再度紧张，最后诉诸国际法庭达成协议，德国承认法国在摩洛哥的"特殊的政治利益"，法国保障德国在摩洛哥的平等商业利益。1911 年又发生了第二次摩洛哥危机。法国出兵占领摩洛哥首都非斯，德国炮舰"豹号"突然开到摩洛哥的阿加迪尔港，一时战云弥漫。由于英国的干预，德国被迫同法国达成协议，德国承认法国对摩洛哥的"保护权"，德国则取得法属刚果一部分作为补偿。两次危机加深了英法与德法之间的矛盾。①

　　1911—1912 年发生了意土战争。奥斯曼帝国北非属地的黎波里位于地中海南岸，意大利把占领的黎波里看作争夺地中海霸权和向北非扩张的一个重要步骤，对的黎波里垂涎已久。意大利的官方报纸称的黎波里为"我们的特许地"。1911 年 9 月，土耳其准备派遣军队前往的黎波里。然而，意大利先发制人，于 9 月 28 日向土耳其发出最后通牒，决定对的黎波里和昔兰尼加实行军事占领，并在法、俄的怂恿下，对土耳其发动了战争。战争开始，意大利 2 万余军队先后在的黎波里登陆，控制了沿岸，并第一次使用了飞机。当时，土耳其处境危急，只好对意大利让步，遂于 1912 年 10 月 15 日在洛桑签订和约草案，10 月 18 日正式签订《意土和约》，土耳其被迫将的黎波里和昔兰尼加割给意大利，并恢复了这两个地区的旧称——利比亚。

　　意土和约的墨迹未干，在巴尔干半岛上发生了第一次巴尔干战争。1912 年 3 月，保加利亚、塞尔维亚、希腊、门的内哥罗组成的巴尔干同盟对土耳其作战。结果土耳其战败，巴尔干各民族获得了解放。但由于保、塞、希、门 4 个战胜国争夺领土的纠纷和两大军事集团的挑拨操纵，1913 年又发生了第二次巴尔干战争。塞尔维亚、希腊、罗马尼亚联合土耳其发动了对保加利

---

　　①　详见本书《两次摩洛哥危机》一文。

亚的战争。结果保加利亚战败，失去大片土地。① 从此，巴尔干国家进行了新的组合。塞尔维亚和希腊加强了同协约国的联系；罗马尼亚开始倾向于协约国；保加利亚则转向德奥集团方面。这样，两大帝国主义集团对巴尔干的争夺和巴尔干各国间的矛盾更加剧烈和复杂了。帝国主义不断在这一地区挑拨离间，制造事端，炫耀武力；巴尔干各国之间也视若仇敌，严阵以待，从而使这里成为最敏感、最易爆发战争的地区，成了"欧洲的火药库"。

上述频繁的危机和局部的战争表明，海牙和会完全是一个骗局。由于欧洲大国各自怀着侵略扩张的野心，奥斯曼帝国的遗产——巴尔干半岛和北非地区已成为当时帝国主义矛盾的焦点。从此，两大对立的帝国主义军事集团，由剑拔弩张开始走向短兵相接，战争一触即发。

萨拉热窝事件拉开了斗争的帷幕

1914 年 6 月 28 日，奥匈帝国皇储弗兰茨·斐迪南夫妇，前往波斯尼亚，检阅第 15、16 兵团以塞尔维亚作为假想敌人的军事演习。斐迪南还选择在塞尔维亚每年都纪念的"维多夫丹"国耻日②，到波斯尼亚首府萨拉热窝（今萨拉也夫）去巡视。塞尔维亚民族主义军人团体——"黑手党"决定刺杀斐迪南，以打击奥匈侵略的气焰。这一天上午 10 时，斐迪南夫妇在城郊检阅军事演习之后，乘坐敞篷汽车，傲然自得地进入萨拉热窝城内。这时，埋伏在路旁人群之中的黑手党成员查卜林诺维奇突然跑上前向汽车投掷一枚炸弹，司机见到刺客而加足马力，结果炸坏了跟随后面的一辆汽车，一个军官和几个群众被炸伤。查卜林诺维奇被警卫人员捉住。斐迪南仍硬着头皮说："先生们，我们继续行进吧！"前往市政厅参加了欢迎仪式以后，在另一处街口拐角处，乘车的斐迪南被 17 岁的爱国者普林西波的一颗子弹击中颈项。他的妻子也被一颗子弹射中腹部。后人为了纪念普林西波，在刺杀斐迪南的交叉口处铺上一块石板，上面刻着他的两只脚印，在旁边的墙上，用塞尔维亚文字写着几行醒目的大字："1914 年 6 月 28 日，戛弗日罗·普林西波在这里用他的子弹表达了我们人民对暴虐的反抗与对自由的向往。"

---

① 详见本书《两次巴尔干战争》一文。
② "维多夫丹"是指 6 月 28 日（旧历 6 月 15 日，按宗教习惯称"圣维多日"）。1389 年 6 月 28 日，塞尔维亚和波斯尼亚联军在科索沃战役中为土耳其入侵军所败。从此，塞尔维亚沦为土耳其的统治地。因此，这一天成为塞尔维亚的国耻日。

　　萨拉热窝事件立刻成为蓄谋已久并渴望发动战争机器的帝国主义者伺机寻衅的借口。在斐迪南被刺身死的第二天，奥匈帝国以备忘录向其同盟者德国征询意见，德皇威廉二世得知这一消息后叫嚷："这是千载难逢的机会！"7月5日，威廉二世在波茨坦宫亲自接见了奥地利大使赛根尼，表示德国希望奥匈对塞采取坚决行动，"不必踟蹰"，极力怂恿发动武装进攻。同时他声称，如果奥、俄之间发生战争，德国将履行自己对同盟条约的义务。

　　德国渴求战争，因为1914年夏，德国已完成扩充陆海军的计划。同时，它认为国际形势对德国发动战争有利。德国外交部长亚哥夫在致德国驻伦敦大使利赫诺夫斯基信中写道："基本上，俄国现在对战争并未准备好。法国同英国现在也不愿意进行战争。根据一切可能判断，再过几年，俄国将具有充实的作战能力了。那时它一定用大量的军队来压迫我们，它的波罗的海海军及战略铁路都一定会建造出来。然而我们的集团，却将逐渐衰弱下去。"

　　英国故意装作置若罔闻的样子，在列强之间施展了一系列外交诡计：英国外交大臣格雷一面对德国大使利赫诺夫斯基保证，一定"尽一切可能防止在大国之间发生战争"，一面又在同俄国大使卞肯道夫谈判时示意"德国认为俄国是自己的主要敌人"。英国怂恿俄国对德进攻，借以打击和削弱自己的主要对手——德国。英国这种态度，既给对战争准备不足的俄国壮了胆，又给德国造成了错觉，似乎英国充当欧洲均势的"平衡者"，不愿卷入战争的旋涡。德国认为，只要英国暂时保持中立，德军便可以用闪电战迅速打败俄、法。

　　经过与德国策划并作了一系列准备后，1914年7月23日下午6时整，奥地利使节弗拉基米尔·冯·吉斯尔向塞尔维亚政府递交最后通牒。出于战略上的考虑，日期和时间都是事先决定的。8日前，法国总统雷蒙·彭加勒和总理勒内·维维亚尼，巡航到彼得堡作国事访问。他们预定在7月23日下午开始返航，奥地利在他们开船远离海岸之后才递交最后通牒，并限令48小时答复，排除了进行谈判的任何可能性。最后通牒要求制止一切反奥宣传活动，惩办进行反奥宣传的文武官员，并由奥匈当局派人共同镇压塞尔维亚一切反奥活动，包括审判萨拉热窝事件的"凶手"等条文。这是对塞尔维亚内政的干涉，是一个保持主权尊严的国家所不能接受的。尽管如此，塞尔维亚忍辱求全，除了奥方派员参与追捕审判"凶手"一项以外，其余全部条文都被迫接受。

　　最后通牒的公布，引起了欧洲大陆的惊慌。当天，沙皇政府召开各部大臣会议，讨论对策。法国表示支持俄国。英国外交大臣格雷于 7 月 26 日提议德、法、英、意开会调停奥、塞争端。7 月 27 日，格雷再次建议调停。但是，奥匈仍于 7 月 28 日向塞尔维亚宣战，并开始向贝尔格莱德炮击和进军。接着各帝国主义大国纷纷宣布总动员。当俄国 7 月 30 日宣布动员后，8 月 1 日，德国对俄国宣战。同日，德国向法国发出最后通牒，限 18 小时内明确答复：在德、俄战争中，法国是否保持中立？法国拒绝接受这一最后通牒。德国为取道中立国比利时攻法，便捏造谣言说法国飞机越境轰炸德国铁路，准备通过比利时进攻德国。比利时严守中立原则，拒绝了德国的无理要求。8 月 3 日，德国对法宣战，次日晨，德军越过边境，袭击比利时，进攻法国。英国以德国破坏比利时的中立为借口，8 月 4 日伦敦时间夜晚 11 时起对德宣战。6 日，奥匈向俄宣战。

各交战国都宣称自己参加战争是为了"保卫祖国""拯救民族"，而指责对方是"掠夺""侵略"等。但是，资产阶级的谎言和欺骗都掩盖不了这场战争的帝国主义性质。"领导这次战争的，一直是两大公司——英国和德国"。[①] 对于交战的帝国主义各国来说，这是一场非正义的战争，而对塞尔维亚来说，这场战争是为了维护自己民族的独立，抗击奥匈帝国，因而是正义的。不过，它只具有从属的意义，并不能改变整个战争的帝国主义性质。

第一次世界大战开始至结束所参加的国家，欧洲：1914 年参战的有英国、法国、俄国、德国、奥匈、塞尔维亚、比利时、土耳其；1915 年有意大利、保加利亚；1916 年有罗马尼亚、葡萄牙；1917 年有希腊。北美：1917 年参战的有美国、加拿大。拉丁美洲：1917 年参战的有巴西、古巴、巴拿马、危地马拉、尼加拉瓜、海地、洪都拉斯、哥斯达黎加。亚洲：1914 年参战的有日本，1917 年参战的有中国、暹罗（泰国）、印度、汉志（沙特阿拉伯）。非洲：1917 年参战的有南非、利比里亚；澳洲：1917 年参战的有澳大利亚。以上共计 31 国。此外，还有大战结束时新成立的国家：波兰、捷克斯洛伐克，故又有 33 国参战之说。

---

① 《列宁全集》第 28 卷，人民出版社 1956 年版，第 62 页。

第一次世界大战的进程

康春林

第一次世界大战自 1914 年 7 月爆发，至 1918 年 11 月结束，历时 4 年零 3 个月。这场英、法、俄和德、奥匈两大帝国主义集团之间以欧洲为主要战场的战争，具有空前的规模和空前剧烈的程度，成为一场世界性战争，对世界历史的发展产生了深远的影响。

德国速决战的破产

早在战争爆发前，德、奥匈和英、法、俄就进行了长期的战争准备，分别制订了作战计划。

1905 年，德军总参谋长施里芬伯爵制订了速决战计划。他主张在未来的战争中，投入巨大兵力，在短时间里战胜敌人，速战速决。他预见到德国将面临与法、俄两线作战的前景，认为德国必须首先迅速打垮法国，然后再对付俄国。为了避开法国在法、德边境的防御阵地，施里芬对通过瑞士或比利时进攻法国的两条路线进行分析，认为瑞士地形复杂，易守难攻，比利时地势坦荡，易于进攻和大兵团作战，最后确定了从比利时进攻的路线。施里芬强调指出，为了确保进攻法国的迅速胜利，必须使德军右翼对法军左翼占有绝对的优势；而德军左翼只要能够防守德、法边境即可，即使因其力量过弱而丢掉一些地方也无关大局。1906 年，小毛奇继施里芬之后任德军总参谋长。他对施里芬计划作了部分修改，在一定程度上加强了西线左翼和东线对付俄国的兵力。

奥匈出于同俄国争夺巴尔干的政治需要，把战略重点放在对付俄国上。奥匈在经济、政治、军事诸方面依附于德国，具体作战计划视德国的计划而定，主要兵力放在加里西亚。

英国计划在西欧主要战场登陆；作战重心放在海上，并同法国分工：法国负责地中海地区，英国在北海对德国海军基地和港口实行封锁。

法国作战计划是 1914 年 4 月由法国总参谋长霞飞主持制订的"第 17 号计划"。法国总参谋部虽然预计到德国可能通过比利时进攻，但经过讨论后断定德国不敢冒破坏比利时中立而带来的巨大政治风险，因此法军作战计划的基点放在德军将集结于德法边境、到战争开始德军在西线只能投入 68 个师的兵力之上，忽视了左翼的防御，几乎把全部兵力部署在德法边境。

俄国把本国西部边境分为西北战线和西南战线。西北战线从波罗的海到布格河下游，其任务是粉碎德军，占领东普鲁士，越过维斯瓦河，控制该河河口地带。西南战线从伊凡哥罗德沿奥、俄边界到罗马尼亚边境，任务是粉碎奥匈军队，占领喀尔巴阡山隘口，阻止奥匈军向克拉科夫撤退。俄国计划把前线 3/5 的兵力部署在西南战线。

1914 年 7 月底和 8 月初，德、奥匈基本上按照施里芬计划，以咄咄逼人之势首先发起进攻。8 月，形成 3 个主要战场：西线从瑞士到北海，长约700 公里，德军与比、法、英军队激战；东线从波罗的海到喀尔巴阡山，约1000 公里，俄军与德、奥匈军队相抗争；塞尔维亚军队沿多瑙河和萨瓦河反抗入侵的奥匈军队，形成巴尔干战线。大规模的运动战是这个阶段战争的特点。

在西线，德军的战略目标是占领巴黎，打垮法国。德军于 8 月 2 日突然占领卢森堡，3 日夜突入中立的比利时。比利时受到突然袭击，军队只动员了可能动员的 80 万人中的 15 万人，于 8 月 4—7 日在东部重镇列日进行了顽强抵抗。德军久攻不克，留下部队围困列日，继续西进，8 月 20 日进入布鲁塞尔。8 月 21 日，德军 30 个师于夏尔勒鲁瓦击败匆忙调到前线的英、法军队。然后，5 个集团军齐头并进，越过法、比边境，迅速向巴黎挺进。直逼巴黎以北的法、英军马恩河防线。

9 月 5 日，小毛奇指挥德军 75 个师 68 万人，与霞飞统率的英法联军 79 个师约 84 万人会战于马恩河。由于小毛奇指挥失误，德军右翼第一、二集团军之间出现 50 公里的空隙，英军乘虚而进，使德军左右受到威胁，被迫于 9 月 10—14 日全线撤退至埃纳河一线。英、法和德国双方分别损兵 22.7万人和 25.6 万人。

马恩河战役是 1914 年的一次关键性战役。它使德国通过比利时侧面包抄法军、迅速将其击溃的计划成为泡影，标志着德国速决战计划的破产。战役刚一结束，小毛奇就向在卢森堡等候佳音的德皇报告："陛下，我们输掉了战争。"

9月14日，埃·法尔根汉被任命为德军总参谋长。9月下旬，德国和英、法双方为争夺法国西北海岸和比利时海岸，边走边打，形成了名曰"向海跑"的战役。10月中旬到11月中旬，在接近法国西北海岸的伊塞峡谷地带，双方会战。法、英、比联军获胜。12月，西线转入阵地战。

东线包括东普鲁士战线和加里西亚战线。8月7日，由莱宁堪普和萨松诺夫统率的俄军第一、二集团军，从马祖尔湖两侧进入东普鲁士。德军由兴登堡和在列日战役中崭露头角的旅长鲁登道夫担任东普鲁士德军司令和参谋长。德军避开俄第一集团军，集中优势兵力诱敌深入包围了俄第二集团军，于8月26—30日通过坦能堡战役全歼其11万余人。萨松诺夫自杀。德军乘胜直进，于9月6—15日在马祖尔湖歼灭俄第一集团军大部，迫使俄军全线退却。坦能堡之役使兴登堡和鲁登道夫名声大振。

在加里西亚战线，俄军通过8月29—31日莱姆堡一战打败奥匈军队。德国派法尔根汉将军援救奥匈，先后进行华沙—伊凡哥罗德战役（10月）和罗兹战役（11月底至12月初），战胜俄军，使加里西亚战局稳定下来。

在巴尔干战线，塞尔维亚军民为保卫祖国，英勇抗击奥匈军队，8月17—19日，通过亚达尔战役，迫使奥匈军队退出塞尔维亚。奥匈集结5个军，于12月2日占领贝尔格莱德，又于12月15日被迫撤出。

1914年10—11月，土耳其向协约国开战，先后对高加索、美索不达米亚和巴勒斯坦发起进攻。英国为了保护它在中东的殖民利益，尤其是保护"英波石油公司"，于11月派兵占领美索不达米亚的巴斯拉。12月，土军在阿尔明尼亚与俄军接战。

在远东，日本于11月7日占领中国青岛，侵占山东省大部地区，趁机掠夺德国在华利益，并与澳大利亚合作，占领德属太平洋岛屿。

德国速决战的破产是必然的。德国当局在制订计划时，过高地估计了自己的力量。按照施里芬计划，必须使德国西线右翼部队与法军左翼部队造成7∶1的比例，以确保速决战的胜利。1913年，施里芬卧病不起、奄奄待毙时，仍然不断念叨："右翼！右翼！你们要加强右翼！"小毛奇认为德军东线和西线左翼兵力不可过于单薄，因而加以充实，使西线右翼兵力削弱，但按他的估计，比例仍可保持3∶1，仍可实施速决战计划。战争爆发时事态并非如此。当时德国和法国动员的兵力之比是 382 万对 378 万,几乎相等。比利时的抵抗使德军推进受阻;英国以出乎德国意料的速度迅速派兵进抵前线。法国也比较快地把兵力从法、德边境调到了马恩河。于是,形成了势均力敌的局面。德国对俄国参战速度也估计不足。德国认为俄国经济和军事落后,军队的动员将会延缓时日,迅速击败法国后,挥师东向,打败俄国,可以在 3 个月内结束整个战争。但是,战争开始后,德军还没有进抵马恩河,俄国已经以大量兵力开辟东线战场。德国被迫分兵拒敌。法尔根汉就任总参谋长时对首相贝特曼说:"马恩河和加里西亚的事件,使结束战争的时日完全不可捉摸。"德国海军上将蒂尔皮兹写道:"9 月(指 1914 年),没有人再相信什么短期战争。"

从战争重心的东移到西线的决战

速决战的破产,迫使德国制订新的作战计划。在兴登堡、鲁登道夫和贝特曼等人的坚持下,德国决定 1915 年作战重心东移,"使俄国进攻力量彻底瘫痪",迫使它单独媾和,然后全力对付英、法。法尔根汉把它叫作"有限战略"。

英、法决定于 1915 年实施"周边战略",即集中一部兵力于东南欧,占领博斯普鲁斯和达达尼尔两海峡以及君士坦丁堡,打通与俄国的联系,将希腊、保加利亚和罗马尼亚拉到协约国一方。

1915 年 1 月,德、奥匈分南北两路向布列斯特和莱姆堡发起进攻。4 月,德军主力秘密集结于西部加里西亚。在麦根逊的指挥下,5 月 2 日取得果尔利策突击胜利。6 月 22 日,攻占莱姆堡,占领加里西亚大部。入夏,战火从波罗的海沿涅曼河、维斯瓦河、德涅斯特河延伸到罗马尼亚边境。俄国投入 11 个集团军,德、奥投入 12 个集团军。在德、奥匈的南北钳形攻势下,俄军被迫于 8 月 4 日撤离华沙,放弃波兰、立陶宛、里加以西和沃伦地区。俄军损失兵力 175 万人。9 月下旬,战线从里加湾到德涅斯特河形成一条直线,趋于稳定。毫无军事才能的沙皇尼古拉二世取代其堂叔尼古拉耶维奇大公担任俄军总司令。阿历克谢耶夫被任命为总参谋长。

由于周边战略和有限战略的实施,西线相对稳定,300 万法、英联军与 200 万德军相持。法、英军队在 1915 年春秋先后两次进行香槟和阿杜瓦战役。德军于 4 月下旬在伊普尔第一次使用了毒气。双方均无大的进展。

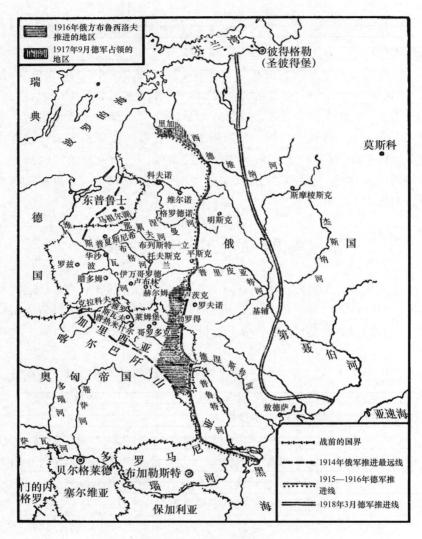

图例：
- 1916年俄方布鲁西洛夫推进的地区
- 1917年9月德军占领的地区

战前的国界
1914年俄军推进最远线
1915—1916年德军推进线
1918年3月德军推进线

1914—1918 年的东线概况

1915 年 2 月 19 日，英、法联合舰队共 40 艘战舰向达达尼尔海防工事猛烈炮击，发起达达尼尔战役。德国协助土耳其，组织大量步兵和海岸炮兵进行还击，粉碎了英、法军队 4 月和 6 月登陆后的两次大规模进攻。英、法损失 1/3 的兵力，于 12 月被迫撤离达达尼尔。

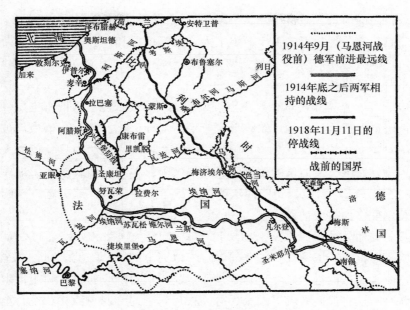

1914—1918 年的西线概况

1915 年 10 月，英法转而在希腊登陆，开辟了萨洛尼卡战线。它是对达达尼尔失败的补救，对支持塞尔维亚、促进希腊和意大利倒向协约国起到了一定的作用。

交战同时，双方加紧争夺中立国。意大利由于与奥匈的边界争端及在亚得里亚海的利害冲突，于 1914 年 8 月 3 日声明保持中立，希望得到同盟国方面令人满意的报偿作为改变中立态度的条件。德国企图迫使奥匈向意大利让步，但没有结果。协约国则答应满足意大利统治者的要求：将奥地利境内意大利人居住区、斯拉夫人居住的达尔马提亚等地区割给意大利。1915 年 4 月 26 日，意大利与协约国签订伦敦条约，5 月 30 日，对奥匈宣战。意大利投入了 39 个师的兵力，拖住了奥匈 40—50 个师的兵力，减轻了其他战线的压力，但没有对整个大战造成战略性影响。

保加利亚企图夺回第二次巴尔干战争中失去的马其顿、色雷斯、南多布罗加等地区。它为德奥集团 1915 年在东线和达达尼尔的战绩所刺激，于 1915 年 9 月加入同盟国。10 月 14 日，保加利亚向塞尔维亚宣战，投入 30 万军队，与奥匈军队形成对塞尔维亚夹击之势。11 月底，塞尔维亚全境沦陷。亚历山大亲王率领 15 万溃败官兵，渡海逃亡科孚岛，组织流亡政府。1916

年 1 月，门的内哥罗被迫投降。德国终于打通巴尔干通道。

希腊政府分裂为以国王康斯坦丁为首的亲德派和以首相维尼齐罗斯为首的亲协约国派。1915 年，维尼齐罗斯借助于协约国，在萨洛尼卡自立政府，与国王及其政府相抗衡。

1915 年，德国虽然取得了重点进攻的胜利，但未能消灭俄军主力，达到迫使俄国退出战争的目的。东线形成了僵持局面。德、奥匈军事当局被迫研究新的对策。法尔根汉认为，英国是德国的主要敌人，法国只是英国大陆政策的工具，法国军事力量的使用已经达到极限，如果在西线通过大规模的战役，"磨碎"法军力量，将能使法国退出战争。德国参谋部决定以法国东北部的凡尔登作为决战地点。

凡尔登地处马斯河水路交通要道，又有 16 条铁路和公路通过，是前线最大的交通枢纽。法国在凡尔登的设防阵地突出到德军阵地之间，德军可以从东、西、北三面进攻。一旦开战，凡尔登法军的供应就只能利用市南一条地方铁路。这将迫使霞飞以大量兵力援救凡尔登，给德军消耗法军乃至最后击溃法军创造有利条件。要使凡尔登成为"碾碎法军的磨盘"，这就是法尔根汉的如意算盘。

1915 年 12 月 6—8 日，协约国在法国尚蒂伊召开军事会议，决定 1916 年 7 月前，西线、意大利战线和东线同时进攻。霞飞和英军司令海格确定西线进攻地点为索姆河。

1916 年 2 月 21 日，德军集中前线所有大炮，辅以飞机，对凡尔登法军阵地进行了"历史上未曾有过"的轰炸。当天晚上，以 6 个步兵师和 1000 门大炮的兵力，在马斯河东岸宽仅 10 公里的地带向南猛扑。法军被迫于 2 月 24 日放弃马斯河东岸，使整个防御体系势若累卵。2 月 25 日，法国委任亨利·贝当为凡尔登军队司令官。贝当规定了一条不许退过的督战线，组织了一条超量供应的后勤线，法国人称之为"圣路"。德、法两军不断增加兵力，反复冲杀，形成拉锯战，彼此伤亡惨重。6 月初，德军又以 20 个师的兵力发动第二次进攻。6 月 23 日，发起总攻。一直打到凡尔登的最后一道防线，始终没有突破。

凡尔登战役是第一次世界大战的转折点。在这次战役中，法军 70 个师中有 66 个师先后参加了战斗，德军也投入了 46 个师。双方伤亡人数总计 70 多万。法军总伤亡略多，德国歼灭法军主力迫使法国投降的战略计划破了产。凡尔登的磨盘也磨碎了德军自己的力量。鲁登道夫写道："凡尔登对双方参谋部和军队来说都像一场噩梦，令人窒息。"德军改由兴登堡任总参谋长，鲁登道夫为其副手。

1916 年 6 月下旬，以英军为主的英法联军在索姆河发起大规模进攻。联军具有炮兵、飞机的优势，并首次使用了英国生产的秘密武器坦克。德军凭坚固工事固守。这次战役比凡尔登战役消耗更大，先后参战的部队计有英军 55 个师、法军 20 个师、德军 95 个师。英军损失 42 万，法军损失 20 万，德军损失 65 万。这次战役和 6 月初俄国在东线发起的进攻，对德军凡尔登的攻势起到了很大的牵制作用。

俄国 1915 年失败后，加紧了人力和物力的动员。1916 年春，前线兵员增至 173 万人，超过了共有 106 万人的奥、德东线部队。俄国西南战线司令布鲁西洛夫根据奥匈军阵地纵深设防、工事坚固的情况，进行了步、炮兵协同攻坚的训练，于 6 月初发动进攻，占领布科维纳及其北部地区，给奥匈造成一次重大的危机。德国被迫抽调西线 18 个师兵力驰援东线，使加里西亚战线稳定下来。

在意、奥战线，奥匈军从 5 月中旬到 6 月中旬用 18 个师进行了特兰提诺战役，突进意大利领土。意军损失近 15 万人，萨兰德拉内阁被博泽利内阁取代。

凡尔登战役的结局和布鲁西洛夫的推进促使罗马尼亚于 1916 年 8 月 17 日参加协约国，8 月 27 日，向奥匈宣战，向特兰西瓦尼亚发起进攻。德国为了攫取罗马尼亚的石油和粮食，派遣包括德、奥、保军队的麦根逊集团军和法尔根汉集团军共 33 个师的兵力，从南、西两面夹击罗马尼亚，孤立无援的罗马尼亚军队于 12 月 4 日放弃了布加勒斯特，退守多瑙河下游。

以凡尔登战役为标志的 1916 年是同盟国与协约国进行全面较量的一年。是德国从战略进攻向战略防御的转折。鲁登道夫承认，"我们第一次被迫在所有战线进行防御"。

帝国主义的和平烟幕

1916 年，各交战国经济状况恶化。同盟国由于战争消耗和受到协约国的经济封锁，生产规模剧减。德国的主要食品土豆，1916 年产量只有 1913 年的 47%。1914 年柏林每天供应 84 万公升牛奶，到 1916 年只能供应 48 万公升。1916 年平均生活费用比 1914 年提高 182%。它被迫首先实行食品定量供应制。在奥匈帝国，匈牙利已不再能供给奥地利必需的食品。协约国方面，法国小麦产量从 1913 年的 8700 万公担降到 1916 年的 5800 万公担，土豆从 13500 万公担降到 9100 万公担，家畜存栏数中，牛减少 200 万头，羊减少 400 万头，猪减少 250 万头。物价指数比 1914 年提高 1 倍。英国的物资供应主要依赖海外，1916 年，食品价格比 1914 年提高 1 倍。俄国 1916 年年底的食品供应进入危机状态。彼得格勒的面粉储备仅够 10 天消费，肉类根本没有。两年多战争耗费 415 亿金卢布。

严重的经济困难使政治局势动荡不安。德国首相贝特曼不相信"全面的胜利"，兴登堡则信奉总体战的理论，主张不惜采用极端手段把战争进行到底。贝特曼和总参谋部的裂痕越来越深。1916 年 10 月 21 日，奥匈首相施裘尔克被刺杀，11 月 21 日，奥皇弗朗茨·约瑟夫去世，使奥匈极右势力受到重大打击。

在英国，陆军部大臣劳合·乔治等责备首相阿斯奎斯"患了麻痹症"，没有能力驾驭局势。1916 年 12 月 9 日，劳合·乔治出任首相。而总司令海格和总参谋长罗伯逊把劳合·乔治称为"野人"，对他执政愤愤不平。法国白里安政府将军事失败归咎于霞飞，1916 年 12 月，将他撤职，任命尼维尔为总司令。俄国的一些上层人物对沙皇军事指挥上的无能及听信政治骗子拉斯普廷的状况不满，密谋推翻沙皇。

政治局势动荡的另一个重要标志是各交战国和平、反战、反对资本压迫的革命运动出现高涨势头。1915 年 9 月，国际社会党代表会议在瑞士齐美尔瓦尔德召开，列宁组织了"齐美尔瓦尔德左派"。会议揭露了各国政府关于防御战争的谎言，明确指出战争的帝国主义性质。1916 年 4 月，国际社会党在昆塔尔召开代表会议，强调和平只能通过争取社会主义的斗争才能实现。决议号召各国士兵："放下武器，去反对共同的敌人——资本主义政府。"以列宁为首的布尔什维克进行了强大的宣传和组织活动。德国社会主义运动中形成了以卡尔·李卜克内西、罗莎·卢森堡为代表的坚强的左翼，组成"斯巴达克同盟"，对德国革命的发展产生了积极影响。1916 年，德国发生 240 次罢工，罢工人数 12.4 万多人。法国有 4.3 万名工人，英国有 2.7 万多名工人罢工。俄国发生了 1410 次罢工，人数达 108 万，出现了其他国家所没有的革命先兆。6 月 20 日，沙皇颁布《关于动员非俄罗斯族居民参加后方劳务》的诏书，激起撒马尔罕、乌兹别克等地各族人民的反抗。仅哈萨克斯坦，起义者就达 5 万人之多。10 月，又发生了戈梅利士兵起义，提出"打倒战争和沙皇专制"的口号。

经济破坏、军事僵持和群众革命情绪的增长，促使交战国统治者考虑以妥协结束战争。有的国家开始探索单独媾和的可能。德国政界从集中一切力量粉碎英国的长远战略考虑，希望能同俄国单独媾和。早在 1915 年，德国就通过俄国皇后的侍女维柳勃娃向尼古拉二世转递信件，表示愿意签订和约。凡尔登战役后，与俄国单独媾和的意向更加明显。奥匈皇帝弗朗茨·约瑟夫的继承人卡尔一世本来就认为没有必要与德国一块"干到底"，乐意接受单独媾和。

俄国以拉斯普廷和德国皇族出身的皇后费多罗夫娜为代表的亲德派利用俄、英在战争中仍然存在并时而激化的矛盾，扩大亲德势力。1914 年，英国担心俄国控制黑海和巴尔干，故意放过两艘德国巡洋舰，使其进入黑海。1915 年，达达尼尔战役和萨洛尼卡战线的开辟，也有与俄国争夺之意。英、法把东线视为附属战场，要求俄国服从西线战略利益，漠视俄国战场的需要，1915 年对危难的俄军坐视不救。凡此种种，促使沙俄统治者与其冒着"把'本国'军事资源消耗净尽的危险，在欧洲几乎一无所得"[1]，还不如与德国单独媾和，"拿可能拿到的东西"。[2] 1916 年 2 月，亲德分子斯提尤尔美尔被任命为大臣会议主席。同年 7 月，德国银行家瓦尔堡同俄国国家杜马副主席普罗托波波夫在斯德哥尔摩会晤，讨论德、俄媾和条件。俄国主战派代表人物、外交大臣萨佐诺夫于 1916 年 7 月被迫辞职。

英国阿斯奎斯政府的外交大臣爱德华·格雷等人主张"按协商方式"与德国媾和。法国前总理茹卡约等也提出了与德国单独媾和的要求。美国总统威尔逊 1916 年 11 月中旬发出要求停战的照会。在工人运动中，社会和平主义者活跃起来。"和平"的烟雾一时弥漫于国际政治舞台。

帝国主义和平不过是实现帝国主义战争目的的一种手段。1916 年 8 月，德国将其目标归结为"对战争的三重考虑，即一场防御战以对抗当前的法国，一场预防战以对付未来的俄国……与英国争夺世界霸权"。1916 年 8 月31 日，英军总参谋长罗伯逊提出了英国对待和谈的三项原则：保持欧洲列强的势力均衡；保障英国的海上优势；不惜一切代价避免在落后国家地区出现

---

① 《列宁全集》第 23 卷，人民出版社 1958 年版，第 129 页。
② 同上书，第 130 页。

军事政治强国。法国的目标是：德国作为一个国家应该被搞垮。沙俄则要求兼并东普鲁士一部分、波兹南、加里西亚，占领君士坦丁堡和博斯普鲁斯、达达尼尔两海峡，使奥匈帝国移位。

在德国，"和平"的努力遭到兴登堡和鲁登道夫的强烈反对。他们主张以军事机器的力量弥补人力、物力不足，进行"全面战争"，寄希望于无限制潜艇战。他们的态度及德国建立受德、奥匈庇护的"独立的波兰"的企图触怒了俄国。斯提尤尔美尔等被解除职务。德国玩弄和谈骗局的老手贝特曼企图把战争罪责加于协约国，于1916年12月12日以德、奥匈、土、保4国名义向中立国、协约国和罗马教廷发出希望媾和的照会。该照会被白里安称为分裂协约国的阴谋。1917年1月10日，协约国罗马会议公布了一个文告，抛出了协约国媾和的条件：恢复比利时、塞尔维亚、门的内哥罗并给予赔偿；同盟国从法、俄、罗被占领的地区撤出，尊重各民族的权利等。这是德国无法接受的方案。

1917年3月初，德国巴登亲王马克斯写信给尼古拉二世，策划媾和后镇压革命的阴谋。信还未到，俄国二月革命爆发。至此，帝国主义和平攻势宣告破产。

经济封锁和无限制潜艇战

为了适应长期战争的需要，各交战国政府改组国内经济结构，对经济进行监督，直接干预军用、民用生产及交换和消费，对工厂的产、供、销逐渐实行垄断。1915年3月，英国通过《保卫国家法》，授权政府可将一切机器制造业转入生产炮弹。德、英先后实行食品等消费品配给制，国民经济军事化和国家垄断资本主义成为欧洲各大国的经济特点。

经济斗争成为扼杀对手的重要手段。战前，德国每年进口小麦250多万吨，食油和黄油消费量的2/5至1/2，铁矿石1400万吨和其他矿石250万吨；石油和橡胶几乎全靠国外，化工原料主要来源于智利。进口量的2/3通过海路。德国经济对国外的依赖性十分明显。协约国针对德国的这一弱点，不断加强经济封锁，即切断德、奥匈的海上交通和与相邻中立国的贸易。协约国的地理位置和强大的海军为经济封锁提供了有利条件。

战争伊始，协约国就宣布封锁同盟国。英国不但封锁敌国海岸，而且违反国际法，监视广大海域和中立国。1915年3月，英、法决定没收一切出入德国的货物。12 月，宣布被禁止与德国贸易的中立国商行的"黑名单"。
1916 年 2 月，英国成立封锁部，意大利参战对加强封锁起了一定作用，而美
国的参战使封锁发生"一个基本的转折"，使封锁体系趋于完善。1917 年 7
月 9 日，美国总统威尔逊宣布实行全面禁运。

　　经济封锁对德国产生巨大的影响。1913 年德国进口额为 140 亿法郎，而
1918 年只有 15 亿法郎。德国战前的农业生产只能满足国内 30%—40% 的需
要，其余 60%—70% 需要进口，仅粮食一项每年就需要进口 250 万吨。可是
4 年战争期间，总共进口仅 143 万吨，粮食严重缺乏。1917 年，由于皮革进
口剧减；1600 家鞋厂中被迫关闭 1100 家。1918 年，布匹和煤炭供应出现恐
慌。到 1918 年秋，德国及其盟国已处于经济崩溃的边缘。劳合·乔治 1914
年 9 月曾经预言："最后的 1 亿英镑将决定战争的结果。最初的 1 亿，我们
的敌人是完全能够得到的，就像我们一样；但最后的 1 亿，感谢上帝，他们
是不能得到的。"1916 年，德国海军上将蒂尔皮兹说："经济战已变得具有
本质意义；前线尽管部署着巨大兵力以抵御敌人进攻，但已变成辅助战场。"
著名的英国军事史学家里德尔哈特说："封锁是德国投降的主要原因。"

　　同盟国反对经济封锁的斗争导致双方在海域的搏斗。英国一向以海上霸
王自居，战争之初拥有军舰 200 多万吨位。德国次之，约 107 万吨位。

　　德国的海战计划服从于首先粉碎大陆强国法、俄的总的作战计划，因此
尽量避免大规模海战，以期保持一支足够强大的舰队，将来与英国抗衡。德
国海军的任务主要是在北海"潮湿的三角"库克斯港—威廉港—赫尔果兰岛
海军基地附近活动。水面舰只的任务是"为潜艇通过敌人水雷区开辟道路"，
防止"敌舰队阻碍波罗的海交通的企图"。德国游弋外海的太平洋舰队等，
在智利的科隆尼尔海面、孟加拉湾、槟榔屿、太平洋海面进行偷袭，给协约
国造成一定损失。1914 年 12 月，英国舰队在阿根廷的福克兰岛附近歼灭德
太平洋舰队。

　　英国海军主要在北海捕捉战机，袭击德国船只。1916 年 5 月 31 日，英
舰只 151 艘与德舰 101 艘进行了英、德间最大的海战日德兰海战，双方各损
失舰船十几艘。德舰队失败后龟缩于本国海港。德国海面舰队对粉碎经济封
锁及大战进程没有产生重大影响。

　　德国更多地借助于"无限制潜艇战"，把它作为"胜利结束战争的最后
手段"。

　　早在 1915 年 2 月，德国就开始了潜艇战，当月就使英国与斯堪的那维

亚国家的贸易缩减 80%。法尔根汉把潜艇战看成"战争的希望"所在。1915 年 5 月 7 日，英国大邮轮"卢西塔尼亚号"在爱尔兰金塞耳附近被德国潜艇"U－20 号"击沉，造成 1190 人死亡，其中有 118 名美国人。这一事件激起世界许多国家的抗议风潮。美国亲协约国的兰辛取代和平主义者布赖恩担任国务卿。贝特曼于 1915 年 8 月召集德国军政首脑会议，宣称不再愿意"踏脚火山，让帝国的命运葬送于某一个潜艇艇长之手"，迫使大规模潜艇战推迟进行。

1916 年的军事、经济和政治形势的恶化使德、奥匈统治者走投无路。1917 年 1 月 9 日，在兴登堡、鲁登道夫、海军上将卡佩莱、蒂尔皮兹等坚持下，德皇签署从 2 月 1 日起开始无限制潜艇战的敕令。在孔拿得等人的压力下，奥匈也宣布了无限制潜艇战。

按照德国军方的计算，英国船舰共有 1075 万吨，每月被击沉 60 万吨，将被迫在 6 个月后求和；否则，大不列颠岛的居民将因挨饿而拒绝战争。而美国暂时还不拥有进行战争的足够军队，谈不上立即干预。

无限制潜艇战立即产生了巨大效果。德国当时拥有潜艇 150 艘，以弗朗德拉和赫尔果兰为基地。在无限制潜艇战头 3 个月，共击沉船只 319 万吨，其中英国占 119 万吨。英海军大臣丘吉尔哀叹，"爱尔兰西南的重要海路正变成英国船舶的真正葬身之所"。整个战争期间，英国损失船只 783 万吨，法、意、美共损失 214 万吨。1917 年 2—8 月，海洋第一次为德国潜艇所控制，英国有史以来第一次失去海上优势。英海上运输陷于瘫痪。

英、美军政界一些人为潜艇战的威力所震慑。1917 年 4 月，英军总参谋长罗伯逊认为英国海上形势比任何时候都糟。美国海军上将史密斯甚至觉得英国将被迫投降。

但是，英国及其盟国经受住了潜艇战。1917 年 4 月，美国参战后立即俘获了停泊在美国水域的 170 万吨德国船只，给德国海军以沉重打击。英国投入大量人力和物力进行反潜艇战，除 8000 艘小型船只，65 艘潜艇，200 架飞机、飞艇和气球参战外，还设置了装有 24 万枚水雷的防护堤，共计破坏德潜艇 199 艘。1917 年年底，英国每月击沉德潜艇与德新造潜艇数目相等。到 1918 年年中，无限制潜艇战趋于失败。无限制潜艇战的失败意味着德国进行战争的"最后手段"的失灵。

沙俄崩溃、美国参战和协约国的最后胜利

1917 年 2 月 27 日（公历 3 月 12 日）俄国爆发革命，推翻了罗曼诺夫王朝，成立了临时政府。

二月革命使俄国的战争机器陷于瘫痪，德国有可能抽出大量兵力支援西线。

1917 年 4 月，法军总司令尼维尔在苏瓦松和兰斯之间贸然进攻，遭到失败。5 月 15 日，贝当取代尼维尔，福煦任总参谋长。

在东线，俄国临时政府为阻挡革命的深入并取得协约国的支持，于 4 月 18 日宣布将继续进行战争。美国立即向临时政府贷款 5 亿美元以示支持。各国右翼社会主义者也相继访问彼得格勒，但是，前线的士兵在布尔什维克党的影响下不愿为资产阶级卖命，战壕联欢、拒绝出战的现象越来越多。1917 年年初，俄军总司令布鲁西洛夫的 31 个师向莱姆堡的进攻因士兵反战而自行瓦解。7 月下旬，德、奥占领加里西亚，俄军被俘 16 万人。

在意、奥战线，德、奥军 10 月 23 日于卡波雷托突破成功，进至皮牙韦河。

在巴尔干战线，1917 年 5 月，英国迫使希腊康斯坦丁国王让位于亚历山大，维尼齐罗斯组织了新政府，于 1917 年 6 月 29 日向同盟国宣战。

在高加索战线，俄军于 1916 年把战线推进到土耳其境内。在美索不达米亚战线，土军于 1917 年 3 月和 9 月在摩苏尔一线挡住了俄、英 30 万人从东、南两面的进攻。在巴勒斯坦战线，英军于 1917 年 12 月 9 日占领耶路撒冷。在德属东非，比利时军队于 1917 年 11 月 27 日迫使德军投降。

德奥因俄国革命而在欧洲战场取得的有利形势是暂时的。1917 年下半年，经济和军事力量对比发生有利于协约国的变化。1914 年，同盟国与协约国方面主要战略物资对比，以万吨计：煤 33100：39400，钢 2100：1900，铁 1200：2200。1917 年美国参战后，发生急剧变化：煤 34000：84100，钢 1300：5800，铁 1500：5000。

同时，协约国加紧弥补兵力消耗。法国 1914 年有 360 万士兵加入战争，到 1917 年年初，虽然仍保持了 310 万兵力，但其中老兵仅剩 96 万了。意大利，英国、俄国也分别损失兵员 88 万、100 余万、580 余万。协约国越来越趋向于征集殖民地军队充当炮灰。1917 年 2 月，在法国战场的英军中有加拿

大人 28 万、澳大利亚人 30 万、南非人 6 万、新西兰人 6.5 万。美索不达米亚战场英军中有大量印度人。此外，还从殖民地和半殖民地征集大量劳工。到 1917 年 8 月，共有 16 万中国苦力进入俄国。西线和巴尔干协约国部队中有许多中国军工营。英国商船队中有大量中国海员。1917 年 6 月，前线协约国和同盟国兵力分别为 521 个和 369 个师。

美国的参战大大增加了协约国的力量。美国认为无限制潜艇战给予它的贸易利益以巨大打击，实际上"意味着战争"，同时，美国与协约国利害攸关，不能容忍协约国的失败和德国世界霸权野心的得逞。

1917 年 4 月 6 日，美国最终结束"孤立主义"，向德国宣战。美国参战前充当军火商大发战争财。1914 年美国售给协约国的商品额为 9 亿多美元，1915 年近 20 亿美元，1916 年达到 32 亿美元。售给同盟国的，1915 年近 1.7 亿美元，1916 年 11 亿多美元。此外，1914—1917 年 4 月美国还向协约国提供了 23 亿美元的信贷。

美国参战初期，还不能向协约国提供多少兵力，但起到了精神鼓舞作用。1917 年 5 月 18 日，英国宣布实行义务兵役制，大约用 1 年的时间，装备 400 万人，3200 架战斗机，向欧洲战场派遣了装备精良的军队 185 万人。并派遣一支舰队进入北海，从而打破了交战双方力量的平衡。在美国的影响下，葡萄牙、巴西、暹罗（今泰国）、印度、澳大利亚、加拿大、利比里亚、古巴、巴拿马、汉志①、危地马拉、尼加拉瓜、海地、洪都拉斯、哥斯达黎加和中国，纷纷加入协约国或者更积极地站在协约国一边作战，极大地改变了战争双方力量的对比。

1917 年 10 月 25 日（公历 11 月 7 日），俄国人民在以列宁为首的布尔什维克党领导下发动彼得格勒武装起义，推翻了资产阶级临时政府，建立了世界上第一个无产阶级专政的国家。

十月革命胜利后，苏维埃政府立即倡议缔结不割地不赔款的和约，并于 1917 年 12 月 22 日在布列斯特开始与德国进行和谈，于 1918 年 3 月 3 日签订了布列斯特和约，实现停战。

此后，德国将兵力集中于西线。1918 年 3—6 月，先后向亚眠、利斯河西岸、巴黎方面、瓦兹河右岸发起强大进攻。但此时它已是强弩之末。协约国方面的实力由于英国生力军的到来而得到加强。1918 年 7 月，前线已有

---

① 汉志即今沙特阿拉伯西部的希贾兹。

121 万美国士兵。协约国的军事装备不断增强。仅法军就拥有 3000 辆坦克，3000 多架飞机，77 毫米大炮每天发射 27 万枚炮弹。

7 月，德国在第二次马恩河战役中惨遭失败，损失兵员 16 万人，被鲁登道夫称为"德国第一次大的不幸遭遇"。德军撤退至苏瓦松和兰斯防线。这次战役是西线从长期相持到德军节节败退的一个转折。

3—8 月，德军在西线共损失 80 万人，兵力锐减。8 月 8 日，协约国联军于康布雷—瓦兹河—埃斯内河一线，再创德军，于 9 月发起总攻。10 月，德军退守法、比边境。这时，德军兵员锐减，一个师"只相当于一个或两个营"，"供应糟糕，情绪低落"，士兵中感冒流行，连土豆也吃不上。11 月 5 日，德军退至安特卫普—布鲁塞尔—夏尔勒鲁瓦—梅济埃尔一线，战场基本移至法国境外。9 月 29 日，保加利亚签署停战协定。10 月 30 日，土耳其投降。

1918 年，奥匈经济严重困难，军队趋于瓦解。有些前线士兵三四天才能吃到一次面包。2 月，亚得里亚海卡塔洛水兵暴动。大量士兵逃离前线；10 月，逃兵达 25 万人。10 月中旬，士兵苏维埃出现。1—2 月，5—6 月，10—11 月，奥匈出现三次革命高潮。工人反对资本压迫和被压迫民族争取解放的斗争此起彼伏。10 月 28 日，捷克宣布独立，加里西亚宣布与已经解放的波兰合并。10 月 29 日，克罗地亚宣布脱离奥匈。特兰西瓦尼亚罗马尼亚族民族委员会控制当地局势，准备与罗马尼亚合并。匈牙利酝酿着成立共和国并与奥地利分离。奥匈帝国分崩离析。10 月，奥匈军在意军的打击下全线崩溃，于 11 月 3 日被迫签署停战协定。

由于保、土、奥的投降，德国空前孤立。9 月 30 日，巴登亲王马克斯出任首相。但是，政府的更换已无济于事。11 月 4 日，以基尔海军起义为信号，爆发了十一月革命，基尔、汉堡、莱比锡、慕尼黑和柏林等地建立苏维埃。11 月 9 日，威廉二世退位，出逃荷兰。右派社会民主党人艾伯特担任首相，宣布成立共和国。艾伯特政府对革命的继续发展采取敌视态度，在对外政策方面拥护威尔逊的建议，认为它能给德国以"公正的和平"。"斯巴达克同盟"① 则努力促使民主革命向社会主义革命转变。卡尔·李卜克内西、卢森堡、梅林、蔡特金向人民发出了号召："和约应该在世界社会主义革命

---

① 德国左派社会民主党人的革命组织，1918 年 11 月正式成立，主要领导人有卡尔·李卜克内西、卢森堡等。

红旗的飘扬下签订。"

在国内革命和前线崩溃的形势下，德军代表于 11 月 7 日在法国贡比涅打出了求和的白旗。11 月 11 日，在贡比涅森林福煦乘坐的火车上，德国与协约国签署了停战协定。至此，延续 4 年零 3 个月的第一次世界大战结束。

第一次世界大战共囊括了 33 个国家，大约 15 亿人口，动员的兵力达 7500 万，有 16 个国家派军队参战，伤亡失踪者共计 37494186 人。平民伤亡达 1500 万人以上。战争期间，法国 20—30 岁的青年损失 58%，塞尔维亚比这个数字还要高，交战国直接军费达 3316 亿美元。战争造成巨大破坏，主要交战国的人口和生产直到 1925 年才达到 1914 年的水平。

战争动摇了帝国主义的统治，导致了革命的爆发。1917 年俄国十月革命的胜利开辟了人类历史的新纪元。1918 年，德国和奥地利爆发了资产阶级民主革命。1919 年 3 月，匈牙利无产阶级曾一度建立了苏维埃共和国。在战争的废墟上新建或重新组建的捷克、南斯拉夫、波兰、罗马尼亚、匈牙利、奥地利等众多的民族独立国家，以崭新的面貌出现在国际政治舞台上。

"帝国主义战争也唤醒了东方，把东方各族人民卷入了国际政治生活。"[①] 1919 年，中国爆发了五四运动，标志着中国新民主主义革命的开端。同年，朝鲜爆发了要求民族独立的起义。接着，土耳其发生了资产阶级的民主革命。印度、印度尼西亚、伊朗、越南、阿富汗、暹罗（泰国）、埃及以及阿根廷、智利、巴西等地反帝反封建的民族解放运动也蓬勃开展起来。

---

① 《列宁全集》第 30 卷，人民出版社 1957 年版，第 137 页。

爱因斯坦相对论的创立及其影响

金秋鹏

19 世纪末 20 世纪初，是物理学革命的时代。不断取得的新的科学成就，给经典物理学带来了不可克服的困难，使经典物理学面临着严峻的挑战。在这新的形势面前，绝大多数老一代的物理学家都产生了"危机"感，感到恐慌和不知所措。但是，这一新的形势也鼓舞着新一代物理学家的探索精神，他们大胆地向经典物理学挑战，从而开辟了物理学的新篇章。爱因斯坦所创立的相对论，就是这场物理学革命中的一个最伟大的成就，它对 20 世纪的物理学，以致整个科学技术领域都造成了极其广泛而深刻的影响。

处于"危机"状态中的物理学

自从牛顿（1642—1727 年）集古典力学之大成，在 1687 年出版了《自然哲学的数学原理》一书后，牛顿力学便成为力学中最权威的理论，甚而成为整个物理学（现在通常称为经典物理学或古典物理学）领域的代名词。牛顿力学为任何一种技术设计提供了理论基础，深入地干预了人们的日常生活。人们依照力学的模式建立了热、光、声以及液体和气体的运动的理论，并取得了巨大的成功。牛顿力学在生物科学中也得到了应用，如身体运动的力学和听觉的力学等。牛顿力学在科学和技术各方面所取得的成就，使其深为人们所崇拜和信赖，被奉为经典。人们甚至认为人类将来的一切科学进步，一定会在力学的指导之下进行。直至 19 世纪的前半叶，人们都以为，在这个世界上，物理学大厦的主要框架已经建成，剩下的只是细节方面的加工，即把公式推导得更完备些，把各种物理学常数测量得更精确些，使它更趋于尽善尽美罢了。没有人期望在这方面会得到超出牛顿力学的成果。几乎所有的科学家都认为，整个宇宙，包括生活在这个宇宙中的人类，都是随着牛顿的法则运动着。

正当人们沉湎于按牛顿力学体系的框架进行装饰物理学大厦的工作之时，晴朗的物理学太空却出现了乌云。19 世纪以后，光学和电磁学取得了重大的进展。人们首先发现了光的波动性质。① 随着电磁学的发展，人们又发现光也是一种电磁波。这就首先遇到了一个问题，即电磁波是如何传播的呢？在牛顿力学中，力学的波是靠连续的介质传播的。例如声波，在空气中是靠空气传播的，在真空中是听不到任何声音的。但是光和电磁波却与声波不同，它们能够穿过真空，在真空中仍然能够传播。为了解决这个问题，物理学家曾试着作了如下的论证：若要传播光和电磁波，就非要有某种物质的媒介存在不可。于是假设了一种称为"以太"（Ather）的介质，认为以太是没有重量的弹性物质，它到处弥漫于宇宙之中。

但是，科学是严肃的，不允许有丝毫的含混。只有可以验证的理论方才是科学的理论，否则就没有任何科学的意味。既然以太是传播光和电磁波的介质，就应该是一种真实存在的物质，也就可以通过科学的手段证实其确实存在。因此，不少科学家致力于寻找以太的工作。在牛顿的力学体系中，有如下的基本原理和法则，即伽利略（1564—1642 年）的相对性原理和速度的合成法则。所谓伽利略相对性原理，就是关于物理定律在不同的惯性参考系中完全一致的原理。例如在平直的路上以固定速度行驶的列车上，所做的运动结果与在地面上完全一样。你若是在车上发出一个音响，由于车厢里空气是与列车一起运动的，所以声音在车上向各个方向传播的速度一样，与地面上的声音传播规律相同。所谓速度的合成法则，就是指在不同的参考系中，由一个参考系观测另一个参考系上的运动，其速度与参考系的运动速度有关。如在地上观测列车声音传播，在与列车前进相同的方向上，声音的传播较快，其速度是音速加上车速；而在与列车前进相反的方向上，声音的传播速度较慢，其速度是音速减去车速。如果以太确定存在，那么它也得遵循伽利略相对性原理和速度合成法则。反之，人们也可以根据伽利略相对性原理和速度合成法则，观测到以太的存在。科学家们正是根据这一基本思想寻

---

① 光的本性问题，是科学界长期争论的一个问题。17 世纪时，牛顿倡导了光的微粒说，认为光是由发光体所发出的弹性微粒所组成，而惠更斯（英国物理学家，1629—1695 年）则提出光的波动说，认为光是一种机械波，由发光体引起，和声波一样依靠介质来传播。18 世纪时，光的微粒说占主导地位，波动说几乎被遗弃。19 世纪后，光的波动说被物理学界所公认，微粒说则差不多被否定。直至 20 世纪初，爱因斯坦提出了光的量子理论，光的波粒两重性才被人们认识。

找以太的。

根据速度的合成法则，如果以太存在，在地上观察运动参考系上的光源发出的光的速度，就会与参考系的运动有关。如前面所说的列车上发出的光，在地面上就会观测到在列车前进方向上光的速度是光速加上车速，在与列车前进相反的方向上光的速度是光速减去车速。对于这一速度的差异，物理学家是很容易利用实验进行测定的。但是，从1839年开始，直至20世纪30年代，物理学家进行了多次的实验，其中最著名的是美国的迈克尔逊（1852—1931年）和莫雷（1836—1923年）于1887年共同进行的实验。结果所观测到的都是不管参考系是做直线运动还是转动，从相对静止的参考系上观测到的结果，与运动着的参考系观测到的结果一样。光速 C 都是每秒钟30万公里，而且不管是沿着参考系的运动方向还是逆着参考系的运动方向，结果都没有差别。这个结果表明以太的存在值得怀疑，而且牛顿力学中的重要法则——速度合成法则，在这里也不适用了。在这里，牛顿力学陷入了困境。但是，大部分的物理学家还是固守以太的概念。为了解脱上述的困境，他们提出了在宇宙中所有的参考系中，有着一个和其他任何参考系相异的参考系，即对于以太静止的参考系，也就是说是以光的速度 C 的值所决定的基准而存在的唯一的系。但是，如果有这样的系存在的话，则牛顿力学中的重要原理——伽利略相对性原理就不正确了，从而导致整个牛顿力学体系陷入更大的困境。总之，寻找以太的失败形成了笼罩在物理学太空中的乌云，引起了物理学界的混乱。

事情并非到此为止。随着科学的发展，19世纪末叶新的东西一个又一个地被发现着。1895年，德国的卢梅尔（1860—1925年）和维恩（1864—1928年）进行了黑体辐射①实验，发现黑体加热到一定的温度时射出一种在特殊波长上最大的能量辐射，这种最大能量的波长随着温度的增加而下降。这一观象不能用光的波动说进行说明。同年，德国的伦琴（1845—1923年）发现了 X 射线。1896年，法国的贝克勒尔（1825—1908年）发现了铀的放射性。1897年，英国的汤姆生（又称开尔芬勋爵，1824—1907年）发现了电子。从此，在牛顿力学中物质、能量连续的观念又一次陷入困境，成为笼罩在物理学太空中的又一朵乌云。

---

① 能全部吸收外来电磁辐射而毫无反射和透射的物体称为黑体，黑体发出的电磁辐射称为黑体辐射，其辐射能力比其他物体强，对黑体辐射的研究导致了量子论的诞生。

　　面临牛顿力学的这一系列困境，大多数的物理学家都感到了压抑和窒息。有些物理学家甚至感到恐慌，发出了物理学遭遇危机的哀叹。1900 年，汤姆生称这"两朵乌云"掩蔽了"把光和热断定为运动形式的动力学理论的美丽和明晰"。德国著名物理学家、最先提出量子概念的普朗克①（1858—1947 年）说："我们现在生活在一个不平常的世界里，不论我们观察哪一方面，在精神文明和物质文明任何领域内，我们都觉得是处在一个极严重的危机中，这种严重的危机，在我们全部私人生活和社会生活上，印上了许多纷扰和动摇的征候。很久以前，在宗教和艺术领域内，现在则在科学园地内难得找到一个不会被人怀疑的基本原理，同时也难得找到一种无稽之谈是人所不相信的。"在电磁学中提出著名的空间和时间的坐标变换公式②的荷兰物理学家洛伦兹（1853—1928 年）也说："在今天，人们提出与昨天所说的话完全相反的主张；在这样的时期，已经没有真理的标准，也不知道科学是什么了。我很悔恨我没有在这些矛盾没出现的五年前就死去。"

　　物理学的出路在哪里呢？如何才能摆脱物理学所遭遇到的困境、混乱或危机呢？

　　历史的经验证明，一种学说或理论，即使是在历史上起过重大作用的科学学说或理论，当其被人们奉为经典、视为金科玉律之后，也往往会走向其反面，成为束缚人们思想的桎梏、妨碍科学发展的阻力，也就是说，成为一种保守的传统势力。这种传统势力，正如恩格斯所指出，"是一种巨大的阻力，是历史的惰性力"。③ 在近代科学文明的发展中做出了重要贡献的牛顿力学理论体系，其命运也正是这样。

　　19 世纪末 20 世纪初，在新的科学发现面前，大多数物理学家一方面感到混乱、恐慌和危机；另一方面却仍固守牛顿力学体系，力图调和牛顿力学与新的科学发现的矛盾，弥合牛顿力学在新的科学发现冲击下出现的裂缝。例如，普朗克在 1900 年提出了能量子概念，成为量子力学的开创者，但他本人却对自己的理论发现感到怀疑，仍然想从牛顿力学中寻找出路；洛伦兹

---

　　① 为了克服黑体辐射给经典物理学带来的困难，普朗克于 1900 年提出了量子假设，即假设物质辐射（或吸收）的能量只能是某一最小能量单位（能量子）的整数倍，为后来量子论的发展奠定了基础。

　　② 即高速运动的参考系与静止参考系之间关于空间和时间坐标的变换公式，因是洛伦兹所提出，故又称洛伦兹变换，是后来相对论中的基本公式之一。

　　③ 《马克思恩格斯选集》第 3 卷，人民出版社 1972 年版，第 402 页。

在得出著名的洛伦兹变换的同时，已经提出了运动物体在运动方向上缩短的假说，走到了相对论的边缘，但却又止步不前，煞费苦心地试图用牛顿力学体系来对此进行解释。另外，也有少数物理学家走向了科学的反面，走上了否定一切的道路。如法国物理学家昂·彭加勒（1854—1912 年）在《科学的价值》一书中宣称能量守恒原理被推翻了，"物质消失了"，而且"所有其他的原理也遭到了危险"，是"原理的普遍毁灭"，甚至提出了存在着没有物质的运动，说"万物都在运动——但是在概念中运动"。尽管物理学面临着严峻的形势，但是科学是不会倒退，更不会被取消的，科学毕竟是科学，它总是在不断地前进着。不断地创新和进行新陈代谢，正是科学的生命力之所在。新的科学发现和物理学面临着的严峻形势，造就了一代新的物理学家，他们迎来并推动着 20 世纪的物理学革命。爱因斯坦就是其中一位最杰出的代表。

20 世纪物理学革命的结晶

20 世纪初叶，爱因斯坦（1879—1955 年）这个出生在德国乌耳姆的犹太人，当时还是一个受到社会冷落和嘲弄的年轻人。1900 年 8 月，他在瑞士苏黎世工业大学毕业后，同班的 3 个同学都留校得到了教职，唯独他被拒于校门之外。经历了两年的失业生涯之后，他受聘到伯尔尼瑞士联邦专利局担任三级技术员。生活道路的波折并没有使爱因斯坦消沉，他热爱物理学和哲学，在出色地完成专利局的本职工作之余，他埋头进行物理学的研究。他有着独立思想的个性，对自然科学和哲学的不断学习、吸取、研究，使他养成了一种怀疑所有权威的性格。他把这种怀疑态度与"相信世界在本质上是有秩序的和可认识的这一信念"结合在一起，即把怀疑论与自发唯物论有机地结合起来，从而使他认识到，科学能够破除迷信，能够解放思想，"科学不是而且永远不会是一本写完了的书，每一个重大的进展都带来了新问题，每一次发展总要揭露出新的更深的困难"，"科学迫使我们创造新的观念和新的理论。它们的任务是拆除那些常常阻碍科学向前发展的矛盾之墙。所有重要的科学观念都是在跟我们的理解之间发生剧烈冲突时诞生的"。因此，在这场物理学变革的风浪中，爱因斯坦能够与众不同。他不墨守成规，敢于冲破传统的成见，在前人成果的基础上，大胆创新，终于登上科学的新高峰，成为物理学革命时代的科学巨匠，开创了物理学发展的新纪元。

早在 1895 年，16 岁的爱因斯坦在乘坐马车去瑞士阿尔高邦的阿劳上中学途中，就忽然产生了一个奇怪的念头：如果有人以光速和光线一齐前进，是不是将观察到光线乃是静止在空间中振动着的电磁波呢？这个问题一直折磨着年轻的爱因斯坦。"理论不应当同经验事实相矛盾"，这是爱因斯坦从事理论物理学研究的一个基本思想。实验事实和根据电磁理论的推究，都证明这是不可能的。但是根据伽利略的相对性原理，这个结果却是肯定的。好像我们坐在一辆以固定速度行驶在一条平直的路上的汽车中，观察另一辆以相同的速度在同一方向上行驶的汽车，将会觉得另一辆汽车静止不动似的。那么问题出在什么地方呢？是实验事实不对呢，还是牛顿力学体系有毛病？爱因斯坦反复思索着，极力寻求问题的解答。

经过 10 年的努力，爱因斯坦终于在 1905 年 6 月完成了论文《论动体的电动力学》，这是关于相对论的第一篇论文。他首先抓住了迈克尔逊—莫雷关于验证以太存在的实验失败这一事实，明确否定以太的存在，抛弃以太假说，指出以太的"引用将被证明是多余的"。他从迈克尔逊—莫雷实验中得出地球运动不影响光的速度这一结论出发，进而推想，光速既然不随地球运动而变化，那么也必然不随其他任何参考系，如月亮、太阳及一切星球的运动而变化。由此，他提出了两个基本原理：

（1）物理定律同惯性系的选取无关，即所谓狭义相对性原理。用爱因斯坦的话来说，就是"物理体系的状态据以变化的定律，同描述这些状态变化时所参照的坐标系究竟是用两个在互相匀速运动着的坐标中的哪一个并无关系"。

（2）光速不变原理，即"任何光线在'静止的'坐标系中都是以确定的速度 V[①] 运动着，不管这道光线是由静止的还是运动的物体发射出来的"。他利用洛伦兹变换和麦克斯韦方程[②]，说明空间、时间和物体运动之间不是彼此无关的，而是不可分离地紧密联系着的。空间和时间随着物体运动而变化，运动物体在运动方向上长度"缩短"，时间变"慢"，亦即不存在绝对的空间和绝对的时间。

作为相对论理论体系的第一阶段工程的狭义相对论就这样诞生了。在狭义相对论中，牛顿力学的运动定律，在物体的运动速度远小于光速的情况下

----

① 光速现一般都以"C"表示。
② 英国科学家麦克斯韦（1831—1879 年）所建立的电磁场的基本方程。

仍然成立。也可以说，牛顿力学的运动定律被包括在狭义相对论之中，且只是作为狭义相对论的特定情况下才成立。

1905 年 9 月，也就是在《论动体的电动力学》完成之后 3 个月，爱因斯坦又完成了论文《物体的惯性同它所含的能量有关吗?》。在文中，他根据狭义相对论推导出了一个重要的结论：物体的质量与运动密切相关，运动速度增加，质量也随着增加。他并提出了著名的质能关系式：$E = mc^2$，即物体的能量相当于质量与光速的平方的乘积。用爱因斯坦的话说，也就是"物体的质量是它所含能量的量度；如果能量改变了 L，那么质量也就相应地改变 $L/9 \cdot 10^{20}$"。此处能量是用尔格（Erg）来计量，质量是用克（gramme）来计量的。由于能量的数值为质量数值的 9×10^{20} 倍，因此质量有稍许变化，就会引起巨大的能量变化。这就揭示出了原子内部所蕴藏的巨大能量的秘密。

狭义相对论还不是一个完备的理论体系，它仅适用于匀速直线运动的情况，还不能解释加速运动和万有引力的问题。遵循着"物理学的定律必须具有这样的性质，它们对于以无论哪种方式运动着的参考系都是成立的"这一认识，从 1907 年起，爱因斯坦开始进行推广相对论应用范围的工作。早在爱因斯坦考虑如果人以光速和光线一起前进，是否将会看到静止不动的电磁波的问题的同时，另外一个问题也时时在他的脑海中出现。这个问题就是，如果有人待在一架自由下落的升降机中，将会发生什么情况呢? 他设想有一个奇高无比的建筑物，其中有一架密闭的电梯在自由降落，在里面的人如果拿一些东西撒手放开，他们将会发现，这些东西都会在手放开的那个位置上呈静止状态，好像是悬在空中，不升也不降。因为这时电梯、人、东西都依照重力加速度定律①下降着，在电梯里就好像没有地球引力存在一样。假如人把这些东西推一下，这些东西就会朝被推的方向做匀速直线运动，直到这些东西碰到电梯壁时才会停止。这样，在电梯里的人就可以得到如下的法则，即在我的参考系（以重力加速度作自由降落的电梯里）中，一切物体被其他的物体碰撞到，都会同样地做匀速直线运动，直到撞及电梯壁才停止。倘若不考虑电梯壁，这一法则与牛顿的惯性定律②相似。如果电梯不是自由降落，而是以固定的加速度上升，那么电梯中的人将会觉得他们的脚是紧紧

① 物体由于重力作用而获得的加速度称重力加速度，在地面附近任何物体的重力加速度在同一地点都相同。这个定律是伽利略通过比萨斜塔进行的实验所得到的。
② 惯性定律又称运动的第一定律，即任何物体在不受外力的作用时，都保持原有的运动状态，原来静止的永远静止，原来运动的永远做匀速直线运动。这是牛顿三大运动定律之一。

地踏在地板上，东西如果撒手，就会下落，与在地面上房间里发生的情况一样。如果电梯不升也不降，而是旋转着的，在里面的人除了感到一种把他们拉向电梯一边的力外，分不清哪是天，哪是地，仍然以为是受着地球引力的作用。

从这些假想的事件中，爱因斯坦受到了启示，认识到要区分是由惯性力或者是引力所产生的运动是不可能的。1907年，他在论文《关于相对性原理和由此得出的结论》中，抓住惯性质量与引力质量的等效性这个事实，提出了"引力场同参照系的相当的加速度在物理上完全等价"的假设，亦即假设引力场运动和加速度运动在物理学上完全等价，由此迈出了推广相对论的步伐。

随着研究的深入，爱因斯坦关于广义相对论的思想不断地丰富和充实着。但是，摆在他面前的道路并不是平坦无阻的，特别是遇到了数学方面的困难。他发现，以往在物理学中所应用的数学工具欧几里得几何学已经不再适用了。"在物理学中，通向更深入的基本知识的道路是同最精密的数学方法联系着的"，既然原有的数学工具不能适用，那就必须寻找新的数学工具。为此，爱因斯坦耗费了大量的心血。1912年，他终于在他的老同学、数学教授格罗斯曼的帮助下，找到了适宜的数学工具四维空间的非欧几何学和张量计算[①]。1913年，他们合作写了论文《广义相对论和引力理论纲要》。这篇重要论文分两部分：物理学部分是爱因斯坦执笔的，数学部分是格罗斯曼执笔的。这一工作为广义相对论的建立扫清了道路。

经过七八年的辛勤劳动，走过了不少弯路，克服了大量困难，爱因斯坦终于在1915年10月完成了创建广义相对论的工作，并于1916年写了总结性论文《广义相对论的基础》。爱因斯坦称，这是"对今天一般称之为'相对论'的理论所作的可能想象得到的最广泛的推广"。广义相对论适用于匀加速运动的体系，当物体的运动速度远小于光速时，由广义相对论的基本公

---

① 公元前3世纪希腊数学家欧几里得（约公元前330—前275年）所建立的几何学体系，后人称为欧氏几何学。欧氏几何学的第五公设："过平面上直线外一点，只能在这平面上作一直线与给定的直线平行"，这个公设无法证明，很早就引起人们的怀疑。19世纪后，有人通过变换第五公设，提出了"过平面上直线外一点，可以在这平面上作无数条直线不与给定的直线相交"，并得到了证明，形成了一个新的几何学体系，被称为非欧几何学，意即不同于欧氏几何学。欧氏几何学的空间坐标是三维的，非欧几何学的空间坐标是四维的。

张量计算为近现代物理学中的一种重要数学计算方法。

式，可以推导出牛顿的万有引力公式，从而成功地把牛顿的万有引力定律[①]包括在相对论的理论体系之中。正如爱因斯坦所说："相对论有点像一座两层的建筑，这两层就是狭义相对论和广义相对论。为广义相对论所依据的狭义相对论，适用于除了引力之外的一切物理现象；广义相对论则提供了引力定律，以及它同自然界别种力的关系。"

广义相对论所预言的三个效应，很快都得到了有力的证实。

（1）行星的椭圆轨道绕太阳旋转。1781 年发现太阳系的新行星天王星之后，人们发现它绕太阳公转的轨道有些反常，天文学家推断这是由于一颗尚未发现的行星所施加的引力造成的结果，于是根据牛顿运动定律，计算出这个假设的行星的位置，并在该位置上发现了太阳系的另一新行星——海王星。同样，天文学家观测发现，离太阳最近的水星的运动也有点儿特别，它每绕太阳公转 1 周，其轨道离太阳最近的那一点的位置就有些改变，称为水星近日点进动，进动值为每百年 43 秒。[②] 于是天文学家像预言海王星一样，预言还有一颗尚未发现的行星存在，造成了近日点的进动。但是，人们长期为发现新行星所作的努力都失败了，实际上并不存在这样一颗行星。对于水星近日点进动问题，牛顿力学无法进行解释，它暴露了牛顿力学的缺陷。爱因斯坦根据广义相对论，提出了行星的椭圆轨道绕太阳旋转的理论，并指出由于其他行星离太阳较远，这种轨道的旋转运动很小，可以忽略不计，而水星离太阳最近，所受的太阳引力场作用最强，因此水星轨道绕太阳的旋转较为显著，从而成功地解释了水星的近日点进动问题，并且得出了与实际观测相符合的每百年 43 秒进动值。对此，爱因斯坦非常兴奋，在他给荷兰莱顿大学教授埃伦菲斯特（1880—1933 年）的信中写道："方程给出了水星近日点进动的正确数字，你可以想象我有多么高兴！有好几天，我高兴得不知怎样才好。"

（2）引力场所引起的光线的弯曲。在一般情况下，光线是沿直线传播的，但爱因斯坦根据广义相对论指出，当光线经过大质量星体时，由于强大引力场的作用，光线将发生偏转。他计算出，从远处的恒星所发出来的光

---

① 万有引力定律是牛顿力学的最基本定律之一，它揭示出物体之间由于物体具有质量而产生相互的吸引力，如地面上物体所受的重力，就是地球与物体之间的相互吸引力所产生的。两物体之间引力的大小与它们质量的乘积成正比，与它们之间距离的平方成反比。地面上两物体之间的引力很小，因而一般不加考虑。

② 此处秒为角度单位，一周为 360 度，一度为 60 分，一分为 60 秒。下同此。

线，如果掠过太阳表面，光全偏转的角度是 1.7 秒。① 由于白天阳光强烈看不到星星，晚上又只能看到星星，看不到太阳，所以要观测到这一效应，只有在日全食的情况下才能进行。1919 年 5 月 27 日，英国天文学家爱丁顿（1882—1944 年）率队在西非洲海岸附近的普林西北岛上对日全食进行考察，证实了这一相对论效应。

（3）从恒星发射到地球上的光线，其谱线向光谱红端移动。高温下，每一种气态的化学元素都会辐射出几种一定频率的光线，即光谱线。分析恒星的化学成分，就是利用对恒星所发出的光进行光谱分析的方法。有什么光谱线，就有什么元素存在。根据广义相对论，引力场会使时钟变慢，因此在原子中电子的振荡频率变低，辐射出的光的频率也随着变低。所以，引力场很强大的恒星发出的光谱线，会移向低频端，也就是向红端移动。② 这一广义相对论效应，1924 年通过对于天狼星伴星的观察得到证实，1959 年观测太阳光谱，1971 年观测密度很大的白矮星的光谱，进一步得到证实。

事实证明了广义相对论是一个严密的理论体系，正如爱因斯坦自己所说的："这理论主要吸引人的地方在于逻辑上的完备性。从它推出的许多结论中，只要有一个被证明是错误的，它就必须被抛弃；要对它进行修改而不摧毁其整个结构，那似乎是不可能的。"

相对论推动着 20 世纪科学技术的发展

相对论的命运与它的创立者在大学毕业时被拒于校门之外的遭遇相似，它必须在经历一番坎坷之后才会被科学界所承认。在 1905 年狭义相对论提出后，有 4 年之久科学界无所反响，到 1909 年才开始引起科学界的重视。一些有远见的科学家非常赞赏爱因斯坦的工作。居里夫人（1867—1934 年）说："我非常钦佩爱因斯坦先生在现代物理学有关问题上所发表的著作"，并称"这些著作是最高级的"。彭加勒（1854—1912 年）说："爱因斯坦先生是我曾经认识的最富创见的思想家之一……我们应当特别赞赏他的是他善于适应新的概念并知道如何从这些概念引起各种结论的灵巧。他不受古典原理的束缚，而且每当物理学中出现了问题，他很快就想象出它的各种可能性。"

---

① 这是当时爱因斯坦推出的数值，现一般采用 1.75 秒的数值。
② 在可见光中，红光的频率最低。

普朗克说："要对爱因斯坦的理论作出中肯评价的话，那么可以把他比作二十世纪的哥白尼，这也正是我所期望的评价。"

但是，由于相对论对牛顿力学的理论体系进行了根本性的变革，同时广义相对论更是远远地超越于人们常规的认识，因此它没有很快被整个学术界所接受。当时的大多数物理学家都感到难于理解相对论，也有不少人表示怀疑和反对。1922 年年初，爱因斯坦在法国讲授相对论时，巴黎所有的物理学家、数学家和各系的教授以及全体科学院院士都出席了。会上的情况是："当时为了企图拯救曾认为是基本的，但又为革命思想所刚刚推翻了的那些概念，学术界非常激动，人们争论得很厉害。"爱因斯坦 1922 年获得 1921 年度的诺贝尔奖，其得奖成果是他在光学方面提出光量子理论[①]的贡献，而不是创立相对论的功绩。就连对相对论的建立起过重要作用的洛伦兹，直至 1928 年还表示对光学现象没有以太作载体不完全理解。

但是，20 世纪毕竟是一个物理学革命的时代，人们已经比较习惯于接受新的思想和新的学说，因此，随着广义相对论 3 个效应的被证实，20 年代之后，除了少数顽固者和反犹太主义政治狂人外，相对论便风行全球，成为科学领域中的一个基本理了。正如量子力学的创立者之一、德国著名的物理学家海森伯[②]（1901—1976 年）所说："在科学史上，以往也许从来没有过一个先驱者像阿耳伯特·爱因斯坦和他的相对论那样，在他在世时为那么多人所知道，而他一生的工作却只有那么少的人能够懂得。"

相对论的创立在科学发展的道路上树立了一座新的里程碑，它既是物理学革命的结晶，又推动着物理学革命向前发展，对整个 20 世纪的物理学革命进程给予了巨大而深刻的影响。

首先，相对论带来的是关于时空观的根本性变革。在牛顿的力学体系中，乃至在牛顿以前人们的认识中，都存在着绝对空间、绝对时间的概念，

---

① 爱因斯坦 1905 年 3 月提出了"从点光源发射出来的光束的能量在传播中不是连续分布在越来越大的空间之中，而是由个数有限的、局限在空间各点的能量子所组成，这些能量子能够运动，但不能再分割，而只能整个地被吸收或产生出来"的假设，即光的量子理论，从而掀开了光学发展史上的新一页，为量子力学的创立和光的波粒两重性本质的揭示奠定了基础。

② 海森伯是 20 世纪一位杰出的物理学家，1925 年他提出了微观粒子的不可观察的力学量，如位置、动量应由其所发光谱的可观察的频率、强度经过一定的运算来表示。随之，他与玻恩（德国物理学家，1882—1970 年），约丹（德国物理学家，1902—　）合作建立了矩阵力学，在量子力学的建立过程中起着先驱的作用。1927 年，他又提出了测不准关系，成为量子力学的一个基本原理。其后，他还有不少贡献。

因而物体的运动也是在绝对时空中的绝对运动。时间、空间彼此孤立，互不相关。空间可以用欧几里得几何学来描述，物体的运动只是在虚无的、绝对的空间中做着位置移动，时间则只不过是独立于空间的不断消逝着的长流。这一世界图像，是与宇宙中有一个享有特权的神圣的观察者的思想联系在一起的。这一种神圣的观察者，只要知道宇宙间任何物体在任何时刻的位置和速度，就能够知道过去发生过的一切，并预言未来将要发生什么。由之，也就为上帝（或神）留下了位置，以至牛顿最终也得承认上帝的存在，说上帝"永远存在，到处存在，而且由于永远和到处存在，形成了时间与空间。（他）没有身体，他是爱，是大智大慧，他无往而不在；他在无限的空间内，就如在他眼前一样，亲切地看见事物本身，彻底地感受到它们，并且由于它们直接呈现在他面前，整个儿理解它们"。这一世界图像并且造成了18、19世纪的机械论。如同恩格斯所指出的："这个时代的特征是一个特殊的总观点的形成，这个总观点的中心是自然界绝对不变这样一个见解。不管自然界本身是怎样产生的，只要它一旦存在，那末在它存在的时候它始终就是这样。"①

在相对论理论体系中，这一世界图像被摧毁了。根据相对论中的光速不变原理，不论在什么参考系中、是运动着的参考系中或是相对静止的参考系中，对于观察者来说，光速都是一样的每秒钟30万公里，亦即在运动着的参考系中，时间变"慢"了，在运动方向上的长度"缩短"了。从而绝对的时间、空间以及运动都失了意义，剩下的只是相对的时间、空间以及运动。而且，在相对论中，三维的欧几里得几何空间被四维的时空非欧几何所代替了，时间、空间以及物体运动都被紧密地联系在一起，无法分隔开来了。正如爱因斯坦在解释相对论时所说的，"要点是这样的：早先人们认为，假如由于某种奇迹，一切有形体的事物突然一下子消失了，那么空间和时间仍会留下来。照相对论来说，空间和时间是和一切事物一起消失的。"这一新的时空和运动观不仅成为科学中的一种基本理论，而且上帝失去了立足之地，机械论的根基也被铲除了，它从科学上验证了"一切存在的基本形式是空间和时间，时间以外的存在和空间以外的存在，同样是非常荒诞的事情"②，"世界上除了运动着的物质，什么也没有，而运动着的物质只有在空

---

① 《马克思恩格斯选集》第3卷，人民出版社1972年版，第448页。
② 同上书，第91页。

间和时间之内才能运动。人类的时空观念是相对的"① 等辩证唯物主义观点的正确。

　　相对论作为一种科学理论，它在自然科学的领域里显示出巨大的生命力。在 20 世纪取得重大进展或新兴的许多物理学、天文学的分支中，大多都是以相对论作为基础理论而发展或建立起来的。

　　在微观领域方面，狭义相对论连同质能关系式已成为基本理论和公式，得到了广泛的应用。它使当时无法解释的放射性元素，如镭为什么能够不断释放出强大能量的现象，得到了解释，即由于质量转化为能量的缘故。它同样成功地解释了太阳的辐射问题。在狭义相对论之前，关于太阳能的来源问题一直是物理学中的一个难题。不少科学家曾经提出了种种假设，试图进行解释。如迈尔（德国物理学家，1814—1878 年）和汤姆生认为是由于陨星落进了太阳，因而它们的机械能转变为热。后来赫尔姆霍茨（德国物理学家，1821—1894 年）和汤姆生又提出了太阳收缩的理论，认为伴随着收缩由势能转变成热能。根据这些解释，得出的太阳和地球年龄不会超过 6000 万年或 1 亿年，因而受到了地质学界的反对，因为这样短的时间不可能解释地质构造和地球上生命的进化。狭义相对论则由质量转化为能量的理论出发，提出了太阳的辐射源来自太阳自身的质量，使这个难题得到了合理的解决。随后，狭义相对论成为新发展起来的原子核物理学、粒子物理学和高能物理学的理论基础。在量子力学②中，相对论也发挥着应有的作用。除了质能关系式是量子力学的基本公式外，1928 年英国物理学家狄拉克（1902—　　）把广义相对论引进了量子力学，从中还预言了有一种质量等于电子，但电荷相反的粒子的存在。③ 后来，随着量子力学的发展，逐步形成了一门新的科学分支——相对论量子力学。

　　同时，狭义相对论及其质能关系式还是高能加速器和原子能应用等现代技术领域的计算基础，为人类利用核能开辟了无限广阔的前程。例如，在核能的应用方面，原子核物理学告诉我们，原子核是由核子（质子和中子）组成的，一个原子核的质量永远小于组成它的核子的质量和。这些质量的损失以能量的形式被释放出来，称为原子核的结合能。按质能关系式，可以计算

――――――――――

　　①　《列宁全集》第 14 卷，人民出版社 1957 年版，第 179 页。
　　②　量子力学是研究微观粒子运动规律的理论，是 20 世纪二三十年代建立的现代物理学的理论基础之一。
　　③　即后来发现的正电子。

出质量每减少 0. 001 克，就能够释放出 22×10^9 卡的能量，相当于燃烧 2. 7 吨煤炭或爆炸 22 公斤梯恩梯（即三硝基甲苯）炸药所释放的能量。随着原子核物理学的发展，人们发现一些较重的原子核分裂成两个较轻的原子核后，由于核子在较轻的原子核中结合得更加紧密，便有大量的能量释放出来（这一过程称为核裂变）。后来又发现一些较轻的原子核的结合能特别大，当两个更轻的原子核聚合成这些元素的原子核时，释放出的能量比重原子核分裂时更大（这一过程称核聚变）。不管是核裂变或核聚变，其释放出来的能量都可由质能关系式计算出，这就为核能的利用提供了基础。军事上根据核裂变和核聚变制造的原子弹与氢弹，在 20 世纪四五十年代就已出现。现在人类已开始了原子能的和平利用，建立了不少原子能发电站。氢的核聚变能量的应用可能性现在也正在积极地探索中，一旦成为现实，那么单是海水中所含的氢，就可以向人类提供几乎是取之不竭、用之不尽的能源。

与狭义相对论在微观领域的应用取得的重大成功相呼应，广义相对论在巨大的宏观领域——宇宙范围里也大展神威。它引起了天文学的革命，开拓了现代宇宙学的新道路。广义相对论创立不久，爱因斯坦就以巨大的努力探索广义相对论的应用。1917 年，他发表了论文《根据广义相对论对宇宙学所作的考查》，被认为是现代宇宙学的开创性文献，为现代宇宙学的建立奠定了基础。爱因斯坦放弃了无限空间的概念，建立了静态有限无边的宇宙模型①，由此导致了宇宙膨胀学说和大爆炸学说②的建立。20 世纪 60 年代以来，由于天文观测手段的进步，人们发现了一系列新的高密度质量和强大引力场的星体，在这些星的体系中，相对论效应起着明显的作用。因此，人们应用广义相对论的概念和方法，来研究这些天体的物理性质、结构和演化，形成了天体物理学的一门新分科——相对论天体物理学。

---

① 　这里所说的宇宙实际上仅指整个无限宇宙的一个区域，因为在我们所处的宇宙体系之外，可能还有其他的宇宙体系。对此，科学家正在探索之中。

② 　宇宙膨胀学说认为宇宙是在不断地膨胀着的。广义相对论的效应之一为恒星的光谱红移，在天文学家看来，这意味着星系是在做着离开我们的运动，也就是退行。如果宇宙中所有的星系都在退行，那么就好像一个气球上各点之间由于气球膨胀而距离增大一样，说明宇宙在膨胀。1929 年，美国天文学家哈勃（1889—1953 年）发现星系退行速度和离我们的距离成正比，也就是离我们越远的星系退行速度越快。这个规律叫哈勃定理，后来不断得到天文观测资料的证实。

大爆炸学说认为宇宙起源于一个超高温、超密度的"宇宙蛋"，由于某种原因突然发生大爆炸，其碎片向四面八方飞去，形成了无数的星系。

1916—1918 年，爱因斯坦根据广义相对论预言并论证了引力波①的存在，验证引力波便成为科学界的一个重大研究课题。但由于引力波的效应极其微弱，验证非常困难，曾耗费了不少人的大量心血，而长期没有被发现；因而对这个问题的关注一度受到淡漠。近年来，随着射电天文学迅速发展，寻找引力波的呼声重新高涨，形成了一股热潮，不少科学家都为争当引力波的发现者艰辛地工作着。这一工作，目前已取得了初步的成果。

在相对论基础上，创立包括引力场和电磁场的统一场论②，是爱因斯坦科学生涯中所致力实现的又一项巨大工程，为此几乎花费他后半生的全部精力。由于他在 30 多年艰辛的探索中，始终没有得到有物理意义的结果，因此对这一工作，许多年来在科学界一直存在着不同的看法。近年来由于微观粒子领域的研究不断取得新的突破，统一场论的思想重新受到了科学家们的重视，不少人已经投身于创建统一场论的工作，并得到了一定的进展。

此外，相对论也促进和推动着数学的发展。广义相对论的理论描述，是数学与自然科学之间相互有效结合的光辉范例。它赋予了长期被打入冷宫的非欧几何学以物理学的内涵，使非欧几何学获得了新的生命力，并向前发展。同时，相对论所揭示出的新的物理学问题，迫使某些数学方法必须加以完善。因此，它促进了数学的发展，反过来又推动着物理学研究的进一步发展。

总之，历史已经证明，相对论与量子力学一起已经成为 20 世纪的物理学的两大柱石。正如量子力学的创立者之一、德国著名的物理学家玻恩在 1955 年所说："对于广义相对论的提出，我过去和现在都认为是人类认识大自然的最伟大成果，它把哲学的深奥、物理学的直观和数学的技艺令人惊叹地结合在一起。"相对论已经并且还将在哲学和科学技术领域显示出巨大的生命力，人们完全有理由相信和期待着它新的成功。

---

① 广义相对论认为，引力是靠引力波传递的，就像电磁力靠电磁波传递一样。加速运动的电荷会发出电磁波，加速运动的质量也将发射引力波。引力波的速度与真空中的光速（每秒约 30 万公里）相等。

② 引力场是表征物质之间相互吸引作用的场。物体之间的万有引力作用就是通过引力场来传递的。其特点是：在场的同一点上，任何质量的物体都得到同样的加速度，如在地球表面附近的引力场中，这种加速度相当于重力加速度。

电磁场是相互依存的电场和磁场的总称，它是物质存在的一种形式。

统一场论为企图把电磁、引力的强相互作用、弱相互作用等各种作用力统一起来的理论。

物理学革命的号角

——量子论的创立

董光壁

　　量子论①和相对论是现代物理学的两大基础理论。它们是在 20 世纪头 30 年发生的物理学革命的过程中产生和形成的，并且也是这场革命的主要标志和直接的成果，量子论的诞生成了物理学革命的第一声号角。经过许多物理学家不分民族和国籍的国际合作，在 1927 年它形成了一个严密的理论体系。它不仅是人类洞察自然所取得的富有革命精神和极有成效的科学成果，而且在人类思想史上也占有极其重要的地位。如果说相对论作为时空的物理理论从根本上改变了人们以往的时空观念，那么量子论则很大程度改变了人们的实在观，使人类对自然界的认识又一次深化。它对人与自然之间的关系的重要修正，影响到人类对掌握自己命运的能力的看法。

　　量子论的创立经历了从旧量子论到量子力学的近 30 年的历程。量子力学产生以前的量子论通常称旧量子论。它的主要内容是相继出现的普朗克量子假说、爱因斯坦的光量子论和玻尔的原子理论。

热辐射研究和普朗克能量子假说

　　19 世纪中叶，冶金工业的向前发展所要求的高温测量技术推动了热辐射的研究。已经成为欧洲工业强国的德国有许多物理学家致力于这一课题的研究，德国成为热辐射研究的发源地。所谓热辐射，就是物体被加热时发出的电磁波。所有的热物体都会发出热辐射。凝聚态物质（固体和液

---

　　①　量子论的创立始于 19 世纪末 20 世纪初，直到 1926—1927 年，量子论的理论体系才初步建立起来。为保持叙述量子论建立的完整性和科学性，本文将发生在现代的有关事件一并收入。

体）发出的连续辐射很强地依赖于它的温度。一个物体被加热从暗到发光，从发红光到黄光、蓝光直至白光。1859 年，柏林大学教授基尔霍夫（1824—1887 年）根据实验的启发，提出用黑体作为理想模型来研究热辐射。所谓黑体，就是指一种能够完全吸收投射在它上面的辐射而全无反射和透射的，看上去全黑的理想物体。1895 年，维恩（1864—1928 年）从理论分析得出，一个带有小孔的空腔的热辐射性能可以看作一个黑体。实验表明这样的黑体所发射的辐射的能量密度只与它的温度和频率有关，而与它的形状及其组成的物质无关。黑体在任何给定的温度发射出特征频率的光谱。这光谱包括一切频率，但和频率相联系的强度却不同。怎样从理论上解释黑体能谱曲线是当时热辐射理论研究的根本问题。1896 年，维恩根据热力学的普遍原理和一些特殊的假设提出一个黑体辐射能量按频率分布的公式，后来人们称它为维恩辐射定律。普朗克就在这时加入了热辐射研究者的行列。

马克斯·普朗克（1858—1947 年）出身书香门第。曾祖父和祖父曾在哥廷根大学任神学教授，伯父和父亲分别是哥廷根大学和基尔大学的法学教授。他出生在基尔，青年时期在慕尼黑度过。17 岁进慕尼黑大学攻读数学和物理学，后来转到柏林大学受教于基尔霍夫和赫尔姆霍茨（1821—1894 年）等名师。1879 年，他以《论热力学第二定律》的论文获博士学位。他先后在慕尼黑大学和基尔大学任教并从事热力学研究。1888 年 11 月，他作为基尔霍夫的继任人到柏林大学讲授理论物理学。

他的研究方向从热力学转向热辐射，就是到柏林后才开始的。开始时他用热力学方法研究黑体辐射理论。他假定空腔壁是由具有相同频率的电谐振子组成的，用热力学方法处理这种谐振子集。1899 年，他得到了一个和维恩辐射定律一致的关系式。同年年底，他得知库尔鲍欧（1857—1927 年）和鲁本斯（1865—1922 年）在 9 月发表的实验报告，维恩以及他自己的辐射定律在高频部分与这个实验相符，而在低频部分则与实验偏离。他不得不尝试修改自己的公式，他得到了一个，仍然不好。

正当他继续修改自己的辐射公式时，1900 年 6 月英国物理学家瑞利（1842—1912 年）发表论文批评维恩在推导辐射公式时引入了不可靠的假定。他把统计物理学的能量均分定理用于他的一个以太振动模型，导出了一个新的辐射公式。同年 10 月 7 日，鲁本斯夫妇走访普朗克，并告诉他瑞利的辐射定律在低频部分与他的实验相符，高频部分则与他的实验相差甚大。

普朗克受到启发，立即用内插法导出了一个在高频趋近维恩公式而在低频则趋近瑞利公式的新的辐射定律。10 月 19 日，他在德国物理学会的会议上以《论维恩辐射定律的改进》为题报告了自己的结果。鲁本斯当晚进行了核验，证明普朗克的新公式同实验完全相符。鲁本斯深信普朗克公式与实验曲线的精确一致绝非巧合，在这个公式中一定孕育着一个新的科学真理。于是鲁本斯在第二天就把这一结果告诉了普朗克。普朗克受到极大的鼓舞，并决定寻找隐藏在公式背后的物理实质。

普朗克又回到他的谐振子模型，而且这次他把出发点从热力学转到统物理学，但是他回避了能量均分定理。他把玻尔兹曼原理运用于线性谐振子热平衡时的能谱分布问题上，导出了振子热平衡时的能谱分布公式。若想使新得到的这个公式能说明实验曲线，则这公式必须与以前用内插法得到的公式具有同一形式。而要得到这样的统一，则要求新公式中所包含的振子的能量值必须是一系列不连续的量。而这是与古典物理学关于能量是连续的观点尖锐对立的。普朗克尊重实验事实，于是提出一个大胆的、革命性的假设：每个带电线性谐振子发射和吸收能量是不连续的，这些能量值只能是某个最小能量元 ε 的整数倍，而每个能量元和振子的频率成正比，即 $\varepsilon = h\gamma$。后来人们称 ε 为"能量子"，称 h 为"普朗克常数"。1900 年 12 月 24 日，普朗克在德国物理学会的会议上以《论正常光谱能量分布定律的理论》为题报告了自己的结果。量子论就这样随着 20 世纪开始由伟大的物理学家普朗克把它带到我们这个世界来。

虽然在围绕原子论的争论过程中，玻尔兹曼（1844—1906 年）在反驳唯能论时说过"怎么能说能量就不像原子那样分立存在呢？"这样的话，马赫（1838—1916 年）曾经表明化学运动不连续性的观点，但真正把能量不连续的概念引入物理学的是普朗克。因为能量不连续的概念与古典物理学格格不入，物理学界对它最初的反应是冷淡的。物理学家们只承认普朗克公式是同实验一致的经验公式，不承认他的理论性的量子假说。普朗克本人也惴惴不安。因为他的量子假设是迫不得已的"孤注一掷的举动"。他本想在最后的结果中令 $h \to 0$，但却发现根本办不到。他其后多年试图把量子假说纳入古典物理学框架之内，取消能量的不连续性，但从未成功。只有爱因斯坦最早认识到普朗克能量子概念在物理学中的革命意义。

爱因斯坦的光量子论和光的波粒二象性

爱因斯坦（1879—1955 年）从普朗克的发现看到需要修改的不仅是某些定律，还要重建新的理论基础。1905 年，过着清贫生活的伯尔尼专利局三级技术员爱因斯坦，在一年之内竟创造了可以和牛顿（1642—1727 年）在"创造的假期"（1665—1666 年）所取得的成就（流数法、光谱分解、万有引力定律）相媲美的三项科学业绩：光量子论、布朗运动理论、狭义相对论。他在《关于光的产生和转化的一个启发性的观点》这篇论文中提出了光量子假说，把普朗克的能量子的概念从辐射发射和吸收过程推广到在空间传播的过程，认为辐射本身就是由不连续的、不可分割的能量子组成的。他从热力学的观点出发，把黑体辐射和气体类比，发现在一定的条件下，可以把辐射看作是由粒子组成的，他把这种辐射粒子叫作"光量子"。1926 年，美国化学家刘易斯（1875—1941 年）赋名光量子为"光子"。把光量子看作一些携带着能量和动量的粒子的这种观点，是和 19 世纪已经取得统治地位的光波动说相对立的。在某种意义上复活了早在 1850 年就由傅科（1819—1868 年）的所谓"判决性实验"否定了的牛顿的光微粒说。尽管作为光量子理论的推论，爱因斯坦成功地解释了古典物理学理论无法解释的光电效应等，但人们还是对它抱怀疑态度。能量子的发现者普朗克直到 1913 年对光量子还难以容忍。只是在 10 年之后，1923 年，不相信光量子的米立肯（1868—1953 年）宣布他的实验无歧义地证实了爱因斯坦的光电效应理论和 1922 年康普顿（1892—1962 年）发现 X 射线散射效应必须由光量子论解释之后，人们才正确评价光量子论。爱因斯坦由于"在理论物理学方面的成就，特别是光电效应定律的发现"而被授予 1921 年度的诺贝尔物理学奖。

爱因斯坦和普朗克不同，当时就坚信自己的光量子论是"非常革命的"。的确，光量子论并不是简单地复活光微粒说，而是揭示了光的波粒二象性。对统计平均现象光表现为波动，对瞬时涨落现象光表现为粒子。光量子论第一次确认了光的波粒二象性这个最基本的性质。

继光量子论之后，1906 年爱因斯坦又把量子假说应用到固体弹性振动上去，成功地解决了古典物理学理论在低温固体比热问题上所遇到的难题，这个结果标志着一个重要的进展，因为它表明普朗克常数也出现在与辐射无关的现象中。量子论的下一步发展是由丹麦物理学家玻尔作出的，他把旧量子论推到顶峰，同时他也为从旧量子论向新量子论的过渡起了重要的作用。

玻尔的原子结构理论

同能量原子性（能量子）发现的同时，另一个重大发现是物质原子的可分性。1895 年，德国物理学家伦琴（1845—1923 年）发现 X 射线。1896年，法国物理学家贝克勒尔（1852—1908 年）发现放射性。1897 年，英国物理学家汤姆生（1824—1907 年）发现电子。这三大发现在物理学家当中引起了强烈的震动。道尔顿（1766—1844 年）的化学原子论确立之后，尽管关于原子的实在性还有激烈的争论，但大多数科学家相信它的存在，并把它视为组成一切物质的不可再分的基元。这些新发现向人们表明原子并不是简单的，可能有复杂的结构。

于是一些物理学家开始构成各种原子结构模型，这些模型的主要区别是电荷分布和原子内的电子数目，模型的优劣看其在说明原子的力学和电动力学的稳定性，说明光谱现象以及化学性质等方面的能力如何。例如，1901 年法国物理学家佩兰（1870—1942 年）提出的结构模型，认为原子的中心是一些带正电的粒子，外围是一些绕转着的电子，电子绕转的周期对应于原子发射的光谱线频率，最外层的电子抛出就发射阴极射线。又如，汤姆生从 1897 年就开始探索，到 1902 年才发表的原子结构模型是由一个承担物质质量的正电球体和能够在其内外过往云游的电子流组成的。他又于 1903 年和 1904 年先后发表《圆轨道电子体系的磁性》和《论原子的构造》两篇论文，发展了自己的原子模型。他设想一个正的均匀带电球体内部含有许多电子，它们呈环状配置。运用这个模型，他详细讨论了原子的稳定性、光谱和化学元素的周期性等问题。

日本物理学家长冈半太郎（1865—1950 年）1903 年 12 月 5 日在东京数学物理学会上口头发表，并于 1904 年分别在日、英、德的杂志上刊登了《说明线状和带状光谱及放射性现象的原子内的电子运动》的论文。他批评了汤姆生的模型，认为正负电不能相互渗透，提出一种"土星模型"的结构。一个大质量的带正电的球，外围有一圈等间隔分布着的电子以同样的角速度做圆周运动。电子的径向振动发射线光谱，垂直于环面的振动则发射带光谱，环上的电子飞出是 β 射线，中心球的正电粒子飞出是 α 射线。长冈的计算特别是关于稳定性的论断受到批评。因此当时流行的还是汤姆生的模型。

德国的哈斯在 1910 年的一篇论文中，把能量子概念和汤姆生的原子模型结合起来。汤姆生的学生、曼彻斯特大学物理学教授卢瑟福（1871—1937年），领导在他的实验室工作的德国物理学家盖革（1882—1945 年）和新西兰物理学家马斯登（1880—1970 年），发现金原子使 α 射线产生大于 90° 的散射角，与汤姆生的小角散射理论不同。他们在 1909 年进行的大角散射实验结果却表明有一个很小的带正电的核心，周围好像空荡荡的，直接否定了汤姆生的原子结构模型。于是卢瑟福开始根据他的实验资料探索新的原子结构模型，于 1911 年提出了一个多少有点儿类似于佩兰和长冈的电子绕核回转的模型。卢瑟福的有核模型在电稳定性和线光谱的说明上遇到了困难。按照古典电动力学电子绕核回转会发射连续的电磁波，因而损失能量并且很快就陷落到原子核上。那么，如何解决卢瑟福的原子模型有实验根据，但却与古典理论不符这个尖锐矛盾呢？这是当时原子物理学家所面临的难题。

玻尔（1885—1962 年）勇敢地选择了卢瑟福的模型。玻尔出生在哥本哈根的一个教授家庭，1911 年获哥本哈根大学博士学位。1912 年 3—7 月曾在卢瑟福的实验室进修。就在进修期间孕育了他的原子理论。玻尔首先把普朗克的量子假说推广到原子内部的能量，来解决卢瑟福原子模型在稳定性方面的困难，假定原子只能通过分立的能量子来改变它的能量，也就是说原子只能处在分立的定态之中，而且最低的定态就是原子的正常态。接着他在友人汉森的启发下从光谱线的组合定律达到定态跃迁的概念。于是在 1913 年 7月、9 月和 11 月发表了长篇论文《论原子构造和分子构造》的三个部分。玻尔的原子理论给出这样的原子图像：电子在一些特定的可能轨道上绕核做圆周运动，离核愈远，能量愈高；可能的轨道由电子的角动量必须是 $h/2\pi$ 的整数倍决定；当电子在这些可能的轨道上运动时原子不发射也不吸收能量，只有当电子从一个轨道跃迁到另一个轨道时原子才发射或吸收能量，而且发射或吸收的辐射是单频的，辐射的频率和能量之间关系由 $E = h\nu$ 给出。玻尔的理论成功地说明了原子的稳定性和氢原子光谱线规律。

玻尔的理论大大扩展了量子论的影响，加速了量子论的发展。1915 年，德国物理学家索末菲（1868—1951 年）把玻尔的原子理论推广到包括椭圆轨道，并考虑了电子的质量随其速度而变化的狭义相对论效应，导出光谱的精细结构同实验相符。1916 年，爱因斯坦从玻尔的原子理论出发，用统计的方法分析了物质的吸收和发射辐射的过程，导出了普朗克辐射定律。爱因斯坦的这一工作综合了量子论第一阶段的成就，把普朗克、爱因斯坦、玻尔 3人的工作结合成一个整体。

量子力学的矩阵力学的建立和演化

　　旧量子论是以电子运动的古典力学和与其不相容的量子假设的不自然的结合为基础，把玻尔的理论应用于氢原子可以算出它所发射的光的频率，并且和观察结果一致。然而这些频率和电子环绕原子核的轨道频率以及它们的谐频都不相同，这个事实暴露了玻尔理论的内在矛盾。人们自然要问，原子中电子的轨道运动的频率怎么能够不在发射的频率中显示出来呢？难道这意味着没有轨道运动？假如轨道运动的观念是不正确的，那么原子中的电子到底是怎样的呢？对于这些问题的思索是沿着两条道路进行的。一条道路是玻尔指出的，对于高轨道，发射辐射的频率和轨道频率及其谐频一致这个事实，使他提出发射光谱线的强度接近于对应的谐波的强度。这个对应原理对于近似计算谱线强度已经证明是很有用的。另一条道路来自爱因斯坦的光的波粒二象性的启发。电子也许是像光子一样具有波粒二象性，对应于一个电子的运动是某种物质波。量子论准确的数学描述就是沿着这两条道路发展出来的。沿着对应原理的道路，人们不再把力学定律写成电子的位置和速度的方程，而是写为电子轨道傅里叶展式中的频率和振幅的方程，找到同发射辐射的频率和强度相对应的那些量子之间的关系，建立了矩阵形式的量子力学。

　　量子力学的矩阵形式的理论体系是由海森伯（1901—1976 年）开创的。海森伯出生于德国维尔次堡城的一个中学教师的家庭。他的父亲后来成了慕尼黑大学教授。像当时大多数青年人一样，1919 年的青年运动曾一度使海森伯着了迷。第一次世界大战中德国的战败使他对过去的理想进行反省。柏拉图的《蒂迈欧篇》使他从充满矛盾的社会中走出来，到自然界中去寻找世界的和谐。1922 年，他在慕尼黑大学的老师索末菲带他到哥廷根去听玻尔的讲课。这位年仅 21 岁的大学生竟不安于毕恭毕敬地听大人物的讲话，勇敢地指出玻尔理论的矛盾。玻尔感到海森伯的异议是经过深思熟虑的，便邀他到郊外散步。两人在俯临莱纳河谷和富有浪漫色彩的大学城的小山丘上长谈。从此两人结下了友谊，海森伯很快成长为玻尔事业的继承人。1924 年复活节，已成为哥廷根大学玻恩（1382—1970 年）助手的海森伯被玻尔邀请去哥本哈根从事研究，翌年回到哥廷根。

　　1925 年 5 月底，海森伯患枯草热病，告假去北海赫耳果兰岛疗养 10 天，在那里过着宁静寂寞的生活。他透过疗养所的窗户眺望大海。辽阔的大海使他想起玻尔的一句话,"能领会无限的一部分"。在海滩上散步的海森伯的脑海像大海一样不平静,他想到爱因斯坦处理同时性概念的启示,确立了"物理学只处理可观察量"的观念。沿着这个思路,他抛弃了玻尔理论中的电子轨道这个不可观察量而代之以可观察的辐射频率和强度这些光学量,把玻尔的对应原理加以扩充,猜测出一套新量子论的数学方案。

在回哥廷根的路上,他会见了在汉堡的他的老同学鲍里(1900—1958年),受到鲍里的鼓励更增强了信心。于是,他在6月上旬完成了《关于一些运动学和力学关系的量子论的重新解释》的论文,并于7月中旬寄给玻恩去鉴定是否值得发表。玻恩把它推荐给德国《物理学期刊》发表。玻恩经过一个星期的钻研,发现海森伯的数学方案是70多年前就已创造出来的矩阵乘法。由于玻恩不熟悉矩阵数学,于是到处请教,最后遇到熟悉矩阵数学而又愿意合作的年轻人约尔丹(1902—?)。9月他们两人联合发表了题为《论量子力学》的论文,用数学矩阵的方法发展了海森伯的思想。他们同时和在哥本哈根的海森伯通信讨论,3人合作的论文《论量子力学Ⅱ》于12月发表,把量子力学发展成系统的理论。在这个理论中,牛顿力学的运动方程被矩阵之间的类似方程所代替,后来人们把这个理论称为矩阵力学,以区别量子力学的另一种形式——波动力学。

玻恩在完成三人合作的论文后,于1925年10月去美国麻省理工学院访问。在那里,他同维纳(1894—1964年)合作,用算符理论推广了矩阵力学,发展出量子力学的算符表示形式——算符力学。比海森伯还年轻的英国剑桥大学的狄拉克(1902—1985年)不满足于海森伯的表述形式,试图使它同牛顿力学的推广形式——哈密顿方程相适应。1925年11月7日,他完成了论文《量子力学的基本方程》,参照古典力学的泊松括号引入量子泊松括号,把古典力学方程改造成量子力学方程。两个月后他写的论文中引进q数的概念,表示量子力学变数不遵守对易规则。1926年7月发表的他的论文《量子代数》称为q数理论。

量子力学的波动力学的诞生

贵族出身的法国人德布罗意(1892—1987年)推广了爱因斯坦的光量子论,提出物质波概念,并沿着物质波的道路找到了环绕原子核的物质波的波动方程。从而导致量子力学的另一种形式——波动力学的诞生。德布罗意本来是学历史的,大学毕业后转学物理。他起初对相对论有兴趣,很快又研究起辐射理论。在爱因斯坦关于光的波粒二象性和布里渊（1889—?）用驻波概念诠释玻尔—索末菲量子化条件的启发下，试图建立一种理论，把实物的粒子性和某种波动性综合起来。1923年9—10月，他一连发表3篇短文，指出爱因斯坦的公式 $E = h\nu$ 不仅适用于光子，也应适用于电子。就是说，一向被人看作粒子的电子也应具有波动的性质，它的波长 $\lambda = h/p$。他预言电子穿过小孔时，会像光一样呈现衍射现象。借助于这种物质波，他解释了玻尔的定态概念，为玻尔—索末菲的量子化条件提供了理论根据。他还进一步指出关于自由粒子的新力学和旧力学之间的关系，完全同波动光学和几何光学之间的关系一样。1924年，他向巴黎大学提交的博士论文《关于量子理论的研究》是他以前的几篇论文的总结和严密的论证。在1924年4月召开的第四届索尔维物理学会议上，德布罗意的老师郎之万（1872—1946年）向爱因斯坦介绍了德布罗意的工作，一向喜欢物理学对称性的爱因斯坦很感兴趣，使得不太相信这个新奇理论的郎之万接受了德布罗意的论文，并于年底把德布罗意的论文寄给爱因斯坦。爱因斯坦在他同年12月6日致罗伦兹（1853—1928年）的信中称它是解开物理学之谜的"第一道微光"。在1925年2月发表的《单原子理想气体的量子理论》论文中提到德布罗意的物质波理论，这一举动扩大了物质波理论的流传和影响。物质波的理论传到哥廷根也引起玻恩的注意。

　　瑞士苏黎世大学的薛定谔（1887—1961年）把德布罗意波推广到束缚粒子上建立了波动力学。薛定谔出生于维也纳，父亲继承祖业经营工厂，但真正的兴趣是意大利绘画和植物学。所以薛定谔生长在企业家但有文化教养的家庭。他19岁进入维也纳大学。在这里，玻尔兹曼（1844—1906年）及其继任人的学术思想和治学精神都曾对他有很大的影响。1910年，获博士学位留校做实验助手。1914年，被征入伍做炮兵士官。战争结束后返回学术领域，1921年，成为苏黎世大学理论物理学教授，主要的研究兴趣是统计力学。爱因斯坦1925年2月发表的那篇关于量子统计的论文引起了薛定谔对德布罗意思想的极大注意。他在同年12月完成的一篇论文《论爱因斯坦的气体理论》中说，按照德布罗意—爱因斯坦运动粒子的波动理论，粒子不过是波动背景上的一种"波峰"而已。在苏黎世联邦工业大学和苏黎世大学联合举办的物理学讨论班上，他介绍了德布罗意的工作。苏黎世联邦工业大学的理论物理学教授德拜（1884—1966年）向他提议，为了恰当地处理波，应当有一个波动方程。此后他致力于建立波动方程。他得到了一个方程，首先用于氢原子中的电子，并考虑了电子运动的相对论效应，建立了相对论性的波动方程。由于与实验不一致，他曾一度感到失望。后来他放弃了相对论的考虑，重新用他的方法处理氢原子中的电子问题，结果同实验非常接近。受到这一结果的鼓舞，1926 年 1—6 月，他以同一题目《作为本征值问题的量子化》发表了 4 篇论文。波动力学诞生了。按照这个理论，原子的状态由一个波函数描述，它随时间的变化遵循一个偏微分方程。他成功地推导出氢原子各定态的能量值作为他的波动方程的本征值，并给出将一套古典运动方程转换成多维空间中对应的波动方程的更一般的规定。

矩阵力学和波动力学的殊途同归

对于同一对象竟然出现两种形式完全不同的理论，在开始的时候，创立者双方各对对方的理论反感并进行挑剔。海森伯公开写文章指责薛定谔的方法并没有得到德布罗意意义上的波动方程。鲍里在一封信中说：我越掂量薛定谔理论的物理部分，我越感到憎恶。狄拉克在晚年的回忆中承认，当初他对波动力学有点儿敌意，理由是，他觉得既然已经有了一种完美的量子力学，为什么还要回到海森伯以前的阶段。同样，薛定谔对海森伯理论也很反感。他在 1926 年的一篇文章中说，他对那种蔑视任何形象化的、颇为困难的超越代数方法感到厌恶和沮丧。但老一代物理学家几乎都倾向薛定谔的理论。爱因斯坦在致薛定谔的信中称赞他的天才思想。索末菲为之高兴。普朗克像一个孩子读谜语那样反复读他的文章。

历史的发展往往出人意料。1926 年 3 月，薛定谔在发表了他的第二篇论文以后发现，矩阵力学和他的波动力学在数学上是等价的，原来两个理论殊途同归。他发表了题为《论海森伯—玻恩—约丹的量子力学和我的量子力学的关系》的论文。同时鲍里也独立地发现了这种等价性。后来，经过变换理论和希尔伯特空间的引用，这种等价性得到了更加明确的表述和证明。

量子力学有了一致的数学表述形式，但是关于它的物理意义还完全不清楚。人们知道怎样描述原子的定态，但不知道怎样描述一个通过云室的电子。薛定谔理论的波代表什么？它具有怎样的物理意义？也不清楚。薛定谔曾经把它看作在空间存在的真实的波，粒子是波的密集，称为"波包"。但是这种波包随着时间的演进将扩散开来，不复存在。这和粒子的稳定性这一基本事实不符。因此有人开玩笑地说，薛定谔的方程比他本人还聪明。

1926 年 6 月，玻恩结合电子碰撞实验对波函数提出一种统计诠释，认为电子波函数的平方代表电子在某时某地出现的几率。物质波是一种几率波而不是真实的波。不久这种见解就得到了公认。可是薛定谔还坚持他的看法。1926 年 9 月，玻尔邀请薛定谔到哥本哈根讲学。薛定谔坚持物理学的连续性，抨击玻尔的量子跳跃（即跃迁）观念。他们从早到晚地争论。最后，当玻尔引用爱因斯坦 1916 年关于跃迁几率的论文为自己辩护时，薛定谔有点儿绝望地说，如果一定要坚持这个该死的量子跳跃，他将为他对量子理论做了点贡献而感到遗憾。

薛定谔离开以后的几个月之内，哥本哈根的物理学家们继续讨论这个问题。最后的解答又是从两条不同的道路逐渐接近的。一条道路是改变问题的提法，不问"人们怎样才能在已知的数学方案中表示出一给定的实验状况？"而是问"只有数学形式系统中表示出来的实验状况才能在自然中发生，也许这是正确的？"海森伯接受了爱因斯坦关于"只有理论才能决定什么被观察到"的观点，相信对这后一种提问应作肯定的回答。据此他寻求并发现了量子力学的形式系统对古典力学基础上的那些概念的应用的限制。人们不能像在牛顿力学中那样谈论电子的位置和速度，不能以任意精度同时测定这两个量，这两个量的不准确度的乘积不应小于普朗克常数除以粒子的质量。这就是测不准关系，也称测不准原理。海森伯 1927 年 3 月发表的题为《关于量子力学的运动学和力学的直觉内容》的论文论证了他的测不准原理。另一条接近的道路是玻尔的互补原理。玻尔把粒子图像和波动图像看作是同一个实在的两个互补的描述。这两个描述中的任何一个都只能部分正确，使用粒子概念和波动概念都必须有所限制，否则就不能避免矛盾。如果考虑到测不准关系表示的那些限制，矛盾就消失了。玻尔于 1927 年 9 月在意大利科摩举行的纪念伏打（1745—1827 年）逝世一百周年的国际物理学讨论会上，首次公开发表了他关于互补原理的一些思想。至此，量子力学就有了一个前后一致的解释，它通常被称为"哥本哈根解释"。1927 年 10 月在布鲁塞尔召开的索尔维物理学会议上被大多数物理学家接受。但是爱因斯坦不接受这种观点，在会议期间同玻尔就此进行了激烈的争论。自此开始两种观点争论一直延续到今天，它是物理学史上最富哲学意义的论战。

量子论的影响

量子论成功地揭示了微观物质世界的基本规律，但是不等于说它只是关于微观世界的特殊规律而与宏观世界毫无关系。实际上整个物理学都是量子物理学，我们今天所了解的量子物理学的一些定律都是自然界最普遍的定律。支配微观世界的规律原则上也可以预言由大量基本粒子构成的宏观物理体系的行为。这意味着经典物理学定律来自微观物理学定律。从这个意义上讲，量子力学在宏观世界中也一样适用。量子论极大地加速了原子物理学和凝聚态物理学的发展，为核物理学和粒子物理学开辟了道路。量子论在天体物理学领域的应用发展出量子天体物理学。量子论运用于化学产生的量子化学成为化学理论的前沿。量子论对分子生物学的产生也起到了重要的启迪作用，使生物学发生了革命。可以说量子论是多产的科学理论。量子论作为理论基础对技术发展的作用惊人地广泛，现代技术标志的原子能技术、激光技术、电子计算技术和电信技术无一能够离开量子论这个基础理论。

量子论的产生和发展不仅是科学上的一场深刻的革命，而且在哲学上提出了许多值得研究的问题，无论在认识论方面还是在方法论方面，都促进着哲学的变革。量子论的新见识之一是微观客体的波粒二象性。在原子范围内真正的实在既不是粒子也不是波，而是量子态。无疑量子态有一个难以捉摸的特征。它有潜在能力，依据与其相互作用的仪器的类型，或者呈现波动性或者呈现粒子性。只有当它不被观察所破坏时才显现其真貌。量子论的新见识之二是弱型因果律。力学因果律是指在不同时间客体状态的关系。在古典力学中状态的定义不包含几率的概念，因此古典力学的因果律是决定论的因果律。在量子论中状态的定义包含几率的概念，因此量子力学的因果律是非决定论的，相对古典力学的强型因果律，它是弱型因果律。量子论的新见识之三是关于认识主体和认识客体关系的。因为观察仪器不可逆地改变各体的状态，并且观察结果依赖于仪器类型的选择，所以我们所观测的不是自然本身，而是由我们用来探索问题的方法所揭示的自然。在生活的戏剧中，我们既是演员，又是观众。

科学技术作为人类社会最有生命力的力量，越来越支配人们的思想和行为。这是因为现代生活广泛使用的科学技术产品渊源于它的理论，在量子论的指引下，出现了原子物理学、固体物理学、量子化学和原子能技术等新兴学科和新技术。这一切开辟了人类认识自然、征服自然的新天地，成为当代科学技术发展的重要理论基础之一。

西方现代派美术的产生和发展

邵大箴

    从 19 世纪末开始，在欧洲出现了与现实主义相对立的、被统称为"现代派"的美术诸流派。这些流派又被称作"先锋派"或"前卫派"，它们标榜自己是反传统的、激进的和革新的艺术。进入 20 世纪以后，现代派的思潮波及西方各国以至全世界。这就是通常所说的野兽派、立体派、表现派、未来派、达达派、超现实主义、抽象主义、波普派、照相写实主义等。这些派别的美学主张和实践不尽相同，甚至相互矛盾，但它们在反对传统的现实主义这一点上却是共同的。

现代派美术的先驱

    现代派的美术产生于 19 世纪末，但追溯其根源，在 19 世纪 70 年代的美术流派中就见端倪。当时欧洲的浪漫主义和现实主义流派的美术，随着民族民主革命的低落已显出衰微的迹象，逐渐向唯美主义和形式主义的美术转化。在这个转化过程中，法国的印象派起了重要的作用。因此，印象派及随后产生的后印象派、新印象派、象征主义，被认为是现代派美术的先驱。

    印象主义在 19 世纪 60—70 年代以创新的姿态登上法国画坛，反对当时已经陈腐的古典学院派，反对当时已经落入俗套、只在中世纪骑士文学中寻找创作源泉、矫揉造作的浪漫派。它在科罗、巴比松画派及库尔贝的写实作风的影响和推动下，在 19 世纪现代科学技术（尤其是光学理论和实践）的启发下，注重绘画中外光的研究和表现。印象派一反欧洲几百年来在画室中作画的传统习惯，摒弃从 16 世纪以来变化甚微的褐色调子，主张在阳光下根据眼睛的观察和直接感受作画，表现物体在光的照耀下色彩的微妙变化。印象派还从小荷兰画派、西班牙的委拉斯贵支、英国画家泰纳、康斯太勃的作品中吸取了营养。日本浮世绘版画、中国绘画，对印象派画家的探索都有过启发作用。

在 19 世纪 60 年代的法国，有创新和探索精神的青年人与保守的官方沙龙发生了尖锐的矛盾。从 1863 年马奈的油画《草地上的午餐》在落选者沙龙上展出受到讥讽起，在巴黎便逐渐形成青年人的艺术集团。他们以马奈（1832—1883 年）为首，在巴黎盖尔波瓦咖啡馆定期会晤，参加的画家有莫奈（1840—1926 年）、雷诺阿（1841—1919 年）、毕沙罗（1831—1903 年）、塞尚（1839—1906 年）等。他们还常到塞纳河畔直接对景写生，探求光和色彩的奥妙。1874 年 4 月，这群年轻的画家在巴黎卡普辛大街借用摄影师那达尔的工作室举办展览，取名"画家、雕塑家和版画家等无名艺术家展览会"，参加展出的有莫奈、雷诺阿、西斯莱、德加、塞尚、莫里索、基约曼等人。在展品中有莫奈的一幅油画《日出·印象》，此画的标题被一位保守的记者路易·勒鲁瓦在文章中借用，作为嘲讽、挖苦的字眼，称这次画展是"印象主义画家的展览会"，意思是说，参加展览的青年画家没有艺术修养，作品水平不高，属于涂鸦式的。从此"印象主义"这个词被双方——参加展览的青年人和批评这次展览的人们——接受。印象主义展览定期举行。1874—1886 年共举行 8 次。在举行第三、四次展览时，印象派已成为社会上具有相当影响的艺术派别了。

印象派绘画理论的出发点是：一切自然现象都应该从光的角度来观察，一切色彩皆发源于光。他们运用光学研究成果作为依据，主张用赤、橙、黄、绿、青、蓝、紫七原色或近似这七种色彩的颜色作画。印象派还认为光线是瞬息变化着的，只有捕捉瞬息间光的照耀，才能揭示客观自然的奥妙，因此"光"和"色"就成为他们研究的中心课题，支配着他们的创作活动。印象派在追求光和色的表现中，表达了客观物象灿烂、明亮和富有生机的一面，也表达了作者丰富的内心感受，在风景画和人物肖像领域内创造了许多出色的作品。印象派促进了西方绘画朝着发挥绘画语言（线条、色彩）的表现力这一方向发展，也丰富了绘画的表现手段。

印象派的产生过程，它的理论和实践曾经受到哲学上实证主义的影响。许多印象派画家无穷尽地追求客观的光线照射的美，忽视作品的社会内容，忽视表现沸腾的社会生活，过多地注重形式和艺术表现的表面层次，影响了它的进一步发展，并为有形式主义倾向的流派开辟了道路。

被人们称作"印象派创始人"的马奈，并未参加过印象派展览。印象派的主将除上面提到的莫奈、雷诺阿、毕沙罗以外，还有德加（1834—1917年）、西斯莱（1839—1899年）。杰出的雕塑家罗丹（1840—1917年）是雕塑界印象派的代表。

新印象主义是印象主义理论和实践的发展与反拨。不同于印象主义的是，新印象主义用光学科学的试验原理来指导艺术实践，把科学知识自觉地运用色彩的探索。直接给新印象主义启示的是美国物理学家鲁特。他的著作《现代色彩学》于1880年出版。他的试验表明，与其在调色板上把颜色调匀，不如直接把纯粹的原色排列在画布上，让观众的眼睛自行去获得混合的色彩效果。新印象派画家根据这种原理认为，在光的照耀下，一切物象的色彩是分割的，要真实地表达这种分割的色彩，必须把不同的、纯色彩的点和块并列在一起。由于新印象派对色彩用分割法，所以这一派也常常被称为分割主义，又由于他们使用点描的画法，又被叫作点彩派。"新印象主义"一词是评论家费利克斯·费内翁于1884年在布鲁塞尔的美术杂志《现代绘画》上首先使用的。

新印象主义在法国产生，流行于19世纪80—90年代，它的发起人和主要代表画家是修拉（1859—1891年）和西涅克（1863—1935年）。1884年夏，他们组织的不需审查的"独立展览会"成为新印象主义的阵地。修拉的著名作品《格兰·杰特岛星期天的下午》在1886年独立展览会上陈列，造成广泛的社会影响。西涅克除了是位实践家外，还是一位绘画理论家。西涅克自1884年与修拉在独立画展中相遇以后，就结为莫逆之交，他们共同进行分割色彩的理论和实践的探索。他的理论著作《从德拉克洛瓦到新印象主义》论证了点彩派的科学和艺术的价值。

印象派凭感性创作，新印象派则把理性放在第一位；印象派重视直接写生以抒发直观感受，新印象派则重视归纳、组织和综合。新印象派的绘画不论在构思和技法上都讲究科学的严谨性，有经过深思熟虑的秩序感。新印象派的画家细致地探讨了线条和色彩如何表现感情（高昂—低沉，兴奋—压抑，喜悦—悲哀等）这一课题，这种探讨孤立地看也不无科学道理，但是，他们忽视了艺术表现是不能简单地归纳在科学法则中这一基本原理，机械地把艺术表现纳入某些法则内，从而陷入了形式主义的泥潭。他们一些作品的构图往往成为抽象的几何形图案，失去形象的生动性。新印象主义对于20世纪初的几何抽象主义艺术有影响。

后印象主义与其说是一个艺术派别，毋宁说是一种思潮，因为他们并未结成社团。后印象主义画家们不满于印象派和新印象派的客观主义表现与片面地追求外光与色彩，强调艺术要抒发作者的自我感受、主观感情。在艺术语言上，后印象派画家重视形和构成形的线条、色块和体积，并注重变形。后印象派的绘画风格流行于 19 世纪 80 年代至 20 世纪初。代表人物是塞尚（1839—1906 年）、凡·高（1853—1890 年）、高更（1848—1903 年）、吐鲁兹—劳特累克（1864—1901 年）。

塞尚、凡·高、高更等生活在法国巴黎公社失败之后阶级矛盾极其复杂和尖锐的年代，他们极其敏锐地感受到法国社会的腐败，以及工业化进程和都市文明给人性所造成的压抑；他们各自的遭遇也是坎坷不平，带有悲剧性的。三人的艺术在生前都得不到社会的承认。塞尚在远离巴黎的故乡埃克斯埋头作画，默默无闻；凡·高性格内向，几次失恋，精神失常；高更厌恶繁荣的都市文明，到南太平洋塔希堤岛和土著人同居，寻求艺术源泉。他们从不同的角度探索新的艺术语言。塞尚注意表现物质的具体性、稳定性和内在结构，主张用圆柱体、球体、锥体来表现自然。他采用色的团块来表现物象的立体、深度，用色彩的冷暖变化来造型；他用几何形因素构造形象，结构厚实、严密，给后来的立体派以很大的启示。由于塞尚艺术语言的创新，他被后人称为"现代艺术之父"。凡·高十分注意线和色彩的表现力，他笔下的形象夸张而有节制，变形而不走形，艺术语言紧张、有力度，且特别有生气。在强烈地抒发内心感情上，凡·高的作品是 20 世纪诸流派的艺术家的范例。高更崇尚艺术的象征性、原始味和野味，讲究作品的装饰趣味，他形成的独特风格被 20 世纪一些艺术流派所继承和发扬。

原始主义和象征主义流派几乎是和后印象主义同时存在的。

原始主义标榜用艺术来表现稚气的直接感受，阐发人的原始本性，在形式上追求稚拙感。原始主义的产生和人们对城市文明的厌弃，向往宁静、纯朴的原始境界有关，也反映出部分艺术家试图学习原始人类和儿童的艺术手法，开辟新的表现天地的愿望。原始主义的代表人物是亨利·卢梭（1844—1910 年）。卢梭创造了幽静、幻想的绘画作风，他的艺术不无现实感，但他的追随者把他的本来就是片面的艺术主张加以引申和发展，形成新原始派。新原始派公开宣称，原始人、黑非洲的艺术品，精神病人和儿童的作品是艺术范品，是人类本性、智力和艺术才能的真实流露，不含有生活的偏见，不染有现代文明的"污迹"。原始主义和新原始主义受到了柏格森唯心主义直觉论的影响。

象征主义在法国美术中表现得并不鲜明，它主要受象征主义文学的影响。19世纪80年代，曾出现过一个象征主义的小派别纳比派。"纳比"这个词在希伯来语中是"先知"的意思，是由诗人卡扎利用来作为这个社团的名称的，以表示纳比派的信念、创作思想和宗教的联系。纳比派认为，"艺术首先是一种手段，是我们的精神创作，而自然仅仅是精神创作的一个场面而已"，"艺术不是模仿，艺术乃是对自然的主观再调整"。纳比派要求采用象征性的艺术语言，达到更加主观化的表现目的。除纳比派外，雷东（1840—1910年）、德爱凡纳（1824—1898年）、莫罗（1826—1898年）都是和象征主义有联系的画家。从思想内容来说，象征主义反映了革命沉寂时期趋向低落的小资产阶级的感情，在艺术形式上扩大和丰富了西方造型艺术的语汇和手段。

现代派美术的产生

如果说从1874年第一届印象派美术展览会，到八九十年代象征主义派别流行的二三十年，是现代派美术的酝酿期；那么1905年野兽派在巴黎出现，则标志着现代派美术的产生。

1905年，一群青年画家在巴黎秋季沙龙上展出作品，因为他们的画风不同于众，线条、色彩以至笔触比较狂野，巴黎的批评家路易·沃塞列幽默地把这批青年称作野兽群，野兽派从此得名。这批画家主要是马蒂斯、马尔开、德兰、弗拉曼克、弗里兹、鲁奥等人。他们受塞尚、高更、凡·高等人的影响，继续探索自由地运用色彩和取得形与色的最大表现力。从本质上说，野兽主义是反印象主义的，它是强调主观地综合和概括的。也就是说，它反对印象派画家看到什么画什么，主张重新创造自然。野兽主义认为，绘画首先应该是纯粹的美的经验的表现，其目的在于线条、形态和色彩的欣赏，别无他求。马蒂斯（1869—1954年）主张，艺术的最高目的是给人提供愉快，给人以安宁。他说，"我想，我的任务是赐予人们以慰藉"，"我理想平衡、纯洁、严格和没有复杂和灰暗题材的艺术，这种艺术无论对任何人，他是作家也好，办事员也好，都从中得到抚慰。它像安乐椅那样，人们可以坐在它上面休息，可以恢复体力的疲劳"。野兽派学习非洲雕刻、东方绘画和工艺品的表现手法，多用大色块和粗犷的线条和夸张的手法，追求单纯化的装饰效果。

　　20 世纪初，欧洲无产阶级革命运动风起云涌，反动势力对革命运动的镇压也极其残酷，一群小资产阶级知识分子既不愿意用自己的艺术来为统治阶级效劳，也不愿意用艺术作为手段来为无产阶级服务，便企图筑起"象牙之塔"，做"为艺术而艺术"的试验。野兽派实际上否定艺术的认识功能和教育功能，把美的陶冶性情和娱乐作用放在第一位。说野兽派是含有唯美主义特征的画派是不过分的。虽然它存在时间不长，但是它在艺术形式上有不可忽视的创造，它在夸张、省略和变形中追求强烈的表现力，对 20 世纪初欧洲艺术的形式革新起到了推动作用。

　　和野兽主义本质上相似的是产生于德国的表现主义运动。德国在 19 世纪 90 年代，已开始进入帝国主义阶段，社会矛盾加剧。无产阶级革命运动受到了以伯恩施坦为代表的修正主义思潮的干扰。1899 年 1 月，伯恩施坦抛出《社会主义的前提和社会民主党的任务》一书，全面、系统地攻击和篡改马克思主义。他公开抛弃了德国社会民主党的最终奋斗目标，提出"社会主义的最终目的是微不足道的，运动就是一切"。社会民主党不能为工人阶级和人民大众提出明确的战斗目标。有些知识分子看到腐朽堕落的社会现象后，无法解释，感到前途渺茫，产生彷徨、绝望和孤独的情绪。同时，他们不满足现实主义文艺所取得的成就，希望另辟新径。表现主义在文学、戏剧、绘画方面都有所反映。它最初是以反抗资本主义制度的面貌出现的，表现了正直的艺术家对丑恶的社会现象的不满。可是由于他们站在个人主义的立场上，看不到工人阶级的力量，思想感情比较消极。表现主义作品的题材大多是孤独的人生、隐藏在人的内心世界的悲愤、难以忍受的痛苦。表现主义受现代唯心主义影响，崇尚感觉至上主义，否认理性，把直觉看作是认识世界的唯一方法，把作者主观的内在感觉和情绪作为创作的主要源泉。他们的作品多半表现主观的片段感受、幻觉和激情。表现派画家科科施加（1886—1980 年）说："我们要反对一切法则……只有我们的心灵才是世界的真正反映。"另一位表现主义画家马尔克（1880—1916 年）说，"表现主义者只相信他自己创造的现实，这现实与一切另外的生活现实不一样"。表现主义画家们十分讲究形式美，并在形式上吸收了东方艺术和非洲艺术的因素，扩大了西方美术的表现手段。某些表现主义画家的作品有色情成分和宗教神秘的色彩。

　　表现主义运动起源于 1905 年德累斯顿的"桥社"；1909 年在慕尼黑组织的"新艺术家协会"和 1911 年成立的"青骑士社"是表现主义的主要社

团。参加青骑士社的俄国人康定斯基（1866—1944 年）是表现主义的主将。就表现手法来说，表现主义运动内部有两种倾向，一种追求夸张、变形，但尚未流于抽象；另一种是力图摆脱具象的表现，接近抽象派。其中康定斯基于 1912—1913 年创造的许多作品，被认为是抽象主义的开端。康定斯基被人们称为抽象主义的始祖。

表现主义的最后一个阶段为"新客观社"。产生于 1923 年的这个社团的政治态度比较激进，许多艺术家用自己的画笔批判和揭露现实的黑暗，讽刺统治阶级的伪善和虚伪。其中尤以狄克斯（1891—1963 年）和格罗斯（1893—1959 年）最为著名。格罗斯在 20 年代初期画的讽刺画《统治阶级的嘴脸》《将要偿还》《市侩的镜子》尖锐泼辣，有思想深度，也有极强的艺术表现力。新客观社是德国表现主义运动中的左翼。

现代派美术的抽象化

在野兽派出现后不久，还是在法国，产生了一个称为立体派的流派。立体派的崛起，意味着现代派美术向抽象的方向转化。美术中的立体派把体和面的表现放在艺术表现的首位。他们把塞尚表现体面的观念加以极端的发展，试图打破传统的时空观念，在艺术中表现不受时间、空间的限制，在平面上表现长度、宽度、高度与深度，表现客体内在的、视力看不到的结构。他们把自然形体分解为几何切面，使其互相交错、重叠，或者在画面上同时出现无数的面。例如，画一个鼻子，往往会出现鼻子的正面、侧面、俯视面、仰视面……立体派还将纸片等实物拼贴在画面上。

"立体派"这个词出现在 1908 年。当时乔治·勃拉克摹仿塞尚的画法在南方画了成片的屋顶，受到 1908 年秋季沙龙的拒绝。同年 11 月间，当这些展品在画商康惠勒的展览厅里展出时，批评家路易·沃塞列在批评文章中使用了"立体"这个词，接着诗人阿波利奈尔（1880—1918 年）正式采用它作为艺术运动的名称。

立体派自称是"一种基本上处理形态的艺术"，是艺术形式上的"一大革命"。他们以为，自然科学的发展，能够观察物质内部的 X 射线的发现，难以捉摸的、极为活跃的原子内部结构的被探索，还有相对论的形成，都使人改变了艺术观念。立体派还有适应工业、机械时代的愿望，试图用艺术语言表现机械的美。在他们看来，传统的写实的表现手法显得陈旧了，极端变形和趋向抽象的立体派应该取而代之。立体派也从非洲黑人雕刻、古代埃及雕刻中得到启示，吸收了这些艺术中的表现手段。立体派在表现体面的结构美上取得了一定的成果，对于现代建筑、城市设计、工艺美术的发展，都有积极的影响。应该说，早期的立体主义是一种形式探索，是一种追求形式美的艺术流派，但是发展到后来，逐渐走向极端。他们从个人的感觉出发，玩弄形式，不考虑群众是否能接受。立体派抽掉人的社会属性，把人当作一般物体来描写，描写一切物象又仅仅从探究多层次的物质结构出发。从立体主义开始，现代派美术发展到一个新阶段。在立体派的画中，客观物象是分裂的、肢解的、零星片段的，他们追求的已经是综合的、整体的心理感应的效果，而不再注意塑造完整、连续的视觉形象。立体派是抽象派的启端。

立体派的发展分两个阶段。1908—1911 年为分析的立体主义；1912—1914 年发展成为综合的立体主义。

在分析的立体主义破碎而又剔透的结构中，仍然保留着母题的清晰的意念，保留着强烈的光线和某种空间感。画家们将不同状态及不同视点所观察到的对象，集中地表现于单一的平面上，造成一个总体经验的效果。综合的立体主义不再从解剖、分析对象着手，而是利用多种不同素材的组合去创造一个新的母题。在综合立体主义阶段，画家们用实物拼贴，试图使艺术接近生活中平凡的真实。综合立体主义不同于分析的立体主义还有：重新注意色彩，强调画肌以表现质感。在正式用拼贴法以前，一些画家尝试将印刷体字母安排在画面上，使其成为图像的一部分；不久，画家们又以画纸作为背景，贴上报纸、糊墙纸和彩色纸，并用绘画手段（墨水、铅笔、木炭、水粉和水彩）作适当处理。后来用于拼贴的还有砂粒、破布、油布、玻璃和其他实物。立体派的画家认为，这些实物经过拼贴以后，将得到转化而重新获得生命。立体派的拼贴法还曾在雕塑中广泛地运用，形成了类似建筑物的雕塑。所以阿波利奈尔曾经说："这种构造变成了建筑，而不是雕塑，因为它的因素已经离开了自然形象。"立体派的这种拼贴法后来为达达主义和超现实主义所继承。

立体派的主将是毕加索（1881—1973 年）。他是西班牙人，从 1904 年起定居巴黎。毕加索早期画风写实，含有批判现实主义的意味。1907 年前后，他学习黑人雕刻的手法，创造出表现变形美和多视点的体面转折美的《亚威农少女》，被认为是立体派的启端。1908 年，毕加索和勃拉克（1882—1963 年）同时创造立体派的风格。毕加索在漫长的一生中不断变换艺术手法，但立体派的观念是他创作成熟期的基本出发点。

立体派的活动家还有朱安·格里（1887—1927 年）、费尔南·莱热（1881—1955 年）等。

在意大利几乎和立体派同时出现了未来派。未来派运动从文字开始，发展到绘画、雕刻、音乐和戏剧诸领域。在这个运动中，文学始终占主要地位。未来派的活动家们连篇累牍地发表宣言和声明，表达他们的政治观念和艺术主张。这些宣言有：1909 年 2 月的《未来主义宣言》，1910 年 2 月的《未来主义画家宣言》，1910 年 4 月的《未来主义画家的技法宣言》，1912 年和 1914 年两次关于雕塑和建筑的宣言。1912 年未来派在巴黎举行第一次展览会，之后还在慕尼黑、维也纳、伦敦举行过未来派的美术展览。

未来派是以文艺革新者的面貌出现的。他们认为，20 世纪初工业、科学、技术、交通、通信的突飞猛进，使世界发生了根本性的变化。新时代的特征是机器、技术及与其相适应的速度、力量和竞争。"我们宣告，由于一种新的美感，世界变得更加光辉壮丽了。这种美是速力的美。一辆快速行驶的汽车，车框上装着巨大的管子，像是许多条蛇在爆发地呼吸……如机关枪一般风驰电掣的汽车，比带翅的萨莫色雷斯的胜利女神像更美。"未来主义歌颂"勇气、大胆和反叛"，赞美"斗争"和"敢作敢为的精神"。他们在宣言里，把战争、暴力、恐怖都看作是摧毁旧传统、建立未来主义文艺所必需的手段，都给予赞美和歌颂。"我们想讴歌战争，战争是使世界洁身的唯一之道"，"我们要歌颂的是敢作敢为的运动，狂热的失眠，急速的脚步，翻筋斗，打耳光，拳斗"。

在文艺上，未来主义全盘否定传统文艺的价值，认为人类的文化遗产和现存的文化都是腐朽、僵死，与现时代的精神不相容。他们的口号是"摒弃一切博物馆、图书馆和学院"，"把图书馆的书架子点上火……改变河道，让博物馆的地下室淹没在洪水里吧……愿这些壮丽的油画毫无办法地在水中漂荡"。具体到绘画，未来派反对模仿的形式，反对"和谐"和"高雅的趣味"，希望用线条和色彩表现现代疾速的生活，表现运动的节奏、力度和感觉。

未来派的理论充满了小资产阶级的狂热和无政府主义的虚无精神。它的产生有受工业和科技革命的鼓舞的一面，也有受主观唯心主义哲学和美学影响的一面。当时意大利的民族主义情绪正在高涨，未来派也受到狂热的民族主义情绪的感染。在政治倾向上，未来派的左翼接近无产阶级，右翼则适应了意大利垄断资产阶级贪婪的扩张野心和民族主义、军国主义的需要。当1912 年意大利政府发动侵略埃塞俄比亚战争时，未来派的领袖之一马利涅蒂发表声明，支持这场侵略战争。在第一次世界大战期间，不少未来主义的作家和艺术家狂热地欢呼这场帝国主义之间的战争，并志愿到前线，"为保卫意大利而战"。1918 年，马利涅蒂等人建立未来党，与墨索里尼合作。一些未来主义的作家、艺术家，用作品为法西斯做政治宣传，使文艺沦为反动政治的宣传工具。

未来派借鉴了立体派的表现手法，如果说立体派是着重表现抽象的静止美，那么未来派则着重表现抽象的动态美。他们热衷于用线和色彩描绘一系列重叠的形和连续的层次交错与组合，并且用一系列的波浪线和直线来描绘光和声音，表现人们在迅疾的运动中所感觉到的印象。未来派中著名的美术家有巴拉（1871—1958 年）、塞韦里尼（1883—1966 年）、卡拉（1881—1966 年）、博菊尼（1882—1916 年）、路易吉·鲁索洛等人，其中博菊尼是核心的人物。他的文集《未来主义的绘画及雕塑》，集中反映了未来派的美学追求。博菊尼在油画《走廊中的动乱》《城市的兴起》等作品中，把物体分解成许多运动着的线，使得在画面上显现出一个运动段落中的各个阶段，以传达运动的效果。在雕塑领域内，他的《空间的瓶》《空间中连续的形》，都试图表现运动中错综复杂的印象以及连续产生的动感。博菊尼说，他的作品展开了第四维度——时间。

1914—1918 年的第一次世界大战使未来派作为有组织的运动宣告终结。除俄国外，未来派并未在欧洲获得广泛的影响。对它宣扬侵略战争的反动观点，附和者寥寥无几。尤其当未来主义右翼的反动本质暴露出来以后，一些原来未识破其真面目的人纷纷脱离这个运动。

未来派和立体派一样，只从形式上注意到了艺术和现代生活的联系，而没有从本质上、精神上把握现代生活的脉搏。推动生活前进的，即使在机器时代，也是人而不是机器和其他生产工具。人的思想、感情应该永远是艺术所关注的课题。未来派和立体派对现代生活的表现，只停留在感觉的、浮光掠影的阶段，缺乏思想和心理的深度。在艺术语言上，未来派也和立体派一样，否定传统的造型法则，有浓厚的虚无主义色彩。

未来主义在对待传统文明和艺术遗产上，存在着程度不同的虚无主义成分。继未来主义之后，把 20 世纪初文艺上的虚无主义推到顶端的，应该说是达达主义了。"达达"是法国儿语中嘟嘟哝哝、不连贯的词语，意为"小

马""玩具马"。一群文艺家把它作为文艺运动的名称，以表示这个运动的
无目的性和无意义。

达达主义在第一次世界大战期间（1916 年）首先出现于中立国瑞士的
苏黎世，继而在法国、德国和美国流行，波及诗歌、音乐和美术。达达主义
产生于这样的历史背景：一群来自欧洲各国的小资产阶级知识分子厌倦战
争，不满现实，认为现实社会的文明痉挛了、腐烂了、堕落了，要创造新文
明。可是他们不懂得新文明如何创造，在无政府主义思想的指导下，虚无主
义地提出否定一切（包括否定理性、否定一切文化艺术）的口号。达达主义
的文艺家们在 1918 年 3 月 23 日发表的第一个宣言，用含混不清、相互矛盾
的语言，提倡无目的、无理想的生活和无目的、无思想的文艺。在美术中，
达达主义摒弃传统的审美观念，否定节奏、匀称、和谐。他们声称要创造出
艺术的新符号。达达派的美术家从立体派那里吸收了实物拼集法，并在创作
过程中特别注意通过偶然的机会发现的美感和出其不意的效果，从达达派还
引申出创作的自动性（不受理念和逻辑支配的自动创作）。

达达主义的代表人物马塞尔·杜桑（1887—1968 年）于 1917 年将一个
工厂生产的搪瓷小便池送给纽约独立沙龙，1920 年又在巴黎展出《带胡须
的蒙娜丽莎》，这两件典型的"达达"作品鲜明地反映了这个思潮是如何激
烈地向传统艺术挑战的。

达达主义运动虽然延续的时间不长，但它的虚无主义观念给后来的各流
派艺术以很深的影响。在达达主义基础上产生的超现实主义，克服了达达主
义否定一切从而导致否定自身的缺陷。借助于弗洛伊德的心理分析学说，用
写实或抽象的形式，发掘人类的潜意识，把现代派美术引向一个新的阶段。
达达主义对西方现代艺术的影响至今仍然存在。应该说，整个现代派的文艺
运动贯穿着和达达观念相通的无政府主义和虚无主义的思想。

从印象派以后到达达派，总共不到 50 年，西方现代派的美术进入第一
个高潮。美术中的现代派经常受到文学的影响，但它本身也十分活跃，反过
来对文学和其他艺术领域也都有所推动。

大体上说，现代派不同于传统艺术的特征是：第一，把形式表现放在第
一位，认为艺术形式具有独立的价值，形式本身就是内容，从而否定题材的
重要性，否定绘画、雕塑中的叙事性、情节性。第二，从迅猛发展的工业、
科学、技术中得到启发，认为艺术发展到今天也应该像科技一样，走分析的
道路。许多派别只注重形式表现的一个方面，如未来派表现速力，立体派表

现体面关系等。第三，强调个性，认为艺术是艺术家自我内心世界的抒发，艺术是"自我表现"，轻视或否定反映客观世界的重要性。第四，鼓吹艺术创作的非理性、非逻辑性，强调创作的偶然性和机会性，以至认为艺术应该表现幻觉、梦境和潜意识。第五，对古希腊罗马、文艺复兴、十八九世纪的现实主义传统持否定态度，把目光专注于东方艺术、非洲艺术、大洋洲艺术，特别重视原始部落和儿童艺术的价值。

对于现代派艺术的产生及其作用，目前美术史论界有激烈的争论。主要有三种意见：苏联和西方一些主张艺术是社会生活的客观反映的理论家，认为现代派艺术是资本主义的怪胎，是堕落和颓废的现象，是对现实主义的反动；与此相反，不少现代派的研究家认为，早期现代诸流派主观而敏锐地反映了 19 世纪末 20 世纪初人们的心理状态，并且在艺术形式上开辟了新的道路，它们实际上已取现实主义而代之；第三种意见则认为，对现代派不应一概否定，也不应全部肯定，它既有积极的一面（不满和反抗现实，形式语言有创新等），也有消极的一面（走极端、虚无主义、玩世不恭等）。它的积极的一面是对现实主义的补充，但它没有也不可能替代现实主义的艺术。从近 20 年来现代派的发展状况来看，现实主义和现代派实际上在互相吸收和互相补充，看来第三种意见被愈来愈多的人所接受。

近东问题

于 沛

近东问题即近代国际关系史中的东方问题。所谓"东方"是欧洲人对奥斯曼帝国①统治下的近东（含巴尔干）的泛称。"东方问题"这一术语最早是在神圣同盟的最后一次外交会议，即 1822 年 10 月的维罗纳会议上出现的。当时与会的列强代表都谴责希腊起义，以这是"东方问题"为借口，拒绝会见请求援助的希腊代表，但东方问题的起源却要追溯到 18 世纪末。

东方问题是当奥斯曼帝国衰败时，随着沙皇俄国和欧洲列强"对土耳其怎么办"② 而出现的复杂的国际问题，直至 20 世纪初结束。在一个半世纪的漫长岁月中，这一问题不仅是中近东外交的核心问题，同时也是欧洲外交的重要内容之一。

近东问题的产生

奥斯曼帝国是依靠数百年军事扩张建立起来的多民族国家。苏莱曼一世在位时（1520—1566 年），它的势力达到顶峰，形成了横跨欧、亚、非三洲，包括今天 30 多个国家和地区的庞大帝国。

奥斯曼帝国最高统治者素丹集世俗和宗教权力于一身，残酷的军事封建统治使国内民族矛盾和阶级矛盾尖锐，孕育着种种无法克服的严重危机。1683 年，奥斯曼大军包围维也纳时，遭到波兰和奥地利联军的沉重打击而惨败。这一失败表明它的对外扩张已达极限。奥斯曼帝国从此国力疲敝，军事

---

① 奥斯曼帝国是中世纪土耳其人建立的军事封建国家，因创建者奥斯曼一世（1259—1326 年）得名。

② 《马克思恩格斯全集》第 9 卷，人民出版社 1961 年版，第 6 页。

上一蹶不振。根据 1699 年签订的卡洛维茨条约，其欧洲属地开始被逐步分割。从 17 世纪后半叶起，奥斯曼帝国迅速地衰落下去。

到 18 世纪末，奥斯曼帝国已病入膏肓。西方列强纷纷跑到帝国争权夺利，这突出表现在领事裁判权问题上，在以前，领事裁判权是素丹以单边形式颁发的一种证书，所有条款只有在颁发它的素丹在位期间才生效，丝毫无损帝国的主权。然而，由于帝国的衰败，领事裁判权各条款已变成奴役和掠夺它的工具。1740 年，法国获得的领事裁判权条款已是永久性的特权条约，法国不仅获得了治外法权，同时还取得了通过帝国领土和俄国进行陆路与海路通商的权利。1774 年，在库楚克·凯纳吉签订的俄土和约使俄国取得了在黑海通商航行等特惠权利。

当奥斯曼帝国日渐解体时，英、法等新兴的资本主义国家却迅速地发展起来。18 世纪初，俄国经过彼得一世改革，也逐渐成为欧洲的强国之一。

奥斯曼帝国位于西欧通往东方的战略要道上，特别是君士坦丁堡处在欧、亚大陆的交接点，建于扼守地中海与黑海通路的博斯普鲁斯海峡西岸，具有重要的军事意义。博斯普鲁斯海峡与马尔马拉海、达达尼尔海峡连接，成为黑海沿岸国家出外的唯一通道。极其重要的地理位置使这一地区成为欧洲列强的必争之地。因为谁控制了这个地区，谁就夺得了对欧洲侧翼的控制权，从而在整个欧洲占有优势。

占领君士坦丁堡是俄国对外政策始终不变的方针。早在 15 世纪，伊凡三世就企图占领该城。1756—1763 年，七年战争结束后，俄国叶卡捷琳娜二世利用欧洲国家的矛盾，在 1768 年秋挑起对土耳其的战争。1774 年 7 月战争结束后，俄国取得了黑海北岸及北高加索卡巴尔达等大片领土，其商船可以自由航行黑海和出入博斯普鲁斯及达达尼尔两海峡。在俄国的高压下，土耳其被迫同意克里木汗国独立，俄国为最后兼并这一汗国迈出了第一步。80 年代，英、法卷入美国独立战争无暇东顾，叶卡捷琳娜二世在 1782 年 9 月又抛出了同奥地利合伙瓜分土耳其的"希腊计划"。该计划企图建立在俄国的保护之下的希腊帝国。希腊帝国将以君士坦丁堡为中心，包括色雷斯、马其顿、保加利亚、希腊北部和阿尔巴尼亚，由叶卡捷琳娜二世的次孙做君主；同时还拟在俄、奥之间的比萨拉比亚、瓦拉几亚和摩尔多瓦建立同样受俄国保护的达基亚王国，由叶卡捷琳娜二世的宠臣波将金做国王。这一计划还规定，将塞尔维亚、波斯尼亚和黑塞哥维那割让给奥地利，以换取它对俄国的支持。

为了按照希腊计划肢解土耳其，俄国在 1783 年宣布合并克里木汗国，1787 年 8 月，再次挑起俄土战争。次年 2 月，奥地利也对土宣战。1790 年年底至 1791 年年初，苏沃洛夫指挥俄军在伊兹梅尔大败土军，俄国咄咄逼人的扩张引起了西欧的极度不安。俄国在黑海地区建立霸权，将首先威胁到已开始工业革命的英国在东方的商业利益。1790 年 7 月，英国小威廉·庇特内阁以帮助奥地利恢复对比利时的统治为条件，促使奥退出对土战争；英国政府还以战争对俄国进行威胁，要求俄国接受由英充当俄土谈判的调停人，立即在恢复原状的条件下实现媾和。被俄国拒绝后，英国组成了一支有 36 艘主力舰的舰队，海军进入战备状态，英驻彼得堡大使也奉命准备了对俄的最后通牒。与此同时，普鲁士宣布总动员，随时准备进军格但斯克和托龙尼。俄国这时在近东的对手已不单纯是土耳其，而是欧洲各列强。这样，便出现了第一次以瓜分奥斯曼帝国"遗产"为目的的近东危机。①

小威廉·庇特阻止俄国向东方扩张的政策遭到反对派的激烈反对。反对派认为，同俄国关系破裂将会严重危害获利巨大的英、俄波罗的海贸易。小威廉·庇特政府提出的战争拨款法案在议会里只得到微不足道的多数赞同。在这种情况下，英政府不得不取消已准备好的最后通牒，并解除了海军的战备状态。1791 年 12 月 29 日，俄、土签订《雅西和约》，俄国将西起德涅斯特河、东到库班的整个黑海北岸地区划入自己的版图，土耳其承认俄国兼并克里木。俄国虽没能实现希腊计划，但却实现了称霸黑海的目的。

第一次近东危机以英国的失败和俄国的胜利而结束，它标志着近东问题的形成。

俄国向巴尔干和黑海两海峡扩张

马克思恩格斯指出："每当革命风暴暂时平息的时候，一定要出现同一个问题——这就是一直存在着的'东方问题'"②。18 世纪末的欧洲资产阶级革命风暴刚刚过去，俄国凭借它当时在欧洲的霸主地位，又挑起新的近东危机。

1821 年，希腊爆发了反抗土耳其统治，争取民族独立的起义。俄国为与

---

① 近东危机也被称作东方危机。
② 《马克思恩格斯全集》第 9 卷，人民出版社 1961 年版，第 5 页。

英国竞争，便在解放希腊正教徒的幌子下，支持这一起义，但当1822年组成希腊民族政府，起义日益清楚地表现出它反对正统的君主的革命性质时，俄国立即表示反对。英国及时利用了这一时机，1823年3月25日，英外交国务大臣乔治·坎宁宣布承认希腊起义的合法性。英国政府的态度使俄国不得不认真考虑如何防止英国独占希腊的问题。

1826年，英国派威灵顿公爵出使彼得堡，尼古拉一世拒绝英国对俄土调解，同时向土提出关于多瑙河诸公国及塞尔维亚自治的最后通牒。沙俄政府同威灵顿签署关于希腊问题的《彼得堡议定书》。议定书规定素丹是希腊的最高宗主，但希腊保留自己的政府和法律。如果土耳其破坏这一规定，俄、英则共同迫使其执行。《彼得堡议定书》签订后，暂时缓和了俄、英之间的矛盾。沙皇政府进而在1826年10月7日迫使土耳其签订了《阿克尔曼协定》。土不仅被迫接受了最后通牒的内容，而且给予俄国通过土耳其水域的权利。

俄、英《彼得堡议定书》是背着法国订立的，法国政府对此十分不满。1827年7月6日，俄、英、法三国以该议定书为基础，签订了《伦敦公约》，决定三国舰队开往土水域。10月20日，三国联合舰队在那瓦里诺海湾几乎全歼土耳其舰队。土立即宣布同三国断绝外交关系并废除《阿克尔曼协定》。英、法不愿过分削弱土耳其，使俄国在黑海的势力得到加强，在那瓦里诺战役之后退出联合。1828年4月，俄国以土单方废除《阿克尔曼协定》为借口，向土宣战。次年8月20日，俄军占领阿德里安堡，直逼君士坦丁堡。9月14日，俄、土签订《阿德里安堡条约》。条约规定，把多瑙河口和附近岛屿及库班河口以南的黑海东岸大片土地划归俄国；土耳其承认达达尼尔和博斯普鲁斯两海峡对俄国及其他外国商船开放；土耳其还向俄国赔款1000万荷兰盾；承认希腊独立，给予塞尔维亚、瓦拉几亚、摩尔多瓦自治权。

俄国对土战争的胜利虽然未能实现占领君士坦丁堡、控制两海峡的目的，却大大加强了在巴尔干的地位，迫使土在某种程度依附俄国。1833年埃及同土耳其发生战争，俄国趁机将舰队开进博斯普鲁斯海峡，并派陆军驻扎在君士坦丁堡城郊。土在埃及的猛烈进攻下，不得不接受俄国的援助。土耳其素丹马赫穆德二世当时说："当一个人落水看见面前有一条蛇的时候，为了不致淹死，他甚至也会去抓住那条蛇的。"俄国的"援助"使土付出沉重的代价。1833年7月，俄、土签订期限为8年的《安吉阿尔—斯凯莱西条约》，双方宣布互相承担军事保护的义务。土为了俄国的利益，对外国军舰封锁达达尼尔海峡，不允许任何一艘军舰以任何借口进入这个地区。这样，俄国就把黑海变成了俄国的内湖，实际上已控制了两海峡。

《安吉阿尔—斯凯莱西条约》使俄国同西欧国家的关系迅速地恶化了。英国这时已完成了工业革命，迫不及待地要打开近东及中东的市场，故竭力削弱俄国在土耳其的优势地位。俄、英对抗使近东问题又急剧尖锐起来。英国采取的主要手段是以欧洲列强加入《安吉阿尔—斯凯莱西条约》的方式来剥夺俄国的特权。俄国为了离间英、法关系，使今后在扩张中不致遭到英、法的联合对抗，同意了英国的要求。1840 年 7 月 15 日，英、俄、普、奥 4 国背着法国秘密缔结了《伦敦公约》，规定土耳其的安全和独立由订约国集体保护，法国对此向英国提出抗议。梯也尔质问英国驻法大使里维尔—林顿说："我一向是拥护法英同盟的，你们为什么破坏这一同盟呢？"然而，英、法关系并未因此而分裂，双方都有继续维护和加强两国同盟的愿望。

1841 年 7 月 13 日，英、俄、普、奥、法签订了新的《伦敦公约》，强调在和平时期，海峡对各国军舰均不开放。海峡问题要由在黑海没有领海权的多边国家协议解决，这使俄国丢掉了已到手的特权。英国实现了废除《安吉阿尔—斯凯莱西条约》的目的，逐渐取代了俄国在土耳其的优势地位。

俄、英争霸和 70 年代后期的近东危机

1848 年欧洲资产阶级革命暂时转移了列强对近东问题的注意力，但这一问题在它们的欧洲政策中并没因此而消失。近东问题仍是俄、英外交的基本问题之一。1848 年革命失败后，它又开始成为欧洲列强注意的中心。

1853 年 1 月 9 日，尼古拉一世在招待外交使团的晚会上说道：英国大使塞穆尔，就俄英共同瓜分土耳其进行谈判。尼古拉一世说："现在我把你当作朋友和君子一样……如果我们，即我和英国能取得协议，那么别的对我都无关紧要。"他明确表示：英、法、希腊都不能占领君士坦丁堡。关于俄国，他说，"我也同样愿意保证不在那里插足，当然是指作为主人。至于作为临时保护者，则是另外一回事，可能发生这样的情况，即情势迫使我占领君士坦丁堡"。尼古拉一世认为土耳其已是一个无法挽救的"病人"，他提出了俄、英共同瓜分土耳其的具体方案：摩尔多瓦、瓦拉几亚、塞尔维亚、保加利亚属俄国，干地亚（克里特岛）、埃及属于英国。在此之后，尼古拉一世于 1 月 14 日、2 月 20 日和 21 日又三次召见塞穆尔，敦促英国接受俄国的

提议。

出乎俄国预料，英国外交大臣约翰·罗塞尔很快作出了完全拒绝的答复，因为英国同样想把君士坦丁堡和海峡地带据为己有。尼古拉一世错误地认为英国同法国矛盾重重，不会联合起来反对俄国。这样，英国不会和俄国单独作战。1853 年 1 月，俄国以最后通牒的形式向土提出签订条约，强迫土耳其承认俄国不仅有权保护东正教会，而且有权保护土耳其统治下的东正教臣民。这一要求当即遭到了土的拒绝。俄国以此为借口同土耳其断绝外交关系，在 7 月 2 日渡过普鲁特河，占领了摩尔多瓦和瓦拉几亚，近东问题又出现了新的严重危机。

土耳其得到英、法支持，态度十分强硬，在 10 月 9 日提出，限令俄军在 18 天内撤出两公国，俄国拒绝这一要求后，向土耳其宣战，克里木战争爆发。[①] 11 月底，俄军在黑海南岸的锡诺普港消灭了土耳其舰队，取得了黑海制海权，严重地威胁到西欧的根本利益。1854 年年初，英法联合舰队开进黑海，并在 3 月下旬向俄国正式宣战。

在克里木战争中，俄军遭到惨败。1856 年 3 月底，交战双方签订《巴黎和约》。和约规定，俄国不得在黑海继续保有舰队，不得在波罗的海阿兰群岛设防，放弃对摩尔多瓦、瓦拉几亚和塞尔维亚的保护，交出比萨拉比亚部分地区和多瑙河口及卡斯城。《巴黎和约》还规定各列强共同保护土耳其的独立和完整，任何外国军舰都不得通过两海峡。除巴黎和约之外，英、法、奥地利还缔结了单独条约。条约规定，凡破坏土耳其领土完整的任何企图，都将被认为是促成战争的口实。《巴黎和约》等条约的签订使俄国南下政策的成果几乎全部丧失。俄国从欧洲的霸权顶峰上跌落下来，它的对外政策受到了空前严重的挫折。

俄国战败后仍没有放弃占领君士坦丁堡、夺取两海峡的既定计划，但由于内外交困，力不从心，不得不调整对外扩张政策。在欧洲，暂时由进攻改为采取守势，积蓄力量，准备卷土重来。1870 年 10 月，俄国利用法国在普法战争中的失败，开始摆脱《巴黎和约》中的各种限制性条款。俄首相哥尔查科夫向欧洲各国发出的紧急公报中指出：巴黎和约各条款无论在事实上还是在形式上都已被各国破坏。因此，俄国也不能再受和约中有碍其领土安全的各项条款的约束。尽管英国坚决反对，但 1871 年年初的伦敦会议仍使俄

---

① 参见《外国历史大事集》近代部分第二分册《克里木战争》一文。

国重新取得了在黑海保有舰队，并在黑海沿岸地区建造兵工厂的权力。

1875 年夏，土耳其西北部斯拉夫人居住的地区，先后爆发了黑塞哥维那及波斯尼亚人民反对封建压迫、争取民族独立的起义。起义得到塞尔维亚和门的内哥罗（黑山）等地人民的支持，巴尔干民族解放运动空前高涨。俄国利用这一形势，打出援助斯拉夫民族的旗号，加速向巴尔干扩张。英国经过1873 年世界性经济危机的冲击，对东方市场的依赖与日俱增，对俄国的行动很快作出反应，极力加强自己在巴尔干的地位，这就使近东问题在 19 世纪70 年代又出现了新的危机。

1876 年 4 月，保加利亚爆发人民起义，遭到土耳其当局的残酷镇压。塞尔维亚和门的内哥罗结成同盟，在 6—7 月先后向土宣战。俄国表面上支持巴尔干人民抗土斗争，私下却同奥匈帝国进行秘密谈判，策划瓜分巴尔干的势力范围。1876 年 7 月，俄、奥达成口头协议，俄国同意奥匈帝国占领波斯尼亚、黑塞哥维那；奥匈帝国同意俄国向土耳其扩张，在未来的俄土战争中保持中立。俄国的外交活动引起英国的不安。1876 年 11 月 9 日，迪斯累里首相建议召开国际会议，解决日益加剧的近东危机。12 月 1 日，英、奥匈、德、法、俄和意大利大使在君士坦丁堡举行会议。会议同意波斯尼亚、黑塞哥维那和保加利亚自治；保加利亚将分为两部分：东部以图尔诺沃为首都，西部以索非亚为首都；塞尔维亚和门的内哥罗也将获得小部分领土。但是，这一计划遭到土耳其的反对，君士坦丁堡会议没有取得任何成果。

1877 年 1 月 15 日，俄国和奥匈秘密签订《布达佩斯公约》。公约重申1876 年 7 月俄国与奥匈帝国口头协议的内容。2 月，俄国驻英国大使舒瓦洛夫与英国外交大臣达比签署议定书，要求土耳其接受改革方案。3 月 31 日，参加 1876 年 12 月君士坦丁堡会议的 6 国签订《伦敦议定书》，敦促土耳其进行改革，军队复员。4 月 9 日，土耳其政府宣布，这个议定书侵犯了土耳其的国家尊严，是对土内政的干涉，予以坚决拒绝。24 日，俄国以土拒绝《伦敦议定书》为理由，对土宣战。俄军迅速进入罗马尼亚境内，强渡多瑙河；经过 3 次普列文会战后，俄军越过巴尔干山脉，在 1878 年 1 月 20 日摧毁了土军最重要的阿德里安堡防线，进入君士坦丁堡的外围。31 日，土被迫签订停战协定，开始媾和谈判。

看到俄国就要把君士坦丁堡和两海峡捞到手，欧洲列强自然不能坐视不顾。2 月 8 日，英国地中海舰队通过达达尼尔海峡出现在马尔马拉海海面，并于 15 日停泊在普临塞兹群岛。俄国也不示弱，派军队占领了距君士坦丁堡只有 12 公里的圣斯特芬诺。英国提出严厉警告，如果俄军占领君士坦丁堡，就同俄国断绝外交关系，奥匈政府也声明，如果君士坦丁堡被俄国占领，它将召回驻彼得堡的大使。俄军战线长，补给十分困难，部队没有冬装，同时疾病蔓延，战斗力日渐衰减，俄国只得放弃占领君士坦丁堡的打算，在圣斯特芬诺同土耳其签订了初步和约。根据和约，从多瑙河到爱琴海，从黑海到奥赫利德湖，将建立一个包括有全部马其顿的保加利亚公国。该公国对土耳其负有纳贡义务，名义上是一个有自己政府和军队的独立国家，实际却处在俄国控制和保护之下。由于保加利亚公国的边界距君士坦丁堡极近，土耳其首都和两海峡都处于俄国的直接威胁下，大大加强了俄国在巴尔干的势力。

英国和奥匈强烈反对这一和约。英国议会通过拨 600 万英镑军费专款的决议，颁布征召后备军的命令，并派军队在马耳他岛登陆。奥匈帝国立即开始陆军动员，在英国和奥匈帝国的军事威胁下，俄国被迫同意召开新的国际会议，修改《圣斯特芬诺和约》。

1878 年 6 月 13 日，柏林会议开幕。德、奥匈、英、俄、法、意和土耳其 7 国代表参加会议，由俾斯麦任主席。为争取民族独立而斗争的罗马尼亚、塞尔维亚、门的内哥罗和希腊的代表虽参加会议，却被剥夺了表决权。会议在 7 月 13 日签订了《柏林条约》，条约决定将俄国原计划建立的保加利亚公国分成三部分：第一，保加利亚国只限于多瑙河以南和巴尔干山脉以北，使其面积从原拟建的 163000 平方公里减至 63000 平方公里。这样就可以使其远离君士坦丁堡和两海峡，大大削弱俄国在这一地区的势力；第二，巴尔干山脉以南建立名为东鲁美尼亚的土耳其自治省；第三，成立土耳其的马其顿省。条约还规定塞尔维亚、门的内哥罗和罗马尼亚为独立国家，但需继续负担土耳其的部分债务，在修建铁路线或对外贸易等方面继续受土耳其的控制。《柏林条约》重申了 1871 年伦敦会议关于封闭海峡的决定，俄国企图使两海峡只对俄国军舰开放，而对其他各国封闭的目的未能实现，但是，俄国却获得了卡尔斯、巴统、阿达罕和比萨拉比亚的部分领土。此外，英国获得了塞浦路斯，奥匈帝国获得了波斯尼亚和黑塞哥维那。在"公正、和平"的幌子下，欧洲列强在光天化日之下将土耳其的一部分属地瓜分了。

《柏林条约》使欧洲列强，特别是英国在土耳其的势力得到明显的加强。1881 年，土耳其素丹在西欧列强的压力下，发布了《穆哈利姆敕令》，同意英、法、德、奥匈和意大利等债权国组织奥斯曼国债管理局。这一掠夺性的管理局有权掌握土耳其烟草和食盐的专卖权、酒税。印花税与马尔马拉海和博斯普鲁斯海峡渔业税，以及君士坦丁堡、阿德里安堡和布尔萨的蚕丝捐。敕令还规定，土耳其的军队和警察可由列强调动，协助强行征收捐税。这一敕令使列强对土耳其的殖民掠夺进一步加强了，奥斯曼国债管理局成立后，食盐的专卖收入增加了 1.5 倍，蚕丝捐的收入增加 4 倍，渔业捐的收入增加 2.5 倍。外贸、矿山、银行、通信等陆续落到了外国资本家的手中。西欧列强为了长期维护自己的利益，在所谓"奥斯曼帝国的完整性和不可侵犯性原则"的招牌下，企图延长摇摇欲坠的奥斯曼帝国的寿命。但随着资本主义向帝国主义阶段的过渡，资本主义所固有的政治、经济发展的不平衡性的加剧，使近东问题在相对缓和的形势下孕育着更加严重的危机。

亚美尼亚事件和 19 世纪末的近东危机

19 世纪末，近东问题又开始突出出来。90 年代初期，居住在土耳其境内的亚美尼亚人民解放运动蓬勃发展。1894 年 8 月，大批亚美尼亚起义者在萨松遭到血腥镇压。事情发生后，英国立即以保护亚美尼亚为名干涉土耳其内政。英国的真实目的是企图以此恢复自己在土耳其的优势地位，削弱土对德、俄等国日益增长的依赖，特别是迫使土答应由英国来占领埃及。英外交大臣索尔兹伯里勋爵最初认为，土耳其并不是依靠它自己的生存能力而存在，而是由于列强的意志而存在的。因为列强认为，维持土耳其的存在是避免列强瓜分土耳其遗产而发生纠纷的一种手段。但当 1895 年夏，即他出任英国首相时，他认为维持现状已不可能，应把瓜分土耳其遗产提上日程。

1896 年 8 月 26 日，亚美尼亚人占领了君士坦丁堡的奥斯曼银行大厦。根据阿卜杜尔—哈米德素丹的指示，土耳其政府对亚美尼亚人开始了更大规模的屠杀。英国舰队立即从马耳他岛驶入地中海东部，并在 10 月 20 日向西欧列强发出照会，提议用强制手段迫使土接受大国提出的改革方案，要求对土采取集体行动。

英国的目的一旦得逞，将会有效地控制两海峡，堵塞南俄的贸易通道。俄国坚决拒绝英国的建议，并表示：俄国决不允许英国在海峡地区站住脚。11 月 30 日，俄国驻土耳其大使涅利多夫制订了占领博斯普鲁斯海峡的计划。按照这一计划，俄国的舰队和陆战队要经常处于戒备状态，应比其他大国的海军更早地到达博斯普鲁斯。为此，需将 3 万军队从敖德萨运往博斯普鲁斯，突袭登陆，造成占领海峡大门的既成事实。这一计划很快被尼古拉二世批准，然而，组建不久的黑海舰队远不是英国的对手，要同英国抗争，首先要得到法国的支持。

法国对俄国怀有戒心，拒绝给予支持。12月12日，法国在回复英国10月21日照会的声明中，提出了同意讨论英国提出的土耳其改革方案的条件：保持土耳其的领土完整；不许六大国对土耳其实行共管；不许六大国中任何一方采取任何形式的单独行动。法国的这一声明不仅是对英国，而且也是对俄国涅利多夫计划的间接答复。1896年年底至1897年，法国外长阿诺托多次宣称，在俄国同其他国家由于海峡问题引起的冲突中，法国绝不承担义务，俄国不要在法国会给予军援方面抱有幻想。法国的态度使俄国不敢贸然行动，涅利多夫的计划变成了一张废纸。1896年年底，英、德、俄、法、奥匈和意大利的共同干预使亚美尼亚事件渐渐平息下来。1894—1896年的近东问题没有酿成更大的危机。

在出现亚美尼亚问题的同时，1896年夏，土耳其控制下的克里特岛希腊居民开始起义，起义得到希腊的支持。希腊战舰开往克里特海域，陆战队支援起义者，起义者宣布同"希腊人的祖国"希腊合并，拒绝列强提出的克里特岛享有自治权的建议。3月13日，得到英国支持的希腊宣布总动员，并在4月17日向土耳其发动进攻。在德国的支持下，土耳其向希腊宣战，希土战争爆发。兵力占极大优势的土耳其很快打败了希腊。这时，英、俄等列强出面调停，要求土耳其作出让步，实行停战。1898年，希腊乔治亲王受法、俄、英、意4国委托出任克里特岛专员，该岛获得了广泛的自治权。

在19世纪90年代的近东危机中，俄国和它的老对手奥匈帝国开始靠拢。对奥匈帝国来说，由于英、德矛盾尖锐使它在未来同俄国的冲突中不可能得到英国的支持；德国和意大利也反对奥匈同俄国作战，竭力主张两国就有争议的巴尔干问题进行协商，尽快就划分势力范围达成协议。此外，奥匈帝国国内民族矛盾尖锐，自顾不暇，无力同俄国对抗。对俄国来说，为保证西伯利亚铁路如期完工，加强在亚洲同英国和日本竞争的实力，不愿在巴尔干陷得太深。1897年4月，奥匈皇帝弗兰茨—约瑟夫和外交大臣戈鲁霍夫斯基访问彼得堡，受到极其热情的接待。5月，两国签订了《俄奥协定》：两国约定在巴尔干维持现状；当巴尔干半岛可能出现领土变动时，应在考虑到双方利益的前提下达成协议。两国还确定君士坦丁堡和海峡问题具有"全欧洲的性质"，不应成为两国之间单独协议的对象；双方同意封锁海峡是保证俄国安全的原则。这一协定虽没有消除两国争夺巴尔干的根本分歧，但反映了两国势均力敌的相持状态。这一暂时的平静局面一直维持到 1908 年。

近东问题的结束

19 世纪末至 20 世纪初，主要资本主义国家完成了从自由资本主义向垄断资本主义的过渡。与此同时，德、奥、意三国同盟和英、法、俄三国协约两大侵略集团已先后形成。这使得它们瓜分世界的斗争愈演愈烈，干戈不息。土耳其和巴尔干成为帝国主义国家争夺的重要地区，近东问题出现了一系列新危机，并最终导致了第一次世界大战的爆发。

20 世纪初，土耳其已沦为半封建半殖民地国家。占农村人口 5% 的地主占有全国 65.5% 的耕地，广大农民却只占有极少的土地，其中约有 8% 的农民是没有土地的雇农。在城市，外国资本的残酷掠夺使城市经济畸形地发展着，土耳其几乎没有自己的民族工业。土耳其的半殖民地化日益加深，使其被列强瓜分的危险迫在眉睫。

俄、奥两国相互勾结，加速推行瓜分土耳其的政策。1908 年 9 月 15 日，俄、奥两国外交大臣伊兹沃尔斯基和艾伦塔尔在摩拉维亚的布赫劳城堡会晤，并缔结了一项秘密协定。俄国同意奥匈帝国兼并波斯尼亚和黑塞哥维那；作为交换条件，奥匈帝国则同意俄国军舰自由出入黑海海峡。10 月 5 日，奥地利皇帝宣布把自己的主权扩大到波斯尼亚和黑塞哥维那。次日，宣布局部军事动员，迅速兼并了波斯尼亚和黑塞哥维那。奥匈帝国同时还宣布：这一行动是在得到俄国政府的同意下进行的。奥匈帝国的突然行动使俄国措手不及，俄国的原来打算也落了空。10 月 7 日，伊兹沃尔斯基向记者发表谈话，否认曾答应艾伦塔尔，同意奥匈帝国的兼并行动。10 月 8 日，俄国政府提出，奥匈帝国的行动违反柏林条约，应由这个国际条约的参加国对此讨论，被奥匈帝国拒绝。德国全力支持奥匈帝国。1909 年 3 月，它向俄国等国发出措辞极为严厉的照会，要求俄国立即承认这一既成事实，否则战争将一触即发。俄国由于没有做好战争准备，不得不在 3 月下旬承认奥匈帝国对波斯尼亚和黑塞哥维那的兼并。

俄国虽然在波斯尼亚危机中遭到失败，但它并没放弃夺取两海峡的企图。1911 年 9 月意土战争爆发后，俄国立即加紧行动，企图尽快实现海峡向俄国军舰开放的目的。因为意土战争爆发前，俄国已同意大利签订协定，意大利对俄国在黑海海峡的立场"表示理解",并"持善意态度";俄国对意大利在北非的黎波里等地的扩张也同样"持善意态度"。双方还决定加强配合,共同抵制奥匈帝国在巴尔干地区的进一步扩张。10 月 12 日,俄国驻土耳其大使恰雷科夫根据沙皇政府的指示,向土提出俄土协定的草案。其内容是俄国准备放弃它在亚洲土耳其北部和东北部修筑铁路的特权,换取俄国军舰通过海峡的权利。俄国这一露骨要求不仅遭到德国的反对,而且也遭到英法的反对,其野心未能实现。

1912 年年初,土耳其在意土战争中战败,被迫把的黎波里和昔兰尼加①割让给意大利,巴尔干国家以此为契机,加快了反土耳其力量的联合。同年 3 月 13 日,保加利亚和塞尔维亚签订了同盟条约,5 月和 8 月,希腊和门的内哥罗先后加入,形成了反土耳其的巴尔干国家同盟。德国和奥匈帝国为了维护在土耳其的利益,反对这一同盟,全力支持土耳其;俄国为了把这一同盟变成反对德国和奥匈帝国的工具,扩大自己在巴尔干的势力,则支持这一同盟。

1912 年 10 月,巴尔干同盟各国不顾俄国和欧洲列强的阻挡,向土宣战,爆发了第一次巴尔干战争。战争开始后不久,巴尔干同盟各国军队很快占领了欧洲土耳其的大部分属地。11 月 28 日,阿尔巴尼亚宣布独立。保加利亚军队直捣君士坦丁堡。这时,俄国及其他帝国主义列强紧急行动起来,为瓜分土耳其遗产而剑拔弩张。协约国内部的矛盾开始清楚地暴露出来,英、法两国各派 3 艘大型军舰开往达达尼尔海峡,俄国黑海舰队也处于战备状态。沙皇政府甚至授权俄国驻土大使,可以直接调遣任何数量的军舰开往博斯普鲁斯海峡,不必经过军部的批准。

1912 年 11 月 3 日,土耳其在保加利亚军队向君士坦丁堡节节进逼的情况下提出求和。12 月中旬,土耳其和巴尔干同盟各国代表在伦敦召开和会,欧洲 6 强国大使会议也同时举行。在谈判的过程中,亲德的青年土耳其党在 1913 年 1 月 23 日发动政变,成立了以马赫穆德·谢夫凯特帕夏为首的新政府。德国支持新政府拒绝巴尔干同盟提出的要求,2 月 3 日重新开战。在巴尔干同盟的强大攻势下,土被迫再次求和,1913 年 5 月 30 日,签订《伦敦和约》。战胜国几乎得到了欧洲土耳其的全部属地。土耳其对巴尔干各族人民残酷统治的历史结束了。

---

① 的黎波里和昔兰尼加后来合称利比亚。

　　然而，巴尔干同盟毕竟是为进行反土战争而建立的君主国联盟，随着第一次巴尔干战争胜利结束，帝国主义的分裂政策使巴尔干同盟各国的矛盾日趋尖锐。1913 年 6 月 30 日爆发了第二次巴尔干战争。这一战争是为争夺原土耳其属地马其顿而进行的王朝战争。塞尔维亚、门的内哥罗、希腊和罗马尼亚为一方，得到俄国的支持；保加利亚为一方，得到奥匈帝国的支持。实际上这是帝国主义列强争夺巴尔干的斗争。一个月后，遭到失败的保加利亚要求媾和。8 月 10 日，交战双方在布加勒斯特签订了和约。保加利亚被迫交出了它在第一次巴尔干战争中占领的土地。马其顿大部分归塞尔维亚，希腊得到马其顿南部、色雷斯和克里特岛，罗马尼亚得到南多布鲁甲。土耳其趁机收回了它在第一次巴尔干战争中失去的阿德里安堡。

　　第二次巴尔干战争的直接后果是巴尔干同盟解体。这为帝国主义列强干涉巴尔干事务，加紧在这一地区争霸敞开了大门，巴尔干成了欧洲名副其实的火药桶。

　　两次巴尔干战争后，英、德、俄、奥匈等国争夺黑海海峡的斗争日益尖锐。它们争霸欧洲的第一步就是要控制它的侧翼，因而帝国主义各国在近东问题上的矛盾再度激化。为此，各国加紧扩军备战。1905—1914 年，德国军费由 9.28 亿马克增至 32.44 亿马克；英国由 12.57 亿马克增至 16.4 亿马克，俄国由 10.63 亿马克增至 18.34 亿马克。到 1914 年，德国陆军人数达 82 万人，俄国陆军则已增至 130 万人。1914 年夏，两大帝国主义集团终于在巴尔干地区挑起了第一次世界大战。

　　战争引起了革命。1917 年 11 月，社会主义革命在俄国取得了胜利。近东问题的主角之一沙皇俄国被彻底推翻了。在十月革命胜利后的第二天，苏维埃俄国即颁布了《和平法令》，呼吁交战国立即签订和约，终止战争，实现不割地，即不侵占别国领土，不强迫合并别的民族，不赔款的和平。1921 年，苏维埃俄国与土耳其签订了友好条约，放弃沙皇俄国在土耳其的特权，宣布将沙皇吞并的卡尔斯、阿尔达汉和阿尔特温（面积 1.7 万平方公里，人口 50 万）归还给土耳其。1922 年，苏俄明确提出海峡问题的基本原则，即无论平时或战时都不准任何军舰通过海峡，只有商船才有充分的航行自由。

　　在十月革命的影响下，1919 年，以土耳其军官穆斯塔法·凯末尔为代表的民族资产阶级发动了资产阶级革命。在苏俄和土耳其工农群众的支持下，经过 4 年的艰苦奋战，终于赶跑了外国侵略者，废除了奴役土耳其人民的不平等条约，取得了胜利。

　　1923 年 10 月 29 日，土耳其共和国正式成立，凯末尔当选为第一任总统。独立的土耳其共和国的诞生标志着奥斯曼帝国的彻底灭亡。土耳其共和国宣布海峡地区实行非军事化，废除帝国主义在土耳其的领事裁判权和所有商业特权。这样，始于 18 世纪末的近东问题最终得到了解决。

美西战争

李 微

　　1898 年 4—7 日，后起的帝国主义国家美国和老牌的殖民主义国家西班牙进行了一场为时仅 3 个多月的战争，史称"美西战争"。战胜国美国夺取了西班牙的殖民地古巴、波多黎各和菲律宾，并在战争期间完成了对夏威夷的兼并。这场战争是世界列强重新分割殖民地的第一次帝国主义战争。它不仅成为美国近现代史的界标，也成为"世界历史新时代的主要历史标志"[①]之一。

美国对外扩张的"熟果政策"

　　美西战争主要起因在于美国侵占古巴的野心。

　　位于加勒比海西北部的古巴，是西印度群岛中最大的岛屿，地处南北美洲海上交通要枢，扼守出入墨西哥湾的通道，与美国的佛罗里达半岛仅隔 90 海里，战略地位十分重要。古巴土地肥沃，自然资源丰富，有"安的列新的明珠"之称。16 世纪初，古巴开始沦为西班牙的殖民地。19 世纪拉丁美洲独立运动后，西班牙在美洲的庞大属地仅剩下西印度群岛的一部分，其中最大的古巴岛便成为西班牙在美洲最重要的据点。

　　具有优越地理位置的古巴岛，早在 19 世纪初就成为美国觊觎的对象。在美国看来，古巴是加勒比地区的钥匙，而加勒比地区不仅是连接南北美洲的桥梁，也是沟通大西洋和太平洋航线的必经之地。如果古巴掌握在美国手中，就可以成为美国的防御屏障，并作为进一步向拉丁美洲以及世界其他地方进行扩张的跳板；而如果落入他国手中，就会对美国构成一种危险，被用

---

　　① 《列宁选集》第 2 卷，人民出版社 1972 年版，第 884 页。

以切断美国同拉丁美洲的联系，封锁密西西比河，并威胁美国的东海岸。因此，古巴在地理位置上邻近美国这一事实，从 19 世纪初起就被美国作为夺取古巴的借口。

最早提出把古巴并入美国的是美国第三任总统托马斯·杰斐逊。1805 年 11 月，他在给英国驻华盛顿公使的照会中直言不讳地宣称：一旦同西班牙作战，占领古巴将成为美国保卫路易斯安那和佛罗里达的战略需要。他认为，如果能做到这一点，美国将成为"破天荒的自由大国"。

然而，由于美国当时的国力还不足以与欧洲列强相抗衡，于是美国便抛出所谓"熟果政策"。1823 年 4 月 23 日，正值拉丁美洲独立战争将要取得最后胜利之际，美国国务卿约翰·昆西·亚当斯委托美国驻马德里公使纳尔逊转呈西班牙国王一份备忘录，同意并阐明杰斐逊提出的美国吞并古巴的主张："当人们展望未来五十年内事态可能发展的进程时，几乎不能不相信，为使联邦继续存在，为确保联邦之完整，将古巴并入我联邦共和国势在必行。""显然，对此我们尚未做好准备……但是，就像物理学上万有引力法则一样，政治上也存在引力法则。就像树上的果子被风吹下，必然要落到地上一样，古巴一旦脱离西班牙，割断与西班牙那种人为的联系，就不能自己生存，而必然并且只能倒向北美合众国。同时，由于同一法则的作用，北美合众国绝不能拒而不纳。"

美国内战前夕，南部奴隶主为了扩展奴隶制，曾企图通过购买吞并古巴。1854 年，美国驻英国、法国和西班牙的公使聚会于比利时的奥斯坦德，发表了《奥斯坦德宣言》，建议美国政府致力于以最高不超过 1.2 亿美元的价格向西班牙购买古巴。这一做法不仅遭到西班牙的坚决拒绝，也遭到其他列强的强烈谴责。美国国务卿马西立即拒绝对此宣言承担责任。美国被迫暂时抑制住吞并古巴的野心。显然，"果熟落地"仍需时日。

美国经过内战，废除了奴隶制，工业革命大大加速，资本主义经济发展突飞猛进。到了 1890 年，美国工业总产值已超过其他资本主义国家，居世界第一位。对外贸易获得巨大增长。在 19 世纪最后 30 年中，外贸额增长了 1.5 倍以上，并且从入超 1100 万美元转变为出超 5.7 亿美元。国内生产和对外贸易的巨大发展加强了美国的经济实力，使其具备对外扩张、与列强争雄的基本条件，同时，又刺激了它对国外市场的需求。这种需求由于下述事实的影响变得更为强烈：1890 年的调查表明，美国西部的"自由土地"已基本开发完毕，国内市场在地域上的扩展已接近极限；1893—1897 年发生了

19 世纪美国历史上最深刻的经济危机，使美国约 1.3％ 的企业陷入破产。

到 19 世纪末，美国资本家越来越为未来的商品出路问题感到焦虑。1896 年，在一次国会听证会上，纽约商会等资本家团体宣布："在我国历史上，从未面临过如此重要的商业问题……寻找新市场已迫在眉睫。"因此，美国资本家在力图独占拉美市场的同时，加紧了对远东的经济渗透。为达到这个目的，资本家们陆续成立了许多旨在推动政府采取殖民扩张政策的组织。其中，1895 年 1 月成立的美国全国制造商协会是美国垄断资本家的核心组织。它集中了全国许多行业的大厂商，在美国政治经济生活中有着重要影响。该协会主席塞奇在 1898 年协会年会报告中讲道："本协会是正当合众国的制造商开始认识国外市场存在着他们的机会之际成立的，在出口业已开始大大增加的整个时代里，协会已成为促进对外贸易利益的最积极的代表。"

与此同时，美国社会出现了一股强大的鼓吹海外扩张的思潮。其中，历史学家特纳的"边疆"学说从美国历史发展的角度论证了美国进行海外扩张的必要。他在《边疆在美国历史上的重要性》（1893 年）等一系列文章中认为，地域扩张是美国进步的关键因素和动力，假如没有这种向自由土地扩张所带来的经济力量，美国政治制度的发展就会停滞不前。他说："在将近三百年的时间里，美国生活中的主要事实就是扩张。随着在太平洋沿岸的定居和对自由土地的占领，这种运动遇到了障碍。说扩张的活力将不再起作用，这是轻率的预言；要求强有力的外交政策，要求沟通两洋的运河，要求我们海上权力的复兴，以及使美国的影响扩及到外国岛屿和邻近国家，这一切表明，这种运动仍将继续。"而斯特朗、费斯克、伯哲士等一批社会达尔文主义者则力图通过证明盎格鲁—撒克逊种族的优越、美国肩负着传播基督教文明的使命，来为美国的扩张提供理论依据。斯特朗在其代表作《我们的国家》一书中写道："这个人数众多、财力雄厚的种族具有举世无比的活力。我们应当希望她成为最伟大的自由、最纯粹的基督教和最高等文明的代表。她已养成了特有的进取性格。她要把自己的制度强加给全人类，使自己向全球发展。"

在所有主张对外扩张的理论中，对美国外交政策的制定产生最直接影响的是美国海军上校马汉的理论。马汉在其《海上实力对历史的影响》（1890 年）一书中，开宗明义地谈到工业扩张如何导致对市场和原料产地的争夺并最终引起对海上权力的追求。他把他的理论总结为一个命题："需要进行产品交换的生产、交换赖以进行的海运以及殖民地，这三者是影响疆域临海民族的历史和政策的关键因素。"他在不断强调拉丁美洲和东亚市场对美国的重要性的同时，极力主张建立强大的海军，认为它是控制"遥远地区"的决定性力量。

马汉的理论吸引了亨利·洛奇和西奥多·罗斯福等一批在政界有重要影响的人物。他们为建立一支强大的海军而奔走呼号。在他们的影响下，美国国会屡次拨款加强海军，仅 1893 年一年，造舰款项就达 3000 万美元。1895 年，国会又批准拨款建造 3 艘威力强大的战列舰和 1 艘 7300 吨的巡洋舰，并增加了建造新式鱼雷艇和炮舰的预算。此外，美国还向英国订购军舰。至美西战争爆发时，美国海军实力已由 19 世纪 80 年代居世界第十二位而一跃成为第三位。

比起半个多世纪以前，19 世纪末的美国不仅经济、军事实力大为加强，在与西班牙的力量对比上更加有利，而且来自社会内部的对海外扩张的要求也空前强烈。此时，美国统治集团认为古巴果熟落地之日为期不远了。

1895 年古巴人民掀起的反抗西班牙殖民统治的斗争，成了美国干涉古巴、收取果实的契机。

从古巴危机到战争爆发

美国在 70 多年等待果子成熟期间，一直加紧对古巴进行经济渗透，密切注视古巴政局的发展。到 19 世纪末，美国在古巴已有巨大的经济利益。它在古巴的投资总额达 5000 万美元，其中大部分投入甘蔗种植园。美国人几乎成为古巴制糖业的主人。1896 年，美国同古巴的贸易总额达 1 亿美元。古巴出口蔗糖的 90% 为美国市场所吸收，而古巴与其宗主国西班牙的经济联系则非常薄弱。

西班牙政府为改变这一状况，从 1890 年起提高了对古巴输入的外国商品的进口税。这一措施严重损害了美国的利益。为了报复西班牙在古巴增加关税，美国宣布对古巴输往美国的烟草、食糖提高征收关税。美国的这一报复行动使古巴的经济受到严重威胁。古巴食糖销路锐减，导致大批工人失业，人民的生活更加贫困。古巴人民群众的不满情绪日益增长。

西班牙政府于 1895 年 2 月 15 日颁布了一道在古巴总督府之下成立协商会议的法令。这道法令违背了西班牙政府以前对古巴人所作的给予该岛比较广泛自治的诺言。1895 年 2 月 24 日，古巴岛再次爆发反对西班牙殖民统治的起义。克利夫兰政府曾正式声明，美国将在古巴事件中保持中立。第二年，西班牙政府派魏勒将军任古巴总督。魏勒在古巴实行残酷的集中营政策，强迫所有居民集中到有西班牙军队设防的城镇附近。被集中的居民几乎得不到食物，卫生条件极其恶劣，大批居民死于饥饿和疾病。据统计，古巴有 1/3 的居民死亡，仅哈瓦那一省死者就达 5.2 万人之多。

古巴人民的不幸和他们所进行的正义斗争得到了美国社会各阶层人民的同情，但美国统治集团无意支持古巴人民独立。古巴起义之初，美国统治集团内部反应很不一致。

以亨利·洛奇为首的国会内的主战派，极力要求克利夫兰政府放弃中立政策，主张通过美国的"斡旋"来解决古巴问题。亨利·洛奇在一次国会演说中明确提出："我们在该岛的直接金融利益是非常大的。这些利益正在遭到破坏。解放古巴对于美国来说就意味着一个巨大的市场，意味着通过免税在那里为美国资本提供一个机会。这也将意味着为这个诱人的岛屿的发展提供一个机会……这些只是此问题所包含的许多物质利益的一部分，我们还有更广泛的政治利益是同古巴的命运密切相关的。这个大岛与墨西哥湾遥遥相对，它控制着海湾，控制着海湾与我国北部和东部各州之间的全部贸易所必经的航道，正横亘在通往尼加拉瓜运河的航线上。古巴不管是在我们手中，在友好国家的手中，或在其本国人民手中，还是由于利害关系和感恩戴德而依附于我们，对于美国的商业、安全与和平来说都是一个屏障。"

但是，国会内的温和派反对立即干涉古巴。他们或是认为战争会损害国内刚刚出现的经济复苏，或是认为美国还没有做好战争准备，或是担心遭到欧洲列强的反对。在古巴有投资的资本家，虽然希望古巴成为美国的殖民地，但又担心西班牙体制的动荡会使自己蒙受损失，宁愿让西班牙当局立即把起义镇压下去。在这些势力的影响下，美国政府最初对古巴事态采取观望态度。

随着古巴起义者力量壮大，西班牙日益丧失镇压起义、控制局面的能力，而美国资本家在古巴所遭受的损失也越来越大。战争使古巴制糖业生产大幅度下降，1894 年糖产量超过 100 万吨，而 1896 年却只有 22.5 万吨。企业界要求美国政府进行干预的呼声愈来愈强烈。共和党在 1896 年的总统竞选中提出了实行"坚定的、生气勃勃的和尊严的"外交政策，扬言"应该在西印度群岛取得一个合适的和迫切需要的海军基地"，认为美国政府"应积极地运用其影响并进行斡旋"来恢复古巴的和平。选举结果，共和党人麦金莱当选总统，积极鼓吹对外扩张的西·罗斯福被任命为海军助理部长。

共和党上台后，主张干涉古巴的势力日渐活跃。1897 年 5 月 20 日，参议院通过一项决议，承认古巴人为交战一方。但该决议未能得到众议院的支持。其时，美国国内出现了不少为美国干涉古巴积极制造舆论的报刊。其中，赫斯特报系的《纽约日报》和普利策报系的纽约《世界报》的作用最为突出。这些报纸为了唤起美国人民对西班牙战争的热情，以实现美国吞并古巴的野心，连篇累牍地刊登有关古巴战场的消息，竞相描绘西班牙在古巴的残暴行径。这些宣传推动着美国进一步靠近战争的边缘。

1897 年 6 月 26 日，美国国务卿谢尔曼照会西班牙，抗议魏勒实行的集中营政策侵犯了美国在古巴的利益。因为该政策强迫农村居民背井离乡，集中到城镇附近的集中营，致使古巴的农村经济陷于崩溃，而对古巴农业特别是甘蔗种植园有大量投资的美国资本家也因此遭到严重损失。谢尔曼的照会就是应美国部分资本家的要求，代表美国政府提出的。

同年 7 月，麦金莱任命其密友伍德福德将军为新任驻马德里公使。9 月 23 日，这位新公使交给西班牙政府一份照会，表示希望西班牙政府在 10 月里要么接受美国"斡旋"，要么"给予令人满意的保证：通过西班牙的努力在古巴立即实现和平"。

美国发出照会后，西班牙政局发生了变化。10 月，保守党倒台，新上任的自由党政府决定召回被古巴人民称为屠夫的魏勒将军，改派布兰科将军任古巴总督。在致美国的复文中，西班牙政府答应让古巴自治，要求美国停止给古巴起义者供应武器，对美国进行斡旋的建议则避而不答。美国政府深知西班牙政府不会让古巴人民得到真正的自治，而古巴起义者要求的是完全的独立也不会接受自治，于是，它表面上支持西班牙的自治改革，以便在西班牙政府不能履行诺言时借机介入战争。麦金莱在 1897 年 12 月致国会的咨文中，直截了当地谈到美国可能对古巴进行干涉。

1898 年 2 月，发生了两件使美、西关系紧张到极点的事件。一件是 2 月 9 日《纽约日报》刊登了一封西班牙驻美国公使德洛梅于 1897 年 12 月写给当时正在哈瓦那访问的马德里《先驱报》编辑何塞·卡纳莱哈斯的私人信件。信中指责麦金莱"软弱""哗众取宠"，是"一个自命不凡的政客"。信件刊出后，美国舆论纷纷指责西班牙外交使节侮辱美国国家元首。德洛梅闻讯后立即辞职。西班牙政府也于 2 月 16 日正式向美国政府道歉，但美、西关系的紧张状态并未因此得到实际缓和。一波未平，一波又起。2 月初，美国政府曾借口保护本国公民的人身安全和商业利益，把美国海军"缅因号"战列舰派往古巴，停泊在哈瓦那港。2 月 15 日晚，缅因号突然因爆炸沉没，致使舰上 260 余名官兵丧生，爆炸原因至今未明，当时它立即在美国舆论中掀起轩然大波。美国政府一口咬定"缅因号"是西班牙人炸沉的。报刊的反西宣传顿起狂热，到处是"记住'缅因号'事件!""让西班牙见鬼去吧!"的喧嚣。50 名共和党国会议员派遣代表秘密晋见麦金莱，要求立即对西班牙宣战。美国政府见民情可恃，拒绝了西班牙政府提出的由美、西双方共同对爆炸原因进行调查的建议，单方面派出一个海军调查委员会进行调查。3 月 28 日，委员会公布了"缅因号"是因触水雷而爆炸沉没的调查结果。在此之前，美国政府已开始战争准备。3 月初，国会拨款 5000 万美元作为"紧急国防费用"，并取消了军需品的进口税。同时，舰队集中于各重要战略据点，新舰艇的建造也在加紧进行。

　　3 月 17 日，刚从古巴旅行回国的佛蒙特州国会参议员普鲁特克在参议院作了一次演说，引起强烈的反响。他是国会中温和派的代表人物，素以保守和反战著称，但在这次演说中却声言，西班牙要进行改革已为时过晚，古巴自治已不可能，古巴企业家需要的是美国的保护、兼并或者完全的独立。虽然他未谈及与西班牙作战，但显而易见，美国要达到这些目的除了对西班牙作战以外别无他途。普鲁特克的演说使许多原来反对美国干涉古巴问题的议员迅速倒向主战派。国会内主战派的优势开始确立。同时，普鲁特克的演说也给那些一贯反对美国对西班牙作战的资本家留下深刻的印象，正如 1898 年 3 月 19 日《华尔街日报》所说，它使"华尔街许多人的思想发生了转变"。这些变化促使麦金莱政府对西班牙采取更强硬的态度。

　　3 月 29 日，美国驻马德里公使奉命向西班牙政府发出最后通牒，要求西班牙政府在 10 月 1 日以前与古巴起义者缔结休战条约，立即废止有关集中营的法令，限在两天内作出答复。西班牙政府竭力避免与美国发生战争，被迫答应了美国的要求。它于 3 月 30 日下令废止集中营法，并正式建议将"缅因号"事件交由国际仲裁。到 4 月初，又宣布停止在古巴的军事行动，以准备进行和平谈判。其间，西班牙政府曾请求欧洲国家帮助，但欧洲列强均不愿因此得罪美国。经过一番协商，最后在 4 月 7 日由英、德、法、奥、俄、意 6 国驻华盛顿公使共同向麦金莱递交一份联合照会，希望和平解决古巴问题。这份照会遭到美国总统麦金莱的拒绝。他在声明中说：美国政府高度地评价他们行动的人道主义和大公无私的性质。美国政府希望他们也能认清美国力图尽快结束在古巴造成的"不能容忍的"局势的同样"大公无私的"努力。

4月11日，麦金莱向国会提出了有关古巴事件和美西关系的咨文。文中列举了美国进行干涉的理由，要求国会授权总统调用美国的武装力量。4月19日，国会两院经过激烈辩论，分别以42票对35票和311票对6票通过授权总统对古巴实行武装干涉的决议。其主要内容包括：第一，古巴应当独立；第二，西班牙应立即放弃古巴；第三，美国总统有权使用美国陆海军及各州民兵，以确保本决议之实行；第四，美国除进行绥靖外，决无任何行使主权、司法管辖权或控制之图谋或意向，并申明绥靖完成后决心将该岛的管理和控制权交给该岛人民。4月20日，该决议经麦金莱总统签署正式生效。至此，美国对西班牙战争已准备就绪。

4月22日，麦金莱签署了封锁古巴港口的公告。翌日，又下令征召12.5万名志愿人员入伍。西班牙得到麦金莱签署两院联合决议案的消息后，立即与美国断绝了外交关系，被迫于4月24日向美国宣战。美国国会于4月25日宣布，自4月21日起，美国与西班牙处于战争状态。美西战争终于爆发了。

战争进程及其结局

尽管美西冲突主要因古巴问题引起，然而战争的烽烟却首先在远离古巴的马尼拉湾升起。菲律宾是西班牙在远东的殖民地。对于美国来说，进攻菲律宾不仅是对敌国西班牙的打击，而且也是开辟对远东扩张的据点。

早在战争爆发前的1898年2月25日，西·罗斯福就以海军代理部长的身份向美国亚洲舰队司令乔治·杜威将军发出了将舰队在香港集结待命、准备战斗的命令。4月25日，海军部电告杜威，战争已经开始，指示他立即行动，摧毁西班牙在马尼拉的舰队。杜威遂率舰队航行至离中国海岸30海里远的大鹏湾，在那里等待美国驻马尼拉领事威廉斯即将带来的有关西班牙舰队的重要情报。威廉斯于4月27日到达。当天下午，舰队便起锚驶往菲律宾。

5月1日清晨5时15分，美国舰队驶入马尼拉湾，遭到马尼拉和甲米地炮台以及西班牙舰队的炮击。5时41分，美国6艘军舰开始列队出击。由老式军舰组成的西班牙舰队在美国新式战列舰的猛烈攻击下迅速溃败。至中午

12 时 40 分交战结束。美国舰队损失极微，仅轻伤 7 人，而西班牙整个舰队覆没，死 167 人，伤 124 人。

远东战事随着马尼拉海战的结束，已初见分晓。美洲战场上，仍迟迟未见美、西两军短兵相接。4 月 29 日，西班牙海军上将塞维拉率领一支由 4 艘装甲巡洋舰和 3 艘驱逐舰组成的舰队离开佛得角群岛，5 月 19 日驶入古巴东南重要港口圣地亚哥。这支舰队行踪诡秘，直到 5 月 29 日才被美国海军发现。为了在美洲打败西班牙以夺取古巴，美军决定海陆协同作战。尽管美国海军与西班牙相比占绝对优势，但美国陆军战备状态很差。直至战争爆发时，陆军正规部队人数仅 2.8 万人，且缺乏正常的军需装备。战争开始后，才又征召了 22.3 万名志愿兵。6 月 7 日，集结在佛罗里达州坦帕地区准备出征古巴的陆军士兵开始上船，直至 6 月 14 日船才出发。6 月 19 日，第一批 32 艘运输船抵达圣地亚哥港，全部兵力约有 1.7 万人。7 月 1 日，美军向西班牙军把守的两个据点——圣胡安山和埃尔卡内发起进攻。西班牙守军顽强抵抗。经过艰苦战斗，美军以极大的代价攻下了这两个阵地。美军参战人员 1.5 万人，有 1500 人伤亡，西班牙守军仅 1200 人，伤亡超过半数。

尽管美军取得了胜利，却处境恶劣，军需供应极差，士兵在夏季仍身着冬季军服。过度疲劳和食品缺乏使士兵丧失了抵抗疾病的能力，军营内黄热病流行，大批士兵丧失战斗力，甚至死亡。陆军指挥官谢夫特将军开始考虑将美军撤出阵地，等待增援。然而 7 月 3 日美国海军的胜利打消了这种意图。这一天，西班牙海军上将塞维拉根据哈瓦那的命令，率领舰队驶出圣地亚哥港，企图沿海岸西逃，遭到美国舰队的截击，被迫展开海战。结果，塞维拉舰队全部舰只均被摧毁，官兵死伤近 500 人，塞维拉本人束手就擒。美军只有 1 人死亡，10 人受伤。美军舰只均未遭到重创。

西班牙这一惨败对整个战局产生了巨大的影响。7 月 17 日，圣地亚哥正式投降。7 月 25 日，美军开始占领波多黎各。

以后的战事主要在菲律宾群岛进行。到 7 月底，美国陆军大约 1.1 万人在梅里特少将的指挥下抵达菲律宾。在菲律宾起义者的配合下，美军于 8 月 13 日攻占了马尼拉市。在这次战斗中，美军有 20 人死亡，105 人受伤。

战争虽持续到 8 月，但自从 7 月上旬西班牙政府寄予主要希望的塞维拉舰队被全歼以后，西班牙当局便意识到败局已定，开始寻求停战的途径。7 月 18 日，西班牙政府请求法国政府出面调停。法国驻华盛顿大使康邦于 7 月 26 日向麦金莱政府探询停战条件。7 月 30 日，美方作出答复：要求西班牙放弃在古巴的一切权利；将波多黎各和马里亚纳群岛中的一个岛屿让与美国，作为对美国军费和美国公民在古巴起义期间所受损失的赔偿；在和约未确定菲律宾群岛的归属之前，允许美方占领马尼拉及其港湾。西班牙政府不愿放弃对菲律宾的主权并希望保留波多黎各。美国拒绝让步。西班牙政府被迫接受了美国的条件。双方商定，最迟于 1898 年 10 月 1 日在巴黎开始和平谈判。8 月 12 日，西班牙政府授权法国驻美国大使康邦代表西班牙签署了停战议定书。至此，为期 100 余天的战争宣告结束。

美西缔结的停战议定书未对菲律宾的归属问题作出明确规定。其主要原因在于，美国统治集团内部对于究竟应在菲律宾取得多少地盘意见不一。菲律宾群岛地处亚洲东南部，是亚、澳两大陆和太平洋岛屿之间的交通桥梁，北隔巴士海峡与中国台湾省遥对。美国统治集团一致希望占领菲律宾良港马尼拉，使之成为美国势力在远东尤其是向中国扩张的据点；但对是否要占领全部菲律宾群岛的问题则出现了意见分歧。国务院和海军部出于战略和美国军事实力的考虑，主张只在菲律宾取得几处海军基地，内政、司法、农业部长则主张全部占有菲律宾。因此，直到 10 月 1 日美西和会在巴黎召开之际，美国代表团所得到的训令还只是要求西班牙割让吕宋岛给美国。

然而，由于菲律宾群岛其他部分归属未定，德、英、日等国纷纷对菲提出领土要求。当时帝国主义的逻辑是：我不占，人家要占。帝国主义之间的争夺促使美国的胃口越来越大，并最终下决心取得拥有大约 7000 个岛屿和 700 万居民的菲律宾群岛的全部。10 月 26 日，美国国务卿约翰·海根据麦金莱的指示授意美国谈判代表团提出占领整个群岛的要求。

起初，西班牙执意不肯，并对美国在停战议定书签字后占领马尼拉一事表示不满。美国在以战胜者地位相迫之余又施以小惠，建议付给西班牙 2000 万美元。11 月 29 日，西班牙政府声明同意美国的条件。1898 年 12 月 10 日，美、西签署了和约。和约规定：西班牙放弃对古巴的主权和所有的一切要求，由美国占领该岛，在占领期间，美国负有保障占领区内生命财产的义务；西班牙将波多黎各岛和西印度群岛中归西班牙所属的其他岛屿以及马里亚纳群岛中的关岛让与美国；西班牙将菲律宾群岛让与美国，美国在条约互换批准书后 3 个月内付给西班牙 2000 万美元。

1899 年 1 月 4 日，美西和约被提交到美国参议院。从这天到 2 月 6 日止，该和约成为参议院辩论的主要议题。一些国会议员反对占领菲律宾，理由是这些遥远的土地不可能变成美国的州，而强行合并数百万人民违反美国宪法的精神和独立宣言的根本原则。美国人民在各地纷纷建立反帝国主义同盟，参加人数曾达 50 万之多。同盟成员来自社会各阶层，其代表人物有著名作家马克・吐温、参议员彼提格鲁、前参议员亨德逊和教授吉丁斯等。他们的共同思想倾向是反对领土扩张，反对建立殖民制度。他们不断举行集会，猛烈抨击麦金莱政府的帝国主义政策。

早在对西作战方酣之时，菲律宾便于 1898 年 6 月 12 日在甲米地宣布独立，成立菲律宾共和国。当时，美国为了争取对西战争的力量，暗示它将承认菲律宾独立，并宣布对西作战的目的正是要让菲律宾独立。然而，巴黎和约表明，美国并不打算履行自己的诺言，菲律宾人民仍将继续处在殖民枷锁的奴役下，只不过换了新主人而已。激于义愤的菲律宾人民拿起武器，举行起义，美、菲冲突于 1899 年 2 月 4 日晚爆发。2 月 5 日，菲正式向美宣战，开始了英勇的抗美卫国战争。美参议院于 2 月 6 日就美西和约进行表决，57 票赞成，27 票反对，仅以 1 票超过法定 2/3 多数票获得通过。一些史学家认为美菲战争的爆发对美国参议院通过美西和约起了加速作用。

和约通过后，美国加紧对菲律宾起义者进行镇压。美国只是在付出 3 亿美元、出动 12 万多名侵略军的情况下，就在 1902 年基本上镇压了菲律宾人民的抵抗运动，建立起美帝国主义的殖民统治。美国终于"在'解放'菲律宾的借口下扼杀了菲律宾"[①]。

美、西战争期间，美国还完成了对夏威夷的兼并。早在 1897 年 6 月，麦金莱即将吞并该群岛的条约草案送请参议院审议。由于反帝国主义势力的反对，未获通过。1898 年 3 月，麦金莱又向国会提出合并夏威夷的两院联合议案。战争的爆发增强了兼并派的力量，议案分别于 6 月 15 日和 7 月 6 日在众参两院获得通过。7 月 7 日，经麦金莱签署后生效。法案规定：把夏威夷群岛并为"美国领土的一部分"，取消关税，禁止中国人由夏威夷移居美国。8 月 12 日，该岛为美国占领。从此，这个处于太平洋正中各海道交叉点的枢纽位置上的群岛正式并入美国。

此外，美军还在战争期间占领了西距檀香山 2305 英里的威克岛。该岛于 1899 年 1 月被正式合并于美国。

根据《巴黎和约》，1899 年 1 月 1 日西班牙正式把古巴移交给美国，古

---

① 《列宁选集》第 3 卷，人民出版社 1972 年版，第 587 页。

巴从此沦为美国的保护国。① 西班牙人离开了古巴，并运走了 400 年前为西班牙人征服古巴的哥伦布的遗骸。

在近代战争史上，美西战争虽然历时较短，规模有限，相对来说资源耗费也不多，但却对美、西两国的历史发展产生了划时代的影响。

西班牙在这场战争中丧失了它在拉丁美洲延续 400 年之久的殖民帝国的最后遗产和太平洋上归它所属的最后岛屿。从此，在世界政治舞台上，它降到了二流国家的地位。卸下了殖民重负的西班牙终于把注意力从海外转向国内。在以后的 20 年中，西班牙经济获得了长足的进展，物质生活水平显著提高；同时出现了一批被称为"1898 年的一代"的西班牙思想家和文学家，如华金·科斯塔、米格尔·德·乌纳木格、皮奥·巴罗哈、霍赛·奥特加—伊—加塞特、腊米罗·马埃斯土、霍赛·阿索伦，等等，他们的杰出成就和广泛影响使西班牙在欧洲思想和文学界中重新获得盛誉。

美国通过这场战争夺取了关岛、波多黎各和菲律宾，并获得了对古巴的保护权，建立起了横跨太平洋的美利坚帝国。这场战争不仅实现了马汉的变加勒比海为美国内湖的野心，为美国大规模投资古巴进而对整个加勒比地区加强经济渗透和政治控制铺平了道路；同时也使美国的扩张势力越过太平洋，在远东建立了与列强争夺中国市场的可靠立足地，为后来"门户开放"政策的推行提供了有利条件。此外，这场战争也增长了美国人的军事见识，强烈地刺激了美国军事力量的发展，坚定了美国开凿沟通两洋运河的决心。② 美国打赢了这场战争后，把海外扩张、建立世界霸权看成自己的使命。

美西战争毁灭了一个旧帝国，助产了一个新帝国，使世界政治格局发生了巨大的变动，开始了帝国主义列强为重新瓜分殖民地而刀兵相见的新时期。

---

① 在古巴被迫接受把美国提出的"普拉特修正案"列入古巴宪法后，美国于 1902 年结束了对古巴的军事占领。尽管古巴从此在名义上成为独立的共和国，但由于普拉特修正案规定：美国有权在古巴租借加煤站和海军基地；不经美国同意，古巴不得对外举债和缔结条约，美国有为"维持秩序"而任意干涉的权利，古巴实际上沦为美国的保护国。

② 战争期间，原来停泊在普季特湾海军基地的战列舰"俄勒冈号"绕道南美洲，航行 15000 海里去参加加勒比海的战斗。

1899—1902 年英布战争

黄鸿钊

从 19 世纪 70 年代起，帝国主义列强掀起瓜分非洲的狂潮。经过几十年的角逐，到 19 世纪末 20 世纪初，整个非洲大陆除了埃塞俄比亚和利比里亚之外，都被列强分割完毕。列宁指出："当非洲十分之九的面积已经被占领（到 1900 年时）、全世界已经分割完毕的时候，一个垄断地占有殖民地、因而使分割世界和重新分割世界的斗争特别尖锐起来的时代就不可避免地到来了。"① 这时，英国和布尔人共和国为了重新争夺对南非的殖民统治权，爆发了 1899—1902 年的英布战争。

英布战争是早期三次帝国主义战争中的一次，这些战争和 1900 年的经济危机，是帝国主义形成时期"世界历史新时代的主要历史标志"②。

英国与布尔殖民者在南非的争夺

南非地处大西洋和印度洋的交汇处，是东西方海路交通的要冲。自从 1486 年迪亚士到达好望角③、1497 年达伽马绕过这个地方横渡大西洋抵达印度以后，南非的地理位置就变得重要起来。从这时候起，直至 1869 年苏伊士运河通航之前的 370 多年间，好望角一直是海上运输的中间站，是早期西方殖民主义者的重要战略据点，也是它们建立海上霸权的必争之地。

最早来到南非的是葡萄牙殖民者。葡萄牙曾经企图征服这个地区，建立殖民统治，但是它多次进攻都失败了。在 1510 年开普敦战斗中，葡萄牙著

① 《列宁选集》第 2 卷，人民出版社 1972 年版，第 841—842 页。
② 同上书，第 884 页。
③ 迪亚士到达南非海角时，因为这里风浪险恶，曾取名"风暴角"；葡萄牙国王则把它改名为"好望角"。

名海军将领，当时担任印度果阿殖民地总督的阿尔梅达和他的卫队全部被当地的科伊人用毒箭射死。

荷兰殖民者紧随葡萄牙人之后来到南非。1602 年，荷兰建立荷属东印度公司，开始向东方扩张。1652 年，荷兰军舰到达南非，占领开普敦，把这个地方作为它的中继港，过往商船取得粮食和煤炭的供应地。荷属东印度公司还有计划地把它的许多职员和船员移居到这个地方，并抢夺当地居民的土地分配给这些移居者世袭使用。殖民者在开普敦建立了行政机构、军队和议会，任命了总督。

荷兰移民从 1656 年开始称自己为布尔公民。"布尔（Boers）"一词在荷兰语中是农民的意思，说明他们在南非主要经营农业。他们建立了使用奴隶劳动的农场。到 1790 年，布尔人建立的农场有 1974 个。有的布尔人拥有 2—5 个农场，有的竟达 13 个，小农场有 16 荷亩，大农场达 3000 荷亩。19 世纪 50 年代以后，布尔人的农场规模更大，一般占地 3000 摩尔根，有的达 9000 摩尔根，有的农场主占有 10—40 个农场。农场里使用的奴隶最初是从西非、东非和马达加斯加岛运来的黑人，以及从印度、爪哇和锡兰（今斯里兰卡）运来的亚洲人，以后布尔农场主又迫使本地区的科伊人沦为奴隶。1771 年，开普殖民地的布尔人仅 1765 人，拥有奴隶 1781 人；1778 年，拥有奴隶数增至 11107 人；1795 年又增至 1.7 万人。至 19 世纪初，开普殖民地的奴隶已达 3 万人。布尔人大肆抢掠南非土著居民的财产——牛羊。1818 年掠夺了恩德贝莱人 2.3 万头牛，1835 年掠夺了科萨人 1.4 万头牛。

殖民地法律正式将居民分为"欧洲人"和"奴隶"两种。他们把非洲人看作劣等民族，并企图在《圣经》中寻找为其种族压迫行径辩护的理由。他们声称：每个人的命运，每个民族或种族的命运都是由上帝预先安排好的，上帝将诅咒那些企图逃避这种命运安排的人。布尔人自认为是上帝的选民，非洲人的命运就是做仆人和奴隶。

布尔人在南非建立殖民政权，夺占土地，抢掠牛羊，奴役非洲人，推行种族歧视政策。他们是侵略者和压迫者，与南非人民有着不可调和的矛盾。

1795 年 7 月，英国海军在开普敦的桌子湾登陆，强行占领了这个殖民地。1802 年，英国与法国、西班牙及巴塔维亚共和国（即荷兰）签订了亚眠和约，又把开普敦归还荷兰。1806 年，英军再次占领开普敦。这次占领后再也没有退出。英国在拿破仑帝国垮台之后，扶掖奥兰治王子重登荷兰王位。奥兰治为了报答复位之恩，便以 600 万英镑的代价将开普敦和其他在美洲的荷属殖民地转让给英国。从此，英国开始在南非之角站住了脚跟。英国和布尔人之间长达百年之久的争夺南非的斗争便开始了。

英国占领开普敦后，采取了一系列新的统治政策，原先的布尔殖民者也成了它统治下的臣民。英国宣布英语为南非官方语言，学校必须教英语，政府机关官员必须懂英语；取消布尔人议会，任用英国人为各级官吏；向布尔人征收比荷属东印度公司更高的捐税；废除荷兰货币，改用英镑。在旧币兑换新币时，采用不合理的比值，值5先令的荷币只付给一个半先令，这使布尔人遭受重大的损失。英国采取新的方法剥削南非人，废除布尔人奉行已久的奴隶制度，毁坏了建立在奴隶劳动上的布尔人的经济基础。

1815年，布尔人起来反抗英国的政策，遭到镇压。英国当局宣布处死6名暴动领袖，并强迫他们的妻子儿女协助执行死刑。绞架承受不住6人的重量，倒塌下来。6人落地未死。在场的布尔人请求英国当局赦免他们，但遭当局拒绝。这就大大激化了布尔人和英国人之间的矛盾。布尔人为了逃避英国人的压迫，从1836年开始向北方"大迁徙"。约1万布尔人赶着牲口、车辆，希望在远离英国人的大陆内部重建奴隶主的王国。

布尔人的大迁徙对非洲班图人来说，却是殖民者的远征。班图人对布尔人进行了英勇的抵抗。1838年2月6日，班图人的分支祖鲁人在一次战斗中杀死了70多名布尔人侵者。1838年12月16日，1.2万多名祖鲁战士在巴弗洛河的支流因科马河附近同装备精良的500多名布尔人决战。他们手执短矛，冲向布尔人的牛车阵①，遭到牛车内的大炮和步枪的射击，河谷中洒满了祖鲁英雄的鲜血。这条河从此被叫作"血河"。

布尔人夺取非洲人的土地，把他们当作奴隶，先后建立了德兰士瓦共和国（1852年）和奥兰治共和国（1854年）。这两个布尔人国家，是建立在奴隶劳动和种族压迫基础上的殖民政权。布尔人在建立殖民统治过程中，除了大量采用奴隶劳动之外，还颁布了一系列种族主义的法令。早在荷兰移民刚刚来到南非不久，1685年就通过了严禁布尔人与非洲黑人通婚的法律。1844年，宣布禁止非洲人在城镇附近居住。1853年，德兰士瓦议会通过了可以随意占有黑人土地的决议。1854年，又禁止布尔人同黑人进行军火与马匹的贸易。1870年建立"通行证"制度，限制黑人的行动自由。1888年的

---

①　布尔人把牛车排成圆圈布阵，男子以牛车为屏障向外射击。妇女居间，供应弹药和照顾伤员。

法令，禁止黑人晚上 8 时以后在街上走动。布尔殖民者还采用收买的手法，扶植遭到破坏的黑人部落组织，委派酋长为侵略者管理土地、征收税款、分派劳役，使这些氏族部落的上层分子成为他们殖民统治的工具。

同时，占领开普敦的英国殖民者也向南非其他地区扩张。首先，英国人继承了布尔人从 18 世纪 70 年代便开始的对开普敦以东地区的征战，一直延续至 19 世纪 70 年代末为止（1779—1879 年）。这个长达百年的所谓"卡弗战争"①，使英国人侵占了开普敦地区以东的科萨人部落的绝大部分领土，并使科萨人各个部落失去了独立。其次，英国人继续追击向北迁移的布尔人。1843 年，布尔人经过多年战争从祖鲁人手里抢占了纳塔尔地区，可是同一年英国也派兵进入纳塔尔，兼并了这个殖民地。英国又趁布尔人威胁巴苏陀兰之机，于 1868 年对巴苏陀兰建立了保护制度。

在 19 世纪 70 年代，南非存在 4 个白人殖民地，两个是布尔人共和国——德兰士瓦和奥兰治，两个是英国殖民地——开普敦和纳塔尔。英国和布尔殖民者都压迫非洲人民，同时双方又存在矛盾和对抗。自从 19 世纪初荷兰国王把南非殖民地转让英国之后，布尔人便与荷兰失去了原先那种政治上和经济上的联系，他们已在南非形成一个民族，他们再也不提自己是荷兰人，而称自己是"阿非里卡人"（也就是非洲人）。他们的语言也与荷兰语有显著的区别，称为"阿非里卡语"。但这一切并没有改变布尔人是一个压迫非洲人的民族、布尔人国家是统治非洲人的殖民国家的事实。

战争的爆发

19 世纪下半叶，南非金刚石矿和黄金矿的相继发现，加剧了英、布之间的争夺。

1867 年，一个路过奥兰治河畔的非洲儿童在河岸上的卵石中偶然拾到了一块闪闪发光的小石子，这就是南非第一颗金刚石。消息传出，轰动世界。人们纷纷来到南非"探宝"。1869 年，一个欧洲人用很便宜的价格从科伊人手里买去一颗价值 62.5 万法郎的大钻石。这颗被誉为"南方之星"的大钻石，更使欧洲人确信南非具有丰富宝藏，引起了空前的金刚石狂潮。一时

---

① 荷兰人把班图人，特别是其中的科萨人称为卡弗人。"卡弗"一词出自阿拉伯语，原意为异教徒。"卡弗战争"意即异教徒战争。

间，"水手们抛弃了船只，士兵们离开了军队，商人们关上了店铺，职员们走出了办公室，农场主抛弃了土地和牲口，他们全都如饥似渴地奔向奥兰治河和瓦尔河两岸"，去开采金刚石。

1884 年和 1886 年，德兰士瓦境内发现了巨大的金矿。欧洲随即产生了"黄金潮"，成千上万寻找黄金者潮水般涌入德兰士瓦。南非的欧洲人口增至 30 万人。钻石矿所在地金伯利拥有 5 万人口，金矿所在地的约翰内斯堡原是一个荒凉的小村落，1886 年居民达 10 万人，90 年代末达 16 万人，成了当时非洲四大名城之一。1886—1890 年，欧洲淘金者在南非组织了 141 家矿业公司，其中最大的是英国人塞西尔·罗得斯的 3 个公司，即"德比尔斯矿业公司""金伯利中央矿业公司"和"南非统一金矿公司"。罗得斯是当时南非最大的垄断资本家，仅在 1890 年，就从钻石矿和金矿中攫得 500 万美元的利润。贪婪的英国资本家不能容忍一小撮布尔人占有世界上最富饶的黄金产地，决心夺取德兰士瓦的金矿和奥兰治的金刚石矿，这就加剧了英、布对南非的统治权的争夺。

英、布争夺的加剧，发生在西方列强向帝国主义过渡的时期。这时的英国，由于工业装备的陈旧和资本输出过多，经济发展缓慢，日益丧失它在世界上的工商业统治地位。英国统治集团企图用扩大殖民地的方法来弥补其丧失工商业统治地位带来的损失。罗得斯便是这样一个狂热鼓吹抢占殖民地、"最无耻地实行帝国主义政策"[1] 的代表人物。他曾说："世界几乎已经被瓜分完毕，余下的部分正在被瓜分、征服和殖民化之中。可惜我们不能到达夜间在我们头顶上闪烁的星星那里！如果可能，我就要吞并那些星星，我经常想到这件事。我看到它们这样亮却又这样远，只觉得心中难受。"1875 年，他叫嚷："英国的移民占领非洲大陆全部"，后来又提出修建由开普敦至开罗的纵贯非洲的铁路，实行所谓"二 C 计划"[2]。"二 C 计划"的实现，必然意味着两个布尔人共和国的灭亡。

英国争夺南非霸权的过程中，遇到了德国强有力的竞争。德国在 1884 年占领西南非洲，1885 年又在东非建立殖民地。19 世纪 90 年代，德国奉行"世界政策"，叫嚷夺取"阳光下的地盘"，加紧向南部非洲扩张，唆使和支持布尔共和国同英国对抗，并企图利用种族主义联合布尔人来建立所谓"条

---

① 《列宁选集》第 2 卷，人民出版社 1972 年版，第 798 页。
② 开普敦（Capetown）和开罗（Cairo）的英文均是字母 C 开头，故名。又称"二开计划"。

顿非洲"。① 1893—1895 年，德国资助布尔政府建成了从首都比勒陀利亚至葡萄牙属地德拉哥港湾的铁路，使布尔人共和国在经济上摆脱了英国的控制，而在此之前，它的货运都要通过好望角的铁路和港口。

90 年代，德兰士瓦已成了德国工业品的市场。1886—1896 年，德国对德兰士瓦的出口贸易从 30 万英镑增加到 1200 万英镑，10 年中增加了 40 倍。德国还为德兰士瓦的金矿提供资金和专门设备。德意志银行成了德兰士瓦最大的金融集团之一，在那里的投资约有 5 亿马克。1891 年成立的泛德意志联盟公开宣称自己是布尔人的亲兄弟和保护者。英国由于遇到德国挑战，更加快了侵略南非布尔共和国的活动。

早在 1871 年 11 月，英国首相格莱斯顿便向维多利亚女王提出建立"南非联邦"的计划，妄图"和平地"兼并两个布尔人共和国。1876 年 8 月，在伦敦举行了南部非洲各国会议，由于布尔人坚决反对联合，这个计划失败了。从此英国便开始实行武力兼并政策。

1877 年 4 月 12 日，英国借口德兰士瓦无法处理财政和其他国内困难，无法解决所谓的祖鲁人入侵的威胁，出兵吞并了德兰士瓦共和国。过了 3 年，德兰士瓦布尔人发动了第一次英布战争（1880 年 12 月至 1881 年 3 月），布尔人以英国当局征收欠税为借口同警方发生冲突，在 1880 年 12 月 14 日的战斗中，布尔人歼灭英军 200 多人。此后布尔人利用英军分散各地镇压或防备非洲人起义无法增援德兰士瓦的时机，包围了几个城市。1881 年 2 月 27 日布尔人在马朱巴与英军展开决战，歼灭英军 300 余人，英国纳塔尔总督科利安被击毙。英国被迫与布尔人谈判，并于 1881 年 8 月签订协定，承认德兰士瓦恢复独立。

1895 年 12 月 29 日，当时任开普敦殖民政府总理的罗得斯，派遣他的心腹、南非公司经理詹姆森，率领一支 500 多人的队伍偷袭德兰士瓦，同时策划约翰内斯堡的侨民暴动，企图里应外合，一举推翻布尔人政权，重新吞并德兰士瓦。这个阴谋被德国人知道了，他们转告布尔政府预先做好了准备，当詹姆森的队伍从马弗京越境后，立即被 2000 名布尔人军队包围在多尔恩科普的山谷里。1896 年 1 月 2 日，詹姆森被迫缴械投降。约翰内斯堡的暴动也未能实现。罗得斯被迫辞去总理职务。德皇威廉二世为"詹姆森袭击"阴谋的破产拍手叫好，立即给德兰士瓦政府发去电报，祝贺布尔人"不求助于

---

①　布尔人祖先是荷兰人，与德国人同属条顿人。

友邦"而用自己的力量"捍卫了国家的独立"。

此后，英、布矛盾愈益激化，双方积极备战。两个布尔共和国于 1897 年签订了军事同盟条约，联合起来对付英国。布尔殖民者也提出了建立"南非联邦"的计划，企图在南非排除英国人的势力，确立布尔人的统治权。布尔殖民者在英属海角殖民地建立反英政治组织"南非白人联盟"，吸引该地区的布尔居民参加，以便瓦解英国在当地的统治。布尔人政府还对英国人开办的金矿公司实行重税政策，并限制英国移民的政治权利。詹姆森袭击后，布尔人政府在国内大肆逮捕策划暴动的移民，在约翰内斯堡所逮捕的 64 名侨民中，就有 48 名英国人。布尔政府又对采矿用的炸药实行专卖制度，以增进财政收入，扩充军备。1894 年，德兰士瓦从德国购买了步枪 1.3 万支，1895 年增购 1 万支。1895—1898 年，又进口步枪 4 万多支，使它的步枪总数达 8 万支以上。

英国自从詹姆森袭击失败后，亦着手准备用战争粉碎布尔人共和国。为此，英国报刊大肆进行反布尔人的宣传，声称南非的欧洲移民受着布尔人的欺凌、剥削和勒索，为发动战争作舆论准备。为了争取德国在英布战争中保持中立，使它放弃对布尔人的支持，英国于 1898 年与德国签订了瓜分非洲葡萄牙殖民地的条约。1899 年 3 月，罗得斯亲自到柏林同德国统治集团进行了广泛的接触。11 月 14 日签订一项英德协定，英国同意把太平洋的萨摩亚群岛的两个岛屿让给德国，而德国则保证在南非冲突中保持中立。这样，英国便可无所顾忌地发动战争。英国迫使葡萄牙向它保证，战争发生时站在英国一边，允许英国使用其港口，而不让布尔共和国穿越葡属殖民地运送军火。这又使英国在即将发生的英布战争中处于有利的地位。

布尔共和国看到自己势单力薄，在国际上孤立无援，与非洲祖鲁人的矛盾又十分尖锐，因而想向英国妥协，避免战争。1899 年 5 月和 8 月，英、布双方先后举行两次谈判。但由于英国坚持要求享有对布尔人国家的宗主权，并借谈判机会不断加强军事部署，尤其是通过《英德协定》与德国取得妥协后，英国即从中近东调来了 1 万名军队，终使谈判破裂。1899 年 10 月 9 日，布尔政府向英国发出最后通牒，限英军在 48 小时内从德兰士瓦边境撤离。遭到英国拒绝后，布尔军队采取先发制人手段，侵入英属纳塔尔殖民地。英布战争爆发。

战争开始后，布尔人声称，他们是为了上帝、正义、国家和民族而战；英国人则说，他们作战的目的是反对布尔人的侵略，打击布尔人在南非排挤英国的阴谋，等等。目前史学界对这次战争性质仍有两种不同观点。一种观点认为，布尔人是荷兰人的后裔，同美国和拉美移民后裔属同一种类型。既然美国和拉美的移民后裔反抗英国和西班牙的战争是民族解放战争，那么，布尔人反对英国人的战争，同样是正义的民族自卫战争。另一种观点认为，布尔人不同于美国或拉美的移民后裔，南非的真正主人是班图各族人民，而不是布尔人。英布战争的双方都是为了建立对班图人的殖民统治权，这场战争是帝国主义性质的战争。

实际上，列宁早就指出，这是一次帝国主义重新"瓜分世界"的战争。[①] 无论对英国或布尔共和国来说，都是为了争夺对南非土地与人民的统治权，都是非正义的、掠夺的战争。但在战争中，英布双方的处境是不同的。英国是大国、强国，攻势咄咄逼人。英国首相约瑟夫·张伯伦一再宣称，要用战争手段消灭和兼并布尔人国家。布尔殖民者是小国、弱国，在战争中处于守势，目的在于保住其殖民主义利益，维持对南非统治的现状。但不能因此认为，布尔人的战争是正义的自卫战争。出于对布尔殖民者的痛恨，在战争期间，有少数部落站在英国方面反对布尔殖民者，这也丝毫不能说明，英国的战争就不是帝国主义性质的。

战争的过程

战争开始时，南非的英国军队只有 2.2 万人。士兵都是新兵，没有作战经验。他们不熟悉南非的情况，又是被迫参战，士气不高。英军移动时，总是依靠铁路和公路干线，易于遭受袭击。布尔人意识到这场战争决定着他们在这个殖民地的生死存亡，因而决心作殊死的斗争。他们建立了全民皆兵的制度，以保证兵源的补充。战争开始时，布尔军队有 4 万人。这些士兵虽无纪律，但作战勇敢，善于骑射，熟悉地形，行动灵活，特别长于防御和突袭。因此，布尔军队的装备虽然不如英军，但士气和战斗力却不弱于对手。

布尔人作战计划是：派一支主力部队攻入纳塔尔，夺取德班港。另一支主力部队则沿西部边境南下，向好望角进军。布尔军事当局认为，英属开普殖民地的白人居民中，3/5 是布尔人，只要军队打进去以后，发动布尔人起义，便能一举占领整个南非。10 月 12 日，布尔总司令约伯特率领 1.7 万人

---

① 参见《列宁选集》第 2 卷，人民出版社 1972 年版，第 884 页。

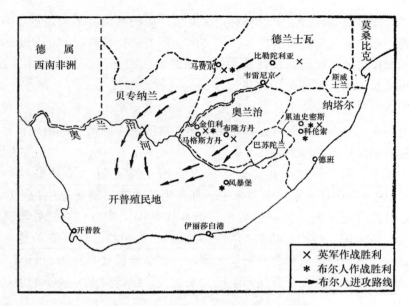

英布战争（1899—1902 年）略图

的部队侵入纳塔尔，打败英军，攻占了边疆城市埃兰兹纳格特。10 月 30 日，英军 1000 多人在尼科逊山峡战败投降，接着上万名英军又被困于累迪史密斯城。这时，布尔军队已成功地切断了纳塔尔内地与德班港的联系。

在西线，布尔将军科罗义率领 8000 骑兵进入贝专纳兰，包围英军于马弗京，并切断了好望角与罗得西亚的联系。此外，由德·拉·雷伊指挥的布尔军队又把另一支英军包围在钻石之都——金伯利。

在南线，一支强大的布尔骑兵渡过橘河，占领了开普殖民地的东北部，并煽动殖民地内的布尔居民起来抗英。这样，不到 1 个月的时间，布尔军队就获得了辉煌的战果。可是，布尔军队不善于攻坚战，英国的 3 个重要据点——累迪史密斯、马弗京和金伯利，始终未被攻下。因此，布尔军队虽然重创了英军，却没有取得战略上的决定性胜利。

英国政府任命布勒尔为南非英军总司令，他调兵遣将，企图扭转战局。1899 年 12 月，南非英军已增至 1.5 万人。12 月 11—16 日先后发生了 3 次著名战役，英军均告失败。第一次是英军第三师在奥兰治边境的风暴堡之役中全军覆没。第二次是增援金伯利的英军遭到布尔人的突然袭击，死伤失踪共达 900 多人，司令官乔华普将军阵亡。第三次是总司令布勒尔率领装备精良的 2 万名英军增援累迪史密斯战役。在激烈的战斗中，英军使用了达姆弹①，却未能"把战线推进一公尺"。

上述 3 次战役，英军损失惨重，伤亡 2500 人，损失 12 门大炮，作战计划全部失败，被称为"黑暗的一周"。布勒尔甚至对战争失去信心，他认为解救累迪史密斯已不可能，命令该城守军司令霍特："烧掉你的密码本吧。"

之后，英国政府重新部署兵力。12 月 18 日，英国任命富有殖民战争经验的罗伯茨和基切纳二将军为南非英军总司令和参谋长。同时从印度、加拿大、澳大利亚、新西兰等地调来大批援军。英国政府还先后调出 35 个地方保安团到南非战场，又招募了 3 万多名有打猎经验的农民入伍。这样，到了 1900 年 3 月，英军便增至 20 万人左右。英军在数量上 10 倍于布尔军队，占了显著的优势。

1900 年 1 月底，罗伯茨和基切纳来到南非。罗伯茨集结了大量兵力，用新式的大口径大炮装备部队，并充实骑兵队伍，选拔优秀军官。通过这些措施，加强了部队的战斗力。

这年 2 月，英军开始采取大规模军事行动。2 月 15 日，经过激烈战斗后，英军解除金伯利之围，并截断了包围该城的 4000 名布尔军人的退路，迫使其投降。3 月初，累迪史密斯的英军解围后，攻进布尔共和国境内。3 月 13 日，奥兰治首都布隆方丹陷落。5 月 17 日，英军在马弗京粉碎了布尔军队的包围，并转入进击。5 月 30 日，布尔军队放弃约翰内斯堡。6 月 5 日，德兰士瓦首都比勒陀利亚陷落。接着，布尔共和国的重要城市和铁路干线均为英军占领。9 月 10 日，英国政府宣布并吞德兰士瓦和奥兰治两个布尔共和国。罗得斯在"南非同盟"② 的集会上发表演说，得意扬扬地宣称："战争已经成为过去。"

英军占领城市和控制交通线并不意味着战争已经结束。布尔军队没有被消灭，他们仍在农村广泛开展游击战。新任布尔军总司令博塔将军精于游击战术。在他领导下的游击队，一支活跃在德兰士瓦东部，威胁着纳塔尔；一支活跃在德兰士瓦西部；还有一支深入好望角地区进行活动。布尔人把军队化整为零，袭击英军，破坏交通，夺取辎重，捕捉俘虏。他们既熟悉地形，

---

①　达姆弹弹头为铅芯钢壳，顶端很薄或铅芯外露，击中人体即在体内炸裂，扩大伤口，并中铅毒。1757 英国在印度的达姆达姆（Dum Dum）地方的兵工厂首先制造此弹，故名。1907 年的《海牙公约》曾规定禁止使用这种子弹。

②　南非同盟是由英国采金工业垄断集团所组成的反布尔人组织，首领为罗得斯。

又有布尔居民的掩护，并且往往使用英军的服装和武器，打扮成英军，使英军难以分清敌我。

英军采取非常野蛮的手段来对付布尔人的游击战。他们焚毁布尔人的农庄和房舍，把布尔人不分男女老幼通通赶入集中营。战争期间，被关进集中营的人数共达200万之多，其中布尔人120万、非洲人80万。布尔居民在集中营里每时每日都在忍受着痛苦的磨难。据估计，有20000—27927人死于集中营。在英国的蹂躏下，"在两个布尔族的国家里，除矿业城市外，所有的地方都是一片恐怖的荒漠。田园化为灰烬，乡村变为废墟，大小牲畜一群群地被歼灭或者被赶走，工场被破坏，农业器具被捣毁"。

英军还在铁路沿线地区，建立了长达4000公里的军事碉堡线。每隔半公里或1公里建造一个碉堡，共建造了8000个之多。碉堡四周筑起围墙，碉堡与碉堡之间用铁丝网连接起来。每个碉堡驻兵从6人至二三十人不等。英军用碉堡战术防御游击队的攻击，同时又不时集结军队，向游击区进行扫荡。在这种情况下，布尔人的游击战争越来越艰难。到1902年年初，再也无法把战争继续进行下去了。

韦雷尼京条约

几年的战争，使布尔人和英国人都付出了高昂的代价。战争期间，参战的布尔人共8.7万人，英国人为44.8万人。布尔人战死4000人，2万人负伤，还有大批人死在集中营。绝大多数布尔人的财产都被烧毁或破坏。英军有5800人战死[1]，2.3万人受伤，许多士兵死于流行病。英国为这次战争支付了2.5亿英镑的军费。[2] 这次战争是英国所发动的历次殖民战争中，出动兵员最多、耗费最大、拖得时间最长和斗争最残酷的一次。战争引起英国人民的不满和反抗，也造成了统治阶级内部的分裂和争吵。这些都使英国政府感到恐慌。

同时，英军也不能不看到，它不可能杀绝南非的布尔人，它还需要依靠布尔人来统治这个地区，镇压黑人的反抗。因此英国政府企图在有利的形势下，寻求一个妥协的解决办法。布尔人方面，在英国残酷的扫荡和碉堡战术

----

① 有的书说21942人。
② 有的书说2.23亿英镑。

的封锁下，也已感到战争无法继续打下去了。这都促使双方坐下来进行谈判。

1902 年 4 月 12 日，英军总司令基切纳同布尔两个共和国的总统克鲁格和施泰因在比勒陀利亚举行谈判。会谈中，布尔人要求战后仍能保持国家的独立，英国人则要求兼并两国，建立在南非的最高统治权。布尔人别无选择，便于 5 月 15 日召集游击队代表在韦雷尼京开会，讨论战与降的问题。经过半个月的辩论，绝大多数代表认为已无力战斗下去。5 月 31 日，会议以 54 票对 6 票通过"告全体布尔人书"。宣称：战争使国家崩溃了，集中营毁灭着整个民族，祖鲁人"威胁着"白人，如果战争继续打下去，只有毁灭的前途。布尔人终于宣布投降。

5 月 31 日深夜，英、布双方领导人签订了《韦雷尼京条约》，规定布尔军队放下武器，停止抗战，承认英国对他们的国家拥有主权，他们是英国的臣民。英国则承认布尔人有自由权和财产权，允许成立自治政府，不在南非征收特别税。同时，英国政府赔偿 300 万英镑，并贷款 100 万英镑，援助布尔人恢复家园。

《韦雷尼京条约》确立了英国在南非的统治权，布尔共和国丧失了独立，变成英帝国的自治领地。由于英国和布尔殖民者共同的利益都是镇压南非黑人，而他们在南非居民中人数甚少，这就使得英国"一旦在这里树立了优势，它就有必要用各种方法和那被打败的布尔人修好"。所以条约中写上了允许布尔人自治，并保证布尔上层分子的经济权利和政治地位。英国人还破天荒第一次不向战败者布尔人勒取赔款，反而给布尔人赔偿费。这样做的目的都是同布尔人一起稳定南非局势，镇压黑人的反抗。

1910 年 5 月 31 日，英国宣布将南非的 4 个殖民地——开普、纳塔尔、德兰士瓦和奥兰治合并成立南非联邦。作为英国自治领地的南非联邦，乃是英国殖民者和布尔人大农场主，为剥削和压迫非洲人而勾结起来的产物。

1904—1905 年日俄战争

部彦秀

日本和俄国为争夺中国东北和朝鲜，称霸远东，在 1904—1905 年进行了一场帝国主义战争，史称"日俄战争"。这次战争和 1898 年美西战争、1899—1902 年英布战争是资本主义进入帝国主义阶段，最早进行的三次帝国主义战争。

战前的远东局势与日俄双方的战争准备

日本经过明治维新后走上了资本主义道路，成为亚洲强国，妄图实现"大日本纲领"。所谓大日本纲领，就是占领朝鲜、中国，进而征服整个亚洲，称霸世界。

明治政府成立第二年，日本就提出了"征韩论"，把占领朝鲜作为既定方针。1876 年，日本用武力强迫朝鲜签订《朝日友好条约》，迫使朝鲜开放仁川、元山等港口，并取得在汉城设立使馆和向各港口派领事的特权。1880 年，日本军队总参谋长山县有朋在一份《邻邦兵备略》中，提出"强兵为富国之本"的理论，为侵略朝鲜和中国制造舆论。1894 年，日本利用朝鲜爆发大规模农民起义之机，诱使中国清政府出兵"代韩戡乱"，当清军进驻朝鲜牙山时，日本突然以保护其使馆和侨民为借口，将大批军队开进朝鲜，悍然袭击中国军队和舰只，发动了侵略中国的甲午战争。战后，日本强迫清政府签订了《马关条约》，把朝鲜变成自己的殖民地，割占了中国的辽东半岛、台湾和澎湖列岛，另外还索取赔款 2 亿两白银。

19 世纪末叶，沙俄进一步加强了在远东的侵略和扩张，企图独占中国东北和霸占朝鲜。日本在朝鲜的得手及对中国战争的胜利，使沙俄的远东政策受挫，日、俄两国之间的矛盾空前尖锐起来。俄国政府得知日本占领辽东半岛的消息后，财政大臣维特说："这对我们将是威胁。"俄国当即向日本政府提出放弃占领辽东半岛的要求，并威胁说日本如不答应，俄国将立即采取行动。俄国还向其他帝国主义国家提出倡议，迫使日本归还辽东半岛。法国是俄国的盟国，支持俄国的倡议。德国对中国领土怀有野心，因而也支持俄国的主张。1895 年 4 月 23 日，俄、法、德三国向日本政府递交照会，指出日本占领辽东半岛，不仅威胁中国首都的安全，而且也影响远东和平，有损欧洲各国在远东的利益。照会强调，如若日本不放弃辽东半岛，必要时三国将联合起来对日作战。这就是所谓"三国干涉还辽"。

鉴于俄、法、德三国，特别是俄国在远东拥有相当强大的军事实力，加上日本在甲午战争中人力、物力消耗很大，一时难以对付三国。因此，日本不得不接受三国的要求，把辽东半岛还给中国，但它又趁机从中国勒索了3000 万两白银作为"赔偿"。当时，明治天皇安慰首相伊藤博文说："我们已经了解该地的地理、人情，不久将在朝鲜或其他地方再发生战争，那时再取也不为晚。"从此，日本制订了 1896—1905 年十年扩军计划，寻求机会，再夺取辽东半岛。

在日、俄两国激烈争夺中国东北和朝鲜时，英、美、法、德等帝国主义国家为了本国在远东的利益，也不同程度地参与了这场争夺。当时英、俄在远东的矛盾很尖锐。英国对俄国有两点担心：一是怕俄国占领中国东北以后，会南下与它争夺长江流域的势力范围；二是怕俄国胜利后会影响它经苏伊士运河与远东各国进行的海上贸易。出于上述考虑，英国积极唆使日本向俄国开战。为了支持日本，1902 年 1 月 30 日，英国同日本签订了同盟条约。条约承认双方在中国的"特殊权益"和日本在"朝鲜政治上、商业上及工业上的利益"。如果上述利益受到第三国家侵犯，两国将采取必要措施。英国政府向日本作出保证，一旦日、俄两国交战，英国将向日本提供贷款和技术援助。

美国作为一个后起的帝国主义国家，当它向远东进行侵略扩张的时候，其他几个帝国主义国家已在中国划分了势力范围。为了排挤别国，独占中国市场，它只有凭借自己在经济上的优势，在竞争中战胜对手。于是，美国在1899 年 9 月以"保护中国领土完整和独立"为借口，提出对中国实行"门户开放"政策，要求英、德、俄、法、日、意等国保证，各国在中国已经取得和将要取得的"势力范围"和租借地内的通商口岸或投资事业，彼此不得加以干涉；在关税税则、商务和铁路运费等方面对各列强要一视同仁，即各列强不得限制美国在中国的利益。俄国占领中国东北后，美国要求俄国保证美国在东北的工商业利益和门户开放政策的顺利实施。俄国对此置之不理。1902 年 2 月，美国政府向中、俄两国提出备忘录，抗议俄国对中东铁路的专利垄断。美国把俄国看作它在中国推行门户开放政策的主要障碍，所以也积极煽动日本向俄国开战，以便通过战争削弱日、俄双方的力量。1903 年，美国向日本表示，一旦日、俄交战，美国的政策将有利于日本。1904 年 1 月，美国再次表示，它坚决支持日本对俄作战。

法国作为俄国的盟友，支持俄国的远东政策。1902 年 3 月 12 日，俄、法两国针对英日同盟联合发表声明："远东或中国发生变化时，为保护两国利益，保留其自由行动的余地。"还宣布俄、法同盟的有效范围也包括远东。但法国对俄国的支持是有限的，因为法国国内政局不稳，自顾不暇。而且，俄国把主要兵力调到远东，削弱俄国在欧洲的力量，降低了 1893 年俄、法军事同盟的意义。这是法国所不乐意的。同时它也不愿意过分得罪英国。

德国认为，日、俄之争，无论谁胜，对它都有利，都能加强它的外交地位。所以德国希望日俄之间爆发战争。一则俄国兵力东调，必然减轻俄法军事同盟对德国的压力；二则它可以做军火生意，借日俄战争发财。为此德国采用圆滑的政策，一面在财政上援助俄国，一面向日本提供军火和军事技术。1904 年 1 月 13 日，当日本向俄国发出最后通牒时，德国向日本保证，一旦战争爆发，德国将保持中立，力促战争爆发。

当时俄国在国际上处境很孤立，国内阶级矛盾也十分尖锐。1900—1903 年世界经济危机蔓延到俄国，使俄国大批工厂倒闭，生产急剧下降，工人失业。农民的处境也很糟，沉重的赋税压得他们透不过气来。20 世纪初，工人运动高涨，各工厂纷纷罢工，工人由经济要求发展为政治斗争，工人们提出了"打倒沙皇专制制度"的口号。在工人运动影响下，广大农民也掀起暴动。1903 年，在布尔什维克党的领导下，全国革命运动蓬勃发展。

为缓和国内矛盾，转移视线，摆脱困境，沙皇统治者决定对日作战。"三国干涉还辽"后，俄国加快了对中国侵略的步伐。俄国统治阶级中的重要代表人物维特曾说："我们将依循历史的道路走向南方"，"全中国及其全部财源大半在南方"。

在法国的支持下，俄国早在 1895 年就建立了华俄道胜银行，并在上海、天津、汉口、烟台、哈尔滨、乌鲁木齐、福州、广州等地设立了分行或代理处，从经济上对中国实行控制；1896 年，它从中国清政府手中取得了修筑中东铁路的特权；1898 年强行租借了中国的优良港口旅顺港和大连，以及沿海许多岛屿，还获得了修筑中东铁路支线的特权；1899 年擅自将旅顺和大连租借地变成了俄属"关东州"。1900 年在镇压中国义和团运动时，俄国又出兵占领了中国东北三省。

沙皇统治集团预料到，俄国迟早会同日本发生武装冲突。因此，从 19 世纪末叶起就开始了战争准备工作。从 1892 年到日俄战争前夕，俄国军费开支连年增加，其中海军开支从 1892 年的 4800 万金卢布增加到 1902 年的 9800 万金卢布，约有 40% 的海军军费用于制造军舰。俄国海军除原有的波罗的海舰队和里海舰队外，还新组建了以旅顺港为基地的太平洋舰队。1903 年，赶修完了中东铁路及其支线。

日本并没因为三国干涉还辽而放弃称霸亚洲的野心，它为推行其大日本政策，也在加紧扩军备战。日本把在甲午战争中向中国勒索的赔款的 75% 用于发展军事工业。日本每年财政预算中有 40%—50% 用于军费开支。1896—1902 年，日本的军事拨款多达 77300 万元。到 1903 年时，日本陆军已由 7 个师团扩大到 13 个师团，还增加了骑兵、炮兵各两个旅团；用三一式速射炮和山炮装备了整个野战军炮兵，用三〇式村田连发枪统一装备起整个步兵、骑兵；机枪等武器的研制和生产能力大大加强了；新建的大小舰艇达 106 艘。日本参谋本部在 1900 年就制订了对俄作战计划，后来又反复作了修改。

在日、俄两国之间剑拔弩张的紧张时刻，为了迷惑对方，争取时间，双方都在制造"缓和"的烟幕，展开了外交活动。1903 年 6 月，俄国陆军大臣库罗帕特金以"到远东视察旅行"为名到达日本，其目的是探听日本的虚实。双方在战争前夕还进行了所谓"和平谈判"。在中国东北和朝鲜问题上讨价还价。日本要沙俄放弃已占领的地盘，承认日本在中国东北和朝鲜的"权益"，沙俄则坚决要把日本排斥在中国东北和沿海地带之外。由于双方各持己见，不肯让步，谈判遂告失败。

在和谈的幌子下，日俄双方都在加速备战工作。1903 年 12 月，日本参谋本部同海军司令部召开联席会议，设军事参议院，加强陆海军联系。参谋本部制订了具体的作战计划，任命海军中将东乡平八郎为日本联合舰队司令。

俄国在 1903 年 8 月在旅顺设立总督府，由海军大将阿列克谢耶夫任总督，总揽俄国在远东的军事、外交和行政大权。俄国还加速修筑旅顺港的炮台等军事设施。

经过长期准备，到交战前夕，双方的实力为：

日本陆军总兵力约 37.5 万人（战时可动员 200 万后备兵员），机枪 200 挺，炮 1140 门，其中 60% 为山炮。海军拥有百艘战舰，多是从英国购置的性能良好的新舰。

俄国的陆军常备军总兵力有 105 万人左右，受过训练的后备军人达 375 万人，但兵力的 90% 配置在俄国西部边界。在远东只有正规陆军 9.7 万人、炮 220 门、机枪 8 挺，海军拥有 200 多艘战舰，其中太平洋舰队只有 70 多艘，约 19.2 万吨。

1904 年年初，日、俄双方已做好了战争准备。主张先发制人的日本政府，2 月 4 日获悉俄国主力舰开出旅顺港的情报，认为机不可失，命令军事当局准备采取战斗行动。5 日，它又根据前一天御前会议的决议，宣布与俄国停止谈判，断绝外交关系。战争迫在眉睫。

战争的爆发与进程

1904 年 2 月 6 日晨，东乡平八郎在佐世保海军基地的"三笠号"旗舰上召集各舰队司令的紧急会议，命令"所有的舰船都要到黄海去攻击敌人停在旅顺和仁川的舰只"。当天上午 9 时，东乡率领联合舰队由佐世保起航。4 名少将司令官出羽重远、三须宗太郎、黎羽时起、瓜生外吉，分别率领第三、第二、第一和第四舰队，相继向中国黄海北部进发。7 日晨，舰队行至朝鲜西南岬时，捕获一艘俄国商船"露西亚号"，得知俄国太平洋舰队主力泊于旅顺口外，另有两艘军舰在仁川，遂派瓜生率第四舰队驶向仁川，其余 3 个舰队继续朝旅顺方向前进。

2 月 8 日，是俄国太平洋舰队司令斯达尔克夫人的命名日。斯达尔克下令所有军舰停泊在旅顺外港，撤掉防雷网，让战舰都挂上节日的舷灯，夜晚打开探照灯，把内港的出入口照得通明。他还通知舰队"没有特别命令，不准采取军事行动"。军官们都上岸参加舞会去了，舰上只有少数士兵值勤。

黄昏时分，伪装成俄国舰艇的日本军舰已逼近旅顺港。在港口探照灯的照射下，日军向俄舰连续发射 16 枚鱼雷，其中 3 枚命中目标。俄国当时最好的战斗舰"列特维赞号""策萨列维奇号"和巡洋舰"帕拉达号"遭到重创。

在偷袭旅顺口的同一天，日本舰队还袭击了停泊在朝鲜仁川港的俄国军舰"瓦利亚格号"和"格列茨号"。

2 月 9 日，俄国政府对日宣战。沙皇尼古拉二世发布宣战敕令，号召"凡我臣民，当奋起赴命"。日本天皇则在 2 月 10 日发布对俄宣战大诏。经过长期准备的日俄战争正式开始了。

日军作战的指导思想是积极进攻、速战速决。海军的主要任务是以突然袭击的战术消灭俄国太平洋舰队，夺取制海权，以便于陆军在朝鲜和辽东半岛登陆作战，占领旅顺。然后集结地面部队主力，赶在俄国增援部队到达之前，歼灭俄军于辽、沈地区。2 月 16 日，按照预定的计划，日本陆军第十二师团在仁川登陆，经汉城向平壤挺进，攻克定州、宣州后，直逼鸭绿江，准备渡江作战。3 月 11 日，由朝鲜镇南浦登陆的日军第二师团、近卫师团同第十二师团约 6 万人合编为第一军，由黑木维桢大将率领，在 100 多门大炮的掩护下，于 4 月 28 日渡过鸭绿江，进入中国东北境内。

俄军指挥部原计划在战争开始的半年内先打防御战，待增援部队到达以后再转入反攻，把日军赶出中国东北。俄军主力部署在辽阳—海城一带，注意力主要放在旅顺的防御上，对日军从鸭绿江方面的突然大举进攻，缺乏必要的准备。当时在鸭绿江对岸防守的是查斯里奇中将指挥的俄军约 2 万人，炮 62 门，部队配置分散，一部分在安东县九连城附近，另一部分分布在鸭绿江口、大孤山到貔子窝的较长地带担任警戒任务，没有坚固的工事。俄国满洲陆军总司令库罗帕特金从总的作战设想出发，企图把日军引诱到哈尔滨地区，等俄国大批援军到达以后再进行战略决战。俄军对迎击渡江日军缺乏具体战斗布置，只得匆忙应战，在九连城被日军打败。5 月初，日军占领九连城，取得了陆战的第一次胜利。

由日本陆军大将奥保巩率领的第二军，包括 3 个师团和 1 个旅团，已在 4 月 21 日由宇品和大阪两地分头出发，于 5 月 5 日在辽东半岛的貔子窝登陆，直逼"旅顺的门户"金州地峡，企图从北面攻占旅顺。金州地峡是辽东半岛的咽喉要道，形势险要，具有重要的战略地位。俄军在这里设有炮台和坚固的防御工事。5 月中旬，日军分 3 路攻打金州，连战两天未能攻克。5 月 26 日，日军趁雷雨之夜，以 3 个师，9 倍于俄方守军的兵力，配备 200 多门大炮，在军舰炮火的掩护下，再次猛攻金州。日军经过 14 个小时的激烈战斗，虽然伤亡 4000 多人，但攻下了金州和南山地区，截断了旅顺俄军的后援之路。5 月底，日军又占领大连湾，获得了新的补给基地。

占领金州和大连之后，日第二军向旅顺挺进。由乃木希典大将指挥的日本第三军，6月6日从辽东半岛的盐大澳附近登陆，配合第二军攻打旅顺。俄国驻旅顺口要塞陆防司令康特拉琴柯指挥俄军顽强抵抗，加上俄军占据的有利地形，日军攻占旅顺受阻。

日本军事当局决定第三军继续围困旅顺俄军，第二军北上攻打辽阳。为加强在中国东北地区的日军的统一指挥，日本于6月20日成立了"满洲军总司令部"，任命大山岩元帅为总司令，儿玉源太郎大将为总参谋长。6月30日，日军又组成第四军，由野津道贯大将司令官率领，执行在第一、二军中间策应作战的任务。日本调动了12.5万人的兵力，配备大炮484门，准备攻占辽阳，把俄军赶到东北北部，为日军攻打旅顺消除后顾之忧。

俄军为阻止日军北上，在辽阳集结了16万人的兵力、592门大炮，修筑了坚固的工事，布置了3道防线。虽然俄军在兵力和武器的数量方面均占优势，但由于指挥官库罗帕特金采取消极防御的方针，只把一半左右的兵力投入战斗，其余的作为预备队。而日方将全部兵力都投入战斗，造成了对俄军的相对优势。

8月下旬，日、俄两军在辽阳展开会战。日军决定对俄军实行围歼。第四军从南面进攻，牵制俄军主力；第一、二军分别从东、西两面迂回到俄军左右两翼，以西侧为主攻方向。8月24日，辽阳会战开始。第一军从东侧进攻，目的是把俄军的注意力吸引过来，使俄军把预备队调到这边，为第二、四军进攻俄军的右翼（西侧）创造有利条件。

俄军左翼的战斗进行得非常激烈。当日军第一军出现在俄军左翼时，库罗帕特金急忙把预备队调来。马尔丁诺夫上校指挥的预备团在调动途中，改变运动方向，秘密来到右翼，与这里的日军展开白刃战，打退了日军。于是，出现了有利于俄军的形势。但俄军东部集团军指挥部没有利用这一有利形势，扩大战果，失去一次很好的战机。8月26日，日军第四、二军分别向俄军发起进攻。30日，总攻开始。日军第一、二、四3个军，总兵力13.4万人，分3路同时对俄军发动猛攻。日军在南面遇到俄军的顽强抵抗。黑木指挥第一军从东面攻打俄军。在这里，俄军本来拥有3倍于敌的优势兵力，可是库罗帕特金没有及时组织反击，使黑木于9月2日夜攻占了馒头山。接着，黑木的第一军在进攻俄军主阵地时受到巨大伤亡，给养和弹药严重不足，处于俄军优势兵力的威胁之下，准备于9月3日晨撤回太子河左岸。由于库罗帕特金担心被日军切断与后方的联系，在已出现了对俄军有利的形势下，竟在 3 日凌晨下令俄军放弃阵地，从辽阳撤到沈阳。9 月 4 日，日军进驻辽阳。在这次会战中，日军死伤 2.35 万人，俄军死伤 1.7 万人。

辽阳失守后，沙皇政府为扭转战局，命令库罗帕特金抓紧时机组织反攻。10 月初，在前线的俄军已增加到 21 万人，而日军只有 17 万人。然而由于库罗帕特金没有做好必要的准备和战前动员，缺少战地地图、山炮和运输装备，军事行动缓慢，他虽然对日军组织过几次进攻，却未获胜，只以伤亡3000 人的代价占领了沙河阵地。日军当时也无力再对俄军组织攻势。在辽、沈地区，日、俄双方形成了对峙局面，一直持续到 1905 年 1 月沈阳会战开始。这时日本军事当局决定把全部后备力量投入旅顺战场，希望尽快攻下旅顺。

旅顺口是沙俄精心经营多年的海军要塞、俄国太平洋舰队的重要基地。这里有坚固的工事，防守严密，俄国约有守军 3.5 万人。旅顺口战略地位重要，日本只有占领旅顺，才能完全掌握制海权，并抽出第三军北上增援。因此，日军决定不惜付出任何代价攻占旅顺。

旅顺口战役是日俄战争中持续时间最长、战斗最激烈的一场攻坚战。日军第三军在乃木将军的指挥下，在 6—7 月间已占领了辽东半岛的许多据点。8 月初，日军占领了旅顺外围地区，加强了第三军的力量，配置了 11 英寸口径的攻城炮，在旅顺外围构筑了炮兵阵地和工事，把俄军围困在港内。

在这种危险情况下，俄国远东总督阿列克谢耶夫命令太平洋舰队司令维特格甫梯撤到海参崴。但他没有突围逃生的信心，迟迟未动。8 月 10 日，维特格甫梯在接到撤向威海卫的强行命令后，俄国舰队进行过突围的尝试，但失败了，只得又返回旅顺港。

8 月 19 日黎明，日军向旅顺港发起第一次进攻。乃木组织敢死队进行强攻，俄军拼死抵抗。5 天中日军伤亡 1.5 万人。日军的第一次进攻失败了。但是，日军在辽阳的胜利给第三军进攻旅顺造成了有利条件。9 月 19日，日军发起第二次攻势，主攻目标是二〇三高地。经过 4 天激战，日军损失 6000 人，只占领了长山和一些工事，没有攻下二〇三高地。日本统帅部为迅速拿下旅顺，给第三军增加 7 个师的兵力。11 月 26 日，日军对旅顺组织第三次进攻，战斗异常激烈。乃木倾全军之力鏖战 7 昼夜，以伤亡 1.6 万人的代价，于 12 月 5 日终于占领了二〇三高地，彻底切断了旅顺港俄军与陆上俄军的联系。二〇三高地的失守，基本上决定了旅顺俄军的命运。此后日军不断从高地用榴弹炮俯击旅顺内港和市区，除铁甲舰"塞瓦斯托波尔号"和 7 艘小型舰以外，旅顺口的俄国舰队几乎全部丧失了战斗力。12 月 15 日，旅顺陆防司令康特拉琴科将军阵亡。旅顺俄军由施特塞尔指挥。

12 月 29 日和 31 日，日军先后攻占了旅顺东北的二龙山和松树林等炮台。当时港内俄军尚有 1.5 万人和 161 门大炮，2 万多发炮弹。但是，陷入困境中的施特塞尔决定向日本投降，他不顾其他俄军将领的反对，在 1905年 1 月 1 日派军使去日军请降。消息传来，激起俄军官兵的强烈愤慨。他们愤怒地毁坏工事和弹药，爆炸声和大火继续了一整夜。1 月 2 日，旅顺俄军与日方正式签订了投降书，日军占领了旅顺。旅顺战役进行了 5 个月之久，日军参战人数约有 13 万，死伤近一半。俄军损失 5.2 万人，其中有 2 万多人当了俘虏。

旅顺口的失陷，使日军完全掌握了制海权，日俄战争发生了重大转折。施特塞尔的行动给俄国造成了无可挽回的损失。俄国军事法庭判处施特塞尔死刑，后改判 10 年有期徒刑。

俄国的失败与和约的签订

旅顺口战役结束后，日军决定乘胜攻占沈阳。日军统帅部抽调部分兵力担任辽南的防守任务，把第三军调往沈阳战场。新编的第五军也开往沈阳。沈阳会战前夕，日军有 27 万人、炮 1062 门、机枪 200 挺。库罗帕特金指挥下的俄军总兵力达 33 万人、炮 1329 门、机枪 56 挺。俄军在兵力和炮火方面占优势。

1905 年 1 月 19 日，库罗帕特金命令俄军向太子河左岸的日军进攻。1月 25 日，俄军 10 万人攻打位于沈阳西南 40 公里的黑沟台战略点，战斗持续 3 昼夜，俄军未能夺取这个战略点。黑沟台战斗结束后，日、俄双方在沈阳展开了会战。

2 月 20 日，日军开始进攻沈阳，以俄军右翼为主攻方向。新组成的日本鸭绿江军占领清河城，从左侧对俄军造成威胁。接着，日军第一、四、二军同时向俄军左侧并进，目的是诱使库罗帕特金把预备队从右翼调到左翼。库罗帕特金急忙调预备队迎战，这正中了日军的圈套。日第三军迂回到俄军右翼。第一、四继续留在俄军左侧，配合鸭绿江军牵制俄军左翼。2 月 27 日，第二军从左侧撤出，和第三军从右翼进行突击。库罗帕特金又被迫把预备队从左翼调到右翼，使俄军陷于疲于奔命的混乱状态。从 3 月 1 日起，日军加强了对俄军左翼的进攻。3 月 4 日，日军第三军已抵达沈阳以北的铁路线。3 月 9 日，俄军对日军第三军进行反击，但没有奏效。此时，日军突破了俄军左侧防线，向沈阳靠近。俄军已身陷重围。3 月 9 日夜间，库罗帕特金下令北撤。3 月 10 日，日军占领沈阳。会战告终。沈阳会战是日俄战争中最后一次大战。这次会战日军伤亡 7 万人，俄军伤亡约 12 万人。库罗帕特金因屡吃败仗，被沙皇降为"满洲"第一集团军司令，由利涅维奇接任远东陆军总司令的职务。

早在旅顺被围之际，沙皇政府就从波罗的海舰队中抽调主力舰 38 艘、辅助舰船 20 多艘，组成了第二太平洋分舰队，任命罗日斯特文斯基中将为司令。1904 年 10 月 15 日，舰队起航去增援旅顺。1905 年 1 月初，舰队抵达非洲东岸的马达加斯加岛时，获悉旅顺失守，罗日斯特文斯基请求返航，但沙皇命令他继续东行。1905 年 2 月，俄国又派涅波加多夫少将率领第三太平洋分舰队前往加强第二太平洋分舰队。1905 年 5 月中旬，两舰队在越南西贡湾会合后，驶向海参崴。

日本及时掌握了俄国海军的行动情报，调遣联合舰队主力潜伏在对马海峡，截击俄国第二、第三太平洋分舰队。当时日、俄各有主力装甲舰 20 艘，日、俄巡洋舰之比为 16 比 8，鱼雷艇之比为 60 比 9，日舰总吨位为 20.2 万吨，俄舰总吨位约 15.6 万吨。显然，俄国舰队处于劣势，加之俄国舰队经过 1.8 万海里的远航，已疲惫不堪。

5 月 27 日，俄国舰队驶入狭窄的对马海峡，遇到日舰的突然袭击。战斗一开始，俄舰"奥斯里亚比亚号"中弹沉没，旗舰"苏沃洛夫号"遇到重创，罗日斯特文斯基负伤被俘。俄舰"乌沙科夫号""亚历山大三世号"等相继被击沉，有几艘被俄军凿沉，其余的逃往海参崴。5 月 28 日，俄舰行至郁陵岛附近被日舰发现。东乡亲自率领主力舰队包围俄舰。接替罗日斯特文斯基的舰队司令涅波加多夫自知逃脱无望，便向东乡投降。对马海峡之战，俄军死伤约 5000 人，近 6000 人被俘，俄国舰队几乎全军覆灭。日军只损失了 3 艘舰艇，伤亡 700 人左右。

历时一年零三个月的日俄战争以俄国的失败而告终。据俄国官方估计，俄国在这场战争中死去 12 万人，物资损失价值 26 亿多卢布。

从双方的人力和兵力对比看，俄国比日本占有明显的优势。1904 年时，俄国人口达 1.4 亿，日本只有 4600 万；俄国的武装力量平时为 110 万人，战时为 375 万人，日本分别为 15 万和 36 万；俄国海军拥有 23 个炮舰队，日本仅有 6 个。但俄国为什么在战争中遭到失败呢？从根本上来说，这是腐朽落后的沙皇专制制度造成的，除此还有其他因素。

首先是俄国方面的轻敌。战争爆发前，俄国驻日陆军武官万诺甫斯基称日本军队为"乳儿军"，说"日本陆军要达到与欧洲最弱的军队相当的那种士气，大约要经过一个世纪"。库罗帕特金也曾说，"可以在 13 天内把 40 万军队集中于日本的国境，这是足以打败我们的敌人所需要的兵力的 3 倍"。尼古拉二世认为"日本不敢进攻俄国"，坚信在 1904 年不会发生战争。因此，俄国的战争准备比日本差得多，以至战争开始时，俄军统帅部对战争尚未仔细研究和具体部署，甚至没有一幅完整的、详细的作战地图。

其次是俄军配置的失误和军队的战斗力不强。为了稳住后方，沙皇政府把绝大部分兵力留在国内，仅把大约 10% 的兵力投入日俄战争，其中有许多是超龄的后备兵，早已不习惯军队生活：不会使用新式枪炮，这样的军队战斗素质极差。加之，俄军装备、技术比较落后，后方补给线过长。当战争爆发时，西伯利亚铁路尚未建成。俄国的兵员和物资运输困难。所有这些最终导致了俄军的失败。

日本所以能取胜，因为它在明治维新后努力学习西方，迅速走上资本主义发展的道路。而且，在中日甲午战争后日本走上了军国主义道路，为对外实行侵略扩张做了充分的准备。虽然就兵力的数量来说，日本不如俄国，但日军的战斗力比俄军强。在国际上，日本又得到了英、美等国的大力支持。

俄国的失败使沙皇政府想借战争阻止国内革命运动的企图落空。相反，战争进一步加强了人民对沙皇专制制度的反抗。战争一开始，俄国社会民主工党就组织示威游行，号召人民反对战争，提出了"打倒专制制度""打倒战争"的口号。旅顺口失守后，革命运动蓬勃发展，据不完全统计，仅 1905 年 1 月，全国罢工的人数就达 44 万之多，"革命万岁"的口号响彻全国。革命形势的发展，迫使沙皇政府不得不停止战争。

日本虽然取得了战场上的胜利，但因人员伤亡惨重，物力消耗也很大，使日本人民反战情绪日益高涨，引起日本统治集团的不安。因此，日本政府也希望及早停止战争，签订和约。

国际上，英、美、德、法等帝国主义国家，都从本国利益出发，积极支持日、俄两国停战议和。俄国 1905 年 1 月的革命风暴，不仅吓坏了俄国统治阶级，也使欧洲资产阶级惊恐不已，因为"俄国革命将是欧洲革命的序幕"①。所以资本主义列强希望沙皇政府尽快结束战争，腾出手来对付国内革命。美国担心日本强大会威胁它在太平洋地区的利益，因而希望日、俄两国在远东能保持势均力敌的局面，便于美国在满洲扩大自己的势力。因此，美国总统西奥多·罗斯福接受了日本的请求，充当日、俄和谈的调停人。

1905 年 8 月，日、俄两国代表在美国的朴次茅斯开始和平谈判。1905 年 9 月 5 日，双方签订了《朴次茅斯和约》。俄国全权代表维特和日本全权代表小村寿太郎分别代表本国在和约上签字。和约的主要内容包括：俄国"承认日本于韩国（朝鲜）之政事、军事、经济上均有特别之利益"，俄国不得阻碍干涉日本"对于韩国行指导保护及监理之必要处置"。和约还规定，俄国"将旅顺口，大连湾并其附近领土领水之租借权"移交给日本政府，包括租界地内一切公共建筑及财产；长春宽城子至旅顺口之铁路和一切支路，及其附属的一切权利财产，包括煤矿等等都移交给日本，还要把萨哈林岛（库页岛）南部（包括附近一切岛屿及其公共建筑和财产）的主权永远交给日本。总之，战败的俄国不仅把中国的领土拱手让给日本帝国主义者，而且事实上使朝鲜成为日本的保护国。

日、俄两个帝国主义强盗进行的这场战争，对双方来说都是非正义的，它野蛮地践踏了中国和朝鲜的神圣领土、主权和民族尊严。日俄战争使中国人民的生命财产遭到严重损失，据清史资料记载，仅辽阳一役，当地居民死于炮火者就不下数千人，丧失财产和流离失所的人不计其数，日、俄军队所及之地，纵横千里，几同赤地。仅盖平、海城一带遭到破坏的村庄就有 300 个，遭难者 8400 家，人数 5 万多。当年日本侵略者办的《盛京时报》也不得不承认，中国东北人民"陷于枪烟弹雨之中，死于炮林雷阵之下者数万生灵，血飞肉溅，产破家倾，父子兄弟哭于途，夫妻亲朋呼于路，痛心疾首，惨不忍闻"。

日俄战争暴露了俄国军事封建帝国主义的腐朽，严重地削弱了俄国的实力，加速了俄国革命的发展。列宁在论述日俄战争时写道，"不是俄国人民，而是专制制度遭到了可耻的失败。俄国人民从专制制度的失败当中得到了好处"②。日俄战争也改变了远东地区帝国主义之间的力量对比，使各帝国主义国家在这里的争夺更加激烈。

---

① 《列宁全集》第 8 卷，人民出版社 1959 年版，第 36 页。
② 同上书，第 35 页。

世界资本主义向帝国主义阶段过渡

王　新

　　19 世纪 60 年代，西方主要大国都已完成了资产阶级革命，或者通过改革扫除了资本主义发展的障碍，走上了资本主义道路。资本主义的世界市场形成了。因此 19 世纪最后 30 年，世界资本主义经济有了迅速的发展，尤其是一些后起的资本主义国家，如美国和德国，出现了突飞猛进的高速度。由于生产力的发展，这些国家的经济生活中发生了一系列新变化，出现了如垄断组织、金融寡头、资本输出代替商品输出等新现象。

　　19 世纪末，资本主义列强已把世界领土基本瓜分完毕。随着资本主义发展不平衡的加剧，资本主义列强展开了重新瓜分殖民地和势力范围的斗争，使帝国主义战争不可避免。19 世纪和 20 世纪之交，先后发生了美西战争（1898 年）、英布战争（1899—1902 年）、日俄战争（1904—1905 年）。到 20 世纪初，垄断资本已经成为主要资本主义国家的经济基础。19 世纪最后 30 年，自由竞争的资本主义过渡到了它的垄断阶段——帝国主义阶段。

资本主义经济的迅速发展和垄断组织的形成

　　19 世纪最后 30 年和 20 世纪初叶，科学技术的进步和工业生产的高涨，被称为历史上的第二次技术革命和第二次工业革命。世界由"蒸汽时代"进入了"电气时代"。在这一时期，一些发达的资本主义国家，工业总产值都超过了农业；工业重心由轻纺工业转为重工业，出现了电气、化学、石油等新兴工业部门。由于 19 世纪 70 年代以后发电机、电动机相继发明，远距离输电技术的出现，电气工业迅速发展起来，电力在生产和生活中得到广泛应用。尤其是美国和德国发展更快，美国在 1914 年以前已基本实现了电气化。内燃机的出现及 90 年代以后的广泛应用，为汽车和飞机工业的发展提供了可能，也推动了石油工业的发展。1870—1900 年，世界石油产量由 80 万吨增加到 2000 万吨。化学工业是这一时期新出现的工业部门，从 19 世纪 80 年代起，人们开始从煤炭中提炼氨、苯、人造燃料等化学产品，塑料、绝缘物质、人造纤维、无烟火药也相继发明并投入生产和使用。电气工业的兴起，推动了原有工业部门如冶金、造船、机器制造，以及交通运输和电信等部门的技术革新和加速发展。如 1870 年以前，世界钢的年总产量只有 52 万吨，由于 60—70 年代以后，接连出现了一些新式炼钢法——托马斯炼钢法、电弧炼钢炉、电解炼钢法等，到 1900 年，世界钢产量猛增到 2830 万吨。

由于科学技术的发展，新兴工业的出现，资本主义国家的工业化速度加快，世界工业总产值 1870—1900 年增长了 2.2 倍。美国因为经历了内战，德国实现了统一，为资本主义的发展扫除了障碍，这一时期工业产量增加更快。1860—1890 年，美国的工业总产值增长 6 倍，大大高于其他资本主义国家增长速度，产值达到 949800 万美元。19 世纪 60—90 年代，美国的工业生产从世界的第四位跃居世界第一位。在 80 年代后期其工业产值就已超过英国；1895 年机械产品也大量向英国出口，表明其技术上也超过了英国。德国也在 20 世纪初超过了英国和法国，跃居世界第二位。从这一时期经济发展的情况可以看出，资本主义发展的不平衡性异常地加剧了。英国和法国工业化过程开始较早，英国自 18 世纪中叶开始工业革命，到 19 世纪 40 年代工业革命已基本完成；法国稍晚也在 60 年代基本完成了工业革命。自 70 年代以后，英、法的工业技术都只停留在过去蒸汽机的改进上，设备得不到更新，大量"过剩资本"投向国外，国内工业发展缓慢下来，被迅速采用新技术、发展新兴工业的美国和德国超过。1860—1900 年，主要资本主义国家的经济力量对比发生了重大变化。1860 年的名次排列为英、法、美、德，1880 年为美、英、德、法，1900 年则为美、德、英、法。

从主要工业产品煤、铁在世界生产中所占的比例来看，英、美、德三国生产发生的变化更为明显，英国已落在美国和德国之后。

这种发展的不平衡性是资本主义生产所固有的，只是到了 19 世纪 70 年代以后，随着生产的迅速发展而更加剧了。

由于生产力的发展及由此引起的生产过程的复杂化，各个企业之间的竞争也愈益剧烈。少数率先采用新技术并管理得好的企业，挤垮了技术差和管理落后的企业，逐渐形成资本和生产的集中。同时由于 19 世纪后半期出现几次大规模的周期性资本主义经济危机，每一次危机都使大批中小企业破产，从而被大企业吞并，生产集中的过程加速。在竞争中生存下来的少数规模较大的企业，为了和新的对手展开竞争，有时几个企业之间达成协议，共同议定价格和市场范围，这便产生了垄断组织。这样由生产竞争而逐渐集中并导致垄断，是各国资本主义发展的一般趋向。

垄断组织最初出现于 19 世纪 60 年代，在美国产生一种联营的垄断组织形式，德国也出现了垄断组织卡特尔①。美国在 1870 年成立的美孚石油公司，是最早的托拉斯②垄断组织。德国的垄断组织卡特尔，在 1873 年资本主义经济危机后有了广泛的发展。到 19 世纪末，在英、美、德、法等国，冶金、海运、铁路、化学、电气、石油等工业部门，绝大部分的生产都已集中在几十个甚至几个大企业中，并且它们之间建立了联合组织。除了卡特尔、辛迪加③等横向的集中联合形式以外，还出现了纵的联合形式——康采恩④，比如把开采煤、铁，冶炼，机器制造，甚至运输等工厂和部门，都联合在一起，成为一个大规模的垄断组织。

垄断组织产生并迅速发展成为各资本主义国家经济领域中的统治形式，不是偶然的，它是这一时期资本主义生产迅速发展的产物。垄断组织形成之初，对于调节生产和促进生产力的发展是有其积极作用的。垄断是在股份公司的基础上形成的。而股份公司产生的原因，是由于要解决个人资本积累不能在短时期内创办规模巨大的企业这个矛盾。进入 19 世纪 70 年代以后，大工业（特别是煤、钢等重工业）迅速增加，新兴工业部门（如电气、化学、石油等）大量涌现，这些规模巨大的企业靠个人资本积累往往不能在短时期内建立。所以恩格斯曾经指出："在每个国家里，一定部门的大工业家会联

---

①　垄断组织的主要形式之一。生产同类商品的资本主义企业为了垄断市场获取高额利润，订立关于共同划分销售市场、确定商品产量或规定商品售价的协定。参加者如违反协定，就处以罚金，但它们在生产上、商业上和法律上仍保有自己的独立性。

②　垄断组织的高级形式，由许多生产同类商品的企业或产品有密切关系的企业合并组成，其目的是垄断销售市场，争夺原料产地和投资范围，加强竞争力量，以获取高额垄断利润。参加的企业在生产上、商业上和法律上都丧失独立性，但并没消除其内部的竞争。

③　垄断组织的主要形式之一，资本主义企业间订立关于共同销售商品和采购原料的协定，其目的是通过高价出售商品，低价购买原料，获取高额垄断利润。参加者在生产上和法律上仍保持自己的独立性，但已丧失商业上的独立性。

④　垄断组织的形式之一，是由不同经济部门的许多企业联合组成的垄断组织。它包括工业企业、贸易公司、银行的运输公司和保险公司等，旨在垄断销售市场、争夺原料产地和投资场所，以获取高额垄断利润。参加康采恩的企业形式上虽保持独立，实际上受其中占统治地位的资本家集团控制。康采恩已明确地表现出帝国主义时期银行资本和工业资本结合的特点。

合成一个卡特尔，以便调节生产。"① 垄断组织的产生也正和股份公司一样，是为了要相对地解决生产社会化和资本主义私人占有之间的矛盾。但是应该指出，资本的集中过程，是伴随着激烈的竞争、欺诈、破产、吞并等一系列斗争进行的，垄断不能消除竞争，更不能解决资本主义的根本矛盾，而且由于垄断价格的产生还会妨碍技术的改进，阻碍生产力的发展。

帝国主义的基本经济特征

20 世纪初，垄断组织在资本主义国家的经济生活中占据了支配地位，这是生产和资本的集中高度发展的结果。1900—1903 年发生的资本主义周期性经济危机，促进了垄断组织的大发展。德国的卡特尔在 1896 年约有 250 个，到 1905 年达到 385 个，参与的企业约有 12000 个。这些垄断组织发展到跨行业甚至跨国联盟。美国的托拉斯组织在 1900 年是 185 个，1907 年发展到 250 个。这些垄断组织掌握着各个重要工业部门，控制着国民经济的最主要部分。由美国垄断财阀摩根在 1901 年创办的托拉斯组织美国钢铁公司，垄断了全国钢铁产量的 66% 和矿石产量的 44%，在 1907 年拥有工人和职员 21 万人。德国的莱茵—威斯特伐利亚煤业辛迪加，垄断鲁尔区煤炭产量的 90%，超过了全国煤炭产量的一半。德国的电气工业基本上被电气总公司和西门子公司两个集团控制，而航运业集中于汉堡—美利坚公司和北德意志航运公司。

垄断组织支配各个生产部门，绝不只是这少数突出的例子。在德国，据 1907 年统计，占企业总数不到 1% 的 3 万多个大企业，雇用的工人有 570 万人，占全国工人总数的 39.4%，它们占有的蒸汽动力和电力占全国 3/4 以上。在美国，1904 年产值在 100 万美元以上的大企业有 1900 个，占全国企业总数的 0.9%，而它们的产值为 56 亿美元，占全国总产值的 38%。有些垄断组织独占某种原料来源，形成世界性的垄断企业，如美孚石油公司和英国皇家壳牌石油公司，垄断世界许多地区的石油市场。英、法两国垄断组织的发展较美国和德国缓慢，主要是由于国内技术装备的陈旧和大量的资本输出。但是也同样出现了资本的集中和垄断的形成。

在工业资本和工业生产集中的同时，银行资本集中的过程也迅速发展，

---

① 《马克思恩格斯全集》第 25 卷，人民出版社 1974 年版，第 495 页。

并与工业资本相结合，形成金融资本（财政寡头）。在比较年轻的资本主义国家美国和德国，这一过程表现得最为明显。在这些国家，这一时期有许多新兴的工业部门出现，一些资本家创办这类企业缺乏资本，银行贷款起重要作用，这就促使了银行资本与工业资本的结合。有些大银行利用贷款和购买工业企业股票的方式，对工业进行控制；工业垄断组织也通过购买大银行的股票或自己开办银行等方式，把自己的势力打入银行界，二者逐渐融合为一。美国两家最大的银行集团——摩根和洛克菲勒，它们控制着美国银行界，但同时又是拥有成百家工业企业的巨头，被称为"钢铁大王"和"石油大王"。在德国，1909 年柏林 9 家大银行及其附属银行，支配资本 130 亿马克，约占德国银行资本的 83%。在第一次世界大战前，柏林 6 家最大的银行，由经理和董事作代表一共参加了 751 个各种类型的企业；另外，在这 6 家银行的董事会中，1910 年有 51 个最大的工业家（包括克虏伯公司的经理等）参加。法国里昂信贷银行等 3 家最大的银行，分行总数达 1229 家，遍布全国各地，控制许多企业。英国的银行业集中最为突出，大战时期归并为 5 家银行集团，它们影响着英国及其殖民地的全部国民经济。尤其是英格兰银行，实际上是英国整个金融市场的调节器，它是一个"银行的银行"，英国其他银行的准备金都存在它那里。20 世纪初，在许多国家都形成了这种金融寡头的统治。

垄断资本家为攫取垄断利润，还把大量所谓"过剩资本"输出到国外，主要是输往落后国家或者是后起的资本主义国家，因为这些国家或者工资低，原料和地价便宜，或者在新兴的工业部门办企业会带来更高利润。这种资本输出的现象，在资本主义自由竞争时期就已出现（例如 19 世纪中叶的英国），到 20 世纪初有了大规模的发展，资本输出代替商品输出具有了特别重要的意义。英、法、德三国资本输出最多，尤其是英、法两国，这一时期国内工业发展缓慢，大量资本输往国外。英国资本输出在 1862 年为 36 亿法郎，1914 年增加到 750 亿—1000 亿法郎。伦敦是世界最大的金融市场。1904 年英国有 50 家殖民地银行，管理着 2279 个分行，其触角几乎伸到世界每一个国家。19 世纪 60 年代在中国设立的汇丰银行，后来就是垄断中国金融市场的巨头之一。法国的资本输出仅次于英国，1369 年为 100 亿法郎，1914 年达到 600 亿法郎。德国 1902—1914 年资本输出由 125 亿法郎增加到 440 亿法郎。英国资本主要输往殖民地和附属国以及美国。英国输往其殖民地的资本约占一半，输往美国的资本在 1914 年达到 67 亿美元。法国的资本则主要是输往俄国。美国直到第一次世界大战前，仍是资本输入大于输出的国家。俄国一面大量举借外债，输入法、德等西欧国家的资本，一面又把资本输往近东和中国，以服务于对外侵略和扩张的需要，俄国在中国设立的华俄道胜银行，就是这种靠引来外资又向外输出资本的组织，其中法国的资本占绝大部分。

各垄断组织为了争夺投资场所，争夺市场和原料供应地，不仅分割国内市场，在本国范围内垄断；而且成立国际卡特尔，以分割世界市场。早在19世纪80年代，就出现了国际铁轨卡特尔，垄断铁轨的生产和销售。20世纪初，国际垄断同盟纷纷成立。美国和德国的电气工业正处于世界的前列，美国通用电气公司和德国电气总公司一直为瓜分世界电力市场进行尖锐的斗争，1907年这两个公司达成暂时妥协，订立了瓜分世界市场的协定，通用电气公司获得美国和加拿大市场；电气总公司分得德国、奥地利、俄国、荷兰、丹麦、瑞士、土耳其和巴尔干各国市场。在航运方面，1903年汉堡—美利坚公司、北德航运公司和摩根英美航运托拉斯之间，也签订了划分航运范围的协定。1897年，德国参加的国际卡特尔有近40个，到1910年已有近100个。垄断巨头们虽然订立了各种瓜分世界市场的协定，但它们之间的斗争仍然极为激烈，而且协定也经常变动，极不牢靠。

垄断组织从经济上瓜分世界市场，导致各资本主义列强从领土上分割世界。因为这些垄断组织只有占领了殖民地，才更有可能避免在与竞争者的斗争中所发生的各种意外和不幸。所以，在19世纪末，资本主义列强掀起了瓜分殖民地的高潮。这一时期主要是分割非洲和太平洋岛屿，因为亚洲和美洲未被占据的土地已经没有了。19世纪末，非洲和太平洋岛屿也被瓜分殆尽，所以世界分割完毕是这个时期的特点。1876—1914年，英、俄、法、德、美、日这6个国家扩大了殖民地面积2500万平方公里，连同原有的殖民地共达6500万平方公里，相当于它们本土面积之和（1650万平方公里）的4倍，这些殖民地的人口共52340万人。但是各国占有的殖民地数量是极不均衡的，其中英国最多，有殖民地面积3350万平方公里，人口39350万。德国、美国和日本在1876年还没有殖民地，直到1914年，它们占有的殖民地比起英、俄、法也少得多，德国为290万平方公里，美国和日本各为30万平方公里。而美国和德国的经济实力在20世纪初都已超过英、法。因此，按照新的力量对比重新分割世界的斗争日益尖锐起来。

主要帝国主义国家的特点

　　自从 19 世纪 70 年代以来，各资本主义国家发生的这一系列新变化，特别是列强疯狂瓜分殖民地，引起了人们的注意。人们通常把扩张殖民地的政策称为"帝国主义"。英国自 19 世纪中叶起，就已具有了广大的殖民地和在世界市场上的垄断地位；70 年代后，更大规模地进行殖民地扩张。大约从 80 年代起，"帝国主义"这一名词便经常在英国出现。但最早对现代帝国主义进行系统研究的是英国学者霍布森。他在 1902 年出版了《帝国主义》一书。他所说的帝国主义，是指宗主国对殖民地的政治、经济上的统治。他说，在宗主国对殖民地保持政治束缚的情况下，"帝国主义这一名词至少是同殖民主义一样适用的"。他只从殖民政策和资本输出的必要来进行研究，离开了生产特别是生产的内部条件的变化，因而不能对帝国主义作出科学的分析。他只是区分了殖民主义和帝国主义，认为如果对殖民地没有政治束缚便是殖民主义，有政治束缚便是帝国主义。该书对殖民政策的揭露是很深刻的。

　　这一时期还有许多人对帝国主义进行了研究，写出了不少著作。他们或者只是把帝国主义说成是资产阶级实行的一种政策而不是一个历史阶段（如考茨基）；或者虽然把帝国主义看成是一个历史阶段，但又认为应当永远保存它（如德国社会民主党人库诺）。只有列宁分析了 19 世纪末 20 世纪初资本主义发生的一系列变化，并指出，资本主义已经发展到一个新的历史阶段——垄断阶段，这是资本主义发展的最高和最后阶段——帝国主义阶段。帝国主义有五个基本经济特征，这就是："（1）生产和资本的集中发展到这样高的程度，以致造成了在经济生活中起决定作用的垄断组织；（2）银行资本和工业资本已经溶合起来，在这个'金融资本'的基础上形成了金融寡头；（3）与商品输出不同的资本输出有了特别重要的意义；（4）瓜分世界的资本家国际垄断同盟已经形成；（5）最大资本主义列强已把世界上的领土分割完毕。"①

　　在这些特征中，垄断是帝国主义的基本经济特征。垄断组织产生的过程，也就是工业资本与银行资本结合、形成金融资本的过程。这些垄断资本

---

　　① 《列宁选集》第 2 卷，人民出版社 1972 年版，第 808 页。

家为攫取垄断利润把那些过剩资本输出到利润率通常较高的落后国家去，以此为基础，垄断组织便组成国际性的垄断同盟，在经济上瓜分世界，最后在领土上瓜分世界，并按照新的力量对比而不断重新瓜分。这种垄断资本主义便是帝国主义。在世界范围内，帝国主义的形成时间，是在 19 世纪末 20 世纪初，作为其标志的是 1900—1903 年的周期性世界经济危机和 3 次重新瓜分殖民地的帝国主义战争，即 1898 年的美国—西班牙战争，1899—1902 年的英国对南非布尔人的战争，1904—1905 年的日本对俄国的战争。但是因为各主要资本主义国家的社会历史条件不同，在形成帝国主义时也具有各自不同的特点。

英国在进入帝国主义阶段后，工业发展速度已经缓慢下来。自 19 世纪70 年代起就开始丧失了在世界市场上的工业垄断地位。但是由于英国一方面继承了前几个世纪已经夺得的大量殖民地，同时又大力扩张新的殖民地，建立了世界上最庞大的殖民帝国。1914 年英国拥有的殖民地（3350 万平方公里）比本土面积（30 万平方公里）大 110 多倍，殖民地人口（39350 万）比本国人口（4650 万）多 7.5 倍。英国拥有如此广阔的殖民地，并进行最大规模的资本输出和海外贸易，成为英帝国繁荣的基础。英国的垄断资本和财政资本便是首先在从事掠夺殖民地的企业中形成起来的。比如在南非开采金钢石矿和金矿的、由罗得斯建立的德·比埃尔公司就是一例。该公司与伦敦的各大银行都有密切联系，它们把掠夺的金刚石和黄金源源不断运回母国。英国的殖民地遍于全世界，被称为"日不落帝国"，成为一个剥削全世界的国家。所以，英国的特点是一个殖民地帝国主义。

法国在 19 世纪末，工业生产的集中也同样产生垄断，但法国工业发展速度和集中程度都比较缓慢，中小企业仍占重要地位。法国银行资本的集中程度很快，并与工业资本结合，形成金融资本。20 世纪初，法国几家最大的银行控制着全国的经济生活，并进行大规模资本输出，向国外的投资数大大超过对国内的投资。如 1910 年新投资总数中，向国内的投资为 77900 万法郎，而向国外的投资则为 309800 万法郎。法国对外资本输出额仅次于英国，居世界第二位，到 1914 年，资本输出达 600 亿法郎，每年收入利息约 30 亿法郎。法国的资本输出大部分是作为借贷资本即公债，而不是投资于工业企业。如输往俄国的资本，大部分是对沙皇政府的贷款，输往土耳其的有 2/3是对土耳其政府的贷款。这些资本具有高利贷性质，而非生产性质。由于大量资本输往国外，法国国内工商业萎缩，而食利者阶层却大量增加，在第一次世界大战前夕达到 200 万人。因此，法国被称为高利贷帝国主义。

德国帝国主义的主要特征是它的容克资产阶级性质。因为德国统一后，容克阶级握有政权，他们掌握大部分土地，并从事资本主义经营；资产阶级依靠这个政权得到发展。进入帝国主义时期，容克阶级和资产阶级的利益日益融合为一，容克地主大量加入垄断工业企业和银行业；垄断资本家也力图购置土地，挤入贵族行列。半专制主义的统治和资产阶级议会制形式结合在一起；普鲁士军国主义精神和垄断资产阶级的扩张欲望结合在一起，使德国的社会生活打上了容克阶级的烙印。因此，德国帝国主义是一个具有现代资本主义技术和高度组织性的容克资产阶级帝国主义。

美国自南北战争后，资本主义经济得到迅速发展，生产和资本的集中比任何国家都更为迅速和猛烈，而且与银行资本相结合形成金融寡头的统治。到 1900 年，美国的垄断组织——托拉斯已发展到不下 800 家。这些垄断组织控制着国民经济的主要部门，有些形成跨行业或跨国公司。如约翰·洛克菲勒创办的石油托拉斯组织——美孚石油公司，在 19 世纪末集中了美国石油生产量的 90%，垄断了世界许多地区的石油市场。摩根财团不仅掌握许多银行、保险公司和工业公司，而且拥有 8 万多公里长的铁路（比当时欧洲任何一个国家的铁路都还要长）。托拉斯是高度集中的垄断组织形式，也是美国最盛行的垄断组织形式。美国是一个典型的托拉斯帝国主义。

俄国自 1861 年废除农奴制度后，资本主义发展很快。从 80 年代起，在工业中产生了垄断组织，经过 90 年代的工业高涨和 1900—1903 年的经济危机，垄断组织迅速增加，其主要垄断形式是辛迪加。如 1904 年成立的火车厢制造辛迪加几乎垄断了全国火车厢生产。1900 年，巴库的五大石油公司控制了全国石油产量的 42.6%。工业垄断资本与银行资本日益结合，形成金融资本。20 世纪初，以俄罗斯银行为首的 8 家大银行，控制了全国银行资本的 55.7%，并控制电气工业投资总额的 30%、冶金工业的 50% 和煤炭业的 60%。这些金融寡头已掌握了俄国的经济命脉，主要工业部门都已由垄断资本统治。但是俄国的垄断资本是与封建残余密切结合的。因为 1861 年改革是由沙皇政府自上而下实行的，保留了农奴制残余，地主阶级仍是沙皇政府的支柱。因保留封建残余，使俄国国内市场狭窄，沙皇政府力图对外扩张，并把边区作为国内殖民地。俄国成为军事封建帝国主义。

日本明治维新后，大力推行"殖产兴业"政策，走上了发展资本主义的道路。特别是在 1894—1895 年中日甲午战争之后，依靠对中国、朝鲜的掠夺，发展本国的重工业。在资本主义发展的过程中，资本和生产迅速集中，从 19 世纪 80 年代起，开始出现工业垄断组织，并且与银行资本相结合形成财政寡头（"财阀"）。20 世纪初，这种垄断财阀已统治了各主要工业部门。当时日本的四大财阀——三井、三菱、住友、安田都拥有银行，投资于各种主要企业，并向国外输出资本。但因为农村还保留封建残余地主土地所有制，农业生产落后，国内市场狭小，资源又非常缺乏。所以垄断资产阶级与军阀相勾结，使日本带有强烈的军事侵略性；它依靠军事力量上的垄断和对外掠夺，来部分地补充和代替金融资本的垄断权，所以日本成为带军事封建性的帝国主义。

从帝国主义形成时期的情况看，各个帝国主义国家都有自己的特点，但它们的共同点是都具有帝国主义五大经济特征，特别是垄断资本成为这些国家的经济基础。垄断会引起停滞和腐朽的趋向，因为垄断资本家可以通过垄断市场和价格来获得利润，而不一定要改进和采用新技术。另外，随着帝国主义的形成，资本输出的大量增加，在先进的资本主义国家里，形成一个庞大的靠"剪息票"为生的食利者阶层（如英、法），根据这种现象，列宁曾指出："帝国主义是寄生的或腐朽的资本主义。"[1] 在进入帝国主义时期，资本主义社会固有的矛盾，即无产阶级和资产阶级的矛盾，殖民地半殖民地和宗主国的矛盾，以及帝国主义国家之间的矛盾都尖锐起来，所以列宁又说："帝国主义是过渡的资本主义，或者更确切些说，是垂死的资本主义。"[2] 在这里所谓"垂死的"即"过渡的"，帝国主义不过是向更高级社会过渡的一个历史阶段。

帝国主义的腐朽趋向和过渡性质，并不排除它的继续发展。因为垄断虽然代替了自由竞争，但垄断并不能消除竞争，而有竞争就会有发展。列宁当时曾指出，"如果以为这一腐朽趋势排除了资本主义的迅速发展，那就错了。不，在帝国主义时代……整个说来，资本主义的发展比从前要快得多"[3]。19 世纪末 20 世纪初，帝国主义形成时期，资本主义世界经济的发展确实比以前快得多，直到第一次世界大战前，资本主义发展的速度还是很高的。当时和后来的历史都证明了列宁上述论断是正确的。

---

[1] 《列宁选集》第 2 卷，人民出版社 1972 年版，第 842 页。

[2] 《列宁选集》第 2 卷，人民出版社 1972 年版，第 843 页。"垂死的资本主义"，俄文原文，是 Умирающийкапитализм。其中"垂死的"用的是现在时主动形动词，而没有使用性质形容词。从这种修辞方法也可看出，文中所说的"垂死的"同"过渡的"在意义上是一致的。

[3] 《列宁选集》第 2 卷，人民出版社 1972 年版，第 842 页。

英国工党的建立

王小曼

英国工党是发达资本主义国家中最大的政党，也是最有影响的政党之一。截至 1982 年，它拥有 660 多万党员；大部分有组织的工人都加入了这个党，成为其重要的群众基础。20 世纪 20 年代以来，工党和保守党轮流执政，成为英国议会两党制的两大柱石。第二次世界大战后，工党 7 次组织政府，总共执政 17 年。它虽然在 1983 年 6 月大选中遭受了 1918 年以来最大的失败，但仍然是英国政治舞台上一支极重要的政治力量。英国工党是第二次世界大战后重建社会党国际的发起党，对于国际工人运动和国际政治也有重大的影响。

英国工党并不是马克思主义或其他社会主义理论与工人运动相结合的产物，它是英国工会运动的产物，但形形色色的社会主义思潮和马克思主义也对它有过重大的影响。

工会运动的发展

英国是资本主义发展最早的国家，工人也最早组织起来。英国工人运动始于 17 世纪下半叶。当时已有手艺工人成立行业团体，用集体谈判甚至罢工方式与雇主斗争。但这种工人组织为数很少。工业革命发生后，工人人数剧增，恶劣的劳动条件和生活条件迫使工人组织工会维护自身的利益。18 世纪末，越来越多的工人组织工会同雇主进行斗争。英政府颁布了禁止结社的法令，但秘密的工会仍然存在。

19 世纪 20 年代，工会运动的广泛发展迫使统治阶级于 1824 年废除了结社法。在奥康瑙尔等人领导下，30 年代和 40 年代工人阶级掀起了强大的宪章运动，显示了自己的威力。50—60 年代，英国已经开始具有帝国主义的某些特征。它占有许多海外殖民地，经济实力居世界首位，工商业处于垄断地位，英国资产阶级暴富起来。工业的发展使产业工人大军急剧发展壮大，农民大批流入城市变成工人。农业人口只占全国人口的1/4。英国工人阶级开始举行公开集会、游行，利用报刊批评政府的政策，扩大了工人的政治影响，工会运动、合作社运动①和工厂立法斗争②得到了发展。经过1865—1867年争取普选权的斗争，1867年政府颁布改革法令，城市熟练工人得到了选举权。1868年全国职工大会诞生。此后，1871年和1876年通过的工会法规定，工人为提高工资同雇主斗争而罢工不是犯罪行为，在罢工时，工会可以设纠察队阻止工人上工，使工会取得合法地位。

1850年后，就业工人工资不断增加，而物价特别是食品价格有所下降，熟练工人的生活水平提高了。到1900年，工人的实际工资平均比1850年增长了83%。然而，约占40%的低工资的非熟练工人的境况却十分恶劣。当然工资上涨的幅度远远不如利润的增长。19世纪最后25年里，工资平均只增加了10%，而利润却增长了50%。

19世纪下半叶，熟练工人经济生活的改善是工人阶级斗争的结果，也是资产阶级以它在全世界夺取的超额利润的一部分来收买、分化工人阶级的表现。只占人口总数10%—15%的熟练工人随着生活水平的提高，逐渐脱离其他工人，变成了工人贵族。工人贵族这个阶层在政治上十分保守，他们关心的是保持自己的特殊地位和既得利益，因而热衷于阶级合作。某些行业的工人，如兰开夏的纺织工人和特赛德的造船工人还在各自的企业中投资，以"分沾利润"。他们散布在资本主义制度下不用革命就可以改善生活的思想，在他们控制下的工会里产生了改良主义的工会主义。他们为了维护自己的特权，对别的工人采取行会式的关门主义，以收高额会费的方法限制非熟练工人入会。19世纪60年代，英国职工大会吸收的会员不到产业工人总数的10%。工会缺乏独立的政治观点，很快被自由党利用了。

工业革命使社会关系发生了重大变化。不断壮大的工人阶级与统治阶级之间的矛盾日益加剧。统治阶级内部在实行保护关税政策，还是实行自由贸

---

① 英国空想社会主义者欧文在19世纪初首先宣传过合作社思想。1844年在曼彻斯特附近的罗契戴尔镇的28个纺织工人组织了罗契戴尔公平先锋社。他们想通过扩大合作社改造资本主义制度，消灭剥削。合作社运动在英国就从19世纪40年代发展起来。到1900年，全国已有177.8万名社员。

② 工厂立法斗争，即争取在议会通过改善工厂劳动条件的法律，如工伤赔偿、缩短女工、童工劳动时间等。

易政策等问题上发生冲突，形成两大集团。原来的托利党和辉格党在 19 世纪 30 年代演变成现代型的保守党和自由党，并轮流执政。前者代表以地产收入为主的地主集团的利益，主张保护关税；后者代表工业资产阶级的利益，主张自由贸易。自由党施行了一些改良主义措施，19 世纪后半叶，英国工会工人绝大多数拥护自由党。工会领袖与自由党关系密切，工人运动上层出现了"自由党劳工派"。

从 19 世纪 70 年代中期开始，英国逐渐失去世界工业的垄断权，美、德等国赶了上来。资本主义经济危机在英国最为严重，有些部门如纺织业、五金业等很不景气。此后 20 年里，英国几次遭受危机。资本家裁减工人，普遍压低工资①。深受机会主义影响的工会领导无力组织抵抗。会员人数大大下降。职工大会工会人数 1877 年是 56 万多人，1880 年降到 38 万。

19 世纪 80 年代中期，非熟练工人遭到严重失业的打击。在 1886 年高达 10% 的失业率中，绝大多数是非熟练工人。80 年代末期，他们在大规模的罢工斗争中，纷纷组织了新工会。新工会运动为英国工会史掀开了新的一页。这个时期，工人贵族态度也有变化。工业规模不断扩大，管理人员和职员阶层人数日益增多，他们逐步取代了工人贵族原来享有的特权地位。熟练工人和非熟练工人的差别因 70 年代后废除分合同制②采用计件制而渐渐缩小；加上自动机器的采用，增加了半熟练工人就业的机会，也破坏了熟练工人的特殊地位。因而他们与整个工人阶级的距离较前接近了，并受到新工会运动的战斗性的感染。

新工会的领导人大多是社会主义者或在感情上同情社会主义者，其中杰出的组织者如机器工人汤姆·曼、约翰·白恩士和本·提莱特。新工会与那种狭隘的只顾本行业私利的旧同业工会不同，它以阶级团结为基础，反对旧工会领袖的妥协政策。新工会主要由码头、运输、建筑、铁路、造船等行业的非熟练工人组成。本来已组织了工会的矿工，在矿业生产不景气、工资下降、旧工会软弱无力的情况下，也投入新工会运动。1888 年，部分矿工进行了反对按市价调整工资的斗争，并于次年建立了英国矿工联合会。

在新工会运动中，汤姆·曼、约翰·白恩士提出两个最受欢迎的口号：

---

①　如 1850 年的平均工资为 100，1874 年是 156，以后逐年下降，1879 年是 146，到 1889 年才恢复到 156。

②　分合同制，即由一个熟练工人包下一项工作后，把工作分配给助手们干，助手们的工资则由他支付。

法定 8 小时工作日制，法定最低工资额。矿工领袖凯尔·哈第把 8 小时工作日制列为斗争的中心口号，当作为失业者争取就业机会的方法。这两个口号逐渐被一些工会接受为自己的政策。在不断斗争的基础上，新工会组织发展很快。19 世纪 80 年代中期，会员只有 40 万—50 万，1890 年达 160 万，1900 年增加到 197.2 万人。工会领袖日益感到工人阶级需要作为一个整体进行政治斗争，这种觉悟是后来成立工党的主要条件。当然，由于老工会和职工大会逐渐加入了新工会，一直控制工会运动的旧工会领袖的工会主义、机会主义也影响了整个工人运动，直到工党成立。

法国巴黎公社失败后，欧洲大陆社会主义运动中出现了一些现代型的政党。1875 年，德国社会主义工人党建立；1876 年，法国出现工人党。英国工人中自然产生了成立有独立路线的新的工人政党的要求。但要成立一个实际的党还要经历漫长的宣传和组织过程。19 世纪 80 年代，英国相继出现了一些社会主义组织，如社会民主联盟、社会主义同盟和费边社。这些组织在工人中做了不少宣传工作，促进了工人运动的发展和工人觉悟的提高，对后来工党的成立也起了间接的作用。稍后成立的独立工党力图作为独立于自由党之外的政党，它吸收了费边社的理论，直接促成了工党的建立。

社会民主联盟、社会主义同盟和费边社

1881 年成立的民主联盟，是当时影响最大的社会主义组织。它在 1884 年 8 月改名为"社会民主联盟"。联盟成员中有很多工人，还有一些著名的社会主义者，如史学家和哲学家贝尔福德·巴克斯，诗人和艺术家威廉·摩里斯，马克思的小女儿爱琳娜·马克思和她的丈夫爱德华·艾威林，退休军官亨利·钱皮恩，工人出身的活动家约翰·白恩士、汤姆·曼，裁缝詹姆斯·麦克唐纳等。联盟的主要创始人是原证券交易商、记者和作家亨利·迈尔斯·海德门。

海德门是在 1880 年读了法文版《资本论》后转而信仰社会主义的。他多次拜访马克思，共同讨论理论问题。1881 年 6 月，他出版了《大家的英国》一书，用通俗的语言介绍了马克思对资本主义社会所作的科学分析，转述了马克思关于资本和劳动的观点，但是没有提马克思的名字。这本书虽然有许多非马克思主义的观点，但却在英国产生了很大影响。海德门因这本书和其他著述而被称为在英国传播马克思主义的先驱。

　　民主联盟成立之初，海德门是想利用一些激进派反对政府压制爱尔兰①的政策，要求土地国有化②，组织工人阶级，重振宪章运动，建立一个类似德国社会民主党式的政党。但是联盟成员少、成分杂、理论弱，对工人运动采取严重的宗派主义和教条主义的态度，从而使这个目的未能达到。

　　联盟创办了机关刊物《正义报》周刊和《今日》月刊，出版了一些传播社会主义思想的书籍，如《社会主义的历史基础》《社会主义与奴役》《社会主义原理概述》《社会主义浅释》等。联盟成员经常公开演讲，揭露英帝国主义的罪行和地主资本家所有制的罪恶，主张土地和工业资本国有化，向群众进行宣传。但是联盟没有明确的纲领，它不去领导工人进行独立的政治斗争，内部分为几派，各行其是。海德门为首的小集团想建立政党，并进入议会。约翰·白恩士等工人运动活动家只注意劳资纠纷问题。约翰·兰恩等无政府主义者坚决反对议会行动，摩里斯也是反议会派。还有一批观点未定型的知识分子在 1884 年参加了正在筹建的费边社。有的人忙于成立土地同盟一类组织。此外，许多成员对海德门的家长作风十分厌烦。以上各种因素导致 1884 年联盟分裂。执行委员会的多数委员摩里斯、巴克斯、艾威林夫妇等集体退出联盟。

　　但联盟在 1885 年以后仍对工人运动有过不小贡献。1885 年，白恩士领导了失业工人的游行和集会。1885—1888 年，联盟成员参加工人的游行示威，组织集会，演说宣传。海德门、白恩士、钱皮恩等都遭到拘留和审讯。他们还通过斗争为伦敦失业工人争得 7.5 万英镑失业救济金。

　　1889 年年初，在劳资纠纷高潮中，联盟成员帮助非熟练工人在许多地方成立新工会。著名的伦敦码头工人大罢工也是他们领导的。这年 8 月，伦敦7000 名码头工人不堪忍受残酷的剥削而举行罢工，要求增加工资。他们请白恩士、汤姆·曼和本·提莱特三人领导。爱琳娜·马克思也在这个罢工委员会中工作，为罢工者争取国际无产阶级的援助。罢工坚持了一个月，参加罢工的码头工人和其他工人超过 10 万，取得了胜利。这次罢工使新工会运动更加迅速发展。

　　由于联盟的指导思想不明确，把罢工看作"无觉悟的劳动骚动"，因而

―――――――――

　　① 当时爱尔兰民族领袖巴涅尔已当选为英国下院议员，仍被逮捕，引起广泛抗议。

　　② 土地国有化是 19 世纪一些激进派的斗争目标。80 年代，争取土地国有化的"土地联盟"遭到封闭，也引起抗议运动。

始终不能把社会主义理论与工人运动结合起来，领导工人阶级建立一个独立的政党。①

退出社会民主联盟的一批人于 1884 年 12 月成立了社会主义同盟。执行委员会委员中有摩里斯、巴克斯、艾威林夫妇和约翰·马洪等。他们大都和恩格斯有过接触，艾威林夫妇经常接受他的指导。他们信仰马克思主义和阶级斗争学说，但是政治上不成熟。他们中有反议会派，有无政府主义者，如同社会民主联盟一样对工会持超然态度，脱离群众，而且也不懂得如何把理论运用到实际斗争中去。

同盟在摩里斯领导下出版的《公益报》和摩里斯的《梦见约翰·保尔》《乌有乡的消息》，以及他与巴克斯合写的《社会主义：它的成长与成果》等书，热情宣传社会主义思想。19 世纪 80 年代工人运动高潮时期，社会主义同盟成员与社会民主联盟成员一起走上街头进行宣传鼓动，也受到警察的袭击和逮捕。但是，同盟的指导思想不变，认为自己的任务只是做宣传工作，以等待革命时机。因此，同样无法使社会主义理论与工人运动结合起来。

1887 年，同盟发生分裂，无政府主义者占了上风，艾威林夫妇、马洪、摩里斯陆续离开了同盟。几年以后同盟完全垮台。

19 世纪 70 年代到 90 年代，英国出现了许多主张改革的团体，其中最有影响的是费边社。② 费边社成立于 1884 年 1 月，是一个由中产阶级知识分子组成的研究团体，成员中几乎没有工人。但是费边社会主义却成为后来的工党的指导思想。

费边社的主要人物是前殖民部小职员、记者悉尼·韦伯、他的夫人社会学家比阿特丽斯和后来的著名戏剧家萧伯纳。他们在李嘉图、边沁、穆勒、杰文斯等资产阶级经济学和政治理论的基础上，对社会问题作了几年系统的研究。他们完全否定马克思的剩余价值论和革命学说。1887 年起，发展了一种所谓逐步过渡的、渐进的社会主义理论。这种理论主张用温和的社会改革方法逐渐消灭土地和工业资本私有权，使之归于国有或市有，并将工业企业

① 社会民主联盟 1908 年以后称为社会民主党，第一次世界大战后完全分裂，其中部分人成为 1920 年建立的英国共产党的核心，主体部分 1939 年解散。

② 名称源于古罗马统帅"缓进者费边"的名字。费边社员解释取名的意思是，需要等待时机，像费边与汉尼拔作战时那样采用缓进战术，一旦时机到了，就狠狠打击，但历史上的费边从未狠狠打击过，它也不打算狠狠打击。由于韦伯的影响，渐进主义很快成为费边社的主要精神。

移交社会管理，谋求公众福利。这样，逐渐将资本主义社会改造为社会主义社会。费边社出版了许多书籍和文章，揭露资本主义制度的弊病，宣传他们的社会主义理论。1889 年出版的《费边社会主义论文集》，奠定了费边社会主义的基础。①

恩格斯在评论费边社时说，"这是一个由形形色色的资产阶级'社会主义者'——从钻营之徒到感情上的社会主义者和慈善家——拼凑的集团"②。恩格斯还说，费边派"有相当清醒的头脑，懂得社会变革必不可免，但是他们又不肯把这个艰巨的事业交给粗鲁的无产阶级单独去做，所以他们惯于自己出来领导无产阶级。害怕革命，这就是他们的基本原则"③。费边社公开宣传英国拥有完全民主的国家机器，可以通过它实行社会主义措施，反对进行阶级斗争。在社会民主联盟和社会主义同盟向工人传播社会主义的同时，费边社只是设法把自己的主张"渗入"自由党，想使各种行政机构采取自己的社会主义措施。

费边社不想组织政党，却极重视政治活动，即日常的政治工作。它鼓励社员参加其他社团，把费边社会主义带进去。它敦促社员广泛参加本地区的政治活动，设法进入郡议会、镇议会、区议会、教区议会、地方各政治团体和济贫委员会，通过地方自治的选民投票，一点一滴地实行他们的社会主义。因此费边社会主义也被称为"市政社会主义"。社员竭力争取担当这些机构的执行委员和中央及伦敦政治机构的代表。他们希望利用工人获得选举权的条件，要工人直接选举，把社会改革家送入议会，以期在议会中逐步形成多数，来行使统治权。在伦敦，韦伯和自由党、激进派一起争取市政改革，1888 年，他们的联盟在伦敦市议会中获得了多数。

由于社会民主联盟不善于做工人工作，向往社会主义的工人和小资产阶级分子逐渐被费边社的宣传所吸引。而改良主义基础雄厚的工会，对只求改革的费边社会主义更易接受。韦伯夫妇写的《工会史》和《企业民主》两书，成为工会问题的经典性著作，对工会影响很大。所以费边社会主义后来就成为工党右翼领导的基本理论。

---

① 《费边社会主义论文集》是由萧伯纳、韦伯等 7 人分工合作写成，曾多次重版。我国 1958 年由三联书店出版了该书 1931 年第 5 版中译本。取名为《费边论丛》。
② 《马克思恩格斯全集》第 38 卷，人民出版社 1972 年版，第 443 页。
③ 《马克思恩格斯全集》第 39 卷，人民出版社 1974 年版，第 8 页。

独立工党和《时代号角报》

1893 年成立的独立工党对英国工党的建立起了直接的促进作用。

英国工人代表从 1874 年大选时起就已进入下议院。但这些工人议员没有形成独立的工人政治集团，而是成为"自由党劳工派"。1886 年，全国职工大会成立的劳工选举委员会，次年改名为"劳工选举协会"，也跟着自由党跑。工人运动已发展到需要成立全国工人政党的时候了。但是那些社会主义组织认识不到这个问题。只有少数社会主义者和劳工领袖感到单单强调社会主义目标不如组织工人从事独立劳工政治活动更为现实。他们看到爱尔兰人组成坚强的政党，以不懈的斗争迫使议会讨论是否给他们自治权，就想把爱尔兰人的办法运用到工人运动中去。1888 年，苏格兰矿工领袖凯尔·哈第等苏格兰社会主义者以这种思想为指导建立了苏格兰工党。

哈第 9 岁就下矿井，劳动了 16 年，后来在矿工工会工作。他没进过学校，但酷爱读书。他读过许多社会主义书籍，听过海德门、摩里斯、韦伯等人的演讲，会见过恩格斯。1887 年，他创办了《矿工》月刊，努力使工会摆脱自由党的羁绊。创建苏格兰工党后，他又为成立全国性工人政党而斗争，希望组成一个由社会主义者领导的工会和社会主义组织联合组成的党。1892—1895 年，他当选为下议院独立工人议员①，在议会为工人的利益进行斗争。他在工人中很有威信。但他不了解马克思主义，一心只想进行议会斗争，致力于眼前的改革。

1888—1892 年新工会运动高涨时期，新工会的领袖中许多是社会主义者，甚至职工大会中也出现一些社会主义者。1894 年职工大会还通过了哈第提出的要求实现工业国有化的提案。

新工会运动的高涨和 1892 年大选中哈第、白恩士和约翰逊 3 个独立工人代表当选为议员，都使工会领袖受到鼓舞。他们建议把各独立的劳工组织合并为一个政党。

1893 年 1 月，苏格兰工党和 1890 年成立的布莱得弗德劳工联合会等工人组织在布莱得弗德召开大会，合并成立了独立工党。在 115 名代表中，有社会民主联盟和费边社的代表，萧伯纳也出席了成立大会。哈第当选为党的

---

① 独立工人议员即不是由哪个党派推选的候选人，而是独立的工人候选人当选的议员。

主席。大会通过了党纲，规定党的目的是通过议会斗争，争取社会改革、劳工保护和中央与地方政府的民主政治，来实现生产资料分配和交换手段的集体所有制和管理制度。

独立工党与社会民主联盟的纲领没有原则区别，但两党对工会的态度却大相径庭。独立工党同情工会，要求党员参加工人集会。党员们热心地在街头巷尾、工厂矿山和工会基层进行宣传，演说时很少提到革命和阶级斗争，以照顾工人的实际思想水平。他们启发工会应当把经济行动转向政治范畴，不能一面罢工反对自由党雇主的压迫，一面又选雇主们当议员，让雇主们去制定支配工人命运的法律。1893 年，《矿工》月刊改为《劳工导报》周刊，作为独立工党的机关报。独立工党得到非熟练工人的支持。

对独立工党的成立，恩格斯曾寄予很大的希望。他对这个党的领袖们虽然不太信任，但仍认为他们能够被群众改造好①。他支持艾威林参加独立工党并担任执行委员。

独立工党的成立使英国工人有了一个脱离自由党的组织，但它的群众基础只限于英格兰北部工业地区的工人，只得到少数工会的支持，仍未能与那些社会主义组织联合起来，组成真正的政党。社会民主联盟本来同意与它合并，而它因担心联盟的社会主义倾向使自己失去工会的支持，拒绝合并。独立工党的组织松散，指导思想混乱。它拒绝阶级斗争学说，继承了旧工会的改良主义。

本来竭力向自由党渗入的费边社，此时则把它的"渗入战术"运用到独立工党中来。伦敦以外的费边社组织都加入了独立工党，成为它的支部。独立工党的第一届执行委员大部分是费边派。费边派在独立工党中努力推行它的渐进的社会主义，并通过独立工党，把这种主义渗入到后来的工党中去了。

19 世纪 90 年代，有一位最受工人欢迎的社会主义宣传家——罗伯特·布拉奇福德起过很大作用。他出身于贫苦家庭，少年时代当过学徒工，后来成为记者。他是曼彻斯特费边社主席，曾组织曼彻斯特独立工党，帮助独立工党在布莱得弗德建立核心。1891 年他创办《时代号角报》，用通俗易懂的语言宣传社会主义。人们认为他争取到的社会主义信徒比哈第的独立工党争取的还要多。他写的《欢乐的英国》在该报连载，成为最有影响的社会主义

① 参见《马克思恩格斯全集》第 39 卷，人民出版社 1974 年版，第 7、54—55 页。

读物。这是用公开信的方式向一位假想的知识不多的善良工人描绘社会主义如何美好的文章。后来这篇文章被印成小册子，发行了上百万册，使他的声誉超过了韦伯、萧伯纳和摩里斯。《时代号角报》一直发行到 1935 年，影响很大。同时，布拉奇福德还组织了时代号角社童子军、时代号角社自行车俱乐部及时代号角社宣传车运动等。

时代号角派对宣传社会主义起了一定作用，但它与建立工人政党没有什么直接关系。

劳工代表委员会——工党的成立

独立工党的目的是要在这个党的基础上把工人代表选进议会，但在 1895 年和 1898 年的大选与补缺选举中，它都失败了。在全国成立一个独立的工人政党的工作又受到工会领袖的阻挠。当时大多数工会是由年纪大的与自由党关系深远的领袖们支持的，这些人不相信社会主义思想，不愿成立政党。而没有工会的支持要建立一个起作用的工人议会党团是不可能的。多年宣传由工会和各社会主义团体以及合作社组织共同建立一个工人政党的哈第等人，本来是伦理性①的渐进的社会主义者，只能年复一年地在职工大会中宣传他们的想法，等待时机。即使如此，他们仍受到工会的排挤。1895 年职工大会通过决议：工会代表在职工大会中凭卡投票，凡不是工会职员或不在其行业中工作者，都无权做工会代表。这就剥夺了哈第等专门从事政治宣传工作的社会主义者的代表权。1898 年，职工大会还否决了国有化决议。

但是，国内形势的发展却加速了建立工人全国政党的步伐。19 世纪 90 年代，为削弱工会力量，资本家们采取了许多措施：1893 年成立了"全国自由劳工协会"，专门破坏罢工；1873 年成立了全国雇主联合会，用关厂的手段威胁工人。1897—1898 年，机械制造商联合会在全国关厂 6 个月。1898 年，他们成立了雇主议会委员会以便在议会中进行反工会立法活动。1897 年和 1898 年机器工人和南威尔士矿工几个月的罢工都遭到失败。特别是 90 年代末，法庭对劳资纠纷案件的判决都有利于雇主，并逐步使工会在 70 年代

---

① 这里指的是哈第的社会主义不是科学社会主义，而是类似伦理社会主义，把社会主义看成一种抽象的道德概念，超脱阶级的完美的道德问题。

争得的有利立法受到威胁。工人建立纠察队的权利，甚至在某种情况下罢工的权利，都成了问题。1901 年的塔夫·维尔案的判决，是这种倾向的极端表现，使工会领袖十分震惊。法院判决铁路员工联合会赔偿塔夫·维尔铁路公司因 1900 年工会在罢工中设纠察队而损失的 23000 英镑（包括公司方面诉讼费 3000 英镑）。这给工会以致命的打击。显然，工会如果每次罢工后都要这样损失多年辛苦积累的基金，就将很难维持下去。斗争的实践使工会迫切感到，单靠工会工作和经济斗争已经无法保卫自己了。

1899 年 9 月，职工大会在普利茅斯召开年会。混合铁路职工工会会员汤玛斯·斯蒂尔提出一项与哈第政纲完全一致的议案，经大会激烈争论后获得通过。这个议案的内容是：大会指示议会委员会邀请各工会、合作社和社会主义团体派代表举行特别大会，制定争取在下届议会中为工人代表取得更多议席的措施。

职工大会议会委员会在与各组织协商之后，成立了由议会委员会 4 人，独立工党、社会民主联盟和费边社各 2 人组成的召集委员会，负责组织特别代表大会。

1900 年 2 月 27—28 日，在伦敦费林顿街纪念馆举行了特别代表大会。工会和各社会主义团体共 129 个代表参加。凯尔·哈第、萧伯纳、白恩士等人都出席了。大会通过了乔治·巴恩斯和凯尔·哈第先后提出的议案：即将成立的新组织要保证给予"同情工人运动的目的和要求，并由我会员组织提名作议会候选人的人士"以支持；大会"要在下院组成立场鲜明的工人议会党团，它要有自己的督导员和自己的统一政策，它必须准备同当前从事促进直接有利于劳工立法措施的党派合作，并反对与之相悖的措施，工人议会党团成员不得反对按头一项决议案提名的候选人"。大会否决了社会民主联盟提出的"应在承认阶级斗争，并以生产资料、分配和交换手段社会化为最终目的的基础上组成政党"的议案。

大会选举产生了"劳工代表委员会"，由工会 7 人、独立工党和社会民主联盟各 2 人、费边社 1 人、书记 1 人组成。退出自由党不久的独立工党党员拉姆赛·麦克唐纳当选为书记。

劳工代表委员会终于成立了，在当时就被非正式地称为"工党"。由于南非布尔战争吸引了人们的注意，它的诞生未引起社会重视。但在工党的历史上，1900 年劳工代表委员会诞生之时，也就是工党成立之日。

刚刚成立的工党既没有政纲，也未提出重要的内外政策，只限于选举工人代表进入下院。在组织上，它是一个各团体的联盟，只吸收集体党员，没有自己的组织体系，连一个分支机构也没有，与以前的职工大会议会委员会没有什么两样。然而后来的历史证明，这是英国工人运动迈出的重要一步：英国第一次出现了从组织上与资产阶级决裂的工人政党。

1901 年，劳工代表委员会会议再次否决了社会民主联盟提出的拥护社会主义原则的议案，联盟立即宣布退党。

劳工代表委员会最初只有 38 万会员，由于塔夫·维尔案判决的刺激，工会纷纷加入该组织，到 1906 年成员增加到近百万人。

1900 年 8 月大选中，它提出的 15 名候选人只有哈第和铁路员工联合会书记理查德·贝尔 2 人当选。但在 1906 年的大选中，它提出的 50 个候选人有 29 人当选。他们与矿工工会当选议员戴罗尔一起组成 30 人的议会党团，迫使议会通过了"劳资争议法案"，使工会的罢工和纠察行为完全合法，从而推翻了塔夫·维尔案的判决，取得了很大胜利。劳工代表委员会达到了在议会里建立一个工人代表团的目的，它在这一年正式改名为"工党"。

工党成为现代型的政党

既然工会造就了工党，工党自然把旧工会的机会主义和改良主义继承下来，同时也通过独立工党和费边社吸收了费边社会主义。1909 年，英国最大的工会矿工联合会（50 万人）加入工党，带来了强大的自由劳工派和 14 位原自由党劳工议员。他们对工党也产生了自由主义的腐蚀作用。工会一向只考虑如何在资本主义制度内争取一点有利的立法。在几十年的斗争中，在它们同自由党的默契中，不断取得一些成就，自由党因为需要取得工人的支持，也不断采取一些改良措施。工会珍惜自己摸索到的这种维护本身利益的方法；而它们除了本身利益，不关心政治，眼光十分短浅。这样的工会造就的党，与它的母体的血肉关系一直成为工党内部激烈斗争的主要根源。

但是工党毕竟是个群众性的工人政党，它的出现对英国人民的政治生活具有重大的历史意义。它从组织上与资产阶级决裂了，而这个决裂正是从政治上和思想上决裂的重要前提。1908 年 10 月，在社会党国际局讨论第二国际代表大会是否应当吸收英国工党参加时，列宁发言表示赞成，工党的建立

"是英国真正的无产阶级组织走向自觉的阶级政策和社会主义工人政党的第一步"①。列宁批评了海德门要求工党必须首先承认阶级斗争和社会主义原则的行为。列宁同时指出工党的领导人"是机会主义者"②。

然而，工党并没有按照科学社会主义导师指出的方向前进，它依然是个没有政纲的改良主义的工会联盟。虽然党员的数量不断增长，1914 年达到 160 万人，但工党在政治上仍十分虚弱，靠自由党支撑着。还在 1903 年 9 月，麦克唐纳就与自由党督导员赫伯特·格拉斯顿达成秘密的选举协议：双方在对方提出议会候选人时，尽可能不予反对。在议会里，工党议员总是投票支持自由党的议案。

由于第一次世界大战和俄国十月社会主义革命的影响，英国工人革命情绪高涨。工党感到需要一个有社会主义目标的政纲，也需要懂得政治的知识分子。本来参加了战时联合政府的阿瑟·韩德逊，1915 年 8 月因政见不合退出政府，专心以总书记的身份从事改组党的工作。

韩德逊和一些同志商议后，在 9 月 26 日的工党执委会上建议着手改组党，"目的是使党能更广泛地吸收党员，加强和发展选区党组织，以利于提出更多的议员候选人；并制订可供通过的党纲"。他依靠韦伯夫妇起草了党章、党纲和对外政策文件草案，得到工党代表大会的通过，成为工党以后许多年重要的政策依据。

1918 年 2 月 26 日，工党特别代表大会通过了韩德逊和韦伯起草的党章，其中著名的第 4 条规定，党的目标是"在生产资料公有制和对每一工业或事业所能做到的最完善的公共管理、监督的基础上，确保体力与脑力生产者获得其勤勉劳动的全部果实和可行的最公平的分配"。由于党章的这条规定，使工党终于有了统一自己行动的社会主义性质的纲领。当然，这个纲领中仍然隐藏着费边主义和自由党改良主义思想。

党章还规定建立选区工党组织，吸收承认党章党纲的一切阶级的男人和女人作为个人党员。这样，战前党内不到 2% 的知识分子比例大大增加。中小资产阶级、自由党知识分子涌进了工党，党的首脑机关也主要由他们组成。因为个人党员不必经过工会和社会主义团体就可以经地方工党组织进入工党执委会。

---

① 《列宁全集》第 15 卷，人民出版社 1959 年版，第 208 页。
② 同上书，第 211 页。

1918 年年底，地方工党组织比以前扩大了 4 倍，全党党员超过了 300 万人。英国工党从此日益壮大，逐渐变成一个社会民主党，在英国政治生活中成为一支巨大的力量。1918 年 12 月大选，工党提出国有化等社会改革纲领，有 61 个候选人当选为议员。① 工党就此在议会中成为正式的反对党，变成英国议会两党制的重要柱石之一。

---

① 这个数字各书说法不一，可能计算方法不同。工党候选人当选的是 57 人，独立的工人议员 3 人，合作社议员 1 人。这 61 人观点是一致的。独立的工人议员中有 2 人大选后参加了工党议会党团。因此有 57 人、60 人、61 人、59 人之说，看来各说都可以。还有 63 人之说。

德国社会民主党反对伯恩施坦主义的斗争

朱希淦

19 世纪 90 年代，德国社会民主党内出现以爱德华·伯恩施坦为代表的修正主义思潮和派别。德国党内展开了反对修正主义的斗争。这场斗争一直延续到第一次世界大战期间。德国党反对伯恩施坦主义的斗争，构成了国际共产主义运动中马克思主义反对修正主义斗争初期阶段的主要内容。

伯恩施坦主义的产生

1890 年，威廉二世的帝国政府废除了 1878 年的《镇压社会民主党企图危害社会治安法》（即《反社会党人非常法》）。德国社会主义工人党取得合法地位，改名为"德国社会民主党"。在此后的国会选举中，这个党取得很大进展，1884 年它仅获得 549990 张选票，24 个议席，1890 年获得1427298 张选票（占投票总数的 19.75%），35 个议席；1893 年增加到1786793 张选票（占投票总数的 23.28%），44 个议席；1898 年达到2125000 张选票（占投票总数的 27.9%），获得 56 个议席。党在国会选举中的进展，使包括某些领导人在内的部分党员滋长了无产阶级可以靠议会斗争取得政权的幻想。

在这样的背景下，在 1881—1890 年任党的机关报《社会民主党人报》主编的伯恩施坦，对马克思主义的基本原理"发生了怀疑"。他在 1890—1895 年发表的《社会民主党在议会中的地位》等文章中，提出党不应当害怕"受到议会痴毒素的传染"；鼓吹"社会革命不依赖于暴力的袭击和流血的叛乱"，"走向完全政治自由的道路是通过议会制度"。曾经是马克思主义者的伯恩施坦，从此走向背离马克思主义的歧途。

1895 年恩格斯逝世以后，伯恩施坦在党的理论刊物《新时代》上发表以《社会主义问题》为总标题的一组文章①。他依据所谓"经济发展中的新材料",宣称马克思主义"过时",必须对这一学说进行"修正"。

在这组文章中,伯恩施坦反对马克思主义关于从量变积累通过飞跃实现质变的唯物辩证观点,认为"从资本主义社会到社会主义社会有一个飞跃"是"一种空想主义"。他强调,在资本主义社会中,随着经济的发展,"已经会看到许许多多的社会主义的东西"。他说,"社会对经济生活的监督权的扩展,市镇、县和省内的民主自治的建立以及这些团体的职能的扩大",都是"向社会主义发展","是社会主义的一部分一部分的实现"。他还认为,统治阶级正在"一步步地向着民主制度让步",社会主义制度的确立可以通过投票、示威游行一类的和平手段,而不再需要摧毁资产阶级国家机器,因此,谈论和平长入社会主义并不是错误的。

在伯恩施坦看来,马克思和恩格斯制定无产阶级革命策略原则所"依据的前提",到19世纪末已"大大地改变了"。他要求社会民主党"检查"自己的"精神武器",把坚持无产阶级革命论者说成是"迷恋革命的唐·吉诃德",嘲笑他们反对资本主义制度是"同风车搏斗"。

伯恩施坦背离了恩格斯生前对他的教诲,"要记住一条老规矩:不要只看到运动和斗争的现状,而忘记运动的未来。而未来是属于我们的。"② 他把自己的思想归结为一个总的结论:"我对于人们通常所理解的社会主义的最终目的非常缺乏爱好和兴趣。这个目的无论是什么,对我来说都是微不足道的,运动就是一切。"列宁在后来批评说:"伯恩施坦的这句风行一时的话,要比许多长篇大论更能表明修正主义的实质。"③

伯恩施坦的修正主义观点得到党的书记依格那茨·奥艾尔、老机会主义者格奥尔格·福尔马尔等的支持。德国党内形成了一个修正主义派别。

伯恩施坦主义的产生不是偶然的。

1871年以后,德国同其他资本主义国家一样,经历了资本主义"和平"发展时期。它在19世纪末完成产业革命,工业生产的增长速度比英法两国快很多。以煤产量为例,1871—1900年,英国增长1倍,法国增长

---

① 这组文章主要包括:《空想主义和折衷主义》(1896年10月),《社会民主党的斗争和社会革命》(1897年12月);《崩溃论和殖民政策》以及该文的附录《批评的插曲》(1898年1月);《社会主义中的现实因素和空论因素》(1898年6月)。

② 《马克思恩格斯全集》第36卷,人民出版社1974年版,第310页。

③ 《列宁选集》第2卷,人民出版社1972年版,第7页。

1.5 倍，而德国达到 4 倍。20 世纪初时，德国工业总产值超过英、法而居世界第二位。普法战争后，德国取得了在欧洲大陆的霸权，开始向外扩张。19 世纪 80 年代后，它在西南非洲、西非、东非及太平洋群岛占据了一批殖民地。经济的迅速发展和殖民掠夺为资产阶级带来了巨额利润。1883—1893 年德国输出的资本从 50 亿马克增加到 130 亿马克，每年从中获取几十亿马克的超额利润。资产阶级利用其中的一部分，在党和工会组织中培植工人贵族。到 19 世纪末，这一阶层的人数达到 1.5 万人。这些人由于阶级地位和处境的改变，丧失了革命热情，热衷于在工人中间传播阶级和平与社会改良的思想。

这一时期，德国通过"普鲁士道路"发展了资本主义农业。这条道路迫使农民赎买封建义务，越来越多的农民遭到破产，沦为农业雇工，或流入城市当工人。城市资本主义的发展，也将一部分小资产者、破产手工业者抛入雇佣工人队伍。城乡小资产者拥入无产阶级队伍，带进了小资产阶级的观点，满足眼前利益，不想从根本上改造资本主义制度，使得无产阶级及其政党"必然会发生理论和策略方面的动摇"①。

《反社会党人非常法》的实施没有达到预期目的。社会主义在工人中的影响越来越大，社会民主党的力量不断增强。统治阶级不得不改变策略。1890 年，威廉二世宣布废除《反社会党人非常法》；在这以后，实行了一些微小的社会改革：规定星期天为休息日，禁止雇用童工，实行产妇休假制度等。然而正如列宁所指出的，德国统治阶级"在 1890 年转而采取了'让步'，这种转变照例是对工人运动更加有害的"，"资产阶级策略上的曲折变化，使修正主义在工人运动中间加强起来"②。

工人贵族阶层的出现，破产的小资产者加入无产阶级队伍，统治阶级策略上的变化，为伯恩施坦的修正主义得以滋生提供了阶级基础和社会条件。

到了 19 世纪末，马克思主义已经战胜工人运动中的其他流派取得统治地位。于是，资产阶级思想家便以更狡猾的手段反对马克思主义。在德国，新康德派③号召"回到康德去"，把康德的唯心主义作为反对马克思主义的

---

① 《列宁选集》第 2 卷，人民出版社 1972 年版，第 393 页。
② 同上书，第 396 页。
③ 19 世纪后半叶形成的资产阶级哲学统派。这个派别继承康德哲学中的唯心主义，否认意识之外存在"自在之物"，否认社会发展的客观规律性。

武器。以布伦坦诺为代表的讲坛社会主义派别①，兜售改良主义；鼓吹只要修改马克思主义的"教条"，资产阶级自由主义可与无产阶级社会主义结成一家。经济学家桑伯特等提出"批判地研究"马克思主义的口号，否定剩余价值学说，把资本主义描绘成"阶级协调"和没有危机的社会。伯恩施坦受了上述理论的影响，他承认，他的观点"大部分不过是重复别人说过的东西"。伯恩施坦的修正主义是在资产阶级思想影响下的产物。

反对伯恩施坦主义斗争的序幕

伯恩施坦的《社会主义问题》问世后，许多党员要求在党内讨论伯恩施坦"修正"马克思主义的问题。党的领导人之一奥古斯特·倍倍尔在 1898 年 2 月给卡尔·考茨基的信中指出，伯恩施坦葬送了德国党在恩格斯帮助下"建立起来的一切"，党与伯恩施坦的"冲突是不可避免的"。1898 年 9 月中旬，罗莎·卢森堡在《莱比锡人民报》发表《社会改良还是社会革命？谈谈伯恩施坦的一组文章：社会主义问题》，批判伯恩施坦主义。卢森堡的文章得到克拉拉·蔡特金的好评："勇敢的罗莎，她狠狠地敲了伯恩施坦一顿。"不久，卢森堡获得参加斯图加特党代表大会的委托书。她在党代表大会召开前夕，发表《关于斯图加特党代表大会》一文，不指名地批评伯恩施坦："某些知名的同志的一些言论已经造成一定的混乱。"她要求党代表大会讨论党的基本策略，并就伯恩施坦问题开展争论。

伯恩施坦的言论还引起国外马克思主义者的愤慨。俄国的普列汉诺夫在 1898 年 5 月致信考茨基："假如伯恩施坦的批评的尝试是正确的，那么，我们可以问：从我们导师的哲学思想和社会主义思想中还剩下了什么？……只能回答说：不多。或者更正确些说，是一点东西也没有。"同时，他在《新时代》杂志发表了《伯恩施坦与唯物主义》等文章，批判了伯恩施坦在哲学方面追随新康德主义。

1898 年 10 月 3—8 日，德国社会民主党召开斯图加特代表大会。由于老机会主义者奥艾尔任大会主席，党的其他领导人对伯恩施坦主义的本质与危

---

①　19 世纪后半期产生于德国大学生中的资产阶级社会主义流派。它否定阶级斗争，鼓吹无须推翻容克资产阶级国家，通过改良途径建立"人民的国家"。它由于主张"在讲坛上宣传"和自上而下地实现"社会主义"，被称为"讲坛社会主义"。布伦坦诺、桑伯特等是这一流派的代表人物。

害性认识不足，未把这一问题列入议程。但是党内的思想冲突实际上已不能避免，当大会讨论党的执行委员的工作报告时，在"运动和最终目的"问题上引起激烈的争论。

卢森堡和蔡特金批驳了伯恩施坦的"最终目的是微不足道的"谬论。卢森堡分析了党的最终目的和开展日常斗争的关系，她强调说，党如果满足于工会的斗争，争取社会改良和国家民主化的斗争，忘记最终的奋斗目标，就会失去它的无产阶级性质。她认为："只有最终目的才构成我们为社会主义斗争的精神和内容，并使这一斗争成为阶级斗争。"社会民主党的最终目的是"建立一个未来社会"，而"首先应是无产阶级夺取政权"。蔡特金在发言中反对伯恩施坦关于斗争重点只能"放在个别的细小的社会改良上"的主张。她指出，伯恩施坦试图通过工会的和立法的监督对资本主义所有制实行限制，使资本家放弃生产资料的私人占有，这是毫无根据的幻想。她表示，党为了实现最终目的，把资本主义改造成为社会主义，"必须经过工人阶级夺取政权"。

伯恩施坦自1888年5月旅居伦敦，未出席这次大会。他的支持者福尔马尔、爱德华·大卫和沃尔夫甘根·海涅等人，竭力为伯恩施坦辩解，对卢森堡和蔡特金进行攻击。福尔马尔在理屈词穷的情况下指责他们主张无产阶级夺取政权是鼓吹"布朗基主义"，说卢森堡对伯恩施坦的批判是新兵在"教训"老兵。这恰恰表明，年仅27岁的卢森堡已是一名勇敢捍卫马克思主义的战士。

倍倍尔作了两次发言。他在第一次发言中明确表示，德国社会民主党是"一个正在进行斗争的党，一个想达到确定目标的党，必须有一个最终目的"。第二次发言时，他先宣读了伯恩施坦寄给大会的《书面声明》。伯恩施坦在声明中表示，他"仍旧承认：……对我来说运动就是一切，人们通常所说的社会主义最终目的是微不足道的"。倍倍尔随后宣布：他"不赞成伯恩施坦的观点"。

德国党的创始人和领袖之一威廉·李卜克内西，针对伯恩施坦的《书面声明》指出："如果伯恩施坦的观点是对的，那么我们就应当埋葬自己的纲领和自己过去的一切，那时候我们也不再是无产阶级的政党。"他认为伯恩施坦的"运动就是一切"的观点"十分愚蠢"；因为实际生活中不存在没有目的的运动。无产阶级应该通过运动去达到最终目的，它的"最终目的就是推翻资本主义社会"。

考茨基以一种复杂的心情出席这次代表大会。由于他主编的《新时代》未加按语刊载伯恩施坦的《社会主义问题》，受到许多代表的批评，他必须表明态度。他还因同伯恩施坦长期共过事，既要"清除暧昧"，又要"避免说出伤感情的话"。他明确表示与伯恩施坦存在着"策略性和理论性的分歧"，批判了伯恩施坦关于无产阶级可以"在和平的道路上不经过灾变而逐渐取得政权"的观点。然而考茨基认为："伯恩施坦没有使我们丧失勇气，而只是促使我们深思熟虑，为此我们要感谢他。"对此，普列汉诺夫在会后致信考茨基，提出中肯的批评："这是对的，但是不完全对。确实，伯恩施坦一点也没有使德国社会民主党丧失勇气……但是，说到他促使我们深思熟虑，必须举出新的事实，或者就已知的事实作新的发挥。伯恩施坦两样都没有做到。"考茨基的发言表明，他对伯恩施坦主义是资产阶级观点在工人运动中的反映这一本质特性认识不足。尽管如此，他当时是站在马克思主义立场上批判伯恩施坦的。蔡特金和威廉·李卜克内西赞扬考茨基的发言"从理论和科学的高度对问题作了说明"。

斯图加特代表大会虽然未把伯恩施坦问题列入议程，但在实际上它已经围绕伯恩施坦主义的核心"运动和最终目的"问题展开对伯恩施坦的批判，并受到多数代表的支持。正像卢森堡在这次代表大会的《回顾》一文中指出："机会主义这一次也遭到了迎头痛击。党一致声明：它坚持它的最终目的，坚持取得政权以废除资本主义制度；它对社会改良和不知不觉地逐渐地进入社会主义的彼岸丝毫不抱幻想。"可以认为，斯图加特代表大会揭开了德国社会民主党反对伯恩施坦主义的序幕。

伯恩施坦对马克思主义的全面"修正"

斯图加特代表大会闭幕不久，1898 年 10 月 20 日伯恩施坦写信给倍倍尔，表示他不惜被开除出党，将坚持对马克思主义"进行检验"的"信念"。他继而发表《声明》，宣称"在一百年以前需要进行流血革命才能实现的改革，我们今天只要通过投票、示威游行和类似的威逼手段就可以实现了"。

当时，德国党领导人对伯恩施坦错误的严重性依然估计不足。倍倍尔认为，伯恩施坦问题不必在党代表大会上作出决定，只需"在报刊上透彻地加以讨论"。在这同时，考茨基以及奥地利社会民主党领导人维克多·阿德勒分别致信伯恩施坦，希望他写一本系统说明其观点的著作，以便开展争论。

1899 年 1 月，伯恩施坦发表《社会主义的前提和社会民主党的任务》（以下简称《前提》）一书，对马克思主义的哲学、政治经济学和社会主义学说进行全面的否定。他在该书的序言中宣布，要同"出身于马克思和恩格斯学派的社会主义者进行论战"。

伯恩施坦在《前提》中否定科学社会主义的哲学基础。他把马克思的唯物主义视为"最易引入歧途的空论"，提出以康德的唯心主义取而代之，说："社会民主党必须有一个康德，他总有一天要十分苛刻地对传统的教义进行批判的审查和严厉的责备。"他认为唯物辩证法"仿效"黑格尔的辩证法，是"神秘""死板的公式"，妨碍对事物的正确考察，成了马克思主义的"最致命之点"。伯恩施坦还把历史唯物主义曲解成经济唯物主义；歪曲上层建筑和经济基础之间的辩证关系，说二者对社会的发展起着"相等的作用"。他否定人类历史发展的客观规律性，认为根据这一规律性去论证社会主义是"不可能的"。

在《前提》中，伯恩施坦否定马克思主义政治经济学的基石，非难马克思的劳动价值论是"思维的公式或科学的假设"，说剩余价值学说是"以假设为根据的公式"。伯恩施坦反对马克思关于资本积累和无产阶级贫困化的论断，他利用资产阶级经济学家的统计数字，证明资本主义股份公司的产生不是使资本集中，反而使资本"分散化"，"限制了"社会的分化，使无产阶级免于贫困化。他宣扬资本主义制度因垄断组织的出现使"过去发生的危机不会重演"，资本主义必然崩溃的理论是没有根据的。伯恩施坦对马克思主义政治经济学的否定，目的在于为资本主义和平长入社会主义的观点制造经济学方面的依据。

伯恩施坦在《前提》中系统地阐述了"和平转变为社会主义"的理论，宣称应从批判开始，"发展和改正"马克思主义的阶级斗争学说。他认为资产阶级和无产阶级不存在明确界限，他们之间的矛盾日趋缓和，他们的相互合作将成为社会进步的动因。资产阶级已经认识到资本主义制度"受变化规律的支配"，在考虑免除"一场灾变"。因此，他反对打碎资产阶级的国家机器，说无产阶级专政"属于较低下的文化"，是"倒退"到专制主义的"政治上的返祖现象"。他要求"继续发展"资本主义制度，进而通过民主改良和经济改良的途径达到社会主义。伯恩施坦说的民主改良，是在资本主义统治上争得普选权，让人民的代表在议会内赢得优势，"使议会变成人民的真正仆人"他所谓的经济改良，是要组织工人消费合作社，发展资本主义企业中"一系列新的社会主义萌芽"，无须剥夺剥夺者，和平地过渡到"民主的社会主义"。与此相适应，伯恩施坦要求社会民主党成为"和平的党"，"一个民主的社会主义的改良的党"。

伯恩施坦对马克思主义的全面否定，博得资产阶级反动思想家的赞扬。德国国家社会主义组织的领导人弗·纳乌曼发表了《马克思主义的瓦解》一文，称赞伯恩施坦"抛弃马克思主义的已经过时和已经无效的公式"，说"过去虚构的或真正的马克思主义的一致已经破灭"。资产阶级经济学家卡尔·狄尔认为，伯恩施坦把"科学社会主义直到今天认为正确的一系列学说驳倒了"，称伯恩施坦是他们在"社会民主党阵营中第一线的哨兵"。

伯恩施坦在德国党内的支持者把他的《前提》奉为经典。福尔马尔在1899 年 9 月的慕尼黑党员大会上发表演说，系统地宣扬伯恩施坦的修正主义观点，宣称不能让资本主义必然崩溃的理论来左右党的策略，要求修改党的纲领。他表示，"我们应该有勇气声明：我们是一个社会改良党"。奥艾尔在1899 年 10 月给伯恩施坦的信中写道："我们在大多数场合像你所要求的那样行动。"伯恩施坦这部"最平凡的作品……成了马克思主义内部完全脱离了马克思主义的一个流派的宣言"①。

在汉诺威、卢卑克、德累斯顿党的代表大会上的交锋

德国党的多数党员对伯恩施坦的《前提》感到不满。卢森堡于 1899 年4 月在《莱比锡人民报》发表第二组批判伯恩施坦的文章：《社会改良还是社会革命？谈谈爱德华·伯恩施坦的书：社会主义的前提和社会民主党的任务》。不久，她把两组文章汇成《社会改良还是社会革命》一书。这是德国党内第一部系统批判伯恩施坦主义的论著。

卢森堡在书中指出，德国党同伯恩施坦主义的论战，"最终说来，不是这种斗争方式还是那种斗争方式的问题，也不是这种策略还是那种策略的问题，而是社会民主主义运动的存废问题"。她运用马克思主义政治经济学的观点，批判了伯恩施坦关于"资本主义制度越采越表现出更大的适应性"的谬论。她写道，伯恩施坦所谓资本主义社会处处都有社会主义的"成分"，

---

① 《列宁全集》第 17 卷，人民出版社 1959 年版，第 43 页。

岂不是把资本主义社会看成社会主义社会了吗？伯恩施坦认为，资本主义的发展不是走向普遍的危机，因而否定了科学社会主义的基石之一的资本主义必然崩溃的理论。伯恩施坦的观点，"整个说来，可以用这样的话来表现它的特征：这是以庸俗经济学的精神以资本主义停滞论为依据的社会主义停滞论"。

卢森堡在书中驳斥了伯恩施坦的和平长入社会主义的理论。她指出，为了教育和组织无产阶级，议会斗争、工会斗争是必需的，但它们不是建立无产阶级统治的手段。摧毁资产阶级国家机器，"只有靠革命的锤击，即无产阶级夺取政权"。伯恩施坦错误的实质，是把社会改良和社会革命对立起来，以社会改良取代社会革命，妄图"在资本主义的苦难的海洋加进一瓶社会改良的柠檬汁，就把它变成社会主义的甜蜜的海洋"。

在伯恩施坦发表《前提》以后，倍倍尔改变了只在报刊上讨论伯恩施坦问题的想法，主张召开党的代表大会解决这一问题，并请蔡特金和卢森堡一起去汉诺威参加这次代表大会。

1899年10月9—14日，德国党召开汉诺威代表大会，伯恩施坦问题被列入议程。倍倍尔在会上作了《对党的基本原则和策略立场的攻击》的长篇报告。这个报告列举令人信服的材料，从政治经济学和社会主义学说方面证明并谴责了伯恩施坦对马克思主义的攻击。倍倍尔论证了资本的集中和垄断组织的出现加剧了无产阶级与资产阶级的矛盾，从而在他们之间"爆发严重的斗争"，而绝无阶级和平。他批判了伯恩施坦在政治上"没有必要使用暴力"，在经济上通过建立消费合作社，使资本主义转变为社会主义的理论；阐述了社会民主党人对待暴力革命的态度。他指出，暴力革命是必需的，"革命不是革命派制造的，在任何时候都是反动派制造的"。倍倍尔明确宣布：党不能接受伯恩施坦的理论，"没有理由要对马克思主义进行修正！"决不允许把党变成"民主的社会主义的改良政党"。倍倍尔作为党的有威望的领袖所表现的坚定态度，促进了德国党内反对伯恩施坦主义的斗争。

福尔马尔、奥艾尔和大卫等人反对倍倍尔的报告，把对伯恩施坦的批判称作"宗教裁判"。他们的意见遭到多数代表的反对，会上引起了激烈的争论。

卢森堡、蔡特金、威廉·李卜克内西等支持倍倍尔的报告。卢森堡在发言中驳斥大卫等人为伯恩施坦所作的辩解，批判了大卫关于不必夺取政权，只需从内部一点点去"挖空"资本主义制度的论点。蔡特金同样反驳了伯恩施坦一伙关于资本主义社会可以"逐渐社会主义化"的谬论，并且指出：工会斗争、议会斗争和经济斗争不能作为"无产阶级斗争的主要目的"。李卜克内西在发言中强调，伯恩施坦及其同伙的言论与社会主义者的观点背道而驰。他表示：党不能放弃革命的纲领和策略，变成"资产阶级的改良政党"，"我们不应该刹车，不应该观望徘徊，我们必须前进！"

汉诺威大会比斯图加特大会前进了一大步。它不仅以党的代表大会的形式批判了伯恩施坦主义，并以216票赞成、21票反对和1票弃权，通过倍倍尔起草的决议。它宣布：党拒绝伯恩施坦的修正主义思想；将坚持原有的立场："认为工人阶级的历史任务是夺取政权，以便依靠政权实行生产资料的社会化，实行社会主义的生产方式和交换方式。"决议表示："党既没有理由改变它的基本原则和基本要求，也没有理由改变它的策略，也没有理由改变它的名称，就是说，把社会民主党改变成一个民主的社会主义的改良政党。党坚决拒绝旨在掩饰或者改变它对现存的国家制度和社会制度以及对资产阶级政党的态度的任何尝试。"这个决议坚持了马克思主义的基本原则。德国党在反对伯恩施坦主义斗争中取得了一次重大胜利。

伯恩施坦没有出席汉诺威代表大会。会后，他声明在作必要的保留的情况下赞同决议，实际上不愿受决议的约束。1901年2月，伯恩施坦从伦敦回国。5月17日，他在柏林社会科学大学生联合会上发表了题为《科学社会主义怎样才是可能的？》的讲演，宣扬科学社会主义是用无法证实的未来图景当作目的的"空想主义"；说社会主义运动因受无产阶级利益的支配，"不是一种科学的运动"。他提出以"批判的社会主义"取代科学社会主义。

考茨基在同年6月写了《疑问的社会主义对抗科学的社会主义》。在驳斥了伯恩施坦对科学社会主义的攻击后，考茨基指出："马克思主义的社会主义的伟大功绩恰恰在于，它克服了早期社会主义的空想的方面。"并且，"只有在马克思和恩格斯的时代，社会主义运动才成为一种群众现象"，因此，"科学社会主义是必需的，它也是可能的。它事实上已经存在"。他认为伯恩施坦已经"放弃科学社会主义者的身份"。

6月24日和9月4日，倍倍尔两次写信给考茨基，表示"在下一次的党代表大会上无论如何必须就伯恩施坦事件进行辩论"。他希望考茨基"准备材料，武装自己"。

1901年9月22—28日，德国党召开卢卑克代表大会。柏林第四选区、柏林第六选区、图林根和巴登的党员分别向大会递交提案，要求谴责伯恩施坦对科学社会主义和党的策略的攻击。

在会上，倍倍尔谴责伯恩施坦利用资产阶级讲坛，在"批评自由"的幌子下"唯独批评了党的原则"，"批评了马克思和恩格斯"，得到了资产阶级报刊的赞赏。考茨基、麦克斯·格龙瓦尔德和阿尔都尔·施塔特哈根等都谴责了伯恩施坦对科学社会主义的攻击。格龙瓦尔德表示："最使人气愤的是，伯恩施坦不顾汉诺威代表大会的决议而继续他的'批评'，甚至变本加厉，攻击起党的基本原则。"施塔特哈根指出，马克思和恩格斯由于把唯物史观和剩余价值学说运用于社会主义学说，从而奠定了它的科学基础。伯恩施坦出席了大会，多次进行辩解，否认他说过"社会主义不是科学"。大卫、海涅等攻击倍倍尔压制"批评自由"。他们的意见遭到多数代表的反对。大会以 203 票赞成、31 票反对和 4 票弃权①通过倍倍尔提出的决议。决议谴责伯恩施坦对党进行"完全片面"的批评，希望伯恩施坦"不会无视这一裁决，并且会按照这一裁决采取行动"。

伯恩施坦就大会通过的决议发表声明，认为决议对他的谴责"不公正"，他不会因此"对自己的见解产生疑虑"；同时虚伪地表示：将"尊重和重视决议"。

卢卑克代表大会以后，德国党对伯恩施坦坚持错误的顽固态度估计不足。当伯恩施坦表示"尊重"决议后，党内有影响的理论家考茨基认为，修正主义已经"退潮"，并且希望，"卢卑克党代表大会已经使自我批判和争论的时期告一段落，并开辟一个齐心协力共同工作的时期"，也将给党"带来一个内部和平的时期"。然而，1901 年 10 月，伯恩施坦发表《争论的核心》一文，再次攻击马克思对未来社会的设想"不全是科学"。1902 年的慕尼黑党代表大会却未对伯恩施坦及其支持者进行批判。这次大会仅就《新时代》发生营业亏损，涉及与伯恩施坦一伙经办的《社会主义月刊》的对立，进行了一场无结果的争论。

1903 年春天，欧洲各国社会党为纪念马克思逝世二十周年，相继发表文章，一些文章批判了伯恩施坦的错误。伯恩施坦发表《马克思崇拜和修正主

①　投弃权票的 4 人包括伯恩施坦、奥艾尔、费舍和考茨基。考茨基在大会上谴责了伯恩施坦，而对大会的决议表示弃权，其原因在于他对伯恩施坦依然存在幻想。他在发言中说，伯恩施坦"为了我们的利益在《社会民主党人报》工作了十年之久，我们感到很满意……他在《社会民主党人报》进行了自我批评，但也批判了我们的敌人，还批判了资产阶级社会改良家，他曾经非常坚决地反对过这些人，但愿他能恢复老的传统！"

义的权利》一文进行反驳，继续攻击历史唯物主义和剩余价值学说。他宣称要保卫"社会主义修正主义的科学"。这年 7 月，德国党在国会选举中赢得空前胜利，获得 3010771 票（占投票总数的 31.71%），占 81 个议席，成为国会内第二大党。伯恩施坦趁机再次鼓吹通过议会斗争取得政权，发表了《从帝国议会选举的结果中得出什么结论？》的文章。他建议即使承担朝觐德国皇帝的义务，党也要力争取得国会副议长的职位。他还美化帝国宪法，称它"最接近共和主义原则"。福尔马尔立即响应伯恩施坦的建议。在这样的背景下，德国党在这年 9 月召开德累斯顿代表大会，把讨论党的策略列为大会主要议程。指定倍倍尔和福尔马尔为对立双方的发言人。

倍倍尔的发言坚持了马克思主义的国家学说。他指出，德意志帝国实行的是维护容克资产阶级利益的政策。党在国会选举中获胜，不会改变帝国统治的阶级实质。一旦社会民主党人被允许参与政权，只能是对政府让步，而损害无产阶级的利益。他指责伯恩施坦想以承担朝觐皇帝的义务换取副议长职位是"愚蠢""荒谬"和"鼠目寸光的观点"。他认为，社会民主党不应该调和无产阶级与资产阶级的对立，而需要按照马克思主义的正确策略，在选举胜利时"乘胜前进，转入攻势"。倍倍尔的这篇发言，连同他在 1899 年汉诺威代表大会上的报告，受到列宁的高度评价：这两个历史性文献，"在很长时期内成为捍卫马克思主义观点和为工人政党的真正社会主义性质而斗争的典范"①。

福尔马尔在发言中为伯恩施坦辩解，反对倍倍尔关于谴责修正主义策略观点的提议。他还鼓吹："绝对的思想自由、探讨自由，也就是研究原则、目的和策略的自由"，不应该受到哪怕是"最小的限制"，这是党的"生命源泉"。他否认党内存在修正主义思潮，说"修正主义无非是臆造出来的怪影"。

代表大会围绕是否应争得国会副议长职位，就党的策略问题，以 288 票对 11 票的绝对多数通过倍倍尔、考茨基和辛格尔起草的决议。决议不指名地谴责了伯恩施坦一伙企图改变党的阶级斗争策略和党的无产阶级性质。决议宣布：对德意志帝国"拒绝承担任何责任"，"不承认能够使统治阶级保持政权的任何措施"；"党不能谋求在资产阶级社会内部参与政权"。这个决议拒绝了伯恩施坦关于社会民主党参与资产阶级政权的建议，避免了类似法

---

① 《列宁全集》第 19 卷，人民出版社 1959 年版，第 295 页。

国社会党人米勒兰入阁事件在德国的重演。

在当时，德国社会民主党是第二国际中最有影响的党。德国党内出现以伯恩施坦为代表的修正主义，引起各国机会主义者的共鸣。英国工人自由派，意大利的屠拉蒂和索拉蒂，奥地利的鲍威尔和阿德勒，瑞典布兰亭派，俄国经济派等，都把伯恩施坦视为他们的旗手。1899 年 6 月，法国社会党内的机会主义者米勒兰加入资产阶级政府，任工商部长。伯恩施坦把这件事看作是夺取政权的第一步。列宁认为，米勒兰的入阁成为"实践的伯恩施坦主义的绝好的榜样"①。他还指出，这些修正主义者"都成了一家弟兄，他们彼此称赞，彼此学习，大家一起攻击'教条式的'马克思主义"②。当修正主义成为一种国际现象时，德国党对伯恩施坦主义的批判为国际范围内反对修正主义的斗争揭开了序幕。

诚然，德国党在这场斗争中存在不足。伯恩施坦是以"最完整的形式提出了对马克思学说的修改"③。然而，德国党在自己的代表大会上主要围绕与党的策略相关的问题：如运动和最终目的，是否应夺取政权和怎样取得政权，建设一个革命政党还是蜕变为改良主义政党等问题，展开争论。除卢森堡以个人名义发表《社会改良还是社会革命?》外，党没有把伯恩施坦主义作为完整的体系进行全面的批判。党也没有深入分析伯恩施坦主义产生的阶级根源和社会基础。倍倍尔和考茨基认为，伯恩施坦走上修正主义道路，是由于他长期居住英国，"同党失去了接触"，根据仅仅属于英国的情况得出错误的结论。卢森堡正确指出党同伯恩施坦一伙的论争是"两种世界观和两个阶级"的论争，然而她又把伯恩施坦主义看作小资产阶级思想的反映。

德国党由于反对伯恩施坦主义不够彻底，因而低估了这一修正主义思潮的危险性。在 1903 年的德累斯顿代表大会以后，党再也没有以代表大会的形式，将反对伯恩施坦主义的斗争继续下去。德国党在以后的年代里遭到修正主义的严重腐蚀，并在第一次世界大战期间产生分裂。这是国际共产主义运动史上的一个深刻的教训。

---

① 《列宁选集》第 1 卷，人民出版社 1972 年版，第 226 页。
② 同上书，第 224 页注①。
③ 《列宁选集》第 2 卷，人民出版社 1972 年版，第 2 页。

第一次世界大战期间的社会沙文主义

叶书宗

第一次世界大战爆发以后，第二国际各国党的领导人在"保卫祖国"的旗号下，堕落成为社会沙文主义者。列宁和他领导的俄国社会民主工党（布），坚持马克思主义和无产阶级国际主义立场，反对社会沙文主义，为工人阶级如何对待帝国主义战争制定了一系列策略原则，树立了马克思主义政党如何对待帝国主义战争的范例。

社会沙文主义的大暴露

1914 年 7 月 28 日，奥匈帝国向塞尔维亚宣战，酝酿已久的第一次世界大战爆发了。各交战国家社会党的机会主义领导人，纷纷追随本国资产阶级政府，狂热地支持帝国主义战争。

7 月 29 日，德国社会民主党国会议员阿·休特古姆在秘密会谈时告诉帝国首相冯·贝特曼·霍尔韦克：社会民主党执行委员会在战争期间将不采取任何阶级斗争行动，并将在社会民主党报刊上登载使政府满意的报道。8 月 4 日，德国社会民主党执行委员会主席、国会议员胡果·哈阿兹代表议会党团在帝国国会发表声明，赞成政府的军事预算，声明说："敌人的入侵正在威胁着我们。今天我们所要决定的，不是赞成还是反对战争的问题，而是解决为保卫祖国所需要的资金的问题。"声明还宣称："我们不能在这危险的关头把祖国置之不顾。"德国社会民主党执行委员会委员、社会民主党议会党团主席团委员菲力浦·谢德曼还宣告："我们有责任保卫社会民主主义最发达的这个国家，使它免遭俄国的奴役。"1914 年年底，德国社会民主党国会议员保尔·连施写成《德国社会民主党与世界大战》的小册子，将社会沙文主义理论化。连施说：德国是科学社会主义的故乡，"各国的社会主义文献都不可磨灭地带上了马克思主义理论的德国印记。这个国家的失败，它随后必然要遭到瓜分以及它的经济窒息，都会是整个国际社会主义可能遭到的最可怕的灾难"。连施在小册子中还说："德国在这次大战中的胜利将意味着马克思主义在整个国际中的胜利。"列宁称这本小册子是"奴才沙文主义者滥调的典型"①。德国社会民主党机会主义领导的所作所为，正如列宁所说的，"表明了机会主义所扮演的真正角色就是资产阶级的同盟者"②。

第二国际的中派领袖、德国社会民主党机关理论刊物《新时代》杂志主编卡尔·考茨基，提出"超帝国主义"论来欺骗群众，要求与社会沙文主义者保持和平、统一。考茨基在《帝国主义》一文（发表在 1914 年 9 月 11 日出版的《新时代》杂志上）中认为，帝国主义只是资本主义在进行扩展时采用的一种政策，"因此我也不把帝国主义看成是某种不可改变的东西"。他说："从纯粹经济的观点看来，资本主义不是不可能再经历一个新的阶段，也就是把卡特尔政策应用到对外政策上的超帝国主义的阶段。"超帝国主义理论是在革命与战争问题上用科学性和国际性伪装起来的一种社会沙文主义理论。

法国统一社会党领导人茹尔·盖得号召"保卫祖国"。他说："房子着火的时候，谁也不问这所房子是无产阶级的还是资产阶级的。"1914 年 8 月26 日，共和社会党人勒奈·维维安尼改组政府，以便造成一个举国一致结成"神圣同盟"的形象。盖得和另一名法国统一社会党人、众议员马赛·桑巴一起加入这个内阁，分别担任国务部长和公共工程部长。另一名"社会主义者"、共和社会党人米勒兰则担任陆军部长。两天后，《人道报》发表了《法国社会党关于党员参加政府的宣言》，说："社会党根据党章召开了会议，经过充分讨论后通过决议，宣布委派它的两个党员——我们的朋友茹尔·盖得和马赛·桑巴参加新内阁，从而成为我们在国防政府中的代表。社会党议会党团、党的常务委员会以及《人道报》管理委员会的所有代表都一致准备分担这两位同志所承担的重大责任。"宣言还号召"必须使整个民族拿出在我国历史上的类似时刻曾经表现出来的英雄气概，奋起保卫自己的领土和自由"。法国统一社会党的另一个领导人、众议员爱德华·瓦扬也全力支持政府的国防政策。

① 《列宁全集》第 39 卷，人民出版社 1963 年版，第 359 页。
② 《列宁选集》第 2 卷，人民出版社 1972 年版，第 663 页。

1914 年 8 月 2 日，英国工党动员伦敦工人群众在白金汉宫外面集会，高唱英国和法国国歌，并向英王爱德华七世和王后欢呼，以示"大不列颠以举国团结一致的一个国家进入了战争"。工党领袖阿瑟·韩德逊参加内阁，任教育大臣。独立工党于 1915 年 1 月 28 日在《正义报》上发表宣言，说要把战争"一直继续到目前所存在的普鲁士对和平与自由的威胁被彻底消除时为止"。工会领袖们也下令：放弃争取较优劳动条件罢工权；工人必须从事军火生产，必须连续为固定的雇主服务，违者受军法审判；允许雇主让工人在夜晚及星期日加班。工会领袖们把工厂法上保护工人健康和安全的禁令也取消了。

俄国的孟什维克也支持沙皇政府对德作战。以齐赫泽为首的第四届国家杜马孟什维克党团，一方面承认交战国的无产阶级在帝国主义战争中必须建立国际团结；另一方面又大讲拯救沙皇俄国，动员工人团体参加大资产阶级组织的"军事工业委员会"，支持战争。孟什维克的口号是："不是防御和自卫，而是救国。"

早已成为孟什维克的普列汉诺夫也背弃了无产阶级国际主义原则，支持协约国进行帝国主义战争。1914 年 10 月 11 日，他在洛桑的一次群众集会上作了关于战争的讲演。他说，法国是"遭到进攻的国家"，从法国方面来看进行的"是一场正义的战争"。会后，普列汉诺夫将报告作了修改和补充，在巴黎以《论战争》为名作为小册子正式出版。在这本小册子里，普列汉诺夫鼓吹维护资产阶级的"爱国主义"。他写道："俄国的失败会使它的经济发展延缓，这将不利于俄国人民的自由事业，而有利于俄国的旧制度，即我们力求推翻的那个沙皇制度。"他认为，一旦俄国战胜德国，俄国革命即将临近，因为"沙皇政府将不那么容易来对付被战争推上我国历史舞台的社会力量"。普列汉诺夫说："投票反对战争拨款会是对人民的叛变，而放弃投票将是怯懦。投赞成票去吧！"在普列汉诺夫的影响下，一批俄国侨民以志愿兵的身份参加了法国军队，许多人为战争而丧生。普列汉诺夫对于因受他的鼓励而走上前线的俄国青年的死感到难过，但是他始终坚持，为了履行"爱国主义的天职"，应该这样做。

比利时工人党领袖、一直担任国际社会党执行局主席的艾米尔·王德威尔得入阁任司法大臣。丹麦社会民主党领袖托·奥·斯陶宁格入阁任不管部大臣。意大利社会党领袖列奥尼达·比索拉蒂入阁任不管部长。1899 年法国社会党人米勒兰参加法国内阁时，在法国社会主义运动内部引起了激烈争论，不仅导致法国社会党盖得派和饶勒斯派的公开分裂，而且越出法国的范围，成了第二国际中革命派和机会主义派争论的中心之一。而现在，第二国际的领袖们都把为帝国主义战争效劳看作社会主义事业前进的阶梯。1916 年斯陶宁格出任部长时，第二国际执行局书记卡米尔·胡斯曼致电贺说："这样，我们在全世界就有十个社会主义的部长了。事业在前进！谨致最好的祝愿。"

只要把各国社会党的机会主义者狂热地支持帝国主义战争的态度和第二国际巴塞尔反战宣言比较一下，就不难看出他们的社会沙文主义真面目。

1912 年 10 月，第一次巴尔干战争爆发，世界大战迫在眉睫。这一年 11 月，第二国际在瑞士巴塞尔召开第九次非常代表大会，讨论了国际局势和反对战争的统一行动。在社会民主党左派的坚持下，大会通过了著名的《巴塞尔宣言》。宣言谴责了帝国主义的战争阴谋，号召各国人民反对帝国主义战争，一旦战争爆发，则利用战争引起的经济危机和政治危机来加速社会革命。

第二国际的机会主义者背叛《巴塞尔宣言》，是因为屈服于资产阶级政府的压力。各国资产阶级政府都根据对战争的态度来决定对待社会党人的政策。参战国自不必说了，即使像瑞士这样的"永久中立国"，也在各大国的压力下用暴力手段禁止任何形式的反战宣传。第二国际的机会主义者害怕社会党被宣布为"非法"而遭取缔，担心失去议员的席位或入阁做官的机会，因此立即转而支持战争，并在社会沙文主义的泥坑里愈陷愈深。1914 年 10 月 2 日，德国社会民主党执行委员会委员麦·科亨和帝国内阁副国务秘书阿·万沙费举行会谈。科亨表示愿意把社会民主党改组成拥护君主政体的政党，建议政府重视同社会民主党实行长期联合，相应实行民主改革以取得工人的拥护。1915 年 1 月，休特古姆受帝国政府的委托到罗马尼亚去游说，争取罗马尼亚支持同盟国进行战争。其他国家的社会党也竞相效尤。

社会沙文主义泛滥的根源

社会沙文主义的出现不是偶然的，它是在几十年的和平环境里机会主义滋长的必然结果，社会沙文主义是第二国际机会主义在第一次世界大战中的合乎逻辑的发展。

从 1871 年巴黎公社革命失败到第一次世界大战爆发的 40 多年，是资本主义相对"和平"发展的时期。在这期间，除了1905年俄国发生第一次资产阶级民主革命运动之外，欧美各国几乎没有发生大的革命运动。各资本主义国家的统治集团，除了扩军备战、加强反革命暴力之外，对内更多地采用和平欺骗和实行社会改良的手段，安抚劳动群众。

德国的工人运动在实施《反社会党人非常法》的条件下，也有了广泛的发展。1878年帝国国会选举，德国社会主义工人党得选票437158票，当选9名议员；1890年帝国国会选举，德国社会主义工人党得选票1427298票，当选35名议员，暴力镇压措施完全失败了。1890年《反社会党人非常法》实施期满，德国统治阶级担心强硬手段会激起工人阶级更大的反抗，遂改变统治手法。帝国国会决定不再延长非常法。3月20日，首相俾斯麦下台。新任首相冯·卡普里维决定对工人运动采取分裂和收买相结合的"温和的新方针"。非常法取消后的10年里，工人的社会地位和实际工资都有所提高。劳动日为10小时左右，工人的年平均工资为600—700马克。在"新方针"下，到1912年，社会民主党在帝国国会里的议员增加到110名，成为国会中最大的党团。

统治阶级策略的变化很快在工人运动中引起反响。工人运动中的机会主义领导人要工人阶级接受资产阶级的"善意"，放弃暴力革命。1891年6月1日，德国帝国国会议员、社会民主党人格·福尔马尔在慕尼黑"黄金国大厅"公开举行的党员大会上发表演说，提出：俾斯麦的统治结束以后，德国政府的政策是否出现了一种新方针？社会民主党人是否有理由对自己迄今所持的政治态度作某种改变？他对这两个问题都作了肯定的回答，要求社会民主党"向善意伸出手来，给恶意以拳头吧！"告诫社会民主党，用不着任何时候都徒劳无益地拿着暴力革命学说的武器大叫大喊。

1899年，伯恩施坦发表《社会主义的前提和社会民主党的任务》一书，要求放弃无产阶级革命和无产阶级专政学说。同年6月，法国社会党的米勒兰应邀参加内阁，开创了社会党人参加资产阶级内阁的先例。

各资本主义国家增设一些社会保险等福利事业；工人阶级的政治地位有所提高；工人政党在议会选举中取得一定胜利；在资产阶级国家的宪法范围内容许工人政党的代表当选议员，进入内阁当部长。资产阶级在策略上的种种改变，使第二国际机会主义领袖们的革命意志消沉。他们从适应和平环境到害怕失去和平环境，当帝国主义战争爆发时，也就自然地附和本国资产阶级，滑向社会沙文主义。

　　第二国际的领袖们更多的是从书本上学习马克思主义，醉心于纯理论活动，低估在群众中做实际工作、组织工作和政治工作的重要性。这样长期日积月累，以致使第二国际的领袖们不能从现实社会的群众斗争中学习马克思主义，开展革命斗争。19世纪末20世纪初，世界资本主义发展到了帝国主义阶段，帝国主义发展不平衡规律加剧了，无产阶级社会主义革命可以首先在某些国家或者一国首先取得胜利。无产阶级政党要根据这一特点来制定自己的战略和策略。第二国际的领袖们恰恰不认识这一现实变化，当第一次世界大战爆发后，需要他们采取实际行动的时候，他们就显得软弱无力。

　　社会沙文主义还是帝国主义政策的产物。

　　19世纪末20世纪初，各主要资本主义国家正在向帝国主义过渡。几个帝国主义大国侵占了亚洲、非洲、拉丁美洲的广大地区。这些国家的垄断资产阶级从殖民地半殖民地人民身上榨取了惊人的利润。此外，由于新的科学技术的应用和推广，生产力水平又有了很大的提高。这样，垄断资产阶级就聚敛了大量财富。垄断资产阶级除了稍稍改善工人的处境之外，并从高额利润中分出一部分来收买工人队伍中的不坚定分子和工人运动领袖，这样便形成一个特殊的"工人贵族"阶层。

　　工人贵族的利益和本国帝国主义政策的利益联系在一起，他们早就开始宣扬"社会主义殖民政策"，为帝国主义的掠夺政策辩护。在1907年第二国际斯图加特大会上，荷兰社会民主党代表万一科尔提出："代表大会并不在原则上和在任何时候都谴责任何殖民政策，殖民政策在社会主义制度下可以起传播文明的作用。"德国社会民主党代表伯恩施坦和大卫立即响应，提出"监护未开化"的民族，攻击左派"没有切实的殖民纲领"。列宁在会上批判他们说："'社会主义殖民政策'这个概念本身就是荒谬绝伦的。""这个论点实际上等于直接退向资产阶级政策，退向资产阶级的世界观，替殖民战争及野蛮行为辩护。"① 帝国主义大战爆发以后，机会主义者就变成了护国主义者。社会沙文主义是机会主义在帝国主义战争中的表现。

　　对机会主义一贯采取调和态度，是第二国际的领袖们堕落成社会沙文主义的主观原因。

　　从伯恩施坦修正主义出现以后，第二国际内部就开始了反对伯恩施坦修

---

① 《列宁全集》第13卷，人民出版社1959年版，第70页。

正主义的斗争。但是，第二国际的领袖们在对待伯恩施坦主义及其在各国的变种的态度上，一贯采取调和主义的立场。

1903 年俄国社会民主工党第二次代表大会后，俄国社会民主党出现了坚持马克思列宁主义原则的布尔什维克派和坚持机会主义的孟什维克派。第二国际的首领们不是支持布尔什维克同孟什维克作斗争，而是试图在这两派之间搞调和。

1904 年 8 月，第二国际阿姆斯特丹代表大会为了"调解"布尔什维克和孟什维克的"分歧"，并且通过一个所谓"党的统一"的决议，实际上是要马克思主义者放弃原则，"统一"到修正主义者一边去。1905 年 2 月，国际社会党执行局还专门作出决定，成立一个仲裁委员会，两次出面"调停"布尔什维克和孟什维克之间的"争执"，以便同孟什维克取得统一。

第二国际的领袖们不敢和机会主义开展不调和的斗争，当大战爆发后，他们终于统统从调和主义滑向社会沙文主义。

列宁对社会沙文主义的批判

当第二国际各国党的领袖们纷纷背叛马克思主义，号召工人阶级为资本家的祖国互相厮杀时，列宁和布尔什维克党坚持马克思主义和无产阶级国际主义的正确立场，并根据第一次世界大战期间的总形势，提出三条策略原则：变现时的帝国主义战争为国内战争；使本国帝国主义政府在战争中失败；创建同机会主义决裂的第三国际，并从这三条基本策略原则出发，同帝国主义及其同盟者社会沙文主义展开斗争。

战争爆发时，列宁住在波兰加里西亚地区札科帕奈的郊外波罗宁小镇。列宁特别注意有关各交战国工人思想情绪的报道。8 月 5 日晨，列宁从报纸上看到德国社会民主党宣布赞同军事预算的消息，气愤地说：这是第二国际的末日。

为了便于开展革命活动，列宁离开波兰，于 9 月 5 日到达中立国瑞士的伯尔尼。两天以后，列宁便召集流寓在那里的布尔什维克举行会议，讨论和通过了他起草的关于战争的提纲：《革命社会民主党在欧洲大战中的任务》。提纲揭露了战争的帝国主义性质，指出第二国际的领袖们居然投票赞成军事预算、参加资产阶级内阁，这是在爱国主义和保卫祖国的幌子下推行社会沙文主义。提纲提出：社会民主党现时的主要任务是"宣传把枪口对着各国的资产阶级政府和政党，而不要对着自己的弟兄，对着其他国家的雇佣奴隶"①。提纲以鲜明的态度表示：由于第二国际的大多数领袖背叛社会主义，这个国际在思想上、政治上破产了。

会后，列宁又参加了当地布尔什维克支部会议。列宁启发大家理解"使本国政府失败"这一口号的意义。他说：使本国政府失败就是使本国统治阶级的掠夺计划破产，使它更易于被推翻；使沙皇政府失败无疑对工人阶级有利，这不但要向工人讲，还要向士兵讲，号召他们掉转枪口去反对专制制度。支部会上有人困惑地问：这个口号不是意味着我们将去帮助德国人并促使他们胜利吗？列宁向这位同志解释说：这一工作在德国、法国和所有其他的国家中都要进行。在军队中做这项工作要坚定不移、耐心细致、遇到困难绝不退却。只有这样做了，欧洲所有的国家——包括交战国和中立国——的无产阶级在未来的国内战争中的胜利才能得到保证。

10月上旬，列宁将提纲改成俄国社会民主工党中央委员会宣言《战争和俄国社会民主党》，在1914年11月1日出版的《社会民主党人报》第33号上发表。宣言作为布尔什维克对战争态度的正式文件，寄给国际社会党执行局和英、德、法、瑞士、意大利、瑞典、挪威等国的一些社会主义报纸刊载。列宁在宣言中说："变现时的帝国主义战争为国内战争是唯一正确的无产阶级口号……既然战争已经成为事实，那就不管这种转变在某一时刻会遇到多大困难，社会党人决不能放弃在这方面进行有步骤的、坚持不渝的准备工作。"② 列宁制定的正确策略原则，振奋了一时陷于迷茫的各国社会党左派和工人群众。

为了进一步阐述布尔什维克对待帝国主义战争的策略原则，用马克思主义思想武装各国的左派，提高工人群众的认识，批判社会沙文主义，列宁陆续写了《第二国际的破产》（1915年5—6月）、《社会主义与战争》（1915年7—8月）、《论欧洲联邦口号》（1915年8月23日）、《机会主义和第二国际的破产》（1915年年底）、《无产阶级革命的军事纲领》（1916年9月）、《帝国主义和社会主义运动中的分裂》（1916年10月）等一系列著作，阐明了马克思主义者对待帝国主义战争的态度。

在这些著作中，列宁首先痛斥机会主义者背叛《巴塞尔宣言》，机会主

---

① 《列宁全集》第21卷，人民出版社1960年版，第4页。
② 《列宁选集》第2卷，人民出版社1972年版，第574页。

义者不敢拿这个宣言提出的要求同各国社会党在战时的行动相对照。列宁指出:《巴塞尔宣言》不是反对一般的战争,恰恰是反对目前正在进行的,德、奥和英、法、俄两大帝国主义集团在侵略基础上的战争。列宁说:《巴塞尔宣言》"既没有一个字谈到保卫祖国,也没有一个字谈到进攻战和防御战的区别"①。列宁还分析了第二国际社会沙文主义的根源在于"本国工人同本国资本家共同反对其他国家的同盟"。②

其次,列宁阐明马克思主义者并不是一般地反对保卫祖国,马克思主义者承认在一定条件下保卫祖国或防御战的进步性和正义性,但仅仅是指反对反动阶级统治或民族压迫的正义战争而言;而第二国际机会主义者在第一次世界大战中所鼓吹的保卫祖国,则完全是为本国垄断资产阶级掠夺殖民地和争夺势力范围效劳的。1914 年 9 月 9 日,德国帝国首相贝特曼 – 霍尔韦克交给国务秘书一份战争目的纲领,其中要求:一、法国割让布里于和贝尔福矿区、佛日山脉西坡、敦刻尔克到布伦沿海地区,拆除要塞,使法国在经济上依附德国;二、比利时割让列日和佛尔维耶,必要时割让安特卫普,在经济上成为德国的省;三、把卢森堡划给德国;四、通过缔结共同关税协定,建立中欧经济联合会,保证德国的经济优势;五、建立德国的中非殖民区。其他各国也都各有一个胃口极大的掠夺计划。第一次世界大战中的保卫祖国,就是为了本国统治阶级的侵略目的而驱使各国劳动人民互相厮杀。列宁说:"所谓社会沙文主义,我们是指在当前帝国主义战争中承认保卫祖国的思想,为社会党人在这次战争中同'本'国资产阶级和政府的联合辩护,拒绝宣传和支持无产阶级反对'本'国资产阶级的革命行动等等。"③

再次,列宁阐明了无产阶级要利用帝国主义战争所造成的革命形势,把帝国主义战争变为国内战争,夺取无产阶级革命的胜利。列宁在《论欧洲联邦口号》一文中指出:"经济政治发展的不平衡是资本主义的绝对规律。由此就应得出结论:社会主义可能首先在少数或者甚至在单独一个资本主义国家内获得胜利。"④

此外,列宁还号召抛弃被社会沙文主义者们玷污和败坏了的社会民主党人称号,恢复原先马克思主义的共产党人称号,建立同社会沙文主义决裂的

①　《列宁全集》第 22 卷,人民出版社 1958 年版,第 99 页。
②　《列宁选集》第 2 卷,第 892 页。
③　同上书,第 648 页。
④　同上书,第 709 页。

第三国际。

　　俄国国家杜马中的布尔什维克党团，执行了列宁所制定的对待帝国主义战争的策略原则，给各国工人阶级做出了榜样。战争一开始，加米涅夫等杜马中的布尔什维克代表就进行了反对战争和沙皇专制制度的坚决斗争。在杜马讨论对政府的信任和战争拨款问题的第一次会议上，布尔什维克的杜马代表宣读了《俄国社会民主工党杜马党团宣言》，声明：俄国无产者的心是同欧洲无产者的心联结在一起的，"现时的战争是侵略政策的产物，是应当由现今一切交战国的统治阶级负责的"。宣言满怀信心地说："我们深信，在全世界一切劳动群众的国际团结中，无产阶级必将找到足以尽速结束战争的办法。"布尔什维克杜马代表反对军费开支，指责欧洲各国政府的政策是帝国主义政策，并且愤然离开杜马会议厅以强烈抗议沙皇政府进行帝国主义战争。

列宁和各国左派抵制与反对社会沙文主义的活动

　　列宁为组织无产阶级的革命队伍，在政治上、思想上、组织上等各个方面和社会沙文主义展开斗争。1915 年 2 月 14 日，英、法、比、俄等协约国社会党人在伦敦举行代表会议，以协调他们之间的行动。会议通过《关于战争问题的决议》，站在护国派立场上，一味地责骂同盟国，说如果让德国取胜"就等于欧洲民主自由的彻底毁灭"。布尔什维克没有被邀请。为了宣传布尔什维克的策略原则，列宁委托马克西莫维奇·李维诺夫出席会议，并在会上宣读俄国社会民主工党中央委员会声明。声明要求社会党人退出资产阶级政府，谴责投票赞成军费开支的行为。李维诺夫在宣读声明时被打断，并被剥夺了发言权。李维诺夫最后把声明递交会议主席团，愤而退场，以示抗议。这次会议是布尔什维克和沙文主义领袖们的第一次面对面斗争。

　　紧接着，1915 年 2 月 27 日—3 月 4 日，在列宁的倡议下，在伯尔尼召开俄国社会民主工党国外支部代表会议，出席会议的有巴黎、伦敦、苏黎世、日内瓦、伯尔尼、洛桑等地的布尔什维克支部和"鲍日分子"① 的代表。列宁代表中央委员会和中央机关报出席了会议，领导会议的工作，并就主要议程《战争和党的任务》问题作了报告。列宁起草、代表会议通过的关于战争

_____

① 即布哈林集团，他们不同意列宁提出的使本国政府在帝国主义战争中失败的主张。

的决议，再次阐述了布尔什维克对待帝国主义战争的基本策略原则。会议的影响是深远的。旅居端士的一个孟什维克党员说："最好让列宁给我们讲讲话，要不然，真会被整个第二国际卑鄙龌龊透顶的叛变憋死了。"

此后，列宁加紧进行在国际范围内团结、教育、组织左派队伍的工作。1915 年 3 月 26—28 日，在布尔什维克所属的妇女组织的倡议下，在瑞士的伯尔尼召开了国际社会主义妇女代表会议。出席会议的有英、德、法、荷兰、意大利、瑞士、波兰、俄国等国的社会党代表共 25 人。国际妇女运动的著名活动家克拉拉·蔡特金和娜·康·克鲁普斯卡娅也参加了会议。列宁为会议起草的决议草案说："代表会议确认，各国无产者除了他们的阶级敌人——资本家阶级之外，没有其他敌人。""如果女工想要缩短与帝国主义战争时代连在一起的苦难期，就必须使她们对和平的渴望变成愤怒和争取社会主义的斗争。"① 会议最后通过的决议虽然谴责了资本主义、拥护社会主义，但是在对待战争的态度问题上只通过一个和平主义的宣言。4 月 4—6 日，又在伯尔尼召开国际社会主义青年代表会议，德国、波兰、意大利、瑞士、挪威等 10 个国家的青年组织派代表出席了会议。会上选举成立社会主义青年国际局，创办《青年国际》杂志。列宁和卡尔·李卜克内西也曾参加该杂志的工作。在这两次国际性会议上，布尔什维克的代表大力宣传"变帝国主义战争为国内战争"的革命路线和政策，谴责机会主义者的背叛行为，传播了列宁的策略原则。各国帝国主义政府对此十分害怕。法国社会党女党员路易丝·索摩诺参加了这两次会议后回国，立即遭到反动政府的逮捕和监禁。但是，会议的影响是封锁不住的。

在以上这一系列工作的基础上，列宁积极筹备召开国际社会党人代表会议。1915 年 7 月 15 日在伯尔尼举行预备会议，商讨出席即将召开的国际社会党人代表会议的成员问题。俄国社会民主工党中央委员会的代表建议只邀请真正的左派代表。预备会议的组织者之一、瑞士社会民主党人罗伯特·格里姆竭力主张吸收以考茨基为首的中派参加会议，否决了布尔什维克的建议。

1915 年 9 月 5—8 日，国际社会党代表会议在瑞士的齐美尔瓦尔德举行，11 个国家的 38 名代表参加会议。俄国孟什维克首领巴·波·阿克雪里罗得和尔·马尔托夫出席代表会议，构成会议的右派。瑞士社会民主党的格里姆

---

① 《列宁文稿》第 2 卷，人民出版社 1978 年版，第 233—234 页。

和列·托洛茨基、维·切尔诺夫等构成会议的多数派中派。代表布尔什维克党出席会议的是列宁和格·叶·季诺维也夫。列宁和季诺维也夫等 8 名代表构成会议的左派。会议选出齐美尔瓦尔德联盟的执行机构"国际社会党委员会",并用英、法、德三种文字出版机关刊物《伯尔尼国际社会党委员会公报》。会议正式开始后,列宁阐明了布尔什维克的策略原则。意大利社会党的中派分子挖苦布尔什维克说:"你们的策略不是提得太晚了(因为战争已经开始),就是提得太早了(因为战争还没有造成革命条件)。"德国的考茨基主义者反对向全世界呼吁举行战壕联欢、政治罢工、游行示威、国内战争等,说这样做是"轻举妄动",是"儿戏"。在历次会议上,列宁都聚精会神地听别人发言,会后就召集左派商讨。列宁针对社会和平主义者的吵嚷,说道:"谁希望取得持久的民主的和平,谁就应该拥护反对政府和资产阶级的国内战争。"① 列宁为会议起草了《告全世界工人宣言草案》,揭露各国社会党机会主义领袖的叛变,号召各国工人越过自己的领袖、强迫社会党议会党团反对军事预算,并且召回进入资产阶级政府内阁的社会党人。草案提交全体会议表决时,以 19 对 12 票的多数票被否决。由于左派的据理力争,会议最后发表的宣言以及对被捕者和被害者表示同情的决议,宣布当前的战争是帝国主义战争,直截了当地说机会主义者关于保卫祖国的言论是谎言。这样,正如列宁所说:"已通过的宣言事实上在从思想上和实践上同机会主义和社会沙文主义决裂方面迈进了一步。"② 但是决议拒不承认第二国际领袖们叛变和第二国际破产的事实,反对建立第三国际。尽管如此,齐美尔瓦尔德会议仍有重大意义。从此开始,在列宁的周围联合成一个齐美尔瓦尔德国际左派集团。

1916 年 4 月 24—30 日,在昆塔尔召开了国际社会党人第二次代表会议,会议的议程有:争取结束战争的问题,无产阶级对待和平、议会、群众斗争采取什么态度问题,以及召开社会主义国际局会议问题,等等。还在 1916 年年初,列宁就草拟了《关于召开社会主义者第二次代表会议的决议草案》,决定"只准许拥护齐美尔瓦尔得代表会议决议的政治团体、工会组织的代表或个别人物参加会议"③。列宁会前又起草了俄国社会民主工党中央委员会向

---

① 《列宁选集》第 2 卷,人民出版社 1972 年版,第 684 页。
② 《列宁全集》第 21 卷,人民出版社 1959 年版,第 363 页。
③ 《列宁全集》第 22 卷,人民出版社 1958 年版,第 114 页。

社会主义者第二次代表会议提出的提案。提案除了对社会沙文主义者进行揭露之外，特别强调和机会主义者分裂已是全世界工人运动的一个事实。"各国的社会沙文主义者和考茨基分子想要恢复已经破了产的社会主义国际局。社会主义者的任务就是向群众说明，同那些打着社会主义旗帜而实行资产阶级政策的人实行分裂是不可避免的。"① 在这次会议上，国际主义分子分离出来了，也比齐美尔瓦尔德会议更加团结有力了。昆塔尔代表会议提出了第二国际破产的问题。由于列宁的坚持，会议还通过了一项谴责社会和平主义和国际社会党执行局机会主义活动的决议，要求立即结束社会党人同资本主义战争政府之间的合作。昆塔尔代表会议通过的宣言比齐美尔瓦尔德代表会议通过的宣言前进了一步。不过，这次会议仍然没有采取彻底的国际主义立场，没有接受布尔什维克党关于变帝国主义战争为国内战争、使本国帝国主义政府在战争中失败、建立第三国际等基本原则。

列宁和布尔什维克党的鲜明的国际主义立场，列宁在批驳社会沙文主义者保卫祖国之类言论时的革命性和科学性，教育和振奋了各国社会党中的左派，鼓舞了正在开展反战斗争的各国工人群众。各国社会党左派逐渐在列宁的旗帜下团结起来。法国社会党左派报纸《斥候报》喊出了反对党内社会沙文主义的声音。当瓦扬起劲地鼓吹民族仇恨的时候，《斥候报》的一篇文章追述瓦扬参加巴黎公社的往事之后，"要求公民瓦扬说明他过去和现在的态度互相矛盾的理由"。美国工人领袖尤金·德布兹 1915 年 9 月 11 日在美国工人左派报纸《向理智呼吁报》上写道："我不是资本家的士兵，而是无产阶级的革命者；我不是财阀的正规军的士兵，而是人民的非正规军的战士。我拒绝为资本家阶级的利益作战。"

在德国社会民主党的机会主义领导投向容克资产阶级的怀抱、乐意接受军事当局监护的时候，德国社会民主党的左派愤然而起。1914 年 12 月 2 日，德国议会第二次表决战争拨款案。卡·李卜克内西在"一群爱国者的咆哮中"发表了反对军事拨款的声明。李卜克内西说："这场战争不符合德国人民的利益。它不是什么保卫德国和争取德国自由的战争，也不是什么为争取更高的'文化'而进行的战争……'反对沙皇制度'这个口号，只不过是要利用德国人民的无比崇高的天性和他们的革命传统来发动战争和掀起民族仇恨。"李卜克内西坚持革命原则的一票，在当时产生了很大影响。列宁高

---

① 《列宁全集》第 22 卷，人民出版社 1958 年版，第 173 页。

兴地说："这说明在德国工人中还保持着社会主义精神，在德国还有能够捍卫革命马克思主义的人。"① 李卜克内西和罗莎·卢森堡等左派组成斯巴达克团，领导群众开展反战运动。

在第一次世界大战中，俄国布尔什维克由于有列宁领导，有正确的马克思主义路线，所以不受社会沙文主义毒素的沾染，并能适时地利用战争给沙皇制度造成的危机，胜利地推翻了沙皇制度，领导了十月社会主义革命，实现了变帝国主义战争为国内战争、使本国旧政府在战争中失败、建立第三国际等策略原则。列宁之所以能出色地领导反对社会沙文主义的斗争，除了主观因素之外，和俄国当时的客观社会历史环境也有关系。20 世纪来临时，西欧各国已经发展为比较先进的资本主义国家了，各国社会民主党的机会主义领导也早就开始把自己的命运和资产阶级国家的前途绑在一起。而俄国还是一个沙皇专制统治的军事封建帝国主义国家，农奴制残余严重存在，人民没有最起码的自由和民主权利，铁窗、流放和绞架像影子一样跟着革命者。不推翻沙皇专制统治，任何社会变革都是不能指望的。列宁以无产阶级革命家的洞察力看清了这一特征，凭借这个历史舞台，把马克思主义关于阶级斗争和无产阶级专政学说具体运用于帝国主义战争所造成的环境，不屈不挠地开展斗争，终于迎来无产阶级革命的新时代。

---

① 《列宁选集》第 2 卷，人民出版社 1972 年版，第 693 页。

布尔什维克党的建立

李显荣

在 1903 年俄国社会民主工党第二次代表大会上，一个新型的无产阶级政党——布尔什维克党宣告诞生。布尔什维克党的建立是俄国工人运动史上的重大转折点，推动了俄国革命运动的发展，它不但对俄国革命历史的进程、而且对后来的整个国际共产主义运动产生了深远的影响。

俄国社会民主工党的诞生

19 世纪 60 年代和 70 年代，资本主义的自由竞争发展到顶点。在这一段时期，欧美资本主义国家工人运动的发展，马克思主义在许多国家的广泛传播，为工人政党的建立创造了条件。从 60 年代末到 80 年代初，在一些资本主义国家相继成立了群众性的工人政党。例如：在 1869 年成立了德国社会民主工党（爱森纳赫派），1876 年成立了美国劳动人民党，1879 年诞生了西班牙社会主义工人党和法国工人党，1881 年成立了英国民主联盟，1882 年意大利工党宣告成立，等等。

同欧美一些资本主义国家相比，俄国是一个后起的资本主义国家，国内的工人运动步展较晚。但是，到了 19 世纪 80—90 年代，随着俄国资本主义的迅速发展，工人运动也在俄国蓬勃兴起，马克思主义得到广泛传播。1883 年秋，由普列汉诺夫、阿克雪里罗得、捷依奇、查苏利奇等人所建立的"劳动解放社"，对于在俄国传播马克思主义和促进俄国工人运动的发展起了很大作用。劳动解放社的成立，推动了彼得堡、莫斯科、基辅、敖德萨等地的社会主义团体和马克思主义小组的诞生。1895 年，根据列宁的建议，把彼得堡 20 多个马克思主义小组联合起来，组成了一个秘密的社会民主主义组织"工人阶级解放斗争协会"。这个协会的正式成立，是俄国工人运动史上的重大事件，它为在俄国成立工人政党做了思想上和组织上的准备。

这个协会是在以列宁为首的中心小组领导下进行工作的。列宁要求协会加强同工人运动的联系，加强对工人运动的政治领导。这个协会把工人运动的经济斗争同反对沙皇专制制度和反对资本主义压迫的政治斗争结合起来，实现马克思主义与工人运动的统一。当时积极参加这个协会工作的有列宁的战友娜·康·克鲁普斯卡娅、格·马·克尔日札诺夫斯基、阿·亚·瓦涅也夫等人。

在工人阶级解放斗争协会的影响和推动下，自19世纪90年代中期至末期，俄国其他城市和一些地区也相继成立了类似的协会和革命团体。例如在莫斯科建立了"工人协会"，在西伯利亚成立了"社会民主协会"。在伊凡诺沃—沃兹涅先斯克、雅罗斯拉夫尔、科斯特罗马、图拉、喀山、萨马拉、基辅、叶卡特林诺斯拉夫、尼古拉耶夫等城市相继出现了一批马克思主义团体，在南高加索地区也建立了社会民主主义组织。彼得堡工人阶级解放斗争协会和这些革命组织的出现，把在俄国成立工人阶级政党的任务提上了日程。

1898年3月1—3日，俄国几个地方的社会民主主义组织的代表，聚集在白俄罗斯明斯克郊外的一所小木房里，秘密地举行了第一次代表大会。大会代表共9人，他们代表6个组织；彼得堡、莫斯科、基辅和叶卡特林诺斯拉夫的社会民主主义组织代表各1名，崩得①代表3名，基辅《工人报》小组代表2名。列宁因在西伯利亚流放地而未能出席。

这次大会（史称"俄国社会民主工党第一次代表大会"）通过了关于建立俄国社会民主工党的决定，选出了阿·约·克列美尔、斯·伊·拉德琴柯和鲍·勒·艾伊杰里曼3人组成的中央委员会。大会发表了"俄国社会民主工党宣言"，指出："俄国工人阶级应当用自己健壮的肩膀承担起争取政治自由的事业，并且一定能够把它承担起来……俄国无产阶级将摆脱专制制度的桎梏，用更大的毅力去继续同资本主义和资产阶级作斗争，一直斗争到社会主义全胜为止。"

这个宣言的发表，对于俄国无产阶级的政治斗争无疑是起了很大的推动作用，代表大会宣告俄国社会民主工党的诞生，对于俄国无产阶级是一个很

---

① 成立于1897年，是立陶宛、波兰和俄罗斯犹太工人总同盟的简称，犹太小资产阶级的社会主义组织，其成员主要是俄国西部各省的犹太手工业者。

大的鼓舞。但是，在这次代表大会的宣言和决议中对于建立无产阶级政党的一些基本原则，诸如无产阶级在革命中的领导权问题、无产阶级的同盟军问题、无产阶级夺取政权和无产阶级专政等问题，都未很明确地提出来。而且，在这次大会上没有制定出统一的党纲、党章，作为党员进行工作的准则。大会虽然选出3名中央委员，但在大会闭幕后不久，有两名中央委员很快被沙皇政府逮捕。在形式上建立起来的俄国社会民主工党，没有一个强有力的中央领导机构。俄国各地的社会民主主义组织思想上涣散、组织上不统一。所以，一个以马克思主义为指导和具有严密组织的俄国无产阶级政党，实际上还没有建立起来。摆在俄国马克思主义者面前迫切而重要的任务，就是要继续为建立新型的马克思主义政党而斗争。

清除"经济派"的机会主义

19世纪和20世纪之交，俄国经济派的机会主义（经济主义）在社会民主主义运动中有较大的影响。经济派通过他们的舆论阵地《工人思想报》和《工人事业》杂志宣传自己的观点，对俄国工人运动产生很大的消极作用。他们以工人利益的代言人自居，对工人群众有一定的迷惑力。经济派的机会主义是使俄国社会民主主义组织陷于思想混乱和组织涣散的重要原因。因此，批判经济派，肃清工人运动中的经济派思想，是建立新型的马克思主义政党的重要前提。

经济派的主要代表人物有：《工人思想报》主编康·米·塔赫塔廖夫（1871—1925年）、经济学家谢·尼·普罗柯波维奇（1871—1955年）、政论家叶·德·康斯柯娃（1869—1958年）、《工人事业》杂志编辑波·纳·克里切夫斯基（1866—1919年）、亚·萨·马尔丁诺夫（1865—1935年），还有曾经加入民意党①的弗·彼·阿基莫夫（马赫诺韦茨，1872—1921年）。

经济派的机会主义观点最先在《工人思想报》上反映出来。1897年出版的《工人思想报》第1期上写道："为经济地位而斗争，为切身的日常利益而同资本家进行斗争——这就是工人运动的座右铭。"他们仅仅号召工人从事经济斗争，向资本家要求提高工资、改善劳动条件、缩短工作日，等

---

① 于1879年建立，是从民粹派组织"土地与自由社"分裂出来的一个革命恐怖组织。民意党人于1881年3月1日刺杀沙皇亚历山大二世，致使民意党在80年代被沙皇警察摧毁。

等。经济派歪曲马克思主义关于政治斗争的含义，认为任何工人的自发行动都是政治斗争。经济派提出了一个所谓"阶级论"的理论，认为社会民主主义运动先是纯粹的经济宣传，其次是同经济斗争相联系的政治宣传，最终才是政治宣传。

经济派分子所持的机会主义观点，主要是表述在一篇名为《信条》（1899年发表）的文件中，它是由库斯科娃和普罗柯波维奇共同起草的。《信条》赞同伯恩施坦主义，说"在西方造成了现在称为伯恩施坦主义的东西，造成了马克思主义的危机。工人运动从《共产党宣言》发表时起到伯恩施坦主义出现时止的发展是一种最合逻辑的进程"。

《信条》还攻击马克思主义"固执己见"，"否定一切"，"对于社会阶级的划分持过分死板的看法"。据经济派看来，这种原始的马克思主义，"将让位于民主主义的马克思主义，而党在现代社会中的社会地位也应该发生急剧的变化。党将承认社会；党的限于小团体的任务，多半是宗派主义性的任务，将扩大为社会的任务，而它那种夺取政权的意图，就会按现代实际情况根据民主原则变成改变或改良现代社会的意图"。《信条》否认无产阶级独立的政治作用和建立无产阶级政党的必要性，认为俄国马克思主义者的出路只有一条，就是帮助无产阶级进行经济斗争，并且参加自由资产阶级反对派的活动。

对于经济派的这种修正主义观点，列宁在1899年9月写成的《俄国社会民主党人抗议书》中进行了深刻的批判。列宁指出，马克思主义把工人阶级的经济斗争和政治斗争结合成了一个不可分割的整体，《信条》作者们企图把这两个斗争形式分开，是一种最拙劣、最可悲地背弃马克思主义的行为。经济派"力图抹杀无产阶级斗争的阶级性质，用所谓'承认社会'的无稽之谈来削弱这个斗争，把革命的马克思主义降低为一种庸俗的改良主义的思潮"。[①] 针对经济派否认建立无产阶级政党的必要性这样一个重大原则问题，列宁明确回答说，"无产阶级应该努力建立独立的工人政党，党的主要目的应该是由无产阶级夺取政权来组织社会主义社会"[②]。

《俄国社会民主党人抗议书》（以下简称"抗议书"），是俄国马克思主义者同经济派作斗争的一篇纲领性的宣言。这份抗议书曾经在流放西伯利亚的马克思主义者的会议上通过，在它上面签字的有列宁、克鲁普斯卡娅、瓦

---

① 《列宁选集》第1卷，人民出版社1972年版，第197页。
② 同上。

涅也夫、克尔日札诺夫斯基、维·康·库尔纳托夫斯基、潘·尼·勒柏辛斯基、米·亚·西尔文、亚·西·沙波瓦洛夫、瓦·瓦·斯塔尔科夫、叶·瓦·巴拉姆津、奥·亚·恩格贝尔格等17人。当时，普列汉诺夫也参加了反对经济派的斗争，他在《供〈工人事业〉编辑部用的向导》文集中转载了这份抗议书。这份抗议书在俄国社会民主党组织中得到了广泛的传播，俄国各地的马克思主义者正是在读过它之后，才纷纷起来批判经济派的机会主义观点。这份抗议书对在俄国建立新型的马克思主义政党起了推动作用。此外，普列汉诺夫本人也写有《一个社会民主党人的笔记摘录》（1900年）、《再论社会主义与政治斗争》（1901年）、《下一步是什么》（1901年）等文章，对经济派进行了批判，指出他们背离了马克思主义。

以列宁为首的俄国马克思主义者所以如此重视同经济派作斗争，因为经济派的思想就是伯恩施坦主义的变种。伯恩施坦竭力歪曲马克思主义的基本原则，攻击马克思的阶级斗争理论，反对马克思关于社会主义革命和无产阶级专政的学说。伯恩施坦提出了一个著名的机会主义公式：最终目的是微不足道的，运动就是一切。他认为工人运动的唯一任务，就是为改善阶级的经济状况，争取暂时的实际利益。俄国经济派正是师承伯恩施坦主义。所以，列宁指出，经济派企图利用时髦的伯恩施坦主义“以便打起新的旗帜传播旧的资产阶级思想”[1]。列宁还说经济派的重要代表人物“是伯恩施坦的热烈拥护者”，甚至是一位比伯恩施坦本人“更为激烈的伯恩施坦主义者”[2]。

经济派不但接受了伯恩施坦的一些观点，而且在一定程度上也是受了俄国合法马克思主义的影响，合法马克思主义也是经济派机会主义的思想来源。以资产阶级经济学家彼·伯·司徒卢威为代表的合法马克思主义者，认为资本主义在俄国将是稳固而持久的。他们阉割马克思主义关于无产阶级革命的学说，力图使马克思主义适应自由资产阶级的要求。经济派的观点正是同合法马克思主义的观点相吻合的。

除了这些思想来源，经济派机会主义的出现还有其社会基础，那就是俄国小资产阶级的自发势力和俄国无产阶级成分复杂，其中不少人来自农民。

经济派赞美小资产阶级的自发势力，崇拜工人运动中的自发性和否定工

---

① 《列宁选集》第1卷，人民出版社1972年版，第208页。
② 《列宁全集》第4卷，人民出版社1958年版，第163页。

人运动中自觉性的作用。据经济派看来，既然历史上的一切是根据不变的规律来实现，那么自觉性因素在社会历史发展中就不起什么作用；一切有计划的自觉行动是不必要的，因为这是一种强加于客观历史进程的力量。经济派无视自觉性的作用，自然也就否认革命理论和党的作用。他们认为，工人阶级可以自发地走向社会主义，党不应当干预和指导工人运动。

列宁在 1902 年写成的《怎么办?（我们运动中的迫切问题）》一书，对经济派的这些反马克思主义观点作了全面系统的、深刻的批判。列宁指出，"对工人运动自发性的任何崇拜和对'自觉成分'的作用即社会民主党（工人政党——引者）的作用的任何轻视，都是——完全不管轻视者自己愿意与否——加强资产阶级思想体系对于工人的影响"①。因为崇拜工人运动的自发性，就会使无产阶级政党变成消极无为的力量，或者使无产阶级政党成为工人运动的尾巴。这实际上就是不要无产阶级政党，从而也就使俄国工人阶级在沙皇专制制度和资产阶级面前解除武装。

经济派还否认向工人阶级灌输科学社会主义思想意识的必要性，认为社会主义思想体系可以从自发的工人运动中自然而然地产生出来。针对经济派盲目地崇拜工人运动的自发性和否认先进理论的意义，列宁特别强调了革命理论的巨大作用。他指出："没有革命的理论也就不可能有革命的运动。""只有以先进理论为指南的党，才能实现先进战士的作用。"② 工人阶级本身不能独立地创造出社会主义意识，只有以先进理论（马克思主义）武装的党并通过自己的活动，才能把社会主义意识灌输到工人阶级队伍中去，从而使工人阶级自觉地为实现社会主义而斗争。

列宁的《怎么办?》一书，有力地批判了伯恩施坦的信徒经济派，在思想上彻底粉碎了经济派的机会主义，从而为建立新型的马克思主义政党扫清了思想上的障碍。经济派在思想上的机会主义同他们在组织上的机会主义是分不开的。他们维护党的组织上的涣散，赞美工人运动中行会手工业方式和小组习气。列宁在《怎么办?》一书的第四章和第五章中批判了经济派在组织上的机会主义，论述了工人革命运动和无产阶级政党的组织任务，要求建立统一集中的、有严格组织纪律的无产阶级政党，从而能够充分发挥其应有的战斗力。

---

① 《列宁全集》第 5 卷，人民出版社 1959 年版，第 350 页。
② 同上书，第 336—337 页。

《火星报》为建党而努力

当俄国社会民主工党第一次代表大会召开的时候，俄国还没有办起一个有重大影响的、全国性的马克思主义的政治报纸。而这样的报纸对于无产阶级政党来说，是很必要的。1900 年列宁等人创办的《火星报》，是 20 世纪初俄国马克思主义者的重要宣传阵地，它为创建真正的俄国马克思主义政党作出了重大贡献。

当列宁还在西伯利亚流放期间，他就周密地考虑办报和建党计划。1900 年 1 月，列宁离开西伯利亚流放地，马上着手实现他酝酿已久的办报计划。这一年的上半年，列宁到乌法、莫斯科、彼得堡、斯摩棱斯克等地会晤一些马克思主义者，同他们讨论办报方针，并商量如何筹集办报资金。同年 7 月，列宁来到瑞士，会见了劳动解放社的主要成员普列汉诺夫、阿克雪里罗得、查苏利奇。他们商定在国外出版《火星报》。该报先是在莱比锡出版，而后在慕尼黑、伦敦、日内瓦等地出版。

《火星报》编委会由列宁、普列汉诺夫、马尔托夫、阿克雪里罗得、查苏利奇、波特列索夫 6 人组成。列宁实际上是这个报纸的主编和组织者，他除了要周密地考虑报纸的政治方针和撰写社论外，还要花费大量的精力去亲自组稿、审阅文章校样。克鲁普斯卡娅曾担任过《火星报》编辑部的秘书。

《火星报》创刊号于 1900 年 12 月付排问世。报头题词摘自俄国十二月革命党人致著名诗人普希金信中的诗句："且看星星之火，燃成熊熊之焰！"这充满激情的简短诗句，表达了办报人对无产阶级革命的必胜信念。这个报纸的出版，不但激励了侨居国外的俄国马克思主义者，而且推动了俄国国内工人阶级的革命斗争。报纸秘密运送到俄国国内散发，工人们竞相阅读。《火星报》不单单是革命舆论机关，而且成了俄国工人运动领导中心。

在当时反对沙皇专制政府的运动中，存在着机会主义团体（经济派）和其他小资产阶级团体（民粹派等）。这些团体虽然反对沙皇专制主义，但是也反对马克思主义和工人阶级的社会主义目标。马克思主义者必须同暂时的同路人以及各种机会主义分子划清思想界限，首先是同伯恩施坦的信徒经济派划清界限。当《火星报》出版之际，该报编辑部发表声明说："我们主张彻底发展马克思和恩格斯的思想，坚决反对爱·伯恩施坦、彼·司徒卢威和其他许多人轻率提出而目前甚为流行的那些似是而非的、暧昧不明的机会主义的修正。"①

《火星报》的主要任务是为在俄国建立马克思主义政党而斗争。该报创刊号发表了列宁起草的题为《我们运动的迫切任务》的社论。社论指出，没有一个坚强的马克思主义的党，无产阶级就不可能去从事自觉的阶级斗争，工人运动就会处于涣散状态，工人阶级就不能完成历史所赋予自己的伟大使命，工人阶级和其他劳动者就会长期处于被奴役的地位，工人阶级的优秀战士将遭受反动统治阶级的迫害。

《火星报》出版后，列宁在报上发表了《从何着手?》等一系列重要文章，论述了关于党的建设问题和俄国无产阶级进行革命斗争的各种根本原则。报纸除登载专题论文外，还辟有《党内消息》《工人运动大事记和工厂来信》《来自农村的消息》《我们的社会生活剪影》《国外评论》等栏目。它每期的发行量约 8000 份，有时还超过 1 万份。作为一个秘密的政治报纸来说，其发行量是相当可观的。

《火星报》威望的提高和影响的扩大，同它建立了代办员网是分不开的。《火星报》代办员联络国内外革命组织，向国内散发报纸。他们倾听俄国各地工人的呼声，了解各地社会民主主义组织的情况，经常为报纸提供材料和撰写通讯。《火星报》的著名代办员有：克尔日札诺夫斯基、李维诺夫、彼得罗夫斯基、瞿鲁巴、杜勃洛文斯基、巴布什金、巴乌曼、斯维尔德洛夫、斯大林、斯塔索娃、博勃罗夫斯卡娅、加里宁、邵武勉、皮亚特尼茨基、捷姆里雅契卡，等等，后来大都成为布尔什维克党的骨干。所以，《火星报》的创办，不仅为俄国马克思主义政党的建立作了思想舆论上的准备，而且为党造就了一大批干部。这个报纸曾是培养党的干部的学校，是俄国职业革命家汇集的中心。《火星报》认为自己的重要任务之一，就是从思想上把当时分散的俄国各地社会民主主义组织统一起来，并指导它们从事政治斗争。俄国大多数地方的社会民主党组织承认《火星报》是自己的领导机关，拥护它的政治路线，赞同它所制定的斗争策略。

俄国社会民主工党第二次代表大会召开前，《火星报》还批判了崩得分子的资产阶级民族主义和社会革命党人的恐怖策略。20 世纪初，一些残存的民粹主义团体联合起来，成立了"社会革命党"。社会革命党人是一些小资产阶级的冒险主义者，他们继承了民意党的传统，主张走个人恐怖斗争道

---

① 《列宁全集》第 4 卷，人民出版社 1958 年版，第 316 页。

路，妨碍组织群众进行革命斗争。

《火星报》制定了无产阶级政党的党纲草案。这个草案指出党的目的和任务，把分散的俄国社会民主党组织从思想上联合起来，从而为组织上的联合奠定了基础。党纲草案明确规定：工人运动的最终目的是用社会主义代替资本主义；达到这个目的的手段是社会主义革命和无产阶级专政。俄国工人政党的当前任务是推翻沙皇专制制度，建立民主共和国。根据列宁的建议，《火星报》编辑部于1902年6月公布了这个党纲草案。

《火星报》编辑部在1902年冬建立了组织委员会，为俄国社会民主工党第二次代表大会的召开进行筹备工作。这个组织委员会的成员有各方面的代表：克拉斯努哈（代表彼得堡委员会）、列文（代表《南方工人报》派）、拉德琴柯（代表《火星报》组织）、斯托帕尼（代表北方协会）、波尔特诺伊（代表崩得），还有格·马·克尔日札诺夫斯基、弗·威·林格尼克、彼·阿·克拉西柯夫等，这几个人后来都成了布尔什维克党的党员。组织委员会建立在俄国普斯科夫，这便于同国内各个社会民主工党组织进行联系。

布尔什维克党的诞生

1903年7月30日（俄历7月17日），俄国社会民主工党第二次代表大会在比利时布鲁塞尔的一个陈旧仓库里开幕。会议是秘密召开的，但被比利时警察发觉，便转移到英国伦敦的一个俱乐部里，继续秘密举行。大会于8月23日（俄历8月10日）结束。大会期间，选出了由普列汉诺夫、列宁和克拉西柯夫3人组成的主席团。这次大会的主要任务，是要"在'火星报'所提出和制定的原则的和组织的基础上建立真正的政党。'火星报'三年来的活动以及大多数委员会对'火星报'的承认，这就预先决定了代表大会应当按照这个方针进行工作"[1]。

参加这次代表大会的有43名正式代表（拥有51票表决权），他们代表26个组织，其中包括《火星报》、劳动解放社、"俄国革命社会民主党国外同盟""俄国社会民主党人国外联合会"、崩得的中央委员会和国外委员会、"南方工人社"、4个社会民主主义联盟、14个地方（彼得堡、莫斯科、图拉、哈尔科夫、基辅、敖德萨、第比利斯、巴库等地）委员会，以及经济派

---

[1]　《列宁全集》第7卷，人民出版社1959年版，第195页。

控制的彼得堡工人组织。

在这次大会的代表中，火星派（拥护《火星报》的人）居多数。会上的反火星派分子是崩得分子和经济派分子，他们拥有 8 票表决权。会上出现的中派，列宁称为"泥潭派"，拥有 10 票表决权。在火星派中又分为：坚定的火星派（列宁火星派）和跟着马尔托夫走的所谓"温和火星派"；前者拥有 24 票的表决权，后者只拥有 9 票的表决权。坚定的火星派是：列宁、普列汉诺夫、巴乌曼、克拉西柯夫、捷姆里雅契卡、绍特曼、古谢夫、斯切潘诺夫、斯托帕尼、克努尼扬茨、克尼波维奇、利亚多夫、加尔金、维连斯基、德·伊·乌里扬诺夫（列宁的弟弟），等等。

大会在讨论党纲问题以前，就崩得在工人政党内的地位问题进行了辩论。崩得分子站在民族主义的立场上，力图把联邦制原则应用到党内来，要求按照联邦制原则来建党，把党的组织看成是不受党的统一领导的各个民族组织的形式上的联合。这必将"严重地妨碍各不同种族的觉悟无产者更充分地在组织上接近起来，并不可避免地会使俄国的整个无产阶级特别是犹太无产阶级的利益受到重大损失"。联邦制的建党原则，不但是违背无产阶级的国际主义，而且是同无产阶级政党的组织原则不相容的；它必然使党的组织涣散，使党丧失应有的战斗力。大会坚决否定了崩得分子的要求，坚持以无产阶级国际主义原则和集中制的原则来建党。

讨论和通过《火星报》所制定的党纲草案以及确定党的章程，是俄国社会民主工党第二次代表大会的重要议程。列宁后来说，"'火星报'的纲领和方针应该成为党的纲领和方针，'火星报'的组织计划应该在党的组织章程中明文规定下来。但是，要达到这样的结果，不经过斗争是不行的"①。

本来，在《火星报》制定的党纲草案中已明确提出了无产阶级专政的问题，但在这次代表大会上机会主义分子马尔丁诺夫、阿基莫夫和戈尔德曼（李伯尔）却坚决反对把无产阶级专政的原则写进党纲。他们之所以在这个重大的原则问题上持反对态度，其主要借口是西欧各国社会民主党的党纲中没有提出无产阶级专政的任务。同时，他们还不顾当时俄国的客观现实，说阶级矛盾已在缓和，只要逐渐改善工人群众的物质生活条件，不经过无产阶级专政阶段也可能走向社会主义。

以列宁为首的坚定的火星派，对这种机会主义理论予以坚决反驳，促使

---

① 《列宁全集》第 7 卷，人民出版社 1959 年版，第 195 页。

这次党代表大会在通过的党纲中肯定了无产阶级专政的根本原则。党纲说："无产阶级的社会革命以生产资料和流通资料的公有制代替私有制，有计划地组织社会生产过程来保证社会全体成员的福利和全面发展，定将消灭社会的阶级划分，从而解放一切被压迫的人们，消灭社会上一部分人剥削另一部分人的一切形式。这个社会革命的必要条件就是无产阶级专政，即无产阶级夺取政权来镇压剥削者的一切反抗。"同当时欧洲各国工人党的党纲相比，这是唯一表述了无产阶级专政思想的党纲，从而鼓舞了俄国无产阶级为准备夺取政权而斗争。

代表大会在讨论党章问题、特别是在讨论关于党员资格条文时，火星派内部发生了分歧。马尔托夫提出的党员资格条文是：凡承认党纲、在物质上帮助党并在党的一个组织领导下经常协助党的人，都可以作为党员。而列宁在向代表大会提交的党组织章程草案关于党员资格的条文是这样说的："凡承认党纲、在物质上帮助党并亲自参加党的一个组织的人，都可以作为党员。"从字面上来看，这两个条文的差别似乎不很大，实际上在这两个条文中有着原则性的分歧。

在讨论党章过程中，马尔托夫认为"党员越多越好"。根据他所提出的条文，凡是任何一个愿意入党的人都可以成为党员，所有的工人和从事各种职业的知识分子，不问其思想觉悟如何，都可自愿列名入党，他们不必参加党的组织，不受党的组织纪律约束。如果这样的话，必将使党的组织涣散，使工人政党变成一个没有定型的、丧失战斗力的群众社团。马尔托夫的这种"门户开放"政策，将为一切革命意志不坚定的人和投机分子大开方便之门，把无产阶级政党变为一个来去自由的俱乐部。

根据列宁的条文，任何一个党员一定要参加党的一个组织，受党的组织纪律的约束，同时也可以受到党的马克思主义的教育。列宁认为，宁可十个实际工作者不自称为党员，"也不让一个空谈家有权利和机会做一个党员"。他还说："我们的任务是要保护我们党的巩固性、坚定性和纯洁性。我们应当努力把党员的称号和作用提高，提高，再提高。这就是我所以反对马尔托夫条文的理由。"①

在俄国社会民主工党第二次代表大会上，围绕着党员资格条文进行了长时间的辩论。机会主义分子阿基莫夫对列宁所提出的条文加以歪曲和攻击，

---

① 《列宁全集》第 6 卷，人民出版社 1959 年版，第 457、458 页。

说列宁竭力想把"纯粹的军警精神"写进党章中。但普列汉诺夫在讨论党章问题时是支持列宁的。他说,"大家对这个题目谈论得越多,我对大家的发言越是仔细琢磨,我头脑中的一个信念就越加坚定:真理在列宁一边"。由于温和的火星派分子和其他机会主义分子(经济派分子、崩得分子、中派分子)都支持马尔托夫的条文,因而使列宁提供的有关党员资格的条文未能通过。

后来,在选择党的中央委员会和《火星报》的编委时,大会又展开了激烈的争论,结果列宁派取得了胜利。被选进党中央委员会的 3 名中央委员格·马·克尔日札诺夫斯基、弗·威·林格尼克、弗·亚·诺斯科夫①在会上是拥护列宁路线的。由于列宁派在选举中央委员会时取得胜利,机会主义分子要求限制党中央委员会解散地方委员会的权力,他们力图缩小和削弱中央委员会的领导作用。但代表大会在通过的党章中规定,中央委员会指导党的全部实践活动,各级党组织都必须执行党中央委员会的一切决议。

在选举《火星报》编委时,马尔托夫要求把原先所有的 6 名编委列宁、普列汉诺夫、马尔托夫、阿克雪里罗得、查苏利奇、波特列索夫全部选进去,因为这对马尔托夫本人有利,后面 3 人是支持他的。列宁反对马尔托夫的这一主张,认为 6 名编委太多,意见难以统一,不能迅速有效地决定问题。列宁派主张只选举列宁、普列汉诺夫和马尔托夫 3 人,组成《火星报》新编委会。选举结果,恰是这 3 人中选(普列汉诺夫得 23 票、列宁得 20 票、马尔托夫得 22 票)。于是,马尔托夫声明退出编辑部,从而导致了俄国社会民主工党的分裂。

因为俄国社会民主工党第二次代表大会在选举中央委员会和《火星报》这两个重要领导机关时,支持列宁的人居多数,则被称为布尔什维克(多数之意),反对列宁的人居少数,则被称为孟什维克(少数之意)。所以,在俄国社会民主工党第二次代表大会上也就正式宣告布尔什维克党的诞生。这也是此次代表大会的伟大历史功绩所在。从此,孟什维主义成了机会主义的代名词,布尔什维主义则成了忠于无产阶级革命事业的象征,而布尔什维克党也就成了马克思主义政党的同义语。列宁认为,"从 1903 年起布尔什维主义就作为一种政治思潮、一种政党而存在"②。

---

① 诺斯科夫在这次代表大会以后,对孟什维克采取了调和主义立场。
② 《列宁全集》第 31 卷,人民出版社 1958 年版,第 6 页。

　　布尔什维克党的诞生绝不是偶然的，它是俄国革命工人运动发展的必然结果，它是在列宁《火星报》制定的关于党的思想原则和组织原则的基础上形成的，它是在同各种机会主义的斗争中诞生的。布尔什维克党的诞生，是同列宁火星派的努力奋斗分不开的，因此列宁被公认为是布尔什维克党的创始人和领袖。普列汉诺夫作为俄国第一代马克思主义者，曾属于坚定的火星派，支持过列宁，在俄国社会民主工党第二次代表大会上是有功绩的。但他在这次大会后，很快就同孟什维克搞调和，并逐渐滑进了孟什维克的泥潭，走向了布尔什维克的对立面。

　　以列宁为首的布尔什维克党自诞生之日起，就不倦地为争取俄国资产阶级民主革命和社会主义革命的胜利而斗争。它积极参加了 1905 年和 1917 年二月资产阶级民主革命，并领导无产阶级成功地取得十月革命的伟大胜利，建立了世界上第一个社会主义国家。布尔什维克党的建立，对于国际共产主义运动有着伟大的历史意义。它团结各国马克思主义者，同第二国际修正主义者进行了不倦的斗争，维护了马克思主义的纯洁性和无产阶级国际主义，支持了各国共产党的建立。

1905—1907 年俄国革命

孙成木

1905—1907 年，沙皇俄国发生了第一次资产阶级民主革命。这次革命虽然最后遭到失败，但极大地丰富了俄国人民的斗争经验，为 1917 年俄国十月革命的胜利作了准备，对亚洲、欧洲各国革命也有巨大影响。

革命形势的出现

1861 年改革以后，俄国资本主义迅速发展起来，"只用数十年的功夫就完成了欧洲某些旧国家整整几个世纪才能完成的转变"①。到 20 世纪初，俄国已经进入帝国主义阶段。

但是，俄国仍然保留着大量的农奴制残余，主要是经济上的地主土地所有制、政治上的沙皇制度。在地主土地所有制下，地主、贵族和沙皇拥有大部分的土地，而农民则拥有很少土地。1905 年，俄国不到 28000 个地主，却拥有土地 6200 万俄亩，而 1050 万户农民只有土地 7500 万俄亩。平均每个地主拥有土地 2200 俄亩，而每个农民只有土地 7 俄亩。农民为了糊口，不得不用自己的农具和马匹为地主耕种土地，遭受残酷的压迫和剥削。

沙皇仍拥有至高无上的权力。沙皇政府以地主阶级为主要支柱，强迫农民缴纳赋税和按照 1861 年改革规定的赎金，赎金的实际数量超过地价的一两倍。

农奴制的残酷剥削在工业中也深深地打下烙印。工人被剥夺起码的民主权利，工作时间特别长。虽然 1897 年法定的工作时间为 11.5 小时，但资本家总是想方设法加班加点。工人每天劳动 12—14 小时，甚至到 16—18 小

---

① 《列宁全集》第 17 卷，人民出版社 1959 年版，第 104 页。

时，而所得的工资却非常微薄。俄国熟练的冶金工人平均每天工资为 1 卢布 20 戈比。大多数工人平均每天仅得 50 戈比，甚至 20—30 戈比，不够维持工人和他们的家庭最低限度的生活。

　　俄国社会的阶级压迫与民族压迫交错在一起。在俄国领土上生活着 100 多个民族、部族。根据 1897 年的人口调查统计材料，非俄罗斯族人口占全俄国总人口的 55.7%。沙皇制度实行民族压迫政策，把少数民族称为"异族"，唆使一个民族去反对另一个民族，把俄国变成奴役各族人民的监狱。

　　这样，俄国社会各种矛盾就非常复杂。农民和地主的矛盾，无产阶级和资产阶级的矛盾，各族人民和沙皇制度的矛盾，是 20 世纪初叶俄国社会的基本矛盾。而俄国各族人民和沙皇制度的矛盾则是主要的矛盾。这些矛盾的发展和激化必然引起革命。1905—1907 年俄国革命就是在这些矛盾的基础上发生的。

　　从世界范围来看，20 世纪以前世界革命运动的中心一直在西欧。但是，还在 1882 年，马克思和恩格斯就指出："俄国已是欧洲革命运动的先进队伍了。"[①] 1902 年，列宁分析了俄国无产阶级的历史使命，指出推翻沙皇制度"就会使俄国无产阶级成为国际革命无产阶级的先锋队"[②]。俄国历史的发展充分证实了无产阶级革命导师的预见。

　　20 世纪初，俄国出现了革命形势，出现了革命日益迫近的征兆。1900—1903 年世界性经济危机对俄国的打击特别严重，直到 1909 年工业还处于停滞状态。1900—1903 年，生铁生产下降 15.2%，路轨轧制下降 32%。1901—1903 年，石油开采量下降 9.4%，机车生产下降 24.7%。1899—1903 年，黑色金属消费量下降 24%，铁路干线长度增长数下降 85.5%。1899—1902 年，股份公司固定资本增长数由 43090 万卢布下降到 6910 万卢布，即下降 84%。危机加重了劳动人民的苦难，加深了俄国社会的固有矛盾。失业人数急剧增加。1901 年 4 月，《火星报》报道说，"失业人数不仅逐日地，而且每小时地增长着"。1903 年，黑色冶金业被解雇工人近 10 万，占该行业工人总数的 1/4；铁矿业工人缩减一半以上。工人的实际工资下降。1897—1903 年，莫斯科省工人票面工资从 170 卢布增加到 192 卢布，即增长 12%，但粮食的价格却增长 14%—15%。

---

① 《马克思恩格斯选集》第 1 卷，人民出版社 1972 年版，第 231 页。
② 《列宁选集》第 1 卷，人民出版社 1972 年版，第 245 页。

在这期间，革命运动有了新的发展。1901—1904 年，共发生罢工 905 次，有 18.6 万人参加。政治罢工在罢工总数中的比例有很大的提高：1898 年为 8.4%，1900 年为 20.7%，1903 年为 53.2%。1900 年，哈尔科夫工人公开庆祝"五一"节，提出 8 小时工作制和政治自由的要求。1901 年 5 月 1 日，彼得堡奥布霍夫兵工厂工人罢工，并发展为同沙皇军队的街垒战。1902 年 11 月，顿河罗斯托夫工人罢工，举行盛大的集会。1903 年，南方许多城市工人举行罢工、集会和示威游行，同军警搏斗。1904 年年底，巴库石油工人大罢工成为革命大风暴到来的先声。与工人运动开展的同时，广大农民展开了反对地主的斗争。1900—1904 年，发生 670 次农民起义。其中规模最大的是 1902 年在波尔塔瓦和哈尔科夫的农民起义，参加起义的有 165 个村，共 15 万人。

无产阶级是革命的主力和领袖。1903 年，在俄国社会民主工党第二次代表大会上通过了党的纲领，确定了推翻沙皇制度、建立民主共和国的资产阶级民主革命纲领（最低纲领）和推翻资产阶级、建立无产阶级专政的社会主义革命纲领（最高纲领），宣告了布尔什维主义即俄国的马克思主义的诞生，在全世界人民和俄国人民面前树立了一面真正的彻底革命的旗帜。

随着资本主义的发展，俄国资产阶级的经济实力日益雄厚，但在政治上仍处于无权的地位。资产阶级利益同专制制度存在着矛盾，由此产生了自由主义反对派运动。1899 年，在莫斯科成立了由地方自治局活动家（资产阶级化地主）组成的"聚谈"小组。1903 年 11 月，成立了"地方自治局人士与立宪主义者同盟"。1904 年 1 月，成立了另一自由派组织——"解放社"。自由派反对用革命的方式完成资产阶级民主革命的任务，主张通过请愿、召开地方自治局代表大会等方式祈求沙皇颁布一部宪法，来保护资产阶级的利益。"他们力图依靠专制政权，而不是削弱和抛弃这个政权，实行自己的改革"。

沙皇政府力图保留和捍卫专制的国家制度，不愿意改变政体和颁布宪法。但是，为缓和革命，它开始酝酿实行某些无关紧要的改革。如 1904 年 12 月 25 日（俄历 12 月 12 日），沙皇颁布诏书，许诺若干微小的让步，即扩大地方自治局和城市的权利，逐步使农民与其他等级平权，对工人实行国家保险，改变俄罗斯人民的无权状况等。沙皇许诺的这些改革，由于缺乏诚意，实际效果微不足道，自然不能阻止革命的发生，但是说明统治者已经不能照旧统治下去了。

1904—1905 年，日、俄两国在中国领土上进行帝国主义战争。沙皇政府本来指望以战争的胜利来阻挡革命的浪潮。结果适得其反。这次战争暴露了沙皇制度的腐败，引起全国的群众性罢工，唤醒广大农民群众起来斗争，加速了革命的爆发。

革命的开始和发展

1904 年，在沙皇政府的许可下，格·加邦牧师组织了"彼得堡工厂工人大会"，并在各个大企业设立分会，企图通过合法途径改善工人的处境。这样，加邦在一些政治上不够觉悟的群众中颇有影响。加邦的活动在当时已引起布尔什维克的注意。他被怀疑是一个奸细①。列宁认为不能绝对排除加邦"可能是真正的基督教社会主义者"的想法，对加邦的了解"只有不断发展的历史事件，只有事实才能解决"②。

1905 年 1 月 16 日（俄历 1 月 3 日），彼得堡普梯洛夫厂工人为反对资本家压迫，要求实行 8 小时工作制、规定最低限度工资额、废除强制的加班加点，举行了罢工。到 20 日，参加罢工者达 15 万人。加邦决定组织工人向沙皇递交请愿书。就在工人准备去冬宫的时候，沙皇政府策划着一场血腥的大屠杀。

布尔什维克及时地向工人提出警告。1 月 21 日（俄历 1 月 8 日），布尔什维克彼得堡委员会散发传单，提出了"打倒专制制度"的口号，指出"解放工人只是工人自己的事情，既不能从牧师那里，也不能从沙皇那里等待自由"。虽然布尔什维克极力劝阻工人去向沙皇请愿，但由于大多数工人对沙皇抱有幻想，未能摆脱加邦的影响，请愿还是照样举行。

1905 年 1 月 22 日（俄历 1 月 9 日）早晨，彼得堡 20 万工人携带他们的妻室儿女，手持旗帜，抬着沙皇肖像、圣像，唱着祷歌，从四面八方向冬宫广场聚集，准备向沙皇呈递陈述人民要求的请愿书。当队伍到了冬宫入口处时，军队突然向手无寸铁的工人开枪射击，骑兵手挥军刀向人群砍去。当场打死 1200 人，伤约 5000 人。这就是有名的"流血星期日"。

---

① 现在苏联历史著作都肯定加邦是奸细。在其他国家的历史著作中，有的认为加邦是奸细，有的认为他不是奸细。可见，对加邦其人尚需进一步研究。

② 参见《列宁全集》第 8 卷，人民出版社 1960 年版，第 83—84、90 页。

惨案发生后，布尔什维克立即动员、组织工人拿起武器，反对沙皇制度。列宁在国外写了《俄国革命的开始》一文，指出："无产阶级在一天中所受的革命教育，是他们在暗淡的、平常的、受压制的生活中几月几年都不能受到的。"[①] 据官方报告，1月23—25日，彼得堡的罢工仍然处于高潮之中，直到26日晚上才"在工人中间开始表现某些平静"。在莫斯科、伊凡诺沃—沃兹涅先斯克、图拉、尼日涅—诺夫哥罗德、特维尔、雅罗斯拉夫尔，工人纷纷举行罢工，援助彼得堡的革命斗争。罢工进一步向乌拉尔、伏尔加河流域、西伯利亚一带扩展。在波兰、乌克兰、白俄罗斯还发生工人和警察的流血冲突。据统计，1月份罢工人数达40万，超过1905年前10年罢工人数的总和。在工人罢工斗争的影响下，农民运动也发展起来。这样，第一次俄国资产阶级民主革命开始了。

革命的发展迫切要求无产阶级政党制定出一条正确的路线，指引人民前进。在布尔什维克的倡议下，1905年4月在伦敦召开了俄国社会民主工党第三次代表大会。列宁向大会作了关于武装起义、社会民主党人参加临时革命政府、对待农民运动等问题的报告，并起草了重要的决议。大会肯定了已经爆发的革命是资产阶级民主革命。革命的对象是封建农奴制残余，首先是沙皇制度和地主阶级。大会分析了俄国社会各阶级的地位和政治态度，认为无产阶级、农民和其他小资产阶级是革命的动力；指出无产阶级本身的地位是最先进的和唯一彻底的革命阶级，它必须在这次革命中起领导作用；正在发展的农民运动必然反对现存制度和一切农奴制残余，无产阶级必须支持农民的革命斗争，同农民结成联盟。

大会确定了无产阶级对自由资产阶级的态度。当俄国资产阶级登上政治舞台时，在它面前已经站立着觉悟的无产阶级——资本主义的掘墓人。资产阶级害怕革命比害怕反动势力要厉害得多。因此，俄国资产阶级不可能成为革命的动力，更不可能成为革命的领导阶级，相反，却在变成革命的对象。第三次代表大会特别强调了党在策略上的独立性，提出了向工人揭露自由资产阶级的反革命性，号召全党大力开展反对各种色彩的自由资产阶级的斗争。

武装起义问题，是第三次代表大会讨论的中心问题。大会指出，"组织无产阶级举行武装起义来直接同专制制度斗争，是党在目前革命时期最主要

---

① 《列宁全集》第8卷，人民出版社1960年版，第77页。

最迫切的任务之一"。同时，大会也指出了群众性政治罢工在武装起义开始和起义过程中的作用。第三次代表大会还讨论了武装起义胜利后建立什么政权的问题，指出，必须用民主共和国代替专制制度，建立工人、农民的革命民主专政；革命的社会民主党人的代表应该参加临时革命政府，以便捍卫革命的胜利果实，保证资产阶级民主革命向社会主义革命转变。

这样，第三次代表大会为俄国无产阶级和劳动人民夺取资产阶级民主革命的胜利制定了明确的路线。

以马尔托夫、阿克雪里罗得等为首的孟什维克拒绝参加第三次代表大会，而在日内瓦召开了分裂的代表会议。他们力图把俄国革命局限在资产阶级革命的范围内，否定无产阶级在资产阶级民主革命中的领导权，否定工农联盟，反对在革命胜利后建立工农革命民主专政。对武装起义，他们只看作"自发的行动"，主张无产阶级政党应当向群众宣传"自我武装"思想，实行"政治领导"，实际上拒绝以武装起义方式推翻沙皇制度。普列汉诺夫认为，既然革命的性质是资产阶级的，资产阶级就是革命的领导力量。从 1903 年起，他开始堕落为孟什维克，1905 年，又接受孟什维克的邀请，参加日内瓦代表会议，支持孟什维克的路线。

这样，形成了俄国社会民主工党在资产阶级民主革命中的两种策略。

1905 年 7 月，列宁的《社会民主党在民主革命中的两种策略》一书出版。在这部著作中，列宁详细地阐明了党的第三次代表大会的决议，科学地分析了进入帝国主义阶段以后俄国革命的性质、特点、对象、动力和前途，论证了无产阶级在资产阶级民主革命中的领导权的思想，在无产阶级领导下工农联盟的思想和资产阶级民主革命转变为无产阶级社会主义革命的思想，深刻地批判了孟什维克的机会主义路线，发展了马克思主义的革命理论。

在党的第三次代表大会路线的指引下，布尔什维克大力进行发动群众的工作，准备武装起义。1905 年春、夏，革命运动席卷彼得堡、莫斯科、华沙、罗兹、里加、巴库、伊凡诺沃—沃兹涅先斯克和其他工业中心。五一节前夕，布尔什维克散发了列宁写的传单，号召人民向沙皇制度坚决进攻。彼得堡、莫斯科和许多其他城市都举行罢工，显示了俄国无产阶级高度的觉悟性和组织性。

继五一罢工之后，发生了著名的伊凡诺沃—沃兹涅先斯克工人罢工。参加罢工的达 7 万人。罢工从 5 月 25 日（俄历 5 月 12 日）起，持续到 8 月 5 日（俄历 7 月 23 日），成立了选举产生的有布尔什维克费·阿·阿法纳西耶夫、谢·伊·巴拉绍夫、叶·亚·杜纳耶夫等参加的全权代表苏维埃。这是俄国历史上最早出现的全市性苏维埃。苏维埃对罢工斗争进行了领导，并组织工人民警维持市内和厂房的秩序，负责同资方和沙皇当局谈判，实际上作为新的革命政权机关进行工作。

1905年7月5—7日，在俄国统治下的波兰工业重镇罗兹的工人举行罢工，并迅速转变为武装起义。工人同沙皇的军队展开了顽强的街垒战。这是俄国范围内第一次武装起义。

全国革命运动的发展，对沙皇的军队也有影响。各地都发生水兵、士兵起义。其中最著名的就是黑海舰队"波将金号"装甲舰的起义。6月27日，水兵们发现煮菜汤的肉生蛆了，拒绝吃饭。舰长下令逮捕拒绝吃饭的水兵，并准备把他们枪毙。这样，起义就爆发了。"波将金号"落入起义者手中后，参加了敖德萨工人的革命斗争，在起义失败后驶向康斯坦察港，向罗马尼亚政府投降。"波将金号"起义虽然失败，但它的革命行动则标志着俄国革命向前迈了一大步。

在全国革命浪潮的冲击下，沙皇政府陷入严重的危机。就连自由资产阶级都"开始'红'起来了"，"它不得不走向人民"①。

为了阻止革命的发展，沙皇政府决定实行微小的让步。1905年8月19日（俄历8月6日），尼古拉二世颁布了召开国家杜马的诏书和选举条例。根据这个法令，国家杜马只是一个咨询性的代议机关。这样一个机关不过是为了诱导人民脱离革命，它丝毫没有改变专制制度的本质。

布尔什维克对这届杜马进行坚决的抵制，领导人民走直接革命的道路。结果，这届杜马还没有召集起来就流产了。

1905年秋天，俄国革命发展到高峰。9月，莫斯科工人开始罢工，并扩展到整个中央工业区，形成广泛的群众性的革命运动。10月20日（俄历10月7日），莫斯科—喀山铁路工人举行罢工。接着莫斯科—雅罗斯拉夫尔、莫斯科—库尔斯克铁路的工人也宣布罢工。10月21日（俄历10月8日），罢工发展到全国大多数铁路线，从而把罢工运动迅速推广到全国各地。10月23日（俄历10月10日），布尔什维克莫斯科全市代表会议决定在第二天举行全市总罢工，口号是："打倒沙皇政府！""全民武装起义万岁！""立宪会议万岁！"罢工从莫斯科开始后，彼得堡、中央工业区、乌拉尔、西伯利亚、

<hr />

① 《列宁全集》第9卷，人民出版社1959年版，第155、161页。

波罗的海沿岸、乌克兰、波兰、南高加索、伏尔加河流域也都卷入罢工斗争。参加罢工的不但有产业工人、铁路职工，而且有小店员、小官吏、律师、工程师、教师、作家、演员、歌手，总人数达 200 万左右。这就是遍及全俄的总政治罢工。

尼古拉二世慑于革命的急剧发展，不得不于 10 月 30 日（俄历 10 月 17 日）颁布诏书，许诺给人民以人身不可侵犯、言论、集会和结社自由，宣布召开立法性的国家杜马；没有国家杜马同意，任何法律无效。这就是说，要在俄国实行君主立宪的国家制度。

"十月十七日诏书"的颁布，是十月全俄总政治罢工高潮中人民力量和专制制度之间实际力量对比的产物。这说明沙皇专制制度已经无力公开反对革命，而革命还无力给敌人以决定性的打击。这两种差不多势均力敌的力量的变动，必然使沙皇政府当局惊慌失措，不得不由镇压转向让步，转向颁布出版自由和集会自由的法令。

十月十七日诏书的颁布，是革命的第一个胜利。在一段时间内，出版自由了，布尔什维克的中央机关报《新生活报》创刊了，部分政治犯获得了释放。

十月全俄总政治罢工的过程中，苏维埃作为革命政权的萌芽、罢工与起义的机关，日益起着显著的作用。10 月 26 日（俄历 10 月 13 日），彼得堡苏维埃举行第一次会议。彼得堡苏维埃主席开始时是赫鲁斯塔廖夫，以后是托洛茨基。12 月 4 日（俄历 11 月 21 日），莫斯科苏维埃成立。10—12 月，在 55 个城市和工人区中建立了工人代表苏维埃。

对"十月十七日诏书"，资产阶级欣喜若狂，立即走上同沙皇勾结的道路。资产阶级主要政党立宪民主党和十月党成立了。孟什维克认为资产阶级革命的目的已经达到，因而主张停止斗争。布尔什维克则向人民指出了这个诏书的欺骗性。正如列宁所指出的，"沙皇远远没有投降，专制制度根本没有不复存在"①。敌人只是退到了比较有利的阵地，伺机向革命发动进攻。事实证明，布尔什维克的判断是正确的。"十月十七日诏书"的墨迹未干，以沙皇政府建立的反动组织"俄罗斯人民同盟"为首的"黑帮派"与警察相勾结，大打出手，迫害革命者。10 月 31 日（俄历 10 月 18 日），著名的布尔什维克尼·厄·巴乌曼就在莫斯科的街上惨遭黑帮分子杀害。黑帮分子的暴

---

① 《列宁全集》第 9 卷，人民出版社 1959 年版，第 415、417 页。

行还遍及敖德萨、基辅、托姆斯克、伊凡诺沃—沃兹涅先斯克等城市。

由于沙皇政府继续推行反动政策，到 1905 年 11 月，罢工运动重新高涨起来了。在彼得堡首先发生了总政治罢工。接着，爆发了全俄邮电总罢工。在罢工运动的影响下，农民运动有了巨大的发展。1905 年秋，全国 1/3 以上的县份发生了农民起义，在农村建立了农民革命委员会。俄国境内被压迫民族的民族解放运动空前高涨。沙皇政府被迫承认芬兰自治。在波兰、乌克兰、白俄罗斯、波罗的海沿岸、南高加索和中亚，民族解放运动大多与无产阶级革命运动结合起来。广大士兵、水兵受到工人、农民革命斗争的鼓舞，提高了政治觉悟。"自由精神已经渗入了各地的营房"①。1905 年 11 月，先后发生了喀琅施塔得水兵起义和塞瓦斯托波尔水兵起义。后一次起义是由水兵、工人和士兵代表苏维埃领导的。

整个俄国的革命形势不可避免地从群众性的总政治罢工向武装起义转变。

十二月武装起义

1905 年 11 月，无产阶级革命领袖列宁从国外回到俄国，亲自领导武装起义的准备工作。为了迎接同沙皇制度的决战，1905 年 12 月 25—30 日（俄历 12 月 12—17 日），在芬兰的塔墨尔福斯召开了俄国社会民主工党第一次代表会议。会议按照列宁的建议，修改了党纲中关于土地问题的条文，确定没收全部国家的、教堂的、寺院的、皇室的、阁部的和私有的土地，充分满足农民的要求。会议通过的决议指出："应当迅速在各地准备起义。"塔墨尔福斯会议期间，莫斯利武装起义已经全面展开，于是，会议匆匆结束，代表们分赴各地参加起义。

1905 年 12 月 15 日（俄历 12 月 2 日），彼得堡 8 家报纸，包括布尔什维克的《新生活报》，遭到封闭。次日，彼得堡苏维埃正在开会的时候，遭到军警的包围，全体代表被捕。彼得堡无产阶级本应给敌人以迎头痛击。但是，彼得堡苏维埃由于受孟什维克的错误领导，没有成为起义的机关。托洛茨基当时是苏维埃主席，竟号召苏维埃代表"不要抵抗，也不要交出武器"。结果，彼得堡苏维埃在敌人进攻面前束手无策。

---

① 《列宁全集》第 10 卷，人民出版社 1958 年版，第 34 页。

在彼得堡苏维埃遭到破坏后，布尔什维克领导的莫斯科苏维埃为全国武装起义树立了榜样。12 月 19 日（俄历 12 月 6 日），莫斯科苏维埃举行会议，通过了告全体工人、士兵、公民书，号召自 12 月 20 日（俄历 12 月 7 日）中午 12 时起实行总政治罢工。12 月 20 日，参加罢工的人数达 10 万以上。21 日（俄历 12 月 8 日），增加到 15 万。22 日（俄历 12 月 9 日），罢工转变为武装起义。几天之内，街垒林立，逐步向市中心缩小包围圈。工人创造厂以三四人为一股的忽而出现、忽而消失的新的街垒战术，使军队、警察难以应付。勃列斯尼亚区是莫斯科武装起义的主要阵地。12 月 28 日（俄历 12 月 15 日），尼古拉二世连忙从彼得堡调军队到莫斯科，包围、炮击勃列斯尼亚。工人在敌人力量居优势的条件下顽强抵抗，直到 12 月 31 日（俄历 12 月 18 日）才停止战斗。列宁高度赞扬勃列斯尼亚工人的革命英雄主义精神。他说："当时勃列斯尼亚工人为工人的自由解放事业所作的牺牲没有白费，他们用自己的英雄榜样向一切敌人显示了工人阶级的力量，他们撒下了千千万万的火种，这些星星之火经过漫长而艰苦的岁月终于燃起了熊熊的烈火，取得了革命的胜利。"[1]

莫斯科武装起义有力地推动了各地反对沙皇制度的革命斗争。12 月 21 日（俄历 12 月 8 日），在叶卡特林诺斯拉夫、基辅、顿河罗斯托夫、诺沃罗西斯克、皮尔姆、萨马拉、沃罗涅什、奔萨，都举行罢工。接着，罢工扩大到萨拉托夫、敖德萨、梯比里斯、塔甘罗格、科斯特罗马、特维尔、尼日涅—诺夫哥罗德、哈尔科夫、尼古拉耶夫、巴库等城市。从当时的情况看，各地罢工的发展有几种类型：第一，苏维埃受孟什维克的影响，没有成为起义机关，结果运动停留在原来的水平上；第二，罢工由布尔什维克领导，而且转变为武装起义；第三，沙皇的地方政权被推翻了，成立了地方性的小共和国。尽管有各种情形，结果起义还是一样失败了。

十二月武装起义的失败，有着极其深刻的教训。起义失败的原因，首先是领导落后于运动的发展。起义开始过于迟缓，起义进行时又缺乏计划，没有统一的指挥中心。其次，革命斗争的尖锐化不可避免地引起沙皇军队的动摇。当时莫斯科总督杜巴索夫就承认，在莫斯科 1.5 万人的军队中，只有 5000 人是可靠的。但在十二月武装起义过程中，争取动摇军队的工作做得很不够。再次，马克思指出，起义是一种艺术，其主要之点在于要万分勇敢、

---

① 《列宁全集》第 30 卷，人民出版社 1957 年版，第 247 页。

一往直前地坚决进攻。而十二月武装起义却采取了防御的战术,没有大胆出击。莫斯科工人在起义过程中创造了把街垒战和游击战相结合的新的街垒战术,曾经有效地打击敌人。可惜这种新的战术在起义中未能加以发展并广泛运用。最后,广大农民群众还没有能够同无产阶级联合起来,农民运动的发展很不充分。莫斯科起义时,其他城市的起义没有能够及时地配合,没有形成统一的起义。

十二月武装起义是从"流血星期日"以来整个俄国革命发展的必然结果,是俄国人民的空前创举。普列汉诺夫曾以资产阶级老爷的态度指责十二月武装起义,说"本来就用不着拿起武器"。列宁严厉地驳斥了普列汉诺夫的谬论,指出:普列汉诺夫的观点是再近视不过的了。恰恰相反,"本来应该更坚决、更果敢和更富于进攻精神地拿起武器"[①]。

十二月武装起义虽然失败了,但是它使人民得到了教育和锻炼。经过这次起义,"人民大变了。他们受了战斗的洗礼。他们在起义中受到了锻炼。他们培养了大批战士,这些战士在 1917 年取得了胜利"[②]。

从退却到失败

十二月武装起义失败后,革命转入低潮,逐步退却;反动势力逐步加强,转为进攻。沙皇政府向各地派遣讨伐队,普遍地建立战地法庭,对革命人民实行血腥镇压。但是革命烈火并没有被扑灭。1906 年春天,各地发生的罢工、农民起义、士兵和水兵的起义,正是十二月武装起义的继续。1906—1907 年罢工人数仍超过 1905 年以前。

沙皇政府在采取高压政策的同时,决定按照"十月十七日诏书"的许诺召开国家杜马,企图同资产阶级妥协,欺骗人民,扑灭革命。

1906 年 3—4 月,进行了国家杜马的选举。布尔什维克主张走直接革命的道路,实行抵制国家杜马的方针。抵制削弱了杜马的威信,但是由于革命正在退却,抵制没有成功。

1906 年 5 月 10 日(俄历 4 月 27 日),第一届国家杜马开幕。土地问题是这届杜马讨论的中心问题。所有党派的代表都提出了自己的解决土地问题

---

① 《列宁选集》第 1 卷,人民出版社 1972 年版,第 682 页。
② 《列宁全集》第 28 卷,人民出版社 1956 年版,第 353 页。

的法律草案。立宪民主党人保护地主的利益，提出了以赎金为基础的土地法草案。劳动团反映农民的要求，提出 104 名代表签名的土地法草案，主张把全部土地按劳动定额交给农民使用。沙皇政府对杜马的要求一概加以拒绝，双方陷于僵局。在劳动团的要求下，杜马决定向人民呼吁。沙皇政府看到杜马并不是自己得心应手的工具，于 1906 年 7 月 21 日（俄历 7 月 8 日），宣布解散第一届国家杜马。

第一届国家杜马解散后，群众性的革命斗争仍在继续，革命形势依然存在，但是革命的退潮已经明显。沙皇政府按原来的选举法召开第二届国家杜马。布尔什维克参加第二届国家杜马选举，以便利用杜马讲坛进行革命宣传，同工人、农民保持联系，孤立自由资产阶级。选举结果，左派力量获得巨大的胜利。许多选民从立宪民主党人的影响下解脱出来。

1907 年 3 月 5 日（俄历 2 月 20 日），第二届国家杜马开幕。讨论的主要问题仍然是土地问题。沙皇政府捍卫地主土地所有制不可侵犯的原则。农民的代表坚决要求夺取地主的土地。社会民主党的代表作了 8 次发言。列宁专门为布尔什维克的代表写了发言稿。布尔什维克坚决支持农民的革命要求，号召农民自己起来解决土地问题。

沙皇政府对第二届国家杜马更加不能容忍。1907 年 6 月 14 日（俄历 6 月 1 日），大臣会议主席斯托雷平捏造了社会民主党代表图谋在军队中发动反对现存制度的起义的口实，要求 55 名社会民主党代表离开杜马，并剥夺其中 16 名代表的不可侵犯的资格。次日，社会民主党的代表被非法逮捕。6 月 16 日（俄历 6 月 3 日），沙皇政府宣布解散第二届国家杜马，同时公布保证地主和资本家在杜马中占优势的选举法。这样，沙皇政府彻底抛弃了“十月十七日诏书”的主要原则。至此，俄国第一次资产阶级民主革命结束了。俄国开始进入反动统治的时期。

1905—1907 年俄国革命失败的原因在于：没有牢固的工农联盟，工人、农民、士兵的发动没有能够汇成统一的革命洪流；俄国境内各被压迫劳动群众在反对沙皇制度的斗争中缺乏彼此之间的联系，没有很好地配合中央地区的革命运动，工人阶级的行动不统一，孟什维克的机会主义分裂工人队伍，削弱了无产阶级在这次革命中的领导作用，当革命受到镇压时，孟什维克又不敢发动广大群众进行反击，从而妨碍了革命的发展；外国帝国主义对沙皇政府的支持，特别是法国对俄国的借款帮助沙皇政府渡过财政难关；美国积极促成沙皇政府和日本迅速缔结和约、结束战争，使沙皇政府有可能腾出手来扑灭革命。

1905—1907 年俄国革命和早期资产阶级革命比较，既有许多相同的地方，又有自己的特点。这次革命的目的是建立民主共和国，没收地主土地，实行 8 小时工作制，和早期资产阶级革命几乎一样，客观上都是为资本主义的发展开辟道路。但是，这次革命和早期资产阶级革命又有以下不同之点：（1）无产阶级是这次革命的领导力量，过去发生的革命则是由资产阶级领导；农民在这次革命中是无产阶级的同盟军，在过去的革命中农民是跟着资产阶级走的。（2）这次革命按社会经济内容来说是资产阶级革命，但是按革命动力来说却不是资产阶级，而是无产阶级和农民。（3）这次革命提出资产阶级民主革命与无产阶级社会主义革命既互相区别又互相联系的问题。这个问题在早期资产阶级革命则不存在，那时无产阶级还没有成为独立的政治力量，根本不能设想把资产阶级民主革命向前推进并转变为社会主义革命。（4）这次革命按社会经济内容来说是资产阶级革命，按斗争手段来说却是无产阶级革命，罢工、武装起义是发动群众、进行革命斗争的主要方法。

这些特点，主要是俄国革命发生的历史条件所决定的，是俄国社会各阶级力量对比关系发展的结果。

1905—1907 年俄国革命是俄国历史上和世界革命运动史上具有重大历史意义的事件。

这次革命极大地提高了人民群众的政治觉悟，使他们认识到沙皇制度是人民最凶恶的敌人，必须坚决把它打倒。这次革命表明，只有群众自己起来斗争，才能实现经济生活和政治权利的真正改善。这次革命彻底暴露了自由资产阶级的反革命面目，证明只有无产阶级才是资产阶级民主革命的领袖，只有布尔什维克才是真正的无产阶级革命政党。这次革命为俄国人民和世界人民提供了宝贵的斗争经验，对俄国革命的进一步发展和准备伟大十月社会主义革命具有极重大的意义。"没有 1905 年的'总演习'，就不可能有 1917 年十月革命的胜利。"①

1905—1907 年革命的影响远远超出俄国的范围，具有巨大的国际意义。这次革命唤起了亚洲的革命运动。继 1905—1907 年俄国革命之后，在波斯、土耳其、中国发生了反对帝国主义和反对封建主义的革命。这次革命给了以孙中山为首的中国资产阶级革命派以巨大的鼓舞，使他们认识到改良主义、

---

① 《列宁选集》第 4 卷，人民出版社 1972 年版，第 184 页。

君主立宪的道路行不通，提高了他们进行革命斗争的勇气和信心，对以后中国人民的革命斗争有着深远的影响。这次革命对西方各国革命也间接地产生影响。卡尔·李卜克内西把俄国这次革命看作"欧洲各族人民历史的转折点"。在俄国革命的影响下，奥地利工人争取普选权获得胜利。在德国、法国、捷克斯洛伐克许多城市内发生了工人的罢工和示威游行。这次革命以丰富的政治斗争经验和组织经验向各国人民提供了范例，表明世界革命运动的中心已经转移到俄国，俄国无产阶级已经成为世界无产阶级的先锋队。

俄国国家杜马的形成和活动

王清和

国家杜马（1906—1917 年）是俄国的议会式全国代表机构。20 世纪初期，由于俄国资本主义的发展，资产阶级经济和政治力量的加强，特别是 1905 年革命的强大压力，迫使沙皇召开立法性国家杜马。沙皇政府企图借助国家杜马，拉拢资产阶级，扩大统治基础，消弭革命。国家杜马的活动，引起了国内社会政治生活条件的变化，对俄国历史的发展产生了重大影响。

国家杜马的形成

杜马（Дума）一词在俄文中原意是思想、思维，后又引申出会议之意。约 10 世纪出现的波雅尔杜马，是最早以该名称命名的机构，它最初由王公、侍从和地方贵族组成，后渐成为从属于沙皇的最高咨议机关，1711 年被取消。在波雅尔杜马存在时期，沙皇经常不召集全体会议，而仅与亲信商讨国事，此即史籍所称的"近臣杜马"或"枢密杜马"。另一曾以"杜马"命名的机构是 1785 年设立的城市杜马，它是市政管理机关，一直存在到十月革命前。

自 19 世纪开始，由于农奴制的危机和资本主义的发展，沙皇专制制度受到冲击。1809 年，御前大臣斯佩兰斯基受命起草了国家制度改革计划草案（即《国家法典概论》），第一次明确提出了建立由选举代表组成的国家杜马和地方杜马的设想，但未能实现。在 19 世纪中叶的改革时期，统治集团内部出现一股所谓政府立宪主义的潮流，即主张据代表制原则改革国家制度。但在 80—90 年代，俄国进入了"反改革"时期，反动贵族、农奴主提出要彻底纠正废除农奴制的"错误"，致使建立全国性代表机构问题仍悬而未决。20 世纪初，资本主义有了更大发展，阶级关系的变动，资产阶级力量的壮大，国家职能的复杂化，特别是 1905 年革命的爆发，迫使沙皇政府不得不重新考虑并着手改革国家制度。

1905 年"流血星期日"以后，革命浪潮汹涌澎湃，沙皇统治集团在决策上出现分歧。2 月 18 日①，沙皇事先未通知大臣便颁布诏书和敕令。诏书斥责"狂妄无知、心怀不轨的叛乱活动的领导者胆大妄为"，图谋"摧毁现存国家制度……建立新式的国家管理制度"。敕令却赋权机关和个人，可"就完善国家公共事业和改善人民福利问题"提出建议，并通过大臣会议"直接上达"沙皇。两个文件使参加御前会议的大臣委员会的成员困惑不解，因而一致通过了给内务大臣布里根的沙皇谕旨。其中宣布要"吸收"居民代表"参与立法建议的预先制订和讨论"，即许诺建立人民代表机构，为此决定成立特别委员会，由布里根主持讨论有关问题并制定相应法律。同一天颁布的这 3 个文件，尽管内容抵牾，目的却是一致的，即要采取一切可能的方式延长专制制度的寿命。

1905 年春夏，革命运动的发展更加迅猛，全国 1/5 以上的县份爆发了农民骚动，罢工人数 5 月达 36 万，罗兹罢工在 6 月转为武装起义，同时发生的"波将金号"巡洋舰起义表明军队也已卷入革命运动之中。在这种形势下，沙皇政府被迫加快改革步骤。布里根委员会的草案，经大臣会议讨论后，于 7 月提交御前会议最后审议。8 月 6 日，正式公布《国家杜马章程》和《国家杜马选举法》，并同时颁布了沙皇诏书。专制制度不可动摇是所谓"改革"的先决条件。沙皇宣布："在规定专制权力实质的《俄罗斯帝国根本法》不容侵犯的条件下，朕认为有必要建立国家杜马，批准杜马选举法，并使该法在全帝国范围内生效。"关于杜马的性质，《国家杜马章程》第 1 条规定："国家杜马为预先制订和讨论立法建议而设"，诏书则明确指出：国家杜马是"国家最高机构中的一个特殊的立法咨议机关"。《国家杜马选举法》将选民分为土地所有者、城市和农民 3 个选民单位，并规定了高额的财产资格及其他限制，如土地所有者选民须拥有 100—800 俄亩土地②，城市选民须拥有价值 1500 卢布的不动产等，这样便剥夺了绝大部分居民的选举权。这一拟议中的杜马史称"布里根杜马"，它只是人民代表机构的一个粗制滥造的赝品。布尔什维克无情地揭露了其欺骗实质，提出"打倒咨议性杜马"

---

① 本文中的日期均为俄历。
② 1 俄亩等于 1.0925 公顷。

"召集立宪会议"的口号。全国掀起抵制浪潮，布里根杜马夭折在襁褓之中。

10月开始全俄政治总罢工，参加者除工人外，还包括学生、教师、职员、工程师和医生等，近200万人。革命运动势如破竹，全国陷入瘫痪状态，沙皇制度处于风雨飘摇之中。10月9日以后，尼古拉二世多次召见大臣委员会主席维特，就国内局势进行磋商。迫于形势，尼古拉二世于10月17日签署了维特起草的诏书，并和维特的奏折一起立即公布。诏书的主要内容是：第一，根据人身不可侵犯和信仰、言论、集会及结社自由的原则，赐予居民以公民自由权；第二，吸收迄今仍没有选举权的阶级参加杜马，并按重新规定的立法程序逐步实行普选制；第三，未经国家杜马的批准任何法律不得生效，保障人民选举的代表有可能实际监督政府机关的活动。

"十月十七日诏书"的颁布是无产阶级和人民群众英勇斗争的结果，正像列宁所说："沙皇的让步确实是革命的极其伟大的胜利。"[①]当然，立法杜马与无产阶级提出的"民主共和国""立宪会议"的要求有天壤之别，"自由"的许诺还仅是一纸空文。更重要的是，"十月十七日诏书"只是沙皇制度在全俄政治总罢工的沉重打击下被迫作出的退却，沙皇制度远未摧垮，而是在等待时机，准备重新扑向革命。布尔什维克号召无产阶级坚持斗争。12月，在莫斯科、哈尔科夫等地爆发武装起义，无产阶级与沙皇制度展开殊死战斗。

在残酷镇压工人起义的同时，沙皇政府于12月11日颁布了新的《国家杜马选举法》。新选举法允许工人参加选举，为此在原布里根选举法规定的3个选民单位之外，又增加了工人选团，城市选民范围也有所扩大。但这一选举法的性质仍是反人民、反民主的。第一，没有实行普选制。所有的妇女、学生、未满25岁的青年、现役军人和游牧民族均被剥夺选举权。第二，选举是不平等的。土地所有者选团由2000名选民中产生1名复选人，而城市、农民和工人选团则分别由7000、3万和9万名选民中产生1名复选人，即地主的1票等于城市资产阶级的3票、农民的15票、工人的45票。第三，选举不是直接的。大地主和城市选团是两级选举，工人和小土地所有者是三级选举，农民则是四级选举。第四，选举事实上也不是秘密的，而是受到政府、警察的严密监视。国家杜马代表总数规定为524人。

1906年2月20日，沙皇政府颁布了新的《国家杜马章程》。关于国家杜

---

①　《列宁全集》第9卷，人民出版社1959年版，第415页。

马的构成，章程规定：杜马代表由帝国居民选举产生，每届任期 5 年；杜马每次年会的工作与休会时期由皇帝确定，皇帝有权在每届杜马法定任期结束之前将其解散；杜马举行会议的法定人数不得少于该届成员总数的 1/3；杜马每次年会选举主席 1 名、副主席 2 名，可连选连任，每届杜马选举秘书长1 名；为预先审核其权限范围的事务，杜马可组成处和委员会，其人数、成分和工作对象等均由杜马自行规定；等等。关于杜马的权限，章程规定：杜马拥有立法权（包括动议权）、批准国家预算权和质询权。关于杜马的事务程序则规定：立法草案由大臣或部门主管人、杜马的各委员会、国务会议提交杜马；杜马决议须经全体会议多数通过，杜马通过的立法草案转交国务会议；未被国家杜马或国务会议通过的草案认作被否决，已通过的草案由国务会议主席呈交皇帝；由国家杜马或国务会议动议并通过的草案，若未被皇帝批准，本次年会期间不得再次提交立法审议，皇帝允许则不在此例；等等。可以看出，据"十月十七日诏书"原则建立的国家杜马具备议会的基本形式和特征。

自 1906 年开始，革命运动转入低潮，沙皇政府趁机千方百计地限制杜马的权力。与《国家杜马章程》同时公布的《国务会议章程》规定，国务会议成为上院，拥有与杜马平等的权力。3 月 8 日颁布的《关于国家预算审核程序的规则》规定，由最高行政当局或根据现行法编入草案的预算，国家杜马不得删除或修改。4 月 23 日颁布的新版《国家根本法》第 87 条规定："在杜马休会期间，如因非常情况而必须有某项应经立法程序讨论的措施，大臣会议可直接向皇帝提出。"这些规定无疑是对杜马权力的侵犯，潜伏着使十月诏书以后国家立法领域中的变革化为乌有的危险。

第一届国家杜马

第一届国家杜马的选举于 1906 年 3—4 月进行。根据 1905 年 12 月塔墨尔福斯代表会议的决议，布尔什维克宣布抵制杜马选举。由于选举进行时情况发生了变化，革命开始低落，抵制没有成功。后来列宁坦率指出："1906年布尔什维克抵制杜马，虽然是一个不算大的、易于纠正的错误，但毕竟已经是一个错误。"[①]

---

① 《列宁全集》第 31 卷，人民出版社 1958 年版，第 17 页。

　　参加杜马第一次会议的代表有 436 人，第一届杜马解散时已达 499 人。其党派①组成是：进步派 12 人，和平革新党 25 人，民主改革党 14 人，波兰议团及其他民族地区代表 70 人，立宪民主党 161 人，劳动派 97 人，社会民主党 17 人，无党派 103 人。黑帮党派几乎未获席位（有些黑帮分子混迹于无党派之中）。立宪民主党约占 1/3，由于民主改革党、民族地区代表及多数无党派人士追随立宪民主党投票，因而立宪民主党成为第一届杜马的领导党。由劳动派和社会民主党（原与劳动派联合，后于 6 月 12 日成为独立党团）组成的左翼占近 1/4。这种组成成分直接影响了第一届杜马的活动。

　　1906 年 4 月 27 日，在冬宫的格奥尔基厅举行了国家杜马和国务会议开幕仪式，尼古拉二世致辞，表示欢迎人民选举的"杰出人士"，并保证他"赐予"人民的法令"不可动摇"。仪式结束后，代表们前往杜马会址——塔夫里达宫的白厅，沿途受到群众的欢迎。下午 5 时，国务会议副主席弗里施受沙皇委托，宣布国家杜马第一次会议开始。杜马选举了穆罗姆采夫教授为主席，多尔哥鲁科夫公爵、格列杰斯库尔教授为副主席，沙霍夫斯基公爵为秘书长，他们均是立宪民主党人。

　　杜马的最初几次会议讨论了对皇帝致辞的答词。这一讨论意义重大，它将决定杜马的任务和工作方向，实际上即是确定行动纲领。经过激烈辩论之后，5 月 5 日，杜马以没有反对票的形式通过答辞。其主要内容是，根据私有土地强制国有化原则解决土地问题；以普选制为基础改革人民代表制度；建立对杜马负责的责任内阁，革新中央和地方行政机构，取消国务会议；停止一切非常法，政治大赦，废除死刑；公民平等，消灭等级限制和特权；司法权独立；等等。

　　杜马的纲领与沙皇政府的设想格格不入。5 月 13 日，大臣会议主席戈烈梅金在杜马会议上作了政府声明，公开宣称，杜马的要求超出了其权限范

① 参加四届杜马的党派有所变化，较重要的有：俄罗斯人民同盟（成立于 1905 年 10 月）等黑帮右派，由最反动的贵族地主和保皇分子组成；代表贵族地主和大资产阶级的十月党即十月十七日同盟（成立于 1905 年 10 月），其立场与右派接近；立宪民主党（又称人民自由党，成立于 1905 年 10 月）是杜马中的中派，它主要由资产阶级知识分子和一部分自由派地主组成，动摇于十月党和立宪民主党之间的中右派，包括和平革新党（1906 年 7 月由原十月党中的左翼组成）、民主改革党（1906 年年初由原立宪民主党中的右翼组成，1907 年年底同和平革新党联合）和进步派（第一届杜马时期形成，后于 1912 年 11 月正式成立进步党）；代表小资产阶级和农民利益的有社会革命党（成立于 1901 年年底）、人民社会党（1906 年由原社会革命党中的右翼组成）和劳动派（主要由农民代表组成），它们与社会民主党一起组成了杜马中的左派。

围，政府不予考虑。政府声明激起轩然大波。戈烈梅金刚结束发言，立宪民主党代表纳博科夫便立即跑上讲台说："我们充满了大失所望和不信任的感觉"，他大声疾呼："执行权必须从属于立法权。"农民代表洛谢夫指出："我不敢担保农民能抑制住愤怒，不去起义。"杜马最后通过了劳动派代表热尔金的提案，"国家杜马转向例行事务时，向全国表示：完全不信任对人民代表机关毫不负责的内阁，认为现任内阁立即辞职、代之以得到杜马信任的内阁，是国家安宁、人民代表机关进行卓有成效的工作的必要条件。"

第一届国家杜马讨论了人身不可侵犯、公民权利平等、废除死刑和信仰自由等问题。土地问题是俄国社会最重要的问题，因而自然成为杜马的中心议题。各阶级对如何提出并解决这一问题拭目以待。

5 月 8 日，杜马开始讨论土地问题。立宪民主党提出了"四十二人草案"，要求通过赎买，将一部分地主土地收归国有。他们希望向农民作一定让步来保存地主土地所有制，这种"改革"实际上不过是 1861 年改革的翻版。劳动派针锋相对地提出了"一百零四人草案"，坚持全部土地最终国有化，并按"劳动标准"平均交付农民使用。两个草案成为讨论土地问题的主要文件。讨论持续到 6 月 1 日，在保持分歧的情况下，杜马最后认为，"私有土地强制国有化"是解决土地问题的一项必要原则，并于 6 日组成土地委员会，准备据这一原则起草土地法。

沙皇政府反对杜马提出的土地国有化原则。早在戈烈梅金所作的政府声明中便宣称："根据国家杜马提出的原则解决这一问题是绝对不容许的。"6 月 20 日，大臣会议发布政府通报，再次重申："在农村居民中散布这种观念，以为……必须将一切私有地强制国有，政府认为这是完全错误的。"

沙皇政府这种公然蔑视人民代表机构意见的挑衅行为，使杜马的立法工作难以进行。在 6 月 26 日的会议上，116 名代表联名向大臣会议主席提出质询。民主改革党成员库兹明－卡拉瓦耶夫提议，立即发表告人民书，说明土地法准备过程的真实状况，实际上是吁请人民支持杜马。7 月 6 日，杜马通过告人民书。

第一届国家杜马在土地问题及其他问题上的种种活动，使沙皇政府惴惴不安。7 月 9 日，前去参加会议的杜马代表发现，塔夫里达宫大门紧闭，军警荷枪把守，戒备森严。同时，报刊上发表了沙皇斥责杜马的诏书和敕令，宣称："人民选出的代表没有进行建设性的立法工作，而是涉足非其所属的领域，调查经朕决定的地方当局的行动，向朕指出唯朕之君主意志方能修改的《国家根本法》的不完善之处，并从事诸如杜马告人民书这类明显的非法行为。"沙皇宣布解散第一届国家杜马。当日晚，近 200 名杜马代表在维堡召集会议，并于次日通过了由米留柯夫起草的告民众书，呼吁人民对政府"消极抵抗"，即拒绝纳税，拒服兵役。维堡呼吁是第一届国家杜马的象征性反抗，未能收到任何实效。在解散第一届杜马的同时，沙皇任命内务大臣斯托雷平继任大臣会议主席，并宣布准备召集第二届国家杜马。

第二届国家杜马

　　1907 年 1—2 月进行了第二届国家杜马的选举。考虑到革命已经低落的形势，布尔什维克重审了对杜马的策略，决定参加选举运动。

　　尽管沙皇政府进行了种种干预，但选举结果表明，新杜马的成分比上届更为激进。504 名代表的党派组成是：黑帮右派 81 人，十月党 32 人，和平革新党、民主改革党和进步派 9 人，波兰议团及其他民族地区代表 78 人，立宪民主党 92 人，劳动派 100 人，人民社会党 14 人，社会革命党 34 人，社会民主党 64 人。可以看出，以立宪民主党为首的中派势力减弱，左派和右派均有很大的加强。如果说第一届杜马是对和平道路寄予厚望的杜马，那么第二届杜马则是两极对峙、各种力量激烈斗争的杜马。这种态势使第二届杜马尚未召集便已前途维艰。斯托雷平甚至公开扬言："我个人对杜马抱的希望很小，它不进行工作我们就把它解散。有了第一届杜马的经验，这已经完全不是那么可怕的事了。"

　　2 月 20 日，第二届国家杜马开幕。会议选举了立宪民主党人戈洛文为主席，劳动派代表别列金和自称属于左派的波兹南斯基为副主席，立宪民主党人切尔诺科夫为秘书长。

　　3 月 6 日，斯托雷平到杜马作了政府声明。他解释了据非常立法程序颁布的土地立法、主要是 1906 年"十一月九日法"[①] 的必要性，并列举了准备提交杜马审核的立法草案，如人身不可侵犯和信仰自由，扩大地方自治机关

---

　　① 1906 年"十一月九日法"即《关于涉及农民土地所有制和土地使用的现行法若干规定的补充》，是沙皇政府进行土地改革的主要依据。该法规定：村社农民可随时要求退社，将所使用的份地确认为私产。

的权限，对工人实行国家保险，实行初等义务教育等，多达 30 余项。政府声明具有自由主义色彩。经过辩论之后，杜马通过了转向例行事务的决议，对声明内容未置可否。这种沉默表明，立宪民主党立场右倾，已不敢采取任何针对政府的坚决措施。

第二届国家杜马讨论了国家预算、人身自由、监狱和废除死刑等问题，斗争最激烈的仍是土地问题。杜马决定，每周一、四的会议专门讨论土地问题，3 月 19 日正式开始。与第一届杜马相比，各个党派在土地问题上的原则性观点更明确，分歧也更尖锐。

右派和十月党支持政府的政策，认为土地问题必须按"十一月九日法"的原则解决。他们仇视私有土地强制国有化原则，坚决捍卫私有权的神圣性。立宪民主党提交的新草案比原"四十二人草案"明显倒退，其中提出，高于农民土地收成的地主土地和附属于技术工厂的土地不应强制国有，并将据原草案应完全由国家向地主支付的赔偿，大部转嫁给农民。劳动派则坚持"一百零四人草案"的立场，社会革命党和人民社会党表示支持，他们代表了广大农民的切身利益。布尔什维克指出，劳动派的严重错误就在于，他们不关心赎买和实现土地改革的方法的问题。布尔什维克提出了真正保护农民利益的土地纲领：至少将 7000 万俄亩的地主土地分给农民；农民不付赎金地获得土地；建立实现土地改革所必需的国家的民主制度，特别是要按普遍、平等、直接和秘密投票的原则选出地方土地委员会。但由于孟什维克代表的错误立场，社会民主党争取农民的斗争受到损害。

激烈斗争的结果使任何土地纲领均不能获得多数通过。于是奉行"保全杜马"原则的立宪民主党与右派沆瀣一气，在 5 月 26 日的会议上，以 238 票对 191 票的微弱多数作出决定：在结束土地问题辩论时，杜马没有必要通过任何决议。关于土地问题的立法草案被移交土地委员会。

两届杜马的活动，尤其是土地问题的辩论，使沙皇政府感到，按"十二月十一日选举法"组成的国家杜马不可能成为自己的统治工具，不驯服的第二届杜马必须解散。在 5 月底完成新选举法的准备工作之后，沙皇政府决定将蓄谋已久的解散第二届杜马、改组杜马成分的计划付诸实现。

6 月 1 日，斯托雷平在杜马会议上宣读了政府的紧急通告，指控社会民主党杜马党团从事军事"密谋"，要求禁止 55 名社会民主党代表出席杜马会议，并立即剥夺其中 16 人的代表不可侵犯权，予以逮捕。政府的要求被移交特别委员会审议，并指定在 24 小时后作出答复。

　　在次日的会议上,左翼代表接连发言,建议中止关于地方法院的讨论,示威性地否决国家预算和"十一月九日土地法"。但立宪民主党认为这是"绝对反宪法的"行为,和右派一起否决了这一提议。此时真相已经大白,但立宪民主党不愿立即揭露政府的伪证和诬陷,采取拖延策略。特别委员会主席、立宪民主党人基泽韦,特尔报告说:委员会在晚会前仍不能结束工作,请求将报告听取会延至6月4日(星期一)举行。

　　沙皇政府急不可耐,决定立即解散杜马。6月3日,沙皇颁布诏书,指责"第二届国家杜马的很大一部分成员""心地不纯",成为有益工作的"难以逾越的障碍",并且当政府对密谋提出指控和要求时,"国家杜马没有立即执行当局这一刻不容缓的合法要求",因此解散第二届国家杜马;考虑到因选举法的"不完善"而使立法机关中"人民的需要和愿望的真正表达者"为数甚少,决定修改选举法。第二届杜马中的社会民主党代表被送交法庭审判,他们被判苦役或终身流放。这一事件史称"六三政变"。

　　第一、二届国家杜马的活动表明,按"十二月十一日选举法"组成的杜马并非专制制度的附属物。列宁曾一再指出,"第一届杜马是一个世界上(在20世纪初期)最革命同时又最无力的议会",第二届国家杜马"表明最落后的国家的人民代议机关的成分在欧洲是最革命的",此时存在着"世界上最革命的议会和几乎是最反动的专制政府"。第一、二届杜马死亡的客观原因,"不是它不能表达人民的需要,而是它不能完成为政权而进行斗争的革命任务"①,因此,为政权而斗争已成为俄国革命的直接任务。

第三届国家杜马

　　六三政变标志着俄国第一次资产阶级民主革命的失败,斯托雷平反动时期的开始。国内形势的发展,已使沙皇制度离开国家杜马便不能继续统治下去。为了扩大统治基础,沙皇制度必须借助杜马与资产阶级结成联盟。沙皇政府在解散第二届杜马的同时,强行通过了"六三选举法",目的便在于使杜马的构成成分有利于己。新选举法规定,仅占选民总数0.2%的土地所有者选团的复选代表占复选代表总数的50%。为保证大资产阶级的利益,新增

---

　　① 参见《列宁全集》第16卷,人民出版社1961年版,第386页;第12卷,人民出版社1959年版,第107页;第16卷,第198页;第11卷,人民出版社1959年版,第100、101页。

加了一个城市第一选团，其复选代表占总数的 15%。其他选团共占 35%。地主的 1 票等于大资产阶级的 4 票、中小资产阶级的 65 票、农民的 260 票、工人的 543 票。民族地区的代表名额锐减。杜马代表总数也减至 442 人。

1907 年秋，进行了第三届杜马的选举。布尔什维克参加了选举运动。为了得到预期的结果，政府对选民进行贿赂、恐吓以致公开镇压，无所不用其极。选举结果，第三届国家杜马代表的党派组成是：极右派 50 人，温和右派和民族主义者 97 人，十月党及追随者 154 人，进步派 28 人，立宪民主党 54 人，波兰议团及其他民族地区代表 26 人，劳动派 13 人，社会民主党 20 人。右翼力量极大强化，使沙皇政府如愿以偿。第三届杜马实际上是一个"黑帮"杜马。

按六三选举法炮制者的精心策划，杜马中的任何党派均不能单独构成多数，于是出现了两个多数并存的畸形现象。十月党人占据了中心地位，当他们立场右转时，便形成第一个多数即右派、十月党多数，301 票；当其左倾时，便形成了第二个多数即十月党、立宪民主党多数，262 票。以十月党为中心、两个多数为特征的"六三杜马"的建立，意味着沙皇政府终于建立起贵族地主阶级和资产阶级的全国性政治联盟，意味着黑帮地主阵营和资产阶级阵营已融合成一个反革命阵线，开始共同对抗工农联盟。

第三届国家杜马于 1907 年 11 月 1 日开幕，并任满法定任期，一直存在到 1912 年 6 月 8 日，共召开 5 次年会。杜马选举十月党人霍米亚柯夫为主席（1910 年 3 月由古契柯夫替任，1911 年 3 月由罗将柯替任），温和右派成员沃尔康斯基公爵、十月党人迈恩多夫男爵为副主席，右派成员萨佐诺维奇为秘书长。

在 1907 年 11 月 16 日的杜马会议上，斯托雷平作了政府声明。他首先宣称，对革命运动"只能使用暴力"，"稍许姑息都是犯罪"，接着表示希望杜马帮助政府，接受政府提交的一系列立法草案，特别是必须批准"十一月九日土地法"。斯托雷平的讲话引起右派以至中派代表的阵阵掌声和喝彩声。随后古契柯夫以十月党和温和右派的名义，要求杜马以事实上是完全赞许政府声明的方式转向例行事务。在甚嚣尘上的反动气氛中，只有社会民主党和劳动派代表指责了政府声明。

在 5 次年会中，杜马共审议了 2432 项草案。土地问题仍是杜马的中心问题。

在 1907 年 11 月 12 日的会议上，农民代表提出向无地和少地农民分配土地的草案，但被杜马拒绝。当时土地改革正在进行，因此第三届杜马中土地问题的焦点是如何对待政府的土地政策。右派不仅完全支持"十一月九日法"，其中一些人甚至要求采取更坚决的措施。立宪民主党急剧改变了以前提出的土地纲领，实则已站到政府的立场上，只是请求政府应"谨慎行事"。绝大多数（甚至包括右派和十月党中的）农民代表采取了相反的立场。1908年5月10日，42名代表提交草案，要求按市场平均价格将土地强制国有，建立普选产生的地方土地委员会以进行土地改革。列宁认为这一草案"事实上是革命的草案"。社会民主党支持农民代表的要求，虽然两个主要发言人格格奇柯利和别洛乌索夫都是孟什维克，但他们在土地问题上的立场是正确的。列宁评价说："我党的发言人对我们社会民主党争取'没收大地产交给人民'的斗争作了正确的解释"，"这两个同志正确地尽到了自己的责任"。①

"十一月九日法"自1908年10月23日提交杜马审议，经过长达6个半月之久的讨论和补充、修改，由杜马通过，在国务会议批准和沙皇签署后，于1910年6月14日颁布，成为正式法律。国家杜马中的土地问题终于按沙皇政府的意愿得到"解决"，斯托雷平的土地改革加紧进行。这一改革的主要内容是：强行解散农村村社；确认份地为农民私产，可自由买卖；加速向边区移民等。改革丝毫没有触动地主土地所有制，反而加速了农民的分化，培植了一个新的富农阶层，扩大了沙皇制度的社会基础。

除土地问题外，在工人、民族、财政和对外政策等问题上，第三届杜马均采取了支持沙皇政府的立场。

但斯托雷平的"和平革新"并未给俄国带来安宁。自1910年下半年开始，沉寂数年的革命运动出现复苏的迹象。11月，列夫·托尔斯泰去世，逝世前不久，他曾发表《我不能沉默》一文，对死刑提出严重抗议。为了纪念这位伟大作家，工人和学生掀起巨大的示威、罢工运动。统治集团开始对斯托雷平丧失信心。1911年3月，斯托雷平提出于西部（乌克兰、白俄罗斯和波兰）6省建立地方自治局的立法草案，在杜马批准之后，却遭到国务会议的否决。斯托雷平以辞职相要挟。由于沙皇制度当时既没有足以替代斯托雷平政策的万全之计，又不愿在政府与议会的冲突中造成议会胜利的印象，因而尼古拉二世被迫同意了斯托雷平的要求，将两院解散三天（3月12—14日），按非常立法程序通过了西部问题草案。当局的

---

① 《列宁全集》第15卷，人民出版社1959年版，第293、292页。

无耻行径引起杜马代表的愤怒，杜马主席古契柯夫宣布辞职。但在关键时刻，十月党开始退却，与右派一起选举罗将柯继任主席。一场议会危机不光彩地化险为夷。

斯托雷平的胜利犹如昙花一现。同年9月，他便在基辅遇刺身亡。1912年年初的连纳惨案①则在全国掀起抗议浪潮，革命运动蓬勃高涨。1912年4月9日，杜马就连纳事件向政府提出质询，11日，内务大臣马卡洛夫到会答复质询。当古契柯夫提议进行"全面公正的调查"时，社会民主党代表库兹涅佐夫发言说："我们工人不需要你们的调查，对我们来讲，原因非常清楚：我们知道谁是在连纳矿区大规模屠杀工人的罪魁。"他最后指出："工人阶级在总结国家杜马的活动时，应该不仅口头上，而且实际上清除第三届国家杜马以及整个现存制度。"针对社会民主党代表的发言，马卡洛夫宣称：对付革命运动，"除了枪杀，军队无可选择。过去如此，将来还是如此"。沙皇政府的威胁更加激怒了人民，仅彼得堡便有20万工人参加了"五一"罢工。俄国处于革命的前夜。

1912年6月8日，沙皇颁布敕令，停止第三届国家杜马的活动。8月29日，宣布将其解散。

第四届国家杜马

第四届国家杜马的选举于1912年秋季进行。布尔什维克在工人选团中获得重大胜利，当选为工人代表。但总的来看，第四届杜马的成分同上届相比变化不大。其党派组成是：右派65人，温和右派和民族主义者120人，十月党98人，进步派48人，立宪民主党59人，波兰议团及其他民族地区代表21人，劳动派10人，社会民主党14人，无党派7人。新杜马仍然保持两个多数，即右派、十月党多数，283票；十月党、立宪民主党多数，226票。与上届杜马的不同之处在于，新杜马更经常地形成第二个多数，出现"左倾化"迹象。

第四届国家杜马于1912年11月15日开幕，共召集5次年会。杜马选举罗将柯为主席，沃尔康斯基公爵、进步派成员乌鲁索夫公爵为副主席，十月

---

① 1912年3月，在布尔什维克领导下，连纳金矿公司的6000多名工人举行罢工，沙皇政府派宪兵逮捕罢工领导人，并打死打伤500多名示威群众。

党人德米特留柯夫为秘书长（后由尼·尼·李沃夫替任）。

斯托雷平被刺后，原财政大臣科科夫佐夫继任大臣会议主席，他于12月5日在杜马作了政府声明。他首先高度评价了第三届国家杜马的活动，指出杜马的任务是继续前任的工作，并"寻求全面改善俄国国家和社会生活的新途径"。他表示，希望并相信新杜马能够为了国家的利益，"毫无党派成见地"讨论政府提交的立法草案，"进行卓有成效的工作"。12月7日，杜马开始讨论政府声明，15日通过了进步党提交的转向例行事务的决议草案，要求政府实现1905年十月十七日诏书。

第四届国家杜马讨论的主要问题仍是土地、工人、民族和国家制度民主化等问题。在1913年和1914年，杜马曾两次指责内务部的政策，赞成农民代表要求重审六三选举法、扩大选举权的建议，并通过了立宪民主党提出的关于出版、集会和结社自由等立法草案。杜马的这种左倾化当然并不意味着自由派已转向民主立场，他们只是企图以小恩小惠遏制革命高涨，散布立宪幻想，同时借革命的压力迫使沙皇政府加紧改革。

布尔什维克利用杜马讲台，与形形色色的反动保守势力进行了斗争。1913年10月，布尔什维克组成独立的杜马党团，共6人[①]。他们在杜马内发表演说，提出质询，维护工人的权益，号召农民同地主进行斗争，并在杜马外同群众保持着密切联系，巧妙地把合法活动同秘密工作结合起来，有力地促进了革命形势的发展。

1914年7月26日，在俄国实行总动员、德国对俄宣战之后，第四届国家杜马举行了"历史性"会议，宣布无条件地支持政府。所有贵族地主和资产阶级代表一致响应政府的呼吁，决意忘记"内部纠纷"，团结在政府周围，把战争进行到底。劳动派也陷入沙文主义的泥沼不能自拔，克伦斯基代表劳动派宣读的声明甚至博得黑帮分子普里什克维奇之流的喝彩。只有布尔什维克在党团声明中断然反对帝国主义战争，随后，他们宣布拒绝投票表决战争预算，并退出会议大厅。在走廊里，布尔什维克代表被各色人物团团围住。在一片恶意的叫喊和威胁声中，他们愤然离开塔夫里达宫。11月5日，沙皇政府逮捕了布尔什维克代表，并以"叛国"罪名进行审讯，代表们被判终身流放西伯利亚。

---

① 他们是：巴达耶夫，穆拉诺夫，萨莫依洛夫，彼得洛夫斯基，沙果夫，马林诺夫斯基（后查明是沙皇奸细）。

战争爆发后的形势发展证明，沙皇政府既无力赢得战争，也无力平息革命，国内危机日益加深。1915 年 8 月，资产阶级和地主联合成立了所谓"进步联盟"。它包括了杜马中除去右派和左派之外的 236 名代表及国务会议中的三个党派（科学院和大学代表、无党派及中派），领导者是米留柯夫、申卡廖夫等。联盟提出建立"信任政府"、部分赦免政治犯和宗教犯，恢复工会活动等要求。进步联盟使六三杜马两个多数的机制失效。1915 年 9 月 3 日，沙皇命令杜马休会至次年 2 月。

战争加强了资产阶级对经济生活和政治生活的影响。在 1916 年 11 月 1 日举行的杜马例行年会上，代表们拒绝进行"事务性"工作，而就国内现状展开激烈辩论。进步联盟提出建立向杜马负责的"责任内阁"的要求。此时内忧外患已严重到无以复加的地步，针对沙皇和宫廷奸党准备与德国单独媾和的密谋，资产阶级开始酝酿宫廷政变，企图借此达到一箭双雕的目的：僭取政权以继续进行战争，阻止革命以挽救君主制。进步联盟的首脑在策划宫廷政变中起了重要作用，他们参与了暗杀拉斯普廷事件[1]，并密谋废黜尼古拉二世。

1917 年年初，俄国工人阶级掀起新的罢工高潮，革命已不可阻挡。仅在 2 月 14 日杜马复会这一天，彼得格勒便有 10 万多工人参加了示威游行和罢工。23 日，彼得格勒 50 家工厂约 13 万工人举行大罢工，揭开了二月革命的序幕。26 日，沙皇颁布了国家杜马休会的敕令，并指明杜马复会"不晚于 1917 年 4 月"。杜马代表表示承认沙皇敕令，同时却继续会晤，为强调非正式性质，会址由白厅迁至半圆厅。27 日，在二月革命取得决定性胜利的时候，国家杜马成立了以罗将柯为首的十人临时委员会，其中包括孟什维克代表齐赫泽和劳动派代表、社会革命党人克伦斯基。他们声称要尼古拉二世下台，企图控制国家政权，并建立了特别军事委员会，于 28 日任命科尔尼洛夫为彼得格勒军区司令。3 月 1 日夜至 2 日凌晨，杜马临时委员会同彼得格勒苏维埃执行委员会的社会革命党、孟什维克领导人达成协议，决定成立临时政府。

临时政府成立后，国家杜马临时委员会继续存在。随着革命的发展，它开始公开反对苏维埃。在 6 月 9 日举行的全俄苏维埃第一次代表大会的会议上，布尔什维克要求立即彻底取缔国家杜马和国务会议，但社会革命党和孟

---

① 参见本书《俄国 1917 年二月革命》一文。

什维克组成的多数拒绝了这一要求。七月事件之后①，临时委员会的一些成员公开鼓吹建立军事独裁，镇压革命，并成为科尔尼洛夫叛乱的积极策划者和参加者。在人民力量的强大压力之下，临时政府于 10 月 6 日被迫颁布解散第四届国家杜马的决议。在 10 月 9 日举行最后一次会议后，国家杜马临时委员会也中止了活动。

　　纵观四届国家杜马的组成和活动，可以看出，作为俄国国家制度中的一个重要机构，其发展经历了一个演变过程。如果说第一、二届杜马是由资产阶级左翼和革命民主派控制的机构，是各种社会力量激烈斗争的场所，那么第三、四届杜马则是黑帮杜马，是地主、资产阶级在全国范围内建立的政治联盟。沙皇制度覆灭之后，国家杜马仍在积极从事反人民的活动，十月社会主义革命才最终消灭了这一业已成为反革命工具的国家机构。

---

　　① 1917 年 7 月 3 日，几十万武装的工人和士兵举行游行示威，要求政权归苏维埃，临时政府调集军队予以镇压。两个政权并存的局面结束，布尔什维克党转入地下，开始准备武装起义。

俄国 1917 年二月革命

孙成木

1917 年 3 月（俄历 2 月），第一次世界大战正酣时，俄国爆发了第二次资产阶级民主革命——二月革命。二月革命推翻了统治俄国长达 300 多年的罗曼诺夫王朝，结束了沙皇专制制度的反动统治。在起义过程中成立了新的革命政权——彼得格勒工兵代表苏维埃。但资产阶级窃取了革命的胜利果实，成立了临时政府，形成两个政权并存的局面。二月革命的胜利为俄国无产阶级争取社会主义的斗争创造了有利条件，促进了西欧各国革命运动的高涨。

大战爆发后俄国革命运动的发展

1905—1907 年俄国革命失败后，反动势力猖獗，革命转入低潮。但是资产阶级民主革命的任务并没有从日程上取消。1907 年 7 月，俄国社会民主工党第三次代表会议的决议指出，"决定俄国革命的基本原因依然存在：国内政治制度和经济发展的要求的极不适应、农民的破产、无产阶级贫困的加深以及失业现象仍然存在，因而，革命的客观历史任务还没有解决，而同时革命力量也没有被彻底破坏。"

在第一次世界大战前夕，俄国出现新的革命高潮。群众性革命斗争的规模已经接近 1905 年，其组织性和觉悟性已经大大提高了。在彼得堡、莫斯科及其他城市的工人罢工斗争不断发生，规模很大。根据官方公布的数字，在 1912 年参加罢工的有 72.5 万人，而在 1913 年有 88.7 万人。实际罢工的人数大大超过官方公布的数字。这种群众性的革命罢工斗争，直接反对沙皇专制制度。由于第一次世界大战的爆发，革命运动的发展才暂时被中断。

1914 年开始的第一次世界大战，是一场帝国主义战争。沙皇俄国是参与发动这场掠夺性战争的罪魁之一。

战争加速了革命危机的成熟。战争期间，俄国国民经济遭到严重破坏。俄国的工业基础本来就不够发达。1913 年，全国钢的产量只有 420 万吨。机器制造业、化学工业薄弱。没有汽车制造业。许多机器、武器仰赖外国。战前，俄国进口的机器占 37% 重要的设备、车床的自给率不到 1/3。战争削弱了俄国同国外的商业联系，机器的进口大幅度下降。1914—1916 年，俄国机器工业虽有所增长，但其产品绝大部分都被战争消耗掉。据统计，这期间 123 个大机器制造业的产品从 20030 万卢布增加到 95460 万卢布。平均军工生产每年增长 13 倍多，而民用生产只增长 40%。1916 年，农业机器产品只有战前的 1/5，机车、车厢的生产明显减少，机车减少 16%，车厢减少 14%。机器、车床严重不足，又影响矿石、煤炭、石油开采量的下降。由于缺乏燃料、原料，高炉停火，许多工厂不得不关闭。战前靠进口棉花生产的纺织厂停产。1916 年，彼得格勒有 20% 的织机不能开工。在前线，武器、弹药严重不足。每月需要 6 万支步枪，而 1914 年 8—12 月只造出 13.4 万支步枪。每月需要机枪 800 支，而 1914 年下半年总共才制造机枪 860 支。

交通、运输严重阻塞。铁路承担不了急剧增长的运输任务。1916 年最后 5 个月，铁路为军队运送的粮食只能满足需要量的 61%。到 1917 年，粮食运输量又下降，1 月为 50%，2 月为 42%。有的伤兵几天领不到食物和纱布。在彼得格勒、莫斯科和其他工业城市粮食匮缺，但在西伯利亚、乌拉尔、里海、伏尔加河、顿河一带却有大量粮食、肉、鱼烂掉。1916 年，储存变质的粮食达 15 万车厢。海运也不妙。波罗的海、黑海早被德国、奥匈所封锁。俄国和盟国的联系主要通过摩尔曼斯克、阿尔汉格尔斯克、海参崴。但是，内地和摩尔曼斯克之间没有铁路。从阿尔汉格尔斯克到沃洛格达之间的铁路是窄轨（1916 年改为宽轨），运输不便。海参崴离俄国腹地又太远。结果，大批货物被堆积在港口，无法运入内地。在阿尔汉格尔斯克，煤堆得像一座座山，沿码头堆着一箱箱供兵工厂使用的车床。在摩尔曼斯克，船只等待卸货要等几星期、几个月。

大战爆发后，农业生产受到严重影响。应征入伍的有劳动能力的人口达 1500 万，主要来自农村。据 1917 年调查，在欧俄 50 个省份内，农村男劳动力减少 47.4%。耕地面积减少 1000 万俄亩。耕畜从 1914 年的 1800 万头减少到 1917 年的 1300 万头。粮食收获量减少 1/4。运输的困难又使城乡联系实际中断。在市场上，粮食、肉、糖和其他农产品日见短缺。1916 年 12 月，彼得格勒只能得到计划供应粮食的 14%。地主、富农、商人却掌握着大量生活必需品，囤积居奇，投机倒把。粮食往往从商店消失，却又在黑市上以高价出售。1916 年夏，彼得格勒粮食价格比战前提高 1.5—3 倍，肉和糖尤其昂贵。广大人民处在饥饿线上，怨声载道，不得不起来斗争。1915 年在欧俄因饥饿引起的农民暴动达 684 起。1916 年头 5 个月，农民起义达 510 次。

在各交战国中，俄国的战线最长。战争在 5 万平方公里的俄国领土上进行。300 万难民无家可归，缺衣少食。很多人在战争中断送生命、受伤致残和死于瘟疫。到 1917 年 3 月 30 日，俄国共损失 840 万人。许多士兵的家庭无人抚养，生活非常痛苦。

为了维持战争，沙皇政府的军费开支与日俱增，到 1917 年 3 月，达 300 亿卢布以上。其中 1/3 靠借外债支付，其余靠借内债和滥发纸币支付。1917 年，卢布的官方牌价降到 55 戈比，购买力降到 27 戈比。国债从 1914 年的 88 亿卢布增加到 1917 年 1 月的 336 亿卢布。沙皇政府的财政面临崩溃的境地。

沙皇政府为了满足战争需要，在 1615 年成立了国防、粮食、燃料和运输 4 个专门会议，来调节国内的经济生活。但并没有能够挽救经济的破产，却对劳动人民实行无比残酷的掠夺。大多数工厂为完成军事订货延长工作时间，增加劳动强度，剥削妇女、少年的劳动。据 345 个企业的统计材料，平均纯利润在 1913 年为 8.84%，1915 年增加到 16.49%，1916 年又增加到 17.58%。

经济混乱，加上军事失利，促使全国革命运动重新高涨起来。反对饥饿、反对帝国主义战争和反对沙皇制度的斗争结合了起来。

1915 年 5 月，发生了伊凡诺沃—沃兹涅先斯克工人罢工，要求降低物价、提高工资。接着，科斯特罗马工人罢工。1916 年年初，为纪念"流血星期日"①，彼得格勒 10 万工人罢工。广大农民的不满情绪也在增长。抗捐、抗税、反对征调粮食和马匹的运动遍及各地。士兵也受到革命的影响。1915 年，爆发了波罗的海"汉古特"号主力舰水兵的起义。俄国是各族人民的监狱。俄国境内被压迫民族也进行了维护民族利益、争取民族解放的斗争。1916 年 6 月，中亚细亚和哈萨克斯坦的起义，是这一年的重大事件。其中哈萨克斯坦土耳盖的起义一直坚持到二月革命后，还同资产阶级临时政府展开

---

　① 详见本书《1905—1907 年俄国革命》一文。

斗争。

在统治阶级内部，政权危机趋于表面化。沙皇尼古拉二世和皇后阿历山德拉在政治上、军事上走投无路，在精神上便寄托于迷信。大骗子格·叶·拉斯普廷（1872—1916 年）曾冒充"仙长""先知"，被引进宫廷。他以迷信填补沙皇和皇后心灵上的空虚，取得他们的信任，在宫廷日渐得势，终于操纵了皇室大部分的权力。1914—1916 年，在拉斯普廷的策划下，更换了 4 个内阁总理、6 个内务大臣、4 个陆军大臣、3 个外交大臣、4 个农业大臣、4 个司法大臣。1916 年，统治集团又分裂为以大臣会议主席（内阁总理）斯提尤尔美尔为首的亲德派和以外交大臣萨松诺夫为代表的亲英派，互相攻讦。资产阶级对沙皇政府不能赢得战争的胜利和防止革命的发生表示愤懑。阿历山德拉甚至被怀疑是德国的间谍，因为她出生在德国，重用亲德派。在贵族中间，对沙皇的昏聩无道亦痛心疾首。1916 年 12 月，拉斯普廷在彼得格勒被尤苏波夫公爵等保皇派集团刺杀。保皇派妄图以此来拯救罗曼诺夫王朝，阻止革命的爆发。但在拉斯普廷被杀后，在资产阶级中间便传出一种政变的风声，说一小撮阴谋分子正准备集结于彼得格勒，企图在皇村和彼得格勒之间潜入沙皇的列车，逮捕沙皇并立即把他送到国外去。所有这些，说明沙皇制度的统治已经摇摇欲坠了。

二月革命的胜利

到了 1917 年年初，革命时机已经完全成熟。1917 年 1 月 22 日（俄历 1 月 9 日），彼得格勒工人在布尔什维克的号召下举行罢工。参加罢工的达 14.5 万人。在莫斯科、哈尔科夫、巴库等城市也举行群众性的罢工和示威游行。当时彼得格勒警察局局长在给内务大臣的报告中说："总罢工的思想一天一天地获得新的支持者，并像 1905 年一样流行。"

在这个时候，资产阶级感到恐慌。资产阶级向沙皇呼吁，希望沙皇让他们参加政权。但是，沙皇根本不予理睬，并以解散国家杜马进行威胁。孟什维克为着给资产阶级撑腰，邀请工人在 2 月 27 日（俄历 2 月 14 日）国家杜马开会那天到杜马所在地塔夫里达宫附近举行和平示威，要求杜马建立一个使"人民有生路"的政府。这样可以提高杜马的声望，对沙皇施加压力。

布尔什维克坚决反对孟什维克追随资产阶级的路线。由于沙皇政府的迫害，当时以列宁为首的党中央处在国外，称中央国外局，党在国内的工作由中央俄罗斯局领导。1917 年年初，参加俄罗斯局工作的领导人是维·米·莫洛托夫、亚·加·施略普尼柯夫、彼·安·扎鲁茨基。党中央俄罗斯局通过决议，指出到杜马去示威游行必然模糊工人阶级的革命意识。布尔什维克彼得格勒委员会散发传单，号召工人在"打倒沙皇君主制度！""以战争反对战争！""临时革命政府万岁！"的口号下举行示威游行。结果，在 2 月 27 日，有 9 万人参加罢工，大部分工人都跟着布尔什维克走，在涅瓦大街示威游行，去塔夫里达宫的寥寥无几。

在布尔什维克党中央俄罗斯局的领导下，群众进一步发动起来。

3 月 3 日（俄历 2 月 18 日），彼得格勒普梯洛夫厂冲压车间工人举行罢工，要求提高计件工资和召回被解雇的工人。厂方无理拒绝，且以高压手段进行威胁，宣布不定期歇业。在这个厂的工人中已有重大影响的布尔什维克党组织立即领导工人同厂方针锋相对地斗争。罢工扩大到整个普梯洛夫厂。3 月 7 日（俄历 2 月 22 日），按军管当局命令，普梯洛夫广大门紧闭。工人无法入内，便成立罢工委员会，并决定请求其他工人支援。冲突进一步发展为全市性的斗争。

3 月 8 日（俄历 2 月 23 日），按布尔什维克党中央俄罗斯局和彼得格勒委员会决定举行集会，庆祝国际妇女节，并进行反对饥饿、反对战争、反对沙皇制度的宣传鼓动。散会后，女工纷纷上街示威游行，男工也跟着走了出来。这一天参加罢工的达 9 万人。当天晚上，布尔什维克党中央俄罗斯局和彼得格勒委员会讨论了一天来斗争的形势，主张继续开展斗争，推进革命。

3 月 9 日，彼得格勒罢工的人数增加到 20 万。群众从四面八方向涅瓦大街集合。警察企图把群众分开，但无济于事。工人们时而在这里集合，时而在那里出现，继续示威游行。

在群众性的罢工、示威游行发展起来后，布尔什维克把争取军队转到革命方面作为重大的任务。布尔什维克组织工人深入营房、哨所、巡逻队，说服士兵不向人民开枪。

3 月 10 日，彼得格勒罢工转变为总罢工。各种企业、商店、餐厅、咖啡馆都停止工作，在市中心挤满了人。当时沙皇尼古拉二世在大本营所在地莫吉寥夫，接到彼得格勒军区司令哈巴洛夫关于首都局势的报告后，下令对彼得格勒罢工运动实行恐怖手段。3 月 10 日晚，他签署了给哈巴洛夫的电报："着令于明日将京都中的骚乱悉行制止。"沙皇军队连夜逮捕了布尔什维克党彼得格勒委员会委员 5 人①，在彼得格勒市中心和交通要道上布满了军警，在屋顶和角楼里架起了机关枪。

但是，革命烈火并没有被扑灭下去。根据党中央局的决定，由维堡委员会代行彼得格勒委员会的职权，继续领导人民进行斗争。

3 月 11 日是星期天。彼得格勒工人仍涌向街道、广场。禁卫军巴甫洛夫团后备营第四连士兵起义，拒绝向人民开枪。这次起义标志着士兵已经开始转到人民方面。晚上，布尔什维克维堡委员会开会。会议认为当时的形势对无产阶级十分有利，决定将罢工转变为武装起义，并计划与士兵联欢，夺取武器库。俄国人民同沙皇制度最后决斗的时刻到来了。

3 月 12 日，成千上万的工人向彼得格勒市中心行进。由于布尔什维克的宣传、组织工作，军队中的大批士兵转到革命方面。早晨 6 时，沃伦禁卫团教导队士兵起义，杀死教导队队长，然后上街，开往附近的普列奥勃拉任斯基团和立托夫斯基团，把这两个团的士兵联合起来。整理好队伍后，起义兵团开往维堡，同工人会合。驻在维堡区的莫斯科禁卫团教导队进行反抗，阻止士兵参加起义。起义士兵和工人冲进营房，击毙教导队长，夺取了武器，武装了工人。工人和起义士兵夺取了兵工总厂和炮兵总部，缴获 4 万支步枪、3 万支手枪和大量子弹。布尔什维克带领群众向监狱冲击，释放了政治犯，获得释放的布尔什维克立即奔向工人区，参加战斗。

士兵和工人公开联欢，军队参加起义越来越多。据统计，军队参加起义的在 3 月 11 日晚还只有 600 人，12 日早晨增加到 10200 人，中午增加到25700 人，晚上达 66700 人。

3 月 12 日晚，沙皇的大臣们在玛丽亚宫开了最后一次会，但很快就被逮捕了。

尼古拉二世企图从前线调回军队来彼得格勒镇压起义。但是，彼得格勒附近的军队已经起义，沙皇的讨伐队被阻拦在半路。整个首都掌握在起义人民手中。

3 月 12 日晚，布尔什维克党中央委员会（经党中央俄罗斯局讨论后）以传单形式发表了《告全体俄国公民书》，宣告沙皇制度垮台，首都已经转到起义人民手中；指出工人阶级和革命军队的主要任务是建立民主共和国，

---

① 他们是：书记阿·斯科罗霍多夫、委员阿·库克林、普·加尼中、叶·艾捷什米德特、阿·阿·维诺库罗夫。

没收地主土地，实行 8 小时工作制，联合各交战国人民制止帝国主义战争。这份宣言曾在彼得格勒广为传播，在工人和士兵的集会上宣读，以后又重印。它反映了布尔什维克的最低纲领，是实行资产阶级民主革命的指导性文件，是布尔什维克在二月革命中的领导作用的见证。

革命在首都彼得格勒取得胜利后，接着在各地迅速展开。

3 月 12 日，布尔什维克党莫斯科委员会散发传单，号召工人和士兵举行罢工和示威游行，支持彼得格勒武装起义。13 日晨，莫斯科开始总罢工，游行队伍向红场、市杜马行进。武装的工人把警卫撵走，解除他们的武装。在市杜马对面的广场上举行群众大会。布尔什维克号召工人走进营房，同士兵联欢。士兵很快转到革命方面。3 月 14 日（俄历 3 月 1 日），工人和起义士兵占领了克里姆林宫、兵工厂、火车站、市政府、警察局、电报局等，从监狱里放出政治犯。

彼得格勒附近的驻军和舰队热烈响应首都武装起义。3 月 14 日，整个喀琅施塔得掌握在起义人民手中。赫尔森福斯（赫尔辛基）的水兵、士兵也举行起义。

彼得格勒武装起义的消息传到前线后，广大士兵立即行动起来，成立士兵委员会，对军官实行监督。农民也欢迎革命，推翻沙皇制度已经给他们带来政治上的解放。他们开始夺取地主的土地，争取经济上的解放。各地的民族解放运动也广泛地开展起来。

这样，俄国第二次资产阶级民主革命，即二月革命取得了胜利。

两个政权并存局面的形成

在罢工和武装起义过程中，彼得格勒工人建立了新的政权机关——苏维埃。还在 3 月 12 日早晨，在布尔什维克党维堡区委员会和工人的会议上，依照维·米·莫洛托夫的建议，就成立了工人代表苏维埃发起小组，并以这个小组的名义于当天向全市散发告工人、士兵书，号召建立苏维埃作为革命的政权机关，并指定以芬兰车站为代表的集合点。

孟什维克和社会革命党人其中包括国家杜马中的孟什维克代表，劳动派①，地方自治局、城市自治机关和合作社的工作人员，律师，新闻记者，

---

① 1906 年 4 月在第一届国家杜马中由民粹派的代表组成的小资产阶级民主主义者集团，要求按劳功比例平均分配土地，因此被称作"劳动派"。

中央军事工业委员会工人小组的成员等，3月12日（俄历2月27日）下午2—3时，到达塔夫里达宫。他们当中一些同工人保持着联系并进行合法活动的代表人物，如国家杜马代表尼·齐赫泽、马·斯柯别列夫、亚·克伦斯基、波·波格丹诺夫、库·格沃兹杰夫、尼·索柯洛夫、伊·沃尔柯夫等，自称是工人代表苏维埃临时执行委员会的成员，并以这个委员会的名义向首都公众发表通告。通告立即被印成传单，并在当天的《彼得格勒新闻工作者消息报》上公布。通告说：在国家杜马开会的彼得格勒工人、士兵和居民的代表宣布，他们代表的第一次会议定于今晚7时在国家杜马所在地召开。所有转到人民方面的军队每1连选1名代表，工厂每1000人选1名代表，不足1000人的工厂选1名代表。

从通告发表到开会只有几小时，许多工人正在街头参加战斗，不能参加选举。孟什维克在沙皇统治时代已经能够从事合法活动，拥有方便的条件（如通过军事工业委员会"工人小组"、孟什维克国家杜马代表）来通知自己的支持者出席会议。结果，大多数苏维埃代表不是工人直接选举产生的，而是由合法工人组织指派的。布尔什维克只有少数代表。孟什维克、国家杜马代表尼·齐赫泽当选为彼得格勒苏维埃主席，劳动派、社会革命党人克伦斯基和孟什维克斯柯别列夫当选为副主席。参加执行委员会的，大多数也都是孟什维克和社会革命党人。只是到会议即将结束时，莫洛托夫才赶到塔夫里达宫。经过他的努力，布尔什维克党才有3名代表参加彼得格勒苏维埃执行委员会。他们是：亚·加·施略普尼柯夫、彼·安·扎鲁茨基、彼·阿·克拉西柯夫。

由于群众的压力，彼得格勒苏维埃不得不采取一些革命措施。在苏维埃第一次会议上决定成立军事委员会，以进一步领导军队的革命运动；成立工人民警（赤卫队的前身），以维持首都的革命秩序；成立粮食委员会，以保证首都军民的粮食和其他食品的供应；委派10名专员到彼得格勒各区，建立革命政权；在银行和造币厂设立岗哨，剥夺旧政权对财政金融的控制权；查封反动报纸，出版苏维埃的机关报。

为了巩固工人和农民（士兵大多数来自农民）的战斗联盟，布尔什维克主张建立有士兵代表参加的苏维埃。3月13日，士兵代表开始到塔夫里达宫参加苏维埃会议。14日，举行了统一的工兵代表苏维埃全体会议，10名士兵、水兵代表（其中两名布尔什维克）参加苏维埃执行委员会。同时，发布了彼得格勒工兵代表苏维埃第一号命令，规定在所有部队中通过选举成立士兵委员会、水兵委员会，各部队的一切活动只能服从工兵代表苏维埃和士兵委员会。其中第五条规定武器必须归士兵委员会掌握，废除旧军衔，禁止军官虐待士兵。第一号命令保证了军队掌握在苏维埃手中，对巩固革命的胜利具有重大意义。

继彼得格勒苏维埃之后，在全国大多数城市都建立同样的权力机关。在全俄苏维埃成立以前，由彼得格勒工兵代表苏维埃行使它的职权。

但是，当时除了工兵代表苏维埃以外，还有另一个政府，即资产阶级临时政府。

俄国资产阶级同封建势力有着千丝万缕的联系，害怕无产阶级更甚于害怕反动派，是一个反革命阶级。他们很多人都是保皇派，只要求立宪，同沙皇瓜分政权，并不想从根本上推翻沙皇制度。但在革命高潮中，他们摇身一变，成为革命的同路人。3 月 12 日夜，他们急忙成立国家杜马临时委员会，企图抢先夺取政权。他们还派十月党人亚·伊·古契柯夫和国家杜马代表瓦·维·叔尔根前往普斯科夫同沙皇谈判，妄图保存君主制度。叔尔根和古契柯夫竟向沙皇献策，说挽救皇朝的唯一途径就是把最高管理权转到其他人手中。尼古拉二世最后决定退位，而让位给他的弟弟米哈伊尔。3 月 15 日（俄历 3 月 2 日）午夜，沙皇签署了退位宣言，并按照古契柯夫和叔尔根的请求签署了任命立宪民主党人李沃夫公爵为大臣会议主席、尼古拉·尼古拉耶维奇为最高总司令的诏书。由于人民的强烈抗议，这个阴谋没有得逞。当古契柯夫返回途中，在彼得格勒车站，举杯表示对米哈伊尔的祝愿时，工人们愤怒地要把古契柯夫逮捕，并把他枪毙。米哈伊尔也没有力量登上皇位，而在 1918 年被枪决。

当时的实际力量在苏维埃一边。国家机关的要害部门，如电报局、广播局、车站、铁路等都掌握在苏维埃手中。国家杜马临时委员会连印一张声明的地方都没有。没有苏维埃的同意，资产阶级不可能成立自己的政府。因此，国家杜马临时委员会便向苏维埃执行委员会建议就成立新政府问题进行谈判。窃据苏维埃领导岗位的孟什维克和社会革命党人推行投降主义路线，迎合了资产阶级的要求。孟什维克从机会主义立场出发，力图限制革命的范围。他们认为推翻沙皇制度后合法的主人只能是资产阶级，苏维埃只能对资产阶级施加压力，促使它向左前进。布尔什维克反对把政权交给资产阶级。3 月 15 日，在苏维埃的全体会议上，莫洛托夫代表布尔什维克党批判了苏维埃执行委员会同杜马代表达成协议的计划，建议由苏维埃建立临时革命政府。孟什维克为达到自己的目的，不惜攻击无产阶级是"分散的、无组织的"力量，鼓吹利用资产阶级来巩固对沙皇制度的胜利，蒙骗一些苏维埃代表。结果，苏维埃以多数通过了执行委员会的建议，把政权拱手交给资产阶级。

3月15日，第一届资产阶级临时政府成立。大地主格·叶·李沃夫为临时政府总理兼内务部长，主要资产阶级政党——立宪民主党首领巴·尼·米留可夫为外交部长，资产阶级右翼政党——十月党首领亚·伊·古契柯夫为陆海军部长，社会革命党人亚·费·克伦斯基为司法部长。

这样，形成了既有苏维埃又有临时政府的两个政权并存局面。

为什么掌握了实际政权的苏维埃竟然自愿地把政权交给资产阶级？为什么资产阶级能够窃取这次革命的胜利果实？

这种情况的发生，有多方面的原因。第一，俄国是资本主义国家中小资产阶级最多的国家。大批小资产阶级直接卷入革命浪潮中，他们表现了极大的动摇性和不稳定性。第二，第一次世界大战期间，无产阶级的成分发生了变化。大批有觉悟的工人被征调到了前线。代替他们的是一些小私有者、手工业者和小业主。他们成为孟什维克和社会革命党人影响工人队伍的社会基础。第三，二月革命期间，革命领袖列宁及其他一些著名的布尔什维克侨居在国外。在国内，许多布尔什维克尚被关在监狱或在远离革命中心的流放地。革命的领导力量相对薄弱。第四，资产阶级在经济上占有重要地位，第一次世界大战期间在组织上又有很大发展，拥有地方自治机关、国民教育机关、各种全国性代表大会、杜马、军事工业委员会等合法阵地，并利用报纸、刊物等舆论工具。这些，使资产阶级拥有巨大的优势。当沙皇制度在革命的打击下一倾覆，资产阶级便接着上台。

从3月8日彼得格勒工人大罢工开始到3月15日尼古拉二世退位，在8天内，沙皇制度彻底崩溃了。二月革命进展之迅速，在历史上是罕见的。二月革命这样快地取得胜利不是偶然的。

沙皇制度的残酷压迫和帝国主义战争，促使社会各种矛盾极度尖锐化，激起人民极大的反抗力，是二月革命胜利的一个重要因素。列宁说："俄国革命之所以如此容易发生，只是因为俄国受到沙皇政府极其野蛮的压榨，任何一个国家也没有象俄国那样'严重地受到战争的磨难和痛苦'。"[1]

---

[1]　《列宁全集》第26卷，人民出版社1959年版，第463页。

二月革命所以胜利还在于 1905—1907 年俄国革命的影响。这次革命提高了群众的觉悟，使他们获得大规模的阶级斗争的锻炼。列宁指出，"如果不是俄国无产阶级在 1905—1907 年三年间进行了极其伟大的阶级战斗和表现了革命的毅力，那么第二次革命的进展就不会这样迅速"①。

在二月革命中，无产阶级是领导者，同农民结成了亲密联盟，而且资产阶级看到人民即将战胜专制制度也投机革命。在阶级力量对比上，人民力量占优势。革命遇到的阻力比较小。所以列宁说："二月革命获得最初胜利的原因，就在于当时跟着无产阶级走的，不仅有农民群众，而且还有资产阶级。因此我们轻而易举地战胜了沙皇制度，达到了 1905 年所没有达到的目的。"②

二月革命期间，布尔什维克尽管处境很困难，人数又少，但他们没有失去同群众的联系，在关键时刻总是挺身而出，领导革命运动。布尔什维克提出的口号表达了广大群众的心声，是发动群众的有力武器。在二月革命中，只有布尔什维克明确地提出了 8 小时工作制、没收地主土地、建立民主共和国和结束帝国主义战争的彻底的民主革命纲领，并指出实行这个纲领的道路。资产阶级的主要政党主宪民主党以及其他任何自称为社会主义的政党都不敢公开触及这些人民最迫切需要解决的社会问题和政治问题。

二月革命推翻了罗曼诺夫王朝，结束了封建专制的统治，标志着俄国革命的第一阶段——资产阶级民主革命阶段已经结束，开始了俄国革命的第二阶段——无产阶级社会主义革命阶段。

二月革命的胜利使俄国的政治制度发生了根本的变化，推动了俄国历史的发展，"使落后的俄国的发展进程大大加速"，仿佛一下子"就赶上了意大利和英国，并且几乎赶上了法国"③。这就为俄国无产阶级反对资产阶级、争取社会主义的斗争创造了有利的条件。

二月革命发生在第一次世界大战期间。这次革命的胜利，不能不引起各国被压迫人民和被压迫民族的欢欣鼓舞，促进各国人民反对帝国主义战争、反对本国反动政府、争取民主权利和民族解放的革命运动更加高涨。

---

① 《列宁选集》第 3 卷，人民出版社 1972 年版，第 2 页。
② 《列宁全集》第 27 卷，人民出版社 1958 年版，第 75 页。
③ 《列宁选集》第 3 卷，人民出版社 1972 年版，第 8 页。

美国五十州的依次建立（上）

李纯武

从英国在北美建立第一个殖民地弗吉尼亚到夏威夷成为美国的第 50 个洲，构成了一个历史过程。其间有对土著居民的残酷迫害，有殖民大国的激烈角逐，有无限贪欲的领土扩张，也有劳动人民披荆斩棘的辛勤开拓。在这个历史过程中，人们可以看到一股股西进的洪流，看到"边疆"的不断推移。西进的牛曳大篷车络绎于途，然而那却不是牧歌式的行进。

美国 50 州的建立，可以说是美国历史的缩影。

美国在北美建立的 13 个殖民地

濒临大西洋的十三州①，北起马萨诸塞，南到佐治亚，本是英国在北美相继建立的 13 个殖民地。它们是美国的前身，奠定了美国的基础。

在西班牙和葡萄牙派人探索新航路的时期，英国也跃跃欲试。1497 年，意大利航海家卡波特为英王亨利七世探险到美洲东海岸就是这样的尝试。但是在 16 世纪中叶以前，英国的力量还不足以同当时的殖民大国西班牙抗衡。伊丽莎白女王统治时期（1558—1603 年），英国开始了同西班牙的长期对抗，最初采取的对抗形式是对西班牙的殖民地和海船进行海盗式的袭击。英国那些被称为"海狗"的人如约翰·霍金斯、弗朗西斯·德累克在海上劫掠，就得到英国女王的暗中支持。1588 年打败了"无敌舰队"以后，英国取代西班牙占有海上优势，为它在海外建立殖民地开辟了道路。

无敌舰队之战以前几年，英国汉弗来·吉尔伯特爵士试图北在纽芬兰，瓦尔特·赖立爵士试图南在卡罗来纳建立殖民地，但是都失败了。1606 年，

---

① 辖地说包括独立后建立的佛蒙特州和缅因州。

英王詹姆士一世颁发特许状①给弗吉尼亚公司，准许公司组织移民向北美移殖。当时弗吉尼亚公司分为两个集团，即伦敦弗吉尼亚公司和普利茅斯弗吉尼亚公司。按照特许状规定，伦敦弗吉尼亚公司可在北美大西洋沿岸北纬34°至41°之间的地带殖民，普利茅斯弗吉尼亚公司可在北纬38°至45°之间的地带殖民。1606年和1607年，普利茅斯集团派遣的远征探险队在缅因的一条河口建立了一个殖民据点，但是只过了一个冬天就失败了。伦敦集团于1606年12月派出第一批移民100余人，分乘3艘船前往北美。他们中间包括没落绅士、失业工匠和被释出狱的人。他们一行于1607年春驶到北美切萨皮克湾的詹姆士河口，5月溯河而上，建立了第一个殖民据点——詹姆士顿。他们受到当地印第安人的友好接待，得以定居下来。他们经受了"弗吉尼亚考验"，即熬过了濒于绝望的失败境遇，终于奠定了英国在北美建立的第一个殖民地弗吉尼亚的基础。

此后，从英国不断运来白人契约奴隶，提供了必要的劳动力进行开拓。1612年，约翰·若尔夫在弗吉尼亚试种烟叶成功。烟叶在伦敦有利可图②，因此这在经济上给弗吉尼亚注入了活力。1619年，荷兰人运来第一批黑人奴隶约20人，卖给弗吉尼亚移民。这是北美役使黑人奴隶的开端，以后北美南部的经济主要是靠他们的血汗浇灌成长的。

根据1609年英王颁布的第二个特许状，公司授权任命具有全权治理弗吉尼亚的总督，总督又可从当地移民中选人组织参事会协助他治理。1619年，总督根据公司指示，在詹姆士顿召集了议会。议会由每个移民区选出两个代表组成，同总督和参事会成员一起为地方立法。总督、参事会、议会这种统治机构首先在弗吉尼亚建立，后来成了英属北美各殖民地的基本政治组织形式。移民继续从英国到来，1618—1624年，约有4000人。但是根据官方统计，1625年弗吉尼亚的移民不过1210人。原因在于死亡率高（包括死于同印第安人的冲突），还有一些人倒流。1624年，詹姆士一世借口治理不善，吊销了弗吉亚尼公司的特许状，把弗吉尼亚变为英王直辖殖民地或称王室殖民地。

弗吉尼亚因它最早建立，成为英国在北美的"老领地"。稍晚于它而建立的另一个英属北美殖民地是马萨诸塞。那时候，斯图亚特王朝宣扬"君权

---

① 发给殖民公司的一种执照，对殖民的地区和公司享有的特权都有明文规定。

② 吸烟习惯大概是约翰·霍金斯带到英国的。

神授"，又以"英国国教"信仰强加于非国教教徒。为了逃避迫害，许多非国教徒及国教的支派清教徒都被迫离乡背井，向新大陆寻求乐土。马萨诸塞就是这种历史背景下的产物。

1620年，一支清教徒乘"五月花号"船驶向北美。他们本来打算去弗吉尼亚，由于风暴，船只偏离航向，于当年11月在马萨诸塞湾登陆，建立了普利茅斯殖民地。登陆以前，船上的成年男子签署了《五月花号公约》，相约组成公民政治团体，为新建地区的普遍利益而进行治理。美国历史学家把《五月花号公约》和1619年弗吉尼亚议会并列，说它们是美国制度的两大基石。"五月花号"的移民有农民、城市工匠和小商人，他们的领头人如威廉·布列斯特和布雷德福颇有文化教养。移民继续到达，10年之间，他们在马萨诸塞湾建立了十来个渔业和贸易据点，包括萨勒姆。

对马萨诸塞发展的另一个重要事件是，1629年另一批清教徒取得英王的特许状，正式组成马萨诸塞海湾公司，拟在北美大西洋沿岸北纬40°至48°之间的地带殖民。第二年，由约翰·温斯罗普率领，约900到1000移民分乘11艘船到达萨勒姆。他们从这里扩散，先后建立了波士顿等城镇。当时英国宗教迫害加剧，出现了清教徒向海外的"大迁移"，1630—1640年，约有2万清教徒移居到马萨诸塞海湾殖民地。这里的清教徒原为逃避宗教迫害而远涉重洋，奇怪的是，他们在马萨诸塞实行"神权政治"，对非清教徒并不宽容。

马萨诸塞殖民地的形成为在北美东北部的殖民扩张提供了基地，由此派生出罗德艾兰、康涅狄格和新罕布什尔3个殖民地，形成了"新英格兰"。

罗德艾兰的建立起于马萨诸塞实行不宽容的宗教政策。这个殖民地的创始人是罗杰。威廉斯主张政教分离和宗教团体独立，被马萨诸塞的清教徒逐出海湾。威廉斯和他的追随者南下，1636年在罗德艾兰建立了据点普罗维登斯。另一个对马萨诸塞神权政治挑战的安娜·霍清森被逐出波士顿。她和她的追随者也到了罗德艾兰，1638年建立了朴次茅斯。由于同样的原因，又有人到达罗德艾兰，建立了另两个据点——纽波特和瓦维克。1647年，普罗维登斯等4地联合起来，组成松散同盟。1663年，英王颁发特许状，确定了罗德艾兰的自治地位。这块殖民地以"宗教宽容"相标榜，同马萨诸塞的神权政治恰成对照。

康涅狄格是罗德艾兰的西邻，同在马萨诸塞南面。17世纪30年代开始，来自普利茅斯殖民地的英国殖民者溯康涅狄格河而上，建立了温莎；来自马萨诸塞海湾殖民地的英国殖民者，建立了韦特斯斐尔德和哈特福德。1639
年，这三地的代表在哈特福德集会，制定了《康涅狄格基本法》——英属北
美殖民地第一部成文宪法，相约据它治理这块殖民地。对康涅狄格形成的另
一个重要事件是，来自伦敦的一批清教徒1637—1638年到波士顿以后，又
转往康涅狄格河以西地方定居。他们先建立了纽黑文，相继在沿海建立了另
一些移民点，并于1643年联合成为纽黑文殖民地。1662年，康涅狄格总督
小温斯罗普到伦敦，从英王那里获得特许状，纽黑文成为康涅狄格的组成
部分。

最初来到位于马萨诸塞北面的新罕布什尔的移民不是清教徒，而是由两
个英国绅士乔治爵士和马逊船长率领的英国国教徒。移殖始于1623年。几
年以后，乔治和马逊划分了地区：马逊领有西部，以新罕布什尔命名；乔治
领有东部，即缅因的一部分。他们的殖民事业都没有什么成就，到17世纪
30年代末，马萨诸塞的许多清教徒拥入，建立了一些移民据点。新罕布什尔
一度被吞入马萨诸塞的管辖范围。马逊的后代坚持他们对新罕布什尔的要
求。1664年，英国王家委员会决定，新罕布什尔不在马萨诸塞管辖之内。15
年后，英王宣布新罕布什尔为王室殖民地。

为了对付当地的印第安人及北面的法国人和南面的荷兰人，1643年，朴
次茅斯、马萨诸塞、康涅狄格和纽黑文组成"新英格兰同盟"，罗德艾兰被
排斥在外。后来由于缺乏马萨诸塞的合作，同盟解体了。但是马萨诸塞在新
英格兰举足重轻的地位因朴次茅斯的并入（1691年）而加强了。

在弗吉尼亚和新英格兰之间的地区内，早有荷兰人和瑞典人的殖民活
动。从1609年，亨利·哈得孙受荷兰派遣到今纽约湾一带探险以后，荷兰
人就接踵而至，在哈得孙河流域建立了奥伦治堡（今阿尔巴尼）、新阿姆斯
特丹（今纽约市），在特拉华河流域建立了斯汪宁达尔（今路易斯）等殖民
和贸易据点，并把他们势力所及的地区称为新尼德兰。1638年，瑞典人在特
拉华河下游建立据点威尔明顿，但是立足未稳，十多年以后就被荷兰占有
了。当时，英荷争霸海上，也在北美争夺殖民地。1664年，英国从荷兰手里
夺走了新尼德兰。查理二世把这块位于康涅狄格河和特拉华河之间的新殖民
地赐给他的弟弟约克公爵詹姆士。这个地区改名纽约，成为业主殖民地。詹
姆士通过他任命的总督对纽约进行近乎专制的统治。当地移民经过斗争于
1683年建立了议会，制定了《自由宪章》，得到公民权利。1685年，查理二
世卒，其弟詹姆士二世即英王位，纽约变为王室殖民地。同纽约相邻的新泽

西本在约克公爵受赐地区的范围内。约克公爵取得那块地区以后，又把哈得孙河下游以西和特拉华之间的地区赐予两个英国贵族，逐渐形成新泽西殖民地。1702 年，新泽西正式成为王室殖民地。因此可以说，新泽西是从纽约派生出来的。

在弗吉尼亚和新英格兰之间的地区内的另一块重要殖民地宾夕法尼亚，是英国贵族威廉·宾为进行"神圣的试验"而建立的。威廉·宾是英国教友派①的著名人物，很想为欧洲受迫害的教友派教徒在北美求一块安身之地。1681 年，他以勾销英国王室欠他父亲的债务为代价，取得了英王的特许状，作为业主在北美建立了宾夕法尼亚殖民地。威廉·宾以较为开明的态度，在那里实行宗教信仰自由，移来的人主要是教友派教徒和德意志人。宾夕法尼亚东濒特拉华河，距海不远，但是没有出海口。1682 年，威廉·宾为了给宾夕法尼亚取得一个出海口，从约克公爵手里购得了特拉华这块地方。他很想把这块地方并入宾夕法尼亚，但遭到反对，没有达到目的。1704 年，特拉华成立了自己的议会，威廉·宾家族保留了业主地位，有权选派总督治理这块殖民地。

宾夕法尼亚南面的马里兰，建立的时间仅晚于弗吉尼亚、马萨诸塞和康涅狄格。1632 年，英国贵族巴尔的摩爵士想为自己同信仰的天主教徒在北美建立一块庇护地，要求英王颁发殖民特许状。不久他死了。他的儿子取得特许状，并于 1633 年 11 月率领 200 多移民从英国出发。船只于 4 个月后抵北美波托马克河口，建立了殖民据点圣马利城。这就是马里兰殖民地的开始。它开头是个农业殖民地，一时因种植烟草而繁荣起来。马里兰允许宗教信仰自由，1649 年制定的《宽容法》保障居民信仰自由的权利。马里兰的发展受过弗吉尼亚的帮助，但是巴尔的摩家族的统治也受到来自弗吉尼亚和新英格兰清教徒的挑战。1715 年以后，巴尔的摩家族又牢固地掌握了马里兰。马里兰作为业主殖民地直到独立战争爆发。

在"老领地"弗吉尼亚以南地区，英国开拓的殖民地有卡罗来纳和佐治亚。在英属北美殖民地中，它们开拓的时间较晚。

早在 16 世纪末期，英国就试图在卡罗采纳开辟殖民地，两度失败。后一次的 118 名移民在卡罗来纳失踪，杳无音信，造成卡罗来纳历史上的一桩疑案。后来开拓卡罗来纳的白人，首先是来自弗吉尼亚的穷苦白人和契约期

---

① 是不从属英国国教的一个教派，克伦威尔统治期间，在英国颇有发展。

满的白人奴隶，他们无法同弗吉尼亚的大种植园奴隶主竞争，逐渐南移到卡罗来纳。1663 年，查理二世把卡罗来纳赐给他的 8 位宠臣。1669 年，英国有组织地向卡罗来纳殖民，第二年这批移民建立了查尔斯顿。[①] 定居的移民同印第安人做鹿皮交易，谋取厚利。后来随着水稻种植的发展，卡罗来纳大量运入黑人奴隶，出现了许多大的奴隶制种植园。1712 年，卡罗来纳一分为二。1729 年，南、北卡罗来纳都由业主殖民地变为王室殖民地。

18 世纪初，英国深恐西班牙的势力从佛罗里达扩展到卡罗来纳，急于在南卡罗来纳以南拓殖，建立一个缓冲地带。1732 年，英国将军和下议院议员詹姆士·奥格列索普请求英王颁发特许状，允许到北美开辟一块殖民地，作为英国债务人和受迫害的新教徒的庇护所。他得到议会资助，率领 116 个移民于 1733 年 2 月到达北美，建立萨凡纳，奠定了佐治亚殖民地的基础。按照移民当初的约定，不许在佐治亚拥有大地产和奴隶。后来的事实相反，佐治亚同南部各殖民地一样，役使黑人奴隶的种植园经济发展起来了。1752 年，佐治亚成为英国王室殖民地。

印第安人的苦难和英法在北美的角逐

1607—1733 年，英国在北美大西洋沿岸建立了 13 个殖民地，首先受其害的是当地土著印第安人。

欧洲殖民者到来以前，美洲的主人是印第安人。印第安人原住在亚洲大陆东北，在三四万年以前，踏过白令海峡结冰的走廊，从阿拉斯加扩散到美洲。他们以狩猎和捕鱼为生，后来也从事种植。在现今的美国本土范围内，1600 年估计住有 75 万—85 万印第安人，在北美大西洋的东北部（即后来所谓的新英格兰）大约有 5.5 万印第安人，中部约有 5.2 万人，南部不超过11.4 万人。在英属北美 13 个殖民地和阿巴拉契亚山西侧范围内，从南到北，住着阿尔贡金族系的许多部族，如阿勃拉基人、纳拉甘色特人、望潘诺格人、摩黑甘人、裴圭特人、特拉华人、潘尼科人、波华坦人和彻洛基人等，他们大都住在大西洋沿岸和通往沿岸的河流上。英国殖民者首先就是同他们打交道的。在纽约西部及其迤西的湖区南北，住着易洛魁族系的 5 个部族。他们组成的易洛魁同盟是印第安各部中最强大的组织。南部的穆斯考格族系

---

① 在 Arbemarle Point，10 年后移至今地。

包括阿巴拉契人、奇卡索人、克里克人、纳切兹人和塞密诺尔人等。他们组成了克里克同盟，被欧洲人视作印第安人的精华。

英国殖民者初到北美时，印第安人不免疑惧，但是一般总是和善相待，常常予以帮助。举例说，弗吉尼亚立足未稳的时候，约翰·若尔夫同坡华坦部族首领的女儿坡卡宏达结婚，导致了 8 年的和平，而这 8 年对弗吉尼亚日后的发展是至关重要的。"五月花号"那批移民登陆建立朴次茅斯时，几乎置身旷野，多亏印第安人斯匡托教他们捕鱼、种玉米，才得以生存下来。

当白人殖民人数逐渐增加、力量增强时，就肆无忌惮地侵占印第安人的土地，驱赶和屠杀印第安人。印第安人的生存受到威胁，进行反抗。在弗吉尼亚，坡华坦人 1622 年袭击詹姆士顿，几乎荡平了附近的移民点。殖民当局反击，采取灭绝政策，清除了弗吉尼亚沿海地区的土著居民的力量。在新英格兰，殖民当局推行种族灭绝政策，激起了"菲利普王之战"[1]。菲利普联合新英格兰其他印第安部族如纳拉甘色特人，抵抗英国殖民者的蚕食鲸吞。战争爆发于 1675 年，斗争中心在罗德艾兰和马萨诸塞一带，波及其他地区。新英格兰同盟联合行动，而印第安人却不能团结一致对敌。次年 8 月，菲利普被杀，抗击力量日趋瓦解，战争于 1677 年结束。新英格兰南部印第安人不再是抗击殖民者的重要力量。但是在南部诸殖民地，印第安人对殖民者的抗拒还持续着。

英属北美诸殖民地的形成既是残害土著居民的过程，又是同欧洲殖民列强争夺的过程。其中，英法之间的争夺持久而又激烈。

法国在北美开拓殖民地正好和英国同时。1608 年，尚普伦在北美建立魁北克，为法国奠定了北美殖民基业。法国的殖民活动不限于沿海，而是向内地渗透。传教士到处寻求皈依者。林间单帮客到处搜罗皮货。他们中间的约里耶和神甫马尔奎特于 1673 年沿密西西比河南下到达阿肯色河。1682 年，拉萨尔穿过大湖区，沿伊利诺斯河进入密西西比河，顺流而下，直达河口。法国开始经营沿河地区，建立了一系列堡垒和商业据点。法王路易十四力图使北美的法属殖民地成为勤劳农民的居留地，但是成效甚少。仅在新斯科舍、圣劳伦斯流域、伊利诺斯和路易斯安那出现了一些稀疏的农业居民点。到 18 世纪中叶，法国在北美的移民不过 5 万—6 万人，而英属北美殖民地的移民已达 150 万人了。

---

[1] 望潘诺格部族酋长美塔科姆，英国人称他菲利普王。

　　1689 年开始，英、法为争夺欧洲霸权和海外殖民地，进行了长期的若断若续的战争，那就是奥格斯堡同盟战争（1689—1697 年）和西班牙王位继承战争（1701—1714 年），在北美按当时英王的名字，分别称为"威廉王之战"和"安妮女王之战"。战争主要在欧洲进行，但是在北美的两国殖民地也冲突起来。法国殖民者挑动印第安人袭击缅因，新英格兰英国殖民武装两次占领新斯科舍的王家港。结束西班牙王位战争的乌特勒支和约，除了承认英国对哈得孙湾的要求以外，又把新斯科舍转归英国。这样，英国的殖民范围就北伸到加拿大了。

　　18 世纪中叶，欧洲爆发了"奥地利王位继承战争"（1740—1748 年），不久又发生了"七年战争"（1756—1763 年），在北美分别称为"乔治王之战"和"法国人、印第安人战争"。七年战争对英、法是争夺海外殖民地的关键一战，关系北美和印度的命运。在北美，战前几年，双方都在加紧备战。法国加强了圣劳伦斯湾战略要地路易斯堡的防务，在阿巴拉契亚山以西广筑堡垒，派人到各地加强同印第安部族的同盟。英属北美殖民地当局于1754 年 6 月在阿尔巴尼召集弗吉尼亚及其以北各殖民地代表集会，讨论联合对法战争的办法；还请易洛魁部族首领到会，企图拉拢他们参加对法斗争。弗吉尼亚和新泽西没有派代表与会，但是在阿尔巴尼会议还在进行的时候，弗吉尼亚已经在俄亥俄河方面同法国殖民势力发生冲突了。

　　早在 1747 年，弗吉尼亚的一些大种植园主，包括乔治·华盛顿的兄长劳伦斯和奥古斯汀，组织了俄亥俄公司，在俄亥俄河一带进行土地投机。弗吉尼亚殖民当局把蒙朗格亥拉河和卡诺瓦之间的 20 万英亩土地许给俄亥俄公司，随后又把西部土地许给其他投机者。许多弗吉尼亚人指望借阿巴拉契亚山以西的土地致富。1751 年出任弗吉尼亚总督的罗伯特·丁韦第也成了俄亥俄公司的股东。罗吉尼亚不甘心法国在俄亥俄河流域扩张势力，1754 年丁韦第派民兵上校、时年 22 岁的乔治·华盛顿率领一队民兵前往俄亥俄岔口①筑堡。华盛顿到达的时候，那个地区已在法国人的占领下，并且筑起了杜肯堡。② 华盛顿南退 50 英里，在大草地筑起了栅寨，但是 7 月初就被法国人赶走了。华盛顿失败而归，弗吉尼亚总督向伦敦求援。英国政府认为新的战端已启，开始向北美派兵。

---

① 即阿勒亘尼河同俄亥俄河汇合处。
② 今匹茨堡所在地。

七年战争爆发以后，在欧洲和北美，英国军事上都不利。1757 年，威廉·庇特出任首相，英国政策发生了急剧的变化。他不再从欧洲均势的天平上衡量北美的军事成败，不是简单地削弱法国在欧洲的力量或简单地扩张殖民地，而是要使英国成为世界最强的殖民帝国。在庇特看来，欧洲的分量次于北美和印度，要在北美和印度同法国作决定性的争夺。因此，他以金钱支持普鲁士在欧洲大陆上对付法国，把英国的军事重点转到印度和北美。庇特挑选了年轻而又有卓越能力的将领如詹姆士·渥尔夫、杰弗里·阿姆赫斯特，派往北美领导作战。他们一两年间就改变了北美战局。到七年战争结束时，法国在北美和印度都失败了。根据 1763 年的巴黎和约，英国在北美占有加拿大，取得了密西西比河和阿巴拉契亚山之间的整个地区。

奠定美国基础的十三州

七年战争结束，意味着英国取得了世界殖民帝国的霸权，同时它开始对北美采取加紧控制和压榨的政策。对北美殖民地人民说，法国威胁消逝了，同宗主国的矛盾却日益加剧。已经形成为美利坚民族的北美殖民地人民同英国的冲突势不可免，压迫和反抗成正比例发展着。北美"独立战争"终于1775 年爆发了。北美 13 个殖民地一致行动，在《独立宣言》中庄严宣告："这些联合殖民地从此成为、而且理应成为自由独立的合众国。"它们先后宣布同英国脱离，按 1777 年 11 月大陆会议通过的《邦联条例》，结为邦联，实行永久的联合。邦联定名为"美利坚合众国"。邦联是一种极为松散的国家组织形式。

独立战争结束以后，民生凋敝，百废待兴，邦联国会的职能越来越不能适应统治的需要。华盛顿忧心忡忡地说："我们正临近无政府和混乱的边缘。"1787 年 2 月，邦联国会根据一些州代表的建议，决定召开制宪会议，目的是修改《邦联条例》，以便"建立一个坚强的全国政府"，这就产生了1787 年美国宪法。

《美利坚合众国宪法》是中央集权论者和州权论者、大州和小州、北方资产阶级和南方种植园奴隶主斗争而又妥协的产物。较之《邦联条例》，它大大加强了联邦政府的权力和专政职能。它保障了有产阶级的统治权，也注意了权力的"制约与平衡"。它顾及了州权，顾及了种植园主的利益，但是在 1789 年 9 月十条补充案通过以前却忽视了人民的权利。这部宪法须经各州代表大会批准，获得 9 个州批准才能生效。它于 1787 年 9 月 17 日由制宪会议送交邦联国会，请它审议并提交各州代表大会批准。

由于统治阶级内部对权力分配的看法不一，加上其他因素，宪法的批准也经历了一场斗争。许多反对宪法的人与其说是主张扩大州权，不如说是担心一个强大的中央政权会脱逃人民的控制而变成暴虐的。他们认为，制约与平衡的原则不是反暴政的根本保证。宪法的支持者比反对者更有冲击力，例如在纽约，亚历山大·汉密尔顿、约翰·杰伊和詹姆士·麦迪逊连续在报上发表论战性的文章为 1787 年宪法辩护①。宪法反对派的力量在小州较弱，因此支持宪法的人集中力量，以期在大州取得突破。小州特拉华首先批准宪法。宾夕法尼亚州经过严重较量，成为大州中率先批准宪法的州。在马萨诸塞，汉科克建议，在批准宪法的同时附上公民权利法案推荐书，这说服了一些反对派，宪法得以在该州获得批准。到 1788 年 6、7 月，弗吉尼亚和纽约两州也批准了宪法。但是在这以前，宪法已取得 9 个州的批准，开始生效了。

13 州批准宪法之日，就是它们加入联邦之日。按照美利坚合众国最初 13 个州批准宪法的时间，它们成为联邦州依次为特拉华（1787 年 12 月 7 日，首府是多维尔）、宾夕法尼亚（1737 年 12 月 12 日，哈里斯堡）、新泽西（1787 年 12 月 18 日，特仑顿）、佐治亚（1788 年 1 月 2 日，亚特兰大）、康涅狄格（1788 年 1 月 9 日，哈特福德）、马萨诸塞（1788 年 2 月 6 日，波士顿）、马里兰（1788 年 4 月 28 日，安纳波利斯），南卡罗来纳（1733 年 5 月 23 日，哥伦比亚）、新罕布什尔（1788 年 6 月 21 日，康科德）、弗吉尼亚（1788 年 6 月 28 日，里士满）、纽约（1788 年 7 月 26 日，奥尔巴尼）、北卡罗纳（1789 年 11 月 21 日，罗利）和罗德艾兰（1790 年 5 月 29 日，普罗维登斯）。这就是奠定美国基础的 13 州。

密西西比河以东新州的建立

1783 年英、美签订的《巴黎和约》规定，美国领土的西界推进到密西西比河。密西西比河以东的新领土究竟怎么安排呢？这个问题在独立战争期间就在州际之间引起了争论。

---

① 他们的论文汇集起来，即《The Federalist》，中译本称《联邦党人文集》。

　　原来的 13 个州,有些以这样或那样的理由要求向西扩张州的领土。弗吉尼亚和它以南的几个州分别要求把本州的领土延伸到密西西比河的东岸。弗吉尼亚、康涅狄格和马萨诸塞要求在苏必利尔湖到伊利湖的广大地区占有"飞地",纽约也有领土要求。没有提出领土要求的各州主张国会控制西部土地①,限定那些要求扩张各州的西界,这又遭到要求扩张各州的抗拒。再加上土地投机集团的利害冲突,增加了问题的复杂性。例如,宾夕法尼亚、新泽西和马里兰的土地投机者,同弗吉尼亚俄亥俄公司为争夺俄亥俄河流域的土地长期相持不下。

　　在弗吉尼亚,许多开明人士主张放弃州的领土要求,希望在新领土上建立一些与 13 州平等的新州。由杰斐逊倡导,1781 年弗吉尼亚率先宣布放弃它对俄亥俄河以北的领土要求。以后两年,马萨诸塞和康涅狄格也相继放弃了飞地要求。这样,邦联国会就有可能对西部土地的处理作出决定。由于它面临财政困境,迫切需要出售西部土地,邦联国会为此制定了《1785 年法令》。法令规定,测量俄亥俄河以北的土地,把 6 英里见方的地区划成一个镇区,再分为 36 块,每块 1 英里见方,即等于 640 英亩。土地以块为单位出售,每英亩最低售价 1 美元。这种规定有利于土地投机者,因为他们手里拥有大量现金。但是这种规定为日后西部土地的测量和处理立下了一个模式。

　　不久,国会又制定了治理俄亥俄以北地区的法令,即《1787 年西北法令》。按照它的规定,西北地区成为一个特区,设总督、秘书各 1 人,任命 3 个法官组成法院;他们都由国会任命,拥有治理特区的全权。整个特区将分为至少 3 个、至多 5 个准州,每个准州自由居民达到 6 万人,即可建为一个新州加入邦联。西北法令制定之初只适用于俄亥俄河以北地区,事实上确定了美国的西部政策,它建立的先例②适用于后采扩张的领土。

　　国会制定西北法令的次年,来自新英格兰的 47 个移民在俄亥俄河建立了一个前哨站,这是移民洪流之前的涟漪。由于移民涌入,从 18 世纪 90 年代开始到 1819 年,阿巴拉契亚山以西和密西西比以东地带建立了肯塔基等 7 个州,山以东地带,18 世纪增加的唯一新州是佛蒙特。

　　佛蒙特东邻新罕布什尔,西邻纽约。它的早期移民大都从新罕布什尔当

① 　在美国历史上,"西部"一词是相对而言的,随着领土的扩张而变化。

② 　1790 年,西北法令除某些条款外,开始实施于俄亥俄河以南地区。

局那里接受土地，新罕布什尔认为康涅狄格河以西地区属它。纽约认为，佛蒙特是当年约克公爵领地的组成部分。1764 年，英王乔治三世允许纽约殖民地控制佛蒙特，引起了当地移民的抗拒。独立战争开始，佛蒙特既受英军入侵的威胁，又有被新罕布什尔和纽约分割的危险。1777 年年初，它宣布成为新康涅狄格共和国，几个月后改名"佛蒙特"。它同左邻右舍都有领土争端。独立战争以后，领土争端解决了，佛蒙特作为第 14 州（首府是蒙比利埃）于 1791 年 3 月 4 日加入联邦。

肯塔基是阿巴拉契亚山以西地区首先建立的州。七年战争以后，英国移民就在这里探测，1774 年在肯塔基中部建立了永久居留地——哈罗斯堡。当地印第安人不断抗拒，但不能阻止移民的涌入。1776 年，肯塔基成为弗吉尼亚的一个郡。1784 年，弗吉尼亚正式放弃了对大湖以南地区的要求，但是没有放弃肯塔基。1792 年，弗吉利亚才放弃肯塔基。肯塔基于当年 6 月 1 日作为第 15 州（首府在法兰克福）加入联邦。建州以后的肯塔基，人口猛增，农场涌现，19 世纪初成为西南地区最繁荣的农业州。1830 年以后，烟草种植在这里得到推广，内战前后，在美国烟叶生产上遥遥领先。

位于肯塔基以南的田纳西，有许多印第安部落，包括彻洛基人、契卡索人、克里克人等。其中彻洛基部族最大，他们同克里克人都是很出名的。七年战争后，东部移民涌入。独立战争期间，当地的移民为对付印第安人向北卡罗来纳寻求助力，后者因此企图吞并田纳西。1784 年，邦联国会授权田纳西组建新州，由于北卡罗来纳不愿放弃它对田纳西的领土要求，建州进程受阻。1790 年，北卡罗来纳让步，联邦国会决定把整个田纳西并合起来。1796 年 6 月 1 日，田纳西被纳入联邦，成为美国第 16 州（首府是纳什维尔）。

在当时美国称为"西北"的地区，俄亥俄是第一个建立的州。1788 年，来自新英格兰的移民在俄亥俄河建立前哨站马里塔以后，这里移民迅猛增加。开始来的是新英格兰移民，接着是来自美国其他地方和欧洲的移民。不久，俄亥俄的居民就达到了建州要求的人数。1803 年 3 月 1 日，它成为美国的第 17 州（首府是哥伦布）。

在密西西比河和阿巴拉契亚山之间的地带，1810 年，居民占美国人口总数的 1/10，10 年之后就增加到 1/4 了。继俄亥俄州之后，这个地带建立的新州有印第安纳州（1816 年，首府是印第安纳波利斯）、密西西比州（1817 年，杰克逊）、伊利诺斯州（1818 年，斯普林菲尔德）和亚拉巴马州（1819 年，蒙哥马利）。这不仅表明那个地区的人口在增长，而且表明经济的发展。

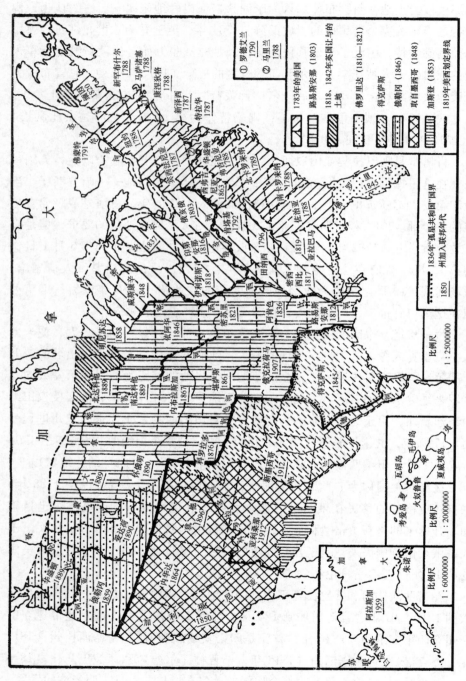

美国五十州的依次建立

　　这些新州所在地区是许多印第安人部族的故乡，侵占和反侵占的武装冲突迭起。联邦政府在西北地区用武力镇压印第安人的反抗，强迫他们让出俄亥俄和印第安纳的大片土地。在俄亥俄河以南地区，美国当局加紧侵占印第安人土地，印第安人一次又一次被屠杀被驱赶。例如，19 世纪 30 年代，佐治亚境内的彻洛基人 1.4 万多人被押西迁，他们离开家园，悲痛欲绝，称他们西迁的历程为"眼泪之路"。1840 年左右，密西西比河以东地区的印第安人，除保留一些稀稀落落的居民点外，几乎都被驱赶到了河西地区。如果说。当初英国开辟北美 13 个殖民地是一个迫害、屠杀和驱赶印第安人的过程，美国在西部建立新州仍然是这个过程的继续。

美国五十州的依次建立（下）

李纯武

领土的扩张和新州的增加

俄亥俄、肯塔基和田纳西的开拓，促进了密西西比河以东地区经济的发展。为了顺流而下，把产品运到新奥尔良，美国感到控制密西西比河下游是至关重要的。当时密西西比河以西的广大地区即路易斯安那被西班牙人控制①，而美、西关系紧张。西班牙常常在新奥尔良遏阻美国运送农产品，给美国制造困难。1799 年，法国发生雾月政变，掌权的拿破仑·波拿巴野心勃勃，想在美洲恢复法兰西殖民帝国。1800 年，他迫使西班牙把路易斯安那归还法国。第二年，他派遣列·克拉克率法军增援圣多明各岛，企图镇压海地的独立运动。拿破仑原来打算以圣多明各岛为基地开发路易斯安那，列·克拉克的惨败使他的打算破灭了。

路易斯安那转归法国，美国总统杰斐逊感到震惊。因为法国比西班牙强大，美国想从已在衰落的西班牙手里取得密西西比河以西地区的指望可能落空。1802 年 4 月 18 日，杰斐逊给美国驻法使节利文斯顿的信中说："这个地球上有一个地点，它的占有者是我们的天然敌人。那地点就是新奥尔良……法国一旦取得新奥尔良……我们必须同英国的舰队和英国联合起来。"杰斐逊不惜同英国结盟遏阻法国，同时派遣他的知心朋友门罗前往法国，协助利文斯顿，试探法国是否愿意出卖新奥尔良。由于法军在海地几乎全军覆没，1803 年英法之战又启，同时法国深恐英国和美国夺取路易斯安那，加上在欧

---

① 七年战争后，法国把路易斯安那地区转给西班牙。

洲作战急需款项，拿破仑决定出卖整个路易斯安那。1803 年 4 月 11 日，拿破仑给法国谈判代表指示说："我放弃路易斯安那。我将让与的不仅是新奥尔良，而是不作任何保留的那一整块殖民地……我指示你谈判此事……甚至不等门罗先生到达，即日就同利文斯顿会晤。"拿破仑的决定使美国代表吃惊，交易很快谈妥。4 月 30 日双方签约，美国以 1500 万美元的代价购得整个路易斯安那。密西西比河西岸的广袤土地从南到北都成了美国领土①。当年，美国国会经过辩论批准了条约，完成了"历史上最大一笔不动产交易"的手续。

许多美国人认为取得这片领土是很大的幸运，阿巴拉契亚山以西的新州尤其欢欣鼓舞。杰斐逊得到国会支持，立即选定路易斯和克拉克组织探险队，对路易斯安那作实地考察。1804—1806 年，探险队溯密苏里河，翻越落基山分水岭，沿哥伦比亚河而下直到太平洋边。1805 年，另一支探险队由皮克率领，考察了密西西比河上游地区。1806—1807 年，皮克再率一支探险队越过大平原到落基山南段，从那里一直考察到墨西哥湾。

美国在这一广袤地区首先建立的新州，是南端濒临墨西哥湾包括新奥尔良在内的路易斯安那州。它于 1812 年 4 月 30 日加入联邦，当时州的人口约 7.6 万人。路易斯安那是加入联邦的第 18 州（首府在巴乔鲁日），早于河东的印第安纳、密西西比、伊利诺斯和亚拉巴马。这个州役使黑人奴隶在甘蔗和棉花种植园劳动，以此繁荣了经济。

截至 1819 年 12 月，美国共有 22 州。随着经济的发展，北部"自由"劳动制和南部种植园奴隶制之间的矛盾日益严重。代表两种经济制度的双方都要争取在国会参议院的优势，从而控制国家的政治权力。这表现在建州问题上，就是新建州将是自由州还是蓄奴州。

美国独立以后，东北部各州的奴隶制逐渐消亡，1804 年以前，特拉华和马里兰以北各州都采取了解放奴隶的步骤。1787 年的《西北法令》规定，在该地区"不得有奴隶或强迫劳动"。

但是在南部，经济的发展是建立在役使黑人奴隶基础之上的，种植园奴隶主控制着南部各州。种植园的主要经济作物稻米和甘蔗生产的扩大，导致

---

① 它包括美国后来 6 个州（依阿华、密苏里、阿肯色、路易斯安那、内布拉斯加和南达科他）的全部领土和 7 个州（明尼苏达、北达科池、蒙大拿、怀俄明、俄克拉荷马、科罗拉多和堪萨斯）的部分领土。

奴隶需求的增加。特别在 1793 年伊利·惠特尼发明轧棉机以后，棉花生产有厚利可图。正在进行工业革命的英国发展了棉纺织工业技术，扩大了棉花需求，大大刺激了美国棉花的种植和推广。美国南部地区，气候和土壤都适于植棉，植棉区日益扩大，从南北卡罗来纳、佐治亚、田纳西扩展到亚拉巴马、密西西比、路易斯安那以至更西地区。棉花产品急剧增长。1801 年，美国产棉 21 万余包（每包 400 磅），1859 年增至 540 万包。棉花生产的发展促使黑人奴隶猛增。按照美国宪法第一条第九款，1808 年以前，美国不禁止奴隶输入，成千成万的黑人被运入美国卖作奴隶。1808—1860 年，用走私办法运入美国的黑人奴隶仍然成千成万。1790—1860 年，美国黑人奴隶总数从 69.7 万余人增到约 400 万人。

领土的扩张导致蓄奴地区扩大，蓄奴州也相应增加。最初的 13 州加入联邦时，自由州和蓄奴州的比例为 7 比 6。此后情况不断变化，到路易斯安那州加入联邦时，两种州的比例为 9 比 9；1819 年亚拉巴马建州，比例为 11 比 11，势均力敌。1820 年，密西西比河西岸的密苏里申请作为一个州加入联邦。那里是种植园奴隶主势力强大的地区，肯定会成为蓄奴州。这成了南北权力斗争的一个焦点，结果在联邦国会里产生了 1820 年《密苏里妥协案》。它规定，密苏里州（1821 年，首府是杰斐逊城）作为蓄奴州加入联邦，从马萨诸塞州分出另一州即缅因（1820 年，首府是奥古斯塔）作为自由州加入联邦；以北纬 36°30′为界线，以后在新领地建州，界北为自由州，界南为蓄奴州。事实说明，这个妥协案只是权宜之计，南北为争夺权力而在建州问题上的斗争将随着领土的扩张而加剧。

佛罗里达是美国继路易斯安那后取得的新领土。佛罗里达 17 世纪中叶成为西班牙的殖民地，七年战争后被英国占有。美国独立战争期间，西班牙对英宣战，佛罗里达重新落入西班牙之手。美国独立以后，西班牙要求据有"雅佐地带"①，美国要求在密西西比河下游航行，双方关系紧张。1795 年双方签订《圣洛伦索条约》，西班牙同意美国与佛罗里达以北纬 31°为界，两国共在密西西比河航行。但是美国并不满足。1810 年，西佛罗里达一个小集团得到美国代理人的支持，宣布脱离佛罗里达而独立。美国总统詹姆士·麦迪逊借口西佛罗里达是美国购买的路易斯安那的一部分，要求并入，并于 1810—1813 年吞并了它。此后，美国以追击印第安人为理由，常常派兵侵入

---

①　今亚拉巴马州和密西西比州南沿地带。

东佛罗里达。

当时，拉丁美洲西属殖民地的独立运动方兴未艾，西班牙焦头烂额。美国趁机迫使西班牙转让佛罗里达。1819 年，美西签订《亚当斯—翁尼斯条约》。美国政府承担美国人要求西班牙赔偿的 500 万美元的损失，西班牙同意让与佛罗里达。此外，这个条约还划定路易斯安那地区和西属北美地区的界线，粗略地说，就是以得克萨斯的东界和北界为界，然后沿阿肯色河直到落基山，再沿北纬 41°直到太平洋。这样，西班牙放弃了对俄勒冈地区的要求，美国放弃了对得克萨斯的要求。为了提防美国承认西属拉美殖民地的独立，西班牙到 1821 年才批准这个条约。第二年，美国国会正式确定了佛罗里达的界线。佛罗里达的农业经济也是建立在植棉业和奴隶制基础上的，将来建州时，它的性质如何就不问可知了。

缅因建州以后十多年，新州建立的过程迟滞，直到 1836 年 6 月 15 日，阿肯色州（首府是小石城）作为第 25 州加入联邦，1837 年 1 月 26 日，密执安州（首府是兰辛）作为第 26 州加入联邦。这时自由州和蓄奴州的州数仍然各半。到 1845 年 3 月 3 日佛罗里达（首府是塔拉哈西）作为第 27 州加入联邦时，蓄奴州的州数又一度超过了自由洲。此时，得克萨斯加入美国的问题正在历史的日程上。

得克萨斯原在西属北美殖民地范围内。墨西哥独立战争期间（1810—1821 年），西班牙招引美国人移居得克萨斯。墨西哥独立之初也鼓励美国人移入。美国南部的佃农和小种植园奴隶主被肥沃的土地和墨西哥的土地政策所吸引，涌入得克萨斯，到 1835 年左右约达 3 万人，同当地墨西哥人成 9 与 1 之比。许多美国移民认为，得克萨斯应是路易斯安那的组成部分，他们反对《亚当斯—翁尼斯条约》的有关规定。得克萨斯的美国移民同墨西哥政府的摩擦日益剧烈，终于引起冲突。他们得到美国人力、物力和财力的支持，1835 年宣布得克萨斯脱离墨西哥，第二年宣布"独立"，称"孤星共和国"。

孤星共和国先天就是美国的政治附庸，因此它立即要求作为一个州并入美国。但是合并得克萨斯的问题引起了美国内部的政治斗争，以致推迟了它的进程。当时，美国民主党日益成为南部种植国奴隶主左右的政党，扩张主义色彩浓厚。1844 年大选，扩张主义分子控制了民主党代表大会，叫嚷合并得克萨斯和俄勒冈。他们拒绝提名前总统范布伦为总统候选人，因为他不主张合并得克萨斯。他们提名波克。在美国大选史上，波克成了第一匹"黑马"①。这次大选，波克当选，民主党还控制了参、众两院。大选结果，意味着对合并得克萨斯的批准。1845年12月，得克萨斯（首府是奥斯丁）作为美国的第28州加入联邦。它的加入使自由州与蓄奴州成13与15之比。

19世纪上半叶，"命运注定"美国领土扩及整个北美的思潮风靡一时。在扩张的过程中，美国同英国属地之间的领土争执解决了。第二次对英战争（1812—1814年）以前，美国同英属加拿大之间既有领土争端，如缅因的东北界问题；又有边界不清的问题，如路易斯安那地区的北界。第二次对英战争结束，美、英指派代表，谈判解决双方关于边界、捕鱼、商务及五大湖权益方面的纠纷。1818年，双方协议：解除大湖区的双方武装，创立了美、加边界上不设防的先例，确定伍兹湖和落基山分水岭之间的地区以北纬49°为界；俄勒冈地区②由英美共管。这样，美国就把后来的明尼苏达州和北达科他州的北界推到了北纬59°线上；又在俄勒冈方面把势力推到太平洋岸，还为40年代美国移民西进的"俄勒冈热"提供了目标。1842年，美、英解决了缅因边界纠纷；4年之后，双方改变了共管俄勒冈的决定，仍按北纬49°划界，界北俄勒冈部分归英属加拿大，界南部分归美国。

取得得克萨斯以后，美国的扩张矛头就直指墨西哥所属的新墨西哥和加利福尼亚了。早在19世纪20年代，美国的皮毛商和猎户就在那些地区活动。他们到圣菲做生意，到加利福尼亚探索。1841年，经陆路而来的美国人首批进入加利福尼亚，两三年之后，在旧金山湾周围小河谷定居的已有几百人。弗雷蒙率领的探险队多次以加利福尼亚为目标，从中部到西部进行探测活动。美国人的意图十分显。波克就任总统以后，夺取新墨西哥和加利福尼亚成了他的目标。得克萨斯的归并引起了墨西哥对美国的仇视，美国人闯入加利福尼亚引起墨西哥的警惕。美、墨之间又为得克萨斯的西南边界问题冲突起来。美国坚持，界线应在格兰德河，墨西哥认为应以努埃西斯河为界。双方争执时，美军进入了格兰德河以北的争议地区，接着墨西哥军队也开到该地。1846年4月，军事冲突开始，5月12日，美国对墨西哥宣战。墨西哥在这场战争中失败。1848年2月美、墨签订结束战争的《瓜达卢佩—伊达尔戈条约》，它规定，新墨西哥和加利福尼亚让与美国，美、墨之间以

---

① 指原本没有取胜机会却出人意料获得提名的总统候选人。

② 当时它的范围南起今俄勒冈州，北至今加拿大境内北纬54°30′。

格兰德河为界；美国为取得上述地区付给墨西哥 1500 万美元。1853 年，美国又从墨西哥购入美、墨交界的加斯登地区。

从 1803 年到 1853 年，美国采用巧取豪夺的办法和战争方式，把它的领土向南推进到墨西哥湾，向西推进到太平洋。从独立以来，美国的边疆不断西移，终于构成今日美国本土横贯北美大陆的面貌。但是美国的领土扩张并未到此为止，它还在不断追求新的边疆。

在所夺得的领土上，建州问题上的斗争还在持续。如前所述，得克萨斯州加入联邦时，蓄奴州数超过自由州数，这在权力分配上显然是不利于北部资产阶级的。1846 年 12 月，依阿华州建立（首府在得梅因）。1848 年 5 月，威斯康辛州建立（首府在麦迪逊）。它们都是作为自由州加入联邦的，使自由州与蓄奴州的总数各为 15。美国区域之争的政治天平上似又平衡了。

南北斗争激化中建立的诸州

新并入的加利福尼亚是引人注目的地区，这不仅因为它的自然条件吸引了美国的探险队和移民，而且因为 1848 年 1 月即美、墨签订和约之前，在加利福尼亚的圣克拉门托河流域发现了黄金。这一个激动人心的消息，很快扩散出去，引起淘金狂热。那些想发黄金财的美国人，或乘大篷车西奔加利福尼亚；或海陆兼程，越过巴拿马地峡然后北上；或乘快船，绕过南美，驶向旧金山。到 1848 年年末，加利福尼亚的人口已经超过 10 万，远远超过当时申请建州所要求的人口数目。

1849 年，加利福尼亚申请作为自由州加入联邦，国会为此进行了长时间的激烈辩论，中心问题在于奴隶制是否应该扩展到新领土上。南方种植园奴隶主要求扩大蓄奴地区。佐治亚的国会众议员罗伯特·托布斯警告北方人："如果你们把我们从那些由全体美国人用共同的血汗和金钱换来的加利福尼亚和新墨西哥等领地上驱赶出去……我宁愿（联邦）分裂。"纽约的国会参议员西华德指出，如果把奴隶制限制在现在的范围内，它将逐渐地、平和地完结；如果它的支持者试图扩展它，它将由暴力来终结。1850 年 1 月，这场辩论又以妥协结束，产生了《1850 年妥协案》。根据这个妥协案，加利福尼亚（1850 年，首府在萨克拉门托）作为自由州加入联邦，新墨西哥和犹他地区是否允许奴隶制存在，将由当地居民决定：联邦政府通过有效的法律，帮助奴隶主追捕逃亡奴隶。1850 年 9 月 9 日，加利福尼亚作为第 31 州加入联邦。

《1850 年妥协案》一时缓和了南北之间的分裂危险，但是斗争的形势是严峻的。南部种植园奴隶主在政治上还有力量同北部工商业资产阶级分庭抗礼，却也不能不看到第二次对英战争结束以后北方工业的迅速发展和北方工商业资产阶级经济力量的增强。而且从 19 世纪 30 年代开始，北方的废奴团体纷纷成立，废奴运动日益高涨，深入人心。因此南方种植园奴隶主要求控制政权的欲望日益强烈，在建州问题上的斗争更加激烈了。

1854 年堪萨斯成为准州。根据《密苏里妥协案》，它地处北纬 36°30′ 以北，理应成为自由州。19 世纪早期，美国探险队几次到过堪萨斯，都对堪萨斯自然条件的印象不佳，如探险家史蒂芬·朗格在他的报告中说这里"几乎完全不适宜耕种，自然也不适宜依靠农业生活的人居住"。但是就在 1821 年，密苏里商人开辟了通往圣菲的商道。这条商道的 2/3 贯穿堪萨斯境内，在几十年内是北美的一条重要商道，给堪萨斯的经济带来了良好的前景。人们看到，这个地区并不像当初认为的那样荒凉无用。因此，堪萨斯建州问题捉上日程以后，就成为南北方争夺的对象。

国会仍想走妥协的老路，不惜破坏《密苏里妥协案》的规定，通过了《堪萨斯—内布拉斯加法案》。法案规定，这两个地区的公民行使"人民主权"，以多数人的意愿决定该地将作为自由州或蓄奴州加入联邦。这个法案引起了废奴派和奴隶制维护者在堪萨斯的流血冲突，即所谓"堪萨斯内战"（1854—1856 年）；引起了美国政党的分化改组，由此而产生了共和党。1859 年，废奴派控制了堪萨斯的局势，制定了包括禁止奴隶制存在条款的州宪法。第二年，堪萨斯州宪法提交国会批准，在众议院通过，在参院因奴隶制维护者占优势而被否定。堪萨斯建州问题一时搁置起来了。

堪萨斯冲突期间，明尼苏达和俄勒冈成为美国的两个新州。

早在 1805 年，皮克的探险队到达明尼苏达，想在明尼苏达河和密西西比河汇合处建立一个军事据点，但是在第二次对英战争之前，美国在明尼苏达无所作为。1816 年以后，美国在明尼苏达拓殖，进展缓慢，原因在于当地印第安人不愿放弃他们的家园。美国移民采用各种手段迫使或诱使印第安人逐渐移出。1838 年东部移民开始涌入。许多是来自缅因的伐木工人，他们急于开发这里的茂密森林；还有许多是来自东部各地的农民和商人。1849 年，国会批准明尼苏达为准州，当地移民约 4000 多人。19 世纪 50 年代，印第安人被迫放弃了密西西比河以西几百万英亩土地，移民猛增，很多是欧洲新来的移民。1859 年 5 月 11 日，明尼苏达（首府是圣保罗）作为美国第 32 州加入联邦。

　　至于俄勒冈，从路易斯和克拉克在这个地区探险提出报告以后，就引起人们的广泛兴趣，特别是那些皮毛商的兴趣。英、美共管俄勒冈期间，美国的利益就在这个地区扎了根。1843 年，东部美国人在"俄勒冈之路"上跋涉，掀起了俄勒冈热。拓荒者在森林的边缘建筑木屋，开垦土地种粮，移民日多。1845 年 7 月选出了临时州长。1846 年，英、美协议分割俄勒冈地区。1848 年俄勒冈成为美国准州。就在这一年，加利福尼亚发现了金矿。俄勒冈人有的去淘金，发财回来；有的以小麦、面粉、木材供应加利福尼亚致富。也像在美国其他地区一样，移民的涌入意味着俄勒冈地区印第安人的灾难。1845—1858 年，双方冲突不断，与此同时，俄勒冈经济在发展，交通状况改善了。1859 年 2 月 14 日，俄勒冈（首府是塞勒姆）成为美国的第 33 州。

　　当时，美国政治形势严峻，林肯在伊利诺斯竞选参议员时说，美国正像"一幢裂开了的房子"。1860 年，美国大选，共和党在竞选纲领中提出，不再让给奴隶制一寸领土。共和党的总统候选人、一向主张限制奴隶制扩张的林肯当选。大选揭晓，南方的奴隶主看到他们把奴隶制扩张到西部土地上的梦破灭了。此时在联邦的 33 州中，自由州同蓄奴州的比数为 18 比 15，力量对比越来越对他们不利。12 月，南卡罗来纳宣布脱离联邦。1861 年 2 月，南方又有 6 个州脱离。他们结合起来，组成"南部同盟"，后来又有 4 个州加入。南方蓄奴州相继脱离联邦，造成了共和党控制国会的局面。其结果之一是，悬而未决的堪萨斯（首府是托皮卡）建州问题得以解决。1861 年 1 月 29 日，它作为美国第 34 州加入联邦。

　　在 15 个蓄奴州中，在是否脱离联邦的问题上，许多州内部有不同程度的斗争。其结果是，特拉华、马里兰、肯塔基和密苏里 4 州仍旧留在联邦之内，没有参加南部同盟。在蓄奴州中，弗吉尼亚举足轻重。1861 年 4 月，即内战正式爆发前，它没有贸然脱离联邦。该州召开了州代表大会，讨论是否脱离联邦的问题。多数代表赞成脱离，但是他们遭到本州西部边区代表的激烈反对。代表大会作出加入南部同盟的决定以后，西部代表在惠林集合，宣布上述决定无效。几个月以后，弗吉尼亚西部居民投票，以绝对多数赞成西部从弗吉尼亚分立出来，另成新州。1863 年 6 月 20 日，西弗吉尼亚（首府在查尔斯顿）作为美国第 35 州加入联邦。这是美国内战中因内部政见分歧而从旧州分离出来的一个新州。

内战期间，内华达州是新建的另一个州，这本是一块干旱地区，长期被看作不毛之地。19世纪20年代，英国人和美国人到内华达猎取野兽，同印第安人进行皮毛交易。一些探险队进行了贯穿内华达的旅行或开辟了通往加利福尼亚的商道。弗雷蒙率领的考察队，1843—1845年对内华达一带作了深入考察，第一次提供了关于内华达地理和自然景况的准确知识。1850年，内华达成为犹他准州的组成部分。1859年，内华达西沿地带发现了金银矿脉。内华达的形势骤然起了变化，人流涌入，城镇兴起。最大的城镇弗吉尼亚城在矿区附近突起，几年之内成了西部矿都。1861年，内华达单成准州。1864年10月31日加入联邦，是美国的第36州（首府是卡森城）。

最后的十四州

美国内战于1865年春以北方的胜利而告终，参加南部同盟的11个州要接受改造，美国历史进入了南部"重建"时期（1865—1877年）。此后建立新州，不再有自由州和蓄奴州之争了。重建期间，加入联邦的新州有内布拉斯加和科罗拉多。

在俄勒冈热中，内布拉斯加才真正引人注目。西进人群洪流沿着横贯内布拉斯加的普拉特河向西涌去。加利福尼亚发现金矿以后，西进的移民更多，从19世纪40年代到1866年，约有250万人途经内布拉斯加西去。他们中间，有的中途在这里停留下来了，有的本来就是以内布拉斯加为目的的。他们在内布拉斯加建立的移民点扩大为村落、城镇，有的发展为城市。根据《堪萨斯—内布拉斯加法案》，内布拉斯加成为准州。内战期间，林肯颁布《宅地法》。按《宅地法》第一个获得土地的是联邦士兵丹尼尔·弗里曼。他取得的160英亩土地就在内布拉斯加大兰河畔比阿特里斯附近。因此为纪念宅地法建立的国家纪念碑就树立在这里。开拓内布拉斯加的事业取得了进展。1867年3月1日，内布拉斯加（首府是林肯）成为加入联邦的第37州。

19世纪早期，寻求皮毛的猎人就来到科罗拉多。1848年以后，追求黄金的东部人，途经科罗拉多西去。有的人在南普拉特河和切利溪（今丹佛城附近）发现沙金，金量不多，但是消息传到东部又引起了寻金梦者的激动。他们西迁到落基山麓，奠定了丹佛、科罗拉多—斯普林斯、普布韦洛等城的基础。许多探险家深入落基山探矿，1859 年起，他们在山间溪流发现了许多金银矿藏。科罗拉多的移民迅速增加，1861 年那里成为准州。内部不同集团的争吵延缓了建州的进度，到 1876 年 8 月 1 日，科罗拉多（首府是丹佛）才加入联邦。这是美国的第 38 州。

科罗拉多加入联邦以后的 14 年间，美国没有建立一个新州。1889 年 11 月，西北边区才形成 4 个新州：北达科他州（首府是俾斯麦），南达科他州（皮尔），蒙大拿州（赫勒纳）和华盛顿州（奥林匹亚）。1890 年 7 月，另有两州新加入联邦，它们是爱达荷州（首府是博伊西）和怀俄明州（夏延）。

如前所述，美国人的西进运动，是屠杀、驱赶印第安人的过程。美国政府和各地当局不断承诺给印第安人划出保留地，但是西进的移民不断侵占保留地，承诺变成谎言。退到西北的印第安人不再有后退的广阔空间，他们的反抗日益激烈。从 19 世纪 50 年代到 1890 年，内布拉斯加和达科他以西至太平洋岸，美国军队和移民对印第安人的战争连绵不绝。上述 6 州的建立是血洗印第安人的结果。

内战结束到 19 世纪末，美国掀起了建设铁路的热潮。19 世纪 60 年代，美国铁路线从 3.1 万英里增到 5.3 万英里，70 年代增加到 9.3 万英里，80 年代增加到 16.6 万英里，90 年代增加到 20 万英里，比整个欧洲，包括俄国的铁路总和还多。这个时期的铁路建设有利于密西西比河以西地区的开发。1869 年横贯东西的"中太平洋—联邦太平洋铁路"建成，这是一条主干线。此后 25 年间，在这条干线的南北又修成 4 条干线。北面的两条即"北太平洋铁路"和"大北铁路"，它们给经过地区带来了发展经济的有利条件。因此铁路建设促进了这些州的建立。

在上述 6 州的范围内，除北达科他和怀俄明两州外，金银矿藏丰富。1860—1863 年，爱达荷从北到南都发现了金矿；1862 年在蒙大拿，1874 年在南达科他也发现了金矿。淘金客蜂拥而至，从事农牧业和商业的移民应时到来。人口增加，城镇兴起，经济发展，同发现金银矿藏的关系密切。由此可见，这几个州的建立在一定程度上系于金银矿藏的开发。

美国西部许多州在它们形成的过程中，往往开始包括的地区很大，到被纳入联邦之前才把州的界线确定下来，上述 6 州也有相同情况。1853 年，华盛顿①从俄勒冈分立出来成为准州，它的地区包括爱达荷的北部和蒙大拿的

---

　① 今天的西部华盛顿州。

西部。1861 年，达科他成为准州，地区包括后来的北达科他和南达科他，到 1889 年加入联邦时才分为两州。1863 年爱达荷成为准州，地区包括怀俄明和蒙大拿，1864 年蒙大拿、1868 年怀俄明分立成为准州。这说明，当时西部地广人稀，各州的建立最初是没有什么精确设想的。

犹他州是 19 世纪美国建立的最后一州。不少美国人在 19 世纪之初为猎取皮毛到犹他探险。他们认为，犹他是猎取皮毛的好地方，却不适宜定居生活。但是摩门教徒在犹他找到了归宿地。摩门教是基督教的一个支派，正式名称为"末世圣徒基督教会"，1830 年创于纽约。一开始，摩门教徒就受到迫害，为寻求自己的天堂，从纽约移居俄亥俄、密苏里、伊利诺斯。由于在各地都难受容，1846 年继续西迁，最后到了人们不愿迁往的犹他，在大盐湖地区定居。他们坚毅苦干，采用灌溉办法把干旱的土地变成适于耕种和生活的地方，到 1860 年建立了 150 个自给的灌溉区。此后 40 年受外界资助，约有 5 万名摩门教徒从美国各地及欧洲迁到犹他。1850 年，犹他成为准州，在摩门教徒的统治下。由于印第安人的反抗和当地非摩门教移民反对摩门教的统治，犹他建州进程缓慢。非摩门教徒认为，摩门教政治上专横，经济上排他，又实行一夫多妻制。联邦国会通过法律禁止一夫多妻制，遭到摩门教的抗拒。犹他一再申请加入联邦，国会屡次拒绝。1895 年，摩门教徒控制的犹他在州宪法里宣布一夫多妻非法。1896 年 1 月 4 日，犹他成为美国第 45 州，被纳入联邦。

在美国本土，最后建成的三个州是俄克拉荷马（首府是俄克拉荷马城）、新墨西哥（圣非）和亚利桑那（菲尼克斯）。它们是印第安人保留地最为集中的地方。

从英国在北美开拓殖民地开始，印第安人就陷入被屠杀、被驱赶的悲惨处境之中。18 世纪末，美国东北部的印第安各部族几乎都被驱赶到了密西西比河以西地方。1820—1842 年，美国东南部的印第安人包括五大主要部族——彻洛基人、奇卡索人、乔克托人、克里克人和塞密诺尔人都被迫踏上"眼泪之路"，向西迁徙，终于到俄克拉荷马定居。内战期间，俄克拉荷马的印第安人倾向于南部同盟，联邦政府因此迫使他们放弃一部分土地，转给其他印第安部族。19 世纪 80 年代，联邦政府开放俄克拉荷马，短期内就有 5 万移民取得了 650 万英亩土地。1890 年，俄克拉荷马成为准州。恰恰这时候，当地发现石油矿藏。以后，俄克拉荷马成为美国一大石油生产中心。1907 年 11 月 16 日，它作为美国的第 46 州加入联邦。

新墨西哥地区 1848 年并入美国，而美国商人早在 1821 年就开辟了圣他菲商道，把货物从密苏里州运到圣他菲。1850 年，新墨西哥成为准州，其地区包括亚利桑那等地。1853 年，加斯登购入之后也并入新墨西哥。19 世纪70 年代和 80 年代，新墨西哥扰攘不安，先是内部不同利益集团为争夺政治权力而发生的武装冲突，后是当地的印第安人的反抗。在这同时，"南太平洋铁路"和"大西洋—太平洋铁路"把新墨西哥同美国其他地区沟通了，畜牧业和矿业在那里兴旺起来。1912 年 1 月 6 日，新墨西哥州加入联邦。这是美国的第 47 州。

1863 年，联邦政府把亚利桑那单划出来，立为准州。建州过程中的亚利桑那并不和平，印第安人的抗拒直到 1886 年才平息下来。金银矿藏的发现导致移民涌入。移来的农民大则模地发展灌溉，养牛养羊的大牧场同时兴起。1877 年，南太平洋铁路修到亚利桑那，这又鼓励了移民进入。1910 年，联邦国会同意亚利桑那起草州宪法，申请加入联邦。1912 年 2 月 14 日，亚利桑那成为美国的第 48 州，即美国本土最后建立的一州。

第二次世界大战以后，美国又在远离本土的地方建立了两个州：阿拉斯加州和夏威夷州。

阿拉斯加毗连加拿大的育空地区和不列颠哥伦比亚省，地处极寒地带，土著印第安人也很稀少。1728 年，丹麦人白令受俄国沙皇雇用，到东北亚探险。他穿过后来以他的姓氏命名的海峡，证明亚、美不是相连的大陆。1741年，白令第 3 次到阿拉斯加附近航行，在阿拉斯加湾的一个小岛登陆。沙俄由此而占有阿拉斯加 125 年。其间，英、法和西班牙的探险者和商人都到过阿拉斯加，俄国的皮毛商人 1784 年在阿拉斯加建立了永久居留地。18 世纪末，俄国建立"俄美公司"，当时就由它管理阿拉斯加。后来俄国还想把势力延伸到俄勒冈地区。克里木战争（1853—1856 年）消耗了俄国的实力，阿拉斯加的皮毛资源又见减少，俄国决定出卖阿拉斯加。美国国务卿西华德力排众议，主张购买。1867 年，美国以 720 万美元的代价，买得了这块面积为 59 万多平方英里的土地。19 世纪末，阿拉斯加发现金矿，接着又探明其他矿藏也很丰富。资源的开发导致人口增加，经济发展促进政治地位提高。1912 年，阿拉斯加成为准州。第二次世界大战突出了阿拉斯加的战略地位，那里建立了许多军事基地，交通状况也大大改善了。1959 年 1 月 3 日，阿拉斯加（首府是朱诺）成为美国的第 49 州。

夏威夷位于太平洋，初由 8 个大岛组成。大岛中著名的有考爱岛、瓦胡岛、毛伊岛和夏威夷岛。土著居民是波利尼西亚人的一支。欧洲殖民者首先发现夏威夷的是由英国派出、由柯克船长率领的探险队。他们曾于1778年1月在考爱岛登陆，受到当地居民的友好接待。一年以后，柯克一行又在夏威夷岛登陆，终于同当地居民发生冲突。柯克死于冲突中，船队后来返回英国。当时，夏威夷群岛由各岛的世袭酋长统治。18世纪末，一位名叫卡米哈米哈的酋长经过一系列的战争，控制了群岛的大部分岛屿，建立了夏威夷王国。

1820年，新英格兰的传教士到了夏威夷，捕鲸者也相继到来。传教士后来对夏威夷的影响和控制从政治扩展到文化领域。当夏威夷开始繁荣的时候，英、法、美都把它看作夺取对象，但是表面上都承认夏威夷王国的独立。1854年，王国的政治中心开始从捕鲸中心毛伊岛的拉汉那向瓦胡岛的火奴鲁鲁（檀香山）转移。1850年，卡米哈米哈三世宣布火奴鲁鲁为王国首都。此后的年代，糖业生产日益重要。许多传教士放弃宗教事务改行经商，组织糖业公司，有的成为当地巨头。甘蔗种植园主赞成夏威夷同外国合并，统治者内部有亲美亲英的。

19世纪晚期，夏威夷政局混乱，美国势力日益渗入，1889年迫使夏威夷王国把珍珠港作为美国专用煤站。麦金莱就任美国总统以后，倾心吞并夏威夷。1898年，美西战争爆发，夏威夷在太平洋上的战略地位引人注目，美国国会悍然作出决议，吞并了夏威夷。从1898年到第二次世界大战，夏威夷的制糖工业和凤梨罐头工业都很兴旺。夏威夷成了太平洋上的交通要地，也日益成为美国的军事基地。夏威夷建州的事酝酿已久，1950年，当地召集制宪会议，定出了州宪法。1959年8月27日，夏威夷州（首府是火奴鲁鲁）加入联邦。这是美国的第50州，也是迄今为止的最后一州。

美国50个州的形成经历了一个为时很长的过程，从地域上说，是从北美大西洋沿岸逐步向西，推移到太平洋岸，又远达夏威夷群岛。伴随这个过程的是北美印第安人的苦难历程。他们被屠杀，被赶出家园，在"眼泪之路"上匍匐迁徙，终于被局限于西部分散四处的保留地里。其次，美国在阿巴拉契亚山以西建州，是领土扩张的结果。边疆不断推移，新州相应增加。美国扩张主义者醉心于扩张"新边疆"，他们认为边疆是"野蛮和文明的汇合处"，边疆的扩张是"文明的扩张"，是"文明对野蛮的讨伐"。从独立战争结束到夏威夷吞并，他们是称心如意的。还可看出，最初13州之外的新州的形成是同当地的拓殖和开发互相影响的。大量外国移民，包括成千成万的中国人，为西部地区的开发做出了贡献。内战以后，美国经济迅速发展，在很大程度上系于西部的开发。因此，西部新州的建立从另一个侧面反映了美国经济进展的步伐。

1910—1917 年墨西哥革命

冯秀文

1910—1917 年墨西哥革命是一次有深远影响的革命运动。它是墨西哥民族资产阶级登上政治舞台、夺取政权的革命，也是墨西哥人民继独立战争和革新运动之后，为争取自由和社会进步，向帝国主义和封建势力发动的又一次猛烈进攻。

迪亚斯的黑暗统治

1821 年，墨西哥获得独立后，国内的社会经济结构并没有发生变化，殖民地时期的封建宗法制度依然占据着统治地位。由于摆脱了西班牙王室的束缚，农村的大地产制甚至有所发展。独立战争末期，墨西哥的大庄园有 3749 个，占地 8000 万公顷，1862 年增加到 4448 个，1878 年达 5869 个。加之教会横行，考迪罗①争权，社会动荡不安。1824—1848 年的 24 年间，墨西哥发生了 250 多次军事政变，更换了 21 个总统。后来，美、英、法等资本主义列强又对墨西哥进行了野蛮的侵略，使墨西哥人民的灾难更加深重。

为反抗内压外辱，墨西哥人民进行了多次斗争。1856 年著名的印第安人总统贝尼托·胡亚雷斯领导的革新运动打击了教权势力，粉碎了外国的武装干涉，取得了巨大的胜利。然而，由于胡亚雷斯的去世，革新运动并没有完成它的历史使命。

1877 年，军人波菲利奥·迪亚斯攫取了政权。迪亚斯是地主、教会、上层军官和帝国主义的代理人，他的统治使墨西哥半封建、半殖民地的程度日益加深。

---

① 考迪罗源于西班牙语，意为军事首领，通常用来泛指拉丁美洲国家的军事独裁者。

迪亚斯的土地政策不仅维护现存的大地产制度，而且鼓励他的支持者肆意侵吞个体农民和印第安人村社的地产。1883 年 12 月，政府颁布了《垦荒法》。法令规定，政府将成立"土地测量公司"，负责在全国普查荒地和向荒地上移民，并将获得它所测量"荒地"的 1/3 作为报酬。根据这一法令，受到迪亚斯宠爱的官僚、军官们都成了"土地测量公司"的要员，他们和地方豪绅互相勾结，狼狈为奸，任意宣布印第安人的地产为荒地而加以没收。1894 年 3 月，政府又颁布了《开拓法》，进一步放宽了对土地兼并的约束。法令取消了地主必须在所占荒地上立即移民的规定和转让的私人地产不得超过 2500 公顷的限制，同时宣布政府不再对新增加的地产进行调查。结果，兼并土地的浪潮就像决堤的洪水一样在全国迅速扩展开来。

1881—1889 年，全国共测出荒地 3224 万公顷，其中作为报酬赠给测量公司 1296 万公顷，出售 1481 万公顷（大部分仍售给测量公司），占全国土地面积的 13%。1889—1892 年，又测出荒地 1236 万公顷，大部分仍通过同样渠道落到测量公司成员手中。到迪亚斯统治末期，全国土地面积的 1/4，计 5000 万公顷的土地，都被大地主强占了。

疯狂的土地掠夺带来了严重后果。一方面，大片土地集中在少数人手中；另一方面，千百万农民丧失了生产资料，无以为生。如奇瓦瓦州的测量公司成员路易斯·特拉萨斯家族占据土地达 700 万公顷，几乎相当丹麦、瑞士、荷兰领土的总和。另一个测量公司的成员在瓦哈卡州占了 200 万公顷土地。莫雷洛斯州的地产集中在 20 个庄园主手中，近 3000 个大庄园主霸占着全国一半以上的耕地。参加测量公司的还有外国资本家，他们也得到了可观的报酬，1910 年外国人占有的土地面积达到 2500 多万公顷，其中 7 个美国人就占地 1400 万公顷。与此相反，全国农户的 98% 却失去了土地，南部的莫雷洛斯州和中部的墨西哥区无地农民占农村人口的 99.5%，瓦哈卡州占 99.8%。大批失去土地的农民沦为地主的雇工和债役农，1910 年全国 1500 万农村人口中，债役农就有 353 万，连同家属共有 1000 万人。

迪亚斯时期的农村，除北方牧区资本主义成分比重较大外，大部分地区仍保留着浓厚的封建残余。庄园里传统的剥削方式盛行，雇工虽然可以领取微薄的工资，但却被债役制①的枷锁紧紧束缚在土地上。他们大都住在庄园

———————————

① 19 世纪流行于墨西哥农村的一种剥削制度。庄园主诱使雇工欠下债务，然后强迫他们以劳役抵债，实际上是一种隐蔽的农奴制。

里，不得离开土地，在工头的监督下干活儿，处境如同农奴一样。庄园里开设有专门向雇工赊销酒和其他生活必需品的"拉亚商店"，从事高利贷剥削，甚至有自己的警察和法庭。法律规定，债役必须以劳役偿还，而且父债子还。因此，雇工一旦被套上债役的枷锁就永远无法摆脱农奴的命运。

迪亚斯的经济政策是依靠一个被称为"科学家派"①的集团制定的。这个集团认为，墨西哥没有能力发展本国经济，必须依靠外国资本。在这种理论的指导下，迪亚斯不惜出卖国家主权，为外国资本大开方便之门，处处给予特殊待遇。迪亚斯把铁路的修筑权和石油开采权全部转让给外国公司，无偿供给他们大片土地，还补偿建造车站、修理厂、仓库的一切费用，并为每公里铁路支付 6000 比索到 1 万比索的津贴。1884 年颁布的矿业法允许外国人不经政府批准购地开矿。3 年后又规定，"凡租让的矿场、采矿企业和冶金企业，自开办或获得租让合同之日起免税 10 年"。

19 世纪末 20 世纪初，世界资本主义进入帝国主义阶段，资本输出取代商品输出成为对外扩张的主要手段。迪亚斯的政策完全迎合了帝国主义的需要，使外国企业家争先恐后地来到墨西哥。19 世纪末，外国在墨西哥的全部投资不过 1 亿美元②，20 世纪初猛增到 13.78 亿美元。

外国资本几乎垄断了主要的经济部门，而墨西哥的民族经济的发展却受到了压制。革命前，全国 48 家最大的企业中，18 家是外国资本经营的，至少 25 家部分被外资所控制。其中美国资本的实力最强，墨西哥铁路投资的80%、矿业的78%、冶金的72%、石油的58%、橡胶的68%都是美国资本，墨西哥对外贸易的 3/4 是同美国进行的。美国在墨西哥的总投资为 10.57 亿美元，而墨西哥本国的资本不过 7.93 亿美元。

由于外资攫取了大量利润，墨西哥资金外流、财政亏空，1880—1911 年外债增加 3 倍，达 8.23 亿比索。迪亚斯政权末期，国家仅能得到关税收入的38%。

墨西哥成了帝国主义的乐园，在这块土地上，外国资本家可以不受约束地占有土地，开发矿藏；外国银行不需要在墨西哥留有储备；外国保险公司不经任何批准就可以得到其保险的全部收入。在外国人开设的工厂里，一切

---

① 迪亚斯时期一个由知识分子组成的集团，表面上信奉孔德和斯宾塞尔的理论，主张以科学手段发展经济，实际上是外国资本家的代理人。主要成员有内政部长鲁必奥、财政部长黎曼陶尔等。

② 其中美资 2600 万美元、英资 3000 万英镑、法资 2000 万法郎。

较轻的和技术性的工作都由外国人担任，墨西哥人只能干笨重的体力劳动，而且工资比同工种的外国人少得多。

在政治上，迪亚斯建立了墨西哥历史上最野蛮的个人独裁。迪亚斯 1877 年上台后，除 1880—1884 年暂时让位给他的代理人贡萨雷斯外，一直连选连任。迪亚斯当政期间，议员是他圈定的，宪法等于废纸，一切重要决定都要服从他的意志。为了巩固自己的统治，他把国家的财富分给自己的支持者，取消了革新运动对教会的种种限制，以拉拢教权势力，而持不同政见的人则不是被暗杀就是被投入圣·乌卢阿岛的水牢。

迪亚斯残酷镇压人民的反抗。他利用土匪组成"乡村骑警队"，监视农民的活动，人民稍有不满便会受到惩治。不少保卫土地的农民被齐颈埋在他们所要保卫的土地上，然后一批骑警队员从他们头上纵马而过。城市里，除行业互助会外，任何工人组织都不允许存在，鼓动罢工者将被流放或监禁，地方当局经常和外国资本家一起对付工人。1906 年 6 月，索诺拉州卡那内阿美资铜矿工人罢工，当场就有 20 多人被打死。1907 年，诺加累斯、圣萨罗和里约布朗科为中心的纺织工人举行罢工，结果仅里约布朗科一地就有几百人遇难。血腥的镇压使全国处于一片白色恐怖中。

迪亚斯独裁政权的倾覆和马德罗政府的成立

迪亚斯政权的倒行逆施激起了人民的强烈不满。

农民不甘心失去土地，不断为保卫家园而斗争。他们拒绝测量公司的人进入他们的土地，把他们赶走，甚至揭竿而起，杀死为非作歹的官吏。奇瓦瓦、莫雷洛斯、盖雷罗等州都发生过农民暴动。尤卡坦半岛玛雅族印第安人、索诺拉州亚基族印第安人保卫土地的斗争在整个迪亚斯统治时期从来就没有停止过。

随着经济的发展，工人阶级的队伍壮大了。新出现的铁路、采煤、石油、化工、机械、建筑等行业中，大批失去土地的农民加入了工人阶级的行列。迪亚斯统治末期，全国各行业工人的总数将近 20 万人。那时没有劳动法，工人们的劳动条件极差，每天要工作 12—15 小时，有的部门甚至高达 18 小时。工人们的反抗越来越激烈。不少地方工人们自动组织起来，要求改善劳动条件。到革命爆发前，大大小小的罢工有 250 多次。卡那内阿和里约布朗科的罢工有 1 万多人参加，1908 年铁路工人的罢工震动了全国。

正在形成中的民族资产阶级也反对迪亚斯的统治。迪亚斯时期，虽然阻力重重，民族资产阶级的力量还是有了很大增强。北方土地辽阔，矿业发达，许多牧场主采用资本主义经营方式，大力发展制革、食品、肉类加工等行业，以满足矿区生活和出口的需要。南方的庄园主也把视野扩大到庄园以外，在城镇办起银行、服务业、加工业，并在工矿企业投资。1886 年，民族资本在全国兴办的企业有棉纺厂 110 家、毛纺厂 21 家、造纸厂 10 家、肥皂厂 146 家、卷烟厂 41 家、玻璃厂 7 家、酿酒厂 3175 家和其他工厂 192 家。1887—1888 年的 16 个月中就有 2000 多份开矿申请，建立 33 个新冶炼厂。银行由 19 世纪中叶的 10 家增加到 20 世纪初的 34 家。国民生产总值 1910 年比 1895 年翻了一番。庄园内部，以出口为目标的经济作物产量增长迅速，1910 年同 1878 年相比，咖啡增长 3.5 倍，龙舌兰增长 1.1 倍，甘蔗增长 0.5倍，棉花增长 0.6 倍。民族资本的日益增加，标志着民族资产阶级作为一个独立的阶级已从大庄园主中分化出来。他们要求保护国家资源、独立发展生产，渴望挣脱大地产制的束缚，摆脱外国资本的竞争和压迫。民族资产阶级同迪亚斯政权的矛盾越来越尖锐。

20 世纪初，民族资产阶级的不满开始变成有组织的反抗。1905 年，一批受资产阶级民主思想影响的小资产阶级组成了以弗洛雷斯·马贡兄弟为首的自由党。自由党的党纲中不仅提出了激进的社会改革要求，而且公开号召推翻迪亚斯的统治。同期，马德罗组织了"贝尼托·胡亚雷斯俱乐部"（后发展成"反对连选连任党"），雷耶斯组织了"民主党"。1908 年，马德罗发表了《1910 年的总统继承》的小册子，要求取消独裁、实现民主和不得连选连任的原则，在全国引起强烈反响。

在资产阶级的压力下，1909 年迪亚斯被迫宣布他将在 1910 年任期结束时告退。这一消息使政局更加动荡，库阿辉拉、奇瓦瓦、尤卡坦等地发生了暴动。

1910 年的大选成了革命爆发的导火索。此前，各派力量都在进行紧张的活动。4 月，马德罗在反对连选连任党的支持下宣布参加总统竞选。

弗朗西斯科·马德罗出生于地主资产阶级家庭，家中拥有 200 多万英亩的地产，种植棉花、葡萄、橡胶等经济作物，并开有矿山，经营纺织、皮革、烧酒等工厂，是全国最富有的十大家族之一。马德罗曾留学欧美，深受资产阶级思想的熏陶，早就对迪亚斯的独裁统治不满，他家经营的企业又屡遭迪亚斯经济政策的压制和外资竞争的打击，革命思想逐渐形成。1905 年，他在圣佩德罗出版《民主主义者报》，开始鼓吹革命。但马德罗不主张武装斗争，他认为只要参加选举，在即将到来的大选中获胜，就可以通过合法手段达到目的。然而，迪亚斯并不甘心退出历史舞台，他的许诺不过是欺骗而已。6 月，正当马德罗进行紧张的竞选旅行、争取选票的时候，迪亚斯逮捕了他。资产阶级合法夺取政权的企图失败了。

7 月 22 日，马德罗被保释出狱，不久逃到美国。10 月 5 日，马德罗在得克萨斯州的安东尼阿发表了号召革命的"圣路易斯波多西计划"。主要内容是：不承认 1910 年大选及其产生的迪亚斯政权，人民应在 11 月 20 日举行全国武装起义，为了领导斗争，马德罗就任临时总统。这一计划反映了广大人民对迪亚斯政权的不满，特别是计划第三点许诺"将非法侵占的土地归还原主"，得到了农民的拥护。于是，革命的烈火很快就在全国各地燃烧起来。

11 月中，奇瓦瓦州的奥罗斯科在圣伊西德罗首先起义，宣布支持圣路易斯波多西计划。接着，何塞，德鲁斯·勃兰科在圣托马斯，弗朗西斯科·比利亚在圣安德列斯，吉列尔莫·巴卡在巴拉尔都举起了义旗，起义迅速波及库阿辉拉、杜朗哥等地。1911 年年初，萨卡特卡斯州的路易斯·莫亚，莫雷洛斯州的托雷斯·布尔科斯。埃米利亚诺·萨帕塔等人也组织农民参加了革命。

起义军中，力量发展最快的是北方的农民领袖比利亚和南方的萨帕塔。比利亚原是债役农，因杀死侮辱他妹妹的地主而逃入深山。十几年的绿林生涯把他造就成了一个性格刚强的汉子。他经常带领一些人袭击庄园，杀富济贫，宣布起义后，附近的贫苦农民踊跃参加他的队伍。迪亚斯的儿子亲自率兵进攻起义者，每次都大败而逃。萨帕塔出身佃户，亲身经历过失去土地的痛苦，因为领导农民保卫土地的斗争，在群众中很有威望。

比利亚和萨帕塔的军队南北夹击，如两把铁钳，向首都步步逼近。1911 年 5 月 9 日，北方的农民军经过 3 天激战，攻克了政府军重兵布防的胡亚雷斯城。这时，萨帕塔的军队也前进到离首都不远的库阿马乌特拉。

在军事战场节节胜利的同时，人民对社会改革的要求也强烈起来。1911 年 3 月 18 日，盖雷罗、米却肯、特拉斯卡拉等 6 个州的革命者代表 1 万名支持者发表了"社会政治计划"，对解决土地问题和改善城乡劳动者的生活、工作条件提出了许多切实的要求。工人们开始罢工，要求提高工资、缩短工作日。农村里，成群结队的武装农民冲进庄园，赶走庄园主，夺取他们的土地。

迪亚斯集团感到大势已去，开始谋求和马德罗谈判。

马德罗在号召起义时，幻想通过城市暴动和旧军队的反叛夺取权力，这一想法没有实现，才决定依靠农民。因此，他不想使革命深入下去。5月21日，马德罗和迪亚斯的代表经过谈判在胡亚雷斯城达成了协议。协议规定：全面停战，总统迪亚斯和副总统柯拉尔辞职，成立临时政府，准备大选，等等。胡亚雷斯城协议实际上是马德罗与迪亚斯妥协的结果，它既没有宣布摧毁旧国家机器，又没有实现人民所期望的社会改革，反而要解散农民武装，阻止革命的深入。因而，协议一公布，就遭到革命队伍内部的反对。

5月23日，胡亚雷斯城协议正式签字。统治墨西哥达34年之久的迪亚斯不得不交出总统的权力。人们燃放鞭炮，敲响铁桶，通宵庆祝革命的胜利。

迪亚斯下台后，先组成以巴腊为首的临时政府，10月2日经过大选，马德罗当上了总统。新政府中，马德罗的亲属和与旧政权关系密切的人物盘踞要职。国会、法院、军队中的旧势力丝毫没有触动。马德罗极力保护迪亚斯政权的支持者，声称"决不剥夺任何一个地主的财产"。他对人民许下的诺言早已忘却，广大人民群众的悲惨处境一点儿也没有改善。马德罗还企图收买农民军的领袖，让他们放弃斗争。这种态度，使农民军越来越不能容忍了。

11月28日，萨帕塔在莫雷洛斯州组成了独立的革命委员会，并公布了自己的纲领——"阿亚拉计划"。计划申明，"人民流血牺牲是为了争取自由和被践踏的权利，而不是为个人独裁"。计划谴责马德罗对革命的背叛行径，宣布农民军不再承认他为革命领袖和共和国总统。计划要求把迪亚斯时期强占农民的土地归还原主，没收大地主土地的1/3给无地的贫苦农民，宣告农民有权以包括武装斗争在内的任何方式收回失去的土地，如果地主反抗，就没收他们的财产。阿亚拉计划鲜明地表达了农民军的革命立场，对革命的进程起了巨大的推动作用。次年3月，奥罗斯科也宣布和马德罗决裂，并公布了一个包括解决土地问题、改善人民生活状况和劳动条件、制定劳动立法等内容的激进纲领，但是此人并不是一个真正的革命者，不久就投靠了美帝国主义。

革命的高涨也促进了工人运动的发展。全国许多大城市都建立了行业工会。其中坦皮科的搬运工会、北方矿业联盟、托雷翁劳动联合会、铁路联合会等十分活跃。1912年，全国最大的工会组织"世界工人之家"诞生，无产阶级的力量进一步团结起来。

在工农运动的推动下，马德罗不得不组织一个专门的委员会，研究解决土地问题，对工人的要求也作了某些让步。1912 年 6 月 3 日，马德罗政府第一次颁布了对外国石油公司征税的法令。许多不称职的美国雇员被辞退。

韦尔塔政变和革命的深入

工农运动的浩大声势和马德罗政府的民族主义政策，使国内外反动势力十分惊慌，他们开始勾结起来策动叛乱，以扑灭革命的烈火。1911 年 7 月，以布朗凯特为首的反动军官在普韦布拉发难，12 月，从美国回来的伯纳多·雷耶斯又领导起事。1912 年 10 月，迪亚斯的侄子费利克斯·迪亚斯暴乱时，美国驻墨西哥大使威尔逊竟公开赞扬这个叛匪头子，美国军舰开到墨西哥海域为叛匪助威。

面对日益增长的威胁，马德罗本应加紧对反动派的镇压，巩固新生的资产阶级政权，但他没有这样做，反而把主要兵力用来对付农民武装，对叛乱分子则实行宽赦。

1913 年 2 月 9 日，迪亚斯时期的旧军官蒙德拉贡组织 3000 人的军队向政府大厦进攻。马德罗对此毫无准备，在指挥官维亚尔受伤的情况下，匆忙任命韦尔塔为部队的总指挥。韦尔塔也是迪亚斯时期的军官，曾多次镇压农民起义，投靠马德罗后，因有贪污之嫌被安排在退役之列。此人早就想复辟旧制度。他当面向马德罗表示效忠，背后立即和叛军勾结。在威尔逊的直接策划下，韦尔塔和叛匪头目在美国大使馆制订了推翻马德罗的计划。

2 月 18 日，韦尔塔派人冲进总统府逮捕了马德罗，接着又逮捕了副总统皮诺·苏阿雷斯和政府部长。在诱骗马德罗辞职后，22 日将其杀害。

韦尔塔和迪亚斯一样，是内外反动势力的代表。他一上台就着手恢复旧秩序。当局到处搜捕革命者，不加审讯就残酷杀害，工会被取缔，罢工被禁止，农民刚得到的土地又被大地主抢了回去。迪亚斯政权的头面人物纷纷复职，帝国主义的特权重新得到了保护。

韦尔塔政变的消息传开后，北方各州首先表示反对，反对派的领袖是库阿辉拉州州长贝努斯提阿诺·卡朗萨。

卡朗萨生于北方牧场主之家，与市场经济有密切联系。他原是迪亚斯政权的议会议员，因不满迪亚斯的独裁统治而投身革命。马德罗组阁时，他曾任军政部长。当时，卡朗萨清醒地看到了旧势力复辟的危险，多次劝告马德罗做好防范，同时自己秘密保留了一支千余人的军队以防不测。政变一发生，卡朗萨就给州议会写信，揭露韦尔塔破坏宪法的罪行，要求议会不承认新政权。和库阿辉拉州相邻的索诺拉州和奇瓦瓦州也采取了类似的立场。

3月26日，卡朗萨公布了新的革命纲领"瓜达卢佩计划"。计划宣布不承认韦尔塔政权，号召各地革命者联合起来，保卫宪法，开展反对韦尔塔的武装斗争。计划还宣布组织以捍卫宪法为宗旨的"宪法军"，卡朗萨为宪法军的第一领袖。5月，萨帕塔和比利亚的农民军都宣布同宪法军一起为推翻韦尔塔而战。经过几个月的组织工作，卡朗萨把北方的革命力量统一起来。巴博罗·冈萨雷斯组成了东北师，比利亚组成了北方师，索诺拉州当过机械工人的军官阿尔瓦洛·奥布雷贡组成了西北师。6月，宪法军在塔马乌利帕斯屡战告捷，接着新莱昂、萨卡特卡斯等地的革命者都展开了进攻。不到半年，革命的烽火又在全国各地重新燃起。

宪法军的主力是农民的队伍。比利亚没有文化，没经过军事训练，但是在长期的革命斗争中锻炼成一位杰出的军事领袖。他的队伍勇猛善战，神出鬼没，多次击败韦尔塔的主力。比利亚的战术机动灵活，在进攻战略要地胡亚雷斯城时，他把军队巧妙地隐藏在敌人增援部队用的火车里一直开进城内，出其不意地占领了该城，表现了卓越的军事才能。南方的萨帕塔以游击战为主，他的队伍有几千人，支持者遍及每个乡村。萨帕塔和群众有密切的联系，他的战士招之即来，战后又回去种地，主力部队每年更换1/3。敌人多次围剿都不能战胜他。南方农民军的战斗口号是"土地和自由"，农民军每到一地都开展轰轰烈烈的分配土地的运动。

城市反对韦尔塔的斗争也在发展。1913年5月1日，首都两万多人举行庆祝五一游行，工人们要求改善劳动条件。5月25日，在世界工人之家组织的集会上，工人们警告当局，如果他们背叛革命就将被推翻。9月，参议员多明盖斯在议会上勇敢地揭露了韦尔塔的暴行。但是，不久人们就发现了他的尸体。后来，反对韦尔塔政权的参议员兰东也被暗杀，110名议员被捕，议会被强令解散。

1913年秋开始，宪法军发动了强大攻势。10月，奥布雷贡率西北师激战在西纳罗亚州，很快攻克了首府库利阿坎；接着，又回师索诺拉州，连败政府军。次年春，这两个州几乎全被解放。1913年11月，比利亚的北方师巧取胡亚雷斯城后，又强克奥希纳卡，解放了整个奇瓦瓦州。1914年年初，比利亚迅速扫清北方残敌，率几万大军南下，直逼首都。与此同时，冈萨雷斯的东北师和萨帕塔的军队也取得了很大的进展。东北师解放了塔马乌利帕斯和新莱昂，南部各州都被萨帕塔所控制。

美帝国主义在墨西哥有着巨大的经济利益，革命一开始，美国统治集团就对这场运动抱着敌视的态度，资产阶级报纸不断发出武装干涉的威胁。1913 年年底，伍德罗·威尔逊政府借口外国侨民受到威胁，把美国侨民撤出了墨西哥。

1914 年 4 月 9 日，美国海军的 9 名士兵闯入墨西哥坦皮科军事区被扣留。尽管墨方不久就释放了他们并表示道歉，但美国仍以此为借口派兵在维拉克鲁斯港登陆。

美国的侵略激起了墨西哥人民的强烈反对。维拉克鲁斯的居民和海军学校的学员自动组织起来同入侵者斗争，在缺乏训练和武器不足的情况下，几次打退敌人的进攻。各大城市爆发了反对美国干涉的示威游行。宪法军领袖卡朗萨照会美国政府，谴责美国对墨西哥主权的侵犯，要求美军立即撤出，同时命令自己的部队，如果美军越过边界，"立即与之开战"。美国的侵略也引起拉丁美洲各国的关注，阿根廷、巴西、智利派代表出面斡旋。在强大的压力下，美国不得不同意撤军。

1914 年夏，宪法军的胜利已成定局。6 月，比利亚攻占首都的北大门萨卡特卡斯，1.2 万名守敌全部被歼。接着，西北师、东北师和萨帕塔的农民军也都逼近首都。7 月 15 日，韦尔塔宣告下台。8 月底，卡朗萨在一片欢呼声中进入首都。革命又一次取得重大胜利。

在反对韦尔塔的斗争中，资产阶级和农民结成了联盟。但是，这种联盟是很不稳固的。由阶级利益决定，在暂时的共同目标达到后，势必导致联盟的破裂。实际上，革命阵营内部的斗争一直是很尖锐的。农民领袖不相信卡朗萨会把革命进行到底，他们表面上服从资产阶级的领导，却不肯交出军队，始终保持着独立作战的权利，而卡朗萨则不愿意实行农民所要求的社会改革。

韦尔塔政权被推翻后，为了排斥农民军的领导，卡朗萨提议在他控制的首都召开宪法派军人代表大会，讨论建立政府的事宜。这时农民军实力雄厚，会议很快就被农民军控制，并且通过了要求卡朗萨放弃第一领袖的职务和选举古铁雷斯为临时总统的决定。大会通过的由比利亚和萨帕塔共同签署的"政治社会改革纲领"中，系统阐述了农民对土地、劳工等社会改革问题的看法。卡朗萨感到形势不妙，遂将总部撤出首都，转移到维拉克鲁斯。

1914 年 12 月 6 日，比利亚和萨帕塔同时率领农民军进入墨西哥城。

反对韦尔塔的斗争促进了革命的深入。韦尔塔垮台后，世界工人之家等工会组织重新开展活动。农民要求从几个世纪的封建压迫下解放出来的呼声越来越强烈。许多地方的革命政府都颁布了社会改革的法令。1913 年 8 月底，鲁西奥·勃朗科将军在波莱科斯庄园举行了隆重的分地仪式，1914 年 9 月，阿瓜斯卡廉特斯州长颁布了每周 6 天、每天 8 小时工作制；9 月初，冈萨雷斯颁布取消城乡贫民债务法，塔巴斯科州长颁布 8 小时工作制和最低工资法。9 月中旬，圣路易斯波多西的古铁雷斯颁布的法令不仅包括上述内容，而且还专门成立为工人谋福利的劳动部。这时，首都还出现了宣传社会主义的小册子，号召工人进行反对资产阶级压迫的罢工斗争。

在这种形势下，农民军本应扩大战果，可是，他们缺乏经验，没有掌权的决心，又不注意团结各阶层的力量，逐渐丧失了时机。不久，孤立无援的农民军就退出了首都。

卡朗萨来到维拉克鲁斯后，打起了社会改革的旗帜。1914 年 12 月 12 日，他颁布了对瓜达卢佩计划的修改令，许诺将制定各项法律，以满足国家经济、社会、政治发展的要求。此后，陆续颁布了"土地法""最低工资法""财政法""限制外资法"等。1915 年 1 月 6 日的土地法宣布，将在全国实行土地改革，把非法掠夺的土地、山脉、水源归还农民，并将以公共需要的名义征收土地，满足农民对土地的要求。这些法令提高了卡朗萨的声望，各阶层人民，包括农民，都开始向资产阶级靠拢了。1915 年 2 月，世界工人之家同卡朗萨的代表签订协定，同意组织"红色兵团"，参加对"反动派"的斗争。曾犹豫不决的奥布雷贡完全站到卡朗萨一边，并组织一支新式部队准备与农民军决战。

1915 年 4 月，战幕在首都东北的塞拉亚地区拉开，双方都投入了上万人的部队。战斗进行得十分激烈。尽管农民军攻势凶猛，但无法突破奥布雷贡以电网和机枪构成的坚固防线，鏖战两天，农民军损失惨重。这时，比利亚开始认识到有一个明确纲领的必要。5 月 24 日，他签署了土地法。比利亚的土地法提出了征收大地产、满足无地农民的土地要求、发展小农经济的主张。但在当时的条件下已经不可能实行了。不久，比利亚又在莱昂和阿瓜斯卡廉特斯地区接连失利，年底被迫退回他的故乡奇瓦瓦州。萨帕塔的农民军也被卡胡萨的队伍包围在莫雷洛斯州的深山里。

由于连年战争，生产受到很大破坏，工人们的生活状况日益恶化。首都和其他大城市里工人们要求稳定物价、改善生活条件的罢工又多起来。但是，这时卡朗萨已经镇压了农民军，不需要工人们的帮助了。1916 年 1 月，卡朗萨下令解散曾参加对农民军作战的工人武装红色兵团。8 月，他签署特别法，规定凡参加或鼓吹罢工者将处以死刑。世界工人之家也被取缔。通过这些血腥立法，资产阶级的地位逐渐巩固。在国际上，英、法、意、俄、日、德等主要帝国主义国家都承认了卡朗萨政权。1915 年 10 月，美国实际上也承认了卡朗萨政府。

1916 年 3 月，为了报复美帝国主义对农民军的敌视态度，比利亚袭击了美国的边境小镇哥伦布村。美国政府趁机大造舆论，并打着追捕比利亚的旗号，又一次派兵侵入墨西哥领土。卡朗萨多次通过外交途径解决无效，只得抵抗。6 月 21 日，墨西哥军队在奇瓦瓦州大败美军。国内要求没收美国资本的游行示威到处发生。美国政府看到无隙可乘，11 月 24 日被迫同意了墨西哥政府的退兵要求。

1917 年宪法和革命的结束

1916 年，虽然比利亚和萨帕塔还在坚持斗争，战斗的规模已大大缩小，内战基本平息。为了使自己的统治合法化，尽快结束革命，卡朗萨决定制定一部新宪法。

1916 年 12 月 1 日，全国制宪大会在克雷塔罗城召开。与会代表 100 多人（开幕时 15 个工人，闭幕时 184 人），其中，中小资产阶级的代表占大多数，只有两名工人代表。1917 年 1 月 29 日，一部新的墨西哥宪法终于诞生了。

新宪法体现了墨西哥革命的胜利成果，表达了人民捍卫国家主权、自然资源的决心和争取自由、民主的意愿，是一部进步的资产阶级法典。宪法第 27 条规定，"墨西哥境内土地和水域的所有权属于国家"，"只有在墨西哥出生或入墨西哥国籍的人及墨西哥公司才有权购置墨西哥的土地、水域及大陆架，获得使用矿藏、水域或矿物燃料的租让合同"；"分割大地产，发展小土地所有制"，"凡缺少村社①及因无证据或证据不足不能获得土地、或被以合法形式剥夺土地的居民点，将根据居民的需要分给足够的土地与水源"。第

---

① 村社是根据宪法新建立的一种农村基层组织。

123 条"劳动立法"规定，实行每周 6 天、每天 8 小时工作制，夜班 7 小时，禁止妇女、儿童从事危险和有害健康的工作；工人有罢工、组织工会和参加分红的权力，雇主不得无故解雇工人；确定足以保证工人家庭需要的最低工资等。第 130 条和其他有关条款对教会的活动作了严格限制，教育自由，禁止教会占有产业，包括教堂、修道院在内的所有教会建筑一律收归国有；禁止教会组织政党和控制初级教育；教士必须在地方政府登记；宗教活动必须在教堂举行，教士必须由本国人担任；等等。

1917 年 3 月，根据宪法举行全国大选，卡朗萨当选为共和国总统。5 月 1 日，以卡朗萨为首的资产阶级政府正式成立。

新宪法的产生和资产阶级政府的建立标志着革命的结束。以后，墨西哥人民进入为实现宪法而斗争的新时期。

墨西哥革命结束了。这次革命沉重打击了封建残余和帝国主义势力，推动了墨西哥社会的进步，有着重大的历史意义。革命中，广大人民群众，特别是农民积极参加斗争，经受了锻炼。无产阶级也提高了觉悟，壮大了力量。革命中诞生的 1917 年宪法，不仅反映了当时人民对社会改革的要求，而且为以后的斗争指明了方向。

革命后，墨西哥社会发生了巨大的变化。政治上，资产阶级取代封建地主掌握了政权。个人独裁被摒弃，民主制度深入人心。墨西哥是最早取消军事独裁，从而长期保持政局稳定的拉丁美洲国家。以后的历届政府都宣誓效忠 1917 年宪法，为实现宪法确立的目标而斗争。经济上，由于土改，大地产制开始瓦解，小土地所有制得到了发展。卡朗萨任期内共分地 38 万公顷，受惠农民 7.7 万人；奥布雷贡任期内分地 172 万公顷，受惠农民 16.4 万人，特别是卡德纳斯上台后，共分地 2000 万公顷，受惠农民达 77 万人。1930年，中、小地产已占全部耕地面积的 41.8%。这一切为农村资本主义生产方式的确立开辟了道路。20 世纪 30 年代，国民经济的增长速度明显加快。30—50 年代国民经济年增长率一直保持在 7.2% 以上，为拉丁美洲诸国中经济发展最快的国家之一。60—70 年代基本上实现了工业化。

近些年来，1910—1917 年革命的历史作用由于墨西哥经济改革的成功而越来越引人注目。各国史学界都对这次革命进行了认真的研究，著述甚丰，汗牛充栋，资料也十分丰富。除共同的见解外，学者们在一些重大问题上也有争议。如对革命的性质，普遍的看法认为这是一次资产阶级革命，但对这段历史颇有研究的赫苏斯·席尔瓦·埃尔索格等人却激烈反对这一观点，认为这是一次"反资产阶级的革命、人民革命、农民革命和民族主义革命"，甚至认为是"无产阶级反对资产阶级"的革命。在欧美，弗兰克·布兰顿、唐纳德·霍奇斯、罗斯·甘地等人则解释为"官僚革命"。对革命的成果，墨西哥史学界大部分人对革命持肯定态度。著名的社会活动家、史学家曼西西多热情赞颂革命对社会进步的影响，认为革命"为墨西哥人民打开了通往光明的道路"。持相反观点的巴勃罗·贡萨莱斯·卡萨诺瓦、美国的詹姆斯·克罗夫特、阿根廷的阿多尔福·吉雷等则认为革命夭折了。苏联史学界对这次革命虽然总的来说是肯定的，但评价并不高。在革命的分期上，一般人都把 1917 年宪法的制定和资产阶级政府的成立作为革命结束的标志，也有人认为不止于此。吉雷提出革命止于 40 年代，美国的罗斯·斯坦利认为革命至今仍在进行着，墨西哥的政治家们也赞同这一提法。50 年代以后，随着拉丁美洲史学修正派的出现，一部分人对传统的、基本上肯定墨西哥革命的看法提出了挑战。美国出生、后来侨居墨西哥的拉尔福·罗埃德尔认为迪亚斯并不像人们想象的那样坏，甚至说他是把墨西哥引进现代化大门的英雄。阿纳尔多·柯尔多瓦也认为革命"并没改变墨西哥的社会结构"。在我国，学者们普遍认为这是一次资产阶级民主革命，取得了一些成果，但不彻底，在青年史学工作者的队伍中，出现了要求充分肯定革命成果的不同见解。

美国对多米尼加的侵略和军事占领

林被甸

19 世纪末 20 世纪初，美国在拉丁美洲地区积极推行帝国主义扩张政策，多米尼加是遭受其侵略和奴役的国家之一。美国最初想直接吞并多米尼加，把它变成美国的一个州。当这一目标未能如愿时，先于 1904 年通过财政监督控制多米尼加，进而从 1916—1924 年对多米尼加实行 8 年的军事占领，把多米尼加变成了它的保护国。

侵略野心由来已久

多米尼加位于加勒比海圣多明各岛的东部，西邻海地，东隔莫纳海峡与波多黎各相望，适扼加勒比海的入口处。西班牙向美洲殖民征服时，曾在这里建立西半球最早的城市，成为西班牙美洲帝国的最初统治中心。

当美国把扩张的矛头指向加勒比海地区时，多米尼加便成了它的一个重要侵略目标。特别是在巴拿马运河开凿（1904—1914 年）以后，加勒比海成为巴拿马运河的门户，圣多明各岛在美国扩张主义者心目中的地位，自然变得更加重要起来。美国扩张主义者格兰特总统（1869—1877 年）在积极提议吞并多米尼加时，曾对它做过这样的描述：

"由于圣多明各的地理位置，我们很值得把它弄到手。它控制着加勒比海的人口和巴拿马地峡的商业通道。它在西印度群岛中，有最肥沃的土壤，最大的海港，最宜人的气候，以及最有价值的森林、矿山和田地的出产物等。假如它为我们所占有，在若干年内即可兴起一种广大的滨海商业……一旦与外国发生战争，我们即可据以控制加勒比海的全部海岛，使敌人的军舰不能在我国本土海岸集结。"

正因为多米尼加在战略上、经济上和商业上对于美国具有如此重大的意义，所以，美国统治阶级吞并多米尼加的野心由来已久。门罗主义的主要策划人之一国务卿约翰·亚当斯于1823年提出所谓"熟果政策"① 时就公开说过，古巴和圣多明各等加勒比海地区诸岛屿应该归属于美国。1844年，多米尼加成立共和国。1855年，美国驻多米尼加的使节卡兹内要求多米尼加共和国把萨马纳湾租给美国，作为它的海军基地。但是，这项租借萨马纳湾的谈判由于英、法两国的反对未获成功。

美国内战结束后，更加积极推行对拉丁美洲的扩张政策。1866年，国务卿西华德派遣助理国务卿、海军少将波特尔作为全权代表前往多米尼加，企图用200万美元诱使它签订一个租借或割让萨马纳半岛和海湾的协定。多米尼加政府虽然同意给予美国某些租借地，但严正拒绝出卖国家领土。1869年，格兰特继任美国总统，费施代替西华德出任国务卿。格兰特和费施都是积极的扩张主义者，竭力主张把多米尼加并入美国的版图。为此，他们派出代表前往多米尼加活动，力图实现吞并计划。

1869年，格兰特派遣他的军事助理奥维拉·B. 巴布库克将军作为特别代表，调查当地人民对"并入美国，割让或租借萨马纳海湾"的意见，实际上是进行政治诈骗，为吞并多米尼加制造舆论。同时美国海军部长指示游弋于多米尼加领海的美国巡洋舰舰长："用你的大炮，给他以道义上的支持。"武力威胁和政治欺骗双管齐下，美国扩张主义者吞并多米尼加已迫不及待。

多米尼加独立以来的内部政局，为美国实现其侵略野心提供了有利条件。

独立后的多米尼加，内乱与外患迭起，政局很不稳定。从1844年宣布成立共和国之日起的近40年间，差不多平均每隔一年，即有一次暴乱发生。至1887年，宪法的修改或颁布达7—10次之多。在早期考迪罗中，佩德罗·桑塔纳（1801—1864年）和巴埃斯（1810—1884年）两人影响最大。第一次共和政府共维持17年（1844—1861年），其间桑塔纳统治了10年，曾前后3次担任总统。这些考迪罗一旦把政权攫取到手，就竞相寻求强国保护，招引外国势力的入侵。

1861年3月18日，西班牙女王伊萨伯拉二世利用多米尼加的内争和桑塔纳的卖身投靠，再度占领多米尼加。西班牙王室在那里重新恢复了殖民制度，成为至高无上的统治者。西班牙殖民者把有着黑人血统的多米尼加人当

---

① 参见本书《美西战争》一文。

作下等人种看待，经济上课以重税，政治思想上严加控制，甚至恢复"宗教裁判所"的酷刑。1863 年 8 月，多米尼加各地爆发起义，形成全国性的"复国战争"，西班牙当局出动 1.3 万军队前往镇压。1865 年 7 月，多米尼加人民再度推翻西班牙的殖民统治，建立独立的共和国。

长期内乱外患，严重阻碍了多米尼加经济的发展。19 世纪中叶，除畜牧业稍为活跃外，其他各行业全都停滞不前。

山区人烟稀少，肥沃的热带草原被大庄园分成一片一片，它们自给自足，相互封闭隔绝，商业凋零。以后，古巴的移民带来了甘蔗种植、制糖及改良畜牧品种的经验和技术，再加上其他一些因素，使多米尼加的农业逐渐有些改善，糖、烟草、可可、咖啡等有所发展。从 19 世纪 80 年代起，通向港口的铁路开始修建；由于农业的发展，可可、糖、咖啡、棉花、烟草等产品有较多的出口；学校也开始兴办起来。1840 年，全国居民总数只有 20 万左右，19 世纪中叶以后，人口开始有了较大幅度的增长。但多米尼加仍是一个交通闭塞、经济十分落后的农业国，农村人口仍占绝大多数，直到 20 世纪 20 年代，首都圣多明各的居民才只有 3 万。控制全国大部分土地和牧场的大庄园主，是多米尼加社会的主宰，掌握军队的将军们在国家政治生活中起着特别重大的作用。因此，多米尼加从西班牙统治下再次获得独立后，政局仍然没有稳定下来。

1868 年 5 月，巴埃斯就任总统。巴埃斯一心想"获得外国保护国的地位，以便永远牢靠地守住他的钱袋"。他和桑塔纳一样，也是一个无耻的卖国者。他一上台，就积极谋求美国的支持，不惜割让萨马纳湾，主张把多米尼加归并于美国。

1869 年 11 月 29 日，巴埃斯卖国政府同美国签订了一个把多米尼加合并于美国的条约和美国立即占领萨马纳半岛及海湾的协定。条约规定，多米尼加合并于美国，美国须付出现金 150 万美元，作为多米尼加偿付内债之用；如果该条约未能得到批准，美国仍然有权以 200 万美元为代价，获得萨马纳半岛和海湾。条约刚刚签订，美国海军加煤站就在萨马纳湾建立起来了。巴埃斯卖国政府还导演了一幕"国民投票"的把戏，表示"合并"得到了多米尼加人民的"支持"。

关于合并的条约没有得到美国参议院的批准，但格兰特并未就此罢休。1871 年，他通过国会任命了一个 3 人小组，再次去多米尼加"调查"。这个小组调查后的结论是：多米尼加共和国自由和独立的唯一保证，"是成为合众国的一个州"，并提出警告说，如果对该共和国不予合并的话，它"最终必将被某个强国霸占为殖民地"。

由于多米尼加人民的反抗，也由于美国统治集团中一部分决策人感到吞并多米尼加的时机尚不成熟，吞并方案始终没有得到多数国会议员的支持。在19世纪60、70年代，美国扩张主义者未能实现吞并多米尼加的罪恶目的。

对多米尼加的财政控制

19世纪末20世纪初，美国对多米尼加的侵略进入一个新的阶段。

19世纪末，美国工业得到了蓬勃发展，生产集中进行得十分迅速。1870—1900年，美国制造业总产值由33.86亿美元，增长到130亿美元，增加了3倍。工业总产值超过农产品总值的一倍以上，一跃为资本主义的工业大国。工业的不断发展，加速了生产的积聚和资本的集中过程，美国迅速向帝国主义过渡。

随着美国资本主义向帝国主义过渡，美国统治集团加紧了争夺海外殖民地的活动。拉丁美洲拥有广大市场和丰富资源，又与美国邻近，美国海外扩张的矛头首先指向这里。1898年，美国发动了美西战争，从腐朽没落的西班牙手里夺得了古巴和波多黎各等地。由于占领了古巴，美国空前扩大了它在加勒比海地区的势力，1897年它在这个地区的投资额仅4900万美元，1908年即扩大到2.26亿美元，猛增了两倍；到1913年，更提高到10.69亿美元。另一殖民强国英国经过一个世纪的扩张，在这一地区（包括墨西哥）的投资总额才达11.5亿美元。美国同英国已经不相上下了。美西战争后，美国政府对拉丁美洲外交政策的主要目标，是建筑一条地峡运河，并在加勒比地区建立自己的霸权。当美国于1903年煽动巴拿马脱离哥伦比亚独立，强买巴拿马地峡区，并动手开凿具有战略意义的巴拿马运河以后，美国就更加迫切要求加强它在通往运河的各过道地区的势力，把加勒比海这个"新世界的地中海"变成美国的内湖。吞并多米尼加再一次迫切地被提到美国对外扩张的日程表上来。

这时，美国对多米尼加的侵略，在策略和手法上有所变化。美国是后起的帝国主义，当它走上海外扩张的道路时，欧洲主要帝国主义国家已将世界落后地区瓜分完毕，加以19世纪末20世纪初殖民地民族解放运动日益增长，美帝国主义更不易建立起自己的殖民体系。因此，美帝国主义需要采取一些新的扩张主义的办法来掠夺和控制弱小国家。"大棒政策"和"金元外交"的出笼，正是适应了这种需要。

加勒比海地区是欧洲列强长期觊觎和激烈争夺之地。早在这个地区的国家独立不久，英、法等国就以"借款"等方式大力渗入。因而，加勒比海地区矛盾尖锐、风云变幻。在美国统治集团看来，那里"革命歪风和财政崩溃恰恰是最激烈的……对我们说来，是最危险的地方"。这就更加需要依靠经济实力，用美国私人银行资本取代欧洲的特许权所有者和债权人，从而加强美国在这个地区的势力。一手挥舞"大棒"，派遣海军陆战队进行军事侵略；一手拿着"美元"，提供"援助"，建立财政监督，或两手交互使用，或两手同时并用，这就是美国进入帝国主义阶段侵略多米尼加的典型手法。

19世纪末20世纪初，美国通过借款，"帮助"处理债务关系打入了多米尼加。早在多米尼加独裁者欧鲁统治时期（1882—1899年），由于支付庞大的军队及官僚机构的开支，加之欧鲁本人及其家族成员的无度挥霍，使多米尼加的财源枯竭，不得不靠滥发纸币和大量举借外债度日。美国的"圣多明各开发公司"于1892年为这个独裁政府偿还它所欠荷兰一家公司的170万美元的债务，其条件是接管多米尼加的某些海关，并以筹措"还债基金"为名发行了一笔公债。接着，它又控制了多米尼加中央铁路的修建工程，接管了一直受法国公使控制的"国民银行"。

欧鲁于1899年7月26日被反对派刺杀，他的17年反动统治给多米尼加共和国遗留下一笔沉重的外债负担。继任的考迪罗为了支撑脆弱的政府而纷纷同外国谈判新的贷款。19世纪末20世纪初国债已达3200万美元之多。这笔巨额债款，仅每年应付的利息就有260万美元，相当于国家正常财政预算的两倍。多米尼加1年的关税收入为185万美元，除去国家财政预算，仅余55万美元，无法应付过期与到期的利息的偿付。法国、比利时、意大利等欧洲国家是主要债权人。法国政府扬言要接管首都圣多明各的海关，意大利政府甚至出动军舰前往多米尼加进行威胁。

1901年，多米尼加总统希门尼斯免去"圣多明各开发公司"代理人在海关中的职务，改派多米尼加人充任。于是，美国国务院出面干涉。1903年1月31日，美国以维护"圣多明各开发公司"借给欧鲁政府的贷款的利益为借口，强迫多米尼加签订了一项协定书，其中规定多米尼加政府应分期赎回该公司持有的450万美元的债券，并以关税和北部各港口收入作为担保；

一旦多米尼加不能偿付必需的款项，美国将任命一位财政代理人，监督多米尼加的关税收入。这是美帝国主义为实现对多米尼加共和国的财政控制而进行的第一次公开的内政干涉。

鉴于欧洲诸国的威胁，美国决定抢先一步。美国政府通过驻多米尼加的公使道苏，向多米尼加政府提出"劝告"：由美国接管它的全部海关，以便把关税收入"公平分配"给各债权人。1904年，多米尼加政府因财政破产宣布停止支付外债，美国政府趁机于10月21日任命了一个财政代理人，将多米尼加普拉塔港的关税据为己有。它又命令美国军舰开入圣多明各港进行恫吓。

1904年12月6日，美国总统西奥多·罗斯福（1901—1909年）发表年度咨文，在讲到美国对拉丁美洲国家的外交政策时说："如果一个国家表明它知道在社会与政治事务中怎样有效而适当地采取合理的行动，如果它遵守秩序而且偿付它的债务，那么它就不用害怕美国的干涉。长期的错误行为，或者是有了足以使文明社会的团结产生一般松弛的无能行为，最后会在美洲或其它地区引起某些文明国家的干涉。美国在西半球如遇公然为非作歹或懦弱无能的事情，为了奉行门罗主义，也不得不勉强行使国际警察权。"因为，"我们的利益同我们南方各邻国的利益实际上是一致的"。这就是门罗主义的"罗斯福延伸论"。老罗斯福把他的"大棒政策"与门罗主义结合起来，明确提出美国有权行使"国际警察权"。老罗斯福的这个"延伸"是针对多米尼加的局势而发的，是为美国用武力干涉多米尼加的内政制造理论根据。

面对欧洲的威胁和美国所不断施加的压力，多米尼加政府被迫于1905年2月4日同美国签订了一项新议定书，又称作"1905年财政监管条例"。该议定书规定美国政府接管多米尼加的全部海关，由美国把所收税款的55%直接用于偿还债务，仅以其余45%交给多米尼加政府。由于议定书没有立即得到美国参议院的批准，1905年财政监管条例只是一个暂行条例。

1907年2月8日，一项正式官方协定在多米尼加签订，美国对多米尼加的财政监督终于以条约的形式固定下来。这项协定的主要内容是：（1）多米尼加海关总税务司以及助理税务司等高级税务人员应由美国总统委任，在多米尼加共和国若干港口和海关征收全部关税。所收税款先用于支付海关开支、债务息金，所剩尾款交付多米尼加政府；（2）美国政府应给予总税务司及助理税务司以履行职务所必需的保护；（3）非经美国同意，多米尼加政府不得增加它的债务或减少它的税收。条约还规定，美国享有"管理（多米尼加）关税 50 年"的权利。接着，一位由美国总统任命的总税务司在"美国海军保护下"开始征收税款，发行债券以"清偿"国外债务。美国金融公司库恩·罗比公司同多米尼加总税务司相勾结，以奴役性条件贷给多米尼加 2000 万美元。

这样，美国完全确立了对多米尼加财政及经济上的控制权，实际上把多米尼加置于保护国的地位。

美国由于控制了多米尼加的海关，不仅使美国公司可以轻易地逃避赋税，而且美国货得以大量倾销于多米尼加市场，甚至包括皮鞋这样的日用消费品也充斥于市。这类革制品，多米尼加依靠自己牧场本来是可以充分供应的。1911 年，多米尼加卖国政府颁布"农业租让法"。外国糖业公司得以肆意兼并农民土地而大大扩充自己的地产，成为多米尼加的大土地所有者。美国政府还以保护为名不断干涉多米尼加的内政。

1911 年，当多米尼加发生反政府起义时，美国塔夫脱总统（1909—1913 年）于次年派遣两位"特派官员"前往"视察"多米尼加的局势。这两位官员乘一艘载有 750 名海军陆战队的炮舰，以"保护"海关的名义，开往圣多明各港。在这两位官员的压力下，多米尼加政府被迫辞职，国会另选出圣多明各大主教阿道弗·诺乌埃尔为临时总统，但也无力镇压起义。于是，美国政府公开对起义者进行威胁。1913 年 9 月，美国国务卿布里安宣称，美国"将运用它的影响"来支持"合法当局"，阻止一切"叛乱"；如果起义者获得成功，美国政府绝不承认他们，并将"扣留海关税款归属多米尼加的部分"。驻多米尼加的美国公使以不久将举行一次"公平选举"为饵，诱使起义者放下武器。选举开始时，美国政府不顾多米尼加人民的强烈抗议，竟派出 3 位专员，乘坐军舰来"监督"多米尼加的选举。

美国对多米尼加从财政上和政治上的干涉，终于发展到对它的武装干涉。1915 年 7 月，多米尼加圣彼得罗·德马科里斯附近的起义人民袭击了拉罗曼纳的美国税务所，并俘获了一艘美国征税汽艇。美国甘蔗种植园主惊慌失措，要求美国政府保护。1916 年 5 月初，美国政府借口"保护美国的公使馆和美国公民"，进行武装干涉。5 月 4 日，美国军舰开入圣多明各港。美国舰队指挥官在几十门长射程和大口径炮的火力掩卫下，率领着大批海军陆战队在多米尼加领土登陆。5 月 13 日占领了首都圣多明各市。

美国占领军解除了多米尼加政府军的武装，迫使总统希门尼斯辞职。国会推选恩里克斯·卡瓦哈尔博士为临时总统。美国政府复以 1907 年的条约

"屡遭破坏"为理由，要求临时总统缔结一项新的奴役性条约，否则拒绝予以承认。这个条约比起 1907 年条约，条件更加苛刻，它要求多米尼加把关税征收置于美国监督之下，任命一位美国财政顾问和建立一支由美国官员统率的警察队伍。也就是说，多米尼加的关税、财政、军队和警察全部归美国控制。

恩里克斯总统拒绝这一蛮横无理的要求。美国政府立即命令海关总税务司停付多米尼加政府应得的税收部分。这样，多米尼加政府的经费来源即告断绝，公务人员及其家属也因工薪停发而忍饥挨饿。美国政府这种无耻要挟激起多米尼加举国上下的义愤，广泛开展支持恩里克斯总统、反对美国无理要求的正义斗争。然而，美国政府一意孤行，不断增派军队，1916 年年底，占领军人数达到 1.8 万多人。在不到两个月的时间里，全国各主要城镇都被侵略者占领了。当时侵略军的头子海军上将克普顿宣布：美国军队将在多米尼加一直停留到"恢复和平和实行了美国政府认为必须的改革为止"。

美国的直接军事统治

1916 年 11 月 26 日，美国总统威尔逊（1913—1921 年）正式宣布对多米尼加共和国实行军事占领。他不顾多米尼加人民和世界舆论的强烈反对，竟然宣称：由于多米尼加政府违反了 1907 年条约的第三条，未经授权就增加了它的外债，为了保证条约得以遵守和"维持平静"，美国政府决定把多米尼加共和国置于军事占领状态，并使它从属于美国的军政府。接着，他任命了海军上校纳普为首的军政府。从这时起至 1924 年，是美国对多米尼加的直接军事占领时期。

在武装占领期间，美国军事当局在多米尼加实行了暴虐的军事独裁统治。军政府总督纳普颁布战时戒严法，解散多米尼加的国会，驱逐多米尼加的官吏，任命美国海军军官担任多米尼加政府部门的一切重要职务，并宣布自己是"最高立法者、最高裁判官和最高行政长官"。为了镇压多米尼加人民的反抗，美国军政府规定多米尼加的警察一律由美国军官统领，禁止当地人民保有火器和爆炸物品。军政府还对出版、电报、邮政等实行严格的审查，规定在多米尼加的报纸上不准评论美国军政府的任何措施和活动，甚至不准使用"民族""自由"等词汇。任何反对新闻审查和其他法令的行为，都被认为是反抗美国军政府的行动，都要遭到美国军事法庭的审讯。

　　美国占领当局在夺取多米尼加的中央统治大权后，依靠它的海军陆战队的步枪和刺刀，迅速地改组了各地的地方政权。它命令原有的市政议会一律遵守占领军的指令行使职权而毋庸选举；并建立由美国官员统率的警备队，作为它维持地方"治安和秩序"的工具。在起义者继续反抗的地区，占领军派遣飞机轰炸，烧毁了许多城市和乡村，杀害了成千上万的无辜居民。许多爱国志士横遭中世纪式的酷刑，有的被美军绑在骡子上撕裂而死。对于美军占领时期的情况，当时有人作了这样的揭露："国库被接管了，国会被解散了，一切选举被禁止了；成百成千的海军陆战队士兵遍布全国各地，他们对本地人民具有无限的权威，公共集会全然被禁止了；……城市和乡村都遭到狂轰滥炸，每家住宅都受到以搜查军火为名的骚扰；房子被烧毁了，各地居民遭到拷打和虐待，很多人被杀害了；'屠夫'魏勒①式的恐怖的集中营建立起来了；……谁敢表示抗议，就被处以巨额罚款或者下狱；谁想要反抗，就飨以子弹或刺刀。"

　　从此，一种以外国暴力为基础的军事独裁统治便在多米尼加各地完全建立起来。继纳普之后，斯诺登和鲁滨逊等先后担任军事总督，成为多米尼加的全权统治者。

　　美国的军事占领，最终为美国垄断资本恣意掠夺多米尼加扫清了道路。

　　首先，美国垄断集团加强了对多米尼加土地和自然资源的掠夺。军事占领当局颁布了一系列土地和土地税的法令，建立一个所谓"土地委员会"来解决土地纠纷，实际上是把多米尼加农民的大量土地掠归己有。他们或者通过低价购买，或者用暴力把不愿出售土地的农民赶走等手法，来建立美国公司的大种植园。仅1916年，美国的甘蔗种植园主就已经侵占了52.6万英亩的土地。其中最大的"美国南波多黎各公司"和"美国西印度糖业公司"，均占有土地10万英亩以上。美国的森林公司还侵占了数百万英亩的土地。为了开辟甘蔗种植园，满山遍野的森林被滥加砍伐。美国占领期间，建筑了400多英里的公路和铁路，修建了很多桥梁、港口，其主要用途也是为了便利蔗糖种植园产品的输出。

　　其次，控制多米尼加的对外贸易，把多米尼加变成美国的原料供给地和商品市场。美国同多米尼加的贸易，1911年为987万美元，到1921年上升到3186万美元，增加了3倍多。美国很快独占了多米尼加的市场。在多米

---

　　①　西班牙镇压古巴独立运动的刽子手。

尼加的进口总额中，美国商品所占的比重，1913 年为 62%，到 1918 年激增到 93%。高于加勒比海地区的其他国家，如古巴，1914 年为 58%，1918 年为 76%；海地 1913 年为 59%，1919 年为 90%。美国的摩根和库恩·罗比等财团所属的企业，攫取了多米尼加 1/3 的制糖工业和其他一些重要资源。

最后，多米尼加成了美国有利的投资场所。美国垄断资本由于得到军政府的直接支持，对多米尼加的扩张就越发肆无忌惮。斯皮耶尔和李·希津逊等美国金融公司受占领当局的"委托"，先后以多米尼加共和国的名义发行巨额公债。多米尼加人民被迫偿付从年利 9 厘到 19 厘不等的高额利息。到 1924 年，美国已完成了对多米尼加经济的绝对控制。

美国的军事占领，给多米尼加人民带来了深重的灾难。多米尼加人民到处掀起了反抗斗争。在圣多明各东部塞博和圣彼得罗·德马科里斯两省的爱国军民，从美国军事占领初期就开始进行反占领斗争，一直没有停止。尽管受到美国海军陆战队的多次围剿和血腥镇压，但他们利用稠密丛林和层峦叠嶂的有利地理条件，坚持游击战争。被美国垄断集团从自己土地上撵走的多米尼加农民，不断参加到起义队伍中来。反美爱国斗争声势越来越大。尤其是 1919 年 2 月美国海军少将斯诺登接替纳普任军政府总督以后，多米尼加人民的反美斗争更趋高涨。甚至连一部分多米尼加上层人士也卷入反美浪潮，要求美国结束对多米尼加的军事统治。多米尼加著名诗人法维奥·菲亚略是一位爱国者，他因对美国占领军发表了一些不满言论，而遭到逮捕和审讯。这一事件引起举国轰动，尤其在知识界人士中激起极大的愤慨。

威尔逊政府妄图用加紧镇压的手段来维持殖民统治。美国海军部增派大批舰只驶往多米尼加。占领军当局对多米尼加的爱国军民进行疯狂的搜捕，在短短 5 个月内就有 600 多人被法庭判刑。

在多米尼加人民反占领斗争日益高涨和拉丁美洲各国舆论的同声谴责下，美国政府不得不于 1920 年 12 月宣布它准备从多米尼加撤退占领军。但美国对结束军事占领提出了一系列奴役性的附加条件，这些条件主要是：（1）多米尼加共和国必须确认和执行军政府的一切法令；（2）批准一项 2400 万美元的新贷款；（3）任命一名美国人任多米尼加海关的总税务司，在海关收入不足以偿还新债款时，他有权动用国内财政收入清偿之；（4）在美国军事代表团的指导下组织一支多米尼加"国民警备队"。这些奴役性条件遭到多米尼加人民的激烈反对。美国又进一步玩弄手法。1924 年 3 月，在美国统治者事先布置和美国军队的监视下选出了以奥拉西奥·巴斯克斯将军为首的政府（1924—1930 年）。这个傀儡政府立刻接受了这些条件。这样，美国政府于同年 7 月开始撤退占领军，9 月 18 日，军事占领状态宣告结束。

美帝国主义撤退占领军后，主要改为通过扶植它的代理人的办法，继续掠夺和控制多米尼加。原多米尼加警备队头子拉·莱·特鲁希略最终博得美帝国主义的赏识。特鲁希略早年在美国海军陆战队中任职，双手沾满多米尼加爱国志士的鲜血，1924 年美军撤退时被提升为上校，担任多米尼加陆军首领和全国警备队长。1930 年，他由美帝国主义扶上了总统的宝座，从此在多米尼加建立了极端恐怖的独裁统治，开始了残暴和血腥的"特鲁希略时代"。美帝国主义通过它的这个代理人统治多米尼加达 31 年之久。

关于 19 世纪末 20 世纪初美帝国主义对多米尼加的侵略，美国进步史学家尼林和弗里曼在他们著名的《金元外交》一书中，做过这样带有总结性的评论："为着强迫圣多明各签订一项使美国投资家可以完全管理那个共和国的财政权和行政权的条约，就居然明目张胆地在一个邻国里建立军事独裁，以求其主张的贯彻？"在"大棒政策"和"金元外交"的旗号下，采用"财政监督＋海军陆战队"的手法以建立美国模式的新殖民体系，这就是美国向中美洲和加勒比海地区进行帝国主义扩张的一个显著特点。侵略和奴役多米尼加不过是其中的一个典型事例。

明治惨案
——日本"大逆事件"

杨孝臣

明治惨案，是日本明治政府于 1910—1911 年制造的镇压社会主义运动的血腥事件。1910 年，政府捏造一个暗杀天皇的"阴谋"，以"大逆"为名，于 1911 年 1 月杀害了幸德秋水等 12 人。日本官方和史学家一般称为"大逆事件"。

工农运动和社会主义运动的迅速发展

19 世纪末，日本农民的赋税负担不断增加，如果以 1890 年为 100，1899 年增到 160，1908 年则达到 271。农民日益贫困化引起租佃纠纷的急剧增加，1897—1911 年，日本农村共发生 962 起农民斗争事件，其中有 244 起是反对地主的斗争，338 起是反对官方繁重的赋税和农村弊政的斗争。在佃农与地主的斗争过程中，农民运动组织相继产生。1899 年，大井宪太郎组织租佃条例期成同盟会。1902 年，宫崎民藏成立土地复权同志会。根据农商务省的统计，1907 年日本就出现 19 个佃农协会，领导佃农同地主进行斗争。

日本近代的工人运动，是从 1897 年，即中日甲午战争以后开始的。随着工业革命的进展，日本工人阶级成长壮大起来。1888 年日本工人有 13.6 万，1899 年增加到 142.6 万，1909 年达到 244 万。初期工会组织随之产生。1897 年，城常太郎和泽田半之助组成职工义友会。同年，片山潜和高野房太郎成立工会期成会。中日甲午战争后，由于物价高涨，激起工人进行罢工斗争。1896 年三重纺织女工、1898 年富冈缫丝女工和白河缫丝女工先后掀起罢工斗争。根据农商务省的调查，1897 年下半年罢工达 79 起，参加人员为 3510 人；1898 年为 41 起，参加人员达到 6293 人。

1907 年 1 月，日本爆发了资本主义经济危机。由三井、三菱操纵下的股票价格大大下跌，使兴办企业热潮开始停滞。生丝价格从每捆 1400 日元左右降到 800 日元左右。对中国的棉纱输出也因银价暴跌而完全停顿。1908 年，不断发生银行停兑。1909 年 1 月，大日本制糖公司出现危机，接着藤本证券经纪银行宣告破产，大日本水产、东洋轮船、宝田石油、东京米谷交易所等企业相继发生危机。这是自日俄战争后从未出现过的经济萧条。这次经济危机恢复缓慢，一直延续到 1910 年。在深刻的经济危机过程中，工人劳动加重、时间延长和实际工资下降，并造成大量工人失业，仅 1906 年被解雇的工人就有 80 万。1907 年 2 月，足尾铜矿 3000 矿工发起大罢工，当工人提出 24 项要求，遭到拒绝时，由罢工发展为暴动。工人割断电线，火攻办公楼，并占领了仓库，使这个矿资本家的财产损失 28 万日元。随后，生野银山、三池煤矿、长崎造船、夕张煤矿及幌内煤矿工人举行了暴动。工人运动迅速席卷全国。1909 年，全国共发生 166 起罢工事件，有几十万工人参加了罢工斗争。这些罢工集中于造船厂、军工厂、煤矿、有色金属矿山等重要工业部门。政府当局出动大批军队才镇压下去。

在工人运动迅猛发展的形势下，日本社会主义运动蓬勃兴起。日本早期社会主义者在 1898 年 10 月 18 日组成社会主义研究会，后来改组为社会主义协会，它标志着社会主义者开始探寻新的革命理论。1901 年 5 月 2 日，由片山潜、幸德秋水、安部矶雄、河上清、木下尚江和西川光次郎等人发起，创立了社会民主党，并制定了《基础纲领的理想》（最高纲领）和《实际运动的纲领》（行动纲领）。最高纲领提出了"完全废除军备、废除阶级和土地及资本实行国有"的口号。行动纲领要求撤销贵族院、废除《治安警察法》，裁减军备，实施普选法，制定工会法，制定保护佃农法；还提出废除寄生地主制，将土地平等地分配给耕种土地的农民，以解决土地革命问题。不过，由于拒绝接受政府提出的修改纲领的要求，两天后，社会民主党被命令解散。这是建立社会主义政党的初次尝试。

1903 年 11 月 15 日，幸德秋水和堺利彦等人建立平民社，并发行以平民主义、社会主义、和平主义为旗帜的《平民新闻》周刊，作为机关刊物。由幸德秋水任主编，共出 64 期。1905 年 1 月 29 日，《平民新闻》被停止发行，改为《直言》周刊出版。1905 年 9 月 10 日，《直言》亦被停止发行，共出版 32 期。《平民新闻》从事宣传社会主义思想和反战思想。在其创刊《宣言》中写道："吾人为使人类享平等之福利，主张社会主义，故要使社会共有生产、分配、交通的机关，其所经营的一切为社会全体。"

1904 年 11 月 13 日，为了纪念《平民新闻》创刊 1 周年，发表了幸德秋水和堺利彦合译的《共产党宣言》（大部分）。这是马克思主义在日本传播的真正开端。因此，《平民新闻》被政府禁止发行，而幸德秋水、堺利彦及发行人西川光次郎亦被处以 80 元的罚款。

1904 年 2 月，日俄帝国主义战争爆发后，《平民新闻》先后发表了《吾人始终否认战争》《不断反战论》《战争来临》等反战文章，抨击日俄帝国主义战争。在社论《战争来临》中说："只要吾人有口，吾人有笔、有纸的话，都大声疾呼反对战争。相信俄国的同胞平民也一定采取相同的态度和方法。"1904 年 3 月 13 日，《平民新闻》发表了《致俄国社会党书》，其中写道："今日、俄政府为达到其各帝国主义的欲望，漫开兵火之端。然而在社会主义眼中，人种无别，地域无别，国籍无别，诸君与我等同志也，兄弟也，姊妹也，断断无可争之理。"它发表后，欧美各国社会党机关报争相转载，对世界各国颇有影响。1905 年 12 月 28 日，《平民新闻》发表社论《告小学教师》。幸德秋水因此被捕，判处 5 个月徒刑，被关进巢鸭监狱。7 月 28 日，幸德秋水刑满出狱。10 月 9 日，"平民社"被迫解散，幸德秋水出走美国。

1906 年 6 月 5 日，幸德秋水由美回国。他在日本社会党召开的讲演会上，发表了题为《世界革命运动的潮流》的演说，提出了"总同盟罢工"的策略思想，"唯劳动者全体携手举行数日、数周乃至数月的罢工，使社会的一切生产交通机关被迫停止活动，换言之，所谓总同盟罢工。"1907 年 2 月 5 日，幸德秋水在《平民新闻》杂志上又发表了《我的思想变化》一文，认为议会斗争不能完成社会革命，实现社会革命只能依靠工人的"直接行动"。他站在无政府主义的立场上反对进行议会斗争。接着《平民新闻》刊登了田添铁二的《议会政策论》一文。田添反驳幸德秋水说："只有工人阶级的阶级意识有了觉悟才能实现社会革命，而议会政策或直接行动都是为达到此目的的手段，宣扬社会革命在一场大撕打下就能实现的说法，是每每易于陷入的谬论。"

1907 年 2 月 17 日，日本社会党召开第二次代表大会。在讨论党的革命策略的过程中，形成以幸德秋水为首的"直接行动派"和以田添铁二为代表的"议会政策派"。党内的策略分歧导致组织上的分裂。1907 年 8 月 31 日，片山潜、田添铁二等人组成"同志会"，以《社会新闻》为宣传阵地，批判直接行动派。同年 9 月 16 日，幸德秋水、山川均等人组成"金曜会"，则以《大阪平民新闻》为宣传阵地，反对议会政策派。社会党时的派别斗争，破坏了无产阶级的团结，削弱了革命力量。

在日本社会党第二次大会上，幸德秋水以足尾暴动为例，强烈主张"必须承认，3 天的运动比议会的 20 年的呼喊更为有效"。在修改党章时，把党章中"本党在国法允许的范围内主张社会主义"改为"本党以实行社会主义为目的"。日本社会党立即遭到镇压。西园寺公望内阁于 2 月 22 日命令日本社会党解散。随后，4 月 14 日，《平民新闻》也被迫停止发行。

20 世纪初，日本帝国主义正在准备吞并朝鲜，对内实行反动统治。取缔社会主义运动是天皇政府的既定政策。在政友会总裁西园寺公望内阁时，对待社会主义运动改变了政策，即"在合法的范围内予以承认"，所以允许日本社会党成立。但是，当日本社会党刚有越出国法的行动时，天皇政府就转而实行高压政策。

1907 年 11 月 3 日，在美国旧金山等地张贴和散发了以给明治天皇公开信的形式，名为《暗杀主义》的传单，在结语中写道："可怜的睦仁君（明治天皇名睦仁）足下，足下之命危在旦夕，炸弹就在足下周围，正将爆炸，再见了，足下。"署名为无政府党暗杀主义者。元老[①]山县有朋是社会主义运动的死敌。他从东京帝国大学教授高桥作卫那儿得到情报，知道暗杀天皇的檄文，已在美国旧金山张贴公布。于是，他亲自组织调查处理这一政治案件，首先把《情报书》交给元老井上馨、西园寺首相、田中光显宫内相及其亲信寺内正毅和小松原英太郎等人传阅，以引起政界要人的关注。然后，山县直接上奏明治天皇"现内阁对于取缔社会主义迟缓"。天皇向原敬内相下达了对社会党"希望进行特别严厉的取缔的意旨"。

在资本主义经济危机的打击和对社会主义思想传播的恐惧，尤其是在山县有朋上奏的压力下，西园寺内阁采取了严厉的"取缔社会主义方针"。由于在《平民新闻》上发表《踢父母!》进步文章，山口孤剑因此笔祸而被捕入狱。1908 年 6 月 22 日，日本社会党举行山口刑满出狱欢迎会时，直接行动派的大杉荣、荒烟寒村等人高唱革命歌曲，手举"无政府共产"红旗，在大街上同警察发生了冲突。大杉荣、堺利彦、山川均、荒烟寒村等社会主义

---

① 所谓元老是辅佐天皇的。对于宣战、媾和、选任内阁总理大臣及其他基本国策等重要政务，拥有向天皇或政府提出建议的职权，居于政府之上，为天皇制执政者中的最高长老。

者被捕。他们在锦町警察署拘留时继续斗争，在板墙上用汉文刻下了法国革命诗句"一刀两断天王头，落日光寒巴黎城"。于是，事件扩大了，直接行动派几乎全被抓进千叶监狱，史称"赤旗事件"。同年 8 月，对赤旗事件进行判决，量刑之重出乎意料，大杉荣监禁两年半，堺利彦和山川均为两年，荒烟寒村为一年半。这是后来阴谋制造的大逆事件的开端。

"直接行动派"的活动

日本统治集团认为西园寺内阁取缔社会主义不够彻底，1908 年 7 月，以桂太郎取代西园寺第二次组阁。他按照山县有朋的旨意，推行取缔社会主义运动的政策。桂太郎在其政治纲领中写道："如彼之社会主义今日尚不过是纤纤一缕之烟，然而，若舍之不顾，他日势将至燎原，将及噬脐之祸。"

在桂内阁时期，《东京社会新闻》《东北评论》《平民平论》《自由思想》《世界妇女》等社会主义刊物均被禁止发行。警察当局对社会主义者进行跟踪，实行告发、拘禁和处罚。桂内阁对社会主义运动的政策，不同西园寺内阁时的"防止事犯"，而是对社会主义者采取"诱发犯罪来扑灭"的方针。

在天皇政府的高压政策面前，幸德秋水的直接行动派束手无策，提不出正确的对策，而走上了无政府主义的"个人恐怖"道路。政府官僚便利用直接行动派策略上的失误，而施展了"极为凶恶的计划"。

赤旗事件发生后，在家乡高知县幡多郡中村休养的幸德秋水，回到东京，家门前挂出平民社的牌子。这时，地方上的社会主义者往来于平民社。1908 年 7—9 月，《熊本评论》的坂本清马、新美卯一郎和《大阪平民新闻》的森近运平、箱根的内山愚童等人先后到东京访问平民社，受到幸德秋水的思想影响，回到各地后纷纷成立同平民社有联系的小组。这些小组有：大阪小组，其成员为森近运乎、武田九平、冈本颖一郎、三浦安太郎；箱根小组，其成员为内山愚童、冈林寅松、小松丑治；和歌山小组，其成员为大石诚之助、成石平四郎、成石勘三郎、高木显明、峰尾节堂、崎久保誓；长野小组，其成员为宫下太吉、古河力作、新村忠雄、新村善兵卫、佐佐木道之。

天皇政府的警察和特务日夜监视社会主义者。10 月、幸德秋水接受好友小泉三申的劝说，将平民社迁往巢鸭村的京中田舍。不久，原荒烟寒村的情人管野须贺子，为了照顾幸德秋水的生活，在平民社与其同居。幸德秋水受到管野的影响，提出了"革命计划"，11 月 19 日，新宫的大石诚之助来访平民社。幸德秋水对大石说："最近政府对社会主义者的迫害加剧了，因此，用言论和笔无论如何不能战胜政府。我有病余生不多了，所以，想如有决死之士 50 人，给他们炸弹和其他武器，召集起穷人，进行掠夺法院、监狱、市官署及烧毁其他官厅，进迫二重桥①。请你先找一下坚强的人物。"11 月 24 日，大石诚之助离开东京。12 月 1 日，他途经大阪时将幸德秋水的"革命计划"告诉了武田九平、冈本颖一郎等人。这些人对去年 11 月 3 日幸德秋水所说："必须有反抗压迫的精神"抱有同感。大石回到新宫以后，1909 年 1 月，在自己家中举行新年宴会，把这件事又转告了"平民俱乐部"的成员成石平四郎、崎久保誓一、高木显明、峰尾节堂等人。

幸德秋水在东京拟定"革命计划"后，地方社会主义者起而响应。11 月初，内山愚童写了名为《入狱纪念无政府共产》的小册子。其中写道："所谓当今政府首脑的天子，从来就不像小学教师向诸位所宣扬那样是神的儿子。诸位为伪装成神的强盗子孙效力，被驱使、被教化，必将永远陷入贫穷。"他自行秘密印刷出版，而向《大阪平民新闻》的读者散发。长野小组成员宫下太吉读了内山这本书以后，联想起 1907 年 12 月 13 日他在大阪向森近运平请教天皇制问题时，森近所说："日本历史含含糊糊不可信，神武天皇的事也都是谎言，神武天皇不过是起事于九州边隅之地，推翻了长髓彦，强占了其领土而已。而其子孙作为天子受尊敬是毫无意义的。"这曾使宫下深受启发，认识到天皇是人而不是神。11 月 10 日，宫下为了改变人们的天皇观，指出天皇也和我等一样是会流血的人。他要决心破除人们对天皇的迷信。

这时，幸德秋水对自己提出的"革命计划"只限于"口头谈"，尚未有付诸实现的决心和行动。然而，天皇政府严厉推行取缔社会主义的方针，禁止社会主义革命组织的活动。幸德秋水的革命同志被关在监狱，他计划翻译出版《面包的略取》不能遂意。1908 年 12 月，管野对处于逆境中的幸德秋水说："我想制造炸弹，触犯大逆罪，发起大规模的革命。"幸德秋水表示同意。1909 年年初，1 月内山、2 月新村，随后宫下相继上京向幸德秋水呼吁革命。特别是宫下，向幸德秋水表示了要暗杀天皇的决心。正是在革命同志的推动下，幸德秋水表示"只要有可能就为革命工作，勇敢地去死"。

---

① 进迫二重桥，这里是指进击皇城。

1909 年 5 月，幸德秋水为了宣传社会主义思想，尝试创办《自由思想》杂志。当杂志出版第 2 号时，警察当局执行对"幸德秋水等写的东西绝对禁止的政策"，以有害于社会秩序为理由，禁止《自由思想》发行，对主笔幸德秋水和编辑兼发行人管野共罚款 710 元，因为是秘密发行，编辑兼发行人管野被关进拘留所。天皇政府非但剥夺了幸德秋水的言论、集会和结社的自由，而且剥夺了其行动的自由。据当时《东京朝日新闻》记者杉村楚人冠题名为《袭击幸德秋水》的报道中写道："在隔街的这座房前的地上，树立了帐篷，垂下红白条纹的幕布。这是警察的守候室，在这儿秋水君的一举一动，来访者是谁都被严密监视着，警察无论昼夜都有 4 个人，屋前屋后分别有两个人看守着。"

1909 年 9 月 1 日，管野须贺子从拘留所被释放回来。在管野热心革命的影响下，管野、幸德秋水和新村忠雄三人商议暗杀天皇。10 月，幸德亲自询问曾属于旧自由党左派的奥宫健三制造炸弹的方法。奥宫从朋友那儿打听到告诉了幸德秋水。他转告了新村，而新村又教给了宫下。11 月 3 日，宫下成功地制造出炸弹。1910 年 1 月 1 日，宫下向幸德秋水报告。当时，幸德秋水、管野、新村、宫下 4 人轮番向草垫子上投掷由宫下拿来的两个空罐头盒进行试验。就在这时，管野发现幸德秋水对此事已经不热心了。

幸德始终没有同"陛下赤子"的思想决裂，因此，他难以接受宫下的计划，不肯暗杀天皇。幸德秋水接受好友小泉三申的劝说，决定放弃自己提出的"革命计划"，在伊豆汤河原，从事日本历史及《基督抹杀论》的著述。管野不满幸德秋水中途停止革命，5 月 1 日，断然离开了幸德秋水。新村对古河说："别让秋水干了，而且咱们三个要逐渐疏远秋水。"

1910 年 1 月 23 日，管野、新村、古河三人商谈怎样围住天皇马车，谁如何投弹，新村提出具体计划，画了投弹者的配置图让古河看。古河说："这种事得实地调查后才行。"5 月 17 日，管野入狱以前，在她的住地召集新村和古河（宫下因被警察监视没有参加），三人用抽签办法决定了投弹顺序。抽签的结果，管野是 1，古河 2，新村 3，宫下 4。管野须贺子模仿俄国暗杀沙皇亚历山大二世的索菲亚·普罗夫斯卡雅，主动承担发投弹信号的任务。

在管野等人谋划暗杀天皇的同时，内山愚童也提出暗杀皇太子的计划。1909 年 5 月，内山信口说："由于天皇，得干掉皇太子，儿子一死，老子就会吓死。"后来，以听到这个"革命谈"为由，把武田久平、三浦安太郎、冈林寅松、小松丑治株连进去。

直接行动派的少数"革命家"，不去广泛地发动群众参加革命，而是从事个人恐怖的革命活动，早已为政府派遣的密探特务所掌握。1910 年 5 月 20 日，长野县松平警察署经侦查得知，其管辖下的长野大林区署内明科制材厂的职工宫下太吉制造并持有炸弹。于是对宫下的家进行突然搜查，发现两个马口铁罐；在其工作单位制机所又查获药品及罐头盒。25 日，松平警察署向上检举告发。经调查，查明了宫下与郡马县的新村忠雄、东京的管野须贺子和古河力作 4 人共谋，拟定于本年秋季阅兵式之际，向天皇投掷炸弹的计划。当天，宫下太吉、新村忠雄、新村善兵卫、古河力作、新田融 5 人被捕。同月 31 日，事件转到东京大审院。因宫下是幸德派的无政府主义者，检查当局将幸德秋水作为宫下事件的牵连者。6 月 1 日，警察拘捕了正在神奈川县汤河原撰写《基督抹杀论》的幸德秋水。6 月 3 日，管野被捕后，相继逮捕了和歌山、熊本、大阪小组的成员。到 10 月 8 日，所谓触犯"大逆罪"的 26 人全部被捕入狱。警察当局为了根除社会主义运动，采取株连的伎俩，无限扩大检举范围，竟使数百人被捕，无辜地惨遭政治迫害。

桂内阁害怕日本人民起来反抗，严密地封锁报刊舆论，禁止报道大逆事件的真实情况。6 月 5 日，《东京朝日新闻》披露，"幸德秋水一伙不轨的大阴谋"，该报在题名为"小林检事正谈"中说："我确信有关者只限于 7 名（指幸德、宫下、新村兄弟、新田、古河、管野），没有其他牵连者"，以混淆视听，掩盖事件真相。

审判和处刑

1910 年 11 月 9 日，东京大审院（日本最高法院）开始对事件进行秘密审判。虽然查不到当时预审档案资料，但从被告人的狱中手记中可以看出，法官诱供、逼供，甚至不惜制造伪供。古河在《我》中写道："审判官一方面表现得非常亲切，先稳定被告人的情绪，另一方面，又要使之构成犯罪。"在预审《调书》①中故意删去重要情节，填上被告人没说的事情，或把供词润色成不利被告人的东西，古河深有体验地说："实际验证了法律并非是公平无私的东西，也不是据理以争的东西，这保证没错。"他愤怒地谴责道：

---

① 《调书》，是指调查旁证人意见的记录。

"我……象是被瞎判官杀了一样。"

12 月 10 日，东京大审院开始公审。开庭现场的具体情况，据 11 日《东京朝日新闻》题为《有史以来的大公审》报道中说，法庭警戒之森严，是出乎意料的，100 多位旁听者跟着几十名警官，经过严格搜身检查以后，才允许入场。当天 9 时 40 分，幸德秋水等 26 名被告人被押解出庭。在开始陈述事实时，审判长就宣布禁止公开。

大审院法官用三段论法，即"无政府主义者暗杀主义者也，幸德秋水无政府主义者也，故与此事者欲犯大逆罪者也"。这样为幸德秋水量刑论罪。管野在狱中日记中，有力批驳三段论法说：这"是出自即使一个人，也要制造许多恶人的功名勋业之心的欺骗政策。基于这种欺骗政策，检查单方面搞的闻书①、调书，是完全靠不住的东西"。森近在狱中手记《回顾三十年》中写道："自己认为无罪，而审判官却断为当死，初看也觉得有些奇怪，但其实是两者的立场不同，没有什么矛盾和冲突。"

1911 年 1 月 18 日，大审院对大逆事件进行判决。据《东京朝日新闻》1月 19 日报道，午后 1 时，幸德秋水等被告人入庭，"幸德秋水意气高昂，眼里闪着光"。

大审院法官按照当时日本刑法第 73 条，宣判被告犯有大逆罪，根据是：宫下太吉等人谋杀天皇的"明科事件"②；内山愚童暗杀皇太子的"革命谈"；幸德秋水谋议袭击皇宫的"11 月谋议"，所谓"三个事实"。审判长宣判：幸德秋水、管野须贺子、森近运平、宫下太吉、新村忠雄、古河力作、奥宫健三、坂本清马、大石诚之助、成石平四郎、高木显明、峰尾节堂、崎久保誓一、成石勘三郎、松尾卯一太、新美卯一郎、佐佐木道元、飞松与次郎、内山愚童、武田九平、冈本颖一郎、三浦安太郎、冈林寅松、小松丑治24 人为死刑；新田融有期徒刑 11 年、新村善兵卫有期徒刑 8 年。审判长的宣判激起被告人满腔仇恨的怒火，管野在《死出的道草》中写道："读着、听着，要将深信无罪的人，强行结合到 73 条（刑法），粗暴而任意的牵强附会越来越甚，我不安的心情象海啸一样时刻扩展起来……在听着这个判决的时候，由于非常意外，愤怒的激情使我周身的血顿时象火一样燃烧了……

---

①　《闻书》，是指提审被告人供词的记录。

②　宫下太吉为长野县大林区明科制材厂的职工，故史称宫下等人制造炸弹及暗杀天皇之事为"明科事件"。

啊！神圣的裁判呀，公平的判决呀，日本政府呀，亚洲的文明国呀，干吧！为所欲为的暴虐，无法无天的残忍。"古河愤怒地说："所谓历史是不能相信的，和自己因大逆罪而死是一样的。"新村在《狱中日记》中写道："都被杀。因此让我们坚强起来。不这样，真正的进步是不会有的。"

在判决书读完后，审判官几乎像逃走一样，溜出了法庭。旁听人始终很肃静，列队整齐地退庭。被告人最后退庭，管野站起来高喊道："诸位，再见！"她的声音激起了被告人的反抗情绪。他们共同高呼"无政府党万岁！"口号，然后被押解出法庭。

19 日午后 6 时，天皇发出死刑囚犯中 12 名减刑的命令。桂首相、冈部法相、平沼民刑局长、松室检事总长开会谋议以后，以所谓"天皇圣虑"的名义，对高木、峰尾、崎久保、成石（勘三郎）、佐佐木、飞松、武田、坂本、冈本、三浦、冈林、小松 12 人由死刑减为无期徒刑。

按照日本法律的惯例，即使对杀人犯，在大审院判决以后，至少也要过 60 天以后执行。而对幸德等人的判决，由于缺少确凿的证据，害怕事态发生不测，在宣判 5 天后，除管野须贺子外，幸德等 11 人被执行绞刑。次日，对管野也执行了死刑。这就是日本历史上发生的震惊世界的大逆事件。

事件的影响

在大逆事件中，天皇政府成批杀害社会主义者的暴行，激起了日本人民的极大义愤，世界各地也掀起了抗议日本政府暴行的怒潮。

1911 年 1 月 21 日《大阪朝日新闻》报道，美国社会主义者正在向日本政府的判决发出抗议，并报道了美国优秀现实主义作家杰克·伦敦发表的评论。杰克·伦敦说，只有对幸德秋水等人宽大处理，才能表明日本是个文明国家。他强烈要求全世界的社会主义者共同向日本政府提出抗议。在美国杂志上介绍了事件的经过，并谴责日本政府的暴逆。在英国，社会主义者举行了示威，发往日本大使馆的抗议书和质问信，每日达数百封之多。1911 年 12 月 20 日，在伦敦召开了抗议日本政府暴行的集会，有 1.5 万人参加。在法国也掀起了抗议活动。

日本政府为平息各国的抗议活动，赶紧向各国公使馆发送了《逆徒判决证据说明书》，声称审判手续如何合法，被告人是无政府主义者，极尽开脱狡辩之能事。

在日本国内，政府血腥镇压社会主义运动，给各阶层很大冲击。日本正在召开第 27 届议会。1911 年 2 月 11 日，资产阶级国民党向议会提出"质问政府案"，指责由于桂内阁的高压政策，把社会主义者赶上绝望途径，而造成了这个事件。这就击中了政府的要害，致使桂太郎等人被迫发出"待罪书"，承认政府对这一事件负有责任。

日本进步知识分子起而口诛笔伐，揭露政府屠杀革命者的野蛮暴行，勇敢地为被害者伸张正义。1911 年 2 月 1 日，进步文学家德富芦花在第一高等学校的讲坛上作题为《谋反论》的演说，他慷慨赞誉幸德秋水等革命者是"为人类献身的志士"，尖锐抨击政府当局，受到与会听众的强烈响应。神崎清为《狱中手记》撰写了《编者的话》。木下尚江在早稻田大学发表《读基督抹杀论》。著名的诗人石川啄木惊悉幸德秋水等人被判决后，满怀激情地在日记中写道："今日是幸德等人的特别裁判宣告之日……日本完了。"从此他的思想转向了社会主义。

日本作家以大逆事件为题材相继发表许多著名作品，诸如森鸥外的《沈野的塔》《食堂》；平出修的《逆徒》《计划》《畜生道》；谢野铁干的《大石诚之助的死》；木下尚江的《神·人·自由》《墓场》；佐藤春夫的《病》；永井荷风的《焰火》；正宗白鸟的《危险人物》；冲野岩三郎的《宿命》；秋田雨雀的《第一个黎明》；武藤直治的《苏醒的早晨》；池亨吉的《雁之崇》；尾崎士郎的《狱中暗影》；等等。这些作品的主题思想是为大逆事件中被害者伸张正义，把他们的反抗精神传播给人民。

在大逆事件后，日本政治越来越反动。1911 年 8 月，警视厅设立"特别高等警察课"。这种特别高等警察，在日本通常简称"特高"。"特高"实际上是一种特务警察，专门从事镇压社会主义运动。从此，日本社会主义者的思想行动被特务严密地监视。他们经常受到无理传讯、拷打、关押直至杀害。政府当局把无数革命者投进监狱，收缴所有的社会主义书籍，使社会主义运动暂时进入低潮。

在迫害革命者、煽动国民仇视社会主义的同时，日本政府施展怀柔政策，笼络人心。1911 年 2 月，天皇施舍 150 万日元给平民百姓买药治病。政府向富豪和官僚募捐，建立了"恩赐财团济生会"。内务省开始了"贫民调查事业"。文部省建立文艺委员会和通俗教育调查会。

幸德秋水的直接行动派反对天皇制，并要"发起大规模革命"，决心破除对这个人间"上帝"的迷信，无疑具有革命精神。但是，直接行动派不懂得天皇是地主资产阶级的总代表，而是把天皇看作孤立的个人，幻想刺死天皇，天皇制统治就能被推翻。他们不去组织、发动和教育无产阶级群众，只是依靠少数"革命家"的盲目蛮干，如管野模仿俄国的索菲亚·普罗夫斯卡雅和新村设计的投弹图，就是从烟山专太郎著《近世无政府主义》一书中抄袭来的。实践证明，无政府主义是行不通的，这是直接行动派留下来的历史教训。

1945 年，日本帝国主义在第二次世界大战中失败。1946 年 1 月 1 日，天皇发表《人间宣言》，公开宣布他是人不是神。至此，日本人民从对天皇的长期迷信束缚中解放出来，这为纠正大逆事件的历史提供了条件。但至今亦未能对大逆事件作出公正的重判。

日本史学界长期以来撰写 1910—1911 年天皇政府镇压社会主义运动的这段历史时，多采用大逆事件的标题。本来大逆事件名称，是出自天皇政府。当年东京最高法院的法官，在没有确凿证据的情况下，就在秘密审判中把直接行动派的空想"计划"当作事实而强行判定大逆罪，公然制造了成批杀害革命者的惨案。要破除皇家史观，大逆事件理应改称为"明治惨案"，以恢复历史的本来面目。

朝鲜反日义兵斗争

杨昭全

19 世纪末至 20 世纪初的朝鲜反日义兵斗争，是朝鲜近代史上一次具有重要意义的革命斗争。参加这场斗争的人达数十万，活动地域遍及全朝鲜 13 道，持续 15 年之久。它揭露了日本侵略者的罪行，打击了日本侵略者的气焰，激励了朝鲜人民的斗志，对当时的爱国反日活动及 1919 年的"三一运动"均有重大影响。

第一次反日义兵斗争

19 世纪 70 年代后，朝鲜成为资本主义列强，尤其是近邻日本的侵略对象。经过 1894—1895 年甲午战争，日本迫使中国清政府承认朝鲜是完全"自主独立的国家"，从而确立了日本对朝鲜事实上的控制。日本对朝鲜日益扩大的侵略，引起其他资本主义国家，尤其是沙俄的不满。日、俄为了各自的利益，分别在朝鲜封建统治阶级内部物色代理人，扶植自己的势力。日本早在 1894 年就已扶植了以金弘集为首的亲日内阁，掌握政权。以闵妃为代表的失权派则投靠沙俄，企图推翻亲日政权，取而代之。

1895（乙未）年 7 月，日本唆使亲日派朴泳孝等篡除闵妃。但事机不慎，阴谋败露，反而使闵妃派得势。同月 6 日，闵妃一派在俄使韦贝的支持下，发动宫廷政变，推翻亲日政府，组成以李允用为首的亲俄政府。

接着，日本公使三浦梧楼唆使失势的赵羲渊、俞吉濬等亲日派与闵妃的政敌大院君勾结起来，由大院君出面策划宫廷政变。10 月 8 日凌晨，日本公使三浦梧楼驱使日本浪人和 400 名日本守备队员，打着大院君的旗号，攻入王宫，将闵妃杀害，并火焚其尸，还杀害闵妃的支持者，推翻亲俄内阁，一手拼凑以亲日派为核心的第二次金弘集内阁，史称"乙未事变"。

金弘集亲日内阁为巩固统治地位，以"刷新弊政"为幌子，颁布一系列"改革"法令。1895年11月颁布"剪发令"，迫令立即在全国实行。当时朝鲜人有蓄发的习俗。人们认为，剪去发辫，就是接受仇敌倭寇的摆布，是对祖先的背叛。人民拼死反对剪发，表示"头可断，发不可剪"。

反剪发斗争最先在首都汉城兴起，人们与强行剪发的吏卒发生冲突，骚乱四起。各地人民群众也在"为国母报仇""歼灭倭贼""宁死不剪发"的口号下袭击官衙，处决剪发的"倭郡守""倭观察使"。一些具有"斥邪卫正""尊王攘夷"反日爱国思想的封建儒生站在斗争前线，终于把自发的群众抗议斗争发展成为有组织的反日义兵斗争。

1895年秋末冬初，朝鲜南方各地首先兴起反日义兵斗争。初期的义兵部队以江原道春川地区李昭应部队、忠清道原州地区柳麟锡部队、庆尚道晋州的卢应奎部队和咸镜道义兵部队最为著称。

1895年冬，江原道春川地区儒生李昭应率众300余人举义。李率所部义兵袭击春川官衙，处死剪发的春川观察使曹寅承，并发布檄文，号召人民"举义讨贼"。附近地区人民纷起响应，队伍迅速扩大。李率部转战四方，战果辉煌。开城参书官李德范在一份呈文中惊呼："春川地区义兵煽动良民，聚暴于关东各郡，大肆骚扰。"封建政府忙令李谦济率大批官军征讨。义兵战败，部队大部溃散。后来，李昭应再次募新兵，重新组成一支义兵部队。他分兵两路，一路向汉城进发，一路向东海岸进发。向汉城方面进军的部队，行至广州时，处死广州府尹；随后，一举攻克南汉山城。义兵屯兵集粮，为攻打汉城积蓄力量。不久，安城一支义兵部队赶来会合，势力大增。翌年3月初，大批官军赶来征讨。义兵部队英勇抗击。双方攻守对峙，长达半年之久。

忠清道堤川柳麟锡义兵部队实力也相当雄厚。1895年儒生李春永、安承禹等率众起义于京畿道砥平。年底，活动区域扩至忠清道堤川地区。李系当时名儒柳麟锡之门人，为扩大义兵声势，恳求柳举义。柳麟锡早已对日本的入侵不满，慨然应允，果断举义。他们以全国儒生名义发表《檄告八道①列邑》《檄告内外百官》等檄文，拥戴柳麟锡为义兵总大将，号召全国儒生和广大民众奋起，组织义兵进行反日斗争："上自公卿，下至士庶，孰哀恸迫切之志，此诚危急存亡之秋，各自寝苦枕戈，亦皆赴汤蹈海，期区宇之再

---

① 道为朝鲜地方一级行政区划。原为八道，1896年始改为十三道。

造，见天日之复明，奚孰为功于一祁，实是有辞于万世。"

柳麟锡的举义对全国，尤其是忠清道有很大的影响。各地又有许多支义兵部队涌现。闻庆的李康年、砥平的金百先等部赶来会合。这些部队扩充为统一的队伍。柳麟锡任义兵总大将，统率全军。李春永任中军。金百先任先锋将。柳麟锡率义兵攻占城池，杀死卖国官吏和日军，活动范围扩展至以忠清道堤川为中心的忠清、庆尚、江原3道地区。1896年1月，柳麟锡率部攻占忠清道重镇忠州。处死该道观察使金奎轼，消灭不少日本侵略军。忠州的攻克，使柳麟锡部义兵部队声威大振，部队进一步壮大。

1896年1月8日，庆尚道晋州地区卢应奎率众起义，处死巡检。晋州观察使、警务官吓得弃职他逃。大丘的大批官军闻讯赶来征讨。卢应奎率所部英勇抗敌，大败官军。义兵部队迅速扩大至万余人，卢应奎檄告四方，号召举义。咸安、马山、镇海等地义兵部队纷起响应，赶来会合。他们制订合攻重要港口城市釜山的计划。3月28日，卢应奎率所部先向金海集结。釜山敌军侦知，十分惊恐。4月11日，大批日军赶来金海征讨义兵。卢应奎部虽一度击败敌军，终因釜山日军戒备森严，未能实现攻占釜山的计划。

1895年1月兴起的咸镜道义兵斗争也很激烈，转战于咸兴、励光、北青、端川一带，先后处死咸镜道代理观察使和利原郡守。他们与江原道春川义兵部队，襄阳闵龙镐部队取得联系，决定3月19日3支部队联合攻打元山。不久，咸镜道义兵部队与春川义兵部队集结到新坪场。这时两支兵力已达800余名，只待闵龙镐所部赶来会合。他们还派小股兵力潜入元山活动。元山日军侦知义兵将攻打元山的计划，抢先派出大军对这两支义兵部队进行讨伐。两支义兵部队被迫转往他地。

除上述4支实力雄厚的义兵部队外，还有黄在显、金福满、权世渊、金道和、朴周庠、李中麟、李都明、许苏、奇宇满等30余支义兵部队。义兵主要活动地区为忠清、庆尚、江原、京畿、咸镜等道。这时期的义兵部队领导层多是封建儒生，"为国母报仇""尊王攘夷""陕复国权"的思想占据主要地位。广大义兵则是受压迫的农民群众。这些义兵部队曾攻克忠州、晋州等重镇，威胁大丘、元山、釜山乃至首都汉城等大城市，处死卖国官吏，消灭不少日本侵略军。据封建政府大为缩小的统计数字，从1895年冬至1896年1月，义兵共处死道的观察使和郡的郡守23人；1896年1—5月，义兵消灭日兵40余名，伤10余名。义兵的英勇斗争，使日本侵略者和封建政府十分惊恐，忙把各地居住的日本人集结到汉城。

日本侵略者和亲日政府的这种被动局面，使亲俄派十分欣喜，他们依仗沙俄势力重夺政权。1896 年 2 月 11 日，李完用、李范晋等亲俄分子在沙俄支持下，将国王高宗挟持到俄国驻朝使馆，史称"俄馆播迁"。高宗在俄馆发表敕令，指责金弘集亲日内阁："诸叛逆横行霸道，身负万罪，人人皆知，最近所颁命令，全非出于朕意。"亲日内阁垮台，金弘集、郑秉夏、鱼允中等被处决，俞吉濬等人亡命日本，以李完用为首组成了亲俄政府。这个政府为巩固地位、平息轰轰烈烈的反日义兵斗争，废除了金弘集亲日政府颁布的一切法令，"剪发令"随之废除。

亲日政府的垮台，使日本侵略者一时受到很大挫折，侵略活动被迫有所收敛。各支义兵部队领导人认为国仇已报，"剪发令"已废，恢复王权的目的已经达到。亲俄政府又连续颁布国王诏敕，劝谕义兵解散。1896 年夏秋之际，各支反日义兵部队纷纷解散，大规模反日武装斗争暂告停止。

第二次反日义兵斗争的兴起

进入 20 世纪后，日俄、英俄围绕掠夺中国和朝鲜，矛盾加剧。1902 年日、英订立《同盟条约》，日本承认英国在华的"特殊利益"，英国承认日本在朝的"特殊利益"。日本在英、美的支持下，于 1904 年 2 月 8 日对俄不宣而战。大批日军进入朝鲜。这时朝鲜封建政府头子李完用，摇身一变，转为亲日，于同年 2 月与日本签订《韩日议定书》，其主要内容为：朝鲜政府应采纳日本关于改善施政的"劝告"；由于第三国的侵犯或内乱，皇室的安宁或领土保全受到威胁时，日本可采取必要措施，朝鲜对日本的行动创造方便条件，日本随时可收用军事上必要之地区。8 月签订了《外国人雇聘协定》：朝鲜政府雇聘日本人为财政顾问；雇聘日本推荐的外国人为外交顾问；朝鲜同外国签订条约、处理重要外交事务，要事先与日本政府进行协商。日本根据这两个协定，掌握了朝鲜的内政、外交大权。此外，日本还获得沿海、内河自由航行权，森林、沼泽、荒地开垦使用权，电信电话邮政也均被日本掌握，日本侵略军还得到代行朝鲜警察权。日俄战争以俄国失败告终。1905 年 9 月日俄签订《朴次茅斯和约》：沙俄承认日本对朝鲜有独自处置的权利；日本在朝鲜拥有政治、军事、经济上特殊利益，并对朝鲜拥有进行必要的"指导"与"保护"之特权。

1905 年 11 月 18 日，日本迫使朝鲜封建政府签订《乙巳保护条约》。该约主要内容有：日本政府通过外务省指挥朝鲜对外关系和事务；朝鲜不经日本政府同意，不得签订任何国际性条约；日本在朝鲜国王之下任命一名统监，作为日本政府的代表管理有关外交事务。总之，朝鲜一切大权皆在日人统监伊藤博文掌管之下。《乙巳保护条约》签订的噩耗迅即传遍朝鲜全国。汉城《皇城日报》为此发表"是日也，放声大哭"社论。斥责日本侵略者和卖国政府的罪行，号召人民奋起抗争："我二千万为人奴隶之同胞啊！生乎？死乎？檀箕①以来四千年之国民精神，一夜之间猝然灭亡而止乎？痛哉！痛哉！同胞同胞啊！"全国人民一致奋起，反对卖国保护条约。

这时又传来1905年俄国革命消息，更鼓舞了朝鲜人民的斗志。爱国官吏、封建儒生李相禹、李愚冕、宋秉瓒、闵泳焕、赵秉世等纷纷上疏，声讨国贼，反对保护条约。赵秉世、闵泳焕、洪万植、金奉学、李命宰等官吏和儒生自杀以示抗议。当时中国留日学生潘宗礼适在回国途中抵仁川，得知朝鲜保护条约签订和闵泳焕自杀，对日本侵略者痛恨至极，亦投海自尽。汉城民众连日集会声讨李完用等卖国贼，誓死反对保护条约。各地民众也纷纷集会，反对卖国条约。在全国人民反日斗争高潮中，一度消沉的反日义兵斗争再度兴起，并成为全国人民反日爱国斗争最重要的组成部分。

再度兴起的义兵斗争以闵宗植、崔益铉、申乭②石、郑镛基4支义兵部队影响最大。

1906年3月，曾任参判高等官职的闵宗植在忠清道定山起义。5月，与附近地区义兵部队联合作战，先后袭击舒川、保宁、兰浦等地，处死亲日郡守，获得大量枪支、弹药和粮食。5月19日又攻打重镇洪州。守城的日本宪兵拼死顽抗，甚至动员当地日人参战。但义兵作战十分英勇，日本宪兵仓皇逃窜。义兵迅即占领洪州，声威大振。忠清道各地民众赶来参加义兵，队伍急剧扩大，已达1500人，其中持枪者600人、持戟者200余人。其后，闵宗植部队又与李世永等部队联系，准备联合攻打重镇公州。日本侵略军和官军涌来洪州，征讨义兵。5月20日起，敌军猛烈攻城，义兵顽强御敌，予敌很大伤亡。日帝忙从汉城派出增援部队，田中大佐率两个步兵中队、一个骑兵小队共400余人，携机枪、大炮赶至洪州。5月31日，敌军再次攻城，闵宗植等率部誓死抵抗。战斗持续一天一夜，歼灭大

---

① 传说创建朝鲜国家的两个人：檀公和箕子。
② 乭，朝鲜使用的汉字，音译为"突"。

量敌军。但义兵寡不敌众。6月1日凌晨，敌军用人炮和炸药摧毁东门和北门，大批敌军涌进城内。义兵与敌军展开白刃战。双方又鏖战两小时，敌军最终占领洪州。义兵部队军师金商惠等壮烈牺牲，闵宗植率少数义兵退向扶安一带继续坚持斗争。

同年6月，73岁的儒生崔益铉率众于全罗北道淳昌起义。崔益铉是著名学者，门人众多，在政界也有很大影响，曾任赞议、户曹参判等高等官职，具有崇高的民族气节。崔益铉在《起兵疏》中阐明他举兵目的是率兵北上，到汉城与统监伊藤博文和各国公使谈判，废除保护条约，恢复国权。他还在发表的檄文中谴责日帝侵朝罪行："噫彼日本之贼，实我百世之仇……去十月之所为①，实是万古之未有。一夜间，片纸勒印，五百年宗社遂亡"，他号召全国人民奋起反损："凡我宗室、大臣公卿、文武士农、工贾、吏胥，修我戈矛，一乃心力，殄灭逆党，食其肉而寝其皮，歼剿仇夷，绝其种而捣其穴，无往不复，措国势于泰磐，转危为安，拯人类于涂炭。"他的举义，对全国震动很大。崔益铉率部起义后，转战井邑、泰仁、谷城一带，歼灭许多敌军，队伍迅速扩至千余人。其后，又向淳昌进军，在淳昌与日军激战，大败日军。这时封建政府派光州观察使李道宰传来国王给他的诏敕，劝其解散义兵。他当即严词拒绝。6月11日，全州观察使韩镇昌率全州、南原等地大批官军来讨伐。崔益铉命大将林炳赞率兵御敌。当崔益铉得知来犯之敌不是日军而是官军时，竟然下令停止作战。他认为与官军作战是同族自相残杀，致书韩镇昌劝其退兵。但是，韩镇昌利用崔益铉的错误与义兵的麻痹，对义兵进行奇袭。义兵猝不及防，顿时大乱，无法御敌，一些将领和许多士卒牺牲。崔益铉下令撤退，为时已晚，被大批官军包围。崔益铉、林炳赞等被俘，义兵大部被歼。崔益铉等人被解往汉城，后被放逐对马岛。崔益铉对同被放逐的林炳赞说："八十非从戎之年，然吾所以如此者，图所以取大义于天下。"11月，他绝食而亡，遗有绝命诗一首，其中写道："万死不贪秦富贵，一生长读鲁春秋。"

1906年9月，平民出身的申乭石率众起义于庆尚道宁海地区，迅即与友邻部队组成千余人部队，转战于青松、义城、盈德、宁海、英阳、三陟一带，多次击败日军与官军的讨伐。与此同时，他还将部队分成若干小队进行分散活动，招募兵员扩大队伍。敌人十分惊恐，庆尚北道警务署训令各地：

"申乭石盟兰结党，动用武器，东出西没，煽惑民心，倘不捕到此人，危害非浅。"但是，申乭石部队却越战越强。

1906 年 1 月，平民郑镛基在庆北东大山举义，而后转战兴德、清河一带。夺占城池，处死卖国官吏，进一步壮大队伍，迅即扩至 600 余人。其后，郑镛基在一次战斗中被俘，囚于大丘。他在敌法庭上怒斥日本法官，最后竟举起椅子掷向日本法官。敌人对这位英勇的义兵将领施以毒刑，但他仍不屈服，继续斗争。他的父亲郑焕直是封建政府的观察使，经过多方疏通，8 月，郑镛基获释。翌年 4 月，他再次率众举义，首先攻克清河，又在薪城大败官军。后与李韩久部队会合，队伍迅速扩大，他被举为大将。10 月 6 日，大批官军来讨伐，他分兵 3 路进行伏击。敌人大部被歼，只有少数逃脱。为庆贺胜利，当夜犒劳义兵。但败退的残余官军卷土重来，夜袭义兵部队。义兵毫无戒备，死伤惨重，郑镛基等将领阵亡，只少数义兵逃脱。郑焕直闻子牺牲，毅然参加义兵，代替儿子职务，收容原有成员，招募新兵，重新组成一支义兵部队，继续在兴海、清河、盈德一带坚持反日斗争。

除上述部队外，尚有多支义兵部队，其中平民领袖率领的义兵部队，较著者有真宝的李夏铉、安东的权世渊、英阳的金淳铉、蔚珍的金显奎等。

1906 年下半年至 1907 年下半年，义兵斗争在江原、京畿、忠清、全罗、庆尚等道进一步发展壮大，甚至扩至汉城附近。斗争迅速发展到北部，黄海道的松禾、谷山、平山和平安南道、咸镜南道。不仅陆地，沿海的永宗岛也点燃反抗烽火。各地义兵袭击日本宪兵分驻所、巡检厅、郡厅；处决日寇、亲日郡守和其他卖国分子；破坏敌人经济、交通等方面的机构和设施，如铁路、邮政代办所、税务局、矿山等。

在义兵斗争的同时，各地农民和工人也纷起暴动或罢工。农民暴动有1906 年 2 月的仁洞、善山两郡农民起义，11 月曲山农民暴动，1907 年 3 月金海、南海、怀德的农民起义，高灵、泰仁的农民暴动等。工人罢工有：1906 年 2 月遂安金矿工人罢工，12 月忠州老阴面金矿工人罢工。义兵斗争、农民暴动和工人罢工彼此声援，互相呼应。

反日义兵斗争高潮

面对朝鲜各地的反日义兵斗争，日帝为扩大对朝鲜的侵略，以期最终吞并朝鲜，因而加强对义兵斗争的镇压。1907 年 7 月 19 日，日帝迫使国王高宗退位，另立新帝纯宗。5 日后，又迫新帝签订《丁未七款条约》。该约规定，朝鲜政府"有关施政之改进，应受统监之指导"；"重要行政措施须经统监预先承认"；朝鲜高等官吏之任免，须经统监同意；朝鲜政府务须任命统监所推荐之日人为韩国官吏。依此条约，朝鲜中央及地方一级行政机构均任命日本人为副职，掌握实权。于是，朝鲜由日帝推行的保护政治发展到"次官（副职）政治"。

国王高宗被迫退位和《丁未七款条约》签订，使朝鲜人民的反日爱国斗争掀起新高潮。汉城商人罢市，学生罢课，群众集会示威：最后发展成为暴动，组织敢死队，焚烧卖国贼住宅，捣毁日本店铺和日本军警驻在所，与日本军警展开搏斗。反抗的烽火也波及龙山、平壤、公州、晋州、大丘、釜山等地。

在朝鲜人民日益高涨的反日斗争影响下，朝鲜官军也有部分军人逐渐醒悟，认识到日帝的侵略和统治阶级的卖国，逐步转向人民一边。日帝觉察这一动向，遂于 8 月 1 日下令强迫解散朝鲜军队，成员遣散回乡。朝鲜京城侍卫第一团第一营营长朴星焕愤而自杀，该营参尉南相德慷慨地向众多士兵说："上将为国死义，吾安得独生。当与彼贼决一死战。"于是该营全体士兵举行暴动。接着第二营全体士兵也举行暴动。暴动士兵砸开弹药库，迅速武装自己。大批日军赶来包围兵营，起义士兵英勇抗击，击毙日军大尉梶原为首的数十名日兵。汉城市民也积极支援起义士兵，救护伤员。但终因寡不敌众，起义士兵退出汉城。

汉城军人的暴动，迅即在各地产生连锁反应。原州镇卫队特务正校闵肯镐说服代理营长金德济和士兵，于 8 月 5 日起义。洪州、江华等地官军也纷纷起义，但皆因力量过于悬殊而失败。各地暴动失败的官军纷纷加入当地的义兵队伍。不仅如此，未参加暴动遣散回乡的官军也参加义兵队伍。起义官军的直接组织或参加义兵队伍，极大地提高义兵的战斗力，从而把反日斗争推向高潮。

这一时期与前期相较，义兵斗争有了新的发展。（1）扩大了兵员。起义士兵万余人，从而壮大了义兵队伍。这些士兵经过正规军事训练，从而使义兵部队的素质大为提高。（2）平民出身的义兵将领增多。许多起义官兵担任了义兵领导职务，其中，军官 22 人，占 25.3%；下士和兵卒 65 人，占 74.7%。下士和士卒皆为平民阶层。义兵领导层中平民成分的增加，对坚持反日斗争有重要作用。（3）起义官军携有武器和弹药，使义军装备得到改善。（4）经过正规军事训练的士兵的参战和有作战经验军官的指挥，提高了战术水平，增强战斗力。（5）纪律性得到加强。义兵部队日趋正规化，不少部队制定军规。蔡应彦部队订有12条军规，其中有凡"匿军物者""藉义掠民者""不从将令者"均处斩。李范允部队义兵规则更为详尽，多达36条，包括起义目的、兵民和官兵关系、纪律、作战方法等各方面。这些军规无疑对提高部队作战能力有很大作用。

据不完全统计，1906年9月，义兵在京畿、忠清、全罗、庆尚、江原5道40个郡活动。1907年7月，又发展到黄海道。共6道58个郡。1907年8月以后，进一步扩大到全国各道240个郡。并且中国东北、俄国西伯利亚地区也有义兵部队活动。这一时期全国13道内，有470余名义兵将领率领数百支义兵部队数万士兵在活动。这些义兵主要有：京畿道卢炳大、许芳等60余人；忠清道闵宗植、李康年等80余人；全罗道李锡庸、全海山等60余人；庆尚道申乭石等90余人；江原道李麟荣、李毁赞、闵肯镐等80余人；黄海道金秀敏等49余人；平安道李泰国等8人；咸镜道洪范图、车道善等40余人。

1907年10月，京畿道杨州地区的关东倡义大将李麟荣向全国各道义兵部队发表檄文，号召联合起来向汉城进军："用兵之要，避其孤独而在于一致团结，则统一各道之兵，乘溃堤之势，犯入京畿举天下。"李为当时著名儒学者，且部队实力相当雄厚，因而具有很大的号召力。各道义兵部队将领纷纷响应，赶来会合。经过讨论，决定组成统一的义兵部队，推举李麟荣为13道义兵总大将统辖全军，许茂为军师长，并任命文泰洙、李康年、申乭石、朴正斌、闵肯镐、方仁宽、郑风俊分别任全罗、湖西（忠清）、岭南（庆尚）、镇东（京畿、黄海）、关东（江原）、关西（平安）、关北（咸镜）倡义大将。统一组织的义兵部队共有万余人，其中3000人为起义官军。决定攻打汉城，捣毁统监府，废除《乙巳保护条约》，完全恢复国权。其后不久义兵总大将李麟荣向各道义兵部队下达总攻汉城的命令：各支部队于1908年阴历正月会合于汉城东大门外30里处，而后总攻汉城。不久，李麟荣率300名义兵作为先头部队前往汉城城郊。日本侵略者探知了义兵总攻汉城计划，派军赶赴城郊阻击。当李麟荣率军到达汉城城郊时，各道义兵部队尚未到达，受到日军袭击，败退扬州。各道义兵合攻汉城计划成为泡影，联合部队也随之解体，各自又分散进行斗争。

义兵部队的反日斗争发展很快。1907年义兵作战44116人次；1908年作战 1976 次，参加人员 82767 人。

各地义兵英勇袭击日本守备队、宪兵队和派出所、驻在所、税务所、邮局、郡厅，消灭日本侵略军，处死卖国官吏和亲日分子。不少卖国官吏吓得逃之夭夭，许多郡厅陷于瘫痪。江原道 26 个郡有 19 个郡守缺职，朝鲜封建政府岌岌可危，日本统监府受到很大冲击。敌人被迫承认："近日骚乱猖獗之地，举皆旷官，税务、邮政、词讼、教育一切行政事务陷于停废……各地骚乱谅无尽期……中央政令难以下达。"不由得哀叹："目前十三道内，暴徒活动猖獗，本年的税收难于完成预算十分之五，长此以往，明年国库如之奈何？"

反日义兵斗争的失败

日帝为了扫除吞并朝鲜的最大障碍，决定尽一切力量及早扑灭反日义兵斗争。1908 年 5 月，日陆军大臣派第 23、27 两个旅团 2000 余人，开赴朝鲜。同时增加朝鲜境内的宪警。日本宪兵增为 2374 人，警察增为 4490 名。还招募朝鲜人为宪兵补（补助兵员），充当日帝爪牙，1908 年招募 4065 名，1909 年招募 4309 名。日帝对军警机构进行了调整，将驻朝日军、宪兵、警察统辖于日本驻屯军司令部，由陆军大将长谷川好道任最高司令官。明石元二郎为日本宪兵司令官，松井为朝鲜政府内务部警务局长。增加日本驻屯军驻屯地点，各地增设警察、宪兵机构。宪兵设 51 个管区、13 个派遣所、452 个分遣所。警察设 70 个警察署、3 个分署、339 个驻在所。

朝鲜卖国政府也配合日本侵略者镇压义兵部队。内阁总理大臣李完用不断颁发国王诏敕，派宣谕使、诱说团，对各支义兵部队进行劝诱，还颁布《烟户作统法》《内地旅行规则》，组织自卫团，千方百计割断人民与义兵的联系，阻挠人民对义兵的支援。

1909 年 9 月以后，日帝对义兵的镇压变得更为残酷。9 月 1 日开始，对义兵活动最为活跃的南部地区进行"南韩大讨伐"。大讨伐分为 3 期。第 1 期 9 月 1—7 日；第 2 期 9 月 16—20 日；第 3 期 10 月 1—10 日。日帝出动两个联队的正规军共 1263 人，同时，日本警察、宪兵、朝鲜人充当的宪兵补以及卖国政府的自卫团配合作战，对南部地区的各支义兵部队进行为期 40 天的连续大讨伐。敌军对各支义兵部队逐个进行围攻或袭击，逐村进行清剿。经过大讨伐，南部地区义兵部队势力大挫，人数锐减。

日本侵略者结束对南部地区各支义兵的大征伐后，又迅即对北部地区义兵部队进行扫荡，依然对各支义兵部队进行各个击破的包围和袭击。北部各支义兵部队也被先后击溃。

1908—1909 年在战场上壮烈牺牲的著名义兵将领有申乭石、闵肯镐等 8 人；被俘的著名将领有卢炳大、李康年、李敥赞、李麟荣、金秀敏、全海山等 14 名。据日本侵略者统计，1907 年 8 月至 1909 年年末，义兵战死者为 16700 余人，伤、俘有 36770 名。那些叱咤风云的著名将领，在战场上身先士卒，奋勇杀敌，被俘后也坚贞不屈，与敌人进行英勇斗争。著名将领李敥赞被俘后对敌人厉声说："余大小 40 余战，斩杀日兵 470 有余，尔惟斩我可也。"著名将领李锡庸在敌法庭上说："吾宁为大韩之鸡犬，不为汝国之臣民。"著名将领李康年在就义前发表《告诀八城同志书》，鼓励义兵和人民不要气馁，要"沫血尝胆，以俟来复"。

1909 年，义兵全年与敌作战锐减为 950 余次，人数只有 27600 人。这时南部地区已基本消失义兵部队。1909 年年末至 1910 年春，日帝又对以黄海道为活动中心的洪范图等几支义兵部队进行大讨伐这些义兵部队遭到很大损失。有的义兵部队被迫转入深山，洪范图则率所部渡过图们江，到中国东北坚持反日斗争。轰轰烈烈的反日义兵斗争终于以失败结束。

反日义兵斗争的失败，除了敌我力量对比过于悬殊之外，从反日义兵斗争方面看，主要有 3 个原因。

首先，拥有 10 余万人、数百名将领的义兵，没有结成一个统一的严密的组织，没有制定统一的斗争纲领，不能集中兵力打击敌人，反被敌军各个击破。

其次，反日义兵斗争未提出解决土地问题的口号，因而不能充分动员广大农民群众参加义兵部队，致使斗争不能持久深入地开展。

最后，反日义兵队伍领导层与广大基层士兵思想缺乏统一。在反对日本侵略者和卖国贼方面，他们虽有共同的民族利益，但义兵领导层的最终目的还是要维护贵族阶级的特权，恢复王权和保存封建制度，而普通士兵参加斗争的目的在于驱逐日本侵略者，消灭其走狗，以摆脱帝国主义和封建阶级的压迫与剥削。

反日义兵斗争在朝鲜近代史上有着重要地位，具有深远的影响。它显示了朝鲜人民的伟大爱国主义精神。给日本侵略者以沉重打击，延缓了对朝鲜的吞并。这次斗争给当时及其后的反日民族解放运动以很大影响。一些进步的爱国知识分子在反日义兵斗争激励下开展爱国思想启蒙运动。大韩自强会、西友学会等众多团体，大力宣传反对侵略恢复国权的爱国思想，宣传天赋民权、民主自由的进步思想？促进了近代资产阶级文化的兴起，进一步促进民族觉醒，为1919年爆发全民族的"三一"反日独立运动奠定了坚实思想基础。

日本吞并朝鲜

南昌龙

1905 年，日本帝国主义迫使朝鲜签订《日韩保护协约》，将朝鲜变为自己的"保护国"，迈出了吞并朝鲜的关键一步。1910 年 8 月，日本迫使朝鲜签订《日韩合并条约》，最后吞并了朝鲜。

朝鲜沦为日本保护国

明治维新后，征服朝鲜成为刚刚走上资本主义道路的日本的既定国策。早在明治元年（1868 年），以木户孝允等人为核心的明治官僚曾策谋征韩（朝鲜）。明治二年（1869 年），木户等人制订了征韩的具体方案，到明治六年（1873 年），征韩浪潮勃兴。1875 年，日本舰艇"云扬号"闯进朝鲜江华湾，炮轰江华岛，制造"云扬号事件"（亦称"江华岛事件"），揭开了近代史上日本侵略朝鲜的序幕。1876 年 2 月，日本迫使朝鲜签订不平等的《日朝修好条则》（亦称"江华条约"），打开了朝鲜的国门。7 月，日本派军舰到朝鲜，又强行缔结了《日朝修好条规附录》和《日朝贸易规则》。从此，日本商品无限制地输入朝鲜，日本加速了侵略和控制朝鲜的步伐。1894—1895 年，日本发动中日甲午战争，通过"马关条约"，切断朝鲜封建王朝与中国清王朝的宗属关系，名义上宣布"朝鲜国确为完全无缺之独立自主"，实际上加紧向朝鲜进行政治、经济、军事、外交的全面渗透，企图控制朝鲜，将朝鲜变为自己的殖民地。

日本对朝鲜的侵略和控制，受到沙俄的对抗。沙俄为在远东扩张领土和占有商品市场，力图独霸中国东北和朝鲜。日、俄的争夺愈演愈烈，最后导致日俄战争爆发。

1904 年 2 月 8 日，日俄战争爆发，战场主要在中国领土上。2 月 10 日，日本明治天皇在对俄宣战诏书中声称："韩国之存亡，实为（日本）帝国安危所系"；"若满洲（中国东北）归俄国领有，则韩国之保障安全将无由维持"，道破了日本独霸朝鲜的野心。日本在对俄开战的同时，派兵进驻朝鲜，占领汉城。2月23日，日本以韩日同盟为借口，威逼朝鲜政府签订《日韩议定书》。《日韩议定书》第一条中写有"大韩帝国①政府确信大日本帝国政府，接受其关于改善施政之忠告"。第四条规定："倘因第三国之侵害，或因内乱，使大韩帝国皇帝安宁或领土完整陷于危险时，大日本帝国政府可速取临机必要之措施，大韩帝国政府为使大日本帝国政府易于采取以上行动起见，与以十分便利。大日本帝国政府为达前项之目的，得使用战略上必要之地点。"第五条规定："两国政府非经相互承认，今后不得与第三国订立违反本协约主旨之协约。"尽管议定书宣称"确实保障大韩帝国之独立及领土完整"，实际上它加快了日本吞并朝鲜的步伐，标志着日本对朝鲜进行殖民统治的开始。

日本依据《日韩议定书》，大量向朝鲜增兵。1904年5月，进驻仁川至鸭绿江一带的日军竟达10万以上，实际上对朝鲜实行了军事占领。日本又以"忠告"朝鲜政府改善施政为幌子，开始剥夺朝鲜的主权。日本政府承认，通过缔结《日韩议定书》，日本在朝鲜"某种程度上取得了保护权"。

5月30日，日本召开元老会议，通过《关于对韩方针的决定》。翌日，交桂太郎内阁会议通过。6月11日，获明治天皇批准。这个决定强调，日本应攫取对朝鲜实行"保护的实权"，供认日本之所以"一再以国运相赌，不惜与强邻大动干戈"，就是为使朝鲜成为日本的保护国，或最后吞并之。这个决定还提出了详细的纲领，其内容涉及军事、外交、财政经济各个方面。

第一，控制朝鲜的防务。决定在朝鲜各要冲驻扎军队，以防发生不利于日本的"内外变故"。在平时，驻军"对于在韩上下维护我之势力亦颇为有用"。

第二，监督朝鲜外交。凡属与外国缔结条约及其他重大外交交涉事项。朝鲜必须事先征得日本政府同意。为此，要求朝鲜杜绝秘密外交和外国人担任朝鲜外交顾问等。

第三，监督朝鲜财政。尽快派遣日本人充任朝鲜财政顾问官，着手"改革"朝鲜税法及货币制度，"以便将韩国财政实权纳入我之掌中"。

---

① 朝鲜国王高宗李熙于1897年10月称大韩皇帝。

第四，控制朝鲜的交通，特别是铁路，控制朝鲜的电报、电话。

第五，将朝鲜变为日本粮食及原料供应地和商品市场。

为贯彻这个决定，日本政府于同年 8 月 22 日迫使朝鲜政府签订了《日韩协约》（又名"雇聘外国人协约"）。协约共有三条，"第一，韩国政府以日本政府所推荐的一名日本人为财政顾问，关于财务事项，均须咨询其意见后，方能施行；第二，韩国政府以日本政府所推荐的一名外国人为外交顾问，关于外交的要务须咨询其意见后，方能施行；第三，韩国政府与外国缔结条约，处理其他重要外交案件，例如以特权让与外国人，或订契约时，均须预先与日本政府协议。"日本政府不仅根据这个协约派目贺田种太郎充任财政顾问，日本的亲信、美国人史蒂芬充任外交顾问，而且又以朝鲜政府的"主动要求"为借口，陆续派来了农商工部顾问兼宫内顾问加藤增雄、警务顾问丸山重俊、学部顾问（学政参与官）币原垣等。日本政府派的顾问掌握了朝鲜政府的实权，而朝鲜大臣形同虚设。

日俄 1905 年 3 月沈阳大会战以日军获胜结束后，日本政府于 4 月 8 日召开内阁会议，通过了关于"确立在韩国的保护权"的决定。会议认为，虽然经过《日韩协约》在确立保护权方面已迈出了第一步，但还不足以适应新的形势。因此，必须从速与朝鲜政府签订一项保护条约，以便进一步确立保护权，将朝鲜的全部对外关系完全由日本控制起来。具体的措施是：（1）朝鲜的一切对外关系悉归日本负责，连朝鲜海外侨民也归日本保护；（2）朝鲜不得直接同外国缔结条约；（3）朝鲜同外国所缔条约的履行，概由日本负责；（4）日本在朝鲜派驻官员，监督该国行政。显而易见，就是要将朝鲜完全变为日本的保护国。

会后，日本政府为了避免国际纠纷和争取一些国家的支持，进行了一系列活动。7 月 29 日，借美国陆军部长塔夫脱到日本访问的机会，首相桂太郎同他签订了《桂—塔夫脱协定》。日本以支持美国对菲律宾的"特殊权利"为交换条件，取得美国承认日本在朝鲜的"特殊利益"和"保护权"。塔夫脱说："日本军队在朝鲜建立一种保护权，使朝鲜非经日本同意不得与外国缔结任何条约，此乃目前战争合乎逻辑的结果，并有助于远东和平。"几天后，美国总统西奥多·罗斯福在给塔夫脱的一封电报中说："你与桂太郎伯爵的谈话，在各方面都是正确的，希望通知桂太郎，说我同意你的每一句话。"8 月 12 日，日本政府又与英国签订第二次《日英同盟协约》，以支持英国在印度的"特殊权利和利益"，换得英国支持"日本国在朝鲜拥有政治上、军事上及经济上的特殊利益，英国承认日本在朝鲜为保护及增进此类利益，有采取其认为正当及必要的措施，以行指导管理及保护的权利。"日俄战争以俄国失败结束后，9月5日签署的日俄《朴次茅斯和约》中又规定："俄国承认日本国在韩国有政治上、军事上及经济上的特殊利益，约定日本国在韩国采取认为必要的指导、保护及监理措施时，不加阻碍或干涉。"

在进行这一系列活动之后，1905年10月27日，日本政府召开内阁会议，通过了关于对朝鲜实施保护权的决定。这就是：（1）签订一个保护条约，将朝鲜的全部对外关系由日本政府控制起来。（2）在保护条约的签订前后，对各国开展外交活动，讲明理由。（3）预定于11月上旬签订该项条约。（4）任命林权助公使为签订条约的全权代表。（5）派特使专程向韩国皇帝递交天皇亲笔信。（6）命令驻朝鲜军司令官长谷川好道以武力支援公使，搞成这次签订条约的活动。（7）在着手签约之前，使正在运往朝鲜的日本军队开进汉城。（8）若签约的结局不能获得朝鲜同意，则用武力强迫朝鲜接受保护。日本内阁会议在通过这项决定的同时，还通过"保护条约草案"4条，准备不管朝鲜政府同意与否，也要将这项条约强加给它。

11月9日，日本特使伊藤博文携带明治天皇的亲笔信和日韩保护条约草案来到汉城。10日，伊藤把天皇的亲笔信交给高宗，15日，又把条约文本交给高宗，逼他签字。高宗无可奈何，下令政府酌情处理。伊藤同高宗进行了4小时的会谈，没有得到结果。16日下午4时到7时半，伊藤亲自出马向所有的大臣进行"解释"。参政大臣（相当于总理大臣）韩圭卨反对签约。其主要理由是："现在朝鲜已经气息奄奄，等于濒死状态。仅存的一缕余命即此外交关系，倘将其交给贵国（日本），将会陷于命脉断绝的境地。"17日晚上8时，朝鲜政府召开御前会议。事先，日本驻朝鲜司令官长谷川好道率兵包围皇宫；还派日本军队尾随大臣们，进行盯梢，唯恐大臣们在从日本公使馆到皇宫的往返途中逃跑；为了把持外交部大印，林权助公使还派人到朝鲜外交部将掌握外交部大印的官员看守起来。但是，高宗皇帝以患喉疾不能说话为理由，拒绝参加御前会议。伊藤博文、长谷川好道和林权助进宫，伊藤要求朝鲜大臣对保护条约表态。韩圭卨坚决反对缔约。他说，缔约使"我国的独立将有名无实"。伊藤见势不妙，将他拘禁于另外的屋子里。但他依然表示"誓以身殉"。法部大臣李夏荣和度支部（相当于财政部）大臣闵泳绮也坚决反对签约，而宫内府大臣李载克则不表态。在此关键时刻，早被日本收买的学部（相当于教育部）大臣李完用表示赞成缔约。接着，外

（交）部大臣朴齐纯、内（务）部大臣李址镕、军（事）部大臣李根泽和农商工部大臣权重显也表示赞同。因 1905 年为农历乙巳年，他们 5 人被朝鲜人民斥骂为"乙巳五贼"。伊藤看到 8 位大臣中 5 人赞同，于 18 日凌晨 1 时，便让朝鲜外部大臣朴齐纯和日本公使林权助在《日韩保护协约》上签字。坚决反对缔约的参政大臣韩圭卨，以"举措失当"的罪名，11 月 28 日被免去职务，并处以 3 年流放徒刑，由朴齐纯继任参政大臣。

《日韩保护协约》又称"乙巳保护条约"，共有 5 条：（1）"今后韩国对于外国的关系及事务"，"由（日本）外务省监理指挥"，在外国的朝鲜侨民及利益，由"日本国的外交代表及领事保护"。（2）"由日本负责履行韩国与外国所签订的现存条约，今后不经过日本政府同意，不得签订任何国际性的条约及协定"。（3）由日本政府设统监一名，专理外交一项，驻扎汉城；日本政府还往各地方派驻理事官，"在统监指挥之下，行使从前属于驻韩日本领事的一切职务，并掌管本协约的完全实施"。（4）"日韩之间的现存条约及协定，凡不抵触本协约的条款，均继续有效"。（5）"日本政府保证维持韩国皇室的安宁及尊严"。根据这个协约，朝鲜撤销外交机关，并不设外务大臣职务。这样，朝鲜就失去外交及内政主权，变成日本的保护国，实际上已成为日本的殖民地。

《日韩保护协约》签订的消息传出后，立即激起朝鲜人民的强烈反对。签约的当天，卖国贼李完用家被人放了火。朝鲜各阶层人民一致要求"废除保护条约""驱逐倭寇、诛灭五贼"。《皇城日报》立即把签约的真相公布于世，称保护协约公布之日为朝鲜"全民哀悼的日子"。主笔张志渊所撰写的题为"是日也，放声大哭"的社论，反映了朝鲜人民对保护协约痛恨之情。文中写道："学生闭校痛哭，教徒呼天悲泣，商贾撤市狂呼，儒生投章叫阍，元老大臣抗事累日，而日人或以兵劫之，或拘而辱之。于是，侍从武官长闵泳焕拔刀自刎，原任议政大臣赵秉世……饮药自裁，殉于独立。农民金台根在水原停车场投石击伊藤（博文）不中。奇山凌、李种大、金锡恒等十一人谋刺……五贼，事浅被逮，李建爽呕血死狱中。"此后，在朝鲜全国形成了声势浩大的反抗运动和第二次反日义兵斗争。

吞并朝鲜的完成

《日韩保护协约》签订后，日本对朝鲜的控制由顾问统治转为统监府的

"太上皇"统治。

11 月 18 日签订协约。11 月 23 日，日本政府公布了协约全文，并将此事通知与朝鲜有外交关系的各国政府，要它们撤走驻朝外交代表机构。在各国外交使团尚未撤离时，日本就关闭了驻汉城的使馆，成立了统治朝鲜的新机关——统监府，派伊藤博文为第一任统监；各道的日本领事馆也撤销，成立了统监府的地方机关——理事厅。

12 月 20 日，明治天皇颁布《设置统监府及理事厅之官制》的敕令。敕令主要内容如下：（1）统监直属于日本天皇，在朝鲜代表日本帝国政府，统管外国驻朝领事馆及外国人的事务，并监督朝鲜政府与外国有关的施政事务。（2）为保持朝鲜的秩序与安宁，在统监认为必要时，可对日本驻朝守备军司令官下令；理事官认为必要时，可请日本驻朝鲜地方驻军司令出兵，以维持地方治安。（3）统监可通告朝鲜政府履行必要的施政事务，如须迅速处理时，亦可直接通告朝鲜地方官宪令其执行，然后通报朝鲜政府；理事官可直接通告朝鲜地方官宪执行政务。（4）统监有制定颁发统监府令、制定刑罚等规章之权力等。

统监总揽朝鲜内政、外交大权，朝鲜国王只有得到统监的允许和在统监的监视下，才能接见政府大臣和外国使节。统监实际上就是朝鲜的太上皇。统监府高踞于朝鲜政府之上，是对朝鲜进行殖民统治的总督府。统监府下设总务部、农商工务部和警务部，后又增设外务部等机构。

1906 年 2 月 1 日起，统监府及其所属机构开始正式办公，从 1906 年 3 月 13 日到 1907 年 7 月 8 日，伊藤博文以改善朝鲜施政为名，主持朝鲜政府大臣会议 21 次，决定朝鲜政务。

统监还利用其政治统治权力，极力扩大对朝鲜的经济侵略。1906 年 6 月 25 日，伊藤博文在与朝鲜政府各大臣举行的"协议会"上，要求将批准在朝鲜采矿的权限交给统监府。据日本官方统计，批准采矿的件数：1907 年日本人为 97 件，朝鲜人 9 件，其他外国人 22 件；1908 年日本人为 202 件，朝鲜人为 24 件，其他外国人为 25 件；1909 年日本人为 297 件，朝鲜人为 109 件，其他外国人为 27 件。采矿权大部分为日本政府和资本家所攫取。日本人还垄断了交通、通信、邮政等公用事业和捕鲸业，夺取了开城的人参圃，侵占了温阳的温泉等。朝鲜的铁路，则统一由统监府的铁路管理局掌管。

日本人开设的银行和公司得到迅速发展。1906 年建立的农工银行拥有遍布全朝鲜的 11 个分支行。1908 年成立的东洋拓殖会社的资本有 1000 万日元（20 万股，每股 50 日元），朝鲜政府拨给该会社 7000 町步①水田和 5700 町步旱田，因而取得 6 万股，价值 300 万日元。实际上该会社用丈量土地和其他诡计，从农民手中夺取的土地比朝鲜政府拨给的多两倍。1909 年，日本人开设了韩国银行，翌年改组为朝鲜银行。

日本帝国主义在朝鲜的政治和经济侵略使朝鲜统治集团难于容忍。《日韩保护协约》签订不久，国王高宗就秘密写信给美、俄、德、法 4 国首脑，宣布《日韩保护协约》无效。1907 年 4 月 29 日，高宗密派朝鲜从二品前议政府参赞李相卨、前平理院检事李儁、前驻俄公使馆参赞李玮钟 3 人赴荷兰，出席 6 月在海牙召开的第二届国际和平会议，3 位密使带着高宗致俄国沙皇的书信和参加会议的委任状，在 6 月 20 日抵达海牙。他们会见会议主席俄国代表，要求在会上宣布《日韩保护协约》无效，与各国订立条约，交换使节。密使抵海牙要求参加会议的消息迅速传开，日本政府外相林董和伊藤密谋后，电令日本驻海牙公使都筑设法阻止朝鲜密使在会上发言。都筑在会上会下进行各种阴谋活动阻止朝鲜密使参加会议。各列强不愿为朝鲜问题与日本帝国主义发生纠纷。会议主席将密使出席会议问题推给荷兰政府，荷兰政府则以各国均已承认《日韩保护协约》、朝鲜政府已不能行使外交权为理由，拒绝朝鲜代表出席会议。

后来，朝鲜代表在与和平会议同时举行的国际协会上发表演说，向和平会议各国代表的随行人员控诉日本帝国主义侵朝的罪行，声明《日韩保护协约》无效。与会人员纷纷要求通过一项同情朝鲜的决议，后因英、日等国反对，未能成文。密使李儁悲愤至极，即席剖腹自杀，以示抗议。

日本政府惊恐之余，决定利用海牙密使事件强迫高宗退位，以进一步扫除并吞朝鲜的障碍。7 月 2 日，伊藤通告李完用："海牙密使事件是无视《日韩保护协约》，有损日本国威，即敌视日本的行动，日本将为此向朝鲜宣战。"伊藤威胁高宗说：陛下"用如此阴险手段蹂躏日本的保护权，不如对日宣战"，"陛下若想抵抗日本，不必秘密进行，大可以公开干"。伊藤还唆使卖国组织"一进会"开展要求高宗退位的活动。

在伊藤的指使和恫吓之下，李完用内阁 7 月 6—18 日举行 3 次御前会议。会上农商工部大臣、一进会会长宋秉畯，对高宗进行威胁说：今为陛下

---

① 日本土地单位，1 町步约等于 1 公顷。

着想，只有两计。"一则陛下亲赴日本，向其（天皇）谢罪，二则陛下……迎长谷川（好道）司令官，向其谢罪"，不然开战败后将如何受辱，难以设想。17 日，李完用等 7 位大臣逼迫高宗退位，高宗忍无可忍，拍案怒斥道："卿等欲将朕卖与统监乎！" 18 日，日本外相林董突然到汉城，声称要对朝鲜开战。高宗被迫下诏"将军国大业委托皇太子代理"。同日，朝鲜各阶层群众都起来反对日本帝国主义的这一行径。成千上万的群众聚在举行御前会议的皇宫前面，他们高呼："皇帝陛下，拒绝退位！""立即处决卖国贼！"汉城大小店铺都罢市抗议，一些爱国团体也开展斗争，朝鲜军队的许多官兵也参加了反日示威游行，袭击日本警察派出所。

然而，日本帝国主义不顾朝鲜人民的抗议，硬逼高宗退位。7 月 20 日，日军在南山倭城台，正对着皇宫庆运宫，架设 6 门大炮，并派日军包围庆运宫。高宗被迫退位，由太子李拓登基，是为纯宗。

7 月 24 日，林董、伊藤将李完用唤至统监府，交给他事先拟好的七款《日韩协约》草案。李完用立即召开内阁会议，一字不动地通过了这一协约，当晚李完用在伊藤住所签字，史称《丁未七款协约》。内容是：（1）韩国政府在改善施政方面，必须接受统监的指导；（2）韩国政府制定及采取重要的行政措施，均需事先得到统监的同意；（3）韩国的司法事务，须与普通行政事务区分开；（4）韩国高等官吏的任免，须经统监同意；（5）韩国政府应任命统监所推荐的日本人为韩国官吏；（6）不经统监同意，韩国政府不得聘用外国人；（7）废除明治 37 年（1904 年）8 月 22 日签订的《日韩协约》第一条（即废除日本人为财政顾问制度）。

该协约还附有秘密《备忘录》，其要点如下：（1）除保留一个大队兵力担任皇宫守卫外，其余朝鲜军队全部解散；（2）朝鲜政府应任命日本人担任务部次长（相当于副部长）、内务部警务局长、内阁秘书长、各部秘书官及各道事务官等；（3）朝鲜聘用的一切顾问，均予解聘；（4）由日本人和朝鲜人共同组成最高法院由日本人担任院长和总检察长；3 个高级法院，由 5 个日本人分别担任审判官、检察官和书记官，8 个地方法院，由日本人担任院长和检察长；131 个区法院，审判官和书记官中各有 1 个日本人；（5）新设 9 个监狱，由日本人任典狱官。

7 月 27 日，日本又迫使朝鲜卖国政府公布《新闻法》。7 月 29 日，发布《保安法》，剥夺了鲜人民言论、出版、集会、结社的一切自由。8 月 1 日，开始强行解散朝鲜军队。这一行动激起了第二次反日义兵斗争①。

从此，开始了由日本人作为次官实际掌握中央及地方行政人权的时期。这在日本吞并朝鲜的道路上又进了一大步。自 1908 年 1 月，日本人荒井贤太郎担任宫内府次官，仓富勇三郎任法部次官，松井茂任警务长，丸山重俊为警视总监，永滨盛三为总税务司。

为加速并吞朝鲜，日本在朝鲜加强了军事警察统治。统监府成立时，在朝鲜的日本宪兵约有 800 人，1907 年年末已增为 2000 多人，1908 年更达到 6600 多人，宪兵特务遍布朝鲜各地。日本过去在朝鲜只有 1 个师团的兵力，统监府成立后到 1908 年 5 月前，又增加 1 个旅团、两个步兵联队（团）和 1 个骑兵联队。对朝鲜人民的反抗，采取了残酷迫害和血腥镇压的措施。据统监府显然是缩小的官方统计，从 1907 年 7 月到 1908 年年底，就杀害了近 1.5 万名反抗日本的朝鲜人。

1909 年春，日本外相小村寿太郎令外务省政务局长仓知铁吉起草关于朝鲜问题的文件。仓知铁吉拟定了吞并朝鲜的《对韩政策的方针》和《对韩施政大纲》。

3 月 30 日，小村向首相桂太郎提交了这两份文件，桂太郎当日即交给内阁考虑。4 月 10 日，桂太郎、小村和正在东京的朝鲜统监伊藤 3 人就吞并朝鲜问题密谈。伊藤表示完全同意两个文件。7 月 6 日，日本内阁通过了文件，并得到天皇批准。《对韩政策的方针》，即关于日韩合并的决议规定："在适当时机断然实行韩国之合并。使合并后之韩国成为（日本）帝国版图之一部分。"《对韩施政大纲》则主要有以下内容：在合并朝鲜时机到来之前，须"在韩国驻扎必要之军队，并增派大批宪兵及警察"，"将韩国铁路移交日本政府的铁道院掌管"；"尽可能多地向韩国移民，以加强日本势力"；"进一步扩大在韩国中央政府及地方官厅的日本人官吏的权限"；等等。

7 月 12 日，日本又强迫朝鲜政府签订"协约"，朝鲜政府向统监府司法厅交出司法权和监狱事务。接着又取消了朝鲜政府的军事部。

1909 年 6 月 14 日，伊藤博文辞去统监职务，副统监曾弥荒助升任统监。伊藤的去职，标志朝鲜统监政治时期结束，进入合并时期。

在合并时期，主要是具体实施吞并朝鲜的方案和取得国际上帝国主义的支持。

---

① 详见本书《朝鲜反日义兵斗争》一文。

10月，伊藤到中国东北活动，计划与俄国财政部长柯科夫措夫密谈，一则密谋进一步掠夺中国东北权益，二则事先征得沙俄对日本吞并朝鲜的谅解。10月26日，朝鲜爱国志士安重根在哈尔滨车站刺死了伊藤博文。12月22日，李在明伏击了李完用，使李完用身负重伤，险些丧命。

伊藤被刺大大震惊了日本帝国主义。日本政府趁机煽动复仇情绪，为吞并朝鲜制造舆论。军政首脑山县有朋、大隈重信、寺内正毅等劝说桂太郎内阁立即吞并朝鲜，有的公开发表声明、谈话，敦促政府采取果断措施。御用报刊也推波助澜。"朝鲜问题同志会""偕乐园"等组织纷纷出笼，四处演说，鼓吹吞并朝鲜。1910年年初，在日本第26届议会上，在野党议员组织"中央俱乐部"，向首相提出质询，要求追究"推动合并不力"的现任统监曾弥的责任。

1910年春，曾弥回东京治病，日本政府遂将其解职。5月30日，任命陆军大将、前陆军大臣寺内正毅出任统监。6月3日，日本内阁通过了《对韩国施政方针》。按照这一方针，吞并朝鲜后，设立总督府，"总督直接隶属于天皇"，在朝鲜"有统辖一切政务之权限"，"委总督以大权，有发布有关法律事项、命令之权限"等。寺内正毅又据此拟定《合邦处理方案》，方案包括变更朝鲜国名等22项条款。

1910年8月22日，汉城的日本军、宪、警全部出动，警戒全城，城门、要冲、大臣住宅和皇宫更是戒备森严。下午1时，召开了御前会议，李完用说明与统监府交涉经过，强调"韩日合邦"不可避免，并宣称全体大臣一致赞成合邦。下午4时，李完用到统监府，提交了纯宗皇帝授予签约的委任状，李完用和寺内正毅在《日韩合并条约》上正式签字。

《日韩合并条约》共计八条，第一条规定："韩国皇帝陛下将韩国之一切统治权，完全永久地让与日本皇帝陛下。"第二条规定，"日本皇帝陛下接受前条所举之让与，且允许将韩国全部合并于日本帝国"，等等。

从此，有数千年悠久历史的朝鲜，沦为日本直接统治的殖民地。

同年9月30日，日本公布朝鲜总督府官制，任命寺内正毅为第一任总督，10月1日起成立总督府。总督府在朝鲜推行了以"皇化"（奴化）为目的的"日韩一体"的同化政策，以毁灭朝鲜民族，日本对朝鲜的经济命脉也进行了全面的控制。在吞并朝鲜后10年内，日本殖民者从朝鲜农民手中夺取了一半以上的土地，仅东洋拓殖会社就霸占10多万公顷的土地。朝鲜75%的农民由于失去土地而沦为佃农半佃农。在吞并朝鲜的头4年中，殖民者将租税提高了 4—5 倍。日本殖民者还不断增加朝鲜粮食和原料的输出。1910—1919 年，按价值计算，大米输出增加了 17 倍，大豆增加了 3 倍多，棉花增加了 26 倍。

为巩固其殖民统治，日本政府还不断向朝鲜移民，同时对朝鲜进行奴化教育，强迫朝鲜人以日语为"国语"，强制各级学校用日语教学，等等。

日本吞并朝鲜后的殖民总督统治共 36 年，1945 年，随着日本法西斯的崩溃，日本对朝鲜的殖民统治亦告结束。

印度尼西亚亚齐抗荷战争

景振国　厉杏仙

亚齐战争（1873—1904 年)[①]，是印度尼西亚历史上时间最长的一次抗荷斗争，它打击了荷兰殖民主义者。亚齐人民的斗争精神，对印度尼西亚人民反帝运动产生了深远影响，为亚洲民族解放运动写下了光辉的一页。

亚齐战争的时代背景

亚齐位于苏门答腊岛西北端，是印度洋至太平洋的门户。亚齐族是印度尼西亚主要的少数民族之一。

13 世纪末至 14 世纪初，兴起于东爪哇的满者伯夷，逐渐发展成印度尼西亚历史上最强大的封建帝国。14 世纪下半叶，其版图不仅包括今天整个印度尼西亚领土，而且包括了马来半岛。15 世纪初叶，满者伯夷开始衰落；代之而起的是淡目王国。淡目国是东爪哇沿海城市的伊斯兰教商人在拉登巴达领导下，击败和灭亡信奉印度教的满者伯夷，于 1478 年在爪哇建立的第一个伊斯兰教封建主统治的王国。

在此期间，印度尼西亚一些大岛的伊斯兰封建主创建了一些独立的封建国，较著名的有苏门答腊的亚齐、西爪哇的万丹、马来半岛的马六甲等。

15 世纪末，正值葡萄牙殖民主义者开始入侵东方。1453 年，欧亚交界处的君士坦丁堡被土耳其攻陷，两洲通道中断。欧洲商人无法前来东方贩运香料等商品，便力图开辟新海路。1498 年，葡萄牙人迦马绕道好望角，到达印度西海岸卡利库特。占领卡利库特后，葡萄牙驻印度总督阿尔布奎克于

---

① 这里取从荷兰发动侵略战争开始至荷军占领亚齐为止的说法。也有另一说法，即把亚齐人民继续进行抗荷斗争的时间也计算在内，以 1913 年为结束。

1509 年派船只至亚齐，这是葡萄牙商船首次出现于印度尼西亚。1511 年，葡萄牙舰队炮轰马六甲，强占该城，建立起侵略印度尼西亚的第一个基地。翌年，侵入摩鹿加（"香料群岛"），在安汶设立商馆，取得特权，垄断了香料贸易。他们从摩鹿加低价收购丁香和豆蔻等，运至马六甲，价格即可高达 10 倍，转运到欧洲更可获利数百倍。

此后，葡萄牙即派舰队巡逻于摩鹿加至阿拉伯海的航线上，严禁他人从事香料贸易。葡萄牙还对通过马六甲海峡的外国船只征收各种苛税，甚至进行抢掠，从而严重打击了其他国家，尤其是中国、印度的商人。为维持与摩鹿加的贸易，其他国家的商船便不再穿行马六甲海峡，改循苏门答腊岛西海岸，出巽他海峡。亚齐、万丹处于这条航路的要冲，逐渐发展成国际贸易的中心市场，与葡萄牙及后来的英、荷殖民者之间的矛盾日益尖锐起来。

据说亚齐第一个国王是素丹亚里·慕哈耶特·夏（约 1514—1528 年）。他曾率军征服了达耶和巴赛，抵抗过葡萄牙殖民主义者。

17 世纪上半叶，亚齐国势鼎盛，出现过伊斯干达尔·慕达（1607—1636 年）和伊斯干达尔·泰尼（1636—1641 年）两位著名素丹。当时，亚齐辖地广袤，号称有 30 个属国。其权力扩张到苏门答腊东西两岸，包括明古鲁、英德拉甫拉、布里阿曼、阿鲁、甘巴尔地区等，甚至征服了马来半岛的柔佛、彭亨、吉打、霹雳等地。亚齐控制了马六甲海峡附近的胡椒产区，还不时与葡萄牙船舰作战，并拒绝荷兰与英国进行欺骗性贸易的要求。

继葡萄牙人东侵亚齐的，主要是荷兰殖民主义者。从 16 世纪末叶起，荷兰便开始窥伺印度尼西亚。

在此之前，荷兰商人经常前往葡萄牙首都购买印度尼西亚的香料，转手到北欧卖出，但到 1580 年西班牙吞并葡萄牙后，荷兰商人去里斯本进行香料贸易受到西班牙统治者的种种刁难。于是，他们便想直接航行去印度尼西亚。1595 年，荷兰"远方公司"的船队由霍特曼率领出发东航。这支船队包括 4 艘三桅帆船，并装有大炮。他们历时 14 个月，于 1596 年 6 月到达万丹。这些荷兰海盗在爪哇曾残害一王子及其许多侍从，在马拉都又肆意杀戮许多无辜平民，引起了印度尼西亚人民的公愤。

1597 年，荷兰第二批运航队由范尼克率领，航行 6 个月后抵达万丹。他们低价购进 4 船胡椒，回荷兰卖出后获利润高达 400%。远航队在摩鹿加群岛的朗托尔和安汶两处设立了办事处，作为侵略印度尼西亚的立足点。

范尼克贩卖胡椒获得暴利一事震动荷兰商界，荷兰人在 1595—1601 年短短几年内，即组织了 15 次商船远航队前往印度尼西亚，并设立了许多香料公司。由于各公司彼此竞争激烈，又须与葡萄牙商人争霸，1602 年，经荷兰国会通过，成立了联合东印度公司，简称东印度公司。它在印度尼西亚享有通商独占权，实际上代表荷兰在印度尼西亚行使国家权力。它可以征募军队、建筑炮台、发行货币、任命官吏，甚至缔结条约。它曾狂妄地宣布：从非洲南端的好望角起，到南美洲麦哲伦海峡，除东印度公司的船只外，其他公司一律禁止在此贸易。东印度公司的经商准则是"贸易即战争"。它一方面侵略印度尼西亚，另一方面排挤葡萄牙和英国商人。

荷兰于 1609 年开始设立印度尼西亚总督，管理各地商馆、炮台、办事处、船舰、职员和士兵。第二任总督手下的商馆总经理燕彼得逊昆，带领侵略军千余人，分乘 16 艘船舰，屡次炮轰椰城，并于 1619 年将其占领，改称巴达维亚①。这样，椰城就变成了东印度公司正式侵占的第一块印度尼西亚土地。

在西欧列强，特别是英国的激烈竞争下，荷兰的优势地位日益动摇。18 世纪初，荷兰手工工场已远不如英国手工工场。早在 17 世纪，英国殖民者便支持过万丹国父王反对王子，但没有成功。此后英、荷在其他地区发生战争时，荷兰均丧失了不少殖民地，其中有南非的好望角、在印度的殖民地、马来半岛的马六甲，以及在苏门答腊西部的殖民地等。这样，英国舰队便控制了印度前往欧洲的航线，使得印度尼西亚与荷兰的联系常被切断。荷兰东印度公司仓库里货物堆积如山，无法运出，公司内部又贪污风行，至 1791 年，它的亏损达 9600 万盾。1799 年年底，东印度公司解散。1800 年起，印度尼西亚归荷兰政府直接管辖。

1806 年，法国拿破仑·波拿巴独霸西欧大陆时，荷兰沦为法兰西的附属国。作为法国仇敌的英国，于 1811 年派印度总督明锋率军舰百艘夺取了爪哇。印度尼西亚遂成为英国殖民地。拿破仑失败后，1814 年英、荷缔约，英国将印度尼西亚交还荷兰。

荷兰殖民者回到印度尼西亚后，除维持英国统治时期的货币地租外，还恢复了旧时的"强迫种植制"。1825 年，爪哇爆发了蒂博尼哥罗领导的大起义。荷兰在 1830 年镇压这次起义后，已不满足对印度尼西亚的实际统治只限于爪哇岛，企图对爪哇以外的岛屿发动武装进攻，以求完成其对整个印度

---

① 荷兰的别名，现为印度尼西亚首都雅加达。

尼西亚的控制。于是，它的侵略矛头就直接指向了苏门答腊西北端的亚齐。

1641年，亚齐素丹伊斯干达尔·泰尼逝世。同年，荷兰人自葡萄牙人手中夺得马六甲，开始窥伺亚齐。此后，统治亚齐的大多是女王，佞臣擅权，各地封建领主不受君命，国势转弱。到18世纪初，亚齐推行了选举素丹的制度，多半由伊斯兰教阿訇或武士当选。封建领主们纷起争夺王位，从而使亚齐无法形成强大的中央政权，以抵抗外来的侵略。这一时期，只是由于英、荷两国之间的矛盾，亚齐才得以勉强维持独立。

19世纪初，亚齐已成为英国的原料供应地和商品销售市场。英国宁愿维持亚齐表面的独立，也不让荷兰染指。1824年，英国与荷兰签订条约，放弃其在亚齐的特权，交换条件是荷兰必须尊重亚齐的独立。因此，亚齐又维持了40年的独立。1869年苏伊士运河通航后，围绕亚齐的国际性斗争发生变化。这是因为随着欧亚海运捷径的打通，马六甲海峡成为东西方海运要路，亚齐的地位亦愈来愈重要。后起的资本主义国家——美国也前来染指印度尼西亚，其驻新加坡领事斯达德与亚齐订了一个密约，要求给美国通商特惠权，对美国商人、教士予以特别保护，而美国则答应援助亚齐开发地方经济、设立学校、宣传美国文化等。密约被荷兰政府知道后，提出质问。斯达德扬言要以美国的亚洲舰队保护其在苏门答腊的权益。英国认为与其听任美国控制亚齐，不如让较弱的荷兰去统治，以保障英国前往印度尼西亚的航路畅通。当时，英国在亚齐的投资超过荷兰，即使亚齐成为荷属，事实上它仍为英国的原料产地和商品市场。1871年，英国便与荷兰妥协，签订了《苏门答腊条约》。根据这个条约，荷兰将其在非洲"黄金海岸"（今加纳）的殖民地让给英国，英国退出对亚齐的竞争，只要英国臣民与荷兰臣民享有同等权利，英国将不干涉荷兰对亚齐的任何行动。

在英国的怂恿下，荷兰得以在1873年放胆进兵亚齐，从此开始了亚齐抗荷战争。

从节节抵抗到广泛开展游击战

1873—1904年亚齐抗荷战争的烽火遍及亚齐国的素丹区即大亚齐，以及彼第尔、加祖和亚里雅斯三大部落区。这些大部落各设头目邦利玛一人。邦利玛之下设若干部落酋长乌鲁巴朗，其下又各辖若干镇，镇头目称为东固或伊玛目，镇以下辖若干乡。当时，亚齐国最大的封建主集团是素丹王族，以及邦利玛·波林、奈赫和南塔 3 个家族。伊斯兰教阿訇当时也有很大影响。领导亚齐抗荷战争的多是这些封建主和伊斯兰教阿訇。

1873 年 3 月 7 日，荷兰殖民政府专员纽文黑森率领两艘战舰从巴达维亚出发，向亚齐进犯，威胁亚齐素丹，要他承认荷兰的统治权。还有两艘战舰将在他到槟榔屿时加入行列。此后出发的荷兰武装力量还有两艘战舰、几艘武装舰只以及十余只运载军火的轮船和帆船。3 月 22 日，荷军向亚齐素丹发出最后通牒。没有等到答复，27 日，纽文黑森即令荷军枪击在海岸上修筑堡垒的亚齐人民。28 日，炮轰亚齐王宫。4 月 8 日，荷兰陆军总司令兼海军司令柯勒尔命令 3000 荷军登陆。亚齐战争拉开了序幕。

荷兰侵略军登陆后，位于海岸附近班特·泽尔明堡垒中的亚齐战士英勇出击，摩卡特堡垒的战士也配合射击抵抗。由于荷兰战舰炮火非常猛烈，亚齐人被迫放弃班特·泽尔明堡垒。坚守一天并一度出击后，摩卡特堡垒也失陷了。

这时，战斗在大亚齐区展开。4 月 10 日下午，荷军进逼清真寺。亚齐人在寺院附近与荷军战斗。荷军向清真寺发射燃烧弹。在烈焰中，亚齐军被迫撤退，伺机杀敌。当柯勒尔在清真寺附近的丘陵上瞭望窥视时，被亚齐枪手击伤。荷军改由范·达连率领。亚齐人趁机多次猛烈射击清真寺荷兰守军，使他们遭到不小的伤亡。

由于亚齐人的顽强抵抗，荷兰侵略军又担心与海上的联系被切断，于 4 月 17 日撤回海边。荷兰殖民当局又令登陆荷军撤回爪哇。殖民当局准备将在印度尼西亚的全部荷兰舰只调往亚齐，封锁亚齐海岸。同时发文劝降。结果，只有民族败类义迪酋长承认荷兰的统治权。

经过充分准备，荷兰当局集中了步兵 7000 人、骑兵 1 队、炮兵 3 队和一些工兵，于 1873 年 12 月 9—11 日在亚齐海岸再次登陆，发动猛烈攻势。亚齐人的兰·卡和慕沙比堡垒相继失守。以后，迪迪·班彰河附近地区、班特·比拉堡及都班被占领，亚齐河口的巴比堡垒沦陷，亚齐河以东的防线被突破。

亚齐素丹仍然拒绝投降。1874 年 1 月 6 日，荷兰侵略军司令范·斯韦登下令炮轰王宫和清真寺，荷军乘木船和竹筏渡河，向对岸的王宫扑去。亚齐人英勇抵抗，战斗激烈，清真寺失守。亚齐炮手从王宫内轰击清真寺，进行出击，以求恢复该寺，但未能成功。由于一贵族向侵略军提供了关于亚齐王宫及其附近地区的布防情报，到 1 月 24 日，亚齐军队被迫放弃王宫。26 日，亚齐素丹在巴卡尔·阿耶病逝。荷兰侵略者宣布大亚齐为其领土。

荷兰侵略军占领了大亚齐，但付出了惨重的代价。据荷兰官方统计的被缩小的数字，侵略军358名军官中，被打死28人，7889名士兵中有1024人死亡。1874年2月，荷兰殖民当局暂缓军事行动，采取和平攻势。他们在素丹王宫建立了一个中央权力机关，称为"古打拉夜"，俗称大亚齐府，以笼络各部落头目和伊斯兰教领袖，然而收效甚微。亚齐人民出现了大部落头目邦利玛·波林和伊曼·鲁恩·巴达领导的抗荷运动，亚齐全境反荷游击战争从此开始。

1874年4月，荷兰侵略军主力部队从亚齐撤回爪哇。亚齐游击队旋即发动进攻，他们切断荷兰留守军堡垒与海上的联系，收复了勃朗、疴黑地区，并向北纳扬发动进攻。大亚齐人民的反荷斗争得到了比迪黑·沙玛郎卡和贝商安等地人民的支持。

荷兰侵略军的防守重点是保护与亚齐河连接的交通线。他们担心雨季汛期亚齐河不能通航，想另修一条铁路维持运输，于是出兵占领沿线的苏里安和兰·克鲁。亚齐人在侵略军占领区周围建立堡垒，11—12月在林甫、古达、阿兰和鲁恩、巴达等地不断同荷军作战。

在1874年，除义迪、达美昂、八剌剌、梅拉坡等地区封建主投降外，亚齐广大地区人民仍在坚持抗敌斗争。1875年，亚齐人还发动过反攻。荷兰殖民当局派驻亚齐的司令贝尔不得不承认，亚齐人的抗荷战斗仍在进行。1875年年底，贝尔率军挫败了第六、第四、第九、第二十六区亚齐人的抵抗，将所占各区连成一片。

1876年，韦赫尔斯·范·克尔琛继贝尔为亚齐荷军司令。当年11月，又由迪蒙接任。侵略军继续发动攻势，以巩固他们在亚齐河以南的占领区和东北战线。荷军攻陷了东海岸的丹绒、斯曼托和新邦、务林。至1877年，荷兰侵略军继续扩大占领区，经过激战，夺取了拉巴和拉雅两河之间的地区。

荷兰殖民者征服亚齐的计划是封锁海岸，在占领区遍筑半圆形碉堡，碉堡间以铁路连接。他们对碉堡范围外的村庄予以破坏，将能隐蔽人的树林砍尽烧光，企图消灭亚齐游击队。但是，亚齐人民在邦利玛·波林等领导下，到处出击，神出鬼没。荷军处处挨打，疲于奔命。以农民为主的游击军根本不理睬海上封锁。

荷兰军队伤亡惨重，有不少侵略者丧生于霍乱等传染病。荷兰每月要耗费 150 万盾来进行对亚齐的战争，这种负担是非常沉重的。于是，荷兰殖民当局兼而采取和平攻势。荷兰总督宣布，除沙玛朗卡和其他已征服的沿海地区外，不再以武力征讨，准备以和谈方式解决问题。然而，这一阴谋也未得逞。

在和平攻势的同时，荷兰侵略军补充了兵员，1878 年准备进行新的扫荡。接替迪蒙任荷兰驻亚齐司令的范·德尔·黑登决定进攻山谷地区，以占领沙玛朗卡王德固基·慕达居住地阿隆安。侵略军乘轮船前往阵地，并有几艘战舰参加作战。8 月 1 日扎下营垒。8 月 10 日深夜，二三百名亚齐人偷袭荷军兵营，高呼"真主是唯一的神"，用长矛和短剑杀死不少荷兰官兵。

登陆的荷军首先攻打谭甫阿，亚齐战士坚守阵地，使荷军遭到重大伤亡，范·德尔·黑登左眼被枪击伤。谭甫阿沦陷后，荷军兵临阿隆安，沙玛朗卡王降敌。几天以后，梅列杜王也与荷兰缔结了屈膝条约。10 月，德固·巴奕投降，整个亚齐滨海沦为荷兰占领区。一些亚齐地方头目如哈密·阿卜杜尔拉赫曼、杜固·慕达·巴奕相继降敌。

然而，亚齐人民的斗争并没有停止。1879 年 4 月 2 日，两支荷军攻占柴鲁克后，他们不但把柴鲁克清真寺烧毁，而且又把柴鲁克和格鲁克一齐烧光。不久，亚齐人民又把上述两地夺回。荷军派去 3 支军队，都被击退。

1880 年 6 月 30 日，有一支荷军在巴杜·伊里克受到袭击。范·德尔·黑登派军前往。亚齐人英勇保卫这个乡村，击退敌人的 4 次进攻，后转移到巴拉·伊里克周围的山地继续斗争。

荷兰殖民当局为了混淆视听，并加强控制，1879 年 3 月，改组在亚齐的旧统治机构，规定设省长 1 人、县长 3 人和监督官 10 人，使之看起来更像民政组织。1880 年 1 月，范·德尔·黑登被任命为省长兼司令。1881 年 3 月，宣布军政分开，由霍文担任省长。

欺骗的手法并没有使亚齐人民放弃斗争。很快，荷兰殖民当局恢复军政合一，实行军事统治，并在首都四周修建 16 座堡垒，加强防守。又从东海岸到西海岸建筑一系列要塞，以轻便铁路将它们联系起来。

亚齐的抗荷怒火并没有因殖民当局加强军事统治而熄灭，反而更旺盛地燃烧起来，形成了持久性的抗战。穆罕默德·达窝特在东海岸的英特拉甫里就任新素丹，成为亚齐人反荷团结斗争的旗帜。当时抗荷斗争的著名领袖是杜固·乌马，他宣布向荷兰殖民者进行圣战。1881 年后，不少封建贵族向荷兰殖民者投降。各地抗荷领导权转入阿訇手中。亚齐人民运用游击战术，使荷军防不胜防。

即使在荷军重兵把守的首都周围，也有游击队的据点。游击队到处袭击荷军，破坏铁路，截断电线，拘留轮船。侵略军疲于奔命，穷于应付。荷军中又流行软脚病，士气十分低落。个别荷军士兵甚至向游击队投诚，教他们使用缴获来的荷兰新式武器。在流血战争的最初 10 年间，殖民主义者耗费了 1.5 亿多盾。荷兰的外债，到 1884 年已增加到 8500 万盾。代价昂贵、而实际上没有结果的亚齐战争，在荷兰国会内引起了对政府的猛烈批评。

亚齐长期坚持抗荷战争，迫使荷兰殖民者再次改变策略。从 1885 年 3 月起，荷军放弃对海岸的封锁，缩短战线，减少开支；并增开港口，缓和矛盾。殖民者还利用亚齐新素丹，进行分化瓦解。

荷兰殖民当局决定承认穆罕默德·达窝特的素丹称号，企图通过他说服群众领袖和伊斯兰阿訇停止抵抗。1889—1890 年，荷兰使节携带厚礼，前往各部落游说，收到一定效果。除此以外，荷兰侵略军仍不时发动武装的突然袭击，再次强占顾达·杜安固等地。杜固·乌马为了获得武器和军费，于 1892 年向荷兰诈降。

这时，人民游击队仍继续与荷军作战，取得一定成果。1896 年 3 月，从阿努·卡朗开出的一支荷军即被他们打得落花流水。同年 3 月 26 日，杜固·乌马反戈一击，继续领导人民抗荷。

亚齐战争的结局及其意义

荷兰殖民当局看到，对亚齐采取单纯军事进攻和武力镇压的办法收效甚微，决定采纳斯诺·希尔赫朗耶①的建议：将亚齐人集中于一些地区，在"集中区"内，奖励手工业和农业生产，保护商业，以经济手段笼络人心；同时又规定集中区内的居民必须有居留证，禁止收藏武器，不准在山地逗留，严惩帮助游击队者。这样，软硬兼施，在一定程度内，收到了将游击队与人民群众隔开的效果。

同时，荷兰侵略军还加强了对游击队的军事攻势，所采取的蚕食战术也逐步获得成功。1896 年 4 月底，荷军总司令菲特尔率军前往第六区，攻破杜固·乌马所在的堡垒。继而占领第十一区、第三区、第四区、第五区、第十

---

① 荷兰人，伊斯兰问题专家。

三区和第九区。5 月，在付出重大代价后，侵略军占领了另一重要抗荷领袖邦利玛·波林在格列·犹恩的堡垒。1898 年 7 月中旬，杜固·乌马与荷军在卓·慕朗激战。第二年 2 月，他在反攻梅拉坡时牺牲。这位抗荷领袖的去世，对亚齐人民的抗战事业影响甚大。1899 年 3 月，侵略军向素丹和邦里玛·波林的最后几个据点进攻。1903 年 1 月，素丹前往谈判时被荷兰逮捕，最后投降。这一年，亚齐大小领主 300 人与荷方签订了"亚齐简约"，这个简约是希尔赫朗耶炮制的，包括 3 项主要条款：承认亚齐主权属于荷兰；不得与荷兰以外的国家政府发生关系；服从荷方颁布的法令。

至此，亚齐抗荷战争基本结束。不过直到 1904 年，亚齐局部地区还有农民的抗荷游击斗争。殖民当局以恐怖手段镇压反抗。1904 年 2—7 月，进行所谓肃清工作，因反抗而被夷为平地的村庄有 11 个，被打死的妇孺 1904 名，男子 2922 名。

30 年战争结束后，亚齐人民一直未停止抗荷斗争。亚齐人民在若干地区手执大刀进攻荷兰殖民军，击毙其人员，夺取其枪支弹药。1906 年曾攻打古打拉夜。1907 年荷兰殖民者采取软硬兼施手段，一方面拉拢分化，一方面加强军事镇压。1908 年在比迪里发生战斗，许多亚齐伊斯兰教学者战死。4 月，杜固·列曼的队伍被消灭。到 1910 年，比迪里重要的首领、迪罗家族的两个伊斯兰教学者——东固·基·玛希丁和甫克特东固都牺牲了。1911 年 12 月，迪罗家族的最后一个伊斯兰教学者东固·基·玛阿特亦战死。1912 年 2 月，司马威、苏干和陀罗特地区的抗荷首领巴拉特东固也牺牲了。此后，亚齐再没有发生大规模的抗荷斗争。

亚齐抗荷战争失败的主要原因是双方力量相差悬殊。荷兰当时是欧洲资本主义强国之一，其军队装备精良，拥有军舰、大炮和各种新式武器，亚齐只是个落后的封建王国，经济、军事实力无法与荷兰抗衡，除少数枪械外，大部分是使用长矛刀箭，虽英勇有余，终是威力不足。

亚齐抗荷战争失败的另一个重要原因是，老奸巨猾的荷兰殖民者除诉诸武力外，还玩弄了阴谋诡计，采取稳扎稳打和分化瓦解相结合的狡猾手段，不断改变策略，笼络和收买封建主；采用"以亚齐人打亚齐人"的方法，制造和加深亚齐人民之间、封建主之间的矛盾。这些阴谋诡计不同程度地削弱了亚齐抗荷力量。

亚齐人在抗战中团结不够，也是导致失败的重要原因。亚齐上层人物与农民有深刻的阶级矛盾；封建王公与穆斯林阿訇又严重不和；虽然有民族统一的象征——素丹，但影响不大，王公众多，各自为政。在整个抗战过程中，亚齐人缺乏统一指挥和配合作战，不能集中力量对付强敌。而且上层分子容易动摇，不断有人投降，严重影响了士气，削弱了抗战力量。

荷军有较稳固的后方，他们全力控制交通线，保证了物质供应，亚齐在30年艰苦斗争中却未获得印度尼西亚其他岛屿的援助，始终孤军作战。这也是抗荷斗争失败的重要原因。

亚齐抗荷战争是反侵略的正义战争。在这场战争中，领导权虽然掌握在封建主手里，但在整个斗争过程起决定作用的是亚齐广大人民，他们不仅是历次战斗的主力，而且在大部分封建主相继投降的情况下始终坚持抗战，表现出高度的爱国主义精神，使这场抗荷战争又具有鲜明的人民战争性质。

亚齐战争持续30年之久，迫使荷兰殖民者数易其帅，耗资亿盾，丧师数千，受到严重打击。亚齐战争在印度尼西亚历史上占有重要地位，它和蒂博尼哥罗战争、巴德利战争及发生于19世纪20年代的美南加保战争一样，对后来的印度尼西亚人民反帝运动产生了深远的影响。直至第二次世界大战时，印度尼西亚人民在进行抗日游击战争中还曾吸取亚齐战争的经验教训。亚齐抗荷战争为世界民族解放运动增添了光辉的一页。

亚齐抗荷战争失败后，除加里曼丹北部的沙捞越和婆罗洲为英属，伊里安北部和东半部出英、德瓜分，帝汶岛归葡萄牙统治外，印度尼西亚绝大部分领土变成荷兰帝国主义的殖民地。

越南安世农民起义

李克明

19 世纪 80 年代，越南北圻（今北部）北江省（今属河北省）西北爆发了一场持续 30 年的安世农民起义。这次起义，波及北宁（今属河北省）、福安（今属永福省）、永安（今属永福省）、太原（今属北太省）、宣光（今属河宣省）、河内等省、市。起义者的领袖，1884—1892 年为贫农梁文楠，1892—1913 年为雇农黄花探。他们以早期游击战为主要形式，以救亡图存为中心内容，在人民群众的支持和掩护下，予法国殖民者以有力的打击，在越南近代史上留下了光辉的一页。

越南沦为法国殖民地和人民抗法斗争的展开

从 17 世纪起，法国以传教士为先锋，开始进行侵略越南的活动。1858 年 8 月，法国以保护传教士为名，伙同西班牙，组成法西联合舰队，炮轰沱瀑港（今岘港），发动了侵略越南的殖民战争。越南阮朝军队节节败退。1861—1867 年，南圻（今南部）6 省全部陷落。随后，法国又以保护商务为名，向北扩张。1873 年首次入侵北圻，占领河内，但遭到越南军民和中国刘永福黑旗军的联合抵抗。同年 11 月 20 日，黑旗军在河内西郊纸桥之战中，重创法军，阵斩法军头目安邺。腐朽的阮朝，既怕法国侵略者，更怕越南人民群众。1874 年 3 月 15 日，它同法国签订了丧权辱国的《西贡条约》，承认法国对南圻 6 省的侵占，并开放红河和河内、海防、归仁 3 港，给法国以通航权和通商权。

1882 年，法国再次入侵北圻，占领河内。同年 5 月 19 日，黑旗军在第二次纸桥之战中，又一次重创法军，击毙法军司令李威利和副司令韦骘。1883 年 7 月 17 日越南嗣德帝（阮福时）死，法国乘阮朝皇族两派争夺帝位之机，出兵中圻（今中部），进攻顺化，阮朝屈膝投降。1884 年 6 月 6 日，又同法国签订《顺化条约》，承认法国对越南的"保护权"。

法国侵略越南，占领北圻，直接威胁中国西南边疆的安全，1884 年 8 月 27 日，爆发了中法战争。1885 年 3 月 25—28 日，冯子材所部清军，取得镇南关（今友谊关）—谅山大捷，重伤法军东京军区副司令尼格里，法国茹费理内阁因而倒台。但当时法国海军已占据中国台湾基隆和澎湖，清朝怕战事扩大，即派李鸿章同法国驻华公使巴德诺谈判，并于 1885 年 6 月 9 日签订《天津条约》，承认越南是法国的"保护国"。从此，越南完全沦为法国的殖民地。

法国殖民者的侵略，激起了越南人民的抗法斗争。

南圻是最先爆发抗法武装起义的地方，其中最著名的是张定领导的鹅贡起义（1859—1864 年）。张定死后，其子张权继承父志，并与普锦波和尚领导的柬埔寨起义军联合，在西宁建立抗法根据地，坚持到 1870 年。

中国刘永福所部黑旗军和冯子材所部清军，援越抗法所取得的胜利，鼓舞了越南人民和阮朝主战派。1885 年 7 月 4 日晚，阮朝兵部尚书、辅国大臣尊室说在顺化率领越军 1 万人举行抗法起义。随后，年轻的咸宜帝（阮膺）出走广南，发出檄文，号召"勤王"。于是，从中圻至北圻，由爱国文绅领导的勤王运动如火如荼地展开。

在中圻，每个省份都爆发了勤王起义，其中规模最大的有潘廷逢领导的香溪起义（1885—1896 年）、范彭和厂公壮领导的巴亭起义（1886—1887 年）、宋维新领导的雄岭起义（1836—1892 年）。在北圻，规模最大的有阮善述领导的荻林起义（1885—1889 年）、谢光现领导的太平起义（1886 年）、阮光碧领导的西北起义（1885—1889 年）。与此同时，全国各地还有上百名地方豪绅领导的勤王起义。

这些起义中，以梁文楠和黄花探领导的北圻北江省安世地区的农民起义持续时间最久（1884—1913 年）。这次起义分为两个阶段：1834—1897 年属于勤王运动阶段，其政纲是："驱逐法贼，护拥王朝，谋求独立"；1898—1913 年属于资产阶级民族民主革命（前期）阶段，其政纲是："驱逐法贼，恢复越南，建立君主立宪国。"安世农民起义把越南早期的抗法武装斗争推向了最高峰。

安世农民起义的爆发和发展

　　1884 年 3 月，法国远征军总司令米乐将军率法军 1.2 万人自河内和海阳出发，水陆两路并进，进攻红河流域越南最坚固的据点——北宁。当时，驻守北宁的是黄桂兰率领的清朝援越抗法部队 1 万人。阮朝督臣张光蟺率领的越军 1 万人驻在距北宁不远的仙游县。但张光蟺坐视观望。北宁省领兵陈光峈率领越军配合清军作战，竟受到阮朝的申斥。清军腹背受敌，被迫撤退。3 月 12 日，法军占领北宁，即兵分两路。一路由尼格里将军率领，进攻谅山；一路由波里也将军率领，进攻太原。3 月 16 日，法军占领安世，并攻破净道城，3 月 19 日占领太原，4 月 12 日占领兴化，5 月 31 日占领宣光。

　　在法军大举北犯的时候，梁文楠在安世打出了"平西"（抗法）起义的旗帜。他率领义军与陈光峈的部队和清朝援军相配合，血战净道城，终于迫使波里也兵团撤走。净道城位于雅南附近，扼上、下安世的要冲。上安世地势险要，便于转移；下安世有肥田沃土，可供粮草。在历史上，这里就曾是农民反封建统治斗争出没的场所。净道城正是阮朝为防止农民起义于 1873 年开始建造的坚固城堡。勤王运动爆发后，安世军民在上安世密林深处构筑防御工事，并重修净道城，准备长期抗战。1888 年 11 月 1 日，咸宜帝由于侍卫张光玉的叛卖而被俘，各地勤王军随之相继瓦解，残存的各路勤王军撤离平原，进入山区建立抗法根据地。安世亦成为邻近抗法军民投奔、聚集之所。这时，黄花探率领的农民起义军和文队长率领的起义军相继加入了梁文楠的队伍。

　　黄花探曾于 1384 年投身于陈光峈领导的抗法部队。陈光峈抗法失败后，他追随养父提馥组织农民起义军，独自打出平西的旗帜。1887 年，他与提馥率领所部加入黄廷经领导的勤王军，被黄廷经封为督兵。1888 年 7 月，黄廷经领导的勤王军解体，他又与提馥率领所部加入梁文楠领导的安世农民起义军。当时，梁文楠的队伍分为前、后、左、右、中 5 个营①，黄花探被梁文楠任命为前营管带，成为梁文楠的得力助手和将领。

　　文队长以前在东潮、海阳地区曾诈降法军。1389 年 9 月，他带领拥有全副武装的 500 名官兵回到抗法阵营，并加入安世农民起义军。文队长的反

---

　　① 安世义军人数，尚未见史载。

戈，不仅是对法国推行"越南人打越南人"政策的沉重打击，而且给法军造成不小的威胁。因为这支队伍既拥有充足的法国枪支、弹药，又拥有通晓军事的指挥官，加强了义军的战斗力。不幸的是，同年10月法军进攻净道城时，文队长被俘，11月7日，在河内英勇就义。这是安世义军的一大损失。

这3支义军会合在一起，在梁文楠的统一领导下，吸引了附近地区广大农民，威胁盘踞在越北平原的法国殖民者。

越南北部平原和南部平原被誉为两大"谷仓"。法国殖民者入侵越南伊始，即着手强占农民的土地。特别是在19世纪60年代以后，规模越来越大。据统计，1890年法国地主在全越南强占的土地为10.9万公顷，1900年增加到30.1万公顷，1913年增加到47万公顷，其中南圻30.8万公顷，中圻2.6万公顷，北圻13.6万公顷。仅在北圻的北宁省，即占去34955公顷，其中达达蓝的垦殖场达5200公顷，戈伯尔的垦殖场则达11700公顷。他们在强占的土地上实行佃耕制度，迫使佃农为他们劳动，贡献名目繁多的礼物。佃农难以维持生计，往往逃走。1891年4月，拉涅桑继任法属印度支那总督后，把乡村行政权交给法国地主。他们私设公堂、监狱，主办维持会，招募"土霸王"当兵，肆意残害农民。不甘忍受法国地主压迫和剥削的安世农民，纷纷响应义军领袖的号召，奋起参加抗法救国斗争。这样，在北圻勤王运动相继失败之后，安世则发展成为屹立于北圻的抗法武装斗争的最后堡垒。

安世义军的艰苦战斗与两次媾和

法国殖民者为强化其在北圻的统治，力图征服安世。

1890年10月，戈丹将军率法军800人进攻高尚。义军不超过100人，顽强抵抗，在法军5门重炮的轰击下，无一伤亡，法军死伤20人。指挥这次战斗的是坐镇友芮的黄花探，义军主力在友芮。友芮在密林深处，主要屯堡友芮堡是勤王运动爆发后开始修建的暗堡，法国人估计这项工程花了两万个工。这里有南北炮台掩护，四周围墙开有很多枪眼，墙角筑有掩体，每面墙边都筑有观察台，围墙外两面挖有壕沟，沟内遍插尖桩，隐没于水底，另外两面到处挖有很深的陷坑——"桩板坑"。法国人把友芮堡称作"死神的屯堡"。

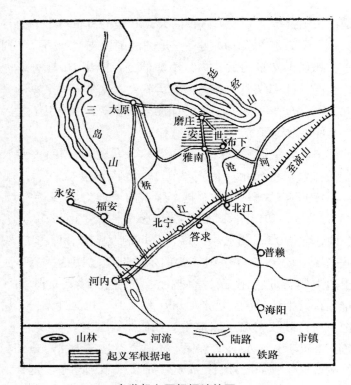

安世起义军根据地简图

1890 年 12 月 8 日，普莱西埃上尉率法军 143 人进攻友芮，被义军打败，死伤 20 人。12 月 11 日，北宁答求法军来援，以 300 人兵力，发动第二次进攻，又被击败，死伤 7 人。12 月 22 日，温凯尔·梅耶少校率法军 739 人发动第三次进攻。义军绕到法军背后，直捣法军营地，歼敌 41 人，法军参谋长布雷齐中尉被击毙。12 月 23 日，弗雷上校率法军 1300 人发动第四次进攻。他首先将友芮包围，并以两艘战舰搜索水道，切断自下安世来援友芮的义军道路。1891 年 1 月 3 日，法军用工兵开路，进攻友芮堡。1 月 9 日，集中重炮轰击堡内防御工事后，步兵立即冲锋，但被义军火力压住，死伤 56 人，其中尉官 4 人。1 月 10 日，黄花探下令义军分成小队撤出友芮。1 月 11 日，法国进入友芮堡，一无所获。友芮之战，法军先后投入 2482 人，死伤 124 人，其中尉官 5 人，连法军头目也惊叹：义军前营是 "英勇的营"，"不可战胜的营"。

义军撤出友芮后，刘奇（华侨）在东潮领导的抗法战斗日益激烈。梁文楠利用法军被牵制的时机，加紧招募新兵，积蓄武器、弹药，建造新的防御工事。之后，他将义军集中起来，分驻7个屯堡，分别由梁文楠、提林、提成、提钟、黄花探、总才、提馥指挥。这7个屯堡，背靠廷经山，自雅南—布下—磨庄—雅南，形成纵横3公里的防御体系，距友芮约5公里。1892年3月25日，瓦隆少将率法军2217人，兵分4路，围攻安世。这次，法国出动的兵力，是1873年法军进攻河内兵力的10倍。义军的土屯堡经不起法军重炮轰击，梁文楠下令留下少量队伍牵制敌人，主力分散，遁入民间。瓦隆少将未达到消灭义军的目的，便将安世交文官治理，然后撤军。

义军分散为小股后，实行单独作战。他们和农民生活在一起，自行解决粮草、武器、弹药问题。此后，小股义军经常和法军、蓝带兵[1]巡逻队发生小规模的交战。

1892年4月，叛徒提萨大摆宴席，请梁文楠赴宴，乘间在茶碗里投毒，当晚梁文楠毒发身亡。提萨割取梁文楠首级，带领50名士兵，向法军投降。梁文楠牺牲后，义军失却领袖，锐气顿挫。提算、提矫、提肖率部向法军投降。5月，又有70名义军投降。6月以后，各营义军自相惊扰，以致将离兵散，或降或逃，行将瓦解。据法国殖民当局统计，1892年4—8月，法军共缴获义军步枪237支、手枪43支。这时，黄花探挺身而出，把人心涣散的各营残存的官兵集合起来，团结在自己的周围，挽救了义军，开创了安世农民起义的新时期，即由黄花探统一领导安世义军的时期。

1893年2月8日晚，黄花探趁萨村唱戏之机，带领几名战士，活捉提萨，押回根据地处决，顿时军心、民心大为振奋。不久，义军声势就扩大到雅南10总。[2] 一年前星散的义军老战士，现在又接踵归来。在越北平原，被法国地主强占了土地的农民，也纷纷参加义军。过去勤王运动的一些地方首领，也要求参加安世抗法运动。安世的抗法武装斗争，又逐渐恢复和发展起来。1894年2月，黄花探下令重修友芮堡。到4月底，黄花探又做了上安世的主人。

安世起义军实力日益壮大，使法国殖民者如芒刺背。1894年1月，拉涅桑决定采取军事威胁和政治收买双管齐下的政策。他命令瓦朗斯少校纠集雅南、磨庄和布下所有法军和蓝带兵发动大规模扫荡；同时命令越奸北宁总督

---

① 法国统治时期越南保安兵，绑蓝色带，故名。

② 越南旧地方行政单位，数乡为一总，相当于区。

黎欢率领蓝兵 200 人、奇兵①600 人配合法军作战。黎欢利用顺化朝廷名义"招安"义军，以高官厚禄收买义军首领。提馥率领部下，携 76 支步枪叛变投敌。瓦朗斯随即向黄花探发出最后通牒，要他缴械投降。黄花探却将义军集中，准备战斗。瓦朗斯则指使叛徒提馥两次暗杀黄花探，但都未得逞。头一次，他在黄花探茶碗里放毒，黄花探出其不意，调换茶碗，反而使提馥自己中毒，差点儿丧命。第二次，他在黄花探床下放盒装炸药，趁黄花探熟睡时，点燃导火线，然后逃走。爆炸声响后，提馥以为黄花探必死，急告黎欢和法军指挥部。

1894 年 5 月 19 日，义军在友芮堡为黄花探举行假出殡，消息传出，法军和伪军信以为真，立即行动。黎欢指挥蓝带兵和奇兵占领友芮外围据点，北宁公使②米塞利埃指挥法军进攻友芮堡。但当法军涌入友芮堡时，正中黄花探的伏击。米塞利埃和监兵③朗贝尔负伤，营地长官被打死，一队红带兵④和一队蓝带兵被全歼。不久，法军后继部队赶到，义军遭受严重损失，仅剩 200 人。黄花探决定放弃友芮，撤往太原。

1894 年 9 月，义军自太原回到安世。帮经率 50 名战士归向黄花探。这时，义军总共只有 250 人。他们经常采取灵活机动的军事行动，袭击法军，伏击河内—谅山铁路列车。9 月 17 日，在督契和帮经的指挥下，一队义军在埂溪和北黎之间，活捉《东京未来报》主笔、河内—谅山铁路包工头、法国大地主色斯耐。一时舆论大哗，拉涅桑不得不向黄花探求和。经 5 周谈判，由北宁主教韦拉斯科做中介，于 10 月 25 日达成协议：黄花探释放色斯耐，法方出赎金 15000 银元；法军撤出安世，雅南、牧山、安礼、友尚 4 总归黄花探管辖；4 总每年税款 3000 元，3 年内归义军征收。10 月 26 日，在友芮举行媾和典礼，签署协议。这就是有名的第一次停战。

第一次停战后，黄花探表面上和法国殖民当局保持良好关系，实际上在繁昌设立大本营，令其夫人瑾三娘、长子大仲、养子大黄及部将驻守，防备法国殖民当局翻脸。他暗地里加紧招募义士，训练部队，制造兵器，购运军

---

① 越南旧兵制。黎朝景兴九年（1748 年），将全国府卫改为奇队。每 300 人为一队，400 人为一奇。至阮朝命命年间（1820—1840 年），仿旧兵制在全国务省设奇兵。北越称奇，南越称卫。每奇 500 人，奇下设队，拾、伍。每队 50 人，每拾 10 人，每伍 5 人。

② 法国统治时期越南省级行政长官，相当于省长。

③ 法国统治时期越南省级军事长官，相当于省卫戍司令。

④ 法国统治时期越南正规军，绑红色带，故名。

火。他还派义军小分队到越北平原建立据点，征募粮草，截击伪军巡逻队，袭击法军据点，夺取武器。不久，在北宁和太原地区，刘永福黑旗军残部和三岛山提阮领导的义军都归向了黄花探；在三岛山的提公、统凛也和黄花探密切联系。不到 1 年，黄花探的势力大振，这使法国殖民者十分忧虑。

早在议和时，法国殖民当局就争吵不休，文官和武官互相指责。1894 年11 月，武官上书法国海军与殖民地部，责备文官让步过多，认为让一块紧靠河内—谅山铁路的地盘给黄花探是一大失策。12 月，新任法属印度支那总督卢梭决定在安世周围构筑屯堡，形成包围圈，并推行"以越制越"政策，把防务交给越南民族败类封建地主土豪。同时，在河内—谅山铁路两旁大修屯堡，构成防御体系，由法军驻守，防止义军袭击。

1895 年 11 月，法国殖民当局撕毁停战协议，派嘉利尼上校率数千人，兵分 3 路进攻安世。义军化整为零，隐没于山林、村落之中，转战于北江、北宁、福安、太原 4 省之间。法军搜索不到义军，反而经常受到义军的骚扰和袭击。黄花探的"兜圈"战术使法军大兵团在山林里疲于奔命，处处挨打。经过两年战斗，法军人困马乏，两名监兵被打死，以失败告终。

1897 年 2 月，保罗·杜美接任法属印度支那总督后，急于修建滇越铁路，开发越北矿藏，而这条铁路必须通过黄花探的防地，他建议同义军和谈。黄花探为争取喘息时间，也愿意讲和。同年 11 月，杜美请西班牙教士作中间人，开始和黄花探正式谈判。这次议和订立的和约包括 4 项内容：（1）安世所有钱粮税款收入，均归黄部；（2）法国供给黄部所需军饷；（3）黄将军应约束所部，不得扰乱法国的工程；（4）和约以 20 年为期满。这次议和最大的障碍是：法方要黄花探交出武器，黄花探拒不接受。于是谈判旷日持久。最后，黄花探决定把好武器藏起来，交出部分坏武器做个样子。杜美明知是假，也只好默认。1897 年 12 月初，双方达成协议，开始第二次停战。1901 年 4 月，在安世举行黄花探"归顺"典礼。至此，宣告安世农民起义第一阶段结束。

安世起义的新阶段与河内起义

自第二次停战之日起，黄花探即调动军民在繁昌修建规模巨大的防御体系。繁昌防御体系建成后，黄花探立即厉行军事、政治、经济建设，扩充实力，和法国殖民者对峙，等候复国时机。

19世纪末20世纪初，中国"戊戌变法"之风席卷越南。在潘佩珠、潘周桢等先进知识分子的领导下，掀起了越南近代史上著名的东游运动、东京义塾运动、维新运动，开创了带有资产阶级性质的民族民主革命的新阶段；黄花探领导的安世农民运动也随之向新阶段过渡。

1902年11月，潘佩珠来到安世，适逢黄花探患病，由其长子大仲代为接见。黄花探保证：如中圻发动起义，繁昌就起兵响应。1906年12月，潘佩珠自日本回国，再次到安世会见黄花探，双方达成秘密协议；黄花探加入维新会；如果中圻义士逃到北圻，由繁昌收容；中圻起义时，繁昌起兵响应；繁昌遭敌进攻，中圻保证声援；繁昌兵力不足时，维新会尽力相助。从此，黄花探领导的安世义军和维新会形成一个整体，成为越南革命的国内支柱。而潘佩珠则号召更多的青年参加东游运动，在日本培养新型的军政人才，以便内应外合，"驱逐法贼，恢复越南，建立君主立宪国"。

起初，黄花探依约严格约束部下的行动，避免引起法国殖民者的注意。在加入维新会之后，他认识到，仅仅依险固守不足制敌。于是，他不顾法国殖民当局的一再抗议，毅然派遣亲信到宣光、太原、永安、福安等省去建立新的根据地，发展义军力量。同时，各地残存的勤王军陆续潜来安世，黄花探特地划出宿宜屯予以收容，让他们在这里进行军事训练，然后再派他们潜回原地去准备新的起义。这样，义军除200人（黄花探的亲兵）集中在安世外，其余则分散隐蔽在北圻或中圻各省。只要黄花探一声号令，他们就会由普通农民立即变成驰骋战场的勇士。

1906年12月，潘佩珠回国在北宁会见维新会在中圻和北圻的领导人，讨论武装组织、兵运、民运和宣传工作计划。1907年年初，他致书黄花探：准备在1908年自日本率留日学生，陪同畿外侯阮疆柢（预备君主立宪国王）回国，发动武装起义，首先收复北圻。

黄花探积极进行准备。他委派正宋、阮日亨（弃暗投明的红带兵虎队长）、李儒（河内郊区旧里长）组织义兴党（旧式反法秘密会党），发展河内东京义塾知识分子入党，派他们深入河内进行爱国宣传，吸引法军越籍习兵①、厨师，从中刺探敌情。同时，派荫平回和平省良山、良瑞，招募芒族青年入伍，并派典殷（黄花探和潘佩珠的秘密联络员）、杜四带起义檄文到河内周围的海防、建安、普来、清化、河东、河南等省号令当地首领响应起

---

① 法国统治时期越南伪军，保安兵的总称。

义。檄文中说："我国有两千万人口，哪有忍受一小撮法国佬永远骑在我们脖子上的道理。"1907 年 7 月，义兴党员通过习兵、厨师，争取到河内红带兵阮志平、阮文谷、邓廷仁、阮侧阿，他们都愿当黄花探的内应，发动习兵，举行起义。

1907 年 8 月和 1908 年 5 月，黄花探两次派人到河内，制订起义计划。1908 年 6 月 27 日晚，法军举行官兵招待宴会，负责烹饪的和布置宴席的有组织的起义者，按原定计划在食物里投毒。属于第四炮兵联队的 150 名官兵及属于第九殖民地步兵联队的 82 名官兵中毒，昏迷不醒。起义者还把炮口堵住、马脚砍断，但尚未发动习兵时，一个姓张的天主教徒已向河内大教堂的恩傅师告密。恩傅师立即用电话向法军司令部发出急报。法军总司令比埃尔中将随即下令全城戒严，并将习兵堵在兵营里，进行盘问和搜查。在法军内外的主谋人几乎全部落入敌网。按预定计划埋伏在郊外的义军久不闻讯号炮声，料定事已败露，只好撤走。河内起义的枪声尚未打响，就失败了。

6 月 28 日，法国殖民当局成立刑事审判委员会。7 月 8 日，判处阮志平、阮文谷、邓廷仁 3 人死刑，枭首示众。此后，相继兜捕到 80 人，判处 10 人死刑，缺席判处死刑 6 人，无期徒刑 4 人。同时，在河内周围各省搜查起义檄文，追捕当地准备起义的首领。接着，日本政府接受法国的要求，下令取缔在东京的越南留学生组织，并驱逐出境。至此，潘佩珠和黄花探精心安排的里应外合、收复北圻的计划，受到严重挫折。

安世农民起义的失败

河内起义失败后，黄花探并未放弃收复北圻乃至复国计划，他积极准备以太原、永安、福安为跳板，大举进攻。但自第二次停战起，法国殖民者即在北圻大建屯堡系统，修筑交通要道，伸入山林地带，将各地义军活动地盘分割成许多小块，并大搞白色恐怖。在这种情况下，不仅隐蔽在北圻乃至中圻各地的义军无能为力，就是在宣光、太原、永安、福安等省新建立的根据地也不能发挥作用。因此，在安世的黄花探日益陷入孤军奋斗的困境。

法国殖民者一直处心积虑要消灭黄花探。1907—1908 年，北圻和中圻各地，除东京义塾运动、维新运动外，更使法国殖民者坐卧不安的是：1908 年北圻各地，如清化、雅南、安世，不断发生义军暗杀法国军官的事件。此外，1907 年，孙中山把中国革命领导机关由日本迁到河内，派黄明堂从北圻袭取镇南关；1908 年，黄明堂又以北圻为基地进攻河口。这两次起义失败后，黄花探应孙中山的请求，掩护 3000 余从中国撤至北圻的中国革命军达两个月之久。这支中国革命军，在河江、安沛、宣光等省活动，重创法军。后来他们分成小股，有的返回中国，有的进入三岛山，有的（梁秀春）与黄花探联系，加入了安世义军。这时，谅山公使在给北圻统使①莫雷尔的报告中说："我坚信这些中国军队和越南叛乱分子有密切的联盟关系。""黄花探已成为一切叛乱分子和不满分子的旗帜。"

河内投毒事件发生后，法国殖民者进一步认识到黄花探是他们进行殖民统治的心腹大患。法国政府惊呼：形势十分严重，越南已不是可以安心统治的地方。于是法属印度支那新任总督克洛比科斯基召开特别会议，莫雷尔、比埃尔中将和其他高级官吏密谋，决定在春节，由巴塔耶上校率法军 1.5 万人秘密包围安世，进攻繁昌，摧毁这个抗法起义的最后堡垒。

1909 年 1 月 28 日，莫雷尔突然向黄花探发出最后通牒，要他交出全部武器和逃犯，并前往河内自首。黄花探拒绝回答。1 月 29 日晨，雅南法军中尉指挥官想夺头功，不等巴塔耶下令，即率蓝带兵进攻峨市（黄花探营盘）和庵洞（大喧、大黄营盘），被义军打败，20 名蓝带兵死亡、受伤和被俘。这一仗，暴露了法军的意图，黄花探立即下令疏散粮草，撤出繁昌。1 月 30 日，巴塔耶兵分两路进攻峨市。但法军在峨市会师时，黄花探早已兵分 5 路北撤。巴塔耶将法军大本营设在峨市，下令将峨市周围居民驱散，将粮食集中，断绝义军给养。然后，出动大兵团展开大扫荡，企图速战速决。黄花探在人民群众的支持和掩护下，开展灵活机动的游击战，迫使巴塔耶大兵团在山林里兜圈。巴塔耶吸取嘉利尼失败的教训，将大兵团拆散，建立密集的屯堡体系，使黄花探的兜圈战术失灵，以致义军连受 4 次损失。3 月 9 日，大仲在王坡牺牲；3 月 15 日，大黄、大喧、领顺和 6 名战士在猪领山阵亡；4 月 14 日，该齐（代理不黄）率领的一支义军在磨土之战中大部溃散被俘或投降，领祝战死；此后，黄花探的女婿大杆、二春，黄花探的随身名医郎康以及李收连同 3 个儿子均被迫投降。5 月，黄花探决定分兵，由他自己率领的 100 人向福安转移，其余的去廷经山活动。

1909 年 6 月 24 日，黄花探率领义军撤离安世。7 月，兵临河内。法国殖民当局大为震惊。克洛比科斯基总督立即召开特别会议，与比埃尔中将、

---

① 高级专员，法国在北越、中越设立的监督内外事务的最高法籍官员。

莫雷尔等人密谋，决定向福安增兵 4 个连，并授权顺化朝廷封海阳总督黎欢为钦差大臣，率领黄带兵①400 人配合法军作战。在法军和黄带兵的双重压力下，黄花探率义军向永安转移。9 月 6 日到达永安清江左岸，在郎山建立据点。10 月 5 日，在郎山发生一次激战，法军伤亡 56 人，义军牺牲 6 人，其中有负责义军防务的葛指挥官，还有黄花探的文书杜黄。

自 1909 年 1 月底至 10 月初，法军共伤亡 195 人，黄花探手下所剩亦不到 20 人。郎山之战，是黄花探有生以来最后一战。自此以后，义军已不能在固定地点驻扎，在法军和黄带兵的联合围剿下，由三岛山向太原转移。11 月，又由太原回到安世。自 11 月 30 日起，法军和黄带兵在磨庄—峨市—营钢三角地带布置了搜捕网，控制每户人家。12 月 1 日，瑾三娘及其女儿黄氏世被俘。12 月 2 日，黄花探和 5 名战士陷入敌巢，黄花探只身脱逃。12 月 3—5 日，共有 7 名义军投降，其中有黄花探的心腹——叔伯兄弟黄干。至此，黄花探身边仅剩几名亲兵。12 月 9 日，法军主力撤回河内，黎欢率黄带兵撤回海阳，留下 4 个排的兵力，由波尼发西少校指挥，招降隐蔽在各村的义军。他宣称：允许出降的义军回家安居乐业。1 个月后，法国殖民当局却将出降的 60 名义军判处无期徒刑，流放于昆仑岛。黄花探在人民群众的掩护下，仍在山林里生活。3 年后，即 1913 年 3 月 10 日晨，在离峨市 2 公里的租句林区，黄花探不幸被叛徒阿七用锄头打死。他割下黄花探的首级，送交在雅南的波尼发西少校，谋求奖赏。持续 30 年的安世农民起义随着黄花探的牺牲而失败。

安世农民起义的失败，有多方面原因。从主观看，农民军本身存在许多弱点：（1）黄花探对知识分子抱有偏见。他认为"穿长褂子的先生"经受不住长期艰苦斗争的考验，容易叛变，因而拒绝知识分子入伍，以致义军成为一支没有文化素养的队伍。（2）黄花探对新兵入伍要求过苛、过严，义军队伍发展缓慢，不能适应抗法斗争形势变化的需要。义军队伍中除黄花探的夫人瑾三娘外无一女兵，限制了对妇女工作的开展。（3）黄花探和维新会的领导人没有建立起统一的领导机构，没有全面的部署和计划，对隐蔽在各地民间的义军缺乏必要联系，不能联合起来行动，特别是没有和东游运动、东京义塾运动、维新运动紧密配合，以致被敌人各个击破。（4）在整个起义过程中，起义者主要将斗争矛头指向法国殖民者，这无疑是正确的，但对越南

①　越南封建王朝御林军，绑黄色带，故名。

封建统治者已和法国殖民者勾结在一起这一点认识不清。当大越奸黎欢打着顺化朝廷旗号招安时，义军中的一些将领往往在高官厚禄的引诱下发生动摇乃至叛变投敌。

从客观上看，安世农民起义也难免不失败：（1）19 世纪末 20 世纪初，各帝国主义分割世界领土、瓜分东方势力范围的斗争已经完结，它们之间的矛盾已经缓和，法国殖民者已无后顾之忧，并且得到了日本帝国主义的帮助。（2）到 19 世纪末，法国殖民主义者已基本完成了对越南的武力征服，各级行政机构已经建立，严格限制越南人的行动，安世农民起义军陷入孤军奋斗的困境，法国殖民者可以倾其全力进行镇压而不会受其他抗法武装斗争的牵制。（3）双方力量悬殊，法军总兵力几乎比义军总兵力大 100 倍，法军装备又比义军精良得多。

安世农民起义给予法国殖民者以有力的打击，为后世反对法国殖民者的斗争树立了光辉的榜样。黄花探成了越南人民爱国主义的象征。长期以来，在越南人民群众中传颂着他抗法救国的英雄事迹，并且得到越南无产阶级革命家胡志明的肯定和重视。黄花探领导的安世农民起义永远载入越南民族解放斗争的史册。

20 世纪初越南资产阶级改良运动

戴可来

19 世纪末 20 世纪初，以潘佩珠等人为代表的一批进步士大夫，受中国资产阶级改良派康有为、梁启超的影响，在越南倡导东游运动，创办东京义塾，领导中圻维新和抗税运动等一系列斗争，形成了具有资产阶级性质的改良运动。这个运动把一度消沉下去的抗法斗争火焰重新点燃起来，在越南民族解放斗争史上写下了光辉的一页。

20 世纪初越南社会的变化和新思潮

从 1858 年起，法国通过武装侵略，逐步把越南强占为自己的殖民地，到 1897 年基本上完成了对越南的武力征服。

法国殖民者侵占越南的目的，是要把它变成一个为法国资本家提供原料、廉价劳动力和倾销商品市场的"开发的殖民地"，并把它作为向远东，特别是向中国侵略的前哨基地。为此，1897 年到任的全权总督保罗·杜美制订了第一次开发越南的计划（1897—1914 年），开始进行有计划的大规模经济掠夺。

法国殖民者大规模掠夺农民的土地。据统计，1890 年法国殖民者侵占的土地为 10900 公顷，1900 年增至 30.1 万公顷，到 1913 年竟增至 47 万公顷。个别殖民者占地达 11720 公顷。他们把所掠夺的农民的土地辟为大庄园和垦殖场，仍然维持着封建主义性质的地租剥削。这样就破坏了越南农村固有的土地村社共有制，使占水稻种植总面积 80% 的土地集中于殖民者和大地主之手。与此同时，殖民者还用加重各种税收的办法，残酷地剥削和掠夺人民。在北圻人头税由 5 角增加到 2 元 5 角；中圻由 3 角增加到 2 元 3 角。土地税从 1 元增加到 1 元 5 角。另外，还通过酒、盐、鸦片，甚至赌博税搜刮了大量钱财。税收的不断增加，使人民生活必需的食盐价格在 1897—1906 年增加了 9 倍，大大加重了人民的负担。

在第一次开发期间，代表法国国家开发银行的东方汇理银行，在印度支那享有发行和管理货币的特权，从而控制了越南的经济命脉。它的利润总额从 1885 年的 39.3 万金法郎，增加到 1905 年的 266.6 万金法郎。法国殖民者把他们掠夺来的巨额利润，投资到采矿、修船和交通运输业。他们最注重的是开采煤、铁、锌、锡、金矿和大理石等，掠夺当地的资源。法国资本家所开采煤的总产量从 1899 年的 26 万多吨，上升到 1913 年的 50 万吨。这些煤运销日本和中国，部分运回法国，谋取利润。在采煤企业中，以廉价的人工代替机器，甚至到第二次开发时期机械化的程度也极低。

法国殖民者为了把越南变成它的商品销售市场，极力抑制当地加工业的发展。经过第一次开发，越南到 1913 年才建立了屈指可数的几家纱厂、丝厂、造纸厂、酿酒厂、火柴厂、卷烟厂、碾米厂和肥皂厂等轻工业工厂。交通运输业是为法国资本家输送原料、货物，为殖民当局运兵，巩固其殖民统治服务的。法国从 1881 年开始兴修西贡—美萩铁路；1889 年，开始修建河内—谅山铁路；至 1913 年，河内—荣市、岘港—东河和西贡—芽庄 3 条铁路建成。1910 年，滇越铁路竣工。一小撮法国商业资本家垄断了越南市场，他们收购大米等土特产，并把法国商品倾销到越南的城镇和穷乡僻壤。

法国殖民者从自身的利益出发，在经济开发方面的基本政策，一方面是维持封建关系，把地主阶级当作他们殖民统治的社会支柱；另一方面则压抑越南的工商业，使它永远落后。在法国人眼里，一个殖民地的作用就是为其母国提供原料和产品（以不能与它本身的产品相竞争为限）。因此，法属印度支那的经济完全从属于法国的利益。可是，同殖民者的主观愿望相反，由于第一次开发计划的实施，却在客观上把资本主义性质的生产方式输入越南，引起了越南社会的变化。

资本主义商品经济冲击了越南的封建自然经济。城市的面貌有了变化，市镇商业也发展起来。河内出现了新的工厂、商行和一些销售外国商品的商店。海防也再不像 1886 年以前那样仅是一个小小的渔村，而变成了印度支那的第二大海港。发展较快的沿海地带，吸引了大量因殖民者掠夺土地和倾销商品而破产了的农民和手工业者。他们流入城市，成为法国资本家兴办的厂矿企业所需要的廉价劳动力。据统计，自 1890 年以后，平均每年增加 2500 名工人，到 1914 年越南厂矿工人已达 5.4 万人。在第一次世界大战前越南工人阶级已经形成。

在法国殖民者入侵以前，越南封建社会中孕育的资本主义因素，这时也有了较快的发展，出现了买办资本家和最初一批民族工商业家。买办资本家在商业中起中介人作用并承包殖民政府工程，他们的利益和殖民主义者紧密结合在一起。民族工商业家独立经营，发展本国的工商业，创办新型的工商企业。如河内的同济利、鸿新兴及广兴隆、东城兴等股份公司，荣市的朝阳商馆，西贡和芹苴的南同兴商行和明新工艺社，广南的广南协商公司，等等。它们经营国货和土特产，从事纺织、制漆器、制鱼露和制帽业。有的企业资本达 20 万元，在许多地区设有分支机构。越南工商业家大多是从地主阶级中分化出来的，他们身受殖民主义的压迫，对殖民主义有其反抗性的一面，同时又与本国劳动人民存在着阶级矛盾。他们的力量很薄弱，在第一次世界大战后还只是一个正在形成中的新阶级。

20 世纪初，越南由一个封建社会逐渐转化为一个殖民地半封建社会。

越南社会发生巨大变化的同时，资产阶级的思想和文化也传入越南。1898 年，中国发生了"戊戌变法"。越南的知识分子通过维新派领袖康有为、梁启超的著作，通过早期西方资产阶级启蒙思想家著作的中译本，接受了资产阶级新思潮。徐继畲的《瀛寰志略》、张德彝的《普法战记》，特别是梁启超的《中国魂》《戊戌政变记》及卢梭的《民约论》，达尔文的《进化论》中译本，在越南知识分子中广为流传，起了巨大的作用。

越南新兴的工商业者阶层的出现，为资产阶级新思潮传入奠定了社会基础。但是，由于越南民族资产阶级尚在形成过程之中，因而，资产阶级新思潮在当时是通过封建阶级中进步的士大夫在越南传播的。这些进步的封建士大夫以资产阶级的"新学"和"维新"为自己的思想基础和政治基础，企图在争得越南独立后，走日本"明治维新"的道路，建立日本式的资产阶级国家。因此，由他们所领导的政治运动，不同于以"忠君爱国"为号召的旧式封建"勤王运动"，而具有资产阶级改良主义性质。

维新会的成立和东游运动

1900—1904 年，越南杰出的爱国主义者、资产阶级民族民主革命家潘佩珠和他的同志小罗（阮诚的别号）、邓蔡坤（号渔海）等人在国内积极活动成立革命党，并拟订了反法复国的 3 项活动计划：

第一，为联络旧勤王余党及诸绿林健儿，倡起义兵，目的专在讨贼复仇，而其手段必以暴动为首难。

第二，为拥扶盟主，于皇亲中立之。阴结诸路有力者为援应。且纠协南北诸忠义之士，谋同辰（时）大举。

第三，为依以二计划，如必须外援辰（时），则为出洋求援之举，而其目的专在于恢复越南，设一独立政府。除此外，尚无若何之主义。

为了实现这 3 项计划，潘佩珠曾去会见农民起义军领袖黄花探（黄因病由其将领代为接待），商讨日后配合起义的问题。他在 1903 年写成了《琉球血泪新书》，借琉球失国淋漓尽致地描述了亡国惨状，振笔疾呼当时在职的官吏起来救危扶安，希望在官吏中寻求志同道合的人。但是，此时的封建官僚已成了法国殖民主义者的忠实走狗，无法取得他们的援应。这篇文章只是在有民族气节的士大夫中得到反响，使他能够以文会友，结识了潘周桢等爱国者。

为了实现"拥扶盟主，于皇亲中立之"的计划，小罗曾向他建议："吾辈起事先收人心，现时一般思旧之徒，尊君讨贼外，尚无若何思想。楚怀王、黎庄宗不过英雄起事时之一种手段耳。且图大事，必须得大国金钱。而我国金钱天府，实为南圻，南圻阮朝开拓之地，戴阮甚深，嘉隆复国，财力皆出于此间。今若得高皇正系而拥之，号召南圻，必易为力。"他接受小罗这个建议，找到嘉隆皇帝后裔、皇子景的嫡孙圻（畿）外侯疆柢，同他建立了联系。潘佩珠的上述活动，为建立维新会奠定了基础。

1904 年 5 月，潘佩珠与曾拔虎、邓蔡坤、邓子敬、黎武、杜选等 20 余人，在广南小罗的家里开会，成立了一个"会"，共推疆柢为会主。当时为了保密，并未制定成文的章程，也没有名称，到 1906 年才正式命名为"维新会"。他们仅提出了 3 条行动计划：

"一为会势力扩充计，要于最近时期，广招党员，厚集党费；一为暴动后之接续进行，要于最近时期，筹定各种材料；一为确定求援之方针及其手段。"

该会决定由潘佩珠负责出国求援，希望外国提供武器装备并在越南起义时派兵支援。他们看到："现时列强情势，非同文同种之邦，无肯援我者"，中国"今国势削弱，自救不遑"，只有日本是"黄种新进国，战俄而胜，野心方张，往以利害劝之，彼必乐为我助"。于是决定向日本求援和学习。

1905 年 1 月 20 日，潘佩珠和曾拔虎出发，假道香港、上海，于 4 月下旬到达横滨。赴东方日本留学的"东游运动"，便从此开始。在横滨，潘佩珠会见了神交已久的中国资产阶级改良派领袖梁启超。梁启超对潘氏提供了许多有益的意见。他认为要完成救国事业必须有实力，必须开启民智，提高民气和培养人才；至于军队、粮饷、器械，应向两广求援。他反对潘氏争取日本出兵援越的设想，指出一旦日军进驻越南，势必不肯撤出，其结果"是欲图存而益以促其亡也"。他鼓励潘氏积极做好抗法起事的准备，等待有利时机的到来。梁启超还介绍潘氏结识日本政治家、前首相大隈重信和进步党总裁犬养毅等人。他们认为要日本派兵援越不大可能，建议潘氏应鼓励越南青年来日留学，培养人才，并愿协助接待。通过这些接触，潘佩珠认识到请求日本派兵援越的计划不切合实际，遂把工作转向组织越南青年赴日留学方面。

潘佩珠接受梁启超的建议，撰写了《越南亡国史》一书，由梁启超代为润色帮助出版。这本揭露法帝暴行的著作，曾经激发了无数越南人的爱国激情，影响很大。正是在中国改良派的影响下，潘佩珠在政治上走上了谋求建立君主立宪国家的道路。他说："依吾国古来之历史与现在之民智，则君主为宜。吾党所以谋拥皇亲圻外侯，亦君主之预备也。"

1905 年 7 月初，潘佩珠回国，组织青年赴日，并为疆柢出国作准备。他和他的同志极力鼓动在国内各地组织工会、农会、商会和学堂，借助这些团体团结人民的力量，开发民智，并把它们作为迎送和资助留学生的秘密机关。他在国内仅停留了 1 个月，于 7 月底又回到横滨。由于富家子弟不愿背井离乡，穷人无钱出国，潘佩珠此行只带来 3 个留学生。针对这种情况，梁启超建议潘氏写了《劝国民资助游学文》，号召国内人士资助游学。

1906 年，经犬养毅介绍，潘佩珠在横滨会见了中国伟大的资产阶级民主革命家孙中山先生。后来，他们就中国和越南革命问题进行了两次长的笔谈。在革命方法方面，双方都主张武装暴动。但对革命的目的则存在分歧：孙中山主张铲除君主制，建立民主共和政体，而潘佩珠则主张越南独立后建立君主立宪制，不能立即实现民主共和政体。孙中山希望中越革命力量进行合作，待中国革命成功后，再援助越南等弱小民族取得独立；潘氏则主张中国革命党先援助越南取得独立，然后以越南为根据地，推翻清王朝的统治。尽管双方的看法不尽一致，但他们的会见为以后两国革命力量的相互支援奠定了良好的基础。

在与孙中山会晤后，同年潘佩珠赴香港迎接疆柢到广州（1907 年 1 月疆柢到达日本，入振武学堂学习）。他们在黑旗军抗法名将刘永福的家里召开会议，正式命名于 1904 年成立的组织为维新会，制定章程，提出该会以"驱逐法贼，恢复越南，建立君主立宪国"为政治纲领。其后，潘氏撰写《敬告全国父老书》（以疆柢名义起草）和《海外血泪书》《续海外血泪书》，继续号召国人起来抗法。其中《海外血泪书》是一篇重要的文告，可以视为维新会的政治宣言。但是潘氏在书中所宣扬的仍然是已变为保皇党人的梁启超的思想，认为越南亡国的原因，是"皇帝不知有民，国家不知有民，民不知有国家"。他主张团结的社会阶层，也大多属于封建阶级，而忽视农民的作用。

同在 1906 年，越南士大夫中另一个有影响的人物潘周桢也到日本考察，并会见了潘佩珠。此时，两人在政见上已发生了分歧：潘佩珠主张暴力反法，拥护君主；而潘周桢则反对暴动，提出"倚法求进步"，主张打倒贪官污吏，废黜昏君，提倡民主。虽然维新会从总的方面看是一个改良主义组织，但是潘佩珠和潘周桢却分别代表了其内部主张暴力手段与和平手段两种不同的倾向。潘佩珠是封建勤王运动的继承者，还没有完全脱离尊君保皇思想的窠臼，他的主张偏重于反帝；潘周桢则更多地反映了立足未定的新兴工商业者的利益，偏重于反封建。当时越南是法国的殖民地，反帝反封建的革命任务是密不可分地结合在一起。因此，他们两个人的主张都有其片面性，特别是潘周桢不强调反帝，忽略了当时的主要矛盾，更是错误和有害的。幸好当时这两种倾向尚未演成维新会的分裂，他们对出洋东游的意见还是一致的。潘周桢在日本作了短时间的考察后，便返回越南。

1906 年 12 月，潘佩珠再度回国。他在繁昌与农民起义军领袖黄花探的会谈取得了成果。黄花探表示愿意加入维新会并收容从中圻来的爱国志士，当中圻起义时将举兵响应。潘佩珠则保证，一旦黄花探需要支持，即在各地发动起义进行策应。

潘佩珠此行，促进了国内斗争形势的发展。到 1907 年，各地普遍建立了商会。河内创办了"东京义塾"和它的地方分校。与此同时，响应潘氏号召赴日留学的青年越来越多，他们先后入振武学堂和同文书院学习军事、政治。同年，潘佩珠组织了公宪会，分设经济、纪律、交际、文书 4 部，处理留学生事务。

1907 年以后，潘佩珠考虑到，越南与中国的云南、广西毗连，将来要团结起来共同对敌并假道返越，而与《云南杂志》负责人赵珍斋联系，并任该杂志编辑，还在该杂志上发表了《越亡惨状》《哀越悼滇》等许多文章。由于同中国革命党（同盟会）人的不断接触，使他加深了对民主思想的了解，促使他向赞成民主共和政体的方向转变。他曾回忆说："余因多与中国革命党人相周旋，民主之思想日益浓厚，虽阻于原有之计划，未能大肆其词，然胸中含有一番改弦易辙之动机，则自此始。"到 1911 年辛亥革命爆发以后，他便抛弃了君主立宪主张，提出"民主主义议案"，从改良主义走上民主革命的道路。潘佩珠在日本，还进行了广泛的活动，促成中国、朝鲜、印度、菲律宾等国革命者团结反帝的"东亚同盟会"成立（1908 年），并与云南、广西两省的留学生组成了"桂滇越联盟会"。

1905—1908 年，潘佩珠不辞劳苦，往返于越南、香港、广州和日本之间，宣传和发动革命，发起和组织了东游运动。到 1908 年 8 月初，越南留日学生人数已达 200 人（其中南圻 100 余名、中圻 50、北圻 40 余名），且第一批留学生已从振武学堂毕业。

对此，法国殖民当局十分恐惧，便于 1908 年开始镇压东游运动。一方面，在越南迫害留学生家长；另一方面，通过外交途径向日本政府提出解散旅日越南留学生组织的要求。1908 年夏，潘佩珠派回西贡提取南圻义民资助游学的 20 万捐款的人，为法国密探逮捕，暴露了游学的机关。法国殖民者借此迫害有关人士，割断国内与留学生联系的渠道，断绝经济接济。由于留学生纷纷接到家书，害怕家属受连累，被迫要求回国。同时，从来就不支持越南革命派反法的日本政府又接受法属印度支那殖民当局的要求，于 1908 年 6 月下令解散了公宪会和同文书院，并驱逐越南留学生出境。1909 年 2 月，疆柢和潘佩珠被驱逐出日本。缺乏广泛群众基础的东游运动遂告瓦解，在国内负责维新会工作的小罗、邓蔡坤等几位领袖先后落入敌手，维新会也名存实亡了。

东京义塾的创办和新文化运动

1906 年，潘佩珠曾从日本写信回国，指出越南失国的原因之一，是缺乏教育和无知，而日本已摒弃旧风俗，走上开办学校、教育子弟读书的新道路，提倡开启民智。国内也有一些进步人士主张发展文化、教育事业。他们学习日本福泽谕吉办庆应义塾的榜样，于 1907 年 3 月在河内的桃行街创办了东京义塾，以便在国民中传播新思想和鼓动爱国精神。东京义塾是一所合法的免费学校。创办人主要是梁文矸、陶元普、潘俊丰、阮权、邓经纶等人。梁文矸任校长，阮权为学监。除主持人外，还有许多人出钱出力，赞助办学。学校分为教育、财政、鼓动和著作4组。

教育组负责招生和各班的教学。教师大多是具有新思想的儒生，其中有两位女教师起初是义务教师，后来仅领取4块钱的少量津贴。学校初创即有学生四五百人，后增至千余人。学生有男有女，有成人也有儿童。共8个班，分日夜上课，以适应从事各种工作的学员的生活条件。学习的内容已摒弃了在封建社会中作为金科玉律的四书五经，而代之以地理、历史、格致①、卫生等新学，还为儒生开法语和国语（拼音文字）课，为通法语的翻译、书记等学员加修汉语。除正课外，学校还面向社会，组织评文、讲文、演说和读报，借以激励团结爱国之心。学校反对旧的科举式的学习方法，注重发展实业，提倡新的生活方式，如穿短衣、剪发髻、不染黑齿、使用国货、废除乡饮、革除陋习等。学校特别设立了收藏中国新书报的图书馆，校外人士也可借阅，借以传播新思想。

财政组负责筹集学校的经费。经费来源主要靠社会上的资助和乐捐，其用途除给教师发少量津贴外，其余供给学生纸笔、讲义。

鼓动组采用讲演会和评文会的形式，进行宣传鼓动工作。讲演会常在每月初一、十五举行，除宣读刊登在该校《登鼓丛报》和《大越新报》上的文章外，还抨击贪官污吏，号召革除陋习、剪短发，动员参加雄王②祭日活动、购买新书报、兴办学校等。评文会则朗读和讲解东京义塾所收集的爱国诗文。宣传鼓动活动的地区，除河内外，遍及北部平原各省，甚至深入到农村。新的宣传鼓动方法，吸引了许多群众。"演说会，人多如庙会；评文时，客到如云集"，扩大了爱国宣传和东京义塾的影响，收到了良好的社会效果。学校创办了机关报——《登鼓丛报》。这份报纸汉字题写"同舟共济，合力相助，志唯一，业唯勤"用以表明它的宗旨。报纸上的文章，有的用国语字，有的用汉字和喃字③，便于各方面的人士阅读。它的内容主要是宣传东京义塾的主张，鼓动爱国，提倡改革，在当时影响很大。

著作组负责编写教材和宣传材料。在短短几个月内，他们编写出《国民

---

① 清朝末年，统称声、光、电等自然科学部门为"格致"。

② 雄王，即皇帝，由中国传入的雒王之误，已成越南民族象征。

③ 喃字，越南人按汉语音及笔画变成的越南文字。

读本》,《越南国佳事》《南国伟人》《国文教科书》《伦理教科书》《越南国史略》《南国地舆》《文明新学册》等教科书,还把潘佩珠从日本寄回的激励爱国精神的文章作为教材。同时,购买中国改良派的一些书刊,以及从日本和中国买进一部分自然科学方面的书籍。通过这些书刊积极传播新学。

东京义塾的活动,就其本质来说,是为资产阶级发展鸣锣开道的新文化运动。在当时的越南,殖民主义者为了巩固其殖民统治,竭力维护封建制度和封建文化。只有冲破传统思想的束缚,反对旧的科举制度,新思想和新学才能传播。东京义塾冲击封建思想罗网的活动,在当时的历史条件下,无疑是进步的。

东京义塾的活动,是同潘佩珠所领导的维新会和东游运动密切联系的。东京义塾的许多成员都积极支持东游运动,或自身或选送自己的子弟赴日游学,并把他们开设的商馆、公司作为东游运动的秘密机关。

东京义塾的影响远远超出一个学校的范围,也不仅仅是文化运动,而形成为爱国运动,产生了巨大的政治影响。在当时家里挂一幅越南地图都要被判罪的殖民统治下,东京义塾讲授越南的历史和地理,就不是单纯的传授知识,他们利用办学和讲演,来唤起民众的爱国热情。

在东京义塾的影响下,河内附近许多农村的进步人士,自动建立起东京义塾的分校,如梅林义塾、玉川义塾等;或按照东京义塾的模式办起乡学。

东京义塾的影响不断扩大,甚至影响了在法国军队中的越南士兵,法国军方惊呼"东京义塾是北圻叛乱的一个乱源"。

东京义塾振兴实业、服用国货的宣传,有利于越南民族资本的发展。它积极提倡和鼓励使用新文字,在学生、市民和农村知识分子中掀起了学习国语字的运动,促使拼音文字成为越南民族通用的文字。东京义塾在新文化方面作出了贡献。

起初,法国殖民者看到东京义塾的活动具有合法和改良的性质,并未出面干涉,只是设法加以限制和派密探打进去掌握活动情报。但当东京义塾的活动发展成为一个团结爱国的运动,威胁到他们的统治时,便采取无情的镇压措施,来扑灭这个运动。1907 年 12 月,殖民政府下令封闭东京义塾。次年,发生河内投毒事件①和中圻抗税运动,法国殖民者便借机进一步镇压东京义塾的参加者。他们逮捕了几乎所有的教员,解散商会,关闭《登鼓丛

---

① 详见本书《安世农民起义》一文。

报》，禁止演说，没收并严禁收藏和流传东京义塾的材料。

东京义塾仅存在 9 个月，但它有力地冲击了封建旧思想，传播了新思想，为越南后来的革命准备了思想条件。

从中圻维新到抗税运动

在北圻以东京义塾为中心开展爱国运动的同时，中圻也迅速掀起了一个反对贪官污吏、提倡剪短发、穿短衣、使用国货、废除陋习、注重实业、兴办学校的运动、被称为维新运动或同胞运动。

进步士大夫们宣传鼓动的目的，在于激励爱国热忱，企图按照资本主义的方式进行改革。他们提倡剪短发，是向儒家的"身体发肤，受之父母，不敢毁伤"的旧观念宣战。当守旧派讽刺他们剃光头是修道士时，他们却借此宣传：

> 此番剪发去修身，
> 诵独立经，住维新祠。
> 日夜殷勤诵念，
> 为益国利民而祈求，
> 为开民智而去修身，
> 为我国过渡到富强而去修身。

他们提倡废除乡饮陋习，号召面对新世界：

> 愚蠢的东西真可笑，
> 胡思乱想了几千年。
> 乡绅与村长先生们，
> 真是贪婪无耻。
> 为何不睁开眼睛看看人家，
> 广阔的五洲，人种相争，
> 还在争吃争喝，
> 只埋头于乡村。
> 面临着优胜劣败，适者生存，

还能在世界上立足吗？

中圻的进步士大夫们还鼓动振兴实业，而且身体力行，办起了一些新的企业，使民族工商业得到发展。同时，也像北圻的东京义塾一样，在中圻掀起了办学热潮。这些学校以使用国语字为主，讲授历史、地理、格致、卫生等新学。还教学生歌咏和体操，校际之间举行会考。每周举行演说会，学生可以自由上台演说。演说活动扩展到校外，在社会上引起强烈反响。

当时中圻维新运动的领导者是潘周桢、陈季硷、黄叔抗、范德言、黎文勋、阮廷坚等人。潘周桢、黄叔抗等主张采用和平手段，而范德言等人主张暴动，政见不尽相同。但他们能够互相帮助，把不同政见和不同倾向的派别，都会合到维新运动中来。

在殖民统治下，苛捐杂税和徭役是套在农民身上的两副沉重枷锁。中圻农民每年服役达十五六次之多，不仅经常因此误了农时，而且要遭受监工的毒打谩骂。农民中蕴藏着强烈的不满情绪。因此，当维新运动进一步深入到农民群众中去的时候，便发展成为一场剧烈的社会风暴。从竞相剪短发、穿短衣、衣服用国产土布，到有的地方发生了剪行人长衣摆、撕毁蓝衫、打断官吏牙牌的事件。特别是 1908 年 2 月底反映了群众要求的"不向法国殖民者纳税"的口号广泛传播开来，运动迅速发展成农民反抗法国殖民者及其走狗封建官吏的剧烈斗争。

3 月 11 日，广南省大禄县爆发了人民群众在会安法国公使馆门前的游行示威，抗议摊派徭役。法国公使逮捕群众代表，野蛮殴打群众，更激起了群众的义愤，参加游行者不断增加，多达 1 万余人。斗争的口号也从要求减少徭役时间到要求废除当伕条例和减税。他们的斗争坚持 1 个多月，并得到市民的支持。会安的许多商店关门，使商业陷于停顿。统治者被迫答应不再加税，但运动仍在不断高涨，群众向他们痛恨的贪官污吏兴师问罪。3 月 20 日，群众包围了广南总督胡得忠的官邸，强迫他向法国殖民者提出减税要求。3 月 22 日和 26 日，示威群众先后包围了奠盘府和三歧府官府，抓走知府。4 月 7 日，维川县的群众包围罪大恶极的区长陈括的住宅，把陈括绑到河边处死。其他地方的一些群众也趁机向越奸讨还血债，运动迅速向邻近各省蔓延。

3 月底，运动扩展到广义省。4 月初，扩展到与广义相邻的平定省及承天省。5 月，蔓延到富安和河静省。各地都举行了反抗拉伕和要求减税的大规模游行。游行者抓走官吏，惩办越奸，有的地方甚至发展成为夺取政权的暴动，打死县长，农民俨然做了农村的主人，地方官纷纷逃入省城。除了上述省区外，像义安、清化、平顺、庆和、广平、广治等省的许多市镇和市场上也出现了鼓动游行示威的传单和标语，召开了准备起事的秘密会议。

在剧烈的群众运动面前，士大夫们不敢出面领导，他们没有提出明确的政治纲领，也无力把农民分散的力量聚集在一个坚强的组织之中。因而，当殖民者调集军队进行镇压时，运动便于5月底瓦解了。著名的士大夫陈季峪和在各地直接进行活动的人都被判处死刑。潘周桢、黄叔抗、范德言等被判处徒刑或流放昆仑岛。殖民者对参加运动的群众进行血腥的屠杀，他们把爆发运动的一些村庄（如广南的富林村）视为"乱根"，夷为平地。他们疯狂报复示威群众，一次逮捕即达千人之多。把被捕者锁上长枷，赶到烈日下曝晒。在殖民者的残酷镇压下，到处笼罩着一片恐怖气氛。中圻抗税运动虽然失败了，群众的巨大斗争力量毕竟迫使殖民者不得不在次年（1909年）作出一些让步，如减少拉伕、允许以钱代役和检查使用民伕的"公益"事业、改变征收市场税方法等。

20世纪初越南资产阶级改良主义运动，在越南民族解放运动史上有着重大的历史意义。

19世纪末20世纪初，当法国殖民者完成对越南的武力征服、封建朝廷中的主战派和爱国文绅所领导的勤王运动失败后，越南的抗法斗争曾一度消沉下来。而以潘佩珠为代表的一批进步士大夫，在资产阶级改良主义新思潮的影响下，掀起全越范围的反法浪潮，使"义声沉寂"的抗法斗争，又"吹其余烬而复燃之"。在斗争中，他们传播资产阶级的新学、新思想，他们所建立的维新会是近代政党的雏形。东游运动和东京义塾为革命培养了人才，造就了一批民族解放运动的战士。他们宣传爱国思想。"开民智""振民气"，大大启发了民族意识，提高了人民的觉悟水平。他们鼓动振兴实业，提倡使用国货，促进了民族工商业的发展。所有这些，为资产阶级的进一步斗争和无产阶级领导的民族解放运动准备了条件，在越南民族解放运动史上起着承前启后、继往开来的进步作用。这些运动的失败也说明，资产阶级无力把越南从法帝国主义殖民统治下拯救出来，越南的革命只有在无产阶级的领导下才能获得成功。

泰国拉玛五世改革

陈健民

在泰国曼谷王朝的拉玛五世王朱拉隆功①统治泰国的 42 年间，对整个国家进行了一系列广泛的社会改革，使泰国获得比较迅速的发展。有人把这一时期称为泰国的"维新时代"。拉玛五世的改革是泰国近代史上具有重大意义的事件。

改革的必要性和迫切性

拉玛五世（1868—1910 年）登上王位的时候，正是泰国处于内忧外患的严重历史时期。曼谷王朝（1782—1851 年）恢复并发展了大城王朝（1350—1767 年）15 世纪确立的、以萨迪纳的授田等级制为核心的封建农奴制。按规定，王族授田为 1500 莱至 10 万莱②，贵族 400 莱至 1 万莱，农奴一般 25 莱，奴隶③一律为 5 莱。

萨迪纳制确立以后，泰国社会明显地分为封建主（王族和贵族）和农奴、奴隶两大阶级。封建主是统治阶级，他们不参加劳动，被授予一定的爵位和官阶，靠剥削依附在其份地上的农奴提供无偿的贡赋和劳务为生。

农奴是被统治阶级，占全国人口的绝大多数（19 世纪中叶，泰国人口约 600 万，农业人口占 85%—90%），是全国物质财富的创造者。农奴分为官民和私民两种。官民每年要为国王服劳役 6 个月，后减为 3 个月。服务役时要自备食用物品，不给报酬。其余时间可以用来耕种自己的份地，但须将

---

① 朱拉隆功是拉玛五世王原来的名字，他登上王位之后，号称帕拔颂德·帕尊拉宗·浩昭育华。

② 1 莱等于 0.4 英亩，约合 2.4 市亩。

③ 有人认为是奴隶制的残余，有人认为是封建社会的奴婢。

其收获物的 1/10 作为租税上缴国库。此外还有其他名目繁多的封建杂税，又须向管理他的官员送礼并为其干活儿。官民中的手工业者可以不服劳役，而用他们生产的一定数量的产品去代替。私民是属于某个封建主的依附民，他们除了每年要给国家服劳役 1 个月外，主要是向其主人缴纳贡赋和干各种杂活。农奴被严格地束缚在土地上，不得随意迁徙；非经主人许可，不得为他人做工；战时要应召出征。

泰国的奴隶始于大城王朝初期，已有 500 余年的历史。他们是社会上地位最低的人。1637 年的《奴隶法》规定奴隶有 7 种，即债务奴隶、战俘奴隶、家生奴隶（奴隶在主人家所生的子女）、父母遗留下来的奴隶、别人赠送的奴隶、赎罪奴隶和因生活无着而投靠他人的奴隶。其中人数最多的是债务奴隶和战俘奴隶（包括从战败国俘来的普通居民）。原来分为可赎身奴隶和非赎身奴隶，后来都成为可赎身奴隶。他们是主人的私有财产，主人除无权杀死奴隶外，可以给他们上镣铐、施酷刑，直至使其双目失明；可以命他们替自己服劳役、兵役和服刑，把他们转卖或转让他人。他们可以有少量私人财产。他们每年要给国家服劳役 3 个月，大部分时间给主人种地、干活儿，但还有一些时间从事自己的劳动。如果他们按照规定赎身，便可恢复平民的身份。19 世纪中叶，泰国奴隶的人数约占全体居民的 1/4，即约 150 万人。

中央行政机构沿袭旧制，有两个协助国王处理全国军政事务的总理大臣：军务总理大臣负责全国的军事，兼管南方诸省；内务总理大臣负责全国的民政，兼管北方诸省。下设四厅：财政港务厅负责财政与外交，兼管东岸沿海各省；城邑厅负责首都及京畿的法律和秩序；官务厅管理王室开支及一切宫廷事务；农务厅负责有关全国农田管理事宜。

拉玛五世时期，由于人口增加，商品经济和对外贸易的发展，原来的行政组织不能适应新的形势。各厅事实上并没有明显的分工，机构重叠，没有监督和检查制度，工作效率很低。政府人员没有固定的薪俸，贪污舞弊现象严重。国家的税收，从拉玛三世（1824—1851 年）时起，便盛行包税制度，由政府召人投标承揽，使大量资金落入包税人的私囊。国家的资金都储存在王库里，王库和国库并无区别。没有统一的税收制度和机构，各厅的费用都从国库支出，造成财政上的浪费和混乱，入不敷出，国家财政每年负债达几十万铢[1]。

---

① 铢是泰国的币制单位，当时官方比价 1 铢等于 60 美分。

　　曼谷王朝名义上实行中央集权制，实际上地方政权有很大的独立性。泰国的地方政权，分为内层郡城、外层郡城和附庸郡城三等。拉玛一世时期（1782—1309 年）规定：军务、内务和财政港务厅分别委任其所管辖的内层和外层郡城的郡长等主要地方官员，附庸郡城的郡长则由国王册封和委任。事实上由于交通不便和国王财力薄弱而无力多派政府官员前去管辖地方郡城，中央政府只能直接管辖京畿附近的几个郡城。其他内层郡城往往自立郡主，并向政府隐瞒人口数字和税金收入。外层郡城与中央政府的关系更疏远一些，政府无权委任郡长，因为那里的郡长早已存在，政府只起正式承认的作用罢了。郡长一旦获得中央政府的承认，便开始"食采邑"，除了按规定每年两次到王都屡行效忠仪式并缴纳一定的贡赋之外，可以在地方不受监督地专断横行。附庸郡城过去都是独立的小邦，不时伺机反叛。

　　在中央政府内部，拉玛五世的地位也极不稳固。国王在名义上享有至高无上的权力，但实际上却缺乏足够的财力和兵力，中央的大权一直由王公大臣所独揽。例如汶纳氏从拉玛二世时起便牢牢掌握大权。1868 年拉玛四世死后，拉玛五世继位时年仅 15 岁，头 5 年由原军务总理大臣昭披耶·西素里雅旺任摄政王而控制了整个中央政府的权力机构，统治权仍然掌握在汶纳氏之手。摄政王的一个儿子、两个弟弟和一个侄儿，分别担任国防大臣，财政港务大臣、拉玛五世的私人秘书和农务大臣。此外，摄政王还违反"副王由国王谕令"的宫廷法，在王公大臣的会议上，委任前副王炳告之子公玛门·波旺威猜昌亲王为前宫副王，成为拉玛五世的心腹之患。由于摄政王握有财权和兵权，年幼的拉玛五世忧心忡忡。他在 1888 年 5 月给王子的一封信中曾说："你父亲继位时年仅 15 岁，像是一盏半明不暗将灭的灯。"

　　随着对外贸易和商品经济的发展，在 17 世纪时，土地私有和用货币代替徭役及实物地租的趋势已经出现。厄迦陀沙律王（1605—1610 年）颁布了第一种商业货币税。到了曼谷王朝初期，缴纳代役金和货币地租已经相当流行。拉玛三世时，政府规定每人付款 6 铢（奴隶 1.5 铢），便可代替 1 个月的徭役；同时取消按户征收产品 1/10 的实物税，改行计田征钱，每莱征收 0.25—0.375 铢。商品货币关系的发展和封建压迫的加剧，使大批农奴和手工业者沦为高利贷的牺牲品。19 世纪中叶，泰国农民约有 1/3 因破产而被迫卖身为奴。

　　这个时期由于英国殖民者在马来亚强迫种植橡胶，其大米主要仰赖泰国供应；英国的属地新加坡和香港，也需从泰国进口大米，因此在泰国周围形成一个不断扩大的大米国际销售市场，泰国需要扩大稻谷生产并大量出口。西方资本的入侵对泰国的社会经济起了分解作用。19 世纪下半叶，在同对外贸易有联系的地区，如曼谷、中部地区和南部马来半岛，资本主义的生产方式已经出现，私人工场手工业已在锡矿、冶金业、造船业、制糖业及大米和木材加工业中发展起来，曼谷地区出现了一些使用蒸汽发电的工厂。修建灌溉水渠、扩大稻田种植面积、扩建曼谷都市、增加工业企业，这一切都需要大量劳动力，然而把广大农奴、奴隶紧紧地束缚在封建土地上的萨迪纳制却阻碍了劳动力市场的形成。封建生产关系严重地阻碍了社会生产力的发展，使泰国社会长期停滞不前。

在拉玛四世时期（1851—1868 年），西方列强的势力便已侵入泰国，并在泰国进行激烈的争夺。1855 年，英国派遣其香港总督鲍林到曼谷后，以武力相威胁，迫使泰国签订《鲍林条约》，主要内容有：英国臣民在泰国享有领事裁判权，为此，英国在曼谷设立领事馆；取消泰国政府对进出口贸易的一切限制，对进出口商品只征收 3% 的低关税额；英国人在泰国任何区域享有勘探和开采矿产的自由。继英国之后，法国、美国、德国、意大利、俄国等 14 个国家，接踵而至，在半个世纪的时间里，先后援例同泰国签订了不平等的《友好通商舰海》条约，泰国从此变成资本主义国家的粮食、原料供应地和工业品销售及资本输出的市场，沦为西方列强的半殖民地。外国垄断资本日益广泛和深入地控制着泰国的重要经济部门，其中尤以英国资本势力最大。

王室和贵族在对外贸易上的垄断，已被西方列强打破，他们从进口贸易中获得的巨额利润也随之丧失。封建主力图把经济困难转嫁到劳动人民身上，封建赋税的数目增长了 1 倍，征税的名目也增多了，除了土地税和果园税之外，连牲畜、房屋和锅灶也要纳税。这就引起国内广大人民的不满，大批的农奴逃入深山老林，并不断掀起反封建压迫的斗争。例如，1819 年占巴塞人的起义，1824 年尖竹汶华人的起义，1930 年马来人的起义，1842 年坤西拖地区人民的起义，1847 年北柳制糖工人的起义。1889 年，北部清迈地区爆发了有几千人参加的大规模农民起义，政府不得不宣布降低赋税 50%，才使起义得以平息。

为了缓和矛盾，拉玛四世开始对国家进行局部的改革。如部分取消王室和贵族对贸易的垄断，1841 年宣布取消对食糖收购的垄断；1852 年取消对大米出口的禁令；在国内主要省份普遍征收货币地租；局部废除国家的徭役制，颁令不准在皇都兴修灌溉渠道的工程中使用应服劳役的农奴，而必须"雇用苦力"，开始对奴隶买卖加以一定的限制，1865 年的法律规定，15 岁以上者，未经本人同意，不得出卖为奴；接着又进一步规定，禁止丈夫在没有得到妻子同意的情况下将其出卖为奴。交通运输也受到重视，开始修建一些道路、运河和桥梁。此外，还对陆军和舰队进行改组，并聘请一些欧洲人在政府中任顾问。然而到 1368 年拉玛五世继位时，泰国仍然是一个落后的国家。欧洲人马尔科姆·史密斯在他 1946 年出版的著作中，对当时的泰国作了这样的描述：

"没有固定的法典；没有完整的教育制度；没有对收入和财政的适当控制；没有邮政、电报事业。债务奴隶没有完全取消……没有医疗机构去维护城市人民的健康；没有现代化的军队，根本没有海军；没有铁路，也几乎没有公路；历法与世界各国不相吻合。如此种种，不胜枚举。"

英、法资本主义的势力不但已经侵入泰国，而且还对泰国的领土怀有野心。英国攫取印度之后，逐渐侵吞缅甸和新加坡，然后从西北部和南部将其魔爪伸进泰国。英国资本竭力渗入那些臣属于泰国的掸族和佬族小邦，1883 年在清迈设立领事馆，以便掠夺泰国北部的柚木等自然资源。在南方，在新加坡的英国殖民当局继续向马来半岛推进，侵占以泰国为宗主国的那些马来素丹国。1874 年，霹雳和雪兰莪沦为英国的保护国，1888 年，又将彭亨东邦据为己有。这时，英国的殖民地已经同泰国有藩属关系的吉兰丹、丁加奴、吉打和玻璃市相接壤，新加坡英国当局加紧干涉它们同泰国之间的关系。以槟榔屿为基地的英国舰队也加强了活动，随时可以入侵泰国。

法国在 19 世纪 60 年代把高棉变成其保护国，80 年代又控制了安南，它的属国已同泰国东部的边界相毗邻。1836 年，法国在琅勃拉邦设立领事馆之后，便觊觎泰国在湄公河流域的土地。1388 年开始对泰国发动武装侵略。泰国面临变成英、法殖民地或附属国的严重危险。

改革的经过和内容

1873 年年底，年满 20 岁的拉玛五世举行第二次加冕典礼，亲自临朝执政，宣告摄政时期结束。摄政王昭披耶·西素里雅旺担任国家最高元老。国内政局动荡不安和西方殖民掠夺的祸患，对泰国的威胁与日俱增，促使拉玛五世下决心对泰国的整个社会政治经济结构进行改革。然而，他的主张却受到以副王公玛门·波旺威猜昌亲王为首的保守派的阻挠。国王和副王之间的矛盾，随着拉玛五世改革事业的进行而日益激化，结果导致前宫副王于 1875 年不得不潜逃到英国驻泰领事馆要求避难，汶纳氏家族的势力，从此开始走向没落。前摄政王因年事已高，迁居叻丕，他那一派人物及子孙也相继失去了在中央政府的权力。此后，当拉玛五世之子和弟辈长大成人时，先后受命掌管要职。1875—1889 年，拉玛五世为他的 15 位弟弟封官赐爵，国家大权牢牢地掌握在国王手里。

1884 年，10 个受过西方教育的年轻王子和贵族，向拉玛五世呈交了一份请愿书。他们认为泰国的落后和孱弱是由腐败的封建制度所造成的，为了保持国家的独立，必须效法西方资本主义国家——制定宪法，成立议会，提高人民的民主权利。拉玛五世采纳了他们的意见，同意进行改革，但他认为当时尚不具备实行立宪政体的条件。此后，他便励精图治，依靠革新派，采取了一系列比较激进但又相当审慎的措施，对泰国的政治、经济、军事、交通运输及文教卫生等，进行了广泛的社会改革。

为了加强国王的权力，拉玛五世对军队进行了改革。1870 年，他组建了侍卫团。仅 1 年的时间，侍卫团便由 20 名士兵增加到 6 个连。他命令按西方建制革新军队，制定军事条例，发给将士固定的薪俸。1888 年，他改编和扩充军队，配备新式武器，创建泰国海军并自造战舰，开办陆军军官学校和海军、警官学校，派人到欧洲学习军事。两年后，侍卫团的兵力已增至 1.5 万人，并建立了拥有 3000 人的海军部队。1892 年，成立国防部。1898 年，成立陆军参谋厅。1904 年，制定征兵条例，改变过去那种用犯人的后裔补充军队和在地方行政长官的统率下，从民众中征集军事人员进行战斗的落后传统做法，使泰国有了国家职业军人。到 1910 年，泰国共有军队 10 个师。为了加强全国的治安工作，1897 年成立皇家警察厅和地方警察厅。1901 年，在呵叻成立第一所地方警官学校。到 1902 年，共有治安部队 1500 人。

拉玛五世认识到奴隶制度已落后于时代，故下决心解放奴隶。但由于泰国的奴隶绝大多数是债务奴隶，解放奴隶要损及贵族的利益，他担心采取激烈措施会引起贵族的反抗，因此他采用渐进的缓和办法，用了整整 30 年的时间，才最终把奴隶制度废除。

1874 年，拉玛五世颁布解放奴隶子女的法令。规定凡是在 1868 年他初次加冕之后出生的奴隶，逐步减少其身价，不论男女，在其年满 21 岁时，便可自动赎完其身价而成为自由民。1877 年，拉玛五世年满 24 岁，他按照

24 年的时间计算，每天捐助 1 铢，共 8767 铢，用这笔钱赎买了 16 个男奴隶、20 个女奴隶和奴隶子女 8 人，使他们成为自由民，并赐给他们谋生的土地和生活用品。一些贵族也效法国王的行动，这就使得自由民的人数增加。1879 年，拉玛五世颁布禁止进行奴隶买卖的法令。宣布凡在这一年 12 月 16 日以后出生的儿童，包括奴隶的子女，既不能自己卖身为奴，也不能被迫出卖为奴。1900 年，规定西北部清迈、南奔、南邦等地区，逐年减少战俘和债务奴隶的身价，在他们年满 60 岁时，便可成为自由民。1904 年，规定东部地区奴隶的身价，逐年减少 4 铢，到自动赎完其身价为止。1905 年，拉玛五世颁布命令，规定所有的奴隶子女一律成为自由民；所有奴隶的身价，一律每月减少 4 铢，直到减完全部身价而成为自由民；一律禁止奴隶买卖。由于实际上买卖奴隶的现象仍然存在，因此 1908 年又明令规定，凡进行奴隶买卖的，将处以 1—7 年的徒刑和罚款 100—1000 铢，从而全面废除了奴隶制度。

　　1873 年，拉玛五世在加冕礼上戏剧性地宣布取消谒见国王时的跪拜惯例，揭开了对泰国国家行政组织进行全面改革的序幕。1874 年 5 月，他决定革新顾问制度，设立由 12 位贵族组成的参议院，对政务提出建议并起草各项法律。同年 8 月，又成立枢密院，由 13 位王族组成，作为国王的私人咨询机构，并协助国王处理政务。后来由 12 位大臣组成的国务会议取代了参议院。

　　对各郡城行政体制实行改革，是拉玛五世国策重要的一环。1884 年，拉玛五世实行委任郡城专员制，政府向清迈、普吉、呵叻、乌汶等附庸郡城和边陲郡城派驻了"郡城专员"，以加强对边远地区的领导和控制。对泰北各地的藩属土邦，还采用王室联姻或将其藩王子侄羁留王都曼谷的办法，加强中央同它们的联系。

　　1887 年，王弟公玛门·特翁瓦罗巴干亲王被派往英国了解其内阁组织，回来后向国王呈交了一份考察报告。拉玛五世开始仿效欧洲，对国家行政机构进行重大的改革。把原来的军务、内务、财政港务、城邑、宫务和农务 6 个厅扩大为 6 个部，并新成立了外交、司法、教务、建筑工程、作战和掌玺 6 个部。共为 12 个部。初期仍保留军务和内务两个总理大臣，使其在治理内地各郡城中继续发挥作用。从 1888 年开始，由各部大臣组成的国务会议每周开会一次，国王亲自主持，决定重要的国策，代替过去凡事由国王一人决定的做法。

具有深刻意义的改革是从 1832 年丹隆拉差奴帕亲王出任内务大臣之后开始的，其原则是一切权力归中央。中央政府不再把各郡城的施政权力分别交给军务、内务和财政港务 3 部，而集中由内务部进行管理；过去由各部分管的司法和税收工作，也统一划归司法部和财政部管辖；原来由财政港务厅兼管的外交工作则交给了外交部；取消了军务和内务这两个总理大臣的职务，各部的首脑一律称为大臣。同年 4 月 1 日正式公布委任大臣制，各部大臣均由国王亲自任命。在新任命的 12 个人臣中，有 9 个系拉玛五世之弟。从此，泰国开始实行内阁制，当时称为"内阁行政院"。

与改革中央行政机构具有同样重要意义的是改革地方管理制度，这就是建立行省制度。这种新的国家体制称为"省政府制"，用来加强中央对地方政权的联系和领导，不允许郡长拥有以往的不受监督的特权。1397 年关于地方行政管理性质的条例和 1898 年关于郡城治理性质的法令规定，一切郡城统归内务部管辖，进一步整顿和加强对地方政权的建设。在全国建立了 18 个行省，每个省包括 5—6 个府，府下为县、区和乡。行省由中央派去的专员作为国王的代表管辖。县长以上官员由中央政府任命。到 1915 年丹隆亲王辞去内务大臣职务时，泰国已完成对地方郡城行政体制的改革。

拉玛五世还进行了法制改革。1891 年成立司法部，原来分属各部厅的法院一律划归该部管辖。1892 年设立法院，制定法庭审判的程序并建立地方法院。这时的法院已精简合并为 7 个：皇家最高法院、内务部最高法院、刑事法院、中央民事法院、普通民事法院、税务法院和外事法院。对政府高级官员的诉讼事宜，由国王或枢密院直接处理。后来取消了皇家高等法院，并把中央民事法院和普通民事法院合而为一。取消独立预审程序，由有关各法院直接受理有关案件。又进一步整顿地方法院，使之与首都法院的建制相一致。1908 年，又把上述法院合并为高等法院、曼谷法院和地方法院 3 个系统。1897 年，成立第一所法律学校，同时成立法律起草局，根据西方法典的范本，重新审理旧的法律，起草新的法律。1908 年，完成并公布泰国的第一部刑法。接着又起草了民法、商业法、刑事诉讼法、民事诉讼法和法庭法规等。废除了用竹签插指甲、挟太阳穴、鞭笞等酷刑和用水淹、蹈火等来判定是否犯罪等迷信落后的古老方法。

此外，拉玛五世还从英国、法国、美国、日本、比利时、丹麦等国聘请了大量顾问，以协助改革事业的进行。

在废除萨迪纳制、改革国家财政方面，拉玛五世采取了以下一系列措施。

第一，用人头税代替国家徭役制。随着商品货币关系的发展和废除奴隶制度在全国的完成，1899 年，政府下令废除农奴必须编制在一个封建主官吏属下的规定，使众多的农奴从此摆脱了封建依附关系的束缚，并且限制了地方割据势力的扩大。1901 年从法律上取消劳役制，劳役为人头税所代替。人头税的税率因省份而异，1.5—6 铢不等。

第二，确立土地私有制，调整土地课税的办法。废除了过去那种按封建等级由国家赐予禄田的制度，所有政府官员都领取固定的薪俸，并从法律上确立私人土地所有制。1888 年颁布的法令规定，凡耕种土地 25 莱者，只要缴纳 6 铢地契费，便可获得一张地契，其耕地便为私人所占有。这使国库在当年就多得相当全年土地税八成以上的地契费；在新垦土地大量增加的地区，地契费的收入超过土地税的收入。此外，从 1855 年便已正式颁令在国内主要省份普遍征收货币地租。为了奖励垦荒，1857—1858 年规定新垦稻田第一年免征，以后两年或三年减征。1874—1875 年又进一步放宽，实行头三年免征。1890 年，法律规定调整了的土地税为每莱征税 6 铢（原先规定，不论水田或旱田，每莱一律征税 0.375 铢），面积较小的土地税额为 1 沙楞①。由于征收货币地税不是根据谷物的收成，而是根据土地面积的大小，使国家的收入相当稳定。再加上从 19 世纪 80 年代中期起耕地面积的不断扩大，因而使国家的土地税收入大大增加。1898 年的土地税和地契费的收入，比 1888 年增加约 3 倍。

政府还注意发展水利事业，以利农田灌溉。1883 年成立水利厅，1902 年改名水道厅，隶属农业部，主管全国水利和水上交通，疏通旧河道，挖掘新运河和水渠，建立了一些水坝和水闸。这年还聘请荷兰工程师制订发展水利的计划，聘请美国专家制订改进农田耕作计划。1907 年，举行水稻良种比赛，并初次试验使用拖拉机耕田。1910 年，首次在曼谷举办农业和商业展览会。

第三，整顿国家财政，改革税收制度。1873 年，拉玛五世成立国税馆，制定国税馆条例，对包税人实行严格的管理，责成他们向该馆统一缴税。1892 年建立省政府制之后，将国税馆和财政局合并为财政部，将包税人列入官吏的编制，严禁有关官员追求私利。1893 年，国内税收由省专员派政府官

---

①　泰国币制单位，1 铢等于 4 沙楞。

员直接征收，废除由国家召人包揽的办法，从而有效地制止各种偷税漏税和滥收税款的不法行为。统一规定全国各种税收的税率，取消内地税（过去省与省之间对货物要征收过境税）和赌场。1896 年国库同王库分开。从 1901 年起制定并公布国家预算。在没有增加新税的情况下，1892—1902 年的 10 年间，国家的财政收入从 1500 万铢增加到 3900 万铢。

发展交通事业。1889 年，开始建造从曼谷到北榄要塞长 20 公里的铁路线。路轨从英国进口，车辆则购自德国。1893 年，铁路正式通车。1892 年开始修建从曼谷到呵叻的长 400 多公里的铁路，1896 年从曼谷到大城段竣工，余下的部分在 1900 年建成投入使用。接着，此线铁路于 1901 年修筑到华富里，1904 年修到北榄坡，1909 年便延伸至宋加洛。南线铁路 1903 年到达佛丕，1909 年决定修筑延伸至与英属马来亚接壤的地区。为了修建铁路，在曼谷开办了机车修理工厂。

市政建设也有诸多成就，如新建叻南宁公路和曼谷环城公路，架设数座桥梁，用大理石修建欧式的阿喃达皇殿等。

在近海航行方面，设立了"汽船和轮渡公司"，一些小汽船和渡轮来往于曼谷至暹罗湾一带。

在邮电事业方面，1869 年英国人建立了第一所私人电报局，1875 年转让给军务厅。1881 年开始有邮政，并初次在曼谷架设电话线。后归邮电局管辖，使曼谷地区用上了电话。1883 年，建立邮政局和电报局。1885 年，泰国第一次派出代表团参加国际邮政会议。1898 年，把邮政局和电报局合并为邮电厅，并在内地开办邮电业务。1889 年，暹罗电器公司建造电站，1892 年，电站开始输送照明用电，并为曼谷地区电车和各工厂提供电力。新的城市运输要求铺设道路，填平水道。新的街道代替了原来的小道。街道两旁盖起了西式楼房。

拉玛五世于 1871 年第二次出访新加坡和爪哇，1872 年访问了印度。这两次访问使他深感自己国家的贫穷和落后，并认识到要改革社会，使国家富强起来，最重要的是必须培养出一大批新式知识分子。回国之后，他下令在王宫内设立两所新式学校，一所教泰文，一所教英文，命名为玫瑰园学校，招收王族及贵族子弟入学。学生人数日增，1834 年在寺院里成立一所学校，称皇家学校。此外，还逐渐开办其他各种专门学校，如测绘学校、文官学校、军事学校、佛教学校和医学院等。1887 年，拉玛五世谕令成立教育厅以管理全国的教育，编写识字速成教材，并在内地开设学校。这时还出现了私人学校。1892 年，教育厅扩充为教务部，管理全国的教育和宗教。同时设立了师范学校，以培养更多的师资。1896 年，下谕招考留学生，派往国外学习。拉玛五世的 32 个王子，每人都要学会一门外语，然后派往欧洲学习。1898 年，实行按课程分班的计划，从此泰国教育得到了比较迅速的发展。

1874 年，在曼谷建立国家博物馆。1904 年把皇家图书馆、僧侣图书馆和瓦栖拉然 3 个图书馆合并成 1 个对公众开放的国家图书馆。该馆对于保存古籍图书和发展国家文化，起了重要的作用。1907 年，成立"古籍研究会"，鼓励对泰国的古代文物和历史进行研究。

在群众保健方面，成立了 1 个委员会，负责修建新式医院和孤儿院。还派医生给人民种牛痘，以防止天花等流行病。1897 年，颁布公共卫生条例并成立卫生局，负责管理全国的卫生保健工作。1903 年，创建泰国红十字会。同年，聘请法国工程师筹建自来水设施。1914 年，自来水局建成后，曼谷一地每年减少因饮水不洁而死于霍乱者万人以上。

这个时期还改革了某些风俗习惯，如提倡男子梳西式发型穿无领白衬衫或西装，提倡穿鞋着袜；在公务中一律使用公历等。

此外，拉玛五世在外交上利用泰国在客观上成为英、法势力缓冲国的有利形势，于 1907 年和 1909 年分别同法、英签订新约，把泰国中央政权鞭长莫及的边远属地马德望、暹粒和诗梳风 3 省割让给法国，把丁加奴、吉兰丹、吉打和玻璃市割让给英国，以换取法）英有条件地放弃领事裁判权和保持泰国在政治上的独立。

改革的成就及其局限性

拉玛五世的改革具有明显的进步意义。拉玛五世在面临封建制度衰落，王室权力衰微，外来侵略严重的情况下，为加强王权和中央集权并逐步向资本主义过渡，用了几十年的时间，借鉴近代资本主义国家的经验，力图把泰国从一个落后的半殖民地的封建国家，改造成为适应世界潮流的近代独立国家，取得了相当的成就。

通过改革，使王权和中央集权得到加强，全国行政制度和政令统一，地方封建势力被进一步削弱。废除封建的萨迪纳授田等级制，在一定程度上减轻了人民的负担，也扫除了发展资本主义的严重障碍，有利于全国商品经济的流通，推动了社会生产力的发展。经过改革，使得处于殖民主义掠夺夹缝中的泰国，在其他东南亚国家先后沦为殖民地和附属国的情况下，得以始终保持其国家的独立地位。

到了 19 世纪 90 年代，泰国公用事业、运输股份公司及橡胶、锡矿、制糖、加工工业等资本主义企业，纷纷开设。1890 年，仅曼谷一地就有大型碾米厂 25 家，每家每天碾米能力为 100—200 吨稻谷，最大的工厂拥有工人 400 人。1913 年，开办第一家民族资本的水泥厂。这时全国工人的人数接近 10 万。由于政府奖励垦荒和发展农田水利灌溉事业，1850—1905 年半个世纪期间，泰国的水稻种植面积从 580 万莱增至 910 万莱。这个时期农产品的商品化也有了很大的发展。1870—1874 年，泰国每年平均只出口大米 187 万担[①]，平均年收入为 510 万铢，而到了 1900—1904 年，大米的年平均出口量便激增至 1113 万担，年平均收入增至 6128 万铢，泰国成为闻名世界的大米出口国。

由于农业、工商业和文教卫生事业的发展，泰国经济出现了兴旺的局面，国库收入逐年增加，1897—1912 年度预算的总收入，从 2480 万铢增到 6680 万铢。

拉玛五世所推行的改革运动，代表了新生的以租佃关系为特征的地主阶级和商人、高利贷者、买办的利益，是属于近代民族运动范畴的封建主义的改革。改革顺应历史发展潮流，受到泰国各界人士广泛的支持和拥护。为了缅怀和纪念拉玛五世对泰国社会作出的贡献，根据王储瓦栖拉兀的建议，泰国各界在他生前便捐款为他建立纪念像，这就是今天矗立在曼谷新王宫外阿喃达皇殿前广场上的"拉玛五世骑马铜像"。在他逝世之后，泰王国尊他为泰国的"大帝"之一。

拉玛五世改革也有其局限性和不足之处。这次改革是由封建国家的最高统治者，在维护封建君主制的前提下，自上而下进行的，尽管在一定程度上改变了某些束缚社会生产力发展的旧的生产关系，为资本主义的发展创造了一定的前提，但它没有触动旧的封建贵族的根本利益，没有从根本上解决农民的土地问题，遗留下浓厚的封建残余。泰国从一个封建农奴制国家逐步演变成一个半封建的国家。

在对外关系方面，拉玛五世竭力维护泰国的独立和民族主权，但也只能做到有条件地逐步废除西方列强的治外法权，而未能消除帝国主义在泰国所

---

① 每担合 60 公斤。

攫取的许多政治特权和经济特权。泰国在名义上虽然保持了独立的地位，但其关税自主等很多经济权益仍然受到严重的损害，泰国的许多重要经济部门仍受到外国资本的控制。拉玛五世的改革并未从根本上改变泰国社会的半殖民地性质。改革为泰国民族经济的发展开辟了道路，但它仍处于帝国主义和封建主义的双重压迫之下，它的发展仍然是缓慢的、畸形的。

印度国大党的成立及其早期活动

高　鲲　刘学成

1885 年 12 月，印度资产阶级政党印度国民大会（以下简称"国大党"）成立。随着印度资本主义的发展和国内反英运动的高涨，国大党内以提拉克为首的激进派，在 20 世纪初提出了抵制英货、自产、自治、民族教育的行动纲领，并参加和推动了 1905—1908 年印度民族运动的发展。国大党的成立及其早期活动，标志着印度民族解放运动发展到了一个新的历史阶段。

国大党的成立

1757 年，印度在普拉西战役被英军打败，失去了孟加拉省，逐步沦为英国的殖民地。1849 年英国征服旁遮普后，印度几乎全部沦为英国殖民地。随着英国对印度殖民统治的加强，印度的传统经济日益破产，逐渐成为英国的原料供应地和商品倾销市场。英国殖民当局通过各种立法，使印度成为英国生产棉花、黄麻、茶叶、靛蓝和鸦片的基地；同时通过修改关税政策，为英国商品大量流入印度市场打开了方便之门。从 19 世纪 50 年代后期到 80 年代后期的 20 年间，英国商品输入印度增加了 3 倍。19 世纪中叶，英国已开始向印度输出资本。英国资本主要投资于铁路和商港、电报、航运、水利设备、煤矿、种植园、黄麻厂、纺织厂等。1860 年印度铁路线为 1300 公里，1870 年为 7700 公里，1896 年为 39800 多公里，1900 年增为 43100 公里。1893—1907 年，英国私人资本对印度的投资增加了 23%，英国在印度的银行资本增加了 95%。

印度资本主义是在殖民地化过程中产生的。从 19 世纪 50 年代起，印度民族资本开始发展。1854 年第一家印度人创办的棉纺厂投产，到 1880 年印度人开办的棉纺厂已发展到 156 家，雇佣工人 4.4 万人。19 世纪 80 年代，绍拉普尔有 6000 多台织机投产，马姆冈也拥有织机 2240 台。到 1895 年，印度资本家在孟买已拥有 70 个纺织厂。1900 年全印度共有纺织厂 193 家，拥有 495 万支纱锭、4 万台纺织机、雇用 16.1 万工人，这些纺织企业大多数属于印度资本家。在数百家棉、麻、甘蔗和油料加工企业中，工厂主一般均为印度人。此外，在棉毛纺织厂、榨油厂、碾米厂、制糖厂及茶、咖啡和靛蓝种植园等，19 世纪末印度资本已占全部资本的 1/4。印度最大的财团塔塔财团，到 19 世纪末，已发展成拥有巨额资产的大资本集团。当时印度事务大臣哈密尔顿称塔塔为百万富翁，说"他在通常年景，一年能捞取几百万"。

印度资产阶级的前身大部分是买办商人、高利贷者、地主和封建王公，只有一小部分是小商人和手工工场主。英国殖民当局一方面设法利用印度的买办商人为其倾销商品和掠取廉价原料服务，另一方面又竭力阻挠印度民族工业的发展。早在 1860 年，英国的工业巨头们就要求对印度工厂棉织品征收消费税，其税率与输入印度的英国棉织品的关税相等。1882 年，英国殖民政府取消英国棉织品输入印度的一切进口税。在 1894 年恢复对进口商品征收关税的同时，又对印度工厂的棉织品征课同关税相等的消费税。英国殖民政府还通过抬高印度各地区之间的运价，阻碍国内货物流通等办法，限制印度民族工业的发展。在技术、财政和组织方面，印度资本无力与英国资本竞争，而印度工厂企业的机器设备又都依赖从英国进口。英国殖民当局利用印度民族工业的依赖性，阻挠其发展机器制造业、冶金业、化学工业和电力工业，并且阻挠印度技术教育的发展。印度资产阶级既依附于英国，又与英国存在矛盾，因而具有两面性。

英国的殖民掠夺给印度人民带来深重灾难。到 1871 年，英国从印度至少掠取 500 多亿英镑的财富，而且继续以每年掠取 1200 万英镑的巨额财富递增。在 19 世纪 70 年代末，印度居民的年人均收入仅为 40 先令。英国的残酷剥削，导致印度经济破产、饥荒频繁、民不聊生。仅 1876—1878 年、1880—1892 年和 1897—1900 年 3 次大饥荒，便夺去约 1500 万人的生命，相当于当时英国人口的一半。英国罪恶的殖民统治，激起印度人民一次又一次的反抗。继 1857—1859 年印度民族大起义之后，孟加拉、马哈拉施特拉、马德拉斯和安得拉等省又先后爆发农民起义，锡克教的分支楠达利派在旁遮普也举起了反英的义旗。反对英国殖民统治的民族运动不断发展。

随着印度资本主义和民族运动的发展，从 19 世纪 50 年代开始，印度资产阶级的民族主义组织纷纷出现。最早的民族主义组织是 1851 年在加尔各答成立的"英属印度协会"。其领导人是拉琼德拉拉尔·密特拉和拉姆戈帕尔·高士。协会成员大多是地主。协会在 1852 年向英国国会递交请愿书，提出了放宽税收、取消东印度公司的垄断、鼓励生产印度本国产品，以及允许印度人担任高级行政机构职务等反映印度民族情绪的政治经济要求。1852年在孟买成立了"孟买管区协会"，领导人是费罗兹沙·梅塔和卡希纳特·特里姆白克·帕兰。1866 年，达达拜·瑙罗吉在伦敦创立"东印度协会"。瑙罗吉是印度巴罗达土邦首相、数学教授、企业家，后来成为国大党创建人之一，被称为"国大党之父"。他成立该协会的目的是唤起英国舆论注意印度问题。他在向协会提出的一篇报告中，用大量史实描绘了英国殖民剥削给印度造成的贫困景象，提出了著名的印度"财富外流论"。按照这一理论，印度之所以贫困，是由于支付英国种种超额的军事、民政开支和殖民当局沉重的税收。只有实行经济改革，制止财富外流，印度的经济状况才能有所改善。这一理论后来成为早期国大党经济纲领的理论基础。

　　19 世纪 70 年代以后成立的早期民族主义组织主要有马冶拉施特拉的"浦那全民大会"，该组织成立于 1870 年，领导人是马哈迪夫·戈文德·罗纳德。还有在 1875 年成立的孟加拉的"印度协会"，其领导人是苏伦德拉纳特·班纳吉。该协会宣称：效忠英国和鼓动成立立宪政府是其两大准则。协会以联络各地民族主义组织为己任，班纳吉曾多次到北印度各大城市访问，同当地民族主义组织建立联系，并在那里设立分会。该协会还就提高参加英印文官考试者的年龄标准和要求在印度举行文官考试等发起了全国性支持运动。此外，1884 年在马德拉斯还成立了"马德拉斯绅士会"，其领导人是苏布拉马尼亚·阿耶尔和阿南达·查鲁。1884 年在德干成立了"德干教育协会"，其领导人是巴尔·甘加达尔·提拉克。

　　这些民族主义组织都迫切要求联合起来，成立一个全国性的组织。1883年 12 月，印度协会邀请各地民族主义组织的代表在加尔各答举行了第一次国民会议，并计划于 1885 年 12 月在加尔各答举行第二次国民会议。① 1884年 12 月，在马德拉斯，17 名前来参加神智学社年会的各地民族主义组织代表，在年会结束后，举行会议，决定成立一个全印组织，名为"印度全国联盟"，并决定 1885 年举行成立大会。

　　英国殖民者面对日益兴起的人民革命斗争和资产阶级民族主义运动，采

---

① 该会按计划举行，会议一结束，就宣布参加国民大会，成为国大党成员。

取了镇压和怀柔相结合的两手策略。他们用军队和大炮镇压了 1857—1859 年的起义和以后的多次起义。他们颁布了武器法，禁止印度人拥有武器；颁布了本地出版法，剥夺了印度人以本国语言出版报纸的自由。在镇压的同时，他们也作了一些让步，如后来取消了成为众矢之的的出版法，通过了关于扩大印度人参加地方自治机构的决定等。而其中最重要的一手，则是策划成立一个效忠英国的全国性的民族组织，企图把民族运动纳入他们所规定的范围。这个任务是由英国殖民官吏休谟来完成的。

休谟曾在印度任兼管县行政与司法的长官和英属印度中央政府的秘书。19 世纪 70 年代末，他在研究了大量印度各省秘密警察的报告后，得出结论：我们"确实是处于一个最可怕的革命的极度危险之中"。休谟尤其对资产阶级民族主义者同人民运动相结合的远景感到不安，认为"'受教育阶级'的代表人物……领导了人民运动，将给运动指明明确的方向，使之成为民族起义"。1882 年休谟退休后，从事于组织全印民族主义组织的活动。他企图通过建立政党，把民族主义者拉到殖民当局一边，把斗争引到不损害英国殖民当局根本利益的轨道上去。1883 年 2 月，他在给加尔各答大学毕业生的公开信中，拟订了成立全印民族主义组织的计划。1884 年印度全国联盟成立后，他又拜会印度总督达富林，非正式地取得了组织全国性组织的全权。安德罗斯和莫克奇在他们合著的《印度国民大会的兴起与成长》一书中这样写道："在国民大会成立的前几年，是 1857 年以来最危险的年代。在英国官员之中，了解那迫在眉睫的灾难和设法防止它的，就是休谟……他到西姆拉去，为了要向当局说明局势已到了如何险恶的地步。也许他的访问使新总督——一个办事精明的人——理解了局势的严重性而鼓励从事国民大会的组织工作。组织这全印规模的运动，时机已充分成熟。它代替了那可以得到知识界的同情与拥护的土地革命，给了那新兴的阶级以产生一个新印度的民族纲领。结果，不让一个依靠暴力的革命形势再度发生，是完全有益的。"休谟自己也说："装置一个'安全阀'，是迫切需要的，再不可能设计出比我们的国民大会更灵验的'安全阀'了。"

成立国大党的准备工作从起草印度全国联盟宣言开始。休谟参加了起草的工作。1885 年 2 月宣言发表，宣告将于同年圣诞节在浦那召开全国代表会议。在会议举行前几天，浦那流行霍乱，临时把会址改在孟买，会议也改名为国民大会。1885 年 12 月 28—30 日，印度国民大会即国大党成立大会在孟买隆重召开，全国各地民族主义组织的 72 名代表参加了会议。其中孟买管区的代表最多，占 50% 以上；马德拉斯的代表次之，占 30%。出席大会的代表中，资产阶级知识分子代表占 50%，商人和高利贷者占 25%，地主占 25%。其中印度教徒居统治地位，只有两名穆斯林代表。在印度教徒中婆罗门又占优势。60% 以上的代表受过高等教育。80% 的代表是讲英语的。

大会根据休谟的提议，选举伍梅什·丘德尔·波纳吉为主席。波纳吉在讲话中说，本次国民大会的目的是：（1）促进各地为国家事业而勤奋工作的人员之间的亲密友谊；（2）通过直接的个人友好交往，消除一切民族的、职业的和省区的偏见；（3）在充分讨论问题的基础上作出权威性的记录；（4）决定今后 12 个月的工作路线和方法。他还说："英国对印度造福无穷，全国都为此对英国表示感谢。英国给了我们铁路，而最重要的是给了我们欧洲教育的无价之宝！"

大会以英语为正式语言，严格遵守英国议会的程序。大会通过 39 项决议，涉及 3 方面的问题：（1）改动某些政府机构。如提出任命一个王国调查委员会调查印度政府的工作情况；解散印度事务大臣管辖下的印度院，改革和扩大最高立法会议和地方立法会议。（2）扩大印度人参加政府机构的权力。如要求同时在英国和印度两地举行文官考试，同时把考试年龄提高到 23 岁①，要求选出的印度代表有权参加总督和省督领导下的各部门的工作。（3）实行财政改革，要求减少军费。如果不能削减，则应增加关税和扩大征收许可税的范围。要求英国为印度的债务提供保证。

休谟在大会上起着组织者的作用，他被任命为总书记，并一直担任这一职务到 1906 年。

大会没有选举领导机构，也没有设置地方分支机构，仅仅通过把大会的各项决议传达到各地民族主义组织的决议。各民族主义组织仍然独立存在，各行其是。大会成立的国大党是一个松散的组织，不是严格意义上的政党。

温和派领导下的国大党的改良活动

国大党的早期活动，一般指以 1885 年国大党成立到 1916 年国大党重新

---

①　以前印度文官考试在伦敦举行，应试者年龄不得超过 22 岁，从 1866 年起规定不得超过 21 岁，1879 年又降为 19 岁。

统一期间的活动。国大党这30年的历史，又分为两个阶段。前20年为第一阶段，后10年为第二阶段。

国大党成立后不久即分成温和派和激进派两派。在第一阶段，国大党的领导权一直掌握在温和派手中。温和派是一批在英国受过教育的知识分子，有些成员就是英国人。他们代表和反映了资产阶级上层和具有民族主义情绪的地主的愿望和要求，如瑙罗吉、波纳吉、梅塔、巴特鲁丁·塔勃吉、班纳吉、罗米什·钱德拉·杜德、阿南达·莫汉·鲍斯和拉尔、莫汉·高士等都曾先后在英国留学，彼此交往密切，志同道合。1885—1905年的21次国大党年会，上述8位领导人担任了11次主席职务。另有4名主席是英国人。其余6名主席也都受过高等教育，担任过英、印政府的官员、法官和议员等职务。早期国大党领导人大多是律师。在1885—1905年的14名印度人国大党主席中，有10名是有声望的律师，还有两名也学过法律而被聘为印度文官。他们大多是婆罗门和其他高等种姓。他们收入丰厚，生活豪华，崇拜"西方文明"。

温和派的政治理想是在印度实行英国的代议制政体。他们认为，英国的宪法提供了以和平方式实行渐进变革的途径。在国大党的首届年会上，波纳吉宣称，"有政治头脑的印度人希望在欧洲通行的典型政府的治理之下"。班纳吉则在国大党的第三届年会上表示："'印度的代议制'这几个大字是用金字书写在国大党展拂的旗帜上的。"在这次年会期间，班纳吉就修改实行代议制决议问题讲话时指出："扩大雇佣印度居民，鼓励国内的贸易和生产，以及实行代议制，是减少群众贫困所采取的措施。"国大党历次年会通过的决议，也一再提出改革立法会议的要求。温和派领导人认为，只要实行了代议制，改组了立法会议，印度的一切问题都会迎刃而解。到1904年，有两位国大党领导人，即威廉·迪格贝（英国人）和瑙罗吉提出了在英国统治下实行殖民地自治的政治目标。在他们的影响下，1904年和1905年的国大党年会上，党主席亨利·科顿（英国人）和戈帕尔·克里希纳·郭克雷宣称，实现英帝国内部的自治是印度人民和国大党的目标。郭克雷在1905年国大党年会上说："国大党的目标是，印度应按照印度人自己的利益加以治理。在一段时期内，我国应建立一种类似于英帝国的自治领所存在的那种政治制度。"

温和派反对用暴力来实现这一政治目标，主张用立宪的和平手段。他们年复一年地在年会上通过各种决议，并把它们上报总督。他们向殖民政府和英国议会呈递抗议书、请愿书和备忘录。他们也通过报刊进行宣传鼓动，在城镇举行集会，派宣传员到农村讲演，在群众中散发刊物进行鼓动。他们更把希望寄托在英国公民和议员的善良愿望与通力合作上。瑙罗吉本人就长期住在英国做说服议员和争取舆论的工作。1889 年，国大党还在伦敦设立了"英国委员会"，在那里从事宣传鼓动和争取舆论支持等活动。

在经济问题上，温和派不满英国的殖民剥削。几乎每次国大党年会的主席报告和通过的决议中，都要批评由英国殖民剥削造成的财富外流，指出这是印度人民贫困的根源。瑙罗吉尖锐地指出："英国统治者老是站在印度的大门口，他们让世界相信，他们在保卫印度免受外来人的侵犯，而他们自己却通过后门，陆陆续续地把他们在前门所守卫着的那些珍宝都偷偷运走。"他们要求改变英印贸易的性质，降低税收，缩减军事和民政机关的开支。他们还要求实行保护关税，发展民族工业，固定田赋和设立农业银行。这些都反映了资产阶级要求发展民族经济的愿望。

在组织上，温和派力图维护他们少数人的统治，把国大党变成一个少数社会名流的组织。1899 年国大党通过了第一个党章，规定通过选举组成国大党委员会来领导党。由于这种选举威胁到温和派的领导地位而于 1902 年遭到扼杀。1908 年通过的党章为全印、省和县各级国大党委员会的组成规定了种种条件，其目的是防止大权落入激进分子之手。

由于温和派的出身、所受的教育、从事的职业、个人的经历等，决定了他们的两大弱点。

一是对英国的忠诚。虽然他们抗议英国的殖民剥削，但仍然拥护英国的统治，甚至认为英国的统治会给印度带来进步和繁荣，而"英国统治的灭亡会给我们带来无政府状态、战争和掠夺"。他们崇拜英国，崇拜它的历史和文化，赞赏它的政治制度。他们尤其称颂英国在印度办的教育事业，建立的法律和秩序，以及给予他们教育上、职业上和某些权力方面的种种"恩泽"。他们希望英国的统治永世长存。罗米什·钱德拉·杜德在 1899 年国大党年会上的主席讲话中，十分明确地表达了这个思想。他说："印度实际上一直把英国的统治看成与自己是一致的。它忠于英国的统治，企求使英国的统治永世长存。正如达富林勋爵所说的，这不是出自感情，而是出自更强烈的自我利益的动机。因为只有英国统治继续下去，印度才能在很大范围内获得自治。"在国大党历次年会上及通过的决议中，都要表达对英国女王及其政府的忠诚之心和感激之情。在温和派看来，效忠英国女王与爱国是一致的。

　　温和派的另一个弱点是脱离人民。资产阶级知识分子的偏见使他们蔑视群众，害怕群众。尼赫鲁在他的自传中谈到温和派时说："他们只是高高在上的少数几个人，跟群众没有联系。"他们尤其脱离农民群众，因为他们同封建地主有着千丝万缕的联系，一些温和派领导人本身就是地主。在历次国大党年会上，几乎都要通过维护地主利益的扩大实行固定田赋的决议，却完全忽视了农民的利益。在 1897 年召开的国大党年会上，卡兰·纳尔主席宣称："固定赋税能够建立起对维持法律与秩序感兴趣的土地所有者（地主）阶级。"

　　即使如此，温和派领导下的国大党的改良主义活动仍然引起英国殖民者不安。殖民当局原把国大党当作"安全阀"，对它表示了关注。1886 年年会在加尔各答举行时，达富林总督接待了部分代表，称他们为"首都的贵宾"。1887 年年会在马德拉斯举行时，马德拉斯省督也接待了年会的代表。后来殖民当局的态度发生了变化。达富林在 1888 年鄙夷地称国大党为"微乎其微的少数人"，说把权力交给他们是不明智的。后来的寇松总督说："国大党正在摇摇欲坠，我在印度的最大抱负是帮助它和平死亡。"1889 年，殖民当局多方阻挠国大党在阿拉哈巴德举行年会。1890 年，总督作出特别决定，禁止政府官员出席国大党组织的会议。1899 年当国大党在勒克瑙举行年会时，省督禁止它靠近城市，致使会议在离城市 7—8 公里远的田地里举行。

国大党的分裂与重新统一

　　温和派领导国大党 20 年，在实现自己的政治目标方面没有取得多少重大的进展。而英国的殖民压迫却变本加厉了。1899 年上任的寇松总督加紧了对印度的控制和镇压。印度人争得的一点地方自治权被重新剥夺，报刊受到更严厉的钳制，大学受到印度大学法的管制，民族主义组织被置于刑事侦查部的监视之下。1905 年，寇松把孟加拉强行分为东孟加拉阿萨姆省（省会在达卡）和孟加拉省（省会在加尔各答），企图削弱孟加拉的民族运动。殖民压迫的加强，尤其是孟加拉的分治，宣告了温和派路线的破产。但是，孟加拉分治也激发了印度各阶层人民的民族感情，因而出现了 1905—1908 年印度民族运动的第一次高潮[①]。国大党激进派坚决反对温和派领导人对英国

――――――――

① 　详见本书《1905—1908 年印度民族解放运动》一文。

殖民者采取妥协态度，主张同英国殖民者进行斗争，彻底摆脱英国的殖民奴役。这一派的领导人是巴尔·甘加达尔·提拉克、奥罗宾多·高士、拉吉帕特·拉伊和贝平、钱德拉·帕尔。他们都是国大党的积极活动家。提拉克在19世纪90年代曾担任国大党的秘书。激进派的社会成分很复杂，大部分是小资产阶级及小地主出身的下层知识分子。激进派的政治活动始于19世纪90年代。他们主张组织群众参加反对殖民压迫和剥削的民族运动。帕尔于1897年写道："国大党仅代表有教养的阶级，并非群众的真正代表。而在目前印度政治斗争中，最后的胜利完全是取决于群众的支持。"激进派在动员群众的时候，竭力利用马拉提族的历史①和印度的宗教传统。从1893年开始，提拉克每年在马哈拉施特拉组织纪念印度教的智慧和吉祥神迦纳帕蒂。纪念活动持续10天，内容包括宗教讲演、学术讨论、文娱活动和宗教游行等。所有印度教群众，不分种姓、阶层和性别，均可参加。他们希望以此来鼓舞印度各阶层人民的爱国主义精神。由于印度教徒和印度的穆斯林都信奉迦纳帕蒂神，提拉克的追随者便设法给这些庆祝会增添伊斯兰教节日中的某些宗教仪式，在穆斯林教历太阳年九月（斋月）斋戒一月。这些庆祝活动吸引了广大的城市小资产阶级分子和农民。

提拉克还从1895年开始，每年举办纪念马拉提族的民族英雄西瓦杰的庆祝会。这些活动动员和组织了群众，激发了他们的爱国精神。1896年，提拉克领导浦那全民大会开展了不交纳土地税的斗争，并且开展了抵制英国纺织品，使用本国纺织品的宣传鼓动。1897年发生了英国殖民官员被杀的事件，提拉克被控犯有鼓动罪而判刑18个月。他的被捕又激起了群众的强烈抗议。在这场民族运动中，以提拉克为首的激进派提出了抵制英货、自产、自治、民族教育的四点纲领，促进了民族运动的发展，打击了英国的殖民统治。

1905—1908年的民族运动是从孟加拉掀起群众性的反分治运动开始的。分割孟加拉严重损害了该地区民族资产阶级和地主的利益，削弱了孟加拉地区的民族运动。1905年10月16日，孟加拉分治决议生效。据统计，从1903年12月到分治决议生效，抗议分治的群众集会多达3000余次，每次集会的

---

① 印度马拉提族曾在民族英雄西瓦杰领导下，于1657年进行反对莫卧儿帝国统治的斗争。1674年，西瓦杰乘莫卧儿帝国衰落，征服了分散的王公，建立了统一独立的马拉提国家。西瓦杰国王在其统治期间对政治经济进行整顿，实行征兵制，巩固了中央集权。

参加人数少则 500，多达 5 万，其声势是前所未有的。各民族主义组织一致宣布分治决议生效日为民族志哀日，并且在加尔各答等地举行了声势浩大的群众示威游行。

在激进派的四点纲领的号召下，在加尔各答和孟买等工商业中心地区，成立了提倡国货的新的工业和商业公司，还成立了许多国货协会、国货商店和国货基金。这些机构的组织者多为激进派人士，提拉克本人就在孟买开设了提倡国货的合作商店。他们利用这些机构向群众宣布民族独立的思想，激发群众的爱国情绪。孟加拉成立了民族义勇军组织，其中心设在加尔各答，主要由青年学生组成，他们在集市上号召人民抵制英货。激进派努力把抵制英货和提倡国货的运动推向全国，同时组织了轰轰烈烈的工人罢工和农民的抗税斗争。到 1905 年年底，抵制英货与提倡国货运动发展到联合省的 23 个县、中央省的 15 个城镇、孟买管区的 24 个城镇、旁遮普省的 20 个县、马德拉斯管区的 13 个县。

在民族运动蓬勃发展的情况下，国大党在 1906 年召开的年会上通过了关于自治的决议，要求在印度实行"英国自治领实行的政治制度"；还通过了提倡国货的决议，以促进民族工业的发展，刺激国货生产。同时还通过了发展民族教育的决议，要求恢复孟加拉的统一。

随着民族运动的深入发展，国大党内的激进派同温和派的分歧日益加深。两派的分歧主要表现在：

在斗争目标上，温和派主张对现行制度进行温和的改良，最初主张代议制，后来提出在英国统治下的自治。激进派则明确提出了成立"联邦共和国"的口号，主张摆脱英国的统治而自治。温和派主张的自治，是使印度人享有作为英国公民的权利；激进派的自治，是按法国革命的原则作为人们的天赋权利提出来的。提拉克有句名言："自治是我们的天赋权利。"

在斗争方法上，激进派把温和派的"请求、讨好和抗议三部曲"称为"政治行乞"。他们主张开展群众运动同帝国主义进行斗争。他们提倡的斗争手段一是提倡国货，二是消极抵制（包括抵制英货、英国政府机关和英国学校）。他们认为这些手段是经济武器也是政治武器。在原则上他们也不排斥暴力手段。提拉克就组织了棍棒俱乐部，并通过俄国驻孟买领事馆派遣印度人去欧洲学习军事。

在社会改革问题上，温和派主张实行某些不重要的社会改革，以削弱种姓制度，取消那些阻碍发展的旧社会风俗习惯。激进派则把他们的民族主义裹上宗教的外衣。奥罗宾多·高士说："民族主义是神赐的宗教。"他们恪守印度教的教规，维护印度教的风俗习惯和道德观念，把政治上的激进主义与社会上的保守主义结合在一起。提拉克就曾反对把女孩结婚年龄从 10 岁提高到 12 岁的法案，还组织过"反对屠杀母牛协会"。尼赫鲁说过："从社会的观点来看，1907 年印度民族主义的复兴实在是反动的……是带有宗教色彩的民族主义。"

激进派同温和派在 1905 年国大党年会上发生公开冲突。贝平·钱德拉·帕尔提议把抵制运动推广到全国，温和派只同意抵制英货而不同意其他抵制，并且把抵制英货限制在孟加拉省。年会主席温和派领导人郭克雷说，孟加拉的抵制运动是一种用于特殊目的的政治武器，只能用于罕见的情况。提拉克在会上提议把自治作为全国的斗争目标。郭克雷承认国大党的目标是建立英帝国自治领那样的政治制度，但认为这只能逐步地实现。他应明托总督的要求，在会议上通过决议欢迎英国华莱斯王子夫妇访印。激进派以退席相抗议。会议结束后，温和派派遣了一个以郭克雷为首的代表团就孟加拉分治问题去英国请愿。

1906 年，在激进派的倡导下，提倡国货抵制洋货的运动在全国各城市轰轰烈烈地开展起来。工人阶级积极参加了这一运动。激进派组织了工人罢工和学生罢课运动，威信大增。而温和派派请愿代表团得到英国的印度事务大臣摩里的回答却是，"孟加拉分治是既成事实"。在 1906 年 12 月召开的国大党年会上，两派斗争继续展开。由于激进派的努力，大会通过了关于自治、提倡国货、抵制英货和实行民族教育的四项决议。这是国大党第一次通过决议提出要"在印度建立英国自治领实行的政治制度"。激进派也作了某些让步，关于抵制英货运动，决议只说："国大党认为在孟加拉开始的作为抗议孟加拉分治的抵制英货运动是合法的"，却没有提到要在全国推广这个运动。提拉克说："我们之中谁也不愿意国大党分裂，因此我们妥协了，只要部分地承认我们的原则，我们就已满足。"

1907 年殖民当局宣布实行新的改革计划，在印度事务部所属印度委员会和总督的行政会议中各增加 1 名印度人。温和派既害怕群众运动的高涨超出他们控制的范围，又满足于英国作出的细小让步，力图就此收兵，结束运动。1907 年在苏拉特召开的国大党年会上，温和派与激进派的斗争进一步激化。年会一开始就在主席人选问题上发生冲突，中途不得不宣布休会。第二天会议又发生斗殴。温和派和激进派各自召开会议。国大党就这样分裂了。

国大党分裂后，激进派继续开展群众运动，在农村建立民族团体网，在孟买等主要城市的英国人开办的工厂里开展宣传工作，组织工人罢工。1908年4月，英国格里福斯棉公司所属的8家工厂1万工人罢工，接着孟买、加尔各答、卡拉奇和仰光等城市的电报局雇员相继罢工。同年初，马德拉斯管区的丁尼维利市和土提科林市工人罢工、商人罢市，并且举行群众大会和示威游行。激进派所发起的这些斗争遭到殖民当局的严厉镇压。1908年7月，提拉克在孟买被殖民当局逮捕，判刑6年，被流放到缅甸瓦城监狱。消息传开，群情愤慨，各地纷纷发起抗议活动。孟买10万工人举行罢工，商人罢市，全市爆发了大规模的群众示威游行，形成民族运动高潮时期最大的群众运动。

在殖民当局的无情镇压下，激进派受到严重打击，其领导人或被监禁和流放，或被迫流亡国外，有些人还因此脱离了政治。提拉克本人1914年刑满释放后也放弃了原来的立场，赞成以立宪手段实现在英帝国内部的自治，并且宣布效忠英国，宣称他将谋求行政制度的改革，而绝非推翻政府。1909年摩里—明托改革案的实施（在中央和省立法会议内增加印度的民选议员），1911年孟加拉分治案的修正（取消孟加拉分治），大大助长了民族运动中的改良主义思潮。激进派同温和派的意见分歧渐趋消除。1916年国大党勒克瑙年会上两派在组织上重新统一。提拉克当选为主席。

印度国大党的成立标志着印度民族独立运动发展到一个新的阶段，使这场民族运动有了一个全国性的政治领导。国大党成立后的30年的活动表明，它作为一个政党正逐步走向成熟。国大党的分裂和重新统一表明，随着民族独立运动不断深入，印度资产阶级内部发生分化，同时也表明上层资产阶级分子一直控制着国大党和民族独立运动的领导权，民族改良主义思潮占据上风。

1905—1908 年印度民族解放运动

林承节

1905—1908 年，印度民族解放运动出现了蓬勃高涨的局面。这场斗争在印度民族解放运动史上具有重大意义，它标志着印度的民族斗争由资产阶级改良活动阶段进入革命运动阶段。

19 世纪末 20 世纪初的印度社会状况

19 世纪 90 年代，英国对印度的殖民政策已进入帝国主义剥削阶段。资本输出成了占支配地位的剥削方式。1896—1910 年投资总额由 40 亿—50 亿卢比猛增到 60 亿—70 亿卢比。英国资本开办的股份公司迅速增加。1900 年在印注册的股份公司（这些公司的绝大多数属英资）有 1360 家，已付资本 36280 万卢比，到 1907 年公司增至 2661 家，已付资本增至 50810 万卢比。此外，还有相当多在英国登记而在印度营业的公司，都是英国资本，其规模远远大于在印度开办的公司。1905 年这样的公司有 165 家，资本总额比同年在印度登记的所有公司资本的总和还要大两倍。英国资本家既和殖民政权一起垄断了印度全部现代化交通手段，又拥有这样多的大公司、大银行和经理行，于是牢牢控制了印度的经济命脉。

为便于英国资本输出，殖民当局在世界市场白银价格不断下跌的情况下，于 1893—1899 年实行财政改革，关闭了私人铸币厂，人为地提高卢比对英镑的比价，使卢比脱离银本位，依附于英镑。其结果，不但促进了英国投资，而且促进了对印度农业原料的榨取。1901 年印度对外贸易出超 1100 万英镑，而 1909—1910 年和 1913—1914 年每年出超 2250 万英镑，这意味着农业原料输出增加一倍左右。大量的资本输出，带动更大量地榨取原料和倾销英国商品，这就是帝国主义时期金融资本剥削印度的主要特点。

印度民族资本主义工业 19 世纪末以来也在缓慢发展。棉纺织业仍然是主要部门。1886—1905 年，棉纺织厂总额由 95 个增加到 197 个，纱锭由 226.2 万枚增加到 516.3 万枚，织机由 1.7 万台增加到 5 万台。其中大部分属印资。此外，在轧棉、碾米、磨面、榨油、制糖等农产品加工工业方面和煤矿开采方面的投资也有所增长。印度人自己集股开设的银行也增加了。到 1913 年，有 18 家较大银行、23 家中等银行开业。

民族资本的发展受到英资的排挤和殖民政权的刁难打击。英民当局关闭私人铸币厂，提高卢比比价，使许多印度银行破产，其中大银行就有 4 家。这更增加了印资工业资金流转的困难。殖民当局还对印资纺织厂产品征 3.5% 的出厂税。19 世纪末 20 世纪初，日本纺织品逐渐占领中国和远东市场。许多原来以生产棉纱外销为主的印度棉纺织厂不得不转向以内销为主。于是，争夺国内市场就成了十分突出的问题。在这个时候加征出厂税，就大大削弱了印度产品的竞争能力。1901 年有 16 家印度棉纺厂倒闭。当民族资本除了争夺国内市场已没有别的出路时，民族资产阶级便更突出地感到殖民枷锁的沉重。

19 世纪 90 年代，金融资本剥削的加强对城乡小资产者和农民群众的打击更为沉重。在民族企业纺织产品改为内销为主，而英国布、纱输入又大为增加的情况下，纺织业小企业主、小商品生产者更加感受到竞争的压力。19 世纪末 20 世纪初，小企业主和小商品生产者连同他们的家庭成员有 1000 万人。这些小生产者中许多人与工厂主建立了经济上的合作，即由棉纺厂向他们提供棉纱，这样工厂主可以增加销路，而小企业主、小手工业者则可得到较便宜的合用的棉纱，从而维持其产品的竞争能力。尽管如此，还是抵挡不住英国布的竞争。1910 年，印度市场销售的棉布中，英国货占 63%，印度工厂产品占 12%，手工产品占 25%。后两者加起来只占 1/3 强。手工业者破产的现象再度出现。1901—1911 年有近 50 万手工业者丧失生计。财政改革对小产者和农民的打击尤其沉重。关闭私人铸币厂，使他们中许多人世代积蓄的一点点银首饰贬值 1/3，甚至一半。原来能换 100 卢比的白银，现在只能换 30 卢比。这是劳动人民遭到的又一场浩劫。不仅如此，随着卢比的增值，群众所担负的各种赋税、地租，所欠的债务都相应增加，物价也随之猛涨。人民购买力则急剧降低。这就促成了 19 世纪末 20 世纪初饥荒和瘟疫的连年肆虐。仅 1899 年饥荒，全国就有 5500 万人濒于饿毙。许多地区哀鸿遍野，一片荒凉。

工人群众的生活更苦，随着英资和印资工厂企业增多，印度产业工人人数迅速增加。19世纪末为80万人，到20世纪初已超过100万人，主要集中在孟买省和孟加拉省。由于英资企业在数量上远远超过印资企业，在英资企业（铁路、黄麻厂、煤矿等）工作的工人占工人总数的大部分。印资企业的工人主要在纺织工人。无论在英资或印资企业，他们都受到极其残酷的剥削和压迫。

工人工资很低。例如在孟买，19世纪末20世纪初，一个劳动力所创造的价值是每月40—45卢比，但孟买产业工人中约有13万人每月工资仅8—12卢比，7.5万人每月12—20卢比，只有5000人每月能得到20—30卢比。这就是说，即便熟练工人，其工资也只等于劳动力所创造价值的1/3左右。工人工资如此微薄，为了一家人糊口，常常不得不全家老幼都出来做工。于是童工盛行。许多六七岁的孩子都进了工厂，从事牛马般的劳动。据《印度时报》报道，孟加拉的胡格里黄麻厂4000工人中，童工就占了一半。童工、女工工资更低。据1907—1908年工厂调查委员会报告，女工一般月工资为5—12卢比，而童工只有2.5—4.5卢比。

劳动时间长得惊人。在当时，尽量延长劳动时间，是英、印资本家加强剥削工人的主要手段。19世纪80年代以前实行"日出—日落"制度，按季节不同，每天劳动时间为12—14小时。20世纪初，很多工厂采取电力照明后，更突破了自然光照的时限，把劳动日延长到14小时甚至16小时。饥肠辘辘的工人，在接连14—15小时的沉重劳动后，已是精疲力竭，而恶劣的居住条件——关笼式的工棚、极端嘈杂肮脏的环境又使他们得不到应有的休息。绝大多数工人就是生活在这样一种非人的境况中。在英资企业，工人还受到英国资本家和监工的种族歧视，其身心所受摧残较印资厂工人尤甚。

19世纪90年代以后，知识分子的队伍进一步扩大。但殖民政权各种机构的职位多被英国人占据，从事自由职业又受到资本主义发展不足的限制，知识分子谋求职业成了难题，不少人饱尝了失业的辛酸。即便找到工作，工资待遇也很低。如孟加拉大学毕业生中，许多人连一个月薪30卢比（相当一个熟练工人的工资）的职位都谋不到。在加尔各答的3054名教师中，有2100多人月薪不到30卢比。小学教师月薪只有8卢比。这样，大学毕业生增多只是不断扩大失业、半失业的知识分子队伍。小资产阶级知识分子社会地位比较接近下层群众，又或多或少掌握了近代科学知识，政治上比较敏感，要求变革最积极。这个新阶层在90年代进入国大党，形成为小资产阶级民主派，并开始到下层群众中活动。

这样，由于英国金融资本变本加厉地殖民剥削和压迫，使印度资产阶级和广大人民的不满日益会合在一起。此时，印度阶级力量配置和 1857—1859 年大起义时已经不同了。资本主义关系已经在印度发展起来，资产阶级已处于政治舞台的中心地位。这就意味着，在印度，实行资产阶级民族革命的客观前提已开始出现。

印度资产阶级的政治代表在 1885 年建立了全印民族主义政治组织——印度国民大会（以下简称"国大党"）。这个组织在成立后的头 20 年，其活动主要局限于社会上层，只是要求局部改良，如让更多印度人参加立法会议、在英国和印度同时实行文官考试制度、实行保护关税、发展工商业等。这些要求在传播民族主义思想方面起了进步作用，但是远远不能适应已经在发展的客观形势的需要。即使这些有限的要求，英国殖民当局也置之不理。国大党年年举行例会，通过的决议堆积如山，几乎没有一项被当局完全接受。

19 世纪 90 年代，国大党内出现了以提拉克为代表的一批小资产阶级民主主义者。他们反映下层人民的强烈反英情绪，要求国大党领导人（这时主要有梅塔、郭克雷、苏·班纳吉等）抛弃局部改良要求，采取明确的反对殖民统治的立场。但是国大党领导人出于资产阶级的软弱性，不敢迈出这一步，于是，以提拉克为代表的小资产阶级民主主义者勇敢地担负起领导革命运动的任务。

1895 年，提拉克在马哈拉施特拉借发起纪念马拉提民族英雄西瓦杰①之机，响亮地提出了争取司瓦拉吉的纲领口号。司瓦拉吉意为自主，本是印度教用语，这里借作政治口号，意为政治自主即自治或独立。在自己办的《狮报》和《马拉提人报》上，提拉克激烈批评国大党领导人舍本逐末，不是要求国家自主，而是热衷于枝节改良。他宣布："司瓦拉吉是我们的天赋权利，我们一定要得到它。"他还尖锐批评国大党的改良路线，主张发动群众参加斗争，变国大党为"人民的国大党"，使之成为反殖统一战线组织。"不要乞讨，要战斗！"这就是他向印度人民发出的有力号召。

印度各地小资产阶级民主主义者热烈地响应这一号召。他们在国大党内携起手来，并通过自己办的报刊，通过一年一度举行的纪念西瓦杰活动，广

---

①　莫卧儿王朝统治下的马拉提人 1656 年举行起义，领导人是西瓦杰，1674 年建立了马拉提人国家。

泛宣传司瓦拉吉纲领，启发群众的民族主义觉悟。很快地就在国大党内形成了一个有力量的派别，这就是小资产阶级民主派，当时被称为激进派。其领导人除提拉克外，还有孟加拉的比·帕尔、奥若宾多·高士（稍晚），旁遮普的拉·拉伊，南印度的契·皮莱等。小资产阶级民主派的活动在准备群众参加未来的斗争方面起了重要作用。国大党领导人及其追随者此后被称为温和派。

1905—1908 年印度民族运动高潮的到来是与印度总督寇松的反动政策联系在一起的。寇松 1899 年任总督后，忠实地执行英国金融寡头的意旨，为巩固英国在印度的统治，向民族力量猖狂进攻。他露骨地叫嚣："我相信国大党正摇摇欲坠，我的抱负之一就是促使它寿终正寝。"英国印度事务大臣哈密尔顿拍着他的肩膀说："如果国大党在一年或两年内垮台了，你将是促其灭亡的主要功臣。"寇松就是带着这样的野心走马上任的。他颁布了大学法，把大学教育置于政府严密监视下，大大提高学费，使家庭不太富裕的青年进不了大学；颁布了加尔各答自治机构法，把民选代表比例削减一半，加强官方控制，使自治徒具虚名。他还着意拉拢土邦王公，专门设立王公学院和军官学校，培养王公子弟。最恶毒的措施是借口"行政管理的方便"，把孟加拉分割为东、西两个孟加拉省。在东孟加拉，印度教徒多是地主、商人、高利贷上层分子，伊斯兰教徒多是贫困居民；在西孟加拉则相反，寇松企图以此挑起印度教徒与穆斯林的宗教冲突，分化革命力量。这些倒行逆施的行为激起印度各界人民的强烈愤怒。正在这时，传来了俄国 1905 年革命、中国 1905 年抵制美货运动的消息。这对印度民族主义者是个鼓舞，促进了民族运动高潮的到来。

民族解放运动的兴起

运动是从反对分割孟加拉开始的。孟加拉国大党人原希望用通过决议、上书吁请的方式，争取殖民当局撤销分割孟加拉计划。1903 年至 1905 年 10 月，孟加拉举行各种抗议集会 2000 多次，参加者最多的达万余人。印度教徒和穆斯林以同样热情投入斗争。但殖民当局毫不理睬，1905 年 7 月，正式宣布分割孟加拉的决定之前，7 月 13 日，孟加拉周刊《复生》以《我们的决心》为题发表社论，号召抵制英货，直到殖民当局撤销分割决定为止。7 月 17 日，《甘露市场报》也发表文章呼吁用抵制手段向当局施加压力。7 月

19 日，《巴瑞塞尔之友报》首次提到中国人民抵制美货的事例，并写道："孟加拉能效仿中国人抵制外货吗？如果他们能做到这点，在他们面前，道路就畅通了。"提拉克号召学习中国人民敢于抵制外货的精神。他说，"中国人民抵制美货"表明，一个附属国的人民"能够用团结、勇敢和决心战胜他们的高傲的统治者"。抵制英货的主张迅速得到各界群众的赞同。1905 年 8 月 7 日，孟加拉各地区各阶层代表在加尔各答举行大会，通过了抵制英货决议，同时号召开展司瓦德西运动（即使用国货运动）。从这时起，抵制英货和司瓦德西运动便轰轰烈烈开展起来。

10 月 16 日是分割孟加拉决定正式生效的日子。这一天被民族主义组织宣布为国丧日①。整个加尔各答商人罢市，学生罢课，居民成群结队涌向街头，高呼"祖国万岁"口号，举行抗议集会和示威游行。运动由孟加拉迅速扩展到孟买和旁遮普。到处有爱国青年组成的义务纠察队，到处出现国货商店，司瓦德西呼声响遍街头巷尾。

以提拉克为代表的小资产阶级民主派一面热情地参加反分割和抵制英货斗争，一面对运动积极加以引导。提拉克在《狮报》上明确提出了开展运动的四点纲领，要求国大党领导人采纳。这四点纲领是：司瓦拉吉、司瓦德西、抵制和民族教育。他向群众指出，反分割和抵制本身还不是运动的目的，而只是手段，运动的目的是实现司瓦拉吉。这就给方兴未艾的群众运动指出了方向。

然而，温和派拒绝接受四点纲领，主要是拒绝接受司瓦拉吉目标。他们希望殖民当局让步，但并不希望结束英国统治。因为 1905 年 11 月明托代替寇松任印度总督后，一面大肆镇压民族革命力量，一面宣传进行所谓立法改革，扩大全印立法会议委员名额，邀请温和派领导人参加草拟法案。激进派不得不在党内外开展艰巨的斗争，促其改变态度。1905 年国大党举行年会时，提拉克的发言着重强调争取司瓦拉吉的必要性，指出没有政治自由，就不会有民族经济的充分发展。激进派不顾温和派的阻挠，利用各种形式，在群众中大力宣传四点纲领。他们力图使这个纲领在群众中生根。

1906 年，孟加拉大量流行反英传单和小册子。一份题为《谁是我们的国王》的传单在历数英国殖民者罪行后说："他们吸吮的是我们的血，他们靠榨取我们的金钱的喂养而脑满肠肥，为什么我们应当服从这些邪恶的统治

---

① 一说根据国大党提议，8 月 7 日定为国丧日。

者?""现在我们要站立起来，我们必须管理自己的国家"。另一份标题叫《金色的孟加拉》的传单，号召孟加拉人民不分宗教，团结奋起，"把外国老爷们从城乡赶走，把政权掌握在自己手里"。

1906—1907 年，比·帕尔在孟加拉各地并到南印度广大地区作巡回演讲。在兰格浦尔一次大会上，他说："如果你把一个鸟关在笼子里，它总想飞出去"，难道人不如鸟，"愿意保持消极和忍受禁锢？"他要听众重复三句话："我们是 3 亿，他们（按：指在印度的英国人）是 30 万；我们是强者，他们是弱者；真正有力量的是人民，国王的力量是虚假的。"他还说，他在美国看过"一分钟人"雕像。这些战士听到集合号就毫不犹豫地奔赴战场，对我们来说，"这样一个时刻来到了"。他的演说扣人心弦，使司瓦拉吉纲领深入人心。

由于激进派的努力，要求司瓦拉吉已成为印度人民的普遍呼声，1906年，运动得到进一步发展。最突出的是广大工农群众积极投入了反殖斗争。

小资产阶级民主派对发动工农参加反殖斗争是很重视的。提拉克一再说，工农是印度的"基本要素"和"脊骨"，"印度就意味着这些工人和农民"。还说："必须这样来确定我们的政策和纲领，即引导工人和农民加入国大党，使他们热心于实现它的决议。"奥若宾多·高士在 1894 年也说过，印度无产阶级（他这里泛指工农——作者）还在沉睡中，还没有行动起来，还不是积极的力量。但是，"谁认识和发动了这支力量，谁就能掌握国家未来的命运"。1905 年运动兴起后，他们采取了积极的步骤发动工农。

首先是发动工人群众。在激进派力量较强的大城市，如孟买、浦那、加尔各答、阿迈达巴德等，派出了大量工作者到工厂鼓动。这些工作者深入工棚，散发传单，召开秘密会议，在工人集会上讲话。《泰晤士报》曾报道说，在孟买，许多提拉克的拥护者"渗入大多数工人居住的工棚活动，甚至到某些工厂做工，这使得他们有可能成功地进行煽动"。《印度时报》也报道说，在加尔各答，鼓动者在工人中散发传单，还"力图把工人组织起来"。激进派领导人在各种集会上，指出工人阶级改善地位的根本前提是实现司瓦拉吉。契·皮莱在梯涅维里工人集会上说：工人受压迫是因为英国统治限制了这个国家的经济发展，"只有实现司瓦拉吉，才能改善工人地位"。提拉克在孟买一次讲话中，说明参加抵制和司瓦德西运动对工人阶级有直接好处。他说："司瓦德西的真正意思是，这个国家应当有更多工业，更多和更繁荣的工业，这样你们就能够获得更好的工作和更优厚的工资。"激进派还向工人群众介绍俄国无产阶级在 1905 年革命中的作用及无产阶级的斗争方法。奥若宾多·高士说："正是一系列巨大规模的罢工"导致了"俄国自由的第一次胜利"。提拉克说，政治总罢工是俄国无产阶级创造的"政治斗争方式"，"既然英印殖民政权是沙皇式的专制独裁政权，那么，对印度人民来说，最好的办法就是向俄国人学习，看看我们该怎么办。"

在进行政治发动时，激进派热情地参加工人阶级当时正在进行的经济罢工和组织工会活动。比·帕尔就是孟加拉最早出现的东印度铁路工人联合会的组织者之一。《印度时报》也提到"某些孟加拉律师和抵制英货的积极鼓动者……利用业余时间，在欧洲人开办的大企业中，建立他们所宣称的工会"。提拉克写了许多文章，说明组织工会的必要性，要求知识分子帮助进行这一工作。1906 年，在浦那一次集会上，他提出要在全国建立西方国家那样的工会，以便在民族斗争中反映工人利益。

激进派发动工人的工作不久就取得显著成效。1905 年前，印度工人的罢工完全是经济斗争。从 1906 年起，工人的罢工开始带有反殖政治斗争的内容。1906 年 7 月，东印度铁路孟加拉段工人罢工除提出经济要求外，第一次提出了印度人和英国人地位平等的要求。1906 年 8 月，加尔各答克莱武公司所属黄麻厂工人罢工，也提出反对英籍管理人员歧视印度工人。这两次罢工都是在激进派积极参与下开展的。伦敦《泰晤士报》惊呼这是首批"直接和公开地与政治运动结合在一起的罢工"。激进派领导人比·帕尔就后一次罢工兴奋地写道：印度工人已经觉醒，他们不再是驯顺地供欧洲人役使的奴隶，而是"具有自尊心，认识到自己的权利，决心维护自己的尊严并且能够以共同行动捍卫自己的权利的真正的人"。

对农民的发动工作要弱一些，但也作了一定努力。1905 年运动兴起后，提拉克积极号召把运动扩展到农村。他要求小资产阶级民主派到农村宣传，"使每个农村都来讨论这个自治或司瓦拉吉的题目"，还要求深入每间农民茅舍，与农民交朋友，"组织他们，帮助他们改善生活条件"。孟加拉、马哈拉施特拉和旁遮普的一批小资产阶级民主主义者去农村工作。正像发动工人一样，他们主要是进行爱国主义教育，说明农民困苦是殖民统治造成的，地税苛重使他们难以维持生活，只有实现司瓦拉吉，才能改变农民的经济地位。农民的穷困自然也是由于封建主和高利贷者剥削的苛刻，但小资产阶级民主派在发动农民时避免提到这方面，他们提出的唯一要求是固定土地税。这个要求矛头是针对殖民当局的，对莱特瓦尔制（即农民土地所有制）地区的农民有好处，对柴明达尔制（即地主土地所有制）地区的佃农则无关痛痒。尽管如此，在所有有激进派去工作的地区，农民还是在一定程度上发动起来了。孟加拉、马哈拉施特拉的一些村庄，农民经常举行集会，听"城里来的人"演讲。农村市场上的英国货受到抵制而销售不出，农民普遍要求供应国货。英国报刊报道，孟加拉的抵制运动已扩展到"遥远的乡村"。有些地方还成立了农会。分成制佃农开始提出减租要求。

1906 年运动进展的另一突出现象是秘密革命组织的涌现。这是由一批受了国大党激进派爱国主义宣传影响的、持激进观点的青年人自行组织的。这批青年人认为，要争取独立，就要准备武装斗争。他们不相信国大党会改变路线，不参加国大党。早在 19 世纪末，这种组织已在马哈拉施特拉和孟加拉出现，但没有得到发展。1905 年运动开始后，秘密革命组织随着群众运动同时发展起来。主要的组织有孟加拉的朱甘达尔集团（以加尔各答为中心，是若干组织的松散的联合体，朱甘达尔是他们办的一种报纸的名称，意为划时代）、进步社（以达卡为中心，在孟加拉各地有分支 500 多个），马哈拉施特拉的新印度社（以那西克为中心，有分支 30 多个），旁遮普的秘密协会（以汝尔其为中心）等。

这些组织与国大党的激进派保持一定联系，也积极参加反分割和抵制运动。它们与后者不同之处在于从事秘密活动，把准备武装斗争，包括宣传武装斗争思想、秘密搜集武器、学习军事技术、筹集经费、在印籍士兵中策反等，作为第一位的任务。旁遮普革命者阿·昌德在一本秘密散发的小册子中写道："我们争取独立的唯一道路是革命。历史表明，剥削者从来不会自动给被剥削者以自由，它只能靠被剥削者用剑赢得。"《划时代报》的文章号召组织人民，积极进行武装斗争准备，以待时机成熟，发动全民起义。西印度秘密组织雅利安兄弟社还设想建立一支革命武装部队，并自行制造武器。士兵策反工作也取得一些成效。孟加拉军队的有些士兵参加了进步社，还计划在总督举行宴会时炸毁舞厅（未能实现）。

工农群众积极参加运动和秘密组织的出现标志着运动在向纵深发展，同时，也使运动中小资产阶级一翼的力量得到巩固和加强。激进派为使国大党接受四点纲领，开始积极地争夺国大党的领导权。他们提名提拉克为 1906 年国大党年会主席候选人。温和派知道正面阻挠不行，就连忙从英国搬回了国大党元老达达拜·瑙罗吉主持 1906 年年会，使激进派不能不接受。

群众运动的声势迫使温和派也不得不考虑群众的要求。在激进派的推动下，国大党 1906 年年会破天荒第一次通过了争取印度自治的决议。瑙罗吉在主席致辞中说，印度人民的整个要求"可以用一个字概括：自治或司瓦拉吉"。这就意味着，小资产阶级民主派宣传了 10 年的司瓦拉吉要求，终于被国大党宣布为全民斗争的纲领。这次年会还通过了抵制、司瓦德西和民族教育的决议。这表明，国大党终于采纳了提拉克提出的四点纲领。

然而，温和派更多考虑的是维护自己在国大党中的影响和地位，并不真心希望把运动进一步推向前进。他们怕激怒英国，招致报复，损害资产阶级的利益。例如，孟买资本家萨马尔达斯就公开说："我们在机器和工厂设备方面多年内要靠外国进口，正是由于这个原因，我们最好不要鼓吹采取那些容易引起报复的措施。"

国大党尽管通过了争取自治、抵制等决议，温和派的态度并无明显变化。他们把要求自治仅仅解释为在英帝国范围内争取自治领地位，而抵制英货被说成是一种只能在特殊情况下实行的特殊措施，不能作为对英斗争的"常规武器"，不应超出孟加拉范围。温和派主要感兴趣的是实行司瓦德西，发展工商业。事实上，在 1906 年国大党年会后，他们并不去宣传贯彻争取自治、抵制等决议，而是把主要注意力放在实行司瓦德西上。激进派则决心乘胜前进。

运动的深入和殖民当局的镇压

以提拉克为首的激进派不但为运动制定了纲领，而且从 1905 年起就在探索实现司瓦拉吉的道路。在这个问题上，激进派领导人的想法并不一致。奥若宾多·高士主张开展运动与准备武装斗争同时并举，在前者不能达到目的时则实行武装斗争。比·帕尔、拉·拉伊只主张开展群众运动，反对实行武装斗争。他们认为，英国统治者军事力量强大，印度人民不能以武力取胜。提拉克介于两者之间。他在原则上不排除武装斗争的可能性，但认为印度人民"没有组织，没有武装，而且没有团结起来"，因而武装斗争在最近的将来是不可能考虑的。

1905 年抵制英货运动的蓬勃发展，使提拉克产生了对殖民政权实行消极抵抗的思想。他认为，英国人的统治是在印度人协助下进行的，如果印度人全民奋起，在各方面都像抵制英货那样实行抵制，殖民当局的统治机器就会瘫痪，在不能实行武装斗争的情况下，这或许是一条可行的革命道路。1905

年在国大党年会期间举行的激进派会议上，他首次提出了这个想法，得到一致赞成。

1906 年国大党年会通过争取自治的决议后，激进派便把工作重点转移到宣传消极抵抗思想上。其内容包括抵制英货，抵制公立学校，抵制法庭，放弃一切称号、公职，拒绝服军役，拒绝纳税，等等。和消极抵抗的主张相适应，提拉克对抵制和司瓦德西都作了新的解释。他提出，抵制不仅仅指抵制英货，还要抵制所有其他与英国统治有关的有形和无形的东西，就是说要实行全面抵制，司瓦德西不仅仅指使用国货，发展民族工商业，还要建立民族学校、民族法庭、发扬民族文化，最后是建立民族政权，就是说，全面实行司瓦德西。他说，这两个"全面"是一个问题的两个方面。对殖民政权实行全面抵制，就要求全面实现司瓦德西。这两个"全面"都应该以非暴力的方式实现。这就是消极抵抗思想的全部含义。小资产阶级民主派利用各种形式，大力宣传这个思想。有的人在宣传中还作了自己的发挥。例如，奥若宾多·高士提出，消极抵抗手段在不能实现时，可以转变为积极抵抗，即武装斗争。

1907 年的运动，在小资产阶级民主派实行消极抵抗的号召下，在深度和广度上都得到进一步发展。工农的斗争加强了。在孟加拉和旁遮普，某些地方的斗争已发展到带有自发的武装斗争的因素。

1907 年年初，旁遮普农民奋起反抗殖民当局在重定地税时大幅度增加税额和加征水税。小资产阶级民主派领导人拉·拉伊、阿·辛格号召农民拒绝纳税，得到热烈响应。阿·辛格因势利导，在拉瓦尔品第的一次群众大会上，号召印度教徒、锡克教徒、伊斯兰教徒、印度士兵、政府职员等团结起来，抵制殖民政权，实现司瓦拉吉目标。锡克族士兵有数百人参加了菲罗兹普尔的群众大会，表明这一号召在印度军队中也已产生相当影响。殖民当局惊惶不安，图谋迫害运动领导人，结果引起 5 月 1 日拉瓦尔品第的群众抗议示威，有 3000 人参加，其中包含铁路工人，他们停止工作，和学生、城市贫民、郊区农民一起进行斗争。当警察企图驱散游行队伍时，示威群众以棍棒、石头自卫，几乎发展成武装起义。只是在当局调来军队后，才把群众的反抗镇压下去。拉·拉伊、阿·辛格被逮捕并被秘密流放。

在孟加拉，群众的反英情绪越来越激烈，运动进一步向农村发展。《泰晤士报》1907 年 5 月报道孟加拉农村地区状况时写道："商业活动已经停顿，农村正常秩序已被破坏……全体居民处于强烈骚动状态中。"

城市人民的斗争也日趋激烈。加尔各答群众 1907 年 9—10 月，为抗议当局逮捕比·帕尔，接连举行集会示威。10 月 2 日的示威演变成和警察的街垒战。冲突持续到第二天，市内交通中断，不少警察反戈，加入群众行列。当局动用很大力量才把群众的反抗镇压下去。1907 年是印度民族大起义 50 周年，许多地方举行纪念活动。人们盛传这年要发生武装起义，全国政治气氛异常紧张。

然而，在这紧要关头，对运动的深入发展忐忑不安的国大党温和派领导人不愿再前进了。在英国殖民当局的拉拢挑拨下，他们决心退缩。1907 年国大党苏拉特年会前，激进派提名拉·拉伊为年会主席候选人。温和派反对，提出了自己的候选人。年会开始时，为主席选举发生争执，会议中断。温和派趁机单独召开会议，擅自订立新的国大党章程，把激进派排除出国大党（个别人如拉·拉伊还留在国大党内）。国大党的分裂严重影响了运动的进一步发展。在退出运动后，温和派把持的国大党变成了一个只是要求细枝末节改良的、无足轻重的封闭性小团体。

温和派既把激进派排除出国大党，就把推进运动的最积极的力量暴露在殖民政权面前。殖民当局自运动开始就把主要打击矛头指向激进派和秘密组织。在国大党还保持统一的时候，他们的所作所为还不能不有所顾忌。国大党分裂后，他们便肆无忌惮地对革命力量发动进攻。1908 年年初，南印度梯涅维里激进派领导人契·皮莱、苏·希瓦因号召工人参加政治斗争被投入监狱，皮莱被判终身监禁，希瓦被判 10 年徒刑。6 月，当局颁布报刊法，查封了全部激进报刊，激进派许多编辑和出版家被逮捕。此后，又颁布刑法补充条例，各地义务纠察队组织均被取缔。这种疯狂镇压导致秘密组织走上个人恐怖行动的道路，而个人恐怖行动只能为当局进一步疯狂镇压提供口实。1908 年 5 月，当局对孟加拉秘密组织进行了大搜捕，朱甘达尔集团被破坏，大批革命者被捕，奥若宾多·高士也同时被捕。此后，进步社、新印度社也相继遭到破坏。1908 年 7 月，当局以"煽动叛乱"的罪名逮捕了提拉克，判 6 年监禁。激进派和秘密组织的主要领导人至此几乎全部入狱。

逮捕和审判提拉克在全印引起了强烈的抗议风暴。孟买、浦那、阿迈达巴德、加尔各答等大城市学生罢课，商人罢市，工人罢工，到处举行抗议集会。这一次是孟买工人阶级站在最前列，他们用政治总罢工这种斗争形式有力地表达了人民的愤怒。

孟买工人政治总罢工

孟买是印度最大的工业城市，有产业工人 20 余万，其中纺织工人 12 万。孟买工人的特点是，集中在一些大工厂中，大多数是马拉提人，信印度教，大多数来自农村低级种姓。这些特点为全市工人的团结行动提供了便利。更重要的是，这个城市是小资产阶级民主派开展工作基础最好的地区之一。《泰晤士报》1908 年 7 月写道，激进派在孟买工人中活动"已经有好长时间了，他们的目的是控制许多大工厂的工人，组织罢工和骚乱。以便必要时向政府施加压力"。小资产阶级民主派在许多厂都派有自己的人，正因如此，提拉克被捕的消息一传出，孟买工人便最早行动起来，援救自己的领导人。

孟买高等法院在 7 月 13 日对提拉克开庭审讯。从这天起，每天都有部分工厂罢工。罢工工人涌向法院附近，举行抗议集会和示威游行。在 10 天的审讯中，当局派出军队，在交通要道布设防线，荷枪实弹，随时准备镇压，但孟买工人不为所惧，罢工的工厂数发展到 60 多家，罢工人数达 6.5 万人。这场斗争的组织者显然是小资产阶级民主派。虽然还没有材料能说明罢工是由某个中心统一指挥，但可以看出，罢工的领导者们是采取串联的方法，互通消息、共同商定的。英国御用记者维·奇若尔根据官方搜集的情报，在《印度的动乱》一书中写道："从提拉克被捕时起，他们的信徒就在工人中到处宣传，说他入狱是因为他是工人之友，主张为改善工人的地位而斗争。在审判提拉克的过程中，他的一些拥护者扬言，提拉克判几年刑，就以几天的流血斗争来回敬。"还有很多事实证明这次斗争是激进派组织的。如在斗争中起带头作用的克莱武·柯通公司所属的工厂就正是激进派工作基础最好的单位。

7 月 22 日，孟买高等法院悍然宣布对提拉克判刑 6 年，罢工的领导者们当即决定，以 6 天总罢工（每判 1 年、罢工 1 天）来回敬，同时呼吁全市各界实行总罢业。7 月 23 日，气势磅礴的孟买总罢工开始了。孟买商人、学生和居民也实行罢业罢课。

在 6 天的总罢工中，参加者有纺织工人、铁路工人、码头工人和城市运输工人等共 10 余万人。几乎所有工人、铁路、码头都受到罢工震撼。大量工厂停工，商店关闭，交通断绝。孟买成了一座死城，但同时，它又成了沸腾的战场。罢工工人举着提拉克像，高呼"提拉克万岁""祖国万岁"口号，高唱爱国歌曲，举行集会和示威游行，还散发了传单。一份用古吉拉特语写的传单印有提拉克的像和"提拉克万岁"的口号。传单写道，提拉克是"民族的心脏和灵魂"，正是他，通过发动司瓦德西运动，打开了通向印度繁荣的大门。传单号召坚决捍卫提拉克，捍卫工人的利益，争取司瓦拉吉的胜利。

6 天总罢工中，工人面对当局的镇压，毫不畏惧，多次和全副武装的军警搏斗，有好几次冲突演变成了街垒战。工人们以木石沙袋为工事，石头瓦片做武器，顽强地战斗。27 日，谢赫·麦龙街的战斗最为激烈。《印度时报》报道说："石块像倾盆暴雨，落到法律和秩序的代表头上"，"持续时间之长……是前所未见的"。在这些街垒战中，指挥者有工人，也有小资产阶级民主派的成员。有一个叫凯·库古的 25 岁的古吉拉特商人，在一次战斗中担任指挥，他英勇果敢，临危不惧，多次指挥工人队伍打退军警的进攻，最后光荣牺牲。在 6 天总罢工中，大约有 200 名工人牺牲，300 多名工人被捕。

英国殖民当局惊恐不安，竭力向孟买大商人和工业资本家施加压力，要他们开市并劝诱工人停止罢工。有些大商人屈服了，但工人们仍坚持预定的 6 天总罢工。青年学生、小资产阶级群众和部分中等商人与工人们并肩战斗。直到 7 月 29 日，才按照预定计划，自动停止罢工。工人阶级这一壮举是 1905—1908 年斗争高潮的最高点，也是运动的终结点。

运动失败的原因和历史意义

1905—1908 年运动的失败，首先是因为英国殖民当局使用种种伎俩分裂了民族运动力量，拉拢国大党温和派是当局的首要目标。1906 年，殖民当局宣布打算改革立法会议，扩大印度人的代表名额。温和派果然动心。苏·班纳吉率代表团晋见总督，要求实现改革，谈话中他攻击激进派行动过火。另一领导人郭克雷在英国与印度事务大臣摩莱达成默契，要与激进派分道扬镳，以换取当局改革。国大党分裂就是在这种背景下发生的。

拉拢伊斯兰教封建主，挑起宗教冲突，是英殖民当局分裂民族运动力量的另一手段。最初，孟加拉穆斯林也积极参加反分割斗争。1904 年，寇松专程去东孟加拉，会见穆斯林领导人萨里穆拉等，说明分割对穆斯林有利。在他的挑动下，大多数穆斯林封建主和知识分子转而支持分割。1906 年，殖民当局允许穆斯林在未来的立法会议选举中实行单独选举，目的是加深两大教派政治上的对立。12 月，成立了全印穆斯林联盟。这个组织在阿加汗等少数封建上层的把持下，宣布支持分割，把反分割和抵制运动称为"邪恶势力"，号召穆斯林不要参加。挑动宗教冲突的政策在印度教方面导致了 1906 年印度教教派组织"光荣印度教协会"成立。它把维护印度教教派利益放在首位，进行蛊惑宣传，其结果便是两大宗教群众 1906 年 4—5 月在米门辛格县、1907 年在提帕拉县发生大规模宗教流血冲突，死伤甚众。民族力量内部自相残杀，转移了斗争大方向。

1905—1908 年运动主要是由小资产阶级民主派领导的。这个派别反英立场较温和派坚定，能在一定程度上发动群众，充当先锋队。但是，20 世纪初的印度，由于民族资本已有相当发展，小资产阶级无论在经济上、政治思想上都依附于资产阶级，不能独立形成自己的政治力量和思想体系。正因如此，小资产阶级民主派从来没有企图独立领导运动，它总是希望推动资产阶级来领导运动，即便在资产阶级不愿前进，由他们自己起来争夺领导权的情况下，也仍然是希望拉着资产阶级一起领导。小资产阶级民主派虽然重视工农群众的力量，但由于本身的阶级局限性，不能提出改善工农地位的纲领以深入发动群众，他们更希望依靠资产阶级的支持。所以，在国大党分裂后，他们不去建立自己的组织，却恋恋不舍地要和温和派重新言和。在严峻的形势面前，他们没有提出进一步发动工农群众的措施，却把精力耗费在开展禁酒运动（如提拉克）或提出"宗教民族主义"的无谓宣传上（如奥若宾多·高士），以至于当殖民当局集中力量镇压激进派时，它便无以应对，顷刻间陷于瓦解。

1905—1908 年运动是一场民族革命运动。和以往资产阶级运动相比，有很大进步。斗争目标已经不是争取局部改良，而是要摆脱英国殖民统治；这已经不是上层少数人的活动，而是千百万群众参加的斗争；尽管在斗争方式上是以抵制为主，但它是群众性的大规模的政治运动，激进派领导人在原则上并不排除武装斗争，而秘密革命组织准备武装斗争的活动也是运动的一个组成部分。由此可见，这场运动已不再是以往改良运动的继续，而是以实现民族解放为目标的民族革命运动了。

这次运动在印度民族解放运动史上占有十分重要的地位。它促进了民族觉醒。这场运动是小资产阶级群众、工人、部分农民与资产阶级、自由派地主共同进行的斗争。工人、农民在资产阶级民族主义旗帜下奋起，这在印度历史上还是第一次。他们追求民族革命目标，也多少提出自己的阶级要求，这意味着广大群众政治上开始觉醒，意味着政治觉醒已经由资产阶级、小资产阶级革命派扩展到广大下层群众，而形成为民族觉醒。这是资产阶级民族民主意识的觉醒，是资产阶级、小资产阶级民主派多年进行宣传鼓动的结果。

1905—1908 年的斗争实现了印度民族运动由改良运动阶段到革命运动阶段的转变，并成为这个转变的标志。小资产阶级民主派在 19 世纪 90 年代中期提出的民族革命纲领，正是在这场运动中得到广泛传播，成为广大群众为之斗争的目标。正是这场斗争在许多方面（如提出司瓦拉吉和司瓦德西纲领，发动广大群众参加斗争，采取抵制作为斗争手段等）为后来甘地领导的更大规模的群众运动奠定了基础。

这场斗争还给了印度民族资本发展以直接推动。抵制英货带动了司瓦德西运动，促进了民族工商业和银行业的发展。英国布堆积在仓库里销售不出，印度布虽然涨价 8%，仍供不应求。阿拉哈巴德和孟买在 1905—1906 年新建了 22 个棉纺织厂。建立民族重工业的要求也提出了。1907 年塔塔钢铁公司发行股票，3 个星期内，8000 名印度人认购了 600 万卢比。塔塔钢铁厂 1911 年正式投产。1905—1908 年运动中还出现了一批印资银行和航运公司。印度民族工商业一向受到压抑，从来没有遇到这样的有利形势。1905—1908 年的抵制和司瓦德西运动成了推动它发展的第一个强有力的杠杆。

1905—1908 年印度民族解放运动高潮是 20 世纪初亚洲觉醒的重要部分。它和中国、伊朗、土耳其革命一起，强有力地显示了亚洲人民反抗殖民势力的决心，揭开了亚洲资产阶级民族民主革命时期的序幕。

1905—1911 年伊朗资产阶级革命

赵增泉　张士智

1905—1911 年的伊朗资产阶级革命，是 20 世纪初西亚地区一次规模较大的反帝反封建的民族民主革命，揭开了现代伊朗民族解放运动的序幕。

帝国主义侵略和封建压迫下的伊朗社会

伊朗地处东西方交通要冲，具有重要的战略地位，18 世纪末叶以来一直是欧洲列强争夺的地区。20 世纪初发现丰富的石油资源后，经济地位日益重要，又成为欧美帝国主义国家争夺的对象。延续了 100 多年的殖民侵略与扩张使伊朗到 19 世纪末已沦为半殖民地。在对伊朗实行侵略和扩张的帝国主义列强中，沙俄和英国对伊朗图谋最急。通过侵略战争，沙俄在 19 世纪中叶先后吞并了格鲁吉亚、亚美尼亚、北阿塞拜疆和中亚的大片伊朗属地和领土，英国则夺取了伊朗东疆的一些地区。它们强迫伊朗签订了一系列不平等条约，攫取了领事裁判权，以及自由购置土地、开设银行和工厂，开采矿产、修建铁路和港口等特权。英国的波斯帝国银行垄断了伊朗货币的发行权。俄国的波斯信贷银行操纵了伊朗宫廷的国外借贷事务，伊朗北部的俄国商人垄断了进出口贸易。此外，伊朗的海关、邮局和税务局等机构，都掌握在帝国主义分子手里。伊朗王国政府对南、北地方长官的任命，必须获得英、俄政府的同意，英、俄的使领馆还拥有人数不少的武装卫队。伊朗卡扎尔王朝政权实际上成了它们的股上玩物。1907 年英、俄签订协定，在伊朗划定势力范围，规定伊朗南部为英国的势力范围，北部则为俄国的势力范围，中部暂为中立区，留给卡扎尔王朝。1908 年伊朗南部发现了丰富的油田，英国利用其经济实力，建立了英波石油公司，掌握了伊朗的经济命脉石油，从而控制了伊朗的经济。俄国则凭借军事力量，通过 1879 年建立的哥萨克骑兵团（20 世纪初扩大为旅）掌握了伊朗的军队。

伊朗是个封建的农牧业国家，19 世纪末全国人口约为 900 万，其中农民约占半数，牧民约占 25%，其余为城市居民。农村中封建生产关系居统治地位。基本土地占有方式是：（1）国家所有，也就是王室所有；（2）贵族及部落首领所有；（3）宗教领地；（4）地主所有；（5）小土地所有。前四种方式是主要的，所占可耕地为可耕地总面积的 70% 以上。85% 的农民无地或少地，须向封建主和寺院承租。伊斯兰法典原来规定：土地所有者须将 1/10 的收获物上交国库，1/10 留归自己，剩下的 8/10 由耕作者所有。但实际情况却远非如此，而是按照所谓的五分制（土地、牲口、水、工具、劳力各算一份）分成，农民辛劳终年，只能得到全部收成的 1/5—2/5，剥削极为残酷。此外，农民还要为国王、贵族封建主服徭役，备受统治者奴役。

19 世纪初外国资本侵入伊朗，破坏了传统的自然经济结构。商品货币关系的加速发展，使农业从生产传统的粮食等产品，转向生产棉花、食糖等为资本主义世界市场所需要的产品，伊朗的农业逐渐变成了资本主义世界市场的附庸。而寻求大量货币以供挥霍的需要，又使封建主纷纷向农民课取高额的货币地租和赋税，封建主和寺院争相兼并土地，这一切又加速了土地集中和农民破产的过程。本已承受繁重捐税盘剥的城市手工业者，现在又遭受到外国商品的竞争和排挤，纷纷破产。以丝织业为例，19 世纪上半叶，在麦什特城共有织丝机 1200 部，到 19 世纪 90 年代初便只剩下 650 部了。

在外国资本入侵的同时，伊朗也出现了资本主义经济的萌芽，产生了新兴的资产阶级。它们主要是由商人和自由地主转化而来的。伊朗资产阶级可分为两个部分，一是买办资产阶级，他们多从事对外贸易，和外资关系密切，实际上是外资的代理人，许多大商人便属于这一类；二是民族资产阶级，他们多从事国内贸易，只有少数试办了一些工业。民族资产阶级大多是中等商人，他们不但苦于封建统治集团的苛捐杂税和对他们的政治歧视与压迫，还要应付外国商品的竞争和倾销，很难立足。

西方资本主义的入侵也为伊朗培育了第一批拥有现代科学文化知识的知识分子，他们痛感国家境况江河日下，怀有强烈的振兴民族的爱国热情。他们清楚地觉察到：外国殖民主义的侵略是使祖国濒临灭亡的大患，而封建王朝的专制腐败则是民族孱弱的内因。他们之中最著名的人物如曾留学法国的爱国者米尔扎·马尔科姆汗首先反映了民族的觉醒，提出了一整套社会经济改革的纲领（君主立宪、保障人权、普及科学文化、发展民族经济、建立国家银行等），在国内展开宣传，影响很大。

伊朗工人阶级这时还处于襁褓时期，力量弱小，阶级意识正在形成。但伊朗侨外工人却不少，主要是旅居高加索和里海地区的工人，他们受到俄国革命的影响，具有反帝反封建的进步思想，他们之中不少人回到国内也就把革命思想的火种带了回来。

甚至在统治集团内部，伊斯兰教的高级教士与封建王室和外国势力之间也有尖锐的矛盾。伊斯兰教在伊朗影响十分巨大，教士不仅在思想上左右舆论和群众，还享有司法权和教育权，高级教士则常常干预政治。王室对教士分享司法权和掌有广大地产相当嫉恨，常加限制，引起了教士的不满。而教士们对西方资产阶级文化思想的传播直接与伊斯兰教义发生冲突也很反感，他们企图借助于人民群众对王室和外国势力进行抵制，以维护自己的特权。一般神职人员则与中下层群众关系较密切，在思想情绪上常受到他们的影响。

因此，在伊朗社会中，反对帝国主义侵略，要求民族独立，反对封建专制，要求民主法治的思想普遍存在，一旦点燃星星之火，便必将形成举国燎原之势。

1890 年，伊朗国王在英国的诱骗下，以每年 1.5 万英镑为代价给予英国塔尔博特公司在 50 年内垄断全国烟草的收购、加工和销售的特权。由于烟草是伊朗农村中普遍种植的作物，而伊朗各阶层人民也普遍吸烟，这件事便直接损害了生产者、商人和消费者的利益，遭到全国人民的一致反对，伊朗人民开展了一场反对英帝国主义垄断烟草专卖的斗争。伊斯兰教的宗教学者首先发出了抵制吸烟的号召，全国群起响应。德黑兰、大不里士、伊斯法罕、设拉子等城市的市民举行了群众集会。在德黑兰的群众集会示威中，愤怒的群众拥向王宫高喊："再这样干，我们就不要国王。"伊斯兰教领袖还发布教令，禁止穆斯林抽烟。这一指令得到了彻底贯彻，全国城镇的烟店全部关闭，停止营业，甚至连嗜好吸烟的国王也无烟可抽。

这次大规模反对烟草专卖的群众运动，其矛头虽然主要对准帝国主义，但同时也反映了人民对封建专制统治的不满。当时散发的一份传单中曾这样说："信仰安拉的人们，穆斯林们，伊朗的烟草权断送了，卡仑河断送了，糖的生产断送了，阿赫瓦士的铁路断送了，外国的银行来了，国家断送给了外国人，国王不关心人民的疾苦，我们要把国家的命运掌握在自己手里！"在群众运动的强大压力下，国王不得不在 1891 年 12 月宣布废除塔尔博特公司的烟草专卖权。斗争的胜利，大大地鼓舞了伊朗人民反帝反封建的斗志。反对英国垄断烟草专卖权的斗争是一个信号，它预示着更大规模的群众斗争即将来临。

1903—1904 年，伊朗因天气干旱发生粮荒，在德黑兰、大不里士、伊斯法罕、麦什特等城市均发生了饥饿暴动，群众哄抢投机商人的商店和粮食。饥饿的群众还把愤怒的矛头指向反动官吏和腐败的统治，指责首相阿塔贝克·阿扎姆贪污受贿，为外国人效劳，要求予以撤换。

伊朗社会和政治在动荡不安，人民要求民族独立，反对专制和政治腐败的呼声日益高涨。这一切，最终导致了一场以立宪运动方式表现出来的资产阶级大革命。

立宪运动的兴起

1905 年 11 月，在德黑兰发生的一起抗议帝国主义分子、伊朗海关税务司长比利时人劳斯贪赃枉法的事件，变成了引发一场大规模反帝民主斗争的导火线。

帝国主义各国把持伊朗海关，摧残伊朗民族经济的行为，早就为伊朗人民所痛恨。1901 年和 1903 年，英国和沙俄进一步加紧控制海关，胁迫伊朗与之签订新的关税协定，制定了对它们更为有利的新税率。这一新的侵略行径引起了伊朗人民的抗议。事犹未了，劳斯又被揭露有严重的贪赃枉法行为，这就更加激起了伊朗人民的愤怒。群众在德黑兰清真寺集会，要求撤除劳斯的税务司长职务。领头参加这一集会的是伊朗有名的商人和与商人有联系的教士。会上散发的传单中进一步提出了反对外国银行在伊朗发行货币的要求。传单抨击帝国主义"抢去了伊朗的一切，而伊朗人民不得不求乞为生"；同时，也抨击伊朗政府腐败无能，指责首相艾恩·多拉出卖国家的权益。这场斗争很快波及全国。与此同时，在伊朗北部地区出现了反对国王政权的秘密组织——"穆扎希德"（正义战士）。伊朗全国出现了政治动乱的局势。

统治集团决定采取镇压的手段。艾恩·多拉下令逮捕为首的教士和商人，并毒打他们，还杀害了 1 名民族主义者。政府的暴行引起了人民的愤怒。德黑兰的市民采取伊朗传统的斗争方式，去清真寺圣殿避难。数千名教士、商人和其他阶层的市民涌进德黑兰郊区的阿布杜尔·阿吉姆清真寺避难，表示抗议。他们发表告市民书，强烈谴责政府的暴行，要求罢免刽子手艾恩·多拉的首相职务，要求立即召开全国立宪会议和限制国王专制的权力。这一抗议运动很快地从德黑兰发展到大不里士、伊斯法罕、设拉子、麦什特等城市。人民的不满情绪甚至影响到部分军队，他们公开表示拒绝镇压教徒。

在声势浩大的群众运动的压力下，1906 年 1 月初，国王穆扎法尔丁被迫宣布，同意召开立宪会议，撤换了民愤很大的德黑兰省长和克尔曼省长。国王的声明和许诺暂时缓和了群众的不满情绪，群众离开了避难所。

在群众运动暂时平息后，国王并不愿实现自己的诺言，首相艾恩·多拉也原职未动。1906 年 4 月，德黑兰的市民向国王递交请愿书，要求他履行诺言，首先将艾恩·多拉撤职。国王对群众的要求仍然置之不理，这就再次引起了群众的愤怒。6 月 21 日，德黑兰爆发了大规模群众游行示威，军警开枪镇压，死伤多人。这次血腥镇压事件激起众怒，更大规模的游行示威和罢市浪潮席卷德黑兰、伊斯法罕、大不里士、设拉子等城市，抗议国王背信弃义，强烈要求召开议会制定宪法，严惩首相和有关官员。在首都，部分示威者还冲进监狱，企图救出被政府逮捕的群众。事态继续发展，7 月 15 日，德黑兰市民在一些著名的商人和教士的带领下到英国使馆花园避难，他们的人数与日俱增，到 7 月底已激增到 5000 人。此外，由一批教士率领的 3 万名穆斯林离开德黑兰到伊斯兰什叶派圣城库姆避难，以示抗议。伊朗其他城市的居民也走上街头举行抗议示威。北部首府大不里士的群众集会通过了一项最后通牒，要求国王撤销一切镇压人民的措施，并在两天之后召开立宪会议，否则将进行武装斗争。

最后，国王被迫作出让步，7 月 30 日宣布撤除艾恩·多拉的首相职务，任命开明派的莫希尔·多拉为首相。8 月 5 日国王下诏，准备召开立宪会议，制定宪法；9 月 9 日，颁布了议会选举法，随之举行了选举。在英国使馆避难的群众以获得胜利的姿态撤离英国使馆，在圣城库姆避难的教士和穆斯林返回德黑兰。

1906 年 10 月 7 日，召开了伊朗历史上的第一届议会，出席会议的议员多为贵族、官僚、商人、自由派地主、伊斯兰教神职人员，以及极少数的手工业者和小商人。在德黑兰选区当选的 57 名议员中共有 10 名大商人，加上小商人及手工业者出身的议员，竟占该区议员总额的一半以上。大商人阿明·扎尔卜当选为国会副主席。在群众的要求下，会议采取公开辩论的形式，不但允许群众列席旁听，还可以发表意见参加辩论。伊朗的报纸对议会的辩论和活动都作了详尽的报告，并发表了评论。实质上，在全国人民的注视下，形成了一个群众参加议会辩论的局面。因此，这次议会的特点是，它是在人民群众的监督下进行的。第一届议会制定了伊朗第一部宪法——基本法，并于 1906 年 12 月 30 日由国王批准执行。基本法宣布国家的权力属于人民，国民代表大会（议会）是国家的最高权力机构，规定国王的权力受议会制约；议会负有批准法律、批准和监督国家预算的权力。国王虽有权暂时不执行议会所通过的决议和解散议会，但新选出的议会如果确认上届议会决议，国王就必须批准它。基本法剥夺了劳动群众及妇女的政治权利，也没有触及封建土地制度，但毕竟是一部资产阶级性质的宪法。它限制和约束了国王的权力，对绝对专制的封建政治制度进行了初步的改革，这是东方第一个资产阶级性质的宪法，具有进步意义。

根据宪法精神，第一届议会还作出了一些决定。例如，废除封建制的包税制和其他苛捐杂税，限制王室的开支，设立世俗法庭，设立贸易厅，筹建国家中央银行，等等。在议会的要求下，政府也解除了海关税务司劳斯的职务。第一届国民议会的召开和基本法的通过，是伊朗民族民主革命的初步胜利。

1907 年 1 月 8 日，伊朗国王穆扎法尔丁在忧郁中病故。王储穆罕默德·阿里继承王位。新国王极端仇视群众运动，反对立宪。他争取英、俄政府的支持，暗中进行准备，筹划反攻倒算。

立宪运动开展以来，伊朗人民民主精神得到发扬。农民运动有了开展，工人运动也产生了，1906 年，德黑兰印刷工人组织了伊朗第一个工会。1907 年，伊朗电报工人举行总罢工，这是伊朗历史上第一次大规模工人斗争。手工业者、小商人等城市小资产阶级的革命积极性进一步高涨，他们提出了各自的要求。更引人注目的是，群众自己创造了一种斗争的组织形式，这就是"恩楚明"（意为委员会）。继 1906 年在大不里士出现第一个恩楚明之后，1907 年在全国各城市普遍建立了这种群众性的自治组织，首都德黑兰就建立了 140 个之多。它的权力广泛，不但监督地方政权的活动，而且还执行某些司法职能，规定食品价格，查办奸商，开办学校和阅览室，推动市民自治运动。但各地恩楚明各自为政，并没有全国统一的组织。它由各地居民选举产生，事实上成为非正式的政权，常与官方机构并立，形成了双重政权。不过，从其成员构成和活动性质看，它还是一种资产阶级民主性质的组织。与此同时，伊朗各地纷纷出版报纸杂志，犹如雨后春笋。到 1908 年，全国出版的报纸达 150 种以上。大多数报纸具有资产阶级民主和民族主义的色彩，它们经常抨击封建专制政体，揭露政府的腐败，攻击帝国主义的侵略。各个城市还出现了众多的政治俱乐部，它们大多为激进的民族主义者所掌握。

北部地区的秘密革命组织穆扎希德受俄国革命的影响很大，还与布尔什维克有联系。从其纲领和性质看，这个组织近似社会民主的政党。穆扎希德建立了自己的武装力量——"费达伊"（敢死队），参加的成员主要是工人、农民、城市贫民和中小商人。1907 年 9 月，麦什特的穆扎希德召开代表会议，通过的纲领宣布：要求实施直接、平等、秘密投票的普选，实行言论、结社、人身自由和罢工自由，无偿没收王室土地、赎卖地主土地分配给无地和少地的农民，工人实行 8 小时工作制等。

宪法颁布后，大商业资产阶级、自由地主、伊斯兰教上层教士认为他们的目的已经达到，因而心满意足。而群众运动的进一步深入发展则使他们不安。他们特别害怕工农群众力量的发展壮大会不利于他们赖以生存的剥削制度，危害到他们的阶级利益。因此，在他们获得了一定的政治权利之后，便转而设法阻拦伊朗反帝反封建运动的进一步深入，并与王室妥协、勾结，共同反对群众运动。例如，1907 年 4 月 1 日，议会审议和通过关于恩楚明组织法时，他们便赞同限制市民的自治权力，限制恩楚明干涉政治事务，而且约束群众参加恩楚明的选举。

立宪派营垒的分化，鼓励了以国王为首的反动势力发动政变。国王穆罕默德·阿里背着议会和首相与帝国主义勾结，向英、俄借款 40 万金镑，策划反攻。首先，国王逼迫首相莫希尔·多拉辞职，并把忠于王室和亲帝国主义的反动分子阿塔贝克·阿扎姆召回任首相，然后又拒绝在议会已通过的进一步限制国王权力的基本法的补充条例上签字。新任首相阿塔贝克·阿扎姆秉承国王的命令，镇压革命的群众运动。统治集团的挑衅，使拥护国王和反对封建专制政权的斗争趋向白热化。1907 年 8 月 31 日，阿塔贝克·阿扎姆被穆扎希德派遣的刺客刺杀，伊朗的局势又开始陷入紧张和混乱。

这时环绕着伊朗，国际局势也发生了变化，争夺伊朗最烈的英国和沙俄突然达成了妥协。在立宪运动期间，英、俄两国从各自的帝国主义立场出发，各支持一方（英国支持立宪运动，沙俄支持王室），这就有利于伊朗人民利用英俄矛盾来推动立宪运动。但当时欧洲局势的发展（主要是德国积极加强与英、法争霸）却迫使英国大力拉拢沙俄，以便与德国抗衡。1907 年，英国决定在黑海海峡等问题上作出让步，以换取沙俄妥协，英、俄终于在当年的 8 月 31 日，签订了关于在伊朗、阿富汗和中国西藏划分势力范围的"英俄协定"。协定把伊朗的领土划分为三部分。居民稠密和经济比较发达的北部地区为俄国的势力范围，英国保证在属于俄国势力范围的北部地区不企求任何商业租借权，并阻止其他国家在该地区获取这种权利。对保卫印度、阿富汗和波斯湾而具有战略价值、蕴藏着丰富石油资源的南部地区为英国的势力范围，俄国则承担相应的义务。中部为英、俄利益均沾地区，也是双方势力的缓冲地带，则划为中立区。

9 月 16 日，英、俄两国政府将上述协定正式通知伊朗政府。英、俄公开瓜分伊朗的行为，公开践踏伊朗的主权和领土完整，立即引起伊朗各界的强烈反响。德黑兰、大不里士、伊斯法罕和麦什特等城市出现了大规模的群众集会和游行示威，向英、俄提出强烈抗议。英、俄的妥协使它们得以联合对付伊朗立宪运动，对立宪运动形成了重大威胁。因此，立宪运动营垒中那些曾止步不前，甚至转向与王室合作的上层分子（大商人、高级教士等），又重新加入了反帝行列。反对帝国主义侵略的斗争，把伊朗立宪运动推向了一个新的高潮。9 月 24 日，议会一致谴责英、俄的瓜分计划，宣布英俄协定无效。穆罕默德·阿里国王也被迫发表声明，拒绝承认英俄协定。

在新的革命形势的压力下，1907 年 10 月 7 日，穆罕默德·阿里不得不违心地在基本法的补充条例上签了字。至此，伊朗第一部资产阶级的宪法终于全部完成了。补充条例规定，伊朗实行立法、行政和司法三权分立的原则，政府对议会负责，但国王仍保留了宣战、媾和及任命各部大臣、充当武装力量最高统帅等权力。条例宣布人身、财产、住宅和私人通信不受侵犯；在不违背伊斯兰教义的原则下，人民有受教育、出版、集会、结社自由；伊斯兰教什叶派为伊朗正式国教。这部宪法与当时亚洲其他国家宪法相比，在形式上民主成分较多。

护宪和复辟势力的激烈斗争

穆罕默德·阿里虽然被迫在限制国王权力的基本法补充条例上签了字，但并不甘心失败，积极筹划镇压。首先，他把效忠王室的由俄国军官指挥的王家近卫军和其他封建势力的武装调集首都，准备进攻革命武装。1907 年11 月，德黑兰恩楚明要求国王罢免反动的内务大臣和撤出武装力量。穆罕默德·阿里则无理要求议会和政府解散恩楚明，但遭到议会和首相的拒绝。被议会推选为首相的立宪分子纳赛尔·马列克，一直采取措施限制国王的专制权力，要求把军队置于政府和国防大臣监督之下，取消国王统率军队的权力。立宪派和国王的矛盾达到顶点。12月，国王派王家近卫军驻扎议会广场，由俄国军官利亚霍夫上校指挥的哥萨克骑兵旅占据德黑兰的战略要地。反动势力的猖狂进攻，激起了首都居民和立宪派的愤怒，他们奋起保卫革命的成果。议会中的左派议员、恩楚明的成员和费达伊武装部队占领了议会大厦和附近的谢巴赫·萨拉尔清真寺，数千名武装的革命群众也进入议会广场，与王室近卫军相对峙，决心保卫宪法和议会。全国各地人民群众纷纷行动起来，并派出武装人员驰赴首都支援革命力量。双方力量对比对王室不利，伊朗反动派不得不暂时退却。国王被迫解除了一些反动大臣的职务。

　　1908年2月，穆扎希德派人谋刺国王未遂，使国王和立宪派的矛盾又趋向激化。穆罕默德·阿里在得到俄国的支持、英国政府的默许后，决定不顾一切地镇压人民的革命。6月23日，在国王的命令下，哥萨克旅炮轰议会大厦和谢巴赫·萨拉尔清真寺，一些议员、恩楚明成员和大批革命志士共数百人遭到残杀和逮捕。在其他一些城市也发生了类似的反革命事件。

　　在德黑兰发生血腥镇压革命的事件后，伊朗革命的中心转移到经济发达和民族资产阶级力量比较强大的阿塞拜疆省首府大不里士。大不里士的恩楚明在与反动势力的斗争中，逐步成为该地区的实际政权机构。在德黑兰的反革命政变后，大不里士的革命组织向全国发出号召，呼吁人民起来拯救宪法，为重新召开国民议会而斗争，还要求废除国王和反对帝国主义的武装干涉。大不里士的居民拿起了武器，在大不里士恩楚明委员、革命派领袖萨达尔和石匠出身的革命者巴盖为首的军事委员会的领导下，坚决抵抗从德黑兰派来的6000名军队的进攻。他们不仅守住了阵地，到年底还占领了阿塞拜疆省的大部分地区。

　　在新的革命形势推动下，伊朗南部的巴赫蒂亚尔部族酋长怀着自己的目的加入了护宪运动的行列，1909年1月率领部族武装进入伊朗中部的伊斯法罕城，夺取了政权。同年2月，吉兰省的腊什特发生反对国王的武装起义。3月，立宪派在南部的布尔、阿巴斯港和其他一些地区也夺取了政权。至此，国王穆罕默德·阿里的处境又趋于危险。为了挽救卡扎尔王朝的政权，英、俄政府决定进行直接武装干涉。1909年4月25日，俄国借口保护侨民和俄国在伊朗的权益，派遣军队渡过阿拉斯河，侵入伊朗的阿塞拜疆省。4天之后，俄国侵略军攻占了伊朗护宪运动的中心大不里士，镇压了伊朗人民的革命运动，摧毁了革命政权和残酷迫害伊朗爱国军民。英国政府也派遣了侵略军在伊朗南部波斯湾沿岸登陆，占领了布什尔、阿巴斯港和林格等地区，镇压了那里的起义者。但英、俄帝国主义的联合进攻并没有吓倒伊朗人民，他们继续进行护宪斗争。

同时，王室也同意召开新的议会来骗取伊朗革命人民放下武器。但国王虚假的建议，遭到立宪派的拒绝。立宪派在吉兰省的力量发展很快，它们派出费达伊部队向德黑兰进军，于 5 月 17 日进抵德黑兰近郊。英国政府害怕立宪派获得伊朗政权，便怂恿巴赫蒂亚尔部族武装向德黑兰进攻。巴赫蒂亚尔部族的首领历来反对向卡扎尔王室臣服，因此也派出队伍日夜兼程向德黑兰挺进。国王的军队在南北夹击下被迫投降。7 月 13 日，反国王的军队进入德黑兰。国王穆罕默德·阿里逃入俄国使馆，寻求沙皇的保护。

立宪派进入首都后，在 7 月 16 日召开紧急议会。会议宣布：恢复宪法，废除穆罕默德·阿里的王位，另立 14 岁的王子艾赫迈德为新国王，组成了以谢巴赫达尔①为首的立宪主义者和巴赫蒂亚尔部族酋长的联合政府。实际上，新政府的权力已由民族资产阶级之手转入自由派地主和部落酋长手里。因此，新政府比上一届政府更加软弱。它不敢触动英、俄帝国主义在伊朗的特权和利益，还在俄国的压力下，允许穆罕默德·阿里废王到俄国"休养"避难。对由俄国军官指挥的哥萨克旅也原封不动。新政府的妥协态度，为自己留下了致命的祸根。

伊朗资产阶级革命的失败

新政府成立之后，国库空虚，财政入不敷出，谢巴赫达尔政府不敢触动外国资本的利益，却采取增加税收的办法来克服财政困难。这一增加人民负担的政策，引起社会各阶层广泛的不满，农民又开展了抗缴赋税和地租的斗争，工人举行罢工抗议物价上涨。在新的政治和经济的压力下，谢巴赫达尔政府倒台了。1910 年 7 月，莫斯图菲·马马列克出任首相，这个政府继续执行对内限制群众运动、对外屈从于帝国主义的政策。在英、俄的支持下，它竟动用巴赫蒂亚尔部族和亚美尼亚族武装力量，强迫解除革命的费达伊部队

---

① 谢巴赫达尔是吉兰省大地主，因同情立宪派主张，在 1909 年参加了吉兰省的护宪运动。

的武装。这实际上是自毁长城，使伊朗新政权失去了最可靠的武装力量的支柱。

在英、俄联合面前，莫斯图菲·马马列克政府企图找到一个大国作为依靠。1910 年年底，伊朗政府作出决定，向美国政府聘请财政顾问团，改革被英、俄控制的财政。这一行动为美国进入长期被英、俄控制的伊朗，创造了有利条件。伊朗政府的这项决定，引起了英、俄政府的强烈不满，特别是俄国政府，它害怕美国进入伊朗将会损害俄国在伊朗的地位。因此，英、俄政府先后向伊朗政府发出警告，不允许第三国的势力进入伊朗。在这场外交危机中，莫斯图菲·马马列克政府倒台了。1911 年，谢巴赫达尔东山再起，重新组阁，仍坚持引进美国的方针。从此，英、俄、美三国便在伊朗展开了激烈竞争。

1911 年，以摩根·舒斯特为团长的美国财政顾问团一行 5 人抵达伊朗。舒斯特出任财政总监，总揽伊朗财政、借款、石油租借、税收和国家预算的大权。他还积极筹建一支由他领导的为数 1 万的宪兵队。美国顾问团野心勃勃的计划，引起英、俄政府的恐慌。俄国政府积极策划反政府、反立宪运动的武装叛乱。北部地区保王派集团虽多次发动武装叛乱，但均在政府军和群众武装的反击下遭到失败。俄国政府最后决定放虎归山，护送在俄国避难的废王穆罕默德·阿里返回伊朗。1911 年 7 月，穆罕默德·阿里在里海南岸登陆，企图利用在那里收买的 3 万名土库曼部落武装向首都德黑兰进攻，复辟王位。他的兄弟萨拉尔·多拉也在库尔德斯坦发动武装叛乱。伊朗人民纷纷拿起武器，反对复辟，并重新组织了费达伊部队。谢巴赫达尔政府为了保卫政权，也调集了军队迎战叛军。叛军在向德黑兰进军的途中，不断遭到群众武装和政府军的痛击，最后被消灭。

英、俄政府幕后策划叛乱的计划失败后，不得不亲自进行军事干涉。1911 年 7 月，英、俄政府分别向伊朗南部和北部增兵。同年 11 月，又联合向伊朗政府发出最后通牒，要求在 48 小时内驱逐美国财政顾问团；今后伊朗政府不经英、俄两国政府的同意，不得聘请任何第三国顾问；还要求伊朗赔偿这次英、俄向伊朗调动军队的费用。英、俄帝国主义的侵略和蛮横的要求，激起了伊朗人民的极大愤慨。伊朗议会通过决议，拒绝英、俄的最后通牒。革命群众喊出了"不是独立，就是死亡"的口号。

俄军 5000 人侵入伊朗北部，同时英军也侵入伊朗南部。在帝国主义对伊朗南北进行军事占领的情况下，伊朗复辟势力趁机于 1911 年 12 月在德黑兰发动政变，占领了立宪派的据点议会大厦，逮捕和屠杀立宪分子，卡扎尔王室重新掌握了伊朗政权。资产阶级立宪革命最后失败了。

但伊朗人民并没有中止斗争，各地的革命力量继续进行顽强的抵抗。在大不里士，费达伊部队坚守据点，抗击俄国侵略军，最后弹尽粮绝。直至1912 年 1 月初，俄国侵略军才完全占领大不里士。

一场历时 6 年之久的轰轰烈烈的伊朗资产阶级革命，最后终于被帝国主义和反动势力共同绞杀了。失败的原因主要有以下三点：（1）这场革命始终没有明确地提出推翻封建王朝和封建制度的革命纲领，是一场软弱和不彻底的资产阶级民主革命。因此它不足以更广泛地发动群众，尤其是吸引占全国人口中最多的农民投入革命。除北部各省的某些地区外，广大农民基本上置身事外，成为这场革命的旁观者。这就大大削弱了革命的实力，使革命在内外反动势力的夹击下处于软弱无力的地位，大大方便了封建势力的复辟。（2）这场革命缺乏一个革命的、坚强的领导力量。掌握革命领导权的是大商人、自由地主和伊斯兰教上层神职人员。他们有一定的反帝反封建王室的要求，在革命初期曾领导群众坚决斗争，但又十分害怕群众，害怕革命深入发展会危及自己的阶级利益。因此，一旦革命取得了一定的胜利，他们本身的阶级要求大体上得到满足时，便立刻止步，与帝国主义、封建势力谋求妥协，甚至和它们勾结起来，回过头来镇压革命群众。他们不是彻底的革命者，不能领导革命进行到底，甚至也不能巩固革命已经取得的成果。（3）这场革命面对的敌人是帝国主义和封建主的强大联盟，力量对比悬殊。而国际形势对伊朗革命也十分不利，为争夺伊朗而多年厮拼的英、俄突然达成妥协，出现了他们联合对付伊朗革命的严重局面。这些客观因素也是促使伊朗革命陷于失败的重要原因。

1905—1911 年伊朗资产阶级革命虽然失败了，但它在世界近代史上却占有重要的地位。它具有资产阶级民族民主革命的性质，是 20 世纪初东方各国（伊朗、土耳其、中国）革命高潮的一部分，是一个有"世界意义的事变"①。它和东方各国其他民族民主革命一道，标志着亚洲的觉醒。

1905—1911 年伊朗革命在伊朗历史上是件大事。它在伊朗历史上开辟了民族民主革命的新时期，为伊朗人民的反帝反封建斗争开辟了道路。它沉重地打击了伊朗封建专制制度，使伊朗历史上第一次有了一部资产阶级性质的

---

① 《列宁全集》第 20 卷，人民出版社 1961 年版，第 406 页。

宪法，成立于第一个资产阶级性质的议会，约束和削弱了卡扎尔王室的权力，并在很大程度上为不久之后这个王朝的垮台准备了条件。伊朗革命也打击了帝国主义在伊朗的势力和阻止了帝国主义对伊朗的瓜分。

对伊朗人民群众来说，1905—1911 年革命又是一所大学校。人民群众在血与火的斗争中受到了实际的锻炼，提高了觉悟，为投身此后在新的历史条件下兴起的民族民主运动准备了条件。

（此文由世界历史研究所刘陵同志作了较大修改）

1908—1909 年土耳其资产阶级革命

彭树智　朱克柔

1908—1909 年土耳其发生的资产阶级革命，是 20 世纪初亚洲觉醒的标志之一。它在土耳其和亚非人民历史上产生过重大的反响。

半殖民地半封建的土耳其社会

19 世纪末，奥斯曼这个横跨欧、亚、非 3 洲的老大帝国，是一个经济上落后，政治上和军事上衰微的半殖民地半封建国家。

在奥斯曼帝国，浓厚的封建因素阻碍着社会的发展。最重要的封建因素是：以素丹和哈里发相结合的君权神权专制制度；封建和半封建的土地制度；对非土耳其民族的压迫。

素丹阿卜杜哈米德二世（1876—1909 年）统治时期，是土耳其近代史上最黑暗的时期，史称"祖吕姆"（暴政）时期。阿卜杜哈米德是一个多疑而残忍的人物，同时又是一个善于玩弄政治权术的封建君主。1876 年他即位之初，迫于国内外形势，曾颁布了帝国历史上的第一部宪法。该宪法规定实行两院制。全体奥斯曼人一律平等。宪法对素丹的专制君权几乎未作任何实质性限制，素丹拥有任免大臣、统率军队、对外宣战媾和、召集或解散议会等特权。尽管如此，阿卜杜哈米德对这部宪法仍耿耿于怀，1877 年年初就利用宪法第 113 款赋予他的将一切危害国家安全的人物驱逐出境的权限，将宪法起草人、宰相米德哈特放逐国外。1878 年 2 月，又无限期地解散议会，恢复专制独裁统治。

阿卜杜哈米德二世对内实行愚民政策和专制恐怖政策。他派书报检查员对全国新闻出版进行严格检查，禁止书刊报纸上一切有关议会、宪法的论述。"自由""革命""改革"等词也从字典上删掉。他还下令禁演莎士比亚的戏剧《哈姆雷特》，因为剧中有处死国王的场面。素丹的密探网遍布全国，监视全国军政机构的官员和普通老百姓的言行，无数进步人士因此而遭受迫害。

素丹专制统治的支柱是土耳其人和非土耳其人（库尔德人、阿尔巴尼亚人、切尔克斯人、阿拉伯人）的封建主、半封建主、部族酋长、伊斯兰教上层僧侣、反动军官和大臣、买办商人。素丹专制制度的经济基础是封建的半封建的土地制度。地主富农只占全国农户的 5%，却霸占了全国耕地的65%，而 8% 的农户根本没有土地。地主阶级对农民实行残酷的封建、半封建剥削。分成制是主要的剥削形式，小亚细亚东部还盛行强迫劳役制。高利贷者也是剥削农民和牧民的寄生虫。在封建和半封建土地制度下，农业生产技术水平极其低下。

20 世纪初，土耳其社会发展的重大障碍是民族压迫。土耳其民族是奥斯曼帝国的统治民族，但它只占全国人口[①]的 40% 左右，而非土耳其族人约占60%。人口在 70 万以上的非土耳其民族有阿拉伯人、亚美尼亚人、希腊人、库尔德人、阿尔巴尼亚人、保加利亚人、塞尔维亚人，其中阿拉伯人最多，超过 600 万，亚美尼亚人、希腊人在工业、商业和文化中起着巨大作用。素丹统治集团为了保持自己的统治地位，常常煽动穆斯林和非穆斯林之间的宗教仇恨。由库尔德人组成的非正规骑兵"哈米德军"，把迫害的主要矛头对准小亚细亚东部的亚美尼亚人。1877—1878 年俄土战争以后，素丹政府开始谈论"蕲除"亚美尼亚民族的问题。90 年代初，埃尔祖鲁姆（1890 年）、木什（1892 年）、萨松、迪亚尔巴克尔（1894 年）等地爆发了亚美尼亚人抗税和反政府斗争。1894 年斗争波及阿马西亚、托卡特、锡瓦斯、穆什、凡、特拉布松。这成为素丹残酷镇压亚美尼亚人的借口。1896 年，伊斯坦布尔也发生了屠杀亚美尼亚人的事件。在这些事件中，估计有 30 万人丧生。

素丹统治下的奥斯曼帝国，虽然形式上保持着独立，却面临着被列强瓜分殆尽的威胁。1877—1878 年俄土战争结果，俄国攫取了小亚细亚东部的巴统、卡尔斯、阿尔达汉，英国占领了塞浦路斯，奥匈帝国抢走了波斯尼亚和黑塞哥维那，帝国一共丧失了 21 万平方公里土地和 500 万人口。1881 年法国又强占突尼斯，1882 年英国占领埃及（9.94 万平方公里，982 万人口）。德国和意大利的势力也相继渗入。到 19 世纪末和 20 世纪初，土耳其因其重

---

① 当时帝国学校的教科书称人口 3000 万，但欧洲各国学者估计帝国人口为 2400 万—2500 万。

要的战略地位（扼欧、亚交通枢纽），更加成为帝国主义列强激烈争夺的地区。

在帝国主义时代，资本输出成为主要的殖民剥削方式。在土耳其，这种殖民剥削方式表现为大量的贷款。法、英两国的资本家，是素丹政府的两大债主。他们和其他国家的资本家一起，通过以下手段，逐步把土耳其变成了半殖民地。

第一，成立奥斯曼国债管理处，以控制土耳其财政。素丹政府从 1854 年借第一笔外债起，债务越背越重，不能自拔。1874—1875 财政年度帝国预算收入 2500 万金里拉，实际收入仅 1700 万金里拉，而偿还债务利息一项就要 1300 万里拉，帝国濒临财政破产的境地。1881 年 12 月，素丹阿卜杜哈米德颁布"穆哈雷姆①敕令"，宣布成立奥斯曼国债管理处。这是一个典型的半殖民地机构，名义上算是国家机构，但管理委员会的 7 名委员中，只有 1 名归素丹任命，5 名为债权人代表，另 1 名代表奥斯曼银行。管理处负责偿还帝国的全部内外债务。为此，帝国将食盐、烟草专卖权、印花税、酒税、渔业税和蚕丝什一税等划归它管理。管理处实际上成为国家的第二财政部，控制了相当一部分的国家财政收入（最多时达到 31%）。从 1886 年起，素丹政府又开始向西方国家借新的外债，到 1906 年新债总额超过 1 亿金里拉，比 1881 年外债（1.41 亿金里拉）约增加 72%。

第二，攫取铁路租让权以奴役土耳其。西方列强从 19 世纪 50 年代起就开始争夺土耳其的铁路租让权。1878 年和 1888 年英国资本家获得伊兹密尔地区修筑铁路的租让权。德国在 1888 年和 1903 年攫取了修筑巴格达铁路租让权。争夺铁路租让权的斗争，实际上发展成争夺势力范围的斗争，如沙俄攫取安纳托利亚东北部地区的铁路租让权，目的不是修筑铁路，而是不让其他国家在这一地区修铁路。素丹政府在出让铁路修筑权时给外国资本家以种种优惠条件。"公里保证金"制度就是其中之一。德国资本家修建巴格达铁路，素丹政府保证他们每修筑 1 公里可获得 12000 法郎的利润，每运行 1 公里还可得到 4500 法郎利润。由于利润有保证，外国资本家故意多修弯路，以增加线路总长度，运行后不注意改善经营方法。1889—1909 年帝国政府支付的公里保证金高达 11346725 金里拉。小亚细亚 74 个省中有 23 个省的什一税被作为偿付公里保证金的担保。

---

① 穆哈雷姆为伊斯兰教历的 1 月。

第三，开办外国银行以控制土耳其经济。在土耳其开办最早、影响最大的外国银行是奥斯曼银行。它最初由英国银行家于 1856 年建立，1863 年改组为英、法合资经营。英、法资本的奥斯曼银行攫取了国家银行的特权，有权发行钞票，汇集国家收入，素丹政府的经费亦由该行开支。奥斯曼银行控制了土耳其经济的金融中枢。除奥斯曼银行外，还有许多外国银行，如萨洛尼卡银行（法、奥匈资本）、里昂信贷银行分行（法资）、亚洲银行分行（法资）、意大利商业银行分行、德意志银行、近东商业银行（英资）、土耳其国民银行（英资）、俄国外贸银行分行等。土耳其本国的民族银行只有 1 家——农业银行，在经济生活中起不了什么作用。

第四，控制土耳其的海关、对外贸易和工业。1884 年德国建立了"列日"烟草垄断公司。这家公司不但排挤了土耳其 450 家烟草企业，而且采用低价收购高价抛售的办法，直接对 14 万烟农进行盘剥。烟农必须把全部收成低价交售给列日公司。为了防止烟草走私，公司专门建立了宪兵组织，残酷镇压走私活动，成千的人死于非命。外国资本[①]的主要投资部门是铁路（63%）和银行（10%）。加工工业和采掘业分别为 7.7% 和 4.2%，显然是微不足道的。外国资本家利用土耳其的低关税大量倾销商品。

此外，帝国主义者还通过学校、行政机关和出版物进行文化侵略。这方面美国的活动具有典型性。第一次世界大战前，土耳其各地有 17 个美国传教士团，下分 200 个传教士小组，共开办了 600 所学校，有学生 2 万，从小学到大学一应俱全。

土耳其的觉醒

帝国主义在把土耳其变成半殖民地的同时，也造成了反对自身压迫的物质条件。随着商品和资本输入的增加，土耳其出现了明显的劳动分工。科尼亚省主要提供谷物，而阿达纳省专门培植棉花，爱琴海地区的果园业蓬勃兴起，萨姆松成为主要的烟草种植区。

经济作物种植面积迅速扩大。1884—1903 年，烟草种植面积增加了 3.3 倍。1896—1908 年棉花产量增加 32 倍。1896 年阿达纳产棉仅 400 吨，1914 年则生产了 33750 吨，即增加了 83 倍。农业中商品经济比重增加，科尼亚

---

① 1912 年外国投资总额为 8470 万金里拉。

省 1/4 的小麦和大麦运往伊斯坦布尔和伊兹密尔。

土耳其农业日益卷入世界资本主义市场。1888 年伊兹密尔港口出口 249500 吨货物，1906 年增至 403268 吨。农村阶级结构开始发生变化，经济作物种植区出现了采用雇佣工人的大规模农场，农业工人不断增加，仅阿达纳地区棉花收获季节就吸收了各地 5 万—7 万名季节工人。

在城市中，资本主义企业也有了一定的发展。铁路的修建，引起了车辆厂、机车修配厂的兴建和对煤炭需求的增长。宋古尔达煤田采掘量由 1888 年的 8 万吨，增至 1908 年的 66 万吨。地毯业也有较大发展，19 世纪 90 年代中期全国有 25 个地毯业中心，产量比 30 年代增加 6 倍多。大多数地毯按法国、英国和美国的花样生产。面粉业亦得到一定发展，90 年代初伊兹密尔有 23 家面粉厂，日生产 1800—1900 公斤面粉。

20 世纪初，工厂和运输业中有 4 万—5 万名工人。这些企业大多属于外国或非土耳其族的资本家。例如伊兹密尔的 6 家木材加工厂中 3 家属外国人，3 家属希腊人所有。5 家铸铁企业没有 1 家归土耳其人所有。土耳其人总共只占有 15% 的工业资本。工业资本主要掌握在非土耳其民族希腊人（50%）、亚美尼亚人（20%）、犹太人（5%）手中。土耳其人在工人中的比例也仅为 15%，85% 的工人是希腊人、亚美尼亚人和犹太人。19 世纪末 20 世纪初，受世俗教育的资产阶级和小资产阶级知识分子人数大大增加，如军官学校的毕业生在 19 世纪末每年达 500 人，军官团在很大程度上由城乡小资产阶级和低级官僚家庭出身的人组成。其他职业学校的毕业生和受西方教育的留学生也有较大增长。正是从这些人中间，产生了先进的民族民主主义政治家和思想家，产生了促进土耳其觉醒的宣传家和组织家。

1889 年 5 月，伊斯坦布尔军事医学院的 4 名大学生发起建立名为"奥斯曼统一"的秘密组织。这 4 个人是阿尔巴尼亚人伊卜拉欣·泰莫、切尔克斯人穆罕默德·雷希特、库尔德人阿卜杜拉·杰夫代特、土耳其人伊斯哈克·絮库蒂[①]。以后秘密组织逐逐渐扩大，成员有 20—25 人，协会主席是阿利·吕絮蒂。其领导人开始与首都其他院校联系，建立秘密小组。总参谋部里有谢菲克贝伊领导的小组，伊兹密尔、萨洛尼卡、贝鲁特也建立了秘密小组。1894 年这些小组联合成立"奥斯曼统一与进步协会"，其成员通常称为"统

[①]　有些学者认为创建人中还有阿塞拜疆人阿利·胡赛因扎代。科尼亚的希克梅特·埃明和伊斯马伊尔·易卜拉欣是否为创建人无法肯定。

一党人"或"青年土耳其人"。他们自认是新奥斯曼人的继承人,力求恢复1876 年宪法,推翻阿卜杜哈米德专制统治,争取国家的政治、经济独立。青年土耳其人运动反映了民族资产阶级和自由派地主的利益。统一与进步协会在国内外展开广泛的宣传鼓动工作。1894 年在伊斯坦布尔创办地下印刷厂,印刷传单的宣言。有一张传单写道:"公民们!……我们所有不幸的主要祸首是素丹的耶尔迪兹宫、波尔塔和伊斯兰长老。为了自由和进步,让我们捣烂这些不公道的窠臼吧!"素丹的密探很快察觉了协会的秘密活动,大肆进行逮捕和严刑拷打。许多小组成员被迫逃亡国外。

流亡国外的青年土耳其人在巴黎、日内瓦、开罗等地创建小组,形成活动中心。巴黎小组由里扎贝伊①于 1891 年建立。阿赫梅特·里扎(1858—1930 年)出身于大官僚家庭。其母系奥地利人,父亲有"英吉利兹"(英国人)的浑名,是位有自由、立宪思想的人。里扎中学毕业后到法国学习农业,回国后在布尔萨任中学校长和教育局长。由于自己的一些改革建议未被政府采纳,他于 1889 年借口参观法国展览会到了巴黎,一直留在那里从事立宪斗争。1891 年里扎在巴黎成立名为"秩序和进步"的小组,与伊斯坦布尔的组织取得联系,并在"统一与进步协会"的名称下联合起来。1895 年起开始出版机关报《梅什韦雷特》(评议)报。日内瓦小组由伊斯哈克·絮库蒂于 1896 年成立。小组自称"统一与进步"协会,亦称"奥斯曼革命党"。在宣言中提出"正义或死亡"的口号,呼吁用武力处置"暴君"阿卜杜哈米德二世,向"压迫者复仇"。

青年土耳其人在国外主要从事报刊宣传活动。19 世纪 90 年代末,青年土耳其人在国外出版的报刊共达 116 种之多。除《梅什韦雷特》报外,穆拉德贝伊在开罗出版的《米赞》(天平)报、日内瓦的《奥斯曼人报》亦颇负盛名。这些报刊及传单、小册子通过邮局秘密运回国内,对传播革命思想起了很大作用。

素丹政府为了破坏青年土耳其人在国外的活动,一面同西欧各国政府交涉,要求它们限制反对派的活动;一面派出特使,用金钱和改革的诺言,诱骗意志不坚定者回国。素丹的活动在短期内收到一定效果,穆拉德贝伊等人先后回到伊斯坦布尔,同素丹和解。

1902 年 2 月,青年土耳其人的各个组织在巴黎召开第一次大会。出席大

---

① 贝伊是奥斯曼帝国中原系贵族或旁系王子的尊称。后用指任何执政者。

会的 60—70 名代表①中有土耳其人、亚美尼亚人、切尔克斯人、库尔德人、犹太人。大会未能达到使运动团结的目的。萨巴赫丁亲王②创立的"个人主动和地方分权联盟",宣传各民族广泛自治,在联邦基础上建立新国家。该派决议中还宣布要谋求"欧洲列强的道义支持"。以里扎为首的少数派决定成立"进步与统一协会"③,其决议反对欧洲列强干涉内政:"我们少数派确信,列强奉行的利益,并不总是与我国的利益相符,我们坚决拒绝可能有损土耳其帝国独立的任何行动。"

同青年土耳其人立宪运动平行发展的,是被压迫民族的解放运动。1902年成立的阿拉伯民族委员会发表"阿拉伯民族复兴"的纲领,要求使阿拉伯国家脱离奥斯曼帝国,建立以汉志为中心的全阿拉伯帝国。阿拉伯祖国同盟领导人纳吉布·阿祖里在 1905 年提出了"阿拉伯国家属于阿拉伯人"的口号。亚美尼亚人先后成立亚美尼亚民主党和亚美尼亚民族主义者党(达什纳克党),反对素丹专制统治。马其顿地区是民族解放运动最活跃的地区。1893 年内马其顿—奥德林革命组织成立,其目的是通过革命争取上述地区的完全政治自治。1903 年 8 月 2 日,在该组织领导下马其顿西北部莫纳斯特尔省爆发起义。2 万起义农民占领克罗谢沃,宣布成立共和国,建立临时革命政府。土耳其政府调动 20 万大军残酷镇压起义。俄国和奥匈帝国乘机要求土耳其在马其顿实行改革。11 月,土同意实施缪茨施特格改革方案:由俄、奥各派一名行政代表协助管理马其顿;招聘外国军官改组警察部队;建立奥斯曼银行对马其顿的财政监督;等等。

总的说来,由于素丹政府的镇压和破坏,青年土耳其人内部的分歧和不统一,20 世纪初土耳其革命运动处于低潮。1905 年的俄国革命和伊朗革命对土耳其国内革命形势的发展产生了积极的影响。1905 年夏俄国黑海舰队部分官兵公开转向革命,反对沙皇专制制度。塞瓦斯托波尔起义领导人施米特中尉被杀害以后,28 名土耳其军官给施米特中尉的家属写信说:"中尉在我们心中永远是为人权而斗争的伟大战士和受苦的人",立誓要同俄国人民一道,"为争取神圣的公民权利战斗到最后一滴血"。俄国驻小亚细亚东部的领事们多次谈到俄国事件对当地人民的影响。一位领事写道:"尽管当局竭力

---

　　①　另一说为 47 人。

　　②　萨巴赫丁系驸马马赫穆德帕夏之子,1900 年随其父逃亡国外。

　　③　"进步与统一协会"在 1908 年革命后才恢复"统一与进步协会"之名,为叙述的方便,下文一律用"统一与进步协会"。

对人民隐瞒俄国宣布的改革，改革的消息却十分详细地迅速传布开来……现在已常常听到穆斯林对皇上的最恶毒的咒骂。"正是在俄国革命的影响下，安纳托利亚东部广大劳动人民反素丹政权的斗争才有了迅速发展。

1905 年夏，比特利斯发生骚乱。妇女举行示威，抗议物价高涨，商人罢市。政府把该省省长调往特拉布松省。特拉布松人民武装反抗新省长到任。卡斯塔莫努、西诺普、凡、迪亚尔巴克尔、锡瓦斯、开塞利等地也发生类似的事件，反对推行新的个人税和增加牲口税。1906 年初，埃尔祖鲁姆商人发起建立"献身"社，当地大多数居民都加入，献身社领导示威游行，要求撤换 4 名省高级官员，减轻人民的捐税负担。士兵拒绝向人民开枪，献身社实际上控制了埃尔祖鲁姆政权，对市场物价建立严格监督，解除了邮局局长、法庭庭长等人的职务。献身社的传单提出立宪要求。直到 1907 年 11 月，素丹政府才平息了事件。

与此同时，陆海军中兵变迭起。1905 年 5 月，从叙利亚派往也门的军队，携带 22000 支枪、4 门大炮和大量军火，向也门起义者投诚。12 月，数百名水兵袭击总参谋长的住宅，要求发放欠薪和复员服役期满的水兵。1906 年，中尉哈吉根据统一与进步协会的命令，在特拉布松枪杀哈姆迪帕夏。

1907 年，英国驻伊斯坦布尔大使向伦敦报告土耳其国内形势时说："目前，整个地方行政明显地正陷入完全的无政府状态。拒绝纳税，抗拒征兵，赶走省长，叛乱已近于公开。"显然，土耳其国内革命形势正迅速发展。

革命的爆发与过程

土耳其革命形势的发展，唤醒了青年土耳其人的革命积极性。他们改变斗争策略，开始加强在国内的活动，加速萨洛尼卡革命中心的建立。萨洛尼卡是帝国重要的外贸工业城市。由于居民中民族、语言复杂，素丹特务难以在这里开展活动。萨洛尼卡早就吸引了许多革命者的注意。1906 年，凯末尔（阿塔图尔克）从叙利亚潜回萨洛尼卡，在当地军官中建立了"祖国与自由"协会的分会。凯末尔离开萨洛尼卡后，这个小组很快与当地另一个秘密组织合并。新组织取名为"奥斯曼自由协会"，由塔拉特、詹布拉特等人领导。

1907 年 9 月 27 日，自由协会与巴黎里扎派的统一与进步协会达成联合协议。联合的条件是：协会有两个中心，即国内的萨洛尼卡、国外的巴黎；

每个中心各有自己的领导人和章程；国外中心负责与外国政府和报刊联系，国内中心负责国内活动计划；必要时在财务方面互相帮助。协会的主要任务是恢复 1876 年宪法。国内中心确定的具体工作任务是与秘密组织和个人建立联系，尽快发展组织，在居民中传播革命思想。

1907 年，青年土耳其人在巴黎召开第二次大会。出席大会的有里扎派的统一和进步协会、萨巴赫丁的个人主动和地方分权联盟、亚美尼亚人的达什纳克、埃及犹太人委员会等及这些组织机关刊物的代表。内马其顿—奥德林组织的左派后来也同意合作。这次大会通过的声明要求"素丹阿卜杜哈米德退位；根本变革现存制度；确立代议制（议院）"。大会决定把武装起义作为实现这个目标的手段。宣言最后高呼"迄今被分裂的各族人民团结万岁！""革命力量联合万岁！"武装起义日期定在 1908 年 8 月底，即阿卜杜哈米德二世登位 33 周年那天。

国际国内形势的迅速发展，促使起义提前爆发。在国际形势方面，1908年初，奥匈外长提出修建从奥匈边境经诺沃巴扎尔州到萨洛尼卡的铁路计划，同时还要求土耳其签订军事协定和关于萨洛尼卡、科索沃两省租让权的"特别议定书"。1908 年 6 月，土耳其和奥匈签署了上述协定和议定书。奥匈的活动导致沙皇尼古拉二世同英王爱德华七世在雷维尔（今塔林）会晤，就马其顿的进一步改革达成协议。会议期间英国提出建立宪兵飞行部队和单独总督区的建议。雷维尔会晤在马其顿秘密革命协会中成为爆炸性的新闻："在雷维尔决定瓜分土耳其！"恩维尔回忆雷维尔会晤的影响时写道："雷维尔会晤促使我们大家思考。协会决定向全体领事递交声明。"

但是，直接促使提前起义的决定性因素是马其顿内部事态的发展。进入1908 年以后，马其顿军队里的骚动更加频繁。3 月，埃迪尔内第 2 军团的两个骑兵团因欠饷和不定期延长服役而闹事。5 月，基尔贾利驻军第 7 步兵旅暴动，占据省长官邸和电报局，要求发放欠饷和放他们回家。莫纳斯特尔的驻军从 4 月起就骚乱，士兵拒绝出操。5 月，埃迪尔内 30 名炮兵军官占领电报局，发电素丹指控炮兵长官和陆军大臣。6 月，斯库台里驻军叛乱，逮捕准将凯末尔帕夏，坚决要求撤换省长和军需官，政府被迫满足他们的要求。

为了防止马其顿军队内事态的进一步扩展，镇压爱国军官的行动，素丹政府专门成立了调查委员会。在调查第 3 军团武器库的借口下，以伊斯马伊尔·马希尔为首的调查组被派往萨洛尼卡，其真实使命是调查 6 月 11 日杀害萨洛尼卡城防司令纳齐姆的事件。调查结束时，调查组命令萨拉赫丁上校和恩维尔少校去首都接受"晋升"将军，实则准备将他们逮捕。恩维尔等拒绝进京，躲藏起来。此时又获悉素丹的一个军官穆夫蒂已渗入尼亚齐领导的秘密小组，并掌握了莫纳斯特尔青年土耳其人军事会议的情况。根据穆夫蒂的情报，政府又派穆扎费尔帕夏前来调查。在这种情况下，雷士那驻防军军官尼亚，齐决定立即开始起义。

青年土耳其人发动的革命经历了三个阶段。

第一阶段从 1908 年 7 月 3 日到 24 日。6 月 28 日尼亚齐召开秘密会议，决定立即建立游击队并开始起义。会后他将决定通知了统一与进步协会的莫纳斯特尔委员会并取得同意。7 月 3 日早晨，尼亚齐集合近 200 名爱国志士，携带武装进入附近山区，揭开了起义的序幕。出发之前，尼亚齐向莫纳斯特尔省长、马其顿总监和素丹宫廷发出 3 封信，讲明起义目的是要达到公正的统治方式，维护祖国的领土完整，"我们决心为达到目的流尽最后一滴血"。他在给他舅爷——莫纳斯特尔行政区长官哈基的信里，表达他为国捐躯的决心时说："我宁愿死去，也不愿卑鄙地活着。"

尼亚齐的队伍发展很快，两天后就达到 500 人，1 周后增至 3000 人。7 月 6 日，恩维尔也仿效尼亚齐，在萨洛尼卡省的蒂克韦什集合志愿部队。素丹政府获悉尼亚齐举事的消息后，命令谢姆西将军从北阿尔巴尼亚率军前去镇压，科索沃省长也收到同样的命令。7 月 6 日，谢姆西带领两营士兵到达莫纳斯特尔。统一与进步协会当即决定处死他。翌日，谢姆西被部下阿里夫枪杀。之后，协会警告马其顿总监希尔米帕夏和其他将领，"如果抵抗运动，等待他们的将是同样的命运"。

起义很快席卷整个马其顿。接替谢姆西的奥斯曼帕夏的军队，拒绝追击革命军队，甚至投向起义者。马其顿的行政机构陷于瘫痪。统一与进步协会成了马其顿的真正主人。

素丹阿卜杜哈米德眼见马其顿军队已不可靠，决定从小亚细亚调 48 营士兵去马其顿。但开抵萨洛尼卡的 27 营军队也坚决拒绝反对起义者。素丹企图用颁发奖章、晋级和保证补发欠饷等手法来收买和平息军队的不满，但都不起作用。

7 月 19 日夜，协会命令尼亚齐和埃尤布各组织一支千人队伍进军莫纳斯特尔，以便在 22 日夜逮捕军区司令奥斯曼·费夫齐元帅，夺取政权，恢复宪法。7 月 20 日，莫纳斯特尔市民在协会领导下夺取军需库。7 月 22 日夜，尼亚齐率部进入城内，逮捕了费夫齐元帅和司令部的一些军官。统一与进步协会莫纳斯特尔委员会立即向萨洛尼卡委员会告捷，同时通电素丹要求在 7 月 26 日前复宪，否则立即进军京师。全城人民一片欢腾，游行队伍里高举写着"宪法""正义""平等""自由"的小旗，呼喊"人民万岁！"的口号。7 月 23 日白天，在群众大会上正式宣布复宪。萨洛尼卡的政权在 7 月 23 日也落入革命者手中。萨洛尼卡委员会向素丹发出最后通牒，要求在 24 日前恢复宪法。委员会向马其顿各城市派出代表，帮助当地组织恢复宪法。

7 月 21—23 日宫廷连续 3 天召开紧急会议，讨论国内形势。素丹阿卜杜哈米德企图顽抗，想命令装甲舰"梅苏迪耶号"和 3 艘巡航舰立即开往萨洛尼卡，新任宰相萨伊德在 23 日要求萨洛尼卡希尔米将军报告起义者人数。希尔米的答复使统治集团彻底丧失信心，他说："今天早晨他们有 50 人，到中午有 5 万，到晚上将有 10 万，而且越镇压运动越增长，请指示措施。"7 月 23 日，埃迪尔内第 2 军团通电支持复宪。在走投无路的情况下，7 月 23 日夜，素丹被迫发出诏书，宣布立即恢复 1876 年宪法，并在最短时间内举行全国大选。

从 7 月 24 日起革命进入第二阶段。宣布复宪以后，土耳其国内出现了活跃的民主气氛。各地群众在自由、平等、博爱、正义的口号下庆祝胜利，甚至长期被禁深闺的妇女也参加了游行。穆斯林与非穆斯林忘记了过去的嫌隙。庞大的密探队伍解散了，4 万名政治犯走出了监狱，流亡国外的革命者纷纷返回祖国。随着出版检查法的废除，出现许多书报刊物，出版了土文的马克思《资本论》。各种俱乐部和社团，包括工会、社会主义小组也出现了。土耳其著名诗人特费克·费克雷特曾在 1900 年写的《雾》一诗中，悲叹被迷雾笼罩着的黑暗，现在他却在歌颂"灿烂的早晨"和"再造的世界"。

然而，土耳其的"灿烂的早晨"不过是昙花一现。失望接踵而来。青年土耳其人对"廉价革命"的胜利心满意足。7 月 27 日，素丹宣誓忠于宪法，他们仍让阿卜杜哈米德二世保持王位，因为他们"不希望使国家过分震惊和加深危机"。宰相萨伊德内阁也得以继续执政。8 月 1 日，萨伊德起草的诏令违反宪法规定，赋予素丹任命军事大臣和海军大臣的权力。协会进行干预，迫使素丹改组内阁并取消 8 月 1 日诏令。但协会仍满足于政府监督者的地位，并未直接参加政权。对基层组织和广大群众的革命积极性，协会领导采取钳制态度。布尔萨人民释放政治犯，捣毁支持专制政权的地方报纸的印刷厂，审讯秘密警察头子。协会领导获悉后竟要求他们"务必放弃暴力，各安职守"。协会的一个地方委员会曾主动撤换了被人民痛恨的副省长和 18 名官员，协会中央却作出了解散该地方组织，让副省长等官吏恢复原职的决定。

革命初期，统一与进步协会颁布的八月纲领中宣布捍卫立宪政体，扩大议会权力，限制素丹特权，废除参议院，实行普遍选举制，政治组织自由（第3条）。全体奥斯曼人不分民族和宗教，在法律面前一律平等，有"按照爱好和能力"自由选择职业和担任一切职务的权利（第8条）。纲领还宣布"各行业的工人是政府保护的对象"（第9条）；"农业无产阶级有权拥有土地"，但改变土地所有权仅限于"公共利用的土地、荒地，以及属于皇室的土地"；"税收应是有限度的和公正的"（第12条），许诺将实行缴纳什一税的新原则。第13条许诺开设农校、工校、商校，采取"保证经济进步，尤其是与帝国农业进步有关的一切措施"。

协会的这些诺言大都成为官样文章，并未得到贯彻实施。如关于工人问题，在两个月后颁布的纲领中，已变为"制定立法，确定工人和雇主之间的相互权利和义务"。实际上，革命后蓬勃开展的工人运动，使协会领导人忧心忡忡，因为它已成为"革命传染的象征：给国家经济，尤其是财政带来沉重的打击"。协会开始协助政府镇压工人罢工。关于农民土地问题，十月纲领提出了在"不损害土地所有者私有权利"的条件下，考虑使农民成为土地所有者。在民族问题上，协会奉行奥斯曼主义，拒绝按照人种原则对马其顿各省进行新的行政划分，反对给民族地区广泛的自治权。

对于帝国主义的侵略奴役政策，协会领导表现得极为温和。恩维尔在同《泰晤士报》记者谈话时表示，协会领导不想干预"英国政府在埃及富有成果的活动"。他们甚至支持老牌的亲英政客卡米尔帕夏组阁（1908年8月）。土耳其人民深受特权条约之苦，但八月纲领只是轻轻点出："在征得有关国家的同意之后，我们将取消某些国家的公民在土耳其享有的特权。"1908年10月，奥匈帝国正式兼并波斯尼亚和黑塞哥维那。土耳其全国民情激奋，开展了抵制奥货运动，给奥国资本家造成了巨大的经济损失。协会领导却未能给运动以有力领导和支持。英、法、俄、德帝国主义者称赞土耳其革命"维护了秩序"，"安静而没有流血"。正如列宁所指出，他们"一面称赞青年土耳其党人，一面继续推行显然是瓜分土耳其的政策"①。

1908年年底，在议会选举中，统一与进步协会赢得多数，在230个议席中占有150席。协会领导人阿赫梅特·里扎当选为议长。但是，他们在革命

---

① 《列宁全集》第15卷，人民出版社1959年版，第196页。

后的活动，严重地削弱了自己的社会基础。这种情况很快为封建、买办、教会反对派所利用。

协会最大的反对派是"阿赫拉尔"（自由）党。自由党创建于 1908 年 9 月，其纲领要求大部分来自萨巴赫丁的个人主动和地方分权联盟的宗旨。该党吸引了非土耳其民族的激进民主分子，但成员中有不少封建买办分子，宰相卡米尔帕夏、驸马萨利赫帕夏、大土地所有者基尔科尔·佐赫拉尔、《伊克达姆报》主编阿利·凯末尔等人都是该党的积极支持者。另一个反对派穆斯林同盟成立于 1909 年 4 月 5 日，以捍卫伊斯兰传统和哈里发原则为己任。

1908 年 10 月，伊斯坦布尔发生第一次反对协会领导和宪法的活动。毛拉科尔·阿利率领数千教会学校学生，要求素丹恢复教法，废止宪法，关闭酒店，禁止妇女不戴面纱上街。埃尔祖鲁姆街头也出现反对宪法的传单。1909 年 2 月宰相卡米尔来经大臣会议同意，在素丹的支持下撤换忠于协会的军事大臣和海军大臣。宰相的违宪行为遭到议会和海军官兵的强烈谴责，卡米尔被迫辞职。但是首都的政治形势日趋激化。4 月 6 日，自由党机关报《自由报》编辑哈桑·费赫米遭暗杀。这成为反对派攻击协会的借口，他们扬言要么将凶手逮捕归案，要么驱逐协会 5 名著名党员。反对派报纸大肆制造"不停顿地进攻"的舆论，矛头直指统一与进步协会和立宪制度。

4 月 12 日夜，在反对派的煽动下，伊斯坦布尔第 1 军团第 4 步兵营的士兵首先发难。叛乱组织者是卫戍部队的低级军官哈姆迪·雅沙尔。叛乱者从四面八方向阿雅·索菲娅广场集合，沿途高喊"我们要教法！皇帝万岁！"的口号。一部分叛乱者包围了议会。素丹阿卜杜哈米德趁机宣布将尊重教法，同时任命新宰相。阿赫梅特·里扎的议长职位为自由党人伊斯马伊尔·凯末尔取代。协会领导人未能采取果断措施镇压叛乱，只好纷纷逃离伊斯坦布尔。

4 月 13 日，叛乱以自由党的暂时胜利告终。反对派的胜利促使统一与进步协会重新集结革命力量，与封建、教会反动势力斗争。革命从此进入新的发展阶段。马其顿再次发挥革命基地的作用。萨洛尼卡、莫纳斯特尔很快组建起一支"行动军"，在司令马赫穆德·谢夫凯特帕夏和参谋长凯末尔的率领下，浩浩荡荡向首都进发，沿途又补充了许多志愿部队。到 4 月 22 日，行动军已从陆上包围了伊斯坦布尔。谢夫凯特发表《告居民书》和《告伊斯坦布尔军队书》，阐明军队的目的是镇压那些"践踏宪法"的人，居民将得到保护等。4 月 24 日，行动军发起进攻，很快占领了加拉塔、佩拉和京城的其他一些市区。4 月 26 日，耶尔迪兹皇宫的反抗被粉碎，首都完全处于行动军控制之下。4 月 27 日，议会举行两院联席会议，通过了废黜阿卜杜哈米德二世的决议。这个"血腥素丹"终于被押送到萨洛尼卡囚禁起来。被阿卜杜哈米德软禁了 30 年的雷希德登上了素丹的宝座，是为穆罕默德五世。统一与进步协会需要这样一位老朽无能和听话的傀儡素丹。这一次，协会积极参与组织政府，希尔米帕夏内阁的许多大臣是著名的青年土耳其人活动家：塔拉特贝伊当了内务大臣，内杰米任司法大臣，马赫穆德·谢夫凯特为军事大臣，哈拉吉扬任公共工程大臣。统一与进步协会直接掌握政权，标志着 1908—1909 年土耳其革命的结束。

青年土耳其人革命结束了阿卜杜哈米德二世的暴虐统治，把封建专制的君主国变成了资产阶级君主立宪国，这是土耳其历史上的一大进步。这次革命是 1905 年俄国革命影响下东方被压迫民族革命高潮的重要组成部分，它和 1905—1911 年伊朗革命、1911 年中国辛亥革命一起，标志着"亚洲的觉醒"。

法国对西非的殖民侵略和西非人民的反抗

韩惟德

法国殖民者对西非地区的侵略征服，是非洲近代历史上黑暗的一页。西非人民反抗法国殖民者的斗争，特别是 19 世纪下半叶起，奥马尔父子、萨摩里·杜尔和贝汉津领导的抗法斗争，打击了法国侵略者的嚣张气焰，延缓了西非地区沦为法国殖民地的进程，是非洲人民反殖反帝史册上的光辉篇章。

殖民主义者入侵前西非地区的社会状况

西部非洲，一般是指撒哈拉大沙漠以南、赤道以北，从几内亚湾沿海向东到乍得湖之间的一片辽阔地区，包括今天的毛里塔尼亚、原西撒哈拉、加那利群岛、塞内加尔、冈比亚、马里、布基纳法索（原上沃尔特）、几内亚、几内亚比绍、佛得角、塞拉利昂、利比里亚、象牙海岸、加纳、多哥、贝宁、尼日尔、尼日利亚等国家和地区，总面积约 638 万多平方公里。在西非各国取得独立以前，这里大部分是英国和法国的殖民地。其中又以法国所占的殖民地最多，它们合称法属西非洲，包括塞内加尔、法属几内亚（今几内亚）、象牙海岸、达荷美（今贝宁）、法属苏丹（今马里）、尼日尔、毛里塔尼亚和上沃尔特（今布基纳法索）8 个殖民地，总面积约 467.5 万多平方公里。首府设在塞内加尔的达喀尔。

西非地区的居民，绝大多数是黑色种族的苏丹人，主要有曼丁果人、沃洛夫人、图库勒尔人、马林凯人、莫西人、富拉尼人（也称富尔贝人）、豪萨人、约鲁巴人、伊博人、埃维人、阿散蒂人、芳蒂人等。

西非各族人民很早以前一直处在与外界隔绝的状态中。他们在征服自然的过程中，基本上依靠自己的智慧，独立地发展着经济和文化。西欧殖民主义者入侵以前，西非一些地区的社会经济状况已经有了较高的发展水平。到 15 世纪，铁的使用相当普遍，铁的冶炼十分发达，已经有了用生吹法工作的大熔铁炉。西非各族人民很早就使用青铜和黄铜，尼日利亚伊费的青铜雕像、贝宁的铜质铸雕和骨雕有很高的技艺，可与世界上第一流的工艺美术品媲美。

在欧洲殖民主义者入侵以前，西非地区的畜牧业同农业已经分工，手工业同农业的分工也有了较大的发展。渔业在有些地区成为一种专业劳动。在手工业中，织布业和金属加工业最发达，它们已为相当广阔的市场进行商品生产。豪萨人的纺织品行销到刚果河地区。在纺织业生产中，分化出了纺纱织布、染色和装潢等行业。在一些较大的城市里，如廷巴克图、加奥、杰内等，有相当规模的集市，进行着广泛的交易。此外，西非地区以本地的黄金、皮毛、象牙、宝石，通过跨越撒哈拉沙漠而来的骆驼商队，同北非地区换取盐、干果和贝壳等。这种贸易一直占有很重要的地位。随着商业的发展，社会上已出现商人阶层，有了货币和信贷关系，但还没有使用金属铸币，而是用黄金（金砂）、贝壳之类作为一般等价物。

在殖民主义者入侵以前，西非各族大部分是酋长统治的独立的部落社会，处在原始公社末期向阶级社会过渡的时期。但是，在几内亚湾地区，出现了奴隶占有制国家和封建国家。从 3 世纪起到 16 世纪，在西非曾经先后建立过 3 个统一的王国，它们是加纳王国（约 3—13 世纪）、马里王国（13—15 世纪）和桑海帝国（15—16 世纪）。这些国家主要是由于控制了西非的产金地和同北非地区的贸易而发展起来的。在 11 世纪以后，封建关系开始在这些国家里缓慢发展。它们以武力征服各小国或部落，强迫被征服者纳贡。被征服的各族人民一般仍然保持着原有的社会组织形式和各自的特点。这些国家的行政管理，多采取部落联盟的形式①。

---

① 关于加纳、马里和桑海三国的社会性质问题，国内外学者有不同的看法。法国学者徐雷·卡纳尔认为，桑海帝国的社会仍是不成熟的封建社会，只能称为"原始的封建制度"，即封建制度的初期阶段。英国学者戴维逊则认为，早在加纳帝国时期即已进入封建社会，并强调它与欧洲中世纪封建制度的共同点，而称为"非洲型的封建制度"或"部落封建制度"。苏联学者认为这些帝国的社会性质属于封建类型，兼有奴隶制而保存有原始公社的残余。我国学者杨人楩教授生前根据当时掌握的材料对这三国的社会性质作了初步的探讨，认为这三国的历史是由部落联盟进入封建社会的历史。其中，加纳已由部落联盟进入奴隶制社会；马里处在奴隶制社会相对比较发展时期，然而还不是典型的奴隶社会；封建剥削可能始于马里称雄时期，到桑海时期才臻于发达。他认为，如果没有外族入侵，这些国家是可以按照自身的历史发展规律逐渐建成封建集权国家的。

16 世纪桑海帝国衰落后，西非中部结束了统一的局面。17—18 世纪，这个地区出现了许多大小不等的部落联盟形式的国家。在这些国家里，封建关系有了进一步的发展，但同时也使用奴隶劳动，氏族制度的残余还很浓厚。例如，在塞内加尔河与尼日尔河上游地区，在奥马尔和阿赫马杜父子所建立的图库勒尔王国中，存在着典型的封建关系。居民的主要成分是人身自由的农民，但他们必须在族长或族长的亲属的土地上耕种，每年缴纳收成的 1/10 作为贡赋，还要负担军需税、市场交易税等。族长及其亲属实际上是封建统治者，他们具有宗教、军事、征税和强迫居民服劳役等权力。此外，还有大量奴隶，他们或者属于封建上层分子，或者属于国家。总的说来，到 19 世纪法国侵入塞内加尔和几内亚地区及英国占领尼日尔河三角洲地区时，这里的大多数民族都处在这种类型的发展阶段上。

在尼日尔河流域以南、几内亚湾以北的热带森林地区，有很多部落，在欧洲殖民主义者入侵时都还过着原始公社的生活。在这些部落中保持着氏族制度，有的还存在着浓厚的母权制习俗。如洛比族的世系同时按父系和母系计算，部落酋长一般由外甥继承等。

可见，在殖民主义者入侵时，西非各地区之间，在社会经济发展上存在着很大差别。多数地区（尤其西非腹地）生产很落后，没有统一的国家组织。在这种情况下，就很难抵挡西欧殖民主义势力的进攻，以致成了它们侵略和掠夺的对象。

法国殖民主义者对西非的入侵

西方殖民主义者入侵非洲，是从公元 15 世纪开始的。最早来到西非沿海地区的是葡萄牙人。他们于 1460 年到达塞拉利昂，1470—1471 年来到几内亚湾北岸的黄金海岸。从 1481 年开始，陆续在那里修建了一些殖民碉堡，如埃尔米纳堡（1482 年），并以这些碉堡为据点，掠夺西非的黄金、象牙和非洲胡椒。从 16 世纪初起，葡萄牙人每年从西非运走黄金的价值约合 10 万英镑，占当时世界黄金供应量的 1/10。同时，他们也开始在西非沿海进行罪恶的奴隶贸易。1537 年，里斯本奴隶市场上待运的奴隶达 1 万人以上。

继葡萄牙人来到西非进行殖民掠夺活动的有英国人、荷兰人和法国人。他们在自己的政府支持下，先后在西非沿海建立殖民据点，掠夺黄金，贩卖奴隶，相互之间展开角逐。仅 1555 年的一次，英国从黄金海岸运回的黄金就有 400 镑。直到 18 世纪初，从西非运往欧洲的黄金，每年达 25 万镑左右。

法国殖民主义者于 1618 年开始侵入西非。当时，一群法国奴隶贩子来到塞内加尔河河口，建立了一个奴隶贸易站。1626 年，法国鲁昂一些商人组成了一个公司，在塞内加尔河流域和冈比亚河流域一带专门进行贩奴活动。1638 年，法国人在塞内加尔河口的一个岛上建立碉堡。1659 年将该堡取名为圣路易。这时，奴隶贸易的规模不断扩大。到 1786 年，法国在那里的贩奴船就有 56 艘，一年贩卖的西非黑人达 3.1 万人。此后半个世纪内，西欧殖民主义者反复争夺西非沿海的殖民据点。圣路易曾几次易手，最后仍为法国人所占有，成为他们在西非进行殖民活动的中心。

1677 年，法国人用武力从荷兰人手里夺得戈雷岛据点。戈雷岛很快就成为法国在西非的海军基地和奴隶贸易的重要据点。

1687 年，法国商人公司的董事安德律·布律来到塞内加尔沿海地区。他 1697—1723 年管辖殖民地事务，竭力扩大塞内加尔殖民地。他同当地部落酋长分别订立租借领土的条约，在塞内加尔河下游建立了一些新的居留地和殖民碉堡。18 世纪初，法国殖民者深入塞内加尔河 400 余英里，在那里建立了堡垒，企图夺取班布克产金区。这时，法国在塞内加尔的贸易利润额虽一度达到 50 万英镑，但仍无法偿付其侵略活动的开支。1717 年和 1727 年，法国人又从荷兰人手里分别夺得了波顿迪克和阿尔京岛。

当法国人在塞内加尔河流域进行殖民扩张时，英国人也在塞内加尔河与冈比亚河流域进行殖民活动，并同法国争夺殖民据点。英法七年战争（1756—1763 年）期间，英国占领了从布朗角直至塞拉利昂沿海一带的所有法国殖民据点。七年战争结束后，根据 1763 年的巴黎和约，英国只将戈雷岛据点还给法国。几经争夺，到 1817 年，英国才将圣路易还给法国。从此，圣路易成为法国向西非内地进行殖民扩张的基地。

19 世纪初，法国从两个方面侵入西非内地：一是从塞内加尔往东，深入尼日尔河的上游和中游。1827—1829 年，法国探险家勒内·卡叶从塞内加尔出发，到达廷巴克图，再向北经撒哈拉商路抵达摩洛哥，是第一个到达廷巴克图并能生还的欧洲人。一是在几内亚湾沿海占领据点，然后伸向内地。

1839—1842 年，法国政府派达戈尔纳率领战舰"拉·马路易纳号"到几内亚湾沿海地区，用诱逼手段胁迫象牙海岸大巴萨姆和阿西尼地方的部落酋长签订条约，接受法国的保护，并在该地区建立殖民据点。

1851 年，法国诱骗达荷美国王盖佐签订条约，允许法国在维达地区建立贸易据点。

1854 年，法国派遣费德尔布上校任塞内加尔总督。他到任后，沿着塞内加尔河修筑碉堡，设置许多贸易站，掠取树胶、奴隶等运往圣路易。同时，不断将殖民势力向内陆延伸。这时，塞内加尔法属殖民地已经有 5 万居民，首府圣路易有 1.2 万人。19 世纪 60 年代，法国人迫使塞内加尔河流域各部落的酋长签订"保护条约"，还向塞内加尔北部的阿拉伯特拉扎部落发动侵略战争。法国人强占了塞内加尔河流域的大片土地后，又向东扩展，一直到今天马里共和国的梅迪内堡。到 1880 年，法国殖民者已控制了整个塞内加尔河流域和尼日尔河上游的广大地区。

与此同时，法国在几内亚湾沿海地区积极进行殖民侵略。1862 年，占领加蓬沿海地区。1863 年，宣布对达荷美王国的波多诺伏城实行保护。1866 年，占领博克城，正式建立了几内亚殖民地。1869 年，又迫使达荷美国王格莱莱签订条约，并占领科托努。

1885 年柏林会议后，法国加紧向西非内陆扩张。1895 年，占领了塞内加尔全境以及法属几内亚、象牙海岸和法属苏丹；1899 年，占领了达荷美；1904 年，占领了尼日尔和毛里塔尼亚；1909 年，吞并上沃尔特。法国把在西非的 8 块殖民地合并在一起，称为法属西非洲，它的面积比法国本土大 8 倍。

法国殖民者在西非地区的侵略扩张活动给西非人民带来了深重的灾难。在长达 4 个世纪的奴隶贸易过程中，法国扮演了重要的角色。17 世纪 60 年代以前，法国殖民者已在塞内加尔及其以南地区进行奴隶贩卖。1661 年，法国人排挤了荷兰人，垄断了这一带的奴隶贸易，输出奴隶最高年份达 8000 人。法国奴隶贩子运走的非洲奴隶，以 18 世纪中叶为多，每年约有 3.6 万人到 4.5 万人。这些奴隶主要来自西非地区。法国的卢昂、波尔多和南特等港口的繁荣就是建筑在西非地区奴隶贸易基础上的。由于奴隶贸易和猎奴战争，到 19 世纪初，昔日繁荣的贝宁城变成了一座荒凉的城市，曾经放出异彩的贝宁铜雕艺术也日趋衰落。

西非地区有丰富的自然资源，法国殖民者早已垂涎。19 世纪初，法国商人同其他一些欧洲商人一起，从西非掠夺棕榈油，从塞内加尔输出树胶和花生，并在下塞内加尔发展棉花和蓝靛种植园，以供应本国及欧洲工业发展对棉花和蓝靛的需求。

为了掠夺西非的自然资源，发展种植园经济，法国殖民者开始夺取西非人民的土地。法国殖民者故意曲解非洲人的土地关系，他们假定非洲人的土地一概属于酋长所有，酋长既被征服，这些土地便归属法国人。1865 年，法国人在塞内加尔就是这样做的。1887 年，他们进而宣布土地是殖民地财产，可以出租给欧洲人。以后，法国占领当局颁布法令，宣布非洲"无主"土地属于国家即占领当局所有，由国家出租给法国或欧洲人的公司。1894 年，法国占领当局把象牙海岸的 500 万公顷土地租给康格公司，结果激起 1894 年象牙海岸人民的大起义。

法国人在征服西非的过程中，采用了非洲人打非洲人的手段，以战养战，到处劫掠。法国征服军主要由非洲人组成，这就是著名的塞内加尔狙击兵。在兵员缺乏时，法国当局甚至从奴隶贩子手中购买奴隶当兵。当局驱使塞内加尔狙击兵东征西伐，同法国侵略军一起参加洗劫。法国侵略军和雇佣兵的暴行是骇人听闻的。城市和乡村被占后即遭到洗劫，占领区的全部男劳力被驱去筑路、架桥、运输弹药和粮食；妇女和儿童则分给雇佣军官兵。这些妇女和儿童或被他们糟蹋，或被罚作奴隶，稍有反抗的即被枪杀。一位目击者曾这样记述法国殖民者的令人发指的暴行："一道抢劫的命令下达，所有的人不是被捕即是被杀……上校开始分赃，起先他还在记事本上登记，后来停笔不记了，干脆说：'你们自己分吧'。大家一面分一面吵，甚至大打出手。后来就上路了！每个欧洲人都拣到一个女人……回去时押着俘虏走了 40 公里的路程。把孩子和所有走不动的人或用枪托打死，或用刺刀刺死了。"一名在尼日尔河中游地区参加征伐的法国军官写道，法军在征服地区，"被俘的男人全部立即被斩首，妇女和儿童变为奴隶，分给狙击兵和辅助部队战士"。

法国侵略者的血腥暴行激起了西非地区各族人民的愤懑和反抗。19 世纪中叶至末叶，西非人民抗击法国殖民侵略者的武装斗争达到了高潮，形成了三个主要的中心，这就是奥马尔父子领导的图库勒尔王国人民的抗法斗争，萨摩里·杜尔领导乌阿苏鲁王国人民的抗法斗争，贝汉津领导达荷美王国人民的抗法斗争。

奥马尔父子领导图库勒尔人民的抗法斗争

19 世纪中叶，西非塞内加尔河上游和尼日尔河上游地区，逐渐为图库勒尔王国的领袖艾尔·哈吉·奥马尔·伊本·赛义德·塔尔（1799—1864 年）所统一。当法国殖民者沿着塞内加尔河向西非内陆入侵时，遭到了奥马尔领导的图库勒尔王国人民的抵抗。

奥马尔是富尔贝族人，信奉伊斯兰教。他利用伊斯兰教中的提贾尼亚教派①教义，建立了一个宗教军事团体，作为统一塞内加尔河流域各封建小王国和各部落的工具。1848—1850 年，奥马尔率领他的弟子迁移到丁吉拉伊城，着手进行统一的准备工作。奥马尔组织了一支 1.2 万人的常备军，还组织了一支非正规的辅助军队。除了传统武器外，他还从沿海地区的欧洲人那里购买了枪支和弹药。他提拔有能力、作战勇敢的人担任重要军职，因而深受军队的拥护。1852 年以后，奥马尔逐步统一了塞内加尔河流域及尼日尔河上游和中游地区，建立了图库勒尔王国。

1854 年，法国政府任命费德尔布为塞内加尔总督。法国陆军大臣迪科扬言："我们应成为塞内加尔的主人！"1857—1859 年，法国殖民军从沿海入侵奥马尔统治的塞内加尔河流域。奥马尔起初并不想与法国人兵戎相见，只要求法国人在他的管辖区内照章纳税，并愿意同法国人和平通商。但是，法国人不断扩张他们的侵略势力，所到之处，烧毁村庄，劫掠奴隶，当地人民不堪忍受。从 1857 年起，奥马尔就决心"把欧洲人从岸上投入海中"。他写信给圣路易的穆斯林，要求他们对殖民者采取不合作的态度。他在信中说："现在我已有足够的力量。我将继续战斗，直至你们的暴君（指法国总督）向我求和，向我投降。"

奥马尔父子领导的抗法斗争，有 3 次重要战役：

第一次是围攻梅迪内堡之战。1857 年 4 月 20 日，奥马尔乘塞内加尔河旱季枯水时节，率领由图库勒尔、富拉尼和班巴拉等族组成的两万人大军，分 3 路猛攻法国殖民者在塞内加尔的重要据点——梅迪内堡。奥马尔的军队冒着敌人的枪林弹雨，奋勇架起竹梯，登上堡垒，插上自己的旗帜。但终因敌人火力凶猛，未能攻克。奥马尔军队伤亡 600 余人，被迫后撤。于是，奥马尔改用围困的办法，从 5 月 11 日起，包围梅迪内堡达两个月之久，使困守堡内的法军弹尽粮绝，濒临绝境。7 月间，费德尔布从圣路易派来援军，才解了围。奥马尔面对强敌，毫不畏惧，顽强战斗，使法国侵略军伤亡近百，受到了沉重打击。

第二次是盖穆之战。1859 年，奥马尔的军队在马塔姆和盖穆两地对法国殖民军展开激烈战斗。在盖穆的战斗中，法军伤亡 130 余人。

---

①　1781 年首创于摩洛哥，19 世纪中叶以后传入西非地区，是接近原始伊斯兰教的教派。它要求教徒和谐一致、朴素清苦，主张用暴力推广伊斯兰教。

　　奥马尔虽然有卓越的军事才能，却缺乏管理国家的经验。新统一的图库勒尔王国幅员辽阔，部落很多，情况复杂。奥马尔主要依靠图库勒尔人进行统治。他们享有特权，如免税、可参加骑兵等。其他族的人受到歧视，如要纳税、只能当步兵等。法国殖民者利用了这些矛盾，支持沃洛夫人、富尔贝人和班巴拉人，诡称要帮助他们从图库勒尔王国的统治下解放出来。当法国殖民者侵略图库勒尔王国时，便得到了富尔贝等族上层统治者的支援，使反法斗争的力量大为削弱。1863—1864 年，富尔贝人贵族发动叛乱反对奥马尔。1864 年 2 月 13 日，叛乱者在班迪亚加腊的山崖中将奥马尔杀害了。

　　奥马尔死后，他的儿子阿赫马杜·宾·沙伊赫继承了奥马尔的王位。他将首都迁到塞古，继续领导图库勒尔王国人民抵抗法国殖民者的侵略，历时达 30 年之久。

　　1890 年 2 月，法国向图库勒尔王国发动进攻。法军阿尔希纳尔上校率侵略军进犯丁吉拉伊，并进攻塞古。阿赫马杜领导人民进行了第三次抗法战役——马沃塞布古等地保卫战。

　　4 月 6 日，塞古陷落。法国侵略军洗劫了该城。随后继续向东侵犯，在他们进攻马沃塞布古城时，全城男女老少都参加了抵抗法国侵略军的战斗。1200 名图库勒尔人无一人投降。最后一批守军不肯受俘，把自己藏身的堡垒炸毁，全部壮烈牺牲。法国侵略军在这次战役中死伤了好几百人。

　　1891 年 1 月，法国侵略军进攻尼奥诺。阿赫马杜的军队在敌人的强大火力攻势下作战失利，撤退到班迪亚加腊。

　　1893 年，法国侵略军用炮火炸毁杰内市，接着又进犯班迪亚加腊。终因力量对比悬殊，阿赫马杜的抵抗斗争最后失败。翌年，法国侵略军侵入西非的文化古城廷巴克图时，阿赫马杜逃亡到豪萨人聚居的胡博里沙漠中。1899年①，阿赫马杜在那里去世。

萨摩里·杜尔领导乌阿苏鲁王国人民的抗法斗争

　　几内亚英雄萨摩里·伊本·拉菲亚·杜尔（约 1830—1900 年）是西非马林凯族迪尤拉人。他是一位卓越的军事统帅和政治家，曾被法国人称为"苏丹的拿破仑"。他早年随父出外经商，走遍了几内亚东部地区，到过塞拉利

---

　　① 另有 1898 年之说。

昂的弗里敦、多哥的洛美等许多地方。20多岁时，曾在邻国乌阿苏鲁当兵，还学习了伊斯兰教教义。1868年，富塔托罗地区曼迪族部落酋长苏里·易卜拉欣邀请他去当军队指挥官。不久，苏里·易卜拉欣在一次部落战争中阵亡，萨摩里·杜尔被拥立为酋长。

1870—1875年，萨摩里·杜尔顺利地征服了邻近地区的一些部落，在几内亚中部建立了一个以马林凯人为主的中央集权的封建国家——乌阿苏鲁王国，建都在比桑杜古。他宣布自己为这个国家的"阿尔马米伊马姆"，意为伊斯兰教的最高领袖。当时被萨摩里·杜尔统一的是廷基索河地区、富塔贾隆地区、锡卡索地区及在塞拉利昂和利比亚之间定居的许多部落。在这些地区，除马林凯人以外，还有曼丁果人、迪乌拉人、班巴拉人、塞努弗人等。乌阿苏鲁王国的疆界，东至崩杜库，西至巴克尔，北至巴马科，南临塞拉利昂和利比里亚的森林地带。

1865年，法国政府宣布今几内亚共和国沿海地区为法属殖民地，并准备进一步向西非腹地扩张。到80年代初，法国侵略势力伸向萨摩里·杜尔领导的乌阿苏鲁国。

萨摩里·杜尔领导的抗法斗争有两次高潮。第一次高潮是在1882—1887年。开始时，萨摩里·杜尔在维护国家独立的前提下，愿意与法国人协商合作，甚至表示愿意把自己的亲生儿子卡拉莫柯送到巴黎去学习。法国人认为萨摩里·杜尔的军队武器装备落后，能够轻易取胜，因而不断袭扰乌阿苏鲁国境，妄图消灭这个国家。萨摩里·杜尔忍无可忍，被迫与法国侵略军战斗。

1882年2月16日，由波尔尼·杰波尔德指挥的法国侵略军，从巴马科方向侵入乌阿苏鲁王国，偷袭了驻扎在克累亚的萨摩里·杜尔的军队，妄图强占那里的黄金产地。萨摩里·杜尔委派他的弟弟法布·杜尔率军迎头痛击，在尼日尔河左岸的肯尼耶拉击败了法军，迫使侵略者退到塞内加尔河畔的据点里。

1883年4月2日，萨摩里·杜尔的军队在巴马科以南的欧雅科地方与法国殖民军发生遭遇战。法军约300人。萨摩里·杜尔诱敌深入，在密林中痛击侵略军。法军仅32人生还。欧雅科战役的胜利震动了整个法国，鼓舞了西非人民抵抗殖民主义侵略者的斗志。

1886年1月，萨摩里·杜尔的军队在位于巴马科西南的尼亚加索拉打败法军，法国被迫求和。萨摩里·杜尔因连年作战，减员很多，需要休整补充，便于 1887 年 3 月 25 日同法国殖民者谈判，签订了"比桑杜古条约"。法国承认乌阿苏鲁王国的主权。萨摩里·杜尔同意尼日尔河左岸为法国的保护地，并把他的儿子卡拉莫柯送到巴黎做人质。比桑杜古条约的签订，标志着萨摩里·杜尔领导的抗法斗争第一次高潮结束。

到这时，萨摩里·杜尔已清醒地看到殖民者入侵的严重性。他利用战争间歇的时间，积极做好反侵略战争的准备。他对全国青年实施伊斯兰教育，培养他们对异族侵略者的仇恨。他从塞内加尔和阿拉伯商人那里购买了一些武器，还创设了自己的兵工厂。这些兵工厂能修理步枪，并能制造枪弹。

比桑杜古条约签订以后，萨摩里·杜尔开始东征，想统一东部和东南部的一些部落。在同锡卡索王国的战斗中，萨摩里·杜尔的军队遭到很大损失，有 7000 名士兵和几名优秀的指挥员牺牲，而且使锡卡索国王蒂耶巴后来站到了法国殖民侵略者一边去。这是萨摩里·杜尔在策略上的一大失误。

法国殖民者利用萨摩里·杜尔围攻锡卡索王国失败的机会，撕毁比桑杜古条约，加紧蚕食乌阿苏鲁王国的领土。1888 年，萨摩里·杜尔率军与法国侵略军在克奈杜克交战，由于敌人武器占优势而失利，被迫于 1889 年 2 月 13 日签订"尼阿科条约"，将尼日尔河支流廷基索河地区的领土让给法国。但是，萨摩里·杜尔并未就此停止抗法斗争。

1890 年，英、法在西非进一步勾结。萨摩里·杜尔失去了从弗里敦购买英国武器的渠道。这时，法国殖民者又唆使锡卡索国王攻击乌阿苏鲁王国，萨摩里·杜尔在战斗中失利。

萨摩里·杜尔利用休战时期加紧建设国家和军队，以增强抗法斗争的力量。他号召人民垦荒种地，多生产粮食，开采金矿，征收金税和其他捐税，将所得的收入购买武器。

萨摩里·杜尔特别重视军队的建设。他的军队包括正规军约 1 万人、骑兵约 1500 人和民兵约两万人。他将全国分为 10 个省，规定每省出兵 1 万人组成纵队，戍边卫国。他按照不同的作战任务将军队分成 3 部分：第一部分配备最好的武器，担负抗击法国侵略者的任务；第二部分负责向东开拓新的领土，准备在必要时有退守的基地；第三部分负责掩护老百姓撤退及坚壁清野。他还暗中派一些官兵到塞内加尔狙击兵那里受训。他改进战术，将散兵线相继突进①的战术改为游击战，尽量减少伤亡。这些措施充分体现了萨摩

---

① 即把士兵排成一条线相继向前推进。

里·杜尔卓越的领导艺术和军事才能。

1891 年 4 月 3 日，法国侵略军向乌阿苏鲁王国发动全面进攻。1891—1898 年，萨摩里·杜尔掀起第二次抗法武装斗争高潮。

4 月 7 日，一支法国侵略军侵占了康康城，并且进逼比桑杜古。萨摩里·杜尔的军队一再受挫，主动撤出比桑杜古。他采取坚壁清野的办法，使比桑杜古成为一座空城。同时，用游击战不断袭扰法军，使法军无法巩固其占领，不得不于当天撤出该城。

1892 年 1 月 11 日，法国侵略军侵犯乌阿苏鲁王国的粮仓——尼日尔河流域。萨摩里·杜尔的军队在尼日尔河支流米洛河地区与法军激战。萨摩里·杜尔利用有利的地形诱敌进入河流的丛林及沼泽地带，一举歼灭敌人200 余人，其中两名军官毙命，4 人受伤。米洛河战役是继欧雅科战役之后又一次重大胜利。但是，由于法国殖民军在武器装备上占有优势，萨摩里·杜尔在给敌人以重创后，作了战略转移，主动放弃比桑杜古，将首都迁至象牙海岸东北部的达巴卡拉，继续坚持抗法斗争。

1893—1894 年，法国镇压了阿赫马杜领导的图库勒尔王国人民及贝汉津领导的达荷美王国人民的抗法斗争，便调集重兵，全力进攻萨摩里·杜尔的军队。萨摩里·杜尔的军队灵活机动，勇猛作战，连连重创敌军。1894 年底，蒙泰伊上尉率领的 1200 名远征军，大部分被歼，仅剩 120 人。此后，萨摩里·杜尔的处境越来越困难。1896 年，法国侵略军切断了萨摩里·杜尔到东部地区的去路，南方森林地带的部落酋长又拒绝让他的军队通过。萨摩里·杜尔迫不得已，提出与法国讲和。但他坚持不接受法国的保护，中断了谈判，宣布继续战斗。

法国殖民者企图利用曾被软禁在巴黎的萨摩里·杜尔的儿子卡拉莫柯来劝降。他对父亲说："法国军队太强大了，我们不能和他们作战。不然，我们要失败的。"萨摩里·杜尔大义灭亲，坚决捍卫国家民族的利益。他当众宣布："卡拉莫柯不是我的儿子"，并亲自将他斩首，以表示他要同法国侵略者血战到底的决心。萨摩里·杜尔这一英勇的正义行为，至今仍在几内亚人民中广为传颂。

1898 年，法国侵略军包围了萨摩里·杜尔的军队。这时，萨摩里·杜尔的军队驻扎在新首都达巴卡拉，离旧首都比桑杜古有 700 公里之遥，远离自己国家的人民，补给、后援都有困难。萨摩里·杜尔不得已在 1898 年 9 月 29 日再一次提出和谈。法国侵略者一面表示同意和谈，一面却收买叛徒对他进行偷袭。当晚，一支化了装的法国侵略军的侦察小分队在叛徒的引导下，潜入萨摩里·杜尔的营房。在仓促应战中，萨摩里·杜尔不幸被俘。

敌人软硬兼施，多方诱降，萨摩里·杜尔始终坚贞不屈，视死如归。他一再痛斥敌人，坚决表示"与其活着受辱，不如死了更好"。他在押送途中和狱中曾多次企图自杀以抗议法国侵略者的罪行。法国殖民者将他囚禁在木笼中送到法属西非各殖民地示众。敌人慑于人民对萨摩里·杜尔的爱戴，不敢杀害他，又无计可施，最后只好将他流放到加蓬奥戈韦河中游的恩卓累小岛上。在法国殖民当局的残酷折磨和迫害下，萨摩里·杜尔于 1900 年 6 月 2 日病逝在流放地，终年 70 岁。

萨摩里·杜尔领导抗法斗争 16 年，鼓舞了西非人民反对殖民主义、争取民族独立的斗争。1894 年，象牙海岸人民起义反抗法国殖民者对土地的掠夺。象牙海岸人民的反法起义持续了 20 年，使法军一直无法深入内地。

贝汉津领导达荷美王国人民的抗法斗争

1888 年 11 月，法国提出要在达荷美科托努设立关卡，并派兵驻守。国王格莱莱拒绝了法国的无理要求，开始了抵抗法国殖民侵略军的斗争。

1889 年 12 月 29 日，格莱莱病逝。他的儿子孔多王子以"格贝汉津·阿伊·基莱"① 的称号继承了王位，简称"贝汉津王"。贝汉津即位后，不承认老国王与法国殖民者签订的不平等条约，坚决抗击法国殖民者的侵略。

贝汉津领导达荷美王国人民反抗法国侵略军的战斗主要有 3 次大交锋。

第一次发生在 1890 年。1890 年 2 月 22 日，法国殖民者诡称到科托努商行洽谈商务，把 13 名蒂族部落酋长骗去，当场宣告法国要占领达荷美沿海地区，强迫他们离开。酋长们坚决反对。法国殖民者立即将他们全部逮捕，并放火焚烧沿海地区的村落，还从海上炮轰科托努城。贝汉津目睹这场暴行，义愤填膺，立誓要把法国殖民侵略者赶出国土。

3 月 4 日，达荷美军队有五六千人，在贝汉津的指挥下，对占领了科托努城的法国殖民军发起猛攻，并在戈多美海滨成功地伏击了前来增援的法国侵略军。4 月 19 日，贝汉津的军队在波多诺伏和阿加拉河附近又打了胜仗，法国侵略军伤亡 150 多人。敌军对达荷美士兵的英勇善战十分惊恐，说他们

---

① 意为人民拥戴国王去完成伟大的事业。

"不顾死活地扑向我们的刺刀"，是"抗战能力高强的死硬对手"。但是，贝汉津的军队未能攻克科托努城。

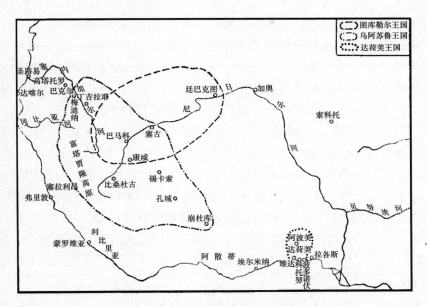

西非人民抗法斗争示意图

10月3日，双方代表在维达签订条约，法国承认达荷美对整个沿海地区拥有主权。达荷美则承认法国占有波多诺伏和科托努，但法国每年须向达荷美缴纳2万法郎作为补偿。

维达条约签订后，贝汉津一面整顿自己的军队，一面成功地利用法国和英国、德国之间的矛盾，向英国、德国商人购置一些较新式的武器。据统计，仅从德商那儿购买的武器就有步枪2480支、炮6门、重机枪4挺。此外，他还自办小型军火工厂，仿制一些欧洲式的枪支弹药。

1892年3月26日，法国副总督维克托·巴洛乘舰艇带领25名士兵在韦梅河上进行侦察活动，遭到达荷美军队的伏击。法国殖民当局向贝汉津提出强烈抗议。贝汉津在给维克托·巴洛的复信中明确表示："这是达荷美王国的领土"，"如果有谁来找我麻烦……我当然有权给以惩罚"。

4月初，法国议会通过决议，决定向达荷美王国宣战。4月10日，贝汉津复信法国总督，表示他对法国政府的这一决定丝毫也不感到意外，"如果你们要发动战争，我是有准备的。即使战争延续100年，杀死我两万人，我也决不罢休"。9月，法国集中3500名侵略军，出动10艘军舰，雇用5000名搬运夫，再次向达荷美王国挑衅。达荷美王国的军队进行了英勇的抗击。这是达荷美王国人民的第二次抗法战争。战争进行了6个多月。

贝汉津在这次战斗中调集了全体达荷美战士，其中有一支由4000名妇女组成的"娘子军"骑兵队。此外，专门猎象的猎人也来参战。法国动用了海军陆战队、炮兵、骑兵和工兵，还把当时尚在试验中的爆破弹也用来攻击达荷美军队。贝汉津的军队终因武器太差，屡次进攻受挫，只得边打边退。到11月初，法国军队已逼近达荷美的首都阿波美。11月4日，达荷美军队在一场肉搏战中死4000人，伤8000人，几乎全军覆没。贝汉津提出和谈，法国竟要贝汉津交出武器，赔偿损失，并要3名大臣做人质。贝汉津拒绝这些无理要求。11月16日，法军进攻阿波美，贝汉津主动撤出，并忍痛烧了王宫，率领他的军队转移到达荷美北部的阿切里格贝一带。11月18日，法国侵略军攻占了阿波美，宣布废黜贝汉津国王。在这两个月的战争中，法军有15名军官、70名士兵死亡，29名军官、411名士兵受伤，205人死于各种疾病。

贝汉津撤退到阿切里格贝一带以后，在当地人民的支持下，重新组织力量，又坚持抗法游击战争1年多。他们不断袭击敌人的小部队，破坏敌人的交通线，使敌人无有宁日。

法国殖民军想抓捕贝汉津，在1893年10月至1894年之间又发动了第三次侵略达荷美的战争。贝汉津领导达荷美王国人民又一次迎战。但是，毕竟由于力量悬殊，又碰上部队里天花流行，加上一些部落酋长和贵族叛变投敌，使贝汉津的军队战斗力大为削弱，被迫再一次向北方转移。

1894年1月15日，法国殖民者扶持贝汉津的弟弟古奇里当达荷美王国的傀儡国王。

1894年1月25日夜间，贝汉津因叛徒出卖被捕。2月初，贝汉津及其妻子儿女被押送离开祖国，先到法国马赛，再转往西印度群岛的马提尼克岛，最后，又被流放到阿尔及利亚的卜利达。1906年12月10日，贝汉津在流放地病逝。

贝汉津在抗法战争中表现出来的英勇顽强、不屈不挠的斗争精神，不仅赢得了达荷美人民的尊敬和爱戴，就连他的敌人也不得不承认："贝汉津分明具有非凡的人格……军事才能、大胆、作战时的勇敢、失败时的沉着、机警、狡诈——所有这些品质，他都具备。"

贝汉津离开达荷美以后，达荷美一些地区仍然在继续进行抗法斗争，不断给侵略者以打击，直到 1913 年达荷美全境才沦为法国殖民地。

西非各族人民在 19 世纪下半叶进行的抵抗法国殖民主义者入侵的斗争，虽然武器落后，人力物力不足，但他们同仇敌忾，艰苦奋战，长期坚持抗敌斗争，狠狠打击敌人，取得多次战斗的胜利。这种反侵略斗争的英勇业绩，在西非各族人民的史册上是永远不会磨灭的。

索马里人民反殖民主义的武装起义

宁 骚

1899—1920 年，在穆罕默德·阿卜杜拉·哈桑（1864—1920 年）的领导下，一场疾风骤雨般的反殖民主义武装斗争，席卷了英属索马里全境和意属索马里部分地区。这次起义沉重地打击了英国和意大利帝国主义的殖民统治，激发了索马里人民的民族意识，促进了索马里统一民族国家的形成过程，在现代索马里的史册上谱写了光辉的一页。

西方列强对索马里的瓜分与统治

在索马里半岛 100 多万平方公里的辽阔土地上，居住着以游牧为业的索马里人。索马里人分为两大支族，即萨马勒族和萨卜族。萨马勒族由迪尔、伊萨克、哈维耶和达鲁德四大部落组成。萨卜族则包括迪基尔和拉汉文两大部落。每个部落又划分为若干氏族。此外，还有一部分阿拉伯人。索马里人和阿拉伯人早有交往。伊斯兰教和阿拉伯文化的传入，对索马里人的经济与文化生活产生了积极的影响。

索马里居民主要从事游牧，北方以饲养骆驼、绵羊、山羊为主，南方多养牛。农业以南部谢贝利河和朱巴河流域最发达，主要农作物有玉米、杜米（类似小米）、甜薯、木薯、豆类、香蕉、芝麻和棉花。有些地方种植水稻。沿河和沿海居民从事渔业。沿海地区的制陶、织布、织席、木器、骨雕、制革等手工艺很发达，有的还组织起联合会。

索马里人的社会虽然早在中世纪就开始了原始公社制解体和阶级形成的过程，可是直到 19 世纪后半叶，氏族和部落组织仍然是基本的社会和政治组织。部落酋长有选举产生，也有世袭的。土地、牧场和水源归部落所有。土地不能买卖或赠送。随着生产的发展，部落间为争夺土地进行战争，部落酋长的权力逐渐增大，他们取得了对牧场和耕地的支配权。农牧民必须把一部分牲畜或收成交给酋长，这种赋税有时要占到收成的 1/12。

12—17 世纪，索马里半岛上形成一批穆斯林素丹国。印度洋沿岸出现了一些地狭民寡、割据一方的城邦。著名的有摩加迪沙、布腊瓦、梅尔卡等。14 世纪时，这些城邦相当繁荣，经常有来自世界各地的商船在这里停泊和通商。17 世纪，这些城邦都归属阿曼素丹国。19 世纪中，阿曼素丹国分裂后，索马里南部的贝纳迪尔沿海港口城镇及其邻近地区，属桑给巴尔素丹管辖。北部沿海地区则从属于埃及。此外，半岛上还有两个较大的素丹国——奥比亚和米朱提因。在 19 世纪后半叶，这两个素丹国一直势不两立。索马里人当时尚未形成统一的民族国家，难以对西方帝国主义的殖民侵略进行有效的抵抗。

索马里地处非洲之角，北扼红海咽喉，东南毗临印度洋，其沿海地带历来是东西方海上交通的要冲。在近代殖民史上，英国和法国出于战略上的考虑，对索马里海岸觊觎已久。1827 年，英国军舰"塔马尔号"侵入柏培拉地区，强迫当地哈巴尔·阿瓦尔部落酋长签订"友好通商条约"，使英国在这里所有港口的贸易合法化。为了在由印度到苏伊士地峡的中途建立停泊港，英国于 1839 年强占了地处阿拉伯半岛南端的亚丁。1840 年 8 月，英国殖民者侵入与亚丁隔水相望的索马里北部沿海，迫使塔朱腊（8 月 19 日）和泽拉（9 月 3 日）的统治者签订了对英国人极为有利的条约。根据这些条约英国获得了亚丁湾内的穆沙群岛、奥巴特岛，泽拉的统治者保证不与其他欧洲国家的代表发生联系，未经英国驻亚丁代表同意，不让其他欧洲人在泽拉定居。从 40 年代后半期起，英国军舰经常在柏培拉、泽拉等索马里港口停泊。当时英国几乎完全依靠北索马里向亚丁驻军供应肉类。因此，英国不断加强其在索马里沿海地区的势力。

英国最初的主要对手是法国。1840 年，法国"南托·博尔多斯公司"派孔伯前往塔朱腊和泽拉地区活动。1846—1848 年，法国探险家夏尔·吉兰率"迪库迪克号"船到索马里南部沿海地区活动。1859 年，法国驻亚丁领事亨利·朗贝尔从达纳基尔（阿法尔）族取得奥博克港的租借权。1862 年，法国以 1 万塔勒①"购买"了奥博克港。不过，在 19 世纪 80 年代以前，无论是英国还是法国，都没有在索马里海岸建立殖民统治机构。

---

① 塔勒，一种德国银币。

1869 年苏伊士运河凿成通航以后，索马里半岛在战略和经济上的意义更显重要。在 19 世纪最后 30 年里，正是世界资本主义向帝国主义过渡的历史时期。索马里半岛成为帝国主义加紧争夺和控制的目标。

从 1874 年起，埃及军队曾经占领索马里北部的塔朱腊、泽拉、布勒哈尔和柏培拉等港口城镇，并深入哈拉尔。后因埃及本身受到帝国主义侵略，特别是苏丹爆发了马赫迪起义，到 1884 年，埃及军队先后撤离了这些地区。

英国和法国乘埃及军队撤离之际，掀起了瓜分索马里的狂潮。英国从亚丁派兵，于 1884 年占领了泽拉、布勒哈尔和柏培拉等沿海城镇。它在这一年的年底，与索马里北部的伊塞、盖达布尔西、哈达尔·加尔哈吉斯、哈巴尔·阿瓦尔和哈巴尔、托尔·贾洛等 5 个氏族签订了"保护条约"，把英国的殖民统治从沿海扩张到内地。同时，英国分别向柏培拉、泽拉和布勒哈尔派了 3 个副领事，受英国的印度殖民政府派驻亚丁的驻节长官管辖。1887 年 7 月 20 日，英国通知欧洲列强，英国在从吉布提至齐阿达港的索马里北部沿海地区建立英国保护地。另外，英、德两国于 1886 年在东非划分势力范围时，双方确认从基斯马尤到瓦尔谢克的贝纳迪尔海岸，归桑给巴尔素丹管辖。但在 1891 年，英国迫使桑给巴尔素丹签订协定，接管了贝纳迪尔海岸南段的朱巴地区，在那里建立了殖民统治。

英国于 1882 年大举入侵埃及，占领了苏伊士运河区以后，法国在埃及的势力被排挤。法国决心在通过红海的航线上建立一个基地。1884 年 6 月，法国任命拉加尔德为奥博克的总督。在这个殖民者的大力推动下，此后 4 年内，法国迫使塔朱腊湾沿岸地区的氏族酋长订立了一系列条约，占领了索马里北端的阿利角、塔朱腊、古贝特哈拉巴及塔朱腊湾其他一些地点。1888 年，法国占领吉布提，并把总督府从奥博克迁至这里。同年，法国与英国缔约，确定两国在北部索马里的疆界划在吉布提和泽拉之间。1896 年，法国把上述占领地区并为一个殖民地，称"法属索马里"①。

继英、法之后参与瓜分索马里的是意大利。在索马里北部已落入英、法手中的情况下，意大利转向东南部。1889 年 2 月 8 日，意大利驻桑给巴尔领事文琴佐·菲洛纳迪迫使奥比亚的素丹优素隔·阿里签订了割让领土的条约，确定奥比亚为意大利保护地。同年 4 月 7 日和 1901 年 8 月 18 日，意大利迫使米朱提因的素丹奥斯曼·马哈茂德·优素福两次缔约，先后攫

---

①　法属索马里于 1977 年 6 月 27 日获得独立，国名改称吉布提共和国。

取了从基莱角到阿瓦达角、加腊德、诺加尔和从阿瓦达角到卡西姆港等领土。

意大利还从奥比亚向南扩张。1892 年 8 月 12 日，英国驻桑给巴尔总领事波特尔以桑给巴尔素丹的名义，把布腊瓦、梅尔卡、摩加迪沙、瓦尔谢克等港口租让给意大利，条约规定租期 25 年①，事实上却由意大利无限期侵占。至此，意大利在索马里南部侵占的土地，从卡西姆港到朱巴河左岸，基本上连成了一片。

意大利人溯朱巴河而上，于 1893 年和 1895 年先后侵占了巴尔德腊和卢格（即卢格费兰迪）。1897 年，意大利同埃塞俄比亚达成一项协议，含糊地规定意占索马里的北界是从海岸到内地 180 英里而与海岸线平行延伸。1894 年和 1915 年，英、意两次缔约，分别确定了意占索马里的东北和西南边界。1899 年 11 月 19 日，意大利通知欧洲各国，声称它对贝纳迪尔海岸地区"加以保护"。1908 年，意大利将它在索马里占领的全部土地合并成一块殖民地，称作"意属索马里"。

到 19 世纪末 20 世纪初，索马里被西方帝国主义分割成了 3 块殖民地：意属索马里，面积 51.4 万平方公里（包括英国于 1925 年让与的朱巴地区）；英属索马里，17.6 万平方公里；法属索马里，2.35 万平方公里。索马里人居住的其他地区，则分别属于埃塞俄比亚和肯尼亚的领土。

帝国主义的瓜分，使索马里陷入深重的民族危机之中。一些氏族和部落被分割在不同的殖民地里。边界隔断了相沿成习的游牧路线，在边境地区往往为争夺牧场而发生纠纷和争执。英国、法国和意大利在索马里半岛实行残酷的殖民统治。英属索马里殖民当局拥有数百名军队，并拥有 100 名配备着步枪的警察，有时还要从亚丁增派援军，以维持殖民秩序，镇压索马里人民的反抗。他们在 1886 年和 1890 年对伊萨氏族、1893 年对艾达加拉氏族、1895 年对吉布里勒—阿博科尔氏族进行了"讨伐"。他们还垄断了组织商队到内地贸易的权利，在索马里明目张胆地进行奴隶贸易。法属和意属索马里的殖民统治，同样是建立在暴力压迫的基础上的。1889 年到过塔朱腊湾沿岸地区的欧洲船长涅斯捷罗夫写道："拘禁、镣铐、皮鞭——这就是欧洲人对赤手空拳的居民实行暴力的标志……牢狱和虐待威胁着每个不服从命令的人。"

①　另有 15 年和 50 年之说。

英、法、意殖民当局向当地居民征收重税，用来供养军队，修筑道路、港口及其他战略设施，大大地加重了索马里劳动人民的负担。在意属索马里，欧洲移民抢占了最好的耕地和牧场，在那里办起了香蕉、甘蔗、棉花等大种植园，失去土地的索马里人沦为种植园的雇工或分成制佃农。在欧洲人的种植园里，实行强迫劳动制度，奴隶劳动也被广泛使用。同时，殖民者打着传教的幌子，对索马里人进行奴化教育。欧洲传教士的文化侵略，使得一部分索马里人放弃了传统的宗教信仰——伊斯兰教，甚至鄙视自己的民族与文化。

帝国主义的瓜分和统治，给索马里人民带来了深重的灾难。穆罕默德·阿卜杜拉·哈桑曾经以诗歌的形式，义正词严地揭露了欧洲殖民者的暴行：

> 是你们，压迫他们，抢走他们的牲畜，
> 是你们，把他们的房屋和财产占为己有，
> 是你们，毁坏他们的村落，用粪便糟蹋他们的住处，
> 是你们，迫使他们去吃乌龟和野兽，
> 这种退化，是你们一手造成。

从布劳誓师到贡布鲁山战斗

帝国主义的瓜分和统治，激起了索马里人民的英勇抵抗。1890 年，瓦尔谢克的居民用长矛和标枪袭击在这里登陆的意大利殖民者，把他们打得狼狈逃窜。1893 年，基斯马尤的居民打死了"英国东非公司"代表托德，赶走了他的同伙。1896 年 11 月，摩加迪沙居民杀死意大利殖民官吏十余人。19 世纪末，索马里人民对殖民统治者的仇恨发展成大规模的、全民族性的解放运动，这就是民族英雄穆罕默德·阿卜杜拉·哈桑领导的武装斗争。

穆罕默德·阿卜杜拉[①]于 1864 年出生在原英属索马里东部的杜尔巴汉特氏族。他的祖父哈桑·努尔教长属于达鲁德部落欧加登氏族的雷尔—哈马尔分支，后与杜尔巴汉特氏族的一个女子结婚，并在那里定居。他的父亲是一个贫苦农民。穆罕默德·阿卜杜拉 7 岁开始接受伊斯兰教育，19 岁取得了教长的称号。嗣后，他离家远游，以寻求知识，曾到过苏丹、索马里半岛和阿

---

① 我国出版物中一般简称哈桑，兹据外文著作中使用的简称。

拉伯半岛的许多地方。1894 年，他到麦加朝觐时，结识了伊斯兰教萨里赫教派①的创始人穆罕默德·萨里赫（1853—1917 年），并成了他的弟子。第二年，他回到索马里，居住在柏培拉，热诚地传布萨里赫教派的教义和吸收新成员。

穆罕默德·阿卜杜拉笃信伊斯兰教，热爱自己的民族和文化。他来到柏培拉以后，很快就发现在这个已被英国统治了十多年的城市里，欧洲基督教会的殖民活动正在摧毁索马里人民的伊斯兰教信仰和他们的民族特性。据说有一次，他在路上遇见一群孩子，当问到他们属于哪个部族时，孩子们不假思索地回答："神甫们的部族。"孩子们的回答深深刺痛了穆罕默德·阿卜杜拉的心。他认识到，索马里正面临着民族危机和宗教危机。于是，他在清真寺和街头讲道，大声疾呼国家处于危急之中，要求他的同胞们赶走英国异教徒及其传教士。

由于在柏培拉很少有人对萨里赫教派的教义感兴趣，穆罕默德·阿卜杜拉就在 1898 年回到杜尔巴汉特氏族的乡亲们中间。他在故乡修建了一座清真寺，向牧民宣讲萨里赫教义，并卓有成效地调解了氏族之间的纠纷。与此同时，穆罕默德·阿卜杜拉积极准备发动武装起义。他以非凡的诗才，用本民族语言创造了大量脍炙人口的诗歌，宣传他的政治主张，揭露殖民者的阴谋伎俩，激发索马里人的民族意识；他组织群众赶制铁矛和弓箭，动员他们捐募牲畜和钱财，用以换取新式武装。1899 年年初，他建立由各部落首领联合组成的军事指挥部，宣布两项重要命令：（1）所有违反军令者，不管属哪一部落，均按军纪处置；（2）允许妇女参军，其中符合条件者亦可参加骑兵。这两项重大改革，不仅大大激发了妇女的抗敌热忱，而且有利于统一民族国家的形成。

1899 年 3 月，穆罕默德·阿卜杜拉在一次大会上号召杜尔巴汉特氏族所有的人参加他的队伍。人们纷起响应，很快就有 3000 人拿起了武装。数月后，由于他设法使伊萨克部落的两个氏族与杜尔巴汉特氏族实现了和解，起义队伍壮大到 5000 人。

8 月，穆罕默德·阿卜杜拉在英属索马里内陆重镇布劳举行起义誓师大会。他仿效苏丹民族英雄穆罕默德·艾哈迈德的做法，宣布自己为"马赫

---

①　该教派强调严守伊斯兰教律，教徒要苦修，谴责一切骄奢淫逸的生活，憎恨欧洲人的宗教侵略。

迪"（救世主），要领导索马里进行讨伐异教徒的"圣战"。9月1日，他致信驻沿海地区的英国总领事，向殖民当局提出了挑战："现在由你选择吧。你要打仗，我们奉陪；你要和平，就缴纳罚金。"英国总领事决定对他领导的斗争进行镇压，于是，索马里人民长达20年的反英武装起义爆发了。

索马里人民的武装斗争，分为两个阶段。

从1899年8月到1905年3月为第一阶段。这个阶段的运动具有比较多的宗教色彩和高度的流动性，斗争形势不稳定，一再出现大起大落。起义一开始发展比较顺利。穆罕默德·阿卜杜拉率领部队活动于英、意属索马里和埃塞俄比亚之间的地区，采用游击战的方法，出其不意地袭击敌人。起义者获得了欧加登氏族的广泛支持，并通过法属索马里的吉布提和意属索马里的米朱提因海岸各港口购进大批步枪和弹药，战斗力有了明显的提高。到1900年底和1901年初，已严密地组织起来的军队就有5000人，其中600人是用步枪装备起来的。这时，起义者控制了几乎整个英属索马里和部分意属索马里地区。

英国政府调兵遣将，在意大利的支持下，对起义军进行残酷镇压。1901年5月，斯韦恩中校指挥的一支由1700多人组成的殖民军，从布尔出发，摧毁了瓦伊拉赫德的起义军阵地，并将穆罕默德·阿卜杜拉的家乡夷为平地。穆罕默德·阿卜杜拉率部进入意属索马里，但受到奥比亚素丹的袭击，只得返回英属索马里。7月26日，起义军与殖民军战于费尔迪丁，起义军失利，被打死打伤1200人，另有300人被俘。

殖民者以为起义军已经被击溃，但在这一年的10月，起义军又奇迹般地以新的阵容出现了。他们拥有1万名骑兵和1000名步枪手。穆罕默德·阿卜杜拉在拉萨德尔安营扎寨，在博霍特累、基里特和戈扎温等战略重镇设置了哨所。1902年10月6日，英国人从布劳派出的一支特遣队，与起义军战于埃拉戈，起义军再度受挫。

接着，英国殖民军司令曼宁将军决定发动一次钳形攻势，企图把起义军一网打尽。曼宁率领3个加强团从柏培拉出发，向起义军展开正面进攻。埃塞俄比亚军队在英国的胁迫下从哈拉尔出发，向乌埃比进军。英国派出一支特遣队从意属索马里的奥比亚登陆。穆罕默德·阿卜杜拉临危不惧，指挥若定。由于他的机智部署，起义军于1903年4月12日在冈布里打了一场伏击战，消灭了从奥比亚登陆的英国特遣队。

4月17日，曼宁所辖的两个加强团由普兰克特中校和奥列沃上尉指挥，进剿起义军。穆罕默德·阿卜杜拉集结近万人的兵力，埋伏在贡布鲁山的一个村庄附近。当讨伐军进入伏击圈时，起义军的骑兵从 3 面向敌人发起进攻。一位英国随军记者描述说："进攻的骑兵犹如汹涌波涛，淹没了前沿阵地。他们发出'安拉！安拉！安拉！'的吼声。骑兵在马上频频射击……（英军）来福枪坚硬的子弹根本不能阻止狂热信徒的进攻。"几百名妇女在战场外围高声呐喊，为起义者助威。在贡布鲁山战役中，起义军打死英国 9 名军官和 189 名士兵。普兰克特和奥列沃被当场击毙。这是起义军自发难以来取得的一次最大胜利。

1904 年 1 月 9 日，英国殖民当局以 6000 人的兵力在吉德巴利进攻时，起义军不幸失败。穆罕默德·阿卜杜拉率部退到意属索马里的伊利格港一带。为了获得休整时间，他决定与意大利当局进行谈判，条件是：在意属地区划给他一块固定住地；起义军应由他统率；宗教自由；贸易自由。

意大利考虑到当时自己的军事力量难以对付起义军，而且害怕在意属地区普遍燃起反抗烈火，接受了这些条件。英国由于 1903—1904 年的讨伐付出了重大代价，耗资达 550 万英镑，对意大利的做法也未加阻挠。

1905 年 3 月 5 日，穆罕默德·阿卜杜拉与意大利驻桑给巴尔领事佩斯洛齐在伊利格港签订了《伊利格条约》。起义军得到了位于米朱提因素丹辖地和奥比亚素丹辖地之间的诺加尔河谷的一部分和伊利格港，并根据英意协定而享有在英属地区放牧牲畜的权利；起义者则允诺停止对英、意作战，承认意大利当局对其辖地的"监督"权和"保护"权。《伊利格条约》的签订标志着索马里民族大起义第一阶段结束了。

英国和意大利的联合镇压

从 1905 年 3 月到 1920 年 12 月为索马里民族大起义的第二个阶段。在这个阶段，运动的宗教色彩大大减弱，起义军在军事上趋于成熟，斗争形势的发展比较稳定。然而终因运动本身的局限性和英国、意大利的联合镇压，武装斗争遭到了完全的失败。

休战状态维持到 1908 年年初。在这三年里，起义军恢复了元气，补充了力量。他们派出很多情报人员到英属地区，大力开展反英宣传，争取各氏族和部落支持起义军反对殖民统治的斗争。

意大利殖民当局首先破坏了 1905 年条约，对起义军居住地区实行经济封锁。英国于 1908 年 1 月派出讨伐队，镇压积极支持起义军的瓦尔桑格里氏族。穆罕默德·阿卜杜拉向英国殖民当局发出最后通牒，要求他们停止镇压行动，但英国人不予置理。于是，起义军从伊利格出发打回英属地区，恢复了武装斗争。

1909 年，英、意殖民当局合伙策划了一个阴谋，指使一批索马里宗教上层人士组成"使团"，出使麦加，请穆罕默德·萨里赫出面劝降。萨里赫给穆罕默德·阿卜杜拉写了一封信，指责他"破坏伊斯兰教律"，并威胁说，如果他不悔过自新，就要把他逐出教门。信是托使团转交的。穆罕默德·阿卜杜拉向使团解释了他对萨里赫教义的理解，坚持认为他的起义没有违背伊斯兰教规，驱逐异教徒，恢复穆斯林的虔诚信仰是他的天职。英、意殖民当局对萨里赫的信大肆宣传，企图削弱起义军的群众基础。但是，穆罕默德·阿卜杜拉领导的运动反映了人民要求摆脱殖民统治的根本愿望。

英、意殖民者策划的阴谋，"完全不足以严重削弱他的运动"。法国学者让·多雷斯认为，"从 1909 年起，穆罕默德·阿卜杜拉停止了直到那时他赖以生存的宗教运动，而他的起义就基本上是政治性的了"。

穆罕默德·阿卜杜拉领导的起义军，不断打击英国殖民者，迫使殖民当局于 1909—1910 年将全部军队和行政官员撤离内陆，龟缩到泽拉、布勒哈尔和柏培拉等沿海城镇里。英属索马里全境基本解放。英国议员里斯认为，这一事件的意义"远远超出索马里范围"，将对苏丹、尼亚萨兰（今马拉维）、乌干达和亚丁产生影响。

到 1911 年年底，起义军已牢牢地控制了英属索马里内陆各地，并时而向沿海城镇发起进攻。英国殖民当局为了在紧靠海岸的内陆地区镇压起义军，于 1912 年建立了一支由理查德·科菲尔德指挥的"骆驼保安队"。保安队装备精良，由 150 人组成，有较大的机动性。1913 年 8 月 9 日，在英属索马里东部的杜尔马多贝，起义军击溃了骆驼保安队，击毙了作恶多端的科菲尔德。伦敦的报纸惊呼："我军在索马里遭到一场可怕的灾难！"穆罕默德·阿卜杜拉创作了一首著名的政治讽刺诗《理查德·科菲尔德之死》，描述死后的科菲尔德进了地狱，接受了真主和"进了天国的人们"的审判，嘲笑这个殖民头子在起义军的打击下惊恐万状、丧魂落魄、伏地求饶的丑态和彻底灭亡的下场："我叫喊：'朋友啊，请怜悯我！宽恕我'！""我惊恐万分注视四周，我的两眼呆滞、失神，我哀求宽恕没有得到允许"。

为了巩固内地的形势，穆罕默德·阿卜杜拉及其战友哈吉·萨迪、易卜拉欣·包高勒决定修筑一系列坚固的防御工事。于是，从 1913 年起，索马里军民在塔勒赫、梅迪谢、吉达利、阿尔希德、拉斯阿诺德、加拉迪等地构筑了雄伟的要塞。特别是起义军总部所在地塔勒赫的要塞最为壮观，它由 13 座石砌堡垒组成，墙高 18129 米，厚 3.60—4.27 米。起义军凭借这些要塞，经常打击前来侵犯的殖民军。

科菲尔德被击毙以后，英国政府决定派兵加强对索马里内地的进犯和占领，并对索马里海岸实行严密封锁，企图断绝起义军的军火来源。同时，意大利殖民当局在米朱提因和奥比亚两地傀儡素丹的协助下，进入内陆同起义军作战。意大利殖民军逐渐逼近诺加尔谷地的吉利班和加尔阿特，并沿着乌埃比河上游河道展开进攻，使起义军受到相当大的威胁。

在第一次世界大战期间，英国和意大利忙于在欧洲战场上厮杀，无力顾及索马里的事务。虽然殖民者的军事征讨一直在继续，但是起义军控制的索马里内地的形势是相当稳定的。另外，皈依伊斯兰教的埃塞俄比亚皇帝埃雅苏，于 1914—1916 年给予索马里起义军一些支持，起义军军火紧缺的状况有所缓和。

第一次世界大战结束后，英国政府立即调兵遣将，对索马里起义者大举镇压。1920 年，他们发动了一次精心策划的陆海空联合攻势。参战的 6 架飞机对起义军据守的要塞狂轰滥炸，陆军的进攻得到了坦克的掩护。意大利也派出飞机和坦克予以配合。2 月 11 日，起义军总部所在地塔勒赫陷落。穆罕默德·阿卜杜拉不屈不挠地指挥起义军残部撤退到欧加登。他拒绝殖民当局的诱降，怒斥当局的使臣"命中注定愚蠢如驴"，在欧加登的新总部又受到一次大规模的攻击之后，起义军于 10 月撤退到埃塞俄比亚境内谢贝利河上游的伊米，在那里建立了 13 座新的堡垒，准备坚持长期抗战。同年 12 月 21 日，穆罕默德·阿卜杜拉因病逝世，索马里人民的反帝武装斗争就此结束。

历史意义

索马里人民在 1899—1920 年进行的反殖民主义武装斗争，沉重地打击了英国和意大利在索马里的殖民统治。在起义持续进行的 20 年里，英国设在索马里内陆的殖民行政机构难以正常运转，甚至在相当长的一段时间内不得不从那里撤出。即使在起义被镇压下去以后，英国殖民者也时时感觉到，起义在索马里人民中留下了一种对他们的"阴郁的疑虑和隐蔽的敌意"，因此他们不得不设法避免触发新的大规模武装反抗。譬如，起义被镇压以后，英属索马里当局下令向索马里人征收牧畜税，引起了索马里人民的强烈不满，在布劳发生了打死县专员的事件。于是英国政府下令英属索马里当局停征牧畜税，"要不惜代价地避免任何可能触发另一次'狂热信徒'战争的行动"。在意属索马里，穆罕默德·阿卜杜拉领导的战争，在一个时期内推迟和阻止了意大利殖民统治向内陆的扩展。即使在沿海地区，起义的影响也很明显，1907—1910 年担任意属索马里总督的扎尔索·卡勒蒂承认，索马里人民的敌视态度，使得欧洲殖民者如果没有上刺刀的武装士兵保护，就不敢冒险走出任何沿海的城镇。

1899—1920 年起义的另一重要业绩，是促进了索马里统一民族国家的形成。

在起义初期，穆罕默德·阿卜杜拉就注意吸收不同氏族和部落的人参加军事指挥部。他郑重宣布，在起义队伍里绝不考虑部落关系，任何人都不得以自己出身的部落的名称作为称谓，而以统一的称谓即德尔维希①相互称呼；凡违犯命令者，不分部落界限，均按法令制裁；起义者人人头戴一块白色头巾，作为统一的外部标志。起义军在组织结构上自始至终摒弃部落界限，他们被编成由军事指挥部统一命名的团队。起义的领导者坚持不懈地致力于团结索马里人民，清除部落间内讧。

这些措施对于促成索马里人民的反殖斗争由部落反抗到民族反抗的转变，对于民族意识的增长和统一的民族国家的形成，产生了巨大的影响。正因为这样，这次起义成为索马里历史上第一次超越部落界限的斗争，穆罕默德·阿卜杜拉成为全民族的领袖，至今仍为全体索马里人民纪念。这次起义为现代索马里民族国家的诞生奠定了第一块基石。

但是，起义的领导者没有建立起一套完备的国家机构，也没有提出根本变革索马里传统社会的政治经济纲领。这是残酷的战争环境造成的，也与起义的领导者在一定程度上把反殖武装斗争当作挽救伊斯兰教危机的手段有关。

当代的研究者或认为起义者建立的国家"实际上还是个部落的军事政治联盟，但在民族战争的过程中氏族部落的关系和传统产生了局部的变革"；或认为"已开始形成一个民族国家"；或认为建立的是一个"神权国家"；

---

① 德尔维希是对伊斯兰教萨里赫教派信徒的称呼。

或认为运动的领导者"没有建立、而且看来也不曾打算建立一个能在他身后保存下去的神权国家"。但有一点是肯定无疑的，即最高权力的行使一直是个人性质的。

　　尽管运动本身有它的局限性，然而并不影响它是一场索马里人民反对帝国主义殖民统治的、伟大的民族解放战争。

"刚果自由邦"的建立及其殖民统治制度

赵淑慧

　　19 世纪末，在帝国主义瓜分非洲的狂潮中，比利时国王利奥波德二世施展阴谋诡计，鲸吞了比比利时领土大 77 倍的刚果（今扎伊尔），并以他个人的名义对刚果进行了长达 23 年（1885—1908 年）的令人发指的统治。利奥波德二世对刚果殖民统治的历史是近代非洲史上最悲惨、最黑暗的一页。

"刚果自由邦"的建立

　　刚果位于非洲的中部，土地辽阔，资源丰富，素有"非洲心脏""中非宝石"之称。

　　刚果历史悠久，早在远古时代，这里就有人类生存和繁衍。从 14 世纪下半叶起，这里先后出现了刚果王国、库巴王国、卢巴王国、隆达帝国，其中刚果王国最为强大。15 世纪末 16 世纪初，刚果国王恩赞加·库武（死于 1506 年）在位期间，王国的版图辽阔：北达刚果河北岸，西至大西洋，南抵洛热河，东到宽果河，势力范围已到达今安哥拉境内。王国有一套完整的行政组织和经济制度，国王有至高无上的权力。王国的冶铁业发达，经济以农业为主，以畜牧、渔猎、采集为辅。国家存在着奴隶制度，奴隶被用作贡品和犯罪时的罚金，说明刚果王国已进入阶级社会。16 世纪下半叶起，刚果王国开始分裂，至 18 世纪时已分成许多小国，这同葡萄牙人的入侵有直接的关系。

　　1482—1487 年，葡萄牙探险家迪亚士·卡奥领导的探险队，曾 3 次出现在刚果河口，并抓获了一些非洲人做人质带回里斯本。从 15 世纪 80 年代到 16 世纪上半叶，葡萄牙殖民者在刚果王国掠夺奴隶，运往圣多美岛的甘蔗园或葡萄牙充作家奴。据一位葡萄牙史学家估计，1486—1641 年，包括刚果王国在内，西方国家从安哥拉运出的奴隶约有 138.9 万人。

1490—1491 年，第一批葡萄牙传教士乘船来到刚果王国，国王恩赞加·库武接受了洗礼，得到与葡萄牙国王同样的教名——若昂，王后和王子也接受了洗礼，分别取得同葡萄牙王后和王子一样的教名——莱奥诺与阿方索。此后，刚果王国的人民也大批接受洗礼，据估计有 10 万人信奉了耶稣教。国都姆班扎更名为圣萨尔瓦多，教堂到处可见。

猖狂的贩奴活动，使数以千计的刚果人被掳掠、屠杀，土地荒芜，村庄破落。王国内部各部落之间，仇杀的战争连绵不断；道德败坏的传教士的挑拨离间，加剧了王国统治阶级内部争权夺利的斗争。从葡萄牙殖民者入侵之日起，刚果王国逐渐走向衰落和瓦解。此后，在刚果土地上出现过众多分散的小酋长国。这些小国势单力薄，无法抗御西方殖民强国的入侵。

19 世纪起，欧洲殖民国家的探险队纷纷来到非洲内地（包括刚果内地）进行探险活动。这些探险活动为行将到来的对非洲的大规模侵略活动开辟了道路。19 世纪 70 年代以后，随着欧美资本主义的迅速发展，自由资本主义向帝国主义阶段过渡，欧美列强加紧了对非洲的争夺，地处非洲心脏地带的刚果更成了争夺的主要对象之一。

19 世纪中叶，比利时国王利奥波德二世在位时（1865—1909 年），执行有利于资本主义发展的政策，鼓励实行自由贸易，使比利时的经济在 19 世纪最后 30 年间发展迅速。蒸汽机从 1845 年的 4.8 万马力，增加到 1885 年的 78.1 万马力。1879 年开始采用托马斯炼钢法，1880 年钢产量达到 10 万吨左右。比利时的铁路建设、采煤、建筑业在欧洲也处于领先地位。

利奥波德二世使比利时变成经济强国后，便强烈要求向外扩张。起初，他的眼睛盯着亚洲。1866 年，他表示："我梦想建立一个以布鲁塞尔为基地的海外从事发展事业的比利时公司，这个公司能够逐渐从事对中国的经营，就像伦敦的东印度公司对印度帝国所做的那样，也像以前荷属东印度公司对爪哇所做的那样。"由于亚洲已经被其他帝国主义瓜分了，利奥波德二世只好把目光转向非洲，"想在非洲做出一番事业"来。

利奥波德二世清楚地知道，比利时的经济虽然有了发展，但同其他欧洲强国相比，毕竟国小力弱，如果采取与大国公开对抗的办法，势必失败。因此，他利用大国之间的矛盾，玩弄狡黠手段，通过探险家斯坦利在刚果河流域的侵略活动，加剧大国在刚果地区的竞争。帝国主义之间的激烈争夺，导致了 1884 年柏林会议的召开①。会上，英、法、德等列强都想独占刚果，即使自己占领不了，也绝不让刚果被强大的对手所控制。这样，列强确认了利奥波德二世对刚果的侵占。

1885 年 4 月 30 日，比利时国会根据批准"国王陛下为国际刚果协会在非洲建立的自由邦的元首"的宪法第六十二条之规定，正式授予利奥波德二世刚果自由邦国王的称号。5 月 29 日，利奥波德二世下达谕旨，宣布建立刚果自由邦。7 月 1 日，利奥波德二世任命英国人弗朗西斯，德温顿爵士为刚果自由邦首任总督。德温顿虚伪地宣布，刚果自由邦的目标是："维护法律与秩序，促进商业和工业，保护当地居民的公共福利。"几周之后，他受利奥波德二世之命，在巴纳纳附近举行典礼，邀请当地酋长、外国领事、传教士和商人参加，宣告刚果自由邦②正式建立。

1885 年 8 月 1 日，利奥波德二世根据柏林会议《最后议定书》的规定，正式通知列强，刚果自由邦已建立，他自任国王。他还宣布，刚果自由邦是中立国。与此同时，刚果自由邦外交部照会中国清朝政府，表示愿同中国通商。1898 年 7 月，刚果自由邦派官员来中国，与清廷签订通商条约，这是中国与黑非洲国家最早签订的条约之一。

"刚果自由邦"的领土扩张

刚果自由邦建立的时候，其领土范围，根据 1885 年 2 月刚果自由邦同法国签订的条约所附地图是："从东经 30°和北纬 4°的交叉点，沿着子午线南下，经过爱德华湖和沿着坦噶尼喀湖西岸，至该湖南端，由此伸向姆韦鲁湖和班韦乌鲁湖（南纬 11°），然后向西到东经 24°，再向北至南纬 6°，最后再折向西，一直到刚果河南岸靠近诺基为止。"这个范围大概包括了今日扎伊尔的全部领土，总面积为 245 万平方公里，相当于印度次大陆或整个西欧的面积。

实际上，当时刚果自由邦所控制的地区主要是刚果的西部地区，对其他广大地区远来征服和占领。刚果自由邦建立之初，利奥波德二世首先要做的

---

① 参见《外国历史大事集》近代部分第三分册《柏林会议与列强对非洲的瓜分》一文。
② 德温顿爵士在典礼上宣布成立的这个"新国家"的正式名称是"刚果独立国"，但后来文献中更多的是使用"刚果自由邦"这一名称。故本文沿袭这一用法。

一件事就是征服其他广大地区，将整个刚果牢牢地控制在自己的手里。从1885年起，利奥波德二世开始对刚果的西南部、东部、东北部和南部广大地区进行长期的、野蛮的征服战争。利奥波德二世对刚果的征服，遭到了刚果人民英勇顽强的反抗。

西南部地区，即开赛河和宽果河流域，这一地区与葡属安哥拉接壤。1885年2月14日的条约划定了葡萄牙同刚果自由邦之间的边界，即"以诺基的纬度划至该纬度与宽果河的交叉点，然后由该点往南，沿宽果河为界"。这样，利奥波德二世便开始了对宽果河以东地区的征服。

1885—1892年，利奥波德二世先后派出由卢德维路·沃尔夫、比特纳·范德维尔德、达尼等人率领的"探险队"，在这一地区进行征服。这些探险队都荷枪实弹，实际上是武装的征伐队。他们所到之处设立武装哨所，强迫当地酋长接受刚果自由邦的统治。

这个地区原为隆达王国的领土。隆达王国于16世纪下半叶建国，17、18世纪成为强国，19世纪后分裂成许多公国。比利时武装征伐队遭到了卡松戈公国首领姆韦内·普图的顽强反抗。经过4年，到1890年，达尼探险队在大量武装部队的护送下才占领卡松戈公国的部分地区。在此情况下，姆韦内·普图仍领导人民继续战斗。他们切断达尼哨所同外界的联系，不断袭击殖民军队。最后由于个别酋长的叛卖，姆韦内·普图被害，刚果自由邦的军队才占领了整个卡松戈公国。

刚果自由邦在刚果西南地区的扩张，加剧了同葡萄牙的矛盾。葡政府不仅在外交上提出了抗议，而且还把军舰开到博马，利奥波德二世赶紧派特使利布奥希特前往英国商谈购买武器和军舰。1891年2月19日，刚果自由邦和葡萄牙的代表在里斯本会谈。5月，双方达成协议，明确划定了葡属领地卡奔达和安哥拉与刚果自由邦的边界。

东部地区，即卢阿拉巴河以东和坦噶尼喀湖等大湖区之间的地方。这一地区原在阿拉伯人的控制之下，他们在这里从事象牙和奴隶贸易。起初，比利时人利用阿拉伯人酋长进行统治。1887年2月，刚果自由邦任命这地区最大的奴隶贩子蒂普·蒂卜为东部地区的行政长官，月薪750法郎，他的儿子塞富、侄子拉希德也获得高官厚禄。

但是，利奥波德二世和他所代表的比利时资产阶级同阿拉伯人之间的利害关系是不可调和的。因为前者不能容忍后者长期垄断奴隶贸易和象牙贸易，后者也不愿放弃在东部地区的既得利益。1891年，刚果自由邦规定，商人必须把收购到的半数商品按固定价格交售给国家，当局还派出武装探险队，在商路上设立据点，检查此项规定的实施情况。1892 年，霍迪斯太探险队来到洛马米—卢阿拉地区，迫使东部地区接受刚果自由邦的统治。利奥波德的这些措施和行动，激怒了阿拉伯人。他们以武力来反对刚果自由邦。战争初期，双方各有胜负。后来，刚果自由邦的军队占领并摧毁了通往东方的重镇卡松戈，这才取得了军事上的绝对优势。1894 年，战争基本结束。这次战争由于利奥波德二世是打着"反对奴隶贸易"的旗号进行的，所以称为"反奴隶主战争"或"反阿拉伯人战争"。从此，刚果自由邦通向基伍湖的通道打开了，利奥波德二世的统治范围扩大到整个东部地区。

在利奥波德二世向东扩张时，也遭到当地班图诸族的反抗。巴泰泰拉族及其酋长恩贡戈·卢泰泰的斗争十分突出。他们从 1890 年开始同殖民主义者进行了两年的英勇斗争。后因首领被杀，斗争遭到挫折。

1895 年 7 月 4 日，在路路阿堡要塞内，从巴泰泰拉族中招募来的士兵又爆发了起义，这是巴泰泰拉族反抗斗争的继续。起义的领导是恩贡戈·卢泰泰的两个老战友。起义者成功地在各岗哨之间建立了联系，杀死了残暴的殖民军官佩尔策上尉，袭击了殖民军的军火库。巴泰泰拉士兵的起义激起了巴泰泰拉族的普遍响应，武装起义席卷了从卢拉什河到坎托姆贝的整个地区。8 月 18 日，在恩冈杜（恩贡戈·卢泰泰旧官邸附近）发生激烈的战斗，起义者打败殖民军。利奥波德二世调动大批军队，并挑唆巴卢巴人来攻打巴泰泰拉族。起义者被迫撤到加丹加地区，同该地人民一起继续战斗。以后，巴泰泰拉族的斗争，此伏彼起，一直延续到 1908 年。

东北部地区，即韦累河和博木河一带。当时，正值苏丹马赫迪起义（1881—1898 年），赶走了英、埃统治者，建立了统一的国家。利奥波德二世企图趁此机会占领刚果东北部，进而向尼罗河上游推进，占领苏丹南部。居住在韦累河流域的阿赞德人同马赫迪起义军联合起来抗击比利时殖民军。1894—1895 年，他们消灭了邦瓦莱·德沃的部队，打败了克里斯蒂斯的部队，击溃了弗郎基的武装探险队。阿赞德人的英勇斗争，使殖民军遭到严重损失。

1896 年 8 月，由达尼率领部队向尼罗河推进，企图彻底镇压阿赞德人民的斗争。这支部队的主要组成部分是从巴泰泰拉族中征募的士兵。他们因不堪忍受艰苦的行军和军官的虐待，于 1897 年 2 月举行起义，杀死军官，夺取武器，多次击溃殖民部队和探险队的进攻，占领了坦噶尼喀湖和基伍湖之

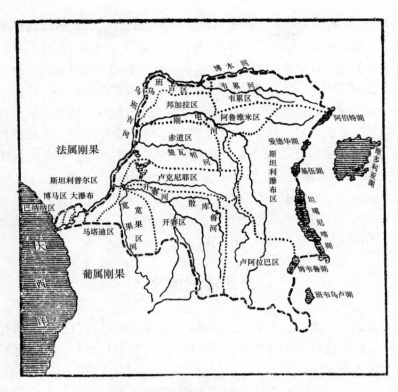

1895 年"刚果自由邦"行政区划图

间的广大地区。1898 年 11 月，双方在坦噶尼喀湖西北岸的松古拉附近激战，殖民军全部被歼。在这之后，利奥波德二世倾注全力进行镇压，致使起义失败，残部转到卢旺达、布隆迪境内。经过长时间的征讨，利奥波德二世才占领了刚果的东北地区。

南部地区，即加丹加地区。利奥波德二世早已了解到那里有丰富的矿藏资源，并得知英国南非公司正在活动，便决定尽快占据加丹加。对加丹加的占领是通过特许公司进行的。1891 年 3 月 12 日，刚果自由邦同以蒂斯为首的一批企业主达成协议，成立上加丹加公司。协议规定，公司负责勘察开发加丹加的矿藏，并组织供应征服加丹加的探险队；利奥波德二世则把加丹加1/3 的土地划归公司。当时，加丹加地区处在巴耶克族酋长姆西里的统治之下。姆西里国家的领土南起刚果河和赞比西河的分水岭，北至卢夫瓦河，西抵卢阿拉巴河，东达卢瓦普拉河。姆西里控制了加丹加的铜矿开采，用铜和象牙从阿拉伯商人那里换取武器，装备他的 2000 人的军队。

1891 年 10 月，公司派出由德尔科缪纳率领的讨伐队到达姆西里国的首都本凯亚，企图强迫姆西里接受刚果自由邦的统治，但遭到拒绝。12 月 14 日，斯太尔斯的讨伐队来到本凯亚，要求在姆西里的官邸升起刚果自由邦的旗帜，又遭到了拒绝，当姆西里得知斯太尔斯在首都附近的一个山冈上竖起刚果自由邦的旗帜后，立即召集队伍与占领者进行战斗。斯太尔斯建议同姆西里举行和谈。姆西里不知是圈套，结果在谈判时被殖民军中尉博德森卑鄙地杀害了。姆西里的儿子姆康达·班图继位后，被迫接受刚果自由邦的统治。至 1893 年，刚果自由邦最后征服了加丹加地区。

除上述地区以外，刚果自由邦还派军队征服了西北部乌班吉河流域等地区。刚果自由邦通过一系列南征北伐，东讨西攻，征服了整个刚果地区，开始对刚果人民实行残酷的殖民统治制度。

利奥波德制度

利奥波德二世虽然从来没有到过刚果，但是，他和他所代表的比利时资产阶级却在这块辽阔富饶的土地上，建立了血腥的殖民统治制度，对刚果人民进行了穷凶极恶的掠夺。

殖民机构和殖民军队是利奥波德二世对刚果人民进行野蛮统治和血腥掠夺的工具。刚果自由邦由代表国王的总督实施最高权力，他有权颁布具有法律效力的命令。总督府设在博马。中央政府由内政部、财政部、司法部、外交部组成。各部部长由君主任命。重要的行政官员全是欧洲人（比利时人为主）。1908 年时，欧洲官员约有 3000 人，其中比利时人有 1700 人。全国分为开赛、赤道、东方、加丹加 4 个省，均由总督控制。省内分专区，全国共有 22 个专区，由专员领导。专区内又分地区，全国共有 179 个地区，由政府指定的代理人管辖。

军队是刚果自由邦统治的支柱，士兵均从当地居民中招募，兵役期为 5 年，1900 年以后延至 7 年。到 1900 年，兵员已达 1.5 万人，1/3 以上集中于各省省府，其余分布在各据点。刚果自由邦军、警不分，统称治安部队，他们既执行警察的职能，也执行军队的职能。同各级政府的官吏一样，治安部队的军官也均由欧洲人担任。

利奥波德二世大量侵占刚果的土地。1885 年 7 月，他发布敕令，宣布所有"无主的空地"为刚果自由邦国家所有。历史上，刚果的土地均由各部落

所占有，它们彼此之间的界线是明确的，根本没有什么无主的空地。1891 年
9 月 21 日，刚果自由邦又颁布法令，规定无主土地上出产的象牙和橡胶等产
品，均属刚果自由邦所有。

利奥波德二世将掠夺来的一部分土地列为王室土地，其面积相当于比利
时国土的 10 倍。在这些土地上，由官吏"开发资源"（主要是象牙和橡
胶），其收入归政府，实际上归利奥波德二世个人所有。1896—1905 年，利
奥波德二世从这些领地上得到 7100 万法郎的巨额收入。

利奥波德二世本人和比利时政府缺乏足够的人力和物力来统治刚果这样
大的国家。为解决这个困难，采取了租让制。利奥波德二世将掠夺来的绝大
部分土地租让给一些大的公司。大公司在所租的土地上，有开发资源、征收
捐税的权力，还有建立管理机构、支配一切的权力。当然，他们要将所得收
入按比例交给利奥波德二世。上加丹加公司取得了加丹加省 1/3 的土地。上
刚果安特卫普商业公司、开赛公司等也租到大面积的土地，他们将年利润的
25% 交给利奥波德二世。比利时最大的资本家蒂斯创立的刚果通商实业公司
也与利奥波德二世签订合同，修建从马塔迪到斯坦利湖的铁路。该公司得到
100 万公顷以上的土地（勘测和设计得到 10 万公顷土地，每铺设 1 公里铁路
得到 1500 公顷土地），利奥波德二世得到公司纯利的 40%。这个公司在其所
得土地上建立行政管理机构，独自利用资源，任意征收捐税，毫无约束地支
配一切，作威作福，这里实际上成了蒂斯的殖民地。租到土地的大公司还有
宽果公司、英比橡胶公司、刚果贸易和工业公司、比利时上刚果商业股份公
司、刚果铁路公司等。

根据柏林会议的决议，刚果自由邦要实行"贸易自由"制，实际上，利
奥波德二世攫取刚果后，实行的是垄断贸易制，正如范德维尔德议员在比利
时议会的发言中所谈的："简言之，在 245 万平方公里土地上（即刚果全部
领土），有 242 万平方公里土地的经营权是掌握在自由邦手里或其公司（子
公司）手里，只有 3 万平方公里由私人公司经营。至于各国可以同土著以物
易物，自由进行贸易的土地，那连半平方公里都没有。"垄断贸易制加深了
利奥波德二世同欧美列强的矛盾。

缴纳橡胶税是压在刚果人民身上的沉重负担。当时刚果最贵重的物产是
橡胶和象牙。利奥波德二世便强迫所有刚果人向他缴纳橡胶和象牙。1889
年，殖民当局颁布了一项法令，禁止私人购买贵重产品（主要指橡胶和象
牙）。1891 年，明文规定橡胶和象牙由国家垄断，刚果自由邦的一切居民必

须用橡胶和象牙交纳捐税。橡胶税的数量不统一，由官吏们任意决定。在东方省的一些地区，规定每个成年男子每月要缴纳2—4公斤橡胶，有的地方高达9公斤。

为缴纳橡胶税，人们被迫花费许多时间，付出极为艰辛的劳动。1904年"刚果调查委员会"在报告中写道："在大多数的情况下，一个本地人每两星期要作一两昼夜或更长时间的旅行，到森林里去找一个有相当多橡胶树的地方。在这里，他必须在艰苦的条件下住一些时候。他给自己修一个藏身之处，当然这无论如何赶不上他那个住惯了的茅屋。在这里，他没有寻常吃的食物，忍受着热带气候的突然变化和野兽的侵袭。然后，他必须把采到的产品运到收货站，在这以后才能回到村里。最多能在村里住上两三天就会接到新的任务……本地人的大部分时间都耗费在采割橡胶上面。"在热带丛林中，常常回荡着悲哀的歌声："森林啊！你是多么阴暗、凄惨、多么令人可怕！我们不是自由的人，不是猎人，不是旅行家，我们是白人的奴隶！橡胶，这就是死亡！"

为了驱使刚果人采割橡胶，殖民官吏和公司的代理人规定了极其残酷的惩罚办法。如果采割橡胶的男子没有按时回来，他的妻儿就要被钉在十字架上。如果交来的橡胶质量不好，就强迫交橡胶的人吞食橡胶。如果没有按期完成定额，就要遭到鞭挞、截肢，甚至砍头、枪毙。受截肢惩罚的人，有的被砍下一只手或一条腿，有的手和腿都被砍下来，惨不忍睹。为了在潮湿的天气能够保存下来，殖民官吏还把砍下来的手进行熏制，装满筐子送交上级，按数领取奖赏。有一个殖民官吏供认说："我杀过150人，砍下过60只手。"所以，这种橡胶实物税，被称为"鲜血染红的橡胶"。

劫掠象牙，同样给刚果人民带来深重的灾难。利奥波德二世及比利时的殖民者掠夺刚果的象牙也使用极其残酷的办法。斯坦刊在其《非洲密林里》一书中说："每一公斤象牙的价值等于一个男子、妇女或小孩的生命，常常为5公斤象牙就烧掉一个住所，为一对象牙就消灭一个村庄，为20只象牙就毁掉整整一个省，并连同所有的居民、村庄和种植园一起毁掉。"这就是利奥波德二世的"人道"与"文明"。

除缴纳橡胶和象牙实物税外，居民还要供应殖民官吏和殖民军以粮食和肉食。如一个有100户的布姆巴村庄，每月必须供应5只羊（或5头猪或50只鸡），125捆木薯、15公斤玉米、15公斤甘薯。利奥波德维尔以南的一个村庄每月要上缴350公斤芒果。

　　"不停的劳役"是利奥波德二世殖民掠夺的重要特征。殖民者起初宣布：每个刚果人一星期必须无偿劳动 40 小时。这样的规定还不能满足他们贪得无厌的欲望。于是，又宣布每个刚果人每月无偿劳动 25 天。刚果人除了在阴暗的热带森林中为橡胶和象牙进行奴役性劳动外，还要服种种劳役。他们要为殖民当局或大公司无偿地耕种土地、管理庄稼、砍伐森林、当兵和做仆役。运输是繁重而无止境的劳役。刚果人要为殖民当局和大公司运送掠夺来的橡胶、象牙、木材等货物，为殖民官吏运送羊、猪、家禽、野味等食物，为殖民军队和劳役队运送"面包"（用木薯做的食物，当地人称为"奇克凡戈"）。

　　殖民当局还强迫刚果人民修筑道路，几十万人被驱赶到公路和铁路的修建工地。从马塔迪到利奥波德维尔的铁路，全长仅 390 公里。因为地形复杂，天气恶劣，共用了 9 年时间。在修建过程中，被强迫修路的刚果人，大量死于赤痢、天花、中暑。开工后的 10 个星期里，死亡率就达到 17%。承建这条铁路的刚果贸易和工业公司，不得不从西非各地招募劳工，并从中国输入 530 名劳工。在总数达 7000 名的工人中，除遣回原籍的 1500 人外，在开工两年后只剩下 2000 人，其余 3500 人有的劳累而死，有的不堪忍受而逃亡。所以，有的史学家说：这条铁路，是建筑在白骨堆上的，是在哀乐声中缓慢向前延伸的。

　　殖民主义者为了强迫刚果人服劳役，除规定种种野蛮的惩罚外，还常常侵入村庄，抢走有劳动力的男人，放火焚烧草屋，甚至把妇女、孩子活活烧死。有的殖民者还把刚果人的头颅带回家，陈列在花坛周围做装饰。利奥波德二世及其走卒犯下了人类历史上最肮脏、最令人发指的罪行。

　　利奥波德二世在刚果实行的殖民制度，被称为"利奥波德制度"，它的基本内容是：霸占土地，通过租让制和强迫劳动、榨取财富。这样的殖民制度的残酷性、野蛮性在世界上是罕见的。利奥波德二世的殖民制度，使他和比利时的资产阶级从刚果掠夺了大量的橡胶和象牙，榨取了巨额的利润。1891—1900 年的 10 年内，刚果的象牙出口价值由每年 280 万法郎增加到 530 万法郎，橡胶由 30 万法郎增加到 399 万法郎。1908 年，刚果象牙和橡胶的出口占刚果出口总额的 86.6%。据统计，利奥波德二世从他的王室领地和承租人缴纳的款项中共获得了 2000 万美元的净利。一些承租的大公司肆意掠夺刚果的自然资源，也获得了高额利润。如刚果贸易和工业公司原先投入的资本不超过 4350 万法郎，25 年后，得到的红利和利息却超过 39400 万法郎、利奥波德二世及比利时各公司牟取的每一个法郎、每一块美元都渗着刚果人民的鲜血。

利奥波德二世从刚果人民身上搜刮了大量的民脂民膏，过着穷奢极欲的宫廷生活。他在布鲁塞尔建造富丽堂皇的高楼大厦、皇宫别墅，购买了美景大饭庄和拉维尔赛特山店，扩建马路，兴建亭台、纪念碑和凯旋门，在地中海岸边购置土地兴建别墅。利奥波德二世统治下的刚果地区，被弄得杳无人迹，数以百计的村落变为平地。刚果的自然资源遭到严重破坏，橡胶被采尽，大象几乎灭绝。人口大批死亡，1896—1905 年刚果的人口从 2500 万—3000 万人锐减到 1000 万—1500 万人，减少了一半。利奥波得二世的殖民统治和掠夺，使刚果人民遭到继奴隶贩卖以后又一次惨绝人寰的浩劫。

"比属刚果"的建立

利奥波德二世为了不使他在刚果的罪行泄露出去，严禁其他国家染指这一地区，并指令殖民机构千方百计予以隐瞒。但是，纸是包不住火的。一些来自刚果内地的西方记者和传教士，通过撰文、通信、谈话等，不断报道他们在刚果内地见到的种种丑闻，揭露利奥波德二世及其殖民统治制度的种种罪行。

到 1900 年，有关刚果自由邦殖民统治罪恶的材料大量揭露出来，利奥波德二世的暴政引起比利时国内和世界舆论的普遍谴责。比利时未参加瓜分利润的商人和垄断组织，猛烈攻击利奥波德制度。他们指责比利时国王藐视国际义务，尤其是柏林会议规定的贸易自由的国际义务，为谋取私利而垄断一切，指责他虐待土著，没收了他们的土地，强迫他们从事繁重的劳役；指责他在刚果实行杀鸡取卵的野蛮掠夺政策。比利时自由大学的一位教授，后来出任矿业联合会理事长和比利时总公司副总裁的菲·卡铁说："在刚果目前这种制度下，殖民地的各种最珍贵的物产，过去一直是，而且现在仍是继续遭受一种如此不顾后果的彻底掠夺，以致那些主要资源看起来是难免要枯竭的……这样的政策是不是杀鸡取卵，为眼前而牺牲未来呢？"比利时资产阶级主张取消利奥波德二世的特权，由他们去自由地开发刚果的自然资源。

英国政府强烈反对利奥波德二世在刚果实行的贸易垄断制及其他政策。1893 年，英国舆论界曾就此事提出过抗议。1903 年，英国政府要求进行国际调查。同年 5 月，英国政府指令其驻博马的领事、爱尔兰人罗杰·凯斯门特在刚果进行调查。12 月，凯斯门特在给英国政府的报告中，基本证实风闻的有关刚果的种种丑事。英国传教士成立保护土著协会，谴责利奥波德二世的罪行。曾在刚果英国商行供职的老职员埃德蒙·莫雷尔，于 1904 年 2 月组织了刚果改革协会，自任秘书。他声称"要和那漫无限制地推行最野蛮最残酷的个人专制制度进行斗争"。英国政府暗中支持刚果改革协会的活动。莫雷尔在刚果收集到大量材料，于 1904 年写成著名的《利奥波德国王在非洲的统治》一书，揭露殖民当局掠夺时使用的野蛮方法："如果酋长不把所需要的那么多筐数的物产送到，就派兵进行残酷的屠杀。士兵们要把人头和人手带回到商业据点来，作为物证。我看到过很多次把人手和人头带到据点来。"

比利时人维美徐写了《刚果问题》，卡蒂尔写了《刚果自由邦形势研究》，范德维尔德写了《刚果自由邦的末日》，皮埃尔·米尔写了《利奥波德的刚果》，以无可辩驳的证据揭发了利奥波德制度的罪行。这样，利奥波德制度的暴行终于公之于世。

美国也掀起反利奥波德制度的运动。著名作家马克·吐温积极投入了这个运动。他写了《国王利奥波德独自》，以辛辣的笔调，勾画了一幅"纪念"利奥波德国王的图画：画面上有一个古埃及法老的金字塔，用 1506 个骷髅和骨骼建成，国王站在塔尖上，他的身子老态龙钟，一手举着海盗旗，一手拿着屠刀和提着手铐。

在国内外舆论的压力下，利奥波德二世不得不在 1904 年 9 月 15 日任命杨森（比利时人）、尼斯科（意大利人）和德舒马赫（瑞士人）等几位法官组成刚果调查委员会，去刚果进行调查。他们在刚果待了四个半月。1905 年秋，刚果调查委员会公布了调查报告。报告虽然竭力洗刷国王的个人罪责，但不得不承认刚果存在许多弊病。如承认：对土著的土地大量没收的行动是一种暴政；向土著征课了过重的实物税；实行强迫劳动制导致了惊人的暴行；被强迫去割橡胶的土著在极为恶劣的条件下过着牛马般的生活；遍设人质集中营制度，土著在这种监狱里忍饥挨饿，经常被折磨而死；司法行政机构严重滥用职权；商业公司经常使用暴力；自由邦的代理人容忍其士兵带回从被杀害的土著身上割下来的手和生殖器，作为请功领赏的证据，经常使用橡皮棍子打人。报告主张进行改革。莫雷尔在评述调查委员会的报告时说，"他们（调查委员会的成员）必然是苦心孤诣地经过斟酌后，才谴责自从设立王产制的臭名昭著的 1901—1902 年命令以来的自由邦的政策，才谴责利奥波德的制度。"

　　丑闻传开后，利奥波德二世被迫接受进行改革的主张，下令成立改革委员会，并发布了一些改革的法令。1906年，利奥波德二世同比利时总公司合作创办3家大公司：上加丹加联合矿业公司、下刚果加丹加铁路公司和国际森林和矿产公司，这三大公司得到大量土地租让权，有的多达1.4亿公顷。

　　1889年8月2日，利奥波德二世曾立下遗嘱，"郑重宣布：在我死后，我在刚果自由邦的一切主权，即自1884年起列强同国际刚果协会和刚果自由邦之间所签署的声明、公约和条约所承认的主权，以及随之而拥有的一切财产、权利和利益全部遗赠和转让给比利时。"但是，当时利奥波德二世的名声已经臭不可闻，国内外舆论强烈要求立即结束他对刚果的专制统治，而不是等待他死了以后。

　　1907年3月2日，比利时议会表示同意接管刚果。利奥波德二世不肯认输。1907年12月，他让德特罗兹、肖拉埃特向议会提交新的王产法案，主张将国王私产制改为单纯的国王的基金会或捐赠，但受比利时法律管辖。英国外交大臣格雷爵士、国王爱德华七世猛烈攻击这一提案。肖拉埃特撤回提案，提出无条件接管刚果的建议，利奥波德二世最后只得同意。1908年8月20日，议会为接管法案进行辩护投票，结果以83票对54票和9票弃权，通过由比利时接管刚果。9月9日，上院以63票对24票和11票弃权通过下院提交的这个法案。1908年年底，刚果自由邦正式被比利时政府接管，从此，改称比属刚果。

"马及马及"起义

丁邦英　梅伟强

　　1905—1907 年，在坦噶尼噶南部地区爆发的"马及马及"起义，是坦桑尼亚①近代历史上一次反殖民主义斗争的壮举。在近两年的时间里，北自达累斯萨拉姆，南到鲁伍马河，东起印度洋海岸，西至马拉维湖滨，在约 30 万平方公里的辽阔土地上，坦噶尼喀不同部落、不同阶层的人民广泛动员，手执长矛弓箭，为了驱逐德国殖民者，争取独立与自由而英勇战斗。

　　这次起义，无论就斗争的规模及激烈程度，还是殖民者血腥镇压的残酷，都是坦桑尼亚历史上罕见的。它不仅在坦桑尼亚，而且在黑非洲的反殖民主义斗争历史上都占有重要的地位。

强大的基尔瓦城邦圈家

　　今坦桑尼亚联合共和国位于非洲东部，东面濒临印度洋，是个美丽富饶的国家。坦桑尼亚历史悠久，被誉为人类文明发祥地之一的奥杜瓦伊峡谷，坐落在坦噶尼喀的北部，这里发现的南方古猿化石，是研究人类起源的珍贵资料。

　　包括今坦桑尼亚在内的东非海岸，很早以前就同外界发生了联系。埃及人，希腊人、罗马人、阿拉伯人、波斯人和印度人，很早就学会利用印度洋上的季节风向，同东非海岸进行贸易往来。希腊人和罗马人把印度洋称为厄立特里亚海，希腊人编写的《厄立特里亚航行要览》，记载了公元 1 世纪东

---

　　① 今坦桑尼亚联合共和国是由坦噶尼喀共和国（1961 年 12 月 9 日独立）和桑给巴尔人民共和国（1963 年 12 月 10 日独立），联合组成的（1964 年 4 月 26 日）。本文所述的历史事件发生在今坦桑尼亚联合共和国的大陆部分，即原坦噶尼喀共和国，故沿用"坦噶尼喀"一名。

非海岸的贸易情况。据记载，当时东非海岸被划分成若干个"站"，有着固定的港口和市场，阿拉伯人和印度人在这里进行以物易物的交易。东非沿海的居民分成许多部落，各部落都由酋长管理。沿海居民中还有阿拉伯的船长、船员和商人，他们同土著居民杂居、通婚，过着和睦的生活。

公元5世纪时，东非人民已进入铁器时代。从7世纪起，阿拉伯人大规模移入东非海岸及沿岸岛屿，逐渐建立起摩加迪沙、马林迪、蒙巴萨、奔巴、桑给巴尔、索法拉、马菲亚、基尔瓦等许多繁荣的城邦国家，史称"僧祇城邦"。"僧祇"意为黑人，这是对东非沿海黑色居民的通称。

据《基尔瓦史稿》记载，约在公元975年，波斯设拉子崇丹哈桑·本·阿里和他的6个儿子来到东非，以坦噶尼喀的基尔瓦为中心，在基尔瓦、蒙巴萨、奔巴岛、马菲亚岛、科摩罗群岛等地建立据点，进行海上贸易，同时发展农牧业。以后据点逐渐发展为城邦，13—15世纪时，这些城邦处于极盛时期。各城邦自成一体，彼此进行激烈的竞争。其中最强大的城邦是基尔瓦，12世纪中叶，它征服了索法拉，控制了黄金、铜、象牙的贸易垄断权，称雄于东非海岸。12世纪时，基尔瓦已自铸钱币，商业十分繁荣。基尔瓦还是东非奴隶贸易的中心，每年从这里运抵桑给巴尔岛的奴隶达1万人以上。

包括基尔瓦在内的东非海岸，不仅同阿拉伯半岛、印度，甚至同中国进行贸易往来。从东非输入中国的货物，以象牙、犀角、香料等物为大宗，中国输往东非的则以丝绸、瓷器、药物、漆器、谷物等为主，还有金银和钱币。1955年以前，在坦噶尼喀46处遗址中发掘出大量中国瓷器和钱币，说明中国同东非的贸易已相当频繁。

僧祇城邦的繁荣昌盛，曾使著名的阿拉伯旅行家伊本·巴图塔称赞不已。14世纪，他访问基尔瓦后，赞慕基尔瓦是"世界上最美丽而又建筑得最好的城市之一"。

阿拉伯人来到非洲沿海后，有一些人建立起椰子、丁香、胡椒种植园，并使用非洲人做奴隶。还有一些人从事奴隶贸易，他们组成商队，深入东非内地，向非洲酋长收买奴隶或亲自猎捕奴隶，然后将他们运往阿拉伯和印度，或留在种植园里充作劳动力。坦噶尼喀的基尔瓦和巴加莫约，桑给巴尔岛都是奴隶贸易的中心。奴隶贸易使桑给巴尔市迅速发展起来，1805—1859年其人口从5000人增加到6万人，半个世纪内，人口增长了12倍。奴隶贸易给东非当地居民带来了深重的灾难，生产遭到了严重的破坏。

18世纪时，东非沿海地区是阿曼素丹国的一部分。1804年，萨伊德·

赛义德（1804—1856 年）成为阿曼素丹国的统治者。1832 年，萨伊德·赛义德把都城从马斯喀特迁至桑给巴尔市。从此，北起摩加迪沙南至坦噶尼喀鲁伍马河的沿海诸城市及岛屿，均处在他的统治之下。这时，东非地区的奴隶贸易进入高潮。不仅阿拉伯人，而且葡萄牙人、英国人、法国人、美国人都积极参加了这一罪恶活动。欧洲人和美国人将大量东非黑人当作奴隶运往美洲。桑给巴尔岛的奴隶市场每年成交额在 1.5 万人至 2 万人之间。欧洲人和美国人还大肆劫掠象牙，进行象牙贸易。斯坦利供认，落入欧洲人手里的每一支象牙，都是沾满了人血的。欧洲人和美国人的罪恶活动，同样给东非人民带来了巨大的灾难。

从 18 世纪开始，坦噶尼喀境内的部落逐渐发展成部落联盟，这些部落联盟的多数又发展成为早期的国家组织。例如，在乌桑巴拉山区建立的香巴拉国家就是从部落联盟发展而来的。香巴拉国的领土北起乌姆巴河，南达庞加尼河，东濒印度洋。国家的统治者称"西姆巴·瓦·穆埃涅"，意为"天狮"。国王下面设有国务会议，其组成人员有第一大臣、军队司令和国王私人卫队长。国家定期向臣民征收贡税。香巴拉国广泛使用奴隶劳动，奴隶以战俘为多，也有居民因犯罪或违反军纪而沦为奴隶的。香巴拉国到 19 世纪60 年代以后又分裂为若干个部落联盟。

19 世纪上半叶，坦噶尼喀的查加人、赫赫人、恩戈尼人中也出现了部落联盟，并发展成早期的国家组织。

阿拉伯人的贩奴活动，特别是欧美殖民者的侵略活动和奴隶贸易，破坏了坦噶尼喀境内一些部落联盟及早期国家组织的正常发展，削弱了坦噶尼喀人民反抗异族入侵者的力量，使坦噶尼喀最后沦为德国的殖民地。

德属坦噶尼喀殖民地的建立

最早侵入东非沿海北区的欧美殖民者是葡萄牙人。15 世纪末，葡萄牙人开始猛烈袭击阿拉伯人的居民点。16 世纪和 17 世纪，葡萄牙人曾侵占过坦噶尼喀沿海地区和桑给巴尔岛。葡萄牙人对东非沿海地区的统治持续到 18世纪，他们占领了大部分阿拉伯人的城市，在通往印度的路上建立了据点，残酷剥削非洲居民，进行罪恶的奴隶贸易和象牙贸易。

阿拉伯人为了夺回东非沿海城市，同葡萄牙人进行了连续不断的战争。18 世纪，阿拉伯人终于摧毁了葡萄牙的殖民势力，重建对东非沿海地区的统治，东非沿海地区被划入阿曼素丹国的版图。

从 19 世纪初起，英国、美国、法国和德国的殖民者开始入侵坦噶尼喀和桑给巴尔。1822 年，英国同萨伊德·赛义德签订一项条约，规定东非的贩奴船不得驶过德尔加多角以南，不得把奴隶运往印度和毛里求斯岛。1833年、1839 年和 1844 年，桑给巴尔先后被迫与美、英、法国缔结不平等的商约，西方列强在桑给巴尔取得了设置领事馆、领事裁判权等特权。

19 世纪上半叶，德国人也出现在东非。从 30 年代起，汉萨同盟的商人开始在桑给巴尔活动。1842 年，德国传教士路德维希·克拉普夫和约翰·雷布曼来到桑给巴尔，并到坦噶尼喀北部香巴拉人和查加人地区进行活动。1848—1849 年，他们进入乞力马扎罗山和肯尼亚山。德国人的活动，引起了英国人的注意。从 19 世纪 50 年代后期起，英、德之间开始了对东非地区的争夺。

1856 年，萨伊德·赛义德去世，在英国领事的干涉下，萨伊德·赛义德的第四个儿子马吉德·赛义德（1856—1870 年）继位。马吉德·赛义德统治期间，桑给巴尔素丹对东非的统治权逐渐衰落下去，英、德加紧了侵略活动。

1857 年，英国探险家理查德·伯顿和约翰·斯皮克率领探险队穿过坦噶尼喀的热带草原。1858 年，他们到达坦噶尼喀湖和维多利亚湖（原名尼安扎湖）。1860 年，斯皮克同英国人格兰特再次穿越坦噶尼喀全境。1866—1869 年，英国著名探险家戴维·利文斯敦在坦噶尼喀进行了探险活动。1866年，英国派"东非通"柯克出任桑给巴尔副领事，以加强对桑给巴尔素丹的控制。

1859 年，德国汉萨同盟的代表同桑给巴尔素丹签订商约，取得了英、美、法等国享有的特权。同年，德国人阿尔布雷希特·罗舍尔在坦噶尼喀南部探险。1860 年，德国军官卡尔·冯，德肯考察了乞力马扎罗山和基尔瓦地区。

19 世纪 70 年代以后，英、德两国对东非的争夺日益加剧。巴加希素丹统治期间（1870—1888 年），英国领事柯克（1873—1886 年）强迫他签订一项新约，使桑给巴尔素丹国从属于英国。1884 年，英国人约翰斯在乞力马扎岁山地区，同当地酋长订立了一系列条约，强迫一些部落接受英国的"保护"，1885 年，英国成立"东非协会"，次年改名为"英国东非公司"。1830年，它从英国政府那里领到特许状，取得了对所占土地的统治权。

1884 年年初，德国殖民者卡尔·彼得斯在德意志帝国宰相俾斯麦的支持下，创建了"德国殖民协会"，协会的宗旨是"坚决地、积极地着手执行开发殖民地的各种计划"。同年 10 月，卡尔·彼得斯等人隐名匿姓，进入坦噶尼喀东北部沿海地区，同乌萨加腊、乌西古哈、恩古鲁、乌卡米等部落的酋长签订了 12 项条约，骗取了 15 万平方公里土地。1885 年 3 月 3 日，即柏林会议①结束后不久，俾斯麦通知会议参加国，德国政府对上述地区正式实行"有效占领"。1886 年，德皇威廉二世宣布坦噶尼喀占领区为其殖民地。1887 年，德国殖民协会改称"德国东非公司"，被授予特许状，获得了经营和统治上述地区的特权。

坦噶尼喀是英国打通从开普敦到开罗的"二开"计划的必经之路，德国的侵略活动加剧了同英国之间的矛盾，后者怂恿桑给巴尔素丹提出抗议，因为德国占领的这一地区原是素丹国的。俾斯麦政府不予理睬，并进一步根据探险家邓哈德特与今肯尼亚塔纳河口维图素丹订立的条约，宣布维图及其附近地区受德国"保护"。1885 年 8 月，德国海军上将克诺雷指挥军舰驶达桑给巴尔海面，迫使素丹承认德国对上述两个地区的保护权，并将达累斯萨拉姆和庞加尼两个港口租让给德国。

1886 年 11 月 1 日，英、德签订东非协定，划分了两国在这一地区的势力范围。双方承认桑给巴尔素丹的领土，除桑给巴尔、奔巴、拉姆、马菲亚等岛外，大陆上南起吞吉湾、北抵塔纳河口的基皮尼之间东西仅宽 10 英里的狭长地带，并包括基皮尼以北的基斯马尤、布腊瓦、摩加迪沙及瓦尔谢克等地区，这一长达 1000 英里的地带，划为南北两部，南部为德国的势力范围，北部为英国的势力范围，但此线以北的维图仍属德国保护。这条界线基本上就是现今坦桑尼亚和肯尼亚的分界线。

但是，英、德在坦噶尼喀的西部和布干达（乌干达）等地区的争夺并没有解决。1890 年 7 月 1 日，两国订立赫耳果兰条约。德国放弃了对维图和布干达的保护权，承认英国对桑给巴尔本土的保护权。德国放弃对尼亚萨兰的要求，并与英国划定了多哥和黄金海岸的边界。作为交换条件，德国获得了坦噶尼喀的沿海地带和马菲亚岛。

1889 年 10 月 22 日，德国政府正式宣布成立德属东非洲保护领，所辖地区包括坦噶尼喀、卢旺达和布隆迪。赫耳果兰条约结束了英、德在东非的争

---

① 参见《外国历史大事集》近代部分第三分册《柏林会议与西方列强对非洲的瓜分》一文。

夺，划定了各自的势力范围，坦噶尼喀全境从此变成了德国的殖民地，史称"德属坦噶尼喀"。

德国的殖民统治制度

德国侵占坦噶尼喀后，建立了殖民统治制度，对坦噶尼喀人民实行残酷的政治压迫和经济掠夺。直到今天，坦桑尼亚人民还流传这样的传说：德国殖民者的野蛮统治，使坦噶尼喀人民陷于灾难之中，屹立在坦噶尼喀东北边境的乞力马扎罗山深为忧伤，竟在一夜之间变成了白发老人①。

德国是通过德国东非公司侵入坦噶尼喀的，在德属东非保护领建立之后，德国东非公司一度保持对它的统治。1891 年，随着坦噶尼喀、卢旺达和布隆迪的被征服，德国政府便取消了该公司的特许状，接管了东非保护领的统治权。

德国殖民当局在坦噶尼喀的殖民统治制度称为直接统治制。在这种制度下，各部落酋长被削夺了他们的大部分特权，地方权力都归属德国官吏。德国皇帝任命的总督拥有最高权力。总督与地方官吏都由军人担任。军队由200 名德国军官和下士、2200 名称为阿斯卡里（即非洲人军警）的非洲士兵组成。军队人数虽然不多，但机动性强且装备先进。此外，德国殖民者还组织了一些潜在的军事力量，负责守卫最重要的战略地点。

德国占领当局将坦噶尼喀全境分成 17 个地区，由殖民行政机关的官吏进行管理；区以下分乡和村，由桑给巴尔素丹统治时设置的地方官员莱瓦利和阿基达管辖，德国当局承认这些称号。这是一个人数众多的社会阶层，后来，他们当中不少人为殖民当局效命，有的地方官员依仗法国人的势力，在乡村里横行霸道，鱼肉百姓，或用河马皮鞭抽打百姓，或给他们套上枷锁和脚镣罚作苦役。他们的胡作非为引起了公愤，占领当局也供认："那些阿基达惯于使用压迫和欺诈手段，因而使得人民讨厌这种行政管理。"

德国殖民官吏骑在坦噶尼喀人民头上作威作福。卡尔·彼得斯在出任乞力马扎罗地区最高专员期间，干下了抢劫、诈骗、杀人、强奸妇女等兽行，激起了人民的义愤。非洲人诅咒他为"姆科诺·瓦·达穆"，意为"双手沾

---

① 乞力马扎罗山海拔 5895 米，是非洲的最高峰。它虽然位于赤道附近，但因高耸入云，主峰终年为冰雪覆盖，故有此说法。

满鲜血的人"。由于声名狼藉，德国殖民统治当局不得不在 1897 年撤了他的职。德国殖民者肆意侮辱坦噶尼喀人民的宗教感情，当坦噶城的穆斯林进行宗教活动时，他们竟然把狗放进神圣的清真寺。

德国殖民者视坦噶尼喀为他们的原料产地、商品销售市场和投资场所，进行残酷的经济剥削，首先是疯狂掠夺坦噶尼喀人民的土地。德国占领坦噶尼喀后不久，即颁布法令，规定坦噶尼喀人民必须在 6 个月内向殖民当局登记自己的土地，逾期不办而又拿不出"证据"以证明其对土地的占有权者，他们的土地就被没收。1895 年，占领当局又颁布法令，宣布坦噶尼喀的全部土地归"政府所有"，即归殖民当局支配。

占领当局鼓励德国人移居坦噶尼喀，以便在那里圈占肥田沃地，建立棉花、剑麻、橡胶种植园。在当局的鼓励下，德国移民的数目逐渐增加。1900 年，移民总数为 650 人，到 1914 年增为 5400 人。殖民当局把 3115 平方英里的土地租让给欧洲人，这些土地虽然还不到全部领土的 1%，却是坦噶尼喀最好的土地。欧洲人把这些土地辟为种植园，大量种植剑麻、橡胶、棉花和咖啡等经济作物以供出口。剑麻是在 1693 年从墨西哥传入坦噶尼喀的，1911 年坦噶尼喀已有 54 个剑麻种植园，面积达 47625 英亩。1905—1913 年，坦噶尼喀剑麻的输出增长了 17 倍多，棉花 10 倍，橡胶 3 倍。

德国殖民者在南部鲁菲季河流域圈占的土地上，主要发展棉花种植园。从 1902 年起，占领当局强迫南部地区的坦噶尼喀居民大量种植棉花，规定非洲人必须用货币支付税款。失去土地或为了赚取货币缴纳税收的坦噶尼喀人，不得不忍受一天劳动十多个小时的恶劣条件，到德国人的种植园里劳动。这是导致"马及马及"起义的直接原因。

殖民当局规定坦噶尼喀人必须服劳役，修筑道路、港口或其他工程。1907 年，德属东非的两条铁路干线已修到内地。坦噶尼喀人还必须缴纳名目繁多的苛捐杂税，如人头税、运输税、丧葬税等，甚至阿拉伯人每种一棵可可树也要交 1 卢比的税，居住在破草房里的非洲人缴纳 3 卢比的茅屋税。

德国殖民当局的野蛮统治制度，不断激起坦噶尼喀人民的愤懑与反抗。他们采取怠工、抗税、逃跑、杀死雇佣兵和地方官吏，直至举行武装起义，进攻殖民者的种植园和官邸等手段，反抗德国人的殖民统治。19 世纪 80、90 年代，坦噶尼喀人民的反抗斗争达到了高潮。

1888—1889 年，坦噶尼喀东部海洋的庞加尼地区人民在民族英雄阿布希里·本·萨拉姆·哈斯的领导下，举起抗德斗争的义旗，赶走了占领者，一度获得了自由。这次起义席卷了坦噶尼喀东南沿海，起义人数达 1 万多人。由于萨加拉族一个头人的出卖，1889 年 12 月 15 日，阿布希里被殖民当局处死，起义失败。

1891 年，坦噶尼喀南部赫赫族人在酋长姆克瓦瓦的领导下起义，他们不承认德国人的统治，不许德国公司的官员入境。1894 年，德军攻占赫赫人的首都卡伦加（今伊林加）。姆克瓦瓦在南部转战，进行了 4 年游击战争。德国当局以 5000 卢比悬赏他的首级。1898 年 6 月，姆克瓦瓦被德军包围，他宁死不屈，自杀身亡。

1892 年，查加族人民在酋长曼达拉的儿子梅利的领导下，同双手沾满鲜血的刽子手卡尔·彼得斯进行了英勇的斗争。起义者把殖民者全部逐出了乞力马扎罗山前地带。

与查加人起义的同时，瓦尼亚姆维济族人民在酋长西基领导下，袭击德国商队和传教团。起义失败后，西基同家人一起避入军火库中自炸身亡。

在 19 世纪 90 年代，哈族、戈戈族、哈亚族人民也起来反对德国人。在坦噶尼喀南部，瑶族人民在酋长马钦巴领导下起义。起义军击溃了派去讨伐的德军罗胡斯·施密特的部队。施密特受了重伤，几乎丧命。1894—1895 年，基尔瓦和林迪地区、坦噶尼喀湖区诸族也发生抗德斗争。

所有这些斗争虽然都失败了，但都打击了德国的殖民统治。1905—1907 年的马及马及起义，实际上是坦噶尼喀人民自 19 世纪 80 年代以来抗德斗争的继续和发展。

争取自由之火

马及马及起义发生在坦噶尼喀南部地区。"马及"（Maji）是斯瓦希利语"水"的意思。1904 年年底，一位名叫金吉基蒂勒·恩格瓦勒的"姆甘加"（乡村医生），在鲁菲季河畔的恩加兰比向人民宣传说，祖先在天之灵不死，为了解救受苦受难的后代，上帝委派他到恩加兰比显灵。他带来一种神药——"圣水"，人们喝了这种水，就可以除病消灾，逢凶化吉。人们若把这种水涂在身上，作战时就会刀枪不入，一往无前。

深受苦难的人民听了这些宣传，个个欣喜若狂。他们一传十、十传百……很快就传遍了马图姆比族、恩金多族和恩戈尼族人民的聚居区。人们从四面八方成群结队地涌向圣水的发源地——恩加兰比。当时德国派驻恩加兰比的一位信使描述说，"这简直像一个婚礼队伍！当他们到达恩加兰比时，他们就在那里留宿……第二天早晨。他们拿到药后就回家了"。

圣水，这当然是一种迷信的说法。其实，这是一种浸泡玉米、小米等谷物的水。很明显，马及马及起义带有宗教神秘色彩。

马克思说过："宗教里的苦难既是现实的苦难的表现，又是对这种现实的苦难的抗议。宗教是被压迫生灵的叹息，是无情世界的感情，正像它是没有精神的制度的精神一样。"① 马及马及起义的领导者利用宗教做外衣，宣传群众和组织群众，宗教成为他们反抗现实的苦难的制造者——德国侵略者，争取独立自由的武器。这在当时的历史条件下具有一定的进步作用。但是，他们又认为，坦噶尼喀人民历次抗德斗争之所以失败，是因为德国人的武器比非洲人先进。只要非洲人能找到一种先进的武器，"欧洲人和贪官们发起的战争就不能危害我们；一旦罪恶的战祸降临，敌人的子弹和枪刺也无法穿透信仰者的皮肉"。他们说"圣水"就是这样的武器，显然，这种说教是唯心的、消极的。

金吉基蒂勒·恩格瓦勒把到恩加兰比来寻求圣水的人分成一个个小组，对他们进行军事训练，号召他们起来"杀死德国佬！"他要求人们回去后继续替德国人工作，等他发出命令后才开始行动。为了扩大影响，组织更多的人投入抗德斗争，金吉基蒂勒·恩格瓦勒和他的战友们还奔走于南方广大地区。他们的宣传唤醒了坦噶尼喀人民的民族意识，增强了斗争的信心。

1905 年 7 月，在基尔瓦地区的基巴塔村，马图姆比族群众毁坏棉苗，以抗议德国农场主霍弗无理延长劳动时间的决定。阿基达获悉后，派出几名信使把这个消息告诉马图姆比族的头人，请他给予支持。马图姆比人立即派人追赶阿基达的信使。信使们慌忙向基巴塔逃遁，但在姆力多山上被抓获。愤怒的马图姆比人狠狠揍了他们一顿，并打死一名劣迹昭著的信使。

马图姆比人迅即集合，杀向基巴塔。阿基达仓皇逃命。起义者转而袭击霍弗的种植园，并打死了这个殖民强盗。次日，马图姆比族起义者继续袭击德国人的住宅和种植园，摧毁了德国人在萨曼加的贸易据点。

马图姆比人的自发起义揭开了马及马及起义的序幕。马图姆比人起义时，金吉基蒂勒·恩格瓦勒仍在外地宣传和组织群众。当他听到这个消息时，立即下令切断从基尔瓦通向达累斯萨拉姆的电话线，使敌人无法同首都

---

① 《马克思恩格斯选集》第 1 卷，人民出版社 1972 年版，第 2 页。

进行联系。他还派人到中部的基洛萨和南部的马亨格去，号召当地人民立即起义，"杀死任何一个穿着欧洲服装的人"，支援马图姆比人的斗争。

马及马及起义突然爆发，完全出乎德国殖民当局的意料之外。起义开始时，德国总督冯·戈岑正在西部湖区旅行打猎，德军司令则回国度假。起义开始阶段，由于敌人事先没有准备，形势发展很快。很短时间内，达累斯萨拉姆和基洛萨之间的中心线以南和马拉维湖以东的整个地区内，敌人的大小据点都遭到起义军的猛烈进攻，陷入一片慌乱。

殖民当局深感兵力不足，便纠集传教士、商人、种植园主等所有白人移民负隅顽抗，同时派出由科特少校率领的一支讨伐军前去镇压。金吉基蒂勒·恩格瓦勒不幸被俘，并被处以绞刑。临刑前，他正气凛然地对刽子手们说："你们可以绞杀我的肉体，但熄灭不了我心头燃起的自由之火。"他号召人民继续战斗，把自由之火烧得更旺盛，这样，"当我见到上帝的时候，我就可以坦然地对他说，他的黑孩子已经把火燃向了德国人盘踞的马亨格和基洛萨"。

金吉基蒂勒·恩格瓦勒牺牲了，但坦噶尼喀人民的斗争没有停息，他们向殖民者发动了更猛烈的进攻。1905 年 8 月 14 日，金吉基蒂勒·恩格瓦勒的妹夫恩格麦约领导恩金多族人民起义，袭击了马达巴的德国据点。8 月 15 日，猎象手出身的骁将阿卜杜拉·潘达指挥的起义军，向德国人控制严密的南部高原城市利瓦累进攻，为人民所痛恨的殖民者"几乎被杀得一个不留"。起义者多次向利瓦累发起冲锋，最后攻占了这座要塞，消灭了全部守军，并打死前去救援的大主教凯西恩·斯比塞。接着，起义者又兵分两路，向林迪和达累斯萨拉姆进发。在金吉基蒂勒·恩格瓦勒牺牲后，阿卜杜拉·潘达实际上成了起义的领袖。

在斗争胜利形势的鼓舞下，札拉莫族人民在首领帕齐·基巴淬拉的领导下，向德国殖民者发起攻击。基巴粹拉被德军俘虏后，宁死不屈。起义还蔓延到南部的中心城市莫罗戈罗和基洛萨。

1905 年 8 月 30 日，8000 名起义者对德军盘踞的另一重要据点马亨格发动大规模进攻。他们分兵两路，一路从城南佯攻，吸引敌人兵力；另一路从城北进攻，战士们以建筑物、棉花包等作掩护，同德国占领者进行激烈的巷战。由于敌人武器精良，火力太猛，起义军不得不撤到城外。在这次战斗中，有 300 多名起义军战士牺牲。敌军被刺死上百名。马亨格攻城战被认为是马及马及起义中最大的一次袭击。

马亨格战斗后，驻守这里的德国军官冯·哈赛尔害怕起义军再次攻城，急忙向利瓦累求援。9月20日，驻守利瓦累的德军头目尼格曼率领援军赶到马亨格。在离马亨格不到10公里的地方，尼格曼发现大批起义军战士又集结起来，准备再次攻打马亨格。尼格曼命令部队占领制高点，向起义军猛烈射击。起义军被打散了，他们分成小股部队在乌朗加平原地区活动，频繁袭击敌军。

马及马及起义的迅速发展，使德国驻坦噶尼喀总督冯·戈岑坐卧不安。他一面从坦噶尼喀的东北部和西部地区抽调德国及雇佣兵前来镇压，一面向德国政府求救，请求火速增援部队及武器。德皇威廉二世亲自下令组织一支1000多人的军队、两艘巡洋舰、大量武器等援助冯·戈岑。1905年11月，这支部队在达累斯萨拉姆登陆。

德国侵略军登陆后，布置了一条长达250英里的半月形防线，然后逐步收缩，迫使起义者在狭小的地带作战，以便聚而歼之。起义军处境越来越困难，但他们无所畏惧，依然英勇打击侵略者。他们熟悉地形，在草原上驰骋，巧妙地摆脱了敌人的包围，向与莫桑比克接壤的南部山区转移。

法国侵略者实行野蛮的焦土政策。他们烧毁非洲人的房屋、庄稼，抢走或杀死非洲人的牲口。成千上万的男人、妇女和儿童惨遭杀害，数以万计的人被活活饿死。据不完全统计，在马及马及起义中，至少有12万坦噶尼喀人或被杀死或被饿死。坦噶尼喀南部一些地区的经济，在遭受这次空前大浩劫后，在半个多世纪里都没有完全恢复过来。

为了彻底击溃起义者，殖民当局还采取了非洲人打非洲人的恶毒手法。冯·戈岑利用阿拉伯人同班图非洲人不同的宗教信仰，挑拨离间。他派密使去坦噶尼喀西部的塔波拉等地，唆使阿拉伯上层分子起来反对起义者，阻止他们向西部山区转移。

由于殖民当局的残酷镇压，到1906年中期，起义者同侵略军之间的大规模战斗差不多停息了。地区性的小规模战斗仍时有发生。特别在恩金多族地、恩杜恩德族地区和北部伊拉库的姆布鲁族等地区，战斗一直延续到1907年。姆布鲁族5000多名起义者，对法国人及其帮凶发起的攻击，使殖民当局焦头烂额，最后从莫希抽调侵略军及雇佣兵才把起义者镇压下去。

到1906年年底，坦噶尼喀南部地区的抗德起义基本被镇压了。在这里坚持战斗的以潘达为首的一部分起义军战士，退入茂密的原始森林里，继续抗击敌人。1907年1月，潘达被害，马及马及起义失败。

轰轰烈烈的马及马及起义虽然被残酷镇压下去了，但它点燃的反殖反帝斗争的火炬却鼓舞着坦噶尼喀人民为独立与自由而斗争。

为了纪念马及马及起义，缅怀先辈们的献身精神，独立以后，坦桑尼亚政府和人民在当年起义者被集体屠杀的地方——米库库尤姆布——建造了烈士纪念碑；在桑格亚烈士公墓附近建立了纪念馆；坦桑尼亚首都达累斯萨拉姆一家最大的医院——姆亨比利医院以起义的著名英雄基巴粹拉的名字命名；一出歌颂起义领袖金吉基蒂勒·恩格瓦勒的英雄事迹的话剧《金吉基蒂勒》，几十年来一直在坦桑尼亚城乡上演……这一切都说明，马及马及起义是坦桑尼亚人民反殖反帝斗争史上瑰丽的篇章，它永远值得坦桑尼亚人民骄傲和自豪。

两次摩洛哥危机

瞿季木

19 世纪末 20 世纪初，以德国为一方，法、英为另一方，帝国主义列强在摩洛哥进行激烈的争夺，酿成了 1905 年和 1911 年两次摩洛哥危机，险些引起火并。这是欧洲两大军事集团矛盾加剧的反映。两次摩洛哥危机，尤其 1911 年的危机是第一次世界大战的前奏，影响深远，成为这个时期国际关系史上的重大事件。

早期西方列强对摩洛哥的侵略

摩洛哥位于非洲西北端，扼大西洋通往地中海的门户，战略地位重要，且矿藏丰富，很早就成为西方列强掠夺的对象。从 15 世纪起，葡萄牙和西班牙利用摩洛哥国内分裂和封建主之间长期混战的状态，开始侵占摩洛哥领土。葡萄牙占领了休达、丹吉尔和阿尔西拉，西班牙侵占了梅利利亚。16 世纪初，葡萄牙和西班牙人几乎控制了整个摩洛哥大西洋沿岸地区，并向内地侵袭，掠夺谷物和牲畜，把摩洛哥人掳去当奴隶。欧洲殖民主义势力的入侵，激起了摩洛哥各族人民的反抗。1525 年，居住在苏斯地区的阿拉伯人萨阿德族展开了反对异教徒的"圣战"，即反对欧洲入侵者的斗争。萨阿德族在斗争中团结其他各族人民，不断取得胜利，并建立了萨阿德王期，把整个摩洛哥置于它的管辖之下。

1666 年，阿拉维王朝（又称菲拉勒王朝）取代了萨阿德王朝。这个王朝至今还统治着摩洛哥。它是由居住在塔菲拉勒地区菲拉勒族创立的。在伊斯曼尔素丹统治时期（1672—1727 年）：摩洛哥曾击溃欧洲列强的武装侵略，收复了除休达、梅利利亚两港口和少数岛屿外的整个沿海地区，一定强盛起来。但是，伊斯曼尔素丹死后，由于不断的内讧和宫廷政变，中央权力削弱，国家又陷于分裂和混战的状态。

19世纪初，摩洛哥仍是个落后的封建农业国家，输往欧洲的物品以椰枣、谷物为主。农业中盛行将土地分成小块出租，生产者获得收成的1/5至2/5，其余归地主或转租人，农民还要向僧侣们送规定的"礼品"，缴纳国税。大部分赋税用货币缴纳，有些用实物支付。这时摩洛哥仍是独立国家，素丹是国家的首脑，他的权力受中央马赫曾（国务会议）的节制。国内地区由哈里发（素丹代理人）、帕夏（省长）、卡伊德（专区长官）、谢赫（部落酋长）所管辖。素丹或马赫曾很少能使全国各地都服从自己。素丹政权同叛乱者或不顺从的部落长期进行不断的斗争。穆莱·哈桑（1873—1894年）在位期间，1878—1888年战争从未间断过，且非常残酷，如1882年出征苏斯河及嫩河地区时，因缺水断粮，出征者几乎全部饿死。部落之间也往往相互为敌，进行混战。只有外来的侵略威胁，才迫使它们暂时联合起来。

为了巩固国家的独立，哈桑进行了改革。他平定了许多部落的反叛，向他们征收赋税，充实国库；不许欧洲人购买摩洛哥的土地；聘请欧洲教官训练军队，建立兵工厂和工程学校，并派学生去国外留学。他的儿子阿卜德·阿齐兹在位时（1900—1908年）继续执行改革政策。1901年，阿齐兹废除传统的赋税，实行统一的财产税，所有的摩洛哥人和在摩洛哥的欧洲人，都要缴纳财产税。税收制度的改革触犯了帝国主义和上层封建主的利益，他们联合起来反对改革。1903年11月，阿齐兹被迫取消税收改革法。国内政局愈益动乱。

18世纪后期起，随着资本主义的发展，西方列强加紧对北非的殖民扩张，并利用摩洛哥国内分裂和纷争的机会，迫使它1767年同法国、西班牙，1805年同奥地利，1836年同美国，1858年同英国签订不平等条约。通过条约，这些国家取得了在摩洛哥的领事裁判权和贸易特权。1865年5月，以摩洛哥为一方，西班牙、葡萄牙、意大利、英国、美国、荷兰和法国等为另一方，专门就确保直布罗陀海峡的航行安全举行了谈判，摩洛哥满足了列强的要求，签订了丹吉尔协定。由于以素丹为首的统治阶级的妥协，屈服于列强压力，摩洛哥形式上还保持独立，实际上已沦为西方列强的半殖民地。

外国殖民者在摩洛哥不仅享有领事裁判权，而且把这种特权给予他们的摩洛哥雇员和买办商人。外国殖民者及其摩洛哥雇员和买办商人利用这种特权横行霸道，引起了摩洛哥人民的强烈不满。

1876年，穆莱·哈桑素丹企图限制这种特权，向西方列强提出召开国际会议，修改领事裁判权制度。西班牙担心自己在摩洛哥的利益受法国侵犯，也主张召开国际会议讨论摩洛哥问题。根据西班牙提议，1880 年 5 月 19 日—7 月 3 日在西班牙马德里召开了讨论摩洛哥问题的国际会议。参加会议的包括摩洛哥在内，有英、法、德、美、比、西、葡、俄、奥匈、荷、意、瑞典共 13 个国家。会议通过了《马德里公约》，参加会议各国承认摩洛哥的独立和主权，摩洛哥则须承认缔约列强在摩洛哥享有领事裁判权、最惠国待遇及购置产业等特权。马德里会议的结果与摩洛哥的意愿相反，列强的特权得到进一步确认和扩大，并使它们之间的争夺开始剧烈起来。

20 世纪初帝国主义国家矛盾的一个焦点

20 世纪初，随着重新分割世界斗争的展开，瓜分摩洛哥的问题提上了列强的议事日程，摩洛哥遂成为帝国主义国家矛盾的一个焦点。法、英、德及西班牙都想在摩洛哥确立自己的殖民代势，又都不愿意把这块战略上极其重要的地区让给别国统治，彼此之间展开了激烈的争夺。

英国为了确保它通往印度航线的安全，极力阻挠其他国家染指摩洛哥。它控制着摩洛哥对外贸易的大部分。英国驻丹吉尔公使对摩洛哥素丹政权有着重要影响。英国为防止法、德在摩洛哥问题上相互勾结，一度积极地拉拢德国。早在 1899 年，德皇在温莎堡①逗留时，英国殖民大臣张伯伦就试图在摩洛哥问题上同德国勾结。1900 年 1 月，张伯伦在德国文郡公爵的庄园里，非正式会见德国驻伦敦大使馆一等秘书埃卡德施泰因时，曾建议订立关于瓜分摩洛哥的协议，作为两国结盟的一个步骤。同年，德国驻伦敦大使哈茨费尔特向英国首相索尔兹伯里询问："英、德合作可否以两国在摩洛哥的合作为起点？"索尔兹伯里表示同意。当时在座的张伯伦还提出了具体建议："英国占领丹吉尔，德国在大西洋沿岸占领一处或几处港口。"只是后来形势变化，英、德的这种"合作"很快就中止了。

在这期间，法国开始对摩洛哥步步进逼。占领摩洛哥，不仅会扩大法国在北非的殖民地，而且将进一步加强法国在地中海西部的战略地位。法国在侵占阿尔及利亚以后，就着手准备兼并摩洛哥。自 1844 年起，它利用阿尔及利亚和摩洛哥边界不甚明确，不断派军队侵入摩洛哥领土。1898 年，法国

---

① 温莎堡，在伦敦的西面约 20 英里处，英王别墅所在地。

垄断资产阶级代言人埃济恩公开叫嚷："阿尔及利亚既然引导我们到突尼斯，它就更应当引导我们到摩洛哥"，鼓吹用武力实行兼并。1900 年春，法国占领了摩洛哥撒哈拉沙漠通往尼日尔河流域间的图瓦绿洲，从南面包围摩洛哥。

1901 年，法国迫使摩洛哥素丹签订法摩友好条约。第二年又签订新的法摩友好条约。这两个条约规定，法国负责在摩洛哥撒哈边境地区"整顿秩序"，摩洛哥政府须给予协助和合作。这样，法国军队强占了摩洛哥东部许多绿洲，控制了摩洛哥与阿尔及利亚接壤的整个边境地区。法国在经济上也加强对摩洛哥的渗透。1903 年，摩洛哥向英、法和西班牙三国借债 2250 万法郎，其中以法国资本为最多。

法国还在外交方面为占领摩洛哥进行准备。1900 年 12 月，法国同意大利缔结关于摩洛哥和的黎波里塔尼亚的协议。意大利表示，法国在摩洛哥的行为"不具有损害意大利作为一个地中海国家的利益的性质"，同意法国在摩洛哥自由行动。法国允许意大利在利比亚有同样的权利。1902 年，法国和西班牙进行了关于在摩洛哥划分势力范围的外交谈判。同年，法国还和英国讨论了摩洛哥问题，法国内阁不同意将丹吉尔让给英国，英国也不相让，谈判毫无结果。俄国是法国的同盟者，同意法国侵占摩洛哥。

西班牙和摩洛哥仅一水之隔，北非的摩尔人曾统治西班牙 700 年之久，它们有着共同的文化传统。西班牙的统治者把摩洛哥看作他们的遗产，在那里建立统治是自己的历史使命。它不断地在摩洛哥北部地中海沿岸地区扩展势力。1859—1860 年，西班牙以受到里夫部落攻击遭受损失，要求赔偿被拒绝为借口，对摩洛哥发动战争，取得了摩洛哥大量赔款和西迪伊夫尼渔业基地。

德国从 19 世纪 90 年代起已成为强盛的资本主义大国，其工业生产已赶上并在许多部门超过英国，然而作为海外市场的殖民势力范围仅及英国的 1/10。德国资产阶级要求取得殖民地，大肆鼓吹"扩张是求得发展的必由之路"。

德国想把摩洛哥变成自己的殖民地：一方面因为摩洛哥是战略要地，可以作为它要求重新分割世界的军事基地；另一方面想获得它本国工业所急需的摩洛哥矿石。德国商行在贸易上与英国、法国进行竞争，但毕竟不是对手。到 1903 年，德国在摩洛哥的侨民只有 135 人，商行 12 家。根据德国人统计，营业额共 840 万法郎，其中 170 万为进口，670 万为出口。

德国原来对法国在摩洛哥和北非的扩张一直采取纵容态度，目的是让法国把精力消耗于征服殖民地，以期法国打消收回阿尔萨斯—洛林的念头。德国首相比洛认为，德国在摩洛哥问题上的态度应当像斯芬克司①那样，使人捉摸不透，静待英、法在摩洛哥的矛盾白热化。

随着英、德争夺殖民地霸权的斗争日益尖锐，特别是德国建立强大的海军严重地威胁着英国，英国开始把德国作为最危险的对手看待，重新部署了它的外交战略，在欧洲采取联合法国的方针，以期共同对付德国咄咄逼人之势。法国实力较弱。在欧洲处于孤立无援的地位，它的盟友俄国正陷于对日战争，无力西顾。法绍达事件②也向法国表明，推行与英国为敌的殖民政策是行不通的。因此，法国也希望同英国接近。1904 年 4 月 8 日，签订了《英法协约》。《英法协约》主要内容是关于埃及和摩洛哥的问题，其中规定，法国不妨碍英国在埃及的活动，英国则承认法国"有权维持摩洛哥国内秩序，并且提供行政、经济、财务和军事的改革所必需的援助"。

《英法协约》的签订，使德国很快地意识到英、法已在联合起来对付自己。德国还看到，法国力量的日益增强和在地中海的势力不断扩大，必将威胁自己的称霸计划。为了试探《英法协约》的牢靠性并遏制法国的扩张，德国决定在《英法协约》所涉及的主要地区即摩洛哥采取干预行动，以期迫使法国让步，削弱英、法合作的前景。

德皇访问丹吉尔——第一次摩洛哥危机

当法国取得英国、意大利等国谅解后，它在摩洛哥的扩张活动愈发肆无忌惮。1904 年 10 月 3 日，它同西班牙签订了在摩洛哥划分势力范围的协定：除北部地中海沿岸地区划归西班牙外，其余摩洛哥领土属法国的势力范围。同年，由巴黎荷兰银行、巴黎联合银行和马赛信贷银行等组成的法国银行团给摩洛哥 6250 万法郎贷款。摩洛哥以海关税收的 60% 作担保，于是摩洛哥的海关被置于法国的监督之下。接着，在巴黎成立了一个所谓摩洛哥事务委

---

①　斯芬克司，希腊神话中带翼狮身女怪。传说她常叫过路行人猜谜，猜不出即将行人杀害；后因谜底被俄狄浦斯道破，她即自杀。今常用以隐喻"谜"样的人物或事。

②　1898 年 9 月，英军溯白尼罗河南进，与来自刚果的法军相遇于法绍达。双方对峙，形势紧张。后法国恐德国趁机进攻，只得让步。

员会，它的任务是调查摩洛哥的矿物资源和扩大开发这些资源的可能性。参加这个委员会的是一些在阿尔及利亚有投资的资本家，其中最主要的是施奈德—克列索公司。

1905 年 2 月，法国开始推行《英法协约》中关于摩洛哥问题的规定，向摩洛哥素丹提出了在法国顾问监督下进行"改革"的方案。规定由法国派出使团到摩洛哥，协助改革内政，训练摩洛哥的军队，建立摩洛哥国家银行，修建道路，开采矿藏。接受这个方案就意味着摩洛哥的突尼斯化①，也就是说，法国将按照突尼斯的方式对摩洛哥建立保护关系。为了实现这个方案，法国派遣以其驻丹吉尔公使勒内·塔扬迪埃为首的特别代表团来到摩洛哥，它的具体使命是要成立一个在法国银行团控制下的摩洛哥国家银行，组织一支在法国军官指挥下的港口警察部队，并向素丹取得铁路、电报等租让权。法国在摩洛哥还策划组织反素丹的暴乱，以便施加压力。素丹被迫允诺考虑法国的要求。

法国的行动遭到德国的强烈反对。1904 年 12 月，德国驻丹吉尔代办屈尔曼在与法国驻丹吉尔公使一次谈话中暗示，德国不赞成法国统治摩洛哥。1905 年 2 月 7 日，屈尔曼又向法国驻丹吉尔代办德·舍里泽表示：德国政府很难同意德国在摩洛哥只有经济利益；法国既然觉得以政治协约的方式联合英国和西班牙而不将协约的缔结通知德国的做法是合适的，那么德国就可以随时自由行动而不受约束。德国首相比洛也公开声称："帝国政府对于已缔结的有关摩洛哥问题的协约完全不知道，所以在这个问题上不受任何约束。"德皇威廉二世命令他的驻丹吉尔公使调查各国在摩洛哥的利益后认为，法国的所作所为损害了包括英国和美国在内的国家海运与商业的利益，只要打出门户开放的旗帜，采取外交行动，就能得到有关国家的支持，挫败法国，拆散英法协约。1905 年 3 月 29 日，比洛在国会中宣称："摩洛哥必须维持现状。"

3 月 31 日上午，威廉二世以游览为幌子，乘坐邮船"汉堡号"访问丹吉尔。上岸后，受到素丹的叔父穆莱·阿卜德·马利克的欢迎。德皇身穿戎装，佩挂着军刀和手枪，军帽的帽带一直勒着下颌，接见了德国侨民和各国外交使节。当法国驻丹吉尔代办德·舍里泽向他致意时，威廉二世说："摩

---

① 法国于 1883 年迫使突尼斯签订《马尔萨协定》，突尼斯承认为法国的保护国。突尼斯名义上保存自己的国家，实际上完全失去了自主权力，沦为法国的殖民地。

洛哥果然是一个美丽的国家，从商业的角度来看尤其如此。我希望欧洲各国采取必要措施，以便维护它们在这个国家的商业利益。至于我，我决意要使德国的商业利益受人尊重。"说罢，他把头猛晃了一下：作了逐客令的表示，以此表明他对法国的敌意，使这个法国外交官十分难堪。

威廉二世在答谢公众欢迎时发表了简短的演说，这篇演说第二天通过哈瓦斯通讯社的记者在世界各地的报纸上登载出来。演说的内容是这样的："今天我是向具有独立君主身份的素丹进行访问。我希望，在素丹的主权下，一个自由的摩洛哥仍然向一切国家开放，这些国家应在一种绝对平等的立足点上和平竞争，不容垄断和不容排他地开展竞争。我访问丹吉尔所抱的目的是要让人知道：我决定做出我的权力所及的一切，来有效地保卫德国在摩洛哥的利益。既然我认为素丹是一位绝对自由的君主，我就愿意和他商谈关于保卫这些利益的适当方式。至于素丹有意实行的改革，在我看来必须慎重从事，要考虑到居民的宗教情绪，以免使公共秩序受到骚扰。"德皇访问丹吉尔虽然只有两个小时，但它给了摩洛哥素丹很大的鼓舞。5月28日，素丹正式表示拒绝法国的改革方案。

威廉二世的演说是具有爆炸性的，公开地向法国挑战，在欧洲掀起了轩然大波。它完全否定了法国在摩洛哥的特殊地位，勾销了《英法协约》，使法、德争夺摩洛哥的斗争尖锐起来，形成了第一次摩洛哥危机。一场欧洲战争的危机迫在眉睫。

阿耳黑西拉斯会议

德皇访问丹吉尔后，德国向参加签订1880年关于摩洛哥问题的《马德里公约》的英、美、法、西、俄等国发出照会，指责法国违反了《马德里公约》关于"在摩洛哥境内，与会各国均享有最惠国待遇，不得授予任何一个外国的臣民以任何优先权"的规定，要求召开国际会议讨论摩洛哥问题。对于德国的要求，英、西、意表示，除非法国首先接受，决不同意召开国际会议。4月7日，《泰晤士报》明确地表示了英国的立场："不存在摩洛哥问题，因为这个问题已经由英法协约最终解决了。"为了防止法国向德国妥协，英国外交大臣伦斯达温命令驻法大使向法国政府表示，英国坚决站在法国一边，并准备同法国共同采取为了抵制德国的要求而必须采取的措施。

　　德国给法国的照会是带有威胁性的。威廉二世狂妄地说："我向法国抛出了手套，而法国人不敢把它拾起来。"① 面临德国的挑战，法国外长德尔卡赛认为德国的威胁只是一种恫吓的手段，德国并不想真正发动战争，威廉二世不敢冒使他那支新建的海军遭到全部覆灭的危险。德尔卡赛对他的同僚说，"欧洲站在我们一边：英国是完全支持我们的。它也不惜打一场战争。"他主张采取坚决对抗的态度。

　　为了回击德国的挑战，1905 年 6 月，法国派军舰去丹吉尔。但是，以内阁总理鲁维埃为首的许多有威信的政治家却不愿同德国反目。他们认为，英法协约还不稳固，法国的盟友俄国因在日俄战争中失败和国内爆发 1905 年革命，没有完全从困境中脱身，如果法、德开战，势必不能全力支援法国，而英国海军抵补不了俄国陆军对法国的支持，用鲁维埃的话来说，"因为海军没有车轮子，不可能开来保卫巴黎"。

　　对于召开国际会议一事，鲁维埃没有表示同意，他建议签订法、德双边协定来调整两国在摩洛哥问题上的关系。为了求得德国的谅解，鲁维埃表示愿意对德国修建的巴格达铁路投资和在喀麦隆问题方面建立合作关系，以换取德国不阻挠法国在摩洛哥的自由行动。德国表示愿意建立德、法的合作关系，但仍坚持要召开国际会议。比洛还派卸任外交官米克尔去见鲁维埃，表示德国不信任德尔卡赛，要求把他赶下台去。

　　1905 年 5 月 31 日，在德国策动下，摩洛哥素丹出面建议由《马德里公约》签字各国举行会议，讨论在他的国家实行改革的问题。这时，德国又向法国发出了一些以战争相威胁的警告。例如通过意大利政府告知法国政府，"如果法国越过摩洛哥边境，德国就立即越过法国边境"。

　　6 月 6 日，法国召开内阁会议，会上发生了激烈的争论。德尔卡赛仍坚持原来的立场。他告诫其他内阁成员："要注意，英国目前愿意和我们在一起，以便摧毁英国所害怕的感到竞争威胁的德国海军和商务，如果我们拒绝英国的建议……我们就会陷于孤立，而有遭受攻击的危险。在欧洲战争上我们将要遭到失败，还终于要损失我们的一切殖民地。"鲁维埃则表示："在对德国的陆地作战上，我们是十分不利的，即使不是毫无希望的……在我们处于劣势情况下进行战争，是一种愚蠢的和犯罪的冒险。"所有阁员都赞同鲁维埃的意见，德尔卡赛被迫辞职。鲁维埃兼任外交部长，并同柏林继续进行

————————

　　① 把手套抛在对方面前是提出决斗的一种挑战表示，对方拾起手套是表示接受挑战。

对话。

鲁维埃不惜牺牲德尔卡赛来换取同德国的和解，结果仍是落空。德国显然想竭力使局势紧张化，坚持要法国无条件地同意召开国际会议。德国大使在 1905 年 6 月 11 日对鲁维埃说，德国将全力以赴支持摩洛哥素丹。在这样的情况下，法国开始退让，表示只有获悉德国在会上将提出什么要求之后，才能作出最后决定。可是德国一点儿也不相让，继续进行恫吓。6 月 23 日，比洛对法国拖延作出决定表示不满，以威胁的口吻对法国大使说："在悬崖和深渊边缘的道路上不宜迟迟不前"，法国政府"不要玩火"。

可是，德国的态度出人意料的急剧转变了。它想趁俄国对日战争失败之机与俄国订立同盟，7 月 23—24 日威廉二世和沙皇尼古拉二世在荷兰比约克岛会晤。俄国是法国的盟友，为了解除俄国的疑虑，同时德国还想把法国拉进德俄同盟，建立以它为首的大陆反英联盟，因此准备缓和对法国的关系。这样，德国虽然继续坚持要召开国际会议，但同意在会议前同法国商讨会议的安排，甚至承认法国在摩洛哥有"特殊的利益"。由于这一让步，德、法两国遂达成协议，双方同意召开国际会议来讨论摩洛哥问题。

1906 年 1 月 14 日，国际会议在西班牙南部的海港城市阿耳黑西拉斯举行，参加的有英、法、德、意、俄、美、奥匈、荷、比、西、葡、瑞典及摩洛哥共 13 个国家的代表。列入会议的主要议程是组织警察部队和建立财政监督制度。法国要求控制摩洛哥的警察组织和银行，声称这是为了维护素丹的主权，但它真实的目的是在摩洛哥建立法国的保护制度。德国认为建立警察组织是素丹自己的事，应使警察组织成为摩洛哥政权的可靠支柱，摩洛哥的改革应该在欧洲各国共同监督下进行。德国在言辞上尊重摩洛哥独立，实际的意图是反对法国独占，要求列强对摩洛哥实行国际共管。会议对警察问题争论了近 1 个月，出现了破裂迹象。

德国由于建立德俄同盟企图失败，外交上陷于困境，在会上十分孤立。英国积极支持法国，英国外交大臣格雷向德国驻英大使梅特涅明确表示："如果法国由于摩洛哥事件而遭到攻击，英国的公众情绪将表现得十分强烈，使英国无法摆脱以武装力量支持法国的义务。""如果会议无结果而散……如果法德之间发生战争，我们就很难置身于战争以外……在战争中，我们会帮助法国。"俄国、西班牙也支持法国。形式上仍然是三国同盟成员国的意大利，根据 1900 年的法意协定也站到法国一边了。

与会国家中只有奥匈帝国有气无力地支持德国。同时，德国感到在军事上准备还不够充分，特别是国内局势还不允许进行战争，1905 年圣诞节前夕，威廉二世在给比洛的信中写道："主要的问题就是我们的社会主义者使我们难以从国内抽出人来，如果抽出人来，就难免极大地损害市民的生命和财产。首先应该枪毙社会主义者，杀死他们，使他们不能为患，然后才能进行对外战争。不能在此之前急于进行对外战争。"这样，德国不得不采取妥协态度。

会议整整开了 100 天，于 4 月 7 日结束，签订了一项总议定书。它分为 7 章，共 123 条，另有一个附加议定书。总议定书在形式上满足了德国的要求，承认摩洛哥的"独立"，保证列强在摩洛哥的"完全平等的经济自由"，共同参加摩洛哥银行，监督摩洛哥关税，分享建造铁路和矿山的特许权。它还规定：摩洛哥的警察部队由法国和西班牙派军官协助组织，各港口和重要城市设置的警察局由法国和西班牙分别管理。这就使法国有可能在维持治安的借口下，实际控制摩洛哥。在列强的胁迫下，素丹签署了这个屈辱性文件。

阿耳黑西拉斯会议的结果与德国的愿望相反，不但没有达到打击法国和削弱英法协约的目的，反而促使英、法关系进一步加强。德国未能压服法国，只好暂时放下对摩洛哥事务的干涉，第一次摩洛哥危机就这样结束了。但是，帝国主义之间矛盾的暂时缓和，埋伏着更大的危机。

"豹的跳跃"——第二次摩洛哥危机

阿耳黑西拉斯会议后，法国加紧对摩洛哥进行侵略。1907 年 3 月，法国借口在马拉喀什城的一个法国医生被暗杀，派兵占领了摩洛哥东部的乌季达州。5 月，法国施奈德和基·维涅两家公司在卡萨布兰卡（今达尔贝达）修筑港口时，破坏了伊斯兰教陵园中的墓冢。此事激怒了当地居民，杀伤了一些法国工人。法国借此派遣约 6000 人的兵力占领卡萨布兰卡及其附近的一些地区。在这些事件中，摩洛哥政府一味妥协屈从，全部接受法国提出的赔款、惩办"凶犯"等条件。素丹阿卜德·阿齐兹屈膝媚外的态度，激起了部落的起义。素丹的兄弟马拉喀什君主穆莱·哈费德利用这种局势，站到起义部落一边，并取得以曼内斯曼为代表的德国垄断组织在经济上的支持。1908 年 6 月 7 日，起义部队进入首都非斯。阿卜德·阿齐兹逃往法国，穆莱·哈费德宣布为素丹。

穆莱·哈费德和原来的素丹毫无差别，他承认前届政府的一切义务，包括不平等条约和给外国人的种种特权，以换取列强对其政权的承认。1910年，从巴黎和柏林银行家那里获得1亿法郎贷款，以全部关税担保。穆莱·哈费德丧权辱国的行为，引起新的部落起义。1911年春，起义部队包围了非斯。5月21日，法国以恢复秩序和保护侨民为名，派兵1.5万人占领非斯和其他一些城市。西班牙也派兵进驻摩洛哥北部。摩洛哥的独立地位完全丧失。

阿耳黑西拉斯会议确定的"经济平等"原则，促使德国垄断组织对摩洛哥铁矿的兴趣增加。除克虏伯和蒂森康采恩外，德国第三个冶金康采恩曼内斯曼的势力也积极渗入摩洛哥。这个垄断组织于1908年获得摩洛哥铁矿的租让权，1912年在摩洛哥占有2027个矿场。法国占领非斯后，德国的垄断组织和殖民集团（如泛日耳曼同盟）立即要求政府采取针对性行动。德国的报纸叫嚷，要"用400万把刺刀支持曼内斯曼"。德国外交当局很快向法国表示，要求分割摩洛哥的一部分土地给德国作为补偿。德国外交大臣基德伦写给德皇的报告说："非斯的被占领，可能就是法国吞并摩洛哥的先声。我们如果用抗议方法，不会获得什么东西……我们必须采取对将来谈判有利的措施，以使法国人对我们有所补偿……我们何尝不可以派军舰去阿加迪尔港等地保护我们受威胁的同胞和德国的巨大公司。"

法国决心要守住侵占的摩洛哥的地盘。法国资产阶级领袖之一克列孟梭说，为了摩洛哥，不惜同德国断交和作战。6月21日，法国驻德大使儒勒·康邦专程去基青根，同在那里度假的基德伦举行会谈。康邦对基德伦说："假如您想在摩洛哥分得一杯羹，那么还是不谈为妙，法国舆论是不会同意和你们瓜分摩洛哥的……你们可以去别处寻找。"基德伦暗示可以从别处得到补偿，但要法国提出具体的建议。他在同准备回法国请示的康邦握别时说："请您从巴黎给我们带一些东西来吧！"可是法国没有很快地给德国答复。德皇根据基德伦的建议，决定用威胁手段来使法国屈服。

1911年7月1日晨，德国驻法国大使舍恩男爵交给法国外交部长德·塞勒弗一份备忘录，声称因摩洛哥某些地区混乱，德国决定派军舰到阿加迪尔港，"以便必要时救助被保护的臣民，以及在该地区的德国利益"。就在当天，德国炮舰"豹号"抵达阿加迪尔，并将炮口对准该城。接着德国轻巡洋舰"柏林号"也出现在摩洛哥的领海。这一事件被称为"豹的跳跃"。豹的跳跃，是直接向法国挑战，形成了第二次摩洛哥危机。德法关系顿时紧张起来，战争大有一触即发之势。

7月9日，康邦再度同基德伦会谈。康邦说，"豹号"驶入阿加迪尔使他感到非常惊讶。基德伦毫不客气地回答说，法国人既然在非斯保护自己的臣民，那么德国人在阿加迪尔也未尝不可以这样做。他主张最好不要埋怨过去，而是要谈论将来。康邦建议讨论补偿问题，提出了若干可能达到的目标：在土耳其修筑铁路，增加德国参加奥斯曼国债管理机构的人员，等等。基德伦对所有这些"鸡毛蒜皮小事"都以轻蔑的态度予以拒绝。最后，康邦提出法属刚果可能作为补偿目标时，基德伦才表示值得一谈。

7月15日，基德伦直截了当地向康邦提出，要求割让法属刚果全部，作为德国承认法国占领摩洛哥的补偿。据基德伦给首相贝特曼·霍尔韦格的报告中说，康邦听了这话大吃一惊，"差一点儿仰面跌倒"。法国原来以为，从它的殖民地虏获物中扔一块给德国，就可以摆脱这个勒索者的纠缠，没有想到这个勒索者的胃口如此之大。法国政府对德国的要求加以拒绝，基德伦对康邦说。"那么我们就要打啦！"康邦则回答说，"我们早有准备。"

在这关键时刻，英国出面干预。英国政府认为德国军舰停泊在阿加迪尔，是对英国海上霸权的威胁，它不能容忍德国在直布罗陀附近建立起一个海军基地。7月4日，英国内阁会议以后，格雷对德国大使声明，这一事件的发展较诸以往其他事件更深切地影响英国利益，任何解决办法如无英国参与，英国决不承认。柏林方面认为，这是德、法两国间的事情，不须英国参加，因此对格雷的声明置之不理。

7月21日，英国财政大臣劳合—乔治在伦敦市长举行的宴会上发表演说。这次演说以及它的内容事先得到首相和格雷的同意。劳合—乔治表示，在摩洛哥问题上，英国不惜与德国一战。他还说："我准备为维护和平作出重大牺牲。"英国政府命令英舰队进入战备状态，英国参谋总长亲自访问法国，视察德法边界。战争气氛越来越浓。列宁在评论这一尖锐冲突的性质时写道："德国差一点同英法作战。掠夺（'瓜分'）摩洛哥。"①

战争的气氛在欧洲许多国家，包括德国本土，引起了反抗德帝国主义企图发动战争的强大的群众示威和罢工运动。德国统治者感到自己的战争准备还不充分。1911年9月，意大利土耳其战争爆发，德国不可能指望意、土的支持，因此在英国满含杀机的强硬态度面前只得退让。9月24日，德国大使

---

① 《列宁全集》第39卷，人民出版社1963年版，第776页。

将柏林复文送交英国政府，表白"豹号"驶入阿加迪尔是为了保护侨民，并
无其他目的，如德侨生命不受威胁，德国军队决不登陆，德国根本不想染指
摩洛哥西岸地带，如果摩洛哥被置于法国保护之下，德国要求给予适当的补
偿。几天之后，德国大使向格雷申述了德方的希望，英国同意德、法直接
交涉。

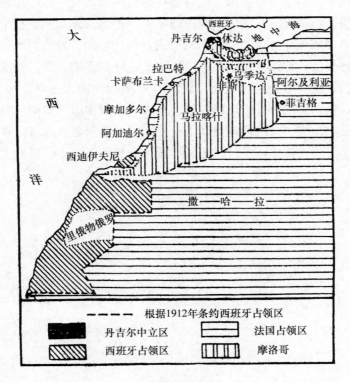

两次摩洛哥危机

　　德国首相贝特曼—霍尔韦格和法国总理凯约都在寻求和平解决的办法。
后者甚至背着外交部长同德国大使馆人员谈判。经过长时间的讨价还价之
后，11 月 4 日，康邦同基德伦签订了《法德关于摩洛哥条约》。条约第 1 条
规定，"德意志帝国政府宣称：它在摩洛哥只追求经济利益，将不妨碍法国
旨在帮助摩洛哥政府而实行的、为妥善治理摩洛哥帝国所必需的行政、司
法、经济、财政和军事等一切改革……"第 4 条规定，"法国政府宣称：为
坚持摩洛哥贸易自由的原则，它既不在关税、租税和其他捐税的开征方面，

也不在铁路运费、海运费或任何其他交通费，尤其是在一切有关过境问题上，容许任何不平等待遇。"同一天，法、德还达成协议，法国将一部分法属刚果领土（27.5万平方公里）割让给德国。这块土地与德属喀麦隆连接在一起，使德国势力能进入刚果河流域。11月29日，代替"豹号"的"柏林号"军舰驶离阿加迪尔港回国。第二次摩洛哥危机就这样解决了。

第二次摩洛哥危机对德国、法国和英国的政局均有一定的影响。法、德关于摩洛哥条约签订后，法国凯约内阁遭人攻击为割地求和，被迫下台。继任者是普恩加莱领导的以"爱国主义"为标榜的内阁，新内阁的主要目标就是准备对德作战。德国沙文主义者对法德条约极其不满，他们指责德国政府懦弱犹豫，致受屈辱，把这次交涉说成是"第二次阿尔木茨"①，仇英情绪十分高涨。英国则大力进行反德宣传，并借口有同德国开战的危险而加紧镇压工人运动。沙文主义的浪潮推动了这些国家加强军备。通过这次危机，帝国主义两个集团进行了较量，并把国际紧张局势推向极点，世界大战已在所难免。

---

① "阿尔木茨事件"指1850年11月普鲁士在阿尔木茨对奥地利的屈服。

附录　世界近代史大事索引①

---

① 世界近代史大事前面的阿拉伯数字系事件发生的时间，后面的汉码表示《外国历史大事集》
近代部分的分册数，阿拉伯数字为页数。一，8 即第一分册第 8 页。

中国社会科学出版社"社科学术文库"
已出版书目

1. 冯昭奎：《21 世纪的日本：战略的贫困》，2013 年 8 月出版。
2. 张季风：《日本国土综合开发论》，2013 年 8 月出版。
3. 李新烽：《非凡洲游》，2013 年 9 月出版。
4. 李新烽：《非洲踏寻郑和路》，2013 年 9 月出版。
5. 韩延龙、常兆儒编：《革命根据地法制文献选编》，2013 年 10 月出版。
6. 田雪原：《大国之难：20 世纪中国人口问题宏观》，2013 年 11 月出版。
7. 中国社会科学院科研局编：《中国社会科学院学术大师治学录》，2013 年 12 月出版。
8. 李汉林：《中国单位社会：议论、思考与研究》，2014 年 1 月出版。
9. 李培林：《村落的终结：羊城村的故事》，2014 年 5 月出版。
10. 孙伟平：《伦理学之后》，2014 年 6 月出版。
11. 管彦波：《中国西南民族社会生活史》，2014 年 9 月出版。
12. 敏泽：《中国美学思想史》，2014 年 9 月出版。
13. 孙晶：《印度吠檀多不二论哲学》，2014 年 9 月出版。
14. 蒋寅主编：《王渔洋事迹征略》，2014 年 9 月出版。
15. 中国社会科学院财经战略研究院：《科学发展观：引领中国财政政策新思路》，2015 年 1 月出版。
16. 高文德主编：《中国民族史人物辞典》，2015 年 3 月出版。
17. 李细珠：《张之洞与清末新政研究》，2015 年 3 月出版。
18. 王家福主编、梁慧星副主编：《民法债权》，2015 年 3 月出版。
19. 管彦波：《云南稻作源流史》，2015 年 4 月出版。
20. 施治生、徐建新主编：《古代国家的等级制度》，2015 年 5 月出版。
21. 施治生、徐欣如主编：《古代王权与专制主义》，2015 年 5 月出版。

22. 何振一：《理论财政学》，2015 年 6 月出版。

23. 冯昭奎编著：《日本经济》，2015 年 9 月出版。

24. 王松霈主编：《走向 21 世纪的生态经济管理》，2015 年 10 月出版。

25. 孙伯君：《金代女真语》，2016 年 1 月出版。

26. 刘晓萌：《清代北京旗人社会》，2016 年 1 月出版。

27. 陈之骅、吴恩远、马龙闪主编：《苏联兴亡史纲》，2016 年 10 月出版。

28. 朱庭光主编、张椿年副主编：《外国历史大事集》，2017 年 3 月出版。